Contraste insuffisant

NF Z 43-120-14

Reliure serrée

XVIII.
HISTOIRES TRAGIQVES,

Extraictes des œuures Italiennes de Bandel, & mises en langue Françoise.

*

Les six premieres, par Pierre Boisteau, surnommé Launay, natif de Bretaigne.
Les douze suiuans, par Franc. de Belle Forest, Comingeois.

A LYON,
PAR PIERRE ROLLET.
M. D. LXXVIII.

A MONSEIGNEVR MAT-
thieu de Mauny, Abbé des
Noyers, Pierre Boisteau
treshumble sa-
lut.

Monseigneur, depuis les tristes nouuelles que vous entēdistes dernierement, estant en ceste cité, ie ne cessay de rechercher entre mes plus chers escrits, s'il se pourroit presenter quelque chose, qui dōnast treues à vos nouuaux ennuis. Et apres auoir cōsideré, que la philosophie estoit la vraye medecine de toutes les plus cruelles passiōs de l'ame, & à laquelle les anciēs, entre leurs plus aspres tribulatiōs ont tousiours eu leur refuge: Ie proposay de vous presenter mō Theatre du Mōde, lequel cōbien qu'il soit cōtrainct, & que le discours en soit bref, si est-ce que le Chrestien diligent trouuera vn assez ample subiect en quoy s'exercer.

Car sous l'escorce d'vn petit mõceau de paroles assez mal agēcees les Roys, Princes, Pötifes, Empereurs, & Monarques, & generalement tous ceux qui font trafique en la boutique de ce monde, peuuent contempler par bon ordre quel rolle ils iouēt en ce theatre humain. Car lors que la mort (messagere implacable de Dieu) vient & qu'elle met fin à leur tragedie, ils recognoissent leurs infirmitez & miseres & confessent eux mesmes ceux estre plus heureux, qui les yeux fermez les attēdēt au sepulchre, que ceux, qui les yeux ouuerts, les experimentent en la terre. Dequoy vous auez fait vne assez viue espreuue en vous mesmes par la nouuelle perte de monseigneur l'Archeuesque de Bordeaux vostre oncle, lequel apres auoir frãchy tant de perilles ses peregrinatiõs, & domté tant de trauerses de fortune, pēsant faire sa retraitte des vanites de ce mõde, estant quasi au premier somme de son aage, où la vie luy deuoit estre la plus
douce.

douce, la mort neãtmoins au despourueu
a touché au marteau de sa porte, & a trã-
ché le filet de sa vie, auec vn eternel regret nõ seulemẽt de vous & des vostres,
ains de toute nostre republiq, Frãçoise:
en laquelle il a si bien grauee la memoire
de ses heroiques vertus, que le temps, qui
dõpte toutes choses, ne l'ẽ pourra iamais
effacer. En cõsideration dequoy monseigneur, il m'a semblé conuenable à vostre
fortune, vous faire maintenãt offre de ie
ne scay quoy plus gay, à fin d'adoucir, &
donner quelque relasche à vos ennuis pas
sez. Et n'ayãt pour le present autre chose
en main, digne de vous, que ce traitté de
histoires, i'ay prins la hardiesse de vous
eslire entre tant d'excellens Prelats desquels nostre Europe est illustree pour estre
la guide & astre sous l'influẽce duquel il
doit sortir en lumiere, estant asseuré que
s'il est fortifié de l'ombre & splendeur de
vos diuines vertus, & des autres excellẽs
ornemens, lesquels le ciel vous a veulu de

A 3

corer, il ne peut faillir d'estre bien receu,
& fauorisé de tous: vous suppliant humblement le receuoir, comme courrier honteux, & fidele tesmoing de quelque chose
de plus grand que ie vous dresse pour l'a-
uenir, en recongnoissance de la premiere
courtoisie que i'ay receu ces iours passez
de vous, en la consommation de laquelle consiste & repose du tout le
cœur ardant, ou la disconti-
nuation de mes estu-
des.

ADVER

ADVERTISSEMENT AV LECTEVR.

BEning Lecteur, à fin que ie recognoiſſe par qui i'ay proffité, & que tu reſente de ta par, à qui tu es tenu, du plaiſir ou contentement, lequel tu pourras receuoir de ceſt œuure, ie t'ay bien voulu aduertir, que le ſeigneur de belle foreſt, gentilhomme Comingeois, m'a tant ſoulagé en ceſte traduction, qu'à peine fuſt-elle ſortie en lumiere, ſans ſon ſecours, combien que ie ne ſoy redeuable à aucun de la diction, de laquelle ie ſuis le ſeur autheur. Si eſt-ce, que pour tirer le ſens des hiſtoires Italiennes, il m'a tellement ſoulagé, que nous ſerions ingrats & toy & moy, ſi nous ne luy en ſauions gré. Mais d'autant que i'eſpere, qu'il te fera voir le ſecond Tome bien toſt en lumiere, traduict de ſa main, ie me deporteray de faire plus long discours de ses louanges, lesquelles (pour ses merites) ie desiroy estre aussi bien publiees par tout, comme elles me sont cognuës, & à tous ceux qui le frequentent. Te priant au reste, ne trouuer mauuais, si ie ne me suis assuietty au style de Bandel : car sa phrase m'a semblé tant rude, ses termes impropres, ses propos tant mal liez, & ses sentences tant maigres, que i'ay eu plus cher la refondre tout de neuf, & la remettre en nouuelle forme, que me rendre si superstitieux imitateur, n'ayant seulement prins de luy, que le suiet de l'histoire, comme tu pourras aisément decouurir, si tu es curieux de conferer mon style auec le sien. Au reste, i'ay intitulé ce Liure de titre Tragique, encores que (peut estre) il se puisse trouuer quelque histoire, laquelle ne respondra en tout, à ce qui est requis en la Tragedie: neantm

neantmoins, ainsi que i'aye e i re
en tout le suiet, ainsi ay-ie voulu don
ner l'inscription au Liure, telle qu'il
m'a pleu. Te priant faire telle inter-
pretation de mon labeur, que
tu voudras receuoir de
moy, tenant ma
place.

Sommaire de la premiere Histoire.

IE voudroy que celles, qui se donnent en proye à l'amour lascif, & qui sont par trop liberales de leur honneur, eussent au lieu des miroirs qu'elles portent pendus à leur ceincture, ce portraict & exemplaire de chasteté, graué en l'interieur de leurs cœurs, par lequel cognoistroyent que lors que discrettement elles resistent aux appetits desordonnez de ceux qui les poursuiuent, ils ont en fin en si grande admiration leur pudicité, que vaincus, ils luy font hommage en quelque degré d'honneur que fortune les puisse eriger. Comme il est amplement declaré en l'Histoire memorable de ce Roy d'Angleterre, Edouard, lequel apres avoir combattu l'honneur d'vne damoiselle par plusieurs annees, sans y pouuoir faire bresche, domptant ceste passion amoureuse, qui le consumoit peu à peu, donna lieu à la vertu: & eut en fin pour compagne & espouse celle qu'il vouloit laisser heritiere de ses vices.

POLIE

POLIDORE VERGILE, faisant mention en ses histoires Latines des Roys d'Angleterre, escrit, que Edouard second espousa Ysabelle, fille de Philippes le Bel, Roy de France, de laquelle il eut Edouard troisieme, qui est celuy duquel est fait mention en nostre histoire.

HISTOIRE PREMIERE.

Si les histoires & annales anciennes ne nous deçoiuent, la pluspart des Roys d'Angleterre nõ seulement ont esté prodigues de sang humain, mais ie ne sçay par quelle particuliere influence (estans fort adõnez aux femmes) se sont si bien laissez transporter à l'amour, q̃ la lasciueté a esté le sceptre de leurs royaumes, comme il sera amplement deduit par le discours de l'ihstoire qui s'ensuit.
Il y a eu vn Roy d'Angleterre, nommé Edoüard

Edoüard, qui espousa la fille du Comte de Henault, en premieres nopces, de laquelle il eut des enfans, l'aisné desquels s'appelloit aussi Edoüard, prince de Galles, fort renommé, lequel pres de Poictiers, subiuga les François, print le Roy Iean, l'enuoya prisonnier en Angleterre. Cest Edoüard, pere du prince de Galles, n'estoit pas seulement ennemy capital des François, mais il auoit encores continuelle guerre auec les Escossois ses voisins : & se voyant ainsi inquieté de toutes parts, ordonna pour son lieutenant sur les frontieres d'Escosse, vn sien capitaine, nommé Guillaume de Montagu, auquel pource qu'il auoit fortifié Rosamburc, & dressé plusieurs entreprinses contre les ennemis, donna la Comté de Salberic, & le maria honnorablement auec l'vne des plus belles dames d'Angleterre. Quelques iours apres, le Roy Edoüard l'enuoya en Flandres, en la cōpagnie du Comte de Suffort, où la fortune leur fut tāt contraire, qu'ils furent tous deux prins prisonniers par les François, & menez au Louure à Paris. Les Escossois estans auertis de leur desastre, & comme la Comté de Salberic estoit denuee de seigneur, dresserent promptement vne armee, & s'en vont assieger le chasteau de Salberic, auec deliberation de

prendre la Comtesse prisonniere, demolir le chasteau, & de faire butin des richesses qui y estoyent: mais le Comte de Salberic, auant son departemét, y auoit donné si bon ordre, que l'yssue ne fut pas telle qu'ils esperoyent, car ils furent si viuement repoussez par ceux qui estoyent dedans, que ne pouuans endurer leur fureur, au lieu de faire leurs approches, furent contraints de s'eslongner. Et ayans decouuert par quelques espions, que le Roy d'Angleterre estoit party de Londres, auec vne grosse armee, pour venir au secours de la Comtesse, sentāt que à la longue ils n'y pouuoyent rien prattiquer, se retirerent auec leur courte honte. Le Roy Edoüard party de Londres, cheuauchant à grandes iournees auec son armee vers Salberic, fut aduerty comme les Escossois estoyent decampez, & auoyent reprins la route d'Escosse, ayant toutesfois si bien endommagé le chasteau en plusieurs endroits, que les marques qui y estoyent, donnoyent suffisant tesmoignage quelle estoit leur deliberation. Et combien que le Roy eust proposé de s'en retourner, ayant sceu qu'ils s'estoyét retirez: toutesfois auerty de la grande batterie & du chaud alarme qu'ils auoyent dóné au chasteau de Salberic, passa outre, & voulut visiter la place, la Comtesse
le

le nom de laquelle estoit Elips, estant auertie de la venue du Roy, ayant donné ordre de faire appareiller tout ce que la briefueté du temps luy peut permettre, s'accoustrant à son auantage auec quelque nõbre de gentilsfemmes & de soldats qui luy restoyent fort en la campagne, & s'en va en cest equipage au deuant du Roy, laquelle outre vne nayfue beauté, de laquelle elle estoit plus recommandee que toutes les dames de sa prouince, encores estoit-elle enrichie de ie ne sçay quel rayon de vertu & gentillesse, qui la rendoyent si esmerueillable, qu'en vn instant elle rauit les cœurs de tous les princes & seigneurs, qui s'amuserent à la contempler: de sorte qu'on ne parloit en toute l'armee que de ses graces & vertus, mais sur tout de son excellente & extreme beauté.

Le Roy luy ayant fait la reuerence, apres auoir contemplé de bon œil tous ses gestes & contenances, iugea en luy-mesme n'auoir onques veu creature plus belle: puis quasi rauy d'vne incroyable admiration, luy dit: Madame la Comtesse, ie croy que si en l'equipage que vous estes, & accompagnee d'vne si rare & excellente beauté vous vous fussiez mise sur l'vn des ramparts de vostre chasteau, vous eussiez fait plus de bresche auec les traits & rayons de vos e-
stin

stincellans yeux aux cœurs de vos ennemis qu'ils n'eussent sceu faire à vostre chasteau, auec leurs foudroyantes massues. La Comtesse vn peu honteuse & esmeuë de se sentir loüee si auantageusement d'vn si grand seigneur, commença à embellir & rehausser d'vn teint de rose la blancheur d'albastre de son visage, puis leuant vn peu ses yeux vers le Roy, luy dit: Monseigneur, il est en vous de dire ce qu'il vous plaira : mais si suis-ie bien asseuree, que si vous eussiez veu l'impetuosité des coups qui par l'espace de douze heures pleuuoyent menu comme gresle sur toutes les parties de la forteresse, vous en eussiez iugé le peu de bien que les Escossois vouloyent à moy & aux miens. Et quant à mon regard, ie m'asseure que si i'eusse fait l'essay de ce que m'auez dit, & que ie me fusse submise à leur misericorde, mon corps fust maintenant reduit en cendre. Le Roy estonné d'vne tant sage & prudente responce, changeant propos, s'en va vers le chasteau, où apres les receptions & caresses accoustumees, commença peu à peu à se sentir saisy d'vne nouuelle flamme, à laquelle tant plus il s'efforçoit de resister, s'enflamboyoit d'auantage:& sentant ceste nouuelle mutation en luy, proiectoit vne infinité de diuerses choses, balançant entre esperance

& crainte, faisant estat ores de luy communiquer ses passions, ores de les retrancher du tout, de peur que succombant au fais, les vrgens affaires desquels il estoit enueloppé des guerres, eussent mauuaise yssue: mais en fin, vaincu de l'amour, proposa de sonder le cœur de la Comtesse, & pour y paruenir, la prenant par la main, la supplia de luy monstrer les singularitez de la forteresse, ce que elle sceut si bien faire, & auec telle grace, l'entretenant ce pendant d'vne infinité de diuers propos, que les petis tiges d'amour, qui n'estoyent qu'à peine entrez, commencerent à penetrer si auant, que les racines demeurerent grauees au plus profond de son cœur. Et ne pouuant le Roy plus endurer vne telle charge en son ame, pressé du mal, s'appuya sur vne fenestre, pensant & repensant par quel moyen il pourroit iouyr de celle qui estoit cause de son tourment, mais la Comtesse le voyant ainsi pensif, sans aucune apparente occasion, luy dit: Sire, il me semble que ie souffre vne peine extreme, de vous veoir reduit en ces alteres: car vous me semblez changé depuis deux ou trois heures, que m'auez fait l'hôneur d'entrer en mô chasteau, m'ayant secourue tant à propos, qu'il ne sera iour de ma vie, que moy & les miens ne vous en demeurions
obli

obligez, comme à celuy qui n'eſt pas content de nous auoir liberalement donné les biens que nous auons: mais par ſa generoſité les nous veut conſeruer & defendre de l'incurſion de l'ennemy, en quoy vous me ſemblez meriter double loüange, pour vn œuure ſi charitable, mais ie ne puis pas au reſte imaginer quelle eſt l'occaſiõ qui vous rend ſi penſif & melancolique, veu que ſans grãde perte du voſtre, vos ennemis (ſentans voſtre fureur) ſe ſont retirez: ce qui deuſt (ce me ſemble) chaſſer ceſte melancolie, & rappeller la ioye perdue, veu que la victoire qui s'acquiert ſans effuſiõ de ſang humain, eſt touſiours la plus noble & plus acceptable deuant Dieu. Le Roy entendant ceſte voix angelique prononcer ces mots d'vne ſi bonne grace, penſant que de ſon gré elle ſe venoit rendre au filé, print concluſion en luy-meſme, de luy faire entendre ſon mal, veu que l'occaſion tant opportune s'eſtoit offerte, puis auec vne voix tremblante luy dit: Ah, madame, combien ſont mes penſers eſlongnez de ce que vous eſtimez de moy, veu que ie ſens mõ cœur ſi aggraué de mal, qu'il m'eſt impoſſible de l'aleger: & touteſfois, la douleur n'eſt pas de long temps, me ayant ſaiſy ſeulement, depuis que ſuis entré ceans, & ſi ne ſcay en quoy m'en reſouldre.

B

HISTOIRE

La Comtesse voyant le Roy ainsi troublé, sans en sçauoir la cause, ne luy sceut que respondre: de quoy le Roy s'apperceuant, luy dit, tirant vn ardant souspir du profond de son estomach: Et quoy madame, qu'en dites vous? Ne me sçauriez-vous donner aucun remede? La Comtesse, qui n'eust iamais pensé qu'vn tant deshonneste vouloir eust trouué place au cœur d'vn tel Roy, prenant les choses en bonne part, luy dit: Sire, ie ne sçauroy quel remede vous donner, si premierement ne me decouurez vostre ennuy. Et s'il vous greue que le Roy d'Escosse ait endommagé vostre pays, la perte n'est pas si grande, qu'vn tel prince que vous s'en doiue douloir, veu que la grâce à Dieu, la vengeance est en vostre main, & les pourrez auec le temps chastier, comme autrefois auez fait. A quoy le Roy respond, voyant sa simplicité: Madame, la source de mon mal ne part de là, mais ma playe est à l'interieur de mon cœur, laquelle me point si fort, que si ie desire desormais prolōger ma vie, force m'est vous en faire ouuerture, tenant la cause de mon ennuy si secrette, que autre que vous & moy n'y peut participer. Il faut donc maintenant que ie vous confesse, que arriuant à vostre chasteau, & ayant abbaissé ma veuë pour contempler vostre figure celeste, & le reste

reste des graces, desquelles le ciel prodigue vous a fauorisee, i'ay (malheureux que ie suis) soudain senty vne telle alteration, & changement en toutes les plus sensibles parties de moy, que cognoissant mes forces diminuer, ie ne sçay à qui me plaindre de ma liberté perdue (laquelle par tant de longues annees i'auoy si heureusement conseruee) sinon à vous, qui, comme loyalle gardienne, & vnique thresoriere de mon cœur, me pouuez par quelque rayon de pitié remettre en l'heur & ioye que desirez en moy, & par le contraire me procurer vne vie qui me sera plus penible & ennuyeuse, que mille morts ensemble. Ayant mis fin à ses propos, il se teut, pour la laisser parler, n'attendant autre chose par sa response, que le dernier arrest de sa mort, ou de sa vie : mais la Comtesse, auec vne grauité conforme à sa pudicité & grandeur, sans s'esmouuoir autrement, luy dit : Si autre que vous (Sire) s'estoit tant oublié, que d'entrer en ses termes, ou me tenir tels propos, ie sçay quelle seroit ma response, & peut estre telle, qu'il auroit occasion de s'en mescontenter, mais sçachant que ce que vous en faites, procede plus d'vne gayeté de cœur, ou pour faire preuue de ma chasteté, que pour autre affection qui vous transportere, ie croiray desormais, & me resoudray en ce que vn tant renómé & genereux prince que vous, ne peut penser, tât s'en faut deliberer, d'attenter rien contre mon honneur, qui m'est mille fois plus cher que la vie, & si ne me scauroy persuader que vous tenez si peu de conte de mon pere, ou de mon mary, qui est prisonnier pour vostre seruice entre les mains des François, nos ennemis mortels, que de leur procurer tel scandale & diffame en leur absence. Et quand bien vous vous seriez esgaré iusques là, vous feriez grand tort à vostre reputation, quand on scauroit de quels termes vous auriez vsé enuers moy, aussi ne deliberay-ie point de violer la foy que ie doy à mon consort & espoux, ains pretens la luy garder inuiolable, tant que l'ame sera trainee du chariot de ce corps mortel. Et quand bien ie me seroy de tant fouruoyee, que de vouloir commettre chose si deshonneste, ce seroit vostre deuoir, pour la loyale seruitude de mõ pere & mary enuers vous, de me reprendre aigrement, & me punir selon mon demerite. A ceste cause, mon tresredouté seigneur, vous qui estes coustumier de vaincre & subiuguer les autres, soyez maintenant victorieux de vous mesmes, & rangez si bien ceste concupiscence (si aucune y en a) sous les resnes de raison, que demeurant menant assoupie & vaincue, plus ne reuiue en vous, & ayant viuement resisté à ses premiers assaux, la victoire en est aisee, laquelle sera mille fois plus glorieuse & auantageuse pour vous, que si vous auiez conquis vn royaume. A peine la Comtesse auoit acheué ses propos, qu'on la vint auertir que les tables estoyent couuertes pour disner, mais le Roy apasté d'amour disna fort sobrement pour ce voyage, & ne se pouuant repaistre que de mets amoureux, dardoit inconstamment ses regards çà & là, mais tousiours ses yeux faisoyét leur derniere retraicte la part ou estoit assise la Comtesse, pensant par ce moyé esteindre les cuisantes flammes, qui le brusloyent incessamment, toutesfois les cuidant amortir il s'y plongeoit plus auāt: & errant ainsi en diuers pensemens, la sage respōse que la Comtesse luy auoit faite, se representoit continuellement deuant luy, comme vn courrier asseuré de son inuincible chasteté. A raison dequoy voyant qu'vne si difficile entreprinse demandoit vn plus long seiour, & qu'vn si chaste cœur ne pouuoit estre si promptement ebranlé de son propos, sollicité d'autre part de donner ordre aux affaires d'importāce de son royaume, agité ainsi de tous costez par l'emotion des guerres, delibera

B 3

de partir le lendemain au matin, reseruant en autre saison plus opportune, la poursuite de ses amours: ayant ordonné de son departement, s'en va au matin trouuer la Comtesse, & prenant congé d'elle, l'exhorta de mieux penser au propos qu'il luy auoit tenus le iour precedent, mais sur tout la supplia d'auoir pitié de luy, à quoy la Comtesse luy fit response, que non seulement elle prieroit Dieu incessamment luy dôner victoire sur ses ennemis exterieurs, mais aussi luy faire la grace de dompter ceste passion charnelle, qui le tourmentoit ainsi. Quelques iours apres que le Roy Edoüard fut arriué à Londres, où estoit sa demeure ordinaire, la Comtesse de Salberic fut auertie, que le Comte son mary, estant sorty des prisons, attenué d'ennuy & de maladie, estoit mort en chemin. Et parce qu'ils n'auoyent eu enfans, le Comté de Salberic retournoit au Roy d'Angleterre, qui la luy auoit donnee. Et apres auoir lamenté par plusieurs iours la mort de son espoux, se retira à la maison de son pere, lequel estoit Comte de Varucio. Et d'autant qu'il estoit conseiller ordinaire du Roy, & que la plus part des negoces du Royaume se vuidoyẽt par son auis & conseil, il se tenoit à Londres, à fin d'estre plus pres de la personne du Roy. Le Roy aduerty de

la

la venue de la Comtesse, pensa que fortune luy auoit ouuert le chemin pour bien conduire son entreprinse à son effect desiré: mesmes que la mort de son mary, & le tesmoignage prochain de son affectionnee seruitude, la rendroyent plus traictable.

Le Roy voyant toutes choses (à son auis) luy venir à souhait, commença à continuer ses premiers desirs, recherchant par tous moyens de pratiquer la bonne grace de la Comtesse, laquelle pour lors estoit seulemét eagee de vingtsix ans, & apres auoir dressé plusieurs tournois, mommeries, conuis, banquets, & autres telles offices d'humanité, & gentilesse, ou les dames ont accoustumé de se trouuer, il les caressoit toutes & deuisoit priuémẽt auec elles: Toutesfois il ne pouuoit si bien deguiser, ou masquer ses passiós, qu'il ne se monstrast tousiours plus affectionné à la Comtesse. Ainsi le Roy ne peut estre si discret en ses amours que de son feu couuert, ne sortissent flammes euidentes, mais la Contesse qui estoit accorte & de gentil esprit cogneut facilement que le Roy, pour auoir changé de lieu n'auoit point chãgé d'affection, & qu'il continuoit tousiours en ses propos cómencez à Salberic. Elle, qui m'esprisoit toutes ces contenãces amoureuses, demeuroit ferme en son chaste ppos. Et s'il auenoit que quelquesfois le Roy la caressa plus que son deuoir ne requeroit, soudain on eut veu vne couleur ternie en son visage, qui declaroit le peu de plaisir qu'elle prenoit en ces caresses, & commençoit à apparoistre en son visage vn rayon de rigueur, qui rendoit vn asseuré tesmoignage au Roy, qu'il se trauailloit en vain. Neantmoins pour retrancher tous les moyens au Roy de la poursuyure, elle commença à se tenir coye & recluse en la maison de son pere, sans se manifester en lieu ou il la peut voir, dequoy le Roy indigné se voyant priué & banny de la presence de celle qu'il estimoit le seul soulas de sa vie, communica le tout à vn sien secretaire, duquel il auoit esprouué la fidelité en plusieurs choses perilleuses, auec deliberation de la poursuyure par autre voye, s'il auenoit qu'elle persistast en ses refus & rigoureuses façons de faire accoustumees: Toutesfois auant que passer outre, voyant qu'il n'y auoit ordre de plus parler à elle en priué, proposa luy mander vne lettre, de laquelle la teneur s'ensuit:

Madame, si vous voulez considerer de sain entendement le commencement de mon amitié, la continuation d'icelle: puis le dernier poinct ou elle est maintenant reduite, ie m'asseure, que mettant la main sur vostre

stre conscience, vous vous accuserez vous mesmes, non seulemét de l'ancienne rigueur que m'auez tousiours monstree, mais sur tout de ceste nouuelle ingratitude, de laquelle vous me vsez à ceste heure, n'estant contente de vous estre baignee au malheur de mes peines passees, si par nouuelle recharge vous ne fuiez ma presence, comme celle de vostre mortel ennemy, en quoy i'experimente que le ciel & toutes ses influences demandent ma ruine, & ie la leur accorde : car ma vie ne prenant vigueur, & n'estant soustenue que de la faueur de vos diuines graces, ne peut estre maintenue vne seule minute du iour sans le liberal secours de vostre douceur & vertu, vous suppliant que si les affectueuses prieres d'aucun mortel tormenté, eurent iamais force & puissance de vous emouuoir à pitié, qu'il vous plaise auec grand merueille tirer dorenauant ceste mienne poure ame miserablement affligee de mort ou de martyre. Celuy qui est plus vostre que sien, Edoüar le desolé Roy d'Angleterre.

La lettre escrite de sa main, & seellee de son seau, commáda au secretaire l'aller trouuer au palais de son pere, & de la luy bailler en secret : ce qu'il feit. Et la Comtesse l'ayant leuë & reluë, dit au secretaire : Mon amy vous direz au Roy, que ie le supplie bien humblement de ne plus m'enuoyer lettres, ou messages touchant, l'affaire duquel il me escrit, car ie suis tellement resolue en la response que ie luy fey au chasteau de Salberic que i'y persisteray immuable, iusque au dernier souspir de ma vie. Le secretaire retourné vers le Roy, & luy ayant fait le recit de la responce de la Comtesse, surprins d'vne impatience, & colere extreme, voulut tēter encor vn autre nouueau moyen, & se cōsumant peu à peu en c'est amoureux feu, cōmença à sortir hors des gonds de raison, & quasi trāsporté demāda au secretaire: te sembleroit-il bō, que i'en feisse requeste au pere puis que le conseil en autre chose me defaut ? A quoy le secretaire luy dit librement, qu'il luy sembloit deraisonnable de se vouloir ayder de la diligence du pere pour corrompre sa fille, remonstrant fidelement au Roy le grand scandale & diffame qui s'en pourroit ensuiure, tant pour les anciens seruices que le pere auoit faits à ses ancestres, que pour la grā de prouësse aux armes, de laquelle il estoit tant recommandé : mais l'amour ennemy mortel de tout bon conseil, tenoit si bien les yeux du Roy bādez, que sans plus lōgue deliberation il dit au secretaire qu'il allast querir le pere pour luy demander secours de quelque chose d'importance: ce que entendu tēdu par le Comte, cōparut promptemēt où le Roy seul en vne chambre estant couché sur vn lict, luy commanda fermer l'huis, & s'asseoir, puis luy dist: Cōte ie t'ay fait venir icy deuāt moy pour quelque affaire qui me touche de si pres qu'il ne me importe moins que de la vie: car iamais pour quelque assaut de fortune (les aguets de laquelle i'ay souuent experimētez) ie ne me suis trouué vaincu de si grand ennuy & fascherie, que ie fay maintenant: car ie suis tellement cōbatu de mes passions, que surmonté d'icelles, ie n'ay refuge qu'à la plus desesperee mort que onques homme endura, si en brief ie ne suis secouru, & cognoy bien maintenant que celuy seul est heureux, qui auec raison peut gouuerner ses sens, sans se laisser trāsporter à ses effrenez desirs: en quoy nous differons des bestes, lesquelles cōduites seulemēt du naturel instinct, se precipitent indifferemmēt ou leur appetit les guide: mais nous auec la mesure de raison, pouuons & deuons moderer nos actions auec telle prouidēce, q̃ sans deuoyer, nous elisions le sentier d'equité & de iustice: & si quelque fois la chair infirme succombe, nous n'en deuons accuser que nous mesmes, qui deceuz par vn'ombre fuïarde & fausse apparence des choses, trebuchons en la fosse que nous nous estions preparee.

Et ce

Et ce que ie deduy icy, n'est sans vne tresmanifeste raison, comme ie l'experimente maintenant en moy mesme, qui ayant lasché la bride trop longue à mes affections desordonnees, ay esté tiré du droit chemin & traitrement deceu, & neantmoins ie ne sçay, ny ne puis m'en retirer, ny prendre la droite voye, ou tourner le dos à ce qui me nuit: dont maintenant infortuné & miserable que ie suis, ie me recognoy estre semblable à celuy qui poursuyuant sa proye par l'espaisseur d'vn bois s'elance indifferemment par tout, sans qu'il puisse retrouuer le sentier par lequel il estoit entré: ains tant plus il cuide suyure la trace, il s'en eloigne plus auant, demeurant à la fin intrinque: si est-ce, seigneur Compte, que ne veux ny n'entends par mes allegations precedétes si bien pallier ma faute, ou purger mon erreur, que ie ne le recognoisse & confesse en moy-mesme, mais c'est à fin, que ayant recherché de loing l'origine de mon mal, vous m'aydez à le plaindre & ayez pitié de moy, car pour vous en dire ce qui en est, ie suis tellement enueloppé au labyrinthe, de mon effrené vouloir, qu'encores que ie voye ce qui est de meilleur, helas! ie suy le pire. Ne suis-ie donq pas à plaindre (Compte) qui apres tant de glorieuses victoires, tant sur mer que sur terre,

terre, par lesquelles i'ay fait retentir & honnorer la memoire de mon nom par toutes ses parties, maintenant ie suis lié & vaincu d'vn si desordonné appetit, que ie ne m'en puis releuer: dont cette mienne vie, ou plus tost mort, est consite en tāt d'angoisses, & peines mortelles, que ie suis le propre siege de tous maux, & vnique receptacle de toutes miseres. Mais qu'elle suffisante excuse de mon erreur pourroye-ie desormais produire, qui enfin ne se manifeste inutile & despourueuë de raison: mais dequoy feray-ie bouclier de ma honte, sinon de ieunesse, qui me sert d'aguillō pour m'induire à l'amour: les forces duquel i'ay tāt de fois repoussees, que maintenant vaincu, ie n'ay lieu de repos sinon en ta mercy, qui, durant le viuant de mon pere as liberalement respandu ton sang en plusieurs entreprinses hautaines, pour son seruice, lequel depuis as si bien continué en moy, qu'en plusieurs affaires perilleux, i'ay souuent esprouué la fidelité de ton conseil, par le moyen duquel i'ay mis a fin des choses de grande consequence, sans iamais t'auoir trouué retif: lesquelles choses se representant deuant mes yeux, me font auecque toute confiance & seureté te declarer mon fait, auquel tu peux pouruoir auec ta parole seule, laquelle t'apportant fruict

tu

tu gaigneras le cœur du Roy, duquel tu pourras disposer toute ta vie:& d'autant que l'affaire te semblera plus ardu, difficile ou penible, ton merite sera plus grand, & accroistra l'obligation de celuy qui le reçoit. Pense doncques Comte, quel auantage c'est d'auoir vn Roy à ton commandement, ioinct que tu as quatre enfans masles lesquels tu ne peux honnorablement auantager sans ma faueur, te iurant par mon sceptre, que si tu me soulages en mes ennuis, ie pouruoiray si bien les trois derniers de si bonnes rentes, qu'ils n'auront occasion de porter enuie à leur aysné. Recorde toy semblablement comme ie scay recompenser ceux qui me seruent, & si tu as cogneu ma liberalité en recognoissant les seruices des autres, pense ie te prie, que ie seray en ton endroit duquel ma vie & ma mort depend.

Le Roy ayant mis fin à sa triste complainte empesché de sanglots & de souspirs se teust. Le Comte qui aimoit vniquement son Prince ayant entendu ce piteux discours, fidele tesmoin de son interieure passio, & n'en pouuant imaginer l'occasion fut merueilleusement troublé en luy mesme, & sans y penser autrement vaincu de pitié, fit vne liberale & trop soudaine offre au Roy de la vie, de ses enfans, & de tout le reste qu'il auoit en sa
puissan

puissance. Commandez, monseigneur, dit-il en pleurant, ce qu'il vous plaist que ie face iusques à me sacrifier moy-mesme, car ie vous iure sur la foy que de long-temps vous est inuiolablement obligee, que sans reseruation de chose quelconque, tant que ceste mienne langue se pourra estendre, & l'esprit sera soustenu de ce corps, vous serez fidelement & loyaument seruy, & non seulement que mon deuoir m'oblige, mais encores iusques à sortir des lices de l'honneur: mais le bon vieillard de Comte qui n'eust iamais sceu imaginer ne comprendre qu'vne si iniuste & deshonneste requeste eut sorty de la bouche d'vn Roy, luy feit à cœur ouuert sa tant liberale offre.

Le Roy doncques pensant auoir sondé le vif de la cordialle affection du Comte, changeant couleur, ayant les yeux fichez en terre, luy dit: Vostre Elips, Comte, est l'vnique medecine de mes trauaux, laquelle i'ayme trop plus que ma propre vie, & me sens tellement embrasé de ses celestes beautez, que sans la faueur de ses graces, ie ne puis desormais viure. A ceste cause, puis que vous desirez me faire seruice & me maintenir en vie, moyennez auecques elle, qu'elle me regarde en pitié, ce que ie ne vous puis requerir sans vne extreme honte,

ayant

ayant esgard tant au rang d'honneur que vous tenez que à vos anciens merites: mais selon vostre modestie & bôté accoustumee, vous rejetterez la faute sur la puissance de l'amour, laquelle m'a tellement aliené ma liberté & offusqué le meilleur de moy, que sortant maintenant hors des loix d'honneur & de raison, ie me sens gehenné & forcé en mon ame, vous faire telle requeste, & ne pouuant ci asser le venin mortifere hors de mon cœur, qui a aneanty mes forces & empoisonné mes sens, & priué mon ame de tout bon conseil, ie ne sçay que faire que me retirer vers vous, n'ayant repos aucun, sinon quand ie la veoy, ie parle d'elle, ou pense en elle, & suis maintenant reduit en si piteux estat, que ne l'ayant peu vaincre par prieres, offres, presens, humilitez, ambassades & lettres, mon seul & dernier refuge, & port asseuré de mes maux, est en vous, en la mort, ou en ma force. Le Compte entendant l'inciuile & brutale demande de son Seigneur, rougissant de honte & d'estonnement, remply encores d'vn honneste & vertueux dedaing, ne pouuoit denoüer sa langue, pour rendre condigne responce au Roy passionné. Finalement comme esueillé de quelque profond sommeil, luy dit: Sire le sens me faut, la vertu me delaisse, & ma
lan

langue est muette, entendant vos propos, par lesquels ie me sens reduit à deux si estrãges & perilleux destroicts, que passant par l'vn ou par l'autre, force m'est de tomber en tresgrãd peril:mais pour me resouldre au plus expedient pour vous, & moins honorable pour moy, vous aiant donné ma foy pour ostage, de vous secourir iusques à la perte de l'hõneur & de la vie, ie ne faudray à ma parole:& quant à ma fille, de laquelle vous m'auez requis, ie luy descouuriray le tout, cõme vous l'auez deduit. Bien vous aduerty ie (Sire) que i'ay bien puissance de la prier nõ pas de la forcer, baste, qu'elle entendra de moy quel est vostre cœur enuers elle : Mais ie m'esmerueille & me plains de vous à vous mesmes, & me sollicite, Monseigneur, de decharger ma peine deuant vous, plustost qu'auecques vostre honte, & mon eternelle infamie elle soit par autre manifestee en public. Ie m'esmerueille encores derechef (Sire) quelle presomptiõ vo' a esmeu, de penser cõmettre telle vilénie auec mon sang, & par vn acte si lasche, le vouloir deshonnorer, qui iamais ne s'ennuia de faire seruice à vous & aux vostres : Helas ! infortuné pere que ie suis, est ce le guerdon & salaire que moy & mes enfans deuons attẽdre pour nostre loyal seruice? A tout le moins si ne vou-

C

lez estre liberal du vostre ne cerchez point les moiens de nous oster l'hôneur & mettre vn tel blasme sur nostre race: mais qui pourroit attendre pis de son mortel & capital ennemy, c'est vous, c'est vous roy Edouard, qui rauissez à ma fille l'hônneur, à moy le côtetement, à mes enfans la hardiesse de se retrouuer en public, à toute nostre maison son ancienne gloire. C'est vous qui obscurcissez la clarté de mon sang, auec vne tache si deshônestte & detestable, que la memoire n'en sera iamais esteincte: C'est vous qui me contraignez d'estre le ministre infame de la ruine totale de ma maison, & d'estre le ruffien effronté de l'honneur de ma fille. Pésez (Sire) q̃ c'est vostre deuoir de me donner aide & faueur, quãd les autres s'essaieroyẽt de me procurer tel vitupere: mais si vous mesmes m'offensez, ou sera desormais mon secours? Si la main q̃ me deuoit guerir est celle q̃ me blesse, ou sera l'esperãce de mon remede? A ceste cause, Monseigneur, si ie me plains iustement de vo⁹, & si vous me dõnez occasion d'estendre mes criz iusques au ciel soiez en iuge, Monseigneur, car si vous voulez despouiller ceste desordonnee affection, ie n'en demande que vostre inuincible & genereux esprit pour iuge. D'autre costé, ie plains vostre fortune, pensant aux raisons

par

par vous deduictes, & de tant plus ie vous plains, q̃ vous aiant cognu des voſtre ieune aage, vouz m'auez touſiours ſemblé libre de paſſions, & non aſſubiety aux flammes a-moureuſes: ains touſiours adonné aux exercices des armes, & maintenant vous voiant deuenu priſonnier d'vne affection indigne de vous, ie ne ſcay q̃ iuger, tant la nouueauté d'vn tel inopiné accident me ſemble eſtrã-ge. Souuenez vous (Sire) q̃ pour vn ſimple ſoupçon d'adultere, vous eſtant encore fort ieune, feiſtes endurer la mort à Roger de Montemer & (ce q̃ ie ne puis pronõcer ſans larmes) feiſtes miſerablement mourir voſtre mere en priſon: & Dieu ſçayt cõbien vos cou-uertures eſtoient legieres, & voſtre ſoupçon aſſez mal fondé: pardonnez moy (Sire) ſi ie m'auance tant de parler, & péſez vn peu plus ſoingneuſement à vos affaires: ne cognoiſſez vous à veuë d'œil, que vous eſtes encores tout enueloppé des guerres, & que vos enne-mis dreſſent les cornes iour & nuict pour vo⁹ ſurprendre, tãt par mer q̃ par terre. Eſt ce donques maintenant la ſaiſon de ſe donner en proye aux delices, & ſe laiſſer captiuer aux dames? Ou eſt l'ancienne generoſité & grandeur de voſtre ſang? Ou eſt ceſte magna-nimité & valeur, laquelle vous à rédu eſpou-uentable à vos ennemis, amiable à vos amis,

C 2

& à vos subiects admirable? Quant au dernier poinct, par lequel vous menacez, que si ma fille ne condescend à vostre voloir, que vous aurez refuge à vos forces: Ie ne confesseray iamais que ce soit l'acte d'vn valeureux ou vray Roy, mais bien d'vn ville, pusillanime, cruel & libidineux tyran. Et ia Dieu ne plaise qu'en l'eage ou vous estes vous cômencez à forcer les dames de vos subiects, autrement ceste Isle perdra son nom de Royaume: & ne sera plus qu'vn receptacle de brigands & volleurs. Si donques pour mettre le dernier seau à ceste triste complaincte, vous pouuez par vos blandices promesses & presens, suader à ma fille d'obeir à vos dereiglez appetits, i'auray bonne occasion de me plaindre d'elle, côme de fille peu côtinente, & qui degenere des vertus de ses maieurs, mais pour vostre regard ie n'ay que dire, sinon qu'en ce vous suiuez la cômune façon de faire des hômes, qui poursuiuent les dames qui leur plaisent. Reste seulement respondre aux faueurs, que pour l'aduenir vous promettez à moy & à mes enfans. Ie ne veuz que à moy, ny à mes enfans, ny à aucun de nostre posterité soit reprochee chose quelconque qui nous puisse faire rougir, scachât en quel mespris & opinion sont ceux qui estans issus de bas lieux
sont

sont venus aux biés & honneurs, pour auoir gratifié & obey aux princes & Roys en deuoirs deshonnestes. Souuenez vous (Sire) que depuis peu de iours estát au camp contre les Escossois, vous reprochastes à certain, que pour auoir esté ministre des amours de vostre pere, de barbier il estoit deuenu Côte, & que si en l'auenir il ne reformoit ses meurs, vous le renuoiriez à la boutique. Et quant à moy, i'ay eu opinion que l'hôneste poureté a tousiours esté l'ancien & tresriche heritage des plus nobles Romains: Laquelle opinion si elle est condânee par le sens de l'ignorante multitude, & si nous voulons en cela luy donner lieu, faisans plus grand cas & estime des richesses & tresors que de la vertu: Ie diray que (la grace à Dieu) i'en suis assez abondamment pourueu, pour maintenir moy & les miés, non comme ambitieux ou taché de conuoitise, mais côme bien voulu de la fortune. Ie vous suppliray donques (Sire) faisant fin, prendre en bonne part ce que le deuoir & l'honneur m'ont côtrainct de dire, ainsi auec vostre congé. Ie men vay vers ma fille, luy faire entendre de poinct en poinct ce qu'il vous a pleu me cômander: & sans attendre autre replique du Roy s'en part, discourant diuerses choses en son esprit, sur ce qui estoit passé entre luy

& le Roy. Les raisons du Comte gaignerent tant sur les affections du Roy passionné, que ne sçachant que dire se condānoit soymesme, cognoissant fort bien, non seulemēt qu'auec iuste droict il auoit prononcé ces choses, mais encores qu'il auoit fait office de seruiteur fidele & conseillier loyal: de sorte que se sentāt pressé en son ame, il ne se pouuoit absoudre soymesme d'auoir osé commettre vne charge si deshonneste à vn tant louable & vertueux pere, à l'endroit de sa fille. Ainsi il se delibera de changer d'opiniō, puis apres auoir ietté plusieurs souspirs, dist ainsi: O miserable retranche ceste practique amoureuse, cōment es tu si despourueu de sens, de penser à celle que tu deusses auoir en telle reuerence que ta propre sœur, pour les seruices que toy & les tiēs auez receux du bon homme du Comte son pere, ouure les yeux de ton entendemēt, & te recognois toymesme: dōne lieu à la raison, & reforme tes impudiques & desordonnez appetits, resiste viuement à ceste lasciue volōté, qui te tiēt assiegé, sans te laisser transporter ou deceuoir à ce tyran amour. Soudain apres la beauté de la Comtesse Elips, se representāt deuant ses yeux, luy faisoit changer ses pensees au contraire & reiecter ce qu'il auoit approuué, disant ainsi: Ie sens en mon ame la coul pe de mon peché, & recognois mon tort: mais q̃ feray ie? veu ceste meutriere beauté, qui me force & maistrise si bien que ie n'y puis resister, disant: Face dont fortune & l'amour comme ils entendent. Elips sera mienne, en auiéne ce qu'il en pourra auenir. Le vice est il notable à vn Roy, d'aimer la fille de son vassal? suis ie le premier à qui tel inconueniét est suruenu? Et ce propos fini se moquoit de soymesme, & reuenant au contraire s'accusoit derechef, puis de cestuy cy en l'autre. Et estant en ceste perplexité passa le iour & la nuict, auec telle angoisse & douleur que chacun doutoit de sa santé. Et flottant ainsi entre esperáce & desespoir, se resolut en fin d'attendre la respõce du pere. Le Comte donques sorty de la chambre du Roy, aggraué de pensers ennuieux, tout plein de rage & mescontentement voulut differer iusques au iour suiuant, pour parler à sa fille: & l'aiant fait appeller & asseoir vis à vis de luy, commença à l'araisonner ainsi: Ie m'asseure ma chere fille, que tu ne seras moins estonnée qu'esmerueillée, d'entendre ce que ie te veux dire: & encores plus voiant le peu de raison que i'ay de t'en tenir les propos: mais d'autant que de deux maux le moindre tousiours doit estre esleu: Ie ne doute point que comme sage & auisée que

ie t'ay tousiours cogneue, que tu n'eslise ce
que i'ay choisi: quant à moy, depuis qu'il
pleut au Seigneur me donner la cognoissance du bien, & du mal, iusques à maintenant, i'ay tousiours eu l'honneur en plus
grāde recōmandation que la vie, d'autāt que
(selon mon aduis) c'est moindre chose de
mourir innocemment sans tache quelconque, que de viure en deshonneur & vitupere de tout le monde: mais tu sçais qu'elle liberté a celuy qui est subiect sous la puissance d'autruy, estant quelque fois contraint faire beaucoup de choses, non seulement contre son voloir, mais qui pis est, contre sa
propre conscience, estant plus souuent forcé
selon la qualité du temps, & plaisir des Seigneurs changer de meurs & vestir nouuelles affections: ce que i'ay bien voulu te reduire en memoire, d'autant que ce que ie te
pretens dire cy apres en depend. Scaches
donques, ma fille, que hier apres disner le
Roy me feist appeller, & estant deuāt luy, &
auec tresinstante & pitoiable priere, me requist tout baigné de larmes, de faire chose
pour luy qui luy importoit de la vie: Moy,
qui outre que ie suis né son vassal & seruiteur, ay tousiours eu vne particuliere affection à son pere & à luy, sans aduiser autrement qui c'estoit, luy engageay ma foy de
luy

luy obeir en ce qu'il me commanderoit, & allaſt il de mon honneur & de ma vie. Luy ſe ſentant aſſeuré de ma liberale promeſſe, apres pluſieurs propos accompaignez d'vne infinité de ſanglots, me decouurant le ſecret de ſon cœur, me diſt, que le tourment qu'il enduroit ne procedoit d'ailleurs que d'vne feruente amour qu'il te porte. Mais Dieu immortel, qui eſt l'homme tant conſideré qui euſt peu imaginer ou comprendre, qu'vn Roy euſt eſté ſi impudent & effronté d'oſer commettre vne charge tant deshonneſte au pere, à l'endroit de ſa fille? Le Comte luy aiant recité par ordre l'hiſtoire paſſee entre luy & le Roy, luy diſt : Tu vois ma fille: mon incôſideree & ſimple promeſſe, & l'effrenee voloir d'vn Roy paſſionné, auquel i'ay reſpondu qu'il eſtoit en ma puiſſance de te prier, mais non de te forcer. A ceſte cauſe, ma chere fille, ie te prie ceſte fois pour toutes que tu obeiſſes à la volonté du Roy, & cognois que ce faiſant tu feras preſent à ton pere de ta chere & honneſte pudicité, meſme que la choſe ſera ſi ſecrette, que la renommee de ta faute ne touchera les aureilles d'aucun: neantmoins l'election eſt en toy, & la clef de ton honneur eſt en ta main, & ce que ie t'en dy, eſt pour ne faillir de promeſſe au Roy. Elips, pendant que son pere parloit, auoit tellement changé de couleur, par vne honneste honte enflammee d'vn vertueux dedaing, que qui l'eut lors contemplee, l'eust plustost iugee quelque Deesse celeste, que creature humaine. Et apres vn long silence, auecques vne humble grauité, commença ainsi sa responce.

Vos propos m'ont rendue si confuse & tellement rauie en admiration, Mõseigneur & pere treshonnoré, que si toutes les parties de mon corps estoient conuerties en lãgues, elles ne me sembleroient assez suffisantes, pour dignement exprimer la moindre partie de mon dueil & mescontentemẽt: & certainement auec tresgrãde & tresiuste raison ie me puis maintenant plaindre de vous, veu le peu de compte que faites de moy, qui suis vostre chair, vostre sang, & vos os, & qui pour le tribut de la vie fresle & caduque que vous m'auez donnee, me mettant sur terre, vous voulez prendre mon honneur maintenant en paiement: en quoy i'experimente que non seulement toutes les loix de nature sont estainctes & amorties en vous, mais, qui pis est, vous excedez & surpassez en cecy la cruauté des animaux, lesquels quelque brutalité qu'ils aient, si ne sont-ils point si denaturez de faire tort à leurs faons, ou d'exposer leur fruict à la mercy
d'au

d'autruy, côme vous faites le voſtre ſous le plaiſir d'vn Roy: Car quelque eſtroicte puiſſance que vous aiez de me cômander, comme à voſtre treshumble & treſobeiſſante fille, toutesfois vous deuez penſer & reduire en voſtre memoire que iamais vous n'auez veu en moy acte ny mouuement, ny ſigne, ny entendu parole qui vous deuſt inciter de tenir propos ſi deshonneſtes. Et combien que le Roy par pluſieurs fois auec vne infinité de prieres, preſens & meſſages, & autres tels allechemens propres à perſuader, & ait deploie tout l'artifice de ſon eſprit, pour me ſeduire & corrompre, ſi eſt ce qu'il ne peut onques auoir autre reſpôce de moy ſinon que l'honneur m'eſtoit mille fois plus cher que la vie, ce que ie vous ay touſiours voulu celer, côme auſſi ay ie fait à mes autres parens, de peur de vous induire à commettre felonnie, ou de conſpirer quelque choſe contre noſtre Roy, preuoiant les eſtranges accidens, qui ſont ſouuent auenus pour ſemblables choſes auec la ruine de pluſieurs citez & prouinces. Mais, bon Dieu, ie ſuis bien eſloingnee de mon doute, veu que vous meſmes eſtes le corrier honteux d'vn acte ſi deshonneſte. Et à fin de conclure en peu de paroles, encores que i'euſſe touſiours eſperance que le Roy me voyant

arreſtée

arrestee en mon inuiolable chasteté, se deporteroit de me poursuiure, & me lairroit pour l'auenir viure en repos auec mes semblables: si est ce que le voiant obstiné en son erreur, ie suis resolue pour mourir ne faire chose qui luy plaise. Et de peur qu'il prenne de moy par force, ce que de mon gré ie ne luy veux ottroier, suiuant vostre conseil, i'esliray de deux maux le moindre, aiant plus cher me defaire & tuer de mes propres mains, q̃ souffrir qu'vne telle tache ou vitupere obscurcisse la gloire de mon nom, ne voulãt rien commettre en secret, qu'estant quelque fois puis apres publié, me puisse faire changer de couleur. Et en ce que mettez en auant d'auoir iuré & engagé vostre foy au Roy pour asseurance de vostre promesse, c'est tresmal consideré à vous, quelle est la puissance que les peres ont sur leurs enfans, veu qu'elle est si bien bornee par la Loy de Dieu, qu'ils ne sont obligez à leurs parens, en ce qui est contre les diuins commandemens : d'auantage tant s'en faut que nous puissions nous obliger aux choses incestueuses & deshonnestes, que mesmes il nous est estroitement enioinct de ne les faire point si nous en sommes requis. Et eust esté trop plus decent & excusable deuant Dieu, lors que vous feistes ceste legiere

pro

promesse au Roy, luy eussiez promis de m'estrangler plustost de vos propres mains, que de consentir de me laisser tomber en vne faute si abominable. Et à fin de tirer le dernier arrest & conclusion de ce que i'ay arresté en moy auec vne tresmeure deliberation & immuable conseil. C'est que vous direz au Roy, que i'aime mieux perdre la vie auec la plus cruelle de toutes les honteuses morts qu'il sçauroit inuenter, que de consentir vne chose tant deshonneste, aiant de long temps imprimé cecy en mon ame, que la mort honneste honnore la vie passee. Le pere aiant entendu la prudente responce de sa fille, la benist & loüa grandement en son cœur, priant Dieu luy aider & l'auoir en sa garde, & la confirmer en ce saint & honneste vouloir, puis se sentāt grandemēt consolé s'en va trouuer le Roy, auquel il dist: Sire, ne voulant vous faillir de promesse, ie vous iure la foy que ie doy à Dieu & à vous, que i'ay fait mon deuoir à l'endroit de ma fille, luy exposant vostre vouloir, & l'exhortant de vous complaire, mais pour resolution elle m'a respondu, qu'elle est plustost deliberee de mourir cruellement que de commettre chose alienee de son honneur. Vous sçauez, Sire, comme ie vous ay tousiours dit que ie la pouuois prier, mais for-

cer

cer non. Aiant donques obey à voſtre commandement & ſatisfait à ma promeſſe, il vous plaira me donner congé de me retirer en quelque mien chaſteau, pour donner deformais quelque repos & relaſche à ma foible vieilleſſe, ce que le Roy luy ottroya volontiers. A ceſte cauſe le iour meſme il partit de la cour auec ſes enfans maſles, & alla en ſa comté, laiſſant à Londres ſa femme & fille, & le reſte de ſa famille, penſant par ce moien ſe deuelopper de ſes choſes ſans la diſgrace du Roy. Le Roy d'autre part ne fut pas ſi toſt auerty du departemét du Comte, & qu'il auoit laiſſé ſa fille à Londres, qu'incontinent il ne cogneuſt la volonté du pere, & tôba en tel deſeſpoir de ſon amour, qu'il en cuida forcener de dueil faiſant les nuicts egales aux iours, ſans prendre aucun repos, mettant à part les armes, l'adminiſtration de la iuſtice, le deduit de la chaſſe, où le temps paſſé il s'eſtoit tant delecté, & toute ſon eſtude n'eſtoit qu'à paſſer & repaſſer pluſieurs fois deuant la porte de la Côteſſe, pour eſpier s'il en pourroit tirer quelque traict d'œil. Et furent ces choſes reduictes à ſi piteux eſtat qu'en peu de iours les citoiés & autres gentils hommes commencerent à deſcouurir la furieuſe amour de leur prince, blaſmans tous d'vne commune voix la
cruau

cruauté de la Comtesse, veu qu'elle n'estoit mariee, laquelle d'autant plus estoit auare de sa beauté qu'elle sentoit le Roy enflammé de son amour. Les grands seigneurs voians leur Roy reduit en telle extremité, esmeus de pitié & compassion, commencerent secrettement à la cuider pratiquer, les vns par menaces, les autres par blandices, les autres s'adressoiét à la mere, luy remonstrans l'eternel repos qui estoit preparé à elle & aux siés, si elle vouloit persuader à sa fille de s'incliner au vouloir du Roy, & par le contraire, le peril eminent d'elle & des siens, mais toutes ces menees se dressoient en vain, car la Comtesse ne s'esmouuoit non plus de tous leurs desseings qu'vn ferme rocher, agité de diuerses tépestes : Toutesfois à la longue, voiant que chacun en parloit diuersement selon que son affection le conduisoit, fut esmeuë & tellement sollicitee en son cœur, que craignant d'estre surprinse, & que le Roy vaincu de sa forte passion par succession de temps, n'vsast de force, & luy feist violence, trouua moien de recouurer vn grand cousteau trenchant, lequel elle pourroit secrettemét sous sa robe, auec deliberation que si elle se voioit en peril d'estre violee, d'vser de force contre elle mesme. Les courtisans ennuiez du martire
de

de leur maiſtre, & n'aiant eſgard qu'à luy gratifier, & luy preparer du plaiſir, conſpirerent tous en general contre la famille du Comte, donnant à entendre au Roy que c'eſtoit le plus expedient, puis que les choſes eſtoient ainſi deplorées, de faire mener Elips à ſon palais & la prendre par force. Ce que le Roy yure de ſa paſſion leurs accorda volontiers. Toutesfois auant que paſſer outre, par ce qu'il aimoit loyaument la Comteſſe, il delibera d'auertir la mere de la Comteſſe de ce qu'il entendoit faire, & commanda à vn ſien ſecretaire d'aller la trouuer en diligence, & ſans luy rien deſguiſer de l'inſtruire du tout. Le ſecretaire aiant trouué la mere de la Cōteſſe, luy diſt: Madame, le Roy vous fait aſſauoir par moy qu'il a fait ce qu'il a peu, & plus que ſa grandeur ne requiert, penſant pratiquer la grace & amour de voſtre fille, mais voiant qu'elle a meſpriſé ſes prieres, deſdaigné ſa preſence, & eu en horreur ſes doleances, ne ſcachant plus que faire, ſon dernier recours eſt en ſa force, vous aduertiſſant vous & elle de penſer ce qu'auez à faire, car il a deliberé, vueillez ou non, l'emmener publiquement auec main armee au grand deshonneur, ſcandale & diffame, tant de vous que des voſtres, & au lieu que le paſſé

il a

il a fauorisé le Côte voſtre eſpoux, il eſpere en bref luy faire ſentir ce que peut le iuſte deſdaing d'vn tel prince offenſe. La bonne dame aiant entendu vn ſi ineſperé & cruel meſſage, fut ſurprinſe d'vn tel eſtonnement qu'il luy ſembloit auis qu'elle voioit deſia trainer ſa fille par les cheueux deuant elle, aiāt ſes habits tous deſchirez, laquelle auec vne voix piteuſe luy crioit mercy. A ceſte cauſe toute eſploree & tremblante de peur, ſe iette aux pieds du ſecretaire, & luy embraſſant les genoux eſtroictement, luy dit: Secretaire mō amy, ſuppliez le Roy en mon nom, qu'il ſe recorde des ſeruices qu'il a receus de mes anceſtres ſans deshōnorer ainſi ma maiſon en l'abſence du Côte. Et ſi vous ne pouuez tant gaigner ſur luy que ſon dur cœur ſoit amoly, pour le moins qu'il prenne patience que i'aie fait entēdre ſon vouloir à ma fille, laquelle i'eſpere ſi bien perſuader qu'elle ne donnera occaſion au Roy de ſe meſcontenter d'elle. La reſponce entēdue, le ſecretaire la feiſt entendre au Roy, lequel forcené d'ire & d'amour, ſe tint coy, & commanda que ſes gentils-hommes s'appreſtaſſent pour luy aller querir la Comtelie, ce pendant la mere de la belle Elips entra en la chambre de ſa fille, & apres auoir commandé à toutes les damoiſelles qui luy faiſoient

D

compaignie de sortir de sa chābre, commença en peu de paroles de luy raconter ce que le Roy luy auoit mandé par le secretaire, finalement luy dit en souspirant. I'ay veu le temps, ma fille, que te voiant tenir le premier rāg entre toutes les plus belles dames du royaume, ie m'estimois tres-heureuse de t'auoir portee en mes flancs, & pésois par le moien de ta beauté & vertu te voir vn iour le repos & cōsolation des tiens, mais maintenant mes pensees tournees au contraire par l'obiect des malheurs qui se presentent, ie te pense nee, non seulement pour estre la ruine vniuerselle de nostre maison, mais (ce qui plus me griefue) pour l'occasion de ma mort & desolation des tiens: mais si tu veux vn peu moderer ta rigueur, toute ceste tristesse sera conuertie en briefue ioye: car nostre Roy n'est pas seulement amoureux de toy, mais pour l'ardente affection & amitié qu'il te porte, il est hors de soy, de sorte que maintenant chacun nous cōiure, & poursuit, cōme meurtriers de leur prince, entre les mains duquel, cōme tu scais, la vie, l'hōneur & les biés de toy & des tiēs reposé. Mais quelle gloire & trophee d'honneur t'apporteras tu aux siecles futurs, quand on scaura q̄ par ton obstinee cruauté tu auras procuré la mort de ton vieillard de

pere

pere, fait meurtrir ta mere, & tes freres, & spolié tout le reste de ton sang de leur bien & auoir? mais quel creue-cœur de les voir errer vagabonds par le monde, bannis de leurs biens, & demeurez en continuelle poureté, sans auoir lieu ou retraicte de leur misere, lesquels au lieu de te benir ou louër l'heure de ta naissance, la maudiront mille fois en leur ame, comme estant cause de tous leurs desastres & malheurs: penses, penses y ma fille, entre en toy-mesme, car en toy seule gist la conseruation de nos vies, & espoir de tous les nostres. Ces propos finiz l'affligee Comtesse ne pouuant plus resister à son mal, tant auoit le cœur serré, les bras croisez, se laissa tomber demie morte sur sa fille, la voiant ainsi immobile, & sans aucune apparence de vie, aiant toutes les extremitez de son corps refroidies, la delaissa hastiuemét, puis auec secours & autres choses propres la feist reuenir, & la cuidant gaigner l'asseura de faire ce qu'il luy plairoit, puis luy dit: Essuiez vos larmes, Madame, moderez vous vn peu sans plus vous tourmenter, rappelez la ioye perdue, & prenez cœur, car ie suis disposee de vous obeir: & ia n'aduienne que ie soie l'occasion de la peine que ie vous voy souffrir. Or suis-je preste d'aller trouuer le Roy, ou bó vous

D 2

semblera, à celle fin que nous deux sans autre compaignie facions nostre messaige, & donnons le commencement à nostre entreprinse. La mere remplie de ioye, leuant les mains au ciel embrassa tendrement sa fille, & la baisa plusieurs fois, & apres auoir commandé qu'on accoustrat sa couche, se fit côduire auec sa fille, accompaignee seulement de deux damoiselles, iusques au palais du Roy, où estant arriuees manderét le Secretaire q leur auoit fait le message, lequel les aiant conduites en la chambre du Roy, les luy presentant dit: Sire, voicy la compaignie laquelle vous auez tât desiree, qui vo^s vient faire la reuerence. Le Roy fort estonné s'en va au deuant, & auec vn visage ioyeux, dit: Bien soit venue Madame la Comtesse, & sa tant desiree côpaignie, mais quelle bône fortune vous côduit icy maintenât? La Comtesse luy aiant rendu son salut encores toute effraiee de peur, luy respond, voicy Monseigneur, vostre tant souhaittee Elips, laquelle se repétant de son ancienne cruauté & rigueur, est venue pour vous obeyr en cela qu'il vous plaira luy cômander. Lors le Roy contemplant Elips tremblante comme la fueille agitee des vents, (aiant les yeux fichez en terre) s'approchant d'elle la print par la main & luy dit en la baisant, bien soit
venue

venue ma vie & mõ ame, mais elle non plus esmeuë qu'vn fier lyon enuirõné des cruels animaux, se teut coye, aiant le cœur si serré de dueil & despit, qu'elle ne sceut respondre vn seul mot: le Roy qui pensoit que telle passion luy procedat d'honte, commanda que les damoiselles qui estoient venues pour l'accõpagner se retirassent, hors mis la mere, qui la conduit iusques à l'entree de la chambre, puis se retirant la laissa à la misericorde de l'amour & du Roy. Soudain que le Roy fut entré il ferma l'huis, ce q̃ voiant Elips, commença à sentir vn furieux combat entre l'honneur & la vie, craignant de estre violee, & se voiant abandõnee de tout humain secours, se prosternant à ses pieds luy dit: Monseigneur puis que ma triste fortune m'a icy amenee comme l'aigneau innocent au sacrifice, & que mes parens espouuentez de vostre fureur, cõme rapteurs outre mon gré, & contre le deuoir de leur honneur m'ont cõduite deuant vous, ie suppliray vostre grandeur auant que passer outre, ou que ie vous complaise en autre chose de me faire preuue & monstrer par effect si vostre amitié est telle comme souuétesfois m'auez escrit & declairé de bouche. La requeste que ie vous veux faire sera facile, & qui me satisfera plus que tout le contente-

ment qui me sçauroit venir d'ailleurs, autrement (Sire) n'esperez point que tant que ie auray la vie sauue, q̃ ie face chose en quoy vos desirs soient contentez. Et si ma demande vous semble raisonnable, & fondee en quelque equité auant que ie vous en face ouuerture & declaration plus ample attestez le moy par serment. Le Roy se voiant prié d'vne chose si belle, & à laquelle plustost que de la refuser luy eust accordé son sceptre, print Dieu pour tesmoing, & toutes les puissances celestes, pour la confirmation de ce qu'il luy pretendoit promettre, puis il luy dit: L'vnique maistresse & seule gardienne de mon cœur, puis que de vostre grace vous auez daigné venir à mon palais, pour me requerir d'vne seule faueur, laquelle des maintenãt sans reuocation ie consens & ottroie, vous iurant pour la dignité du sacrement de baptesme par lequel ie fus incorporé en l'eglise de Dieu, & pour l'amour que ie vous porte, car autre plus grande asseurance ne vous puis-ie donner, que ne serez refusee de chose qui soit en mon pouuoir, pourueu que ne me demandez point que ie ne vous aime plus, & que pour l'auenir ie me deporte de vous seruir, car en cecy ie fausserois ma foy, & m'y fusse ie astreinct par tous les sermens du monde. La
belle

belle Elips sans se vouloir leuer, quoy que le Roy l'en eust par plusieurs fois requise, print reueremment la main du Roy, disant: Et ie baise ceste royalle main pour loial tesmoingnage de la grace, que le Roy me fait, Puis tirant vn grand couteau trenchãt tout baigné de larmes, qu'elle auoit sous sa robbe, tournant ses yeux piteux vers le Roy plein d'estonnement & de merueillés, luy dist: Sire, le don que ie vous requiers, & pour lequel vostre foy m'est demouree obligee, c'est que ie vous supplie treshumblement plustost que me rauir l'honneur, auec ceste espee que portez ceincte, donnez fin à ma vie, ou permettez maintenant qu'auecques ce couteau trenchant moymesme me deface, à fin que mon sang innocent me seruant d'honneur funeral porte tesmoingnage deuant Dieu de ma chasteté incontaminee, estant si resolue de mourir auecques l'honneur, que ainçois que ie le perde, ie me meurtriray moymesme deuant vous de ce glaiue. Le Roy qui brusloit d'vne ardeur amoureuse, aduisant ce piteux spectacle, & considerant l'inuincible constance, & chasteté de Elips, vaincu d'vn remort de conscience, accompaigné d'vne iuste pitié, luy dit, (la prenant par la main) Leuez vous dame Elips, & viuez desormais asseuree, car

D 4

ie ne veux ny ne pretens iour de ma vie prédre chose de vous outre vostre gré, & luy rauissant le couteau de la main s'escrie: Ce couteau sera desormais le heraut deuant Dieu & les hommes de ceste vostre chasteté inuincible, la force de laquelle l'amour lascif n'a peu endurer, ains donnant place à la vertu s'esloignant de moy, m'a fait en vn instant victorieux de moy-mesme, cóme bien tost ie vous feray cognoistre à vostre grand contentement:& encores plus grandes merueilles en asseuráce de quoy, ie neveux autre chose de vous que le chaste baiser, lequel receu, ouurant la porte feit entrer la Comtesse, le Secretaire, & les damoiselles, & à la mesme heure feit congreger tous les courtisans & seigneurs qui pour lors estoient en la basse court du palais, entre lesquels estoit l'Euesque d'Ebourace, homme de grande reputation & singuliere doctrine presens, lesquels aiant le couteau en la main, compta de poinct en poinct tout le discours de ses amours. Et apres auoir prins Elips par la main, luy dist: Madame l'heure est venue que pour le loyer de vostre honneste pudicité & vertu, ie veux & consens vous auoir pour espouse, si vous le trouuez bon. Elips ce propos entendu commença à recouurer sa couleur blesme & palle en vn teinct plus

ver

vermeil, & comblee de ioye & d'vn contentement incroiable, se gettant à ses pieds, luy dist: Monseigneur, combien que ie n'aye iamais esperé de me voir esleuee en si haut degré d'honneur, comme maintenant la fortune me range pour meriter vn si grād bien que celuy que vous me presentez, vous daignant de tant abbaisser que me prēdre pour vostre espouse, si est ce, Monseigneur, que voiant vostre volonté telle, me voicy preste pour vous obeïr.

Le Roy l'aiant leuee de terre commanda à l'Euesque de prononcer tout haut les paroles accoustumees aux espousailles. Puis tirant vn riche diamant de son doigt le donna à Elips & la baisant luy dist: Madame vous estes Royne d'Angleterre, & dés main tenāt ie vous donne par chacun an trente mille angelots, & m'estant escheuë la duché de Lanclastre par confiscation, ie vous en fay present pour vous & les vostres, lesquelles choses enregistrees selon la coustume, le Roy consommant ce mariage feist paier à la Comtesse les interests rigoureux de sa longue amitié, & auecques tel heur & contentement que pouuent iuger ceux qui en ont fait essay de semblable plaisir, & recuilly le fruit d'vne longue poursuite. Et pour mieux solemniser les nopces, le Roy feist cōuoquer

D 5

HISTOIRE PREMIERE.

toute la seigneurie d'Angleterre, & diuulguer son mariage, & leur feist enioindre de se trouuer à Londres le premier iour de Iuillet, pour assister aux nopces & couronnemēt de la Royne. Puis manda querir le pere & frere de la Royne, lesquels il embrassa tous l'vn apres l'autre, honnorant le Comte comme son pere, & les enfans comme ses freres, dequoy le Comte se resiouissoit grandemēt, voiant que l'esperance conceuë de l'honneur de sa fille auoit sorty vn tant heureux effect, tant à l'eternel honneur de luy, que des siens, que à la perpetuelle exaltation de sa maison. Le iour venu la Royne fut amenee de la maison de son pere, paree d'habits royaux, iusques au palais, & cōduite par vne infinité de seigneurs & dames à l'eglise, ou le seruice accomply, le Roy de rechef publiquement l'espousa, & le mariage solennisé, conduite au lieu public, fut proclamee Royne d'Angleterre, auec vn contentement extreme, &
ioye incredible de
tous ses subiects.

Fin de l'Histoire premiere.

Som

Sommaire de la seconde Histoire.

Quand le malheureux vice de l'impudique amour prend une fois racine, il ne cesse de ramper par toutes les plus saines parties du corps humain, jusques à ce qu'il ait engendré en nos cœurs une tige si puante & infaict, que le fruict qui en ressort est l'entiere corruption de nos vies & de nos ames. Et combien que pour quelque têps ils entretienment ses vassaux en delices, si est-ce que les dernieres confitures qu'il leur appreste, sont si difficiles à digerer que les uns en perdent le sens, les autres la vie, comme l'on peut veoir apertement par le discours de l'Histoire sequente. En laquelle un cruel amant vaincu d'ambition meurtrist de ses propres mains sa miserable & infortunee amante.

D'un Empereur des Turcs, nommé Mahomet, si fort amouraché d'une Grecque, qu'il oblioit les affaires de son Empire, & pource ses suiets conspirerent le deposer, de quoy auerty par l'un de ses plus fauoris, feit assembler tous ses Bachats, & principaux de sa cour, en la
pre

presence desquels luy mesme coupa la teste de sa Grecque, pour euiter la conspiration.

HISTOIRE SECONDE.

SI vous feistes iamais essay, ou preuue aucune, pour sçauoir de quelle trempe sont les fleches d'amour, & quel fruict en raportent ceux qui le practiquent, ie m'asseure que vous serez touchez de quelque pitié, entendant la cruauté inhumaine d'vn infidele amāt enuers sa dame. Celuy duquel ie veux descrire l'histoire, est Mahomet, (non le faux prophete) mais le bis-aieul de Soliman Ottoman, Empereur des Turcs, qui regne de ce teps. C'est luy qui auec le vitupere & eternelle infamie de tous les princes Chrestiens de son temps, print Constantinople, & rauit l'Empire d'Orient des mains de Cōstatin Empereur Chrestien. l'an de grace 1453. Aiant donques Mahomet obtenu si grande victoire à Constantinople, entre les despouilles de ceste superbe cité, fut trouuee vne vierge Grecque, de si rare & excellente beauté, qu'elle attiroit les yeux d'vn chacun à l'admirer & cōtépler, cōme quelque chose miraculeuse : le nom de laquelle

quelle estoit Hyrenee, aagee de seize à dix sept ans, de laquelle vn capitaine pour gratifier à son seigneur luy en feist present, comme de la chose de ce mõde (à son aduis) qui luy seroit plus agreable. l'Empereur Mahomet ieune & lascif outre mesure, apres auoir gecté l'œil sur la vierge, & aiãt sa beauté ia grauee en son cœur, commanda estroitemẽt qu'on la luy gardast, esperãt le tumulte de la guerre passé, se donner du bon téps auec elle. La retraicte sonnee, & les affaires de l'Empire reduits en plus seur estat, se recordant de la beauté d'Hirenee, laquelle auoit ia fait bresche en son cœur, commanda qu'elle luy fust amenee:& l'aiant cõtemplee à son aise, il se sentit si surprins de ceste nouuelle flame, qu'il ne prenoit plaisir qu'a la cherir & caresser, de sorte, qu'amour estant en pleine possession de ses esprits, le traicta si cruellement, qu'il ne reposoit ny iour ny nuict, ains se donna si biẽ en proye à son Hyrenee, qu'il ne sentoit autre cõtentement en son ame, que celuy qu'il receuoit d'elle:& continua ceste passion amoureuse par l'espace de trois ans cõtinuz, prenãt telle vigueur & accroissement par l'interualle de temps qu'il cõmença à mettre en oubly tout ce qui appertenoit à l'ornement & decoration de son Empire, laissant l'entiere administra

niſtration de la choſe publique à ſes Bachats, s'eſtant ſi bien anonchaly qu'il ſe repo
ſoit du tout ſur eux, de ce qui cōcernoit l'e-
ſtat de l'Empire. Pendant ce deſordre le vulgaire cōmença tacitemēt à murmurer, tant
de la confuſion & deſordre de l'Empire, que
de la police mal adminiſtree, & ſpeciale-
ment de quoy les Bachars (corrōpus d'auarice) n'entendoient qu'a leur profit particulier, & s'enrichir des deſpouilles du peuple.
Les Ianiſſaires d'autre coſté, gēs belliqueux
& nourris au continuel exercice des armes,
cōmençoient à detracter à voix deploiee de
leur Seigneur, ſe complaignans en public de
quoy il laiſſoit ainſi eſcouler ſa vie cōme effeminé, ſans qu'elle raportaſt aucun prouffit
à l'Empire. Brief, la choſe vint à telle deſola-
tion, qu'elle ſe deuoit pluſtoſt appeller ſedition que murmure: toutesfois il n'y auoit
hōme ſi hardy qui oſaſt entreprendre d'en-
tenir propos à l'Empereur, le recognoiſſant
de nature ſi terrible, cruelle & auſtere, que
auec la parole il euſt fait perdre la vie à ce
luy qu'il euſt penſé retirer, ioinct auſſi qu'il
eſtoit ſi enyuré de la beauté de la Grecque,
que la moindre attainte qu'on luy euſt ſceu
donner, pour l'en penſer diſtraire, eſtoit ſuffiſante pour le faire entrer en furie, eſtant ſi
bien emartelé ce poure Empereur, que non
ſeul

seulement il côsumoit les iours & les nuicts auec elle, mais il ardoit d'vne continuelle ialousie, & auoit sa beauté si bien peincte au vif, en l'interieur de son ame, que plustost eust il consenty la ruyne de l'Empire que se separer d'auec elle. Pendant qu'il contentoit ses desirs, & qu'il demouroit ainsi enseuely en ses delices, chacun en particulier, & tous en general conspiroient contre luy, auec vn propos deliberé de ne luy plus obeir à l'auenir & proposoient d'eslire quelque Empereur plus Martial, par le secours & côseil duquel non seulemét ils conseruassent les choses acquises, mais ils amplifiasses les bornes de leur Empire. Mustapha q auoit esté nourry auec l'Empereur hôme genereux, libre en parole, & tant priué de sa maiesté, qu'il pouuoit entrer en sa châbre, la Grecque presente, apres auoir trouué l'opportunité, telle qu'il la souhaitoit, s'accosta vn iour de l'Empereur Mahomet, lequel entretenât ses pensees, se pourmenoit seul en son iardin, auquel apres auoir fait vne grande reuerence, selon leur coustume, luy dist : Monseigneur, sans vne crainte seruile, qui me retient, & la peur que i'ay d'encourir vostre malegrace, ie vous dirois volontiers ce qui concerne, nô seulemét vostre salut, mais qui plus est celuy de tout l'Empire. Auquel Mahomet respon spondit, auec vn visaige assez ioieux: Chasse la froide peur qui te retiēt, & dis hardiment ce que tu penses qui me touche, auquel Mustapha dist: Ie ne doute point Monsigneur, que ie ne vous doiue sembler par trop presomptueux, ou temeraire vous manifestāt si libremēt les cōceptions de mō ame, mais nostre anciēne nourriture, le deuoir de ma cōsciēce, auec l'experiēce, que vous auez tousiours euë de ma fidelité, m'ont si bien forcé, que ne pouuāt plus cōmāder à moymesme, i'ay esté contraint (par ie ne sçay quel esguillon de vertu) vous manifester les choses que le temps & la necessité vous feront trouuer bonnes: encores que (peut estre) aiāt maintenant les yeux bandez du voile de vostre desordonnee affection, ne les puissiez digerer, ou prendre en bonne part. La vie, Monseigneur, que vous auez menee depuis la prinse de Constantinople, & les excessifs delices esquels depuis trois ans vous vous estes plōgé, sont cause que non seulemēt vos soldats & reste du populace, mais les plus affectionnez seigneurs de vostre empire murmurēt, cōspirent & cōiurēt contre vous. Et me pardonnez, Mōseigneur, si ie parle si irreueremmēt en ce qui cōcerne vostre salut: Car il n'y a celuy qui ne soit grādemēt esmerueillé de ceste tant nouuelle mutation, q̄ apparoist en vous

vous, & dequoy vous auieillissant ainsi, & degenerant de vostre ancienne generosité & grandeur vous vous estes si bien donné en proye à vne simple femme, que vous dependez entierement de ses blandisses & mignotises, sans que raison ou conseil puissent trouuer place en vostre cœur passionné, mais ie vous supplie, Monseigneur, entrez vn peu en vous mesmes, & faites vne reueuë de la vie que vous auez menee depuis trois ans. La gloire de vos ancestres & maieurs, acquise par tant de sang, entretenuë par si grande prudence, conseruee par si heureux conseil, ne se represente elle point quelque fois deuant vous? La memoire de leurs memorables victoires, n'a elle point encore touché le marteau de vostre conscience? La magnanimité & valeur, par laquelle ils se sont immortalisez, & fait retentir leur nom par tout le monde, est elle esteinte en vous? Leur trophees & monuments grauez par tous les anglets de la terre, sont ils ia effacez du siege de vostre memoire? Mais où est maintenant l'ardent desir, qui bouillonoit en vous dés vostre enfance, de rendre l'Italie tributaire, & vous faire couronner à Rome Empereur, tant d'Orient que d'Occident? Ce n'est pas le chemin d'amplifier vostre Empire, ains de le restraindre: ce n'est pas le conseruer

E

mais le diminuer, & mettre en proye. Si Otoman premier tronc de voſtre genereuſe famille, ſe fuſt laiſſé ainſi manier aux femmes, & corrompre par loiſiueté, vous n'euſſiez maintenant herité au ſuperbe Empire de la Grece, ny luy ſubiugué la Galatie & Bithinie, & autres pluſieurs prouinces, qui enuironnent la mer Maieur. Ny ſemblablement ſon fils Orcan (viue image de ſon pere, & emulateur de ſes valeureux faits) n'euſt triomphé de Licaonie, Phrigie, Carie, ny dilaté les bornes de ſon empire, iuſques à l'Heleſpont. Que diray-ie d'Amurat ſucceſſeur d'Orcā, qui paſſa le premier ſon armee Turquoiſe en l'Europe, conquiſt la Thrace, la Sirie, Raſie, & Burgarie. Et Baiazet ſemblablement, ne feiſt il pas teſte au grand Tāberlan, qui s'appelloit le fleau de Dieu, lequel menoit en cāpaigne quatre cens mille Scythes à cheual, & ſix cents mille hommes de pied. Paſſeray-ie ſous ſilēce, les vertueux exploicts de ton ayeul Mahomet, lequel conqueſta la Macedonne, feiſt ſentir le trāchant de ſes armes iuſques à la mer Zonique, ſans mettre en conte les admirables expeditions qu'il feiſt contre les Lydiens & Ciliciens: mais maintenant ne puis eſueiller la memoire de ton pere Amurath ſans douleur, lequel par l'eſpace de quarante ans, à fait trembler

bler la mer,& la terre, foubs la fureur de fa main forte, prenant vne si cruelle vengeance des Grecs,que la memoire des playes en seigne encores à present, iusques au mont de Thomao & de Pinde, dompta les Phocenses, rendit tributaires l'Attique, la Beotie, l'Etolie,la Carmanie, & toutes les autres barbares nations, qui sont depuis la Moree iusques au destroit de Corinthe: sans deduire par le menu la cruelle bataille, qu'il eut contre Sigismont Empereur & Philippe Duc de Bourgongné ou il mist toute la force des Chrestiens en route, print l'Empereur prisonnier, le Bourguignon semblablement, lequel il feit mener à Adrianopoli, sans faire métion des autres furieuses armees, qu'il mena en Hongrie,desquelles tu es loyal tesmoing, y aiant tousiours esté present. Iuge donques maintenant, Monseigneur, quelle a esté sa diligence & labeur indomptable, en tant de glorieuses entreprinses, & memorables victoires. Penses tu que s'il fust demeuré oisif en son palais, auec les dames, que tu eusses herité à l'Empire, ny que fusses maintenant seigneur de tant excellentes prouinces, ausquelles il ne suffit pas de commander, qui ne pourroit à l'establissement d'icelles. Tant il y a auiourd'huy de tes subiects & vassaux qui t'obeissent & hon

E 2

norent, (plus par crainte que par amitié qu'ils te pourtent) lesquels prendroient les armes contre toy, si la fortune te tournoit le doz: mesmes que les Chrestiens ont (comme tu scais de longue main) iuré ta ruine. Encores dit on pour le iourd'huy, que leur grand Pontife de Rome a conuoqué tous ses prelats, pour vnir & reconcilier les Monarques Chrestiens ensemble pour en apres te courir sus, & te rauir le sceptre des mains, & s'emparer de ton empire. Mais que scauons nous s'il ioindront point leurs forces auec celles du Sophi de Perse ton capital ennemy, ou auec celles du Soudam d'Egypte, ton ancien aduersaire? Lesquelles choses s'ils auenoient (comme Dieu ne permette) ton empire s'en iroit en fumee. Reprens donques desormais mōseigneur, tes esprits, & rapelle la raison, laquelle par si longues annees tu as bannie d'auec toy. Esueille toy de ce profond sommeil, lequel t'a sillé les yeux, suys, suys la trace de tes maieurs, lesquels ont tousiours mieux aimé vne iournee d'honneur que cent ans de vie en mespris. Entends au gouuernement de ton empire. Laisse ceste vie effeminee, & reprens le sentier de ton ancienne generosité, & vertu: & si tu ne peux tout en vn coup retrancher ceste ardeur amoureuse qui mine ainsi

ton

ton cœur, modere la peu à peu, & donne quelque esperance à ton peuple qui te pense perdu, & du tout deploré de te pouuoir reduire. Ou bien si ceste Grecque te plaist tant, qui t'empesche que tu ne la puisses mener auec toy aux expeditions? pourquoy ne peux tu iouir ensemble de sa beauté, & de l'exercice des armes? Il me semble que le plaisir sera plus grand apres auoir remporté quelque victoire, & subiugué quelque prouince, de la tenir entre tes bras, que de demeurer in case auec eternelle infamie, & continuel murmure de tes subiects: mais fais en l'essay ie te prie, & te separe quelques iours d'auec elle, & tu iugeras par effect combien les plaisirs interrompus sont plus grands, que ceux qu'on reçoit à toute heure. Reste Monseigneur, à te dire que toutes les victoires de tes maieurs, ou les conquestes que tu as faites, sont de peu de valeur, si tu ne les gardes & augmentes, n'estant moindre la gloire de garder vne chose acquise, que de la conquester. Soies donques maintenant victorieux de toy-mesmes, te suppliant au reste, que si i'ay dit quelque chose qui te soit desagreable, que selon ton accoustumee clemence, il te plaise me pardonner, & reietter la faute sur la seruitude que ie te doy, & le soing que i'ay de ton honneur, & falut. Mahomet apres auoir entendu le long difcours de fon efclaue, demeura immobile, comme vn tronc. Et aiant les yeux fifchez en terre, auec vne foudaine mutation de couleur donnoit affeuré tefmoignage des diuerfes agitations de fon ame, de forte que le poure efclaue Muftapha, le voiant en fes alteres, eftoit en doute de fa vie, les paroles duquel auoient tellement poingt le cœur de l'Empereur, qu'il ne fçauoit en quoy fe refoudre, ains fentoit vne furieufe bataille en fon ame, cognoiffant clerement que Muftapha luy auoit dit verité, & qu'il auoit parlé comme feruiteur trefaffectionné à fon maiftre, mais d'autre cofté, la beauté de la Grecque fe reprefentant deuant fes yeux, & l'apprehenfion qu'il auoit de l'abandonner luy donnoyent tel allarme, qu'il luy fembloit à l'inftant mefme qu'on luy arrachoit le cœur du ventre, & ainfi agité de diuerfes tempeftes, fans autrement y penfer, aiant les yeux eftincellans de grand ire & fureur, luy dift : Muftapha, Encores que tu aies parlé affez irreueremment à ton feigneur, fi eft ce que la nourriture que tu as prinfe auec moy & la fidelité que i'ay efprouuee en toy le paffé, te garentiront pour cefte fois. Au refte auant que le foleil ait circuit le

zodia

zodiaque, ie feray fentir à toy & aux autres quelle puiſſance i'ay ſur moymeſme, & ſi me ſcay commander ou non, donne ordre cependant que tous mes Bachats & principaux de ma gendarmerie ſe trouuent demain au milieu de la grande ſalle de mon palais. Ses propos acheuez, l'Empereur ſe retire auecques ſa Grecque, & s'eſgaiant tout le iour & la nuict auec elle la careſſoit des plus delicates careſſes qu'il euſt point encores fait. Et pour la mieux fauoriſer voulut diſner auec elle, & luy commanda que l'apres diſnee elle ſe aornaſt de tous les plus riches ioiaux & ſomptueux accouſtremens qu'elle euſt iamais porté, à quoy la pourette obeiſt, ne ſcachant point que c'eſtoit l'appareil de ſes funerailles. D'autre coſté Muſtapha qui ne ſcauoit quelle eſtoit la volonté de ſon maiſtre, à l'heure determinee feiſt aſſembler toute la ſeigneurie en la ſalle, s'eſmeruillans chacun qui auoit eſmeu le ſeigneur à ce faire, veu qu'il auoit demeuré tant de temps reclus, & ſans apparoiſtre en publiq. Eſtans ainſi aſſemblez, & deuiſans chacun diuerſement de ceſt affaire, ſelon que l'affection les conduiſoit.

Voicy l'Empereur qui entre au palais tenant par la main la Grecque, laquelle eſtant

E 4

ainsi accoustree à l'auantage estoit encores accompaignee d'vne si rare & extreme beauté, qu'elle ressembloit mieux quelque Deesse celeste que creature humaine. Le Turq arriué en la salle, apres que les seigneurs luy eurent fait la reuerence à leur mode accoustumee, tenant tousiours la belle Grecque par la main senestre, il s'arresta tout court au milieu de la salle. Puis aiant tourné ses yeux furibonds, çà & là leur dist: A ce que ie puis entendre vous murmurez sous de ce que vaincu d'vne forte amour, ie ne me puis eslongner ny les iours ny les nuicts de la presence de ceste Grecque: mais ie ne sçache aucun de vous si continent ou refroidy d'amour, que s'il auoit en sa possession chose si rare, si amiable & de beauté si excellente, qu'il n'y pensast trois fois auant que l'oublier, ou la pouuoir laisser: Que vous en semble? Que chacun auec toute liberté m'en die priuément son aduis: mais eux rauis d'vne incroiable admiration de veoir chose si belle, s'escrierent qu'auec tresgrande raison il passoit son temps auec elle. A quoy le barbare cruel respondit, Or maintenant vous feray-ie cognoistre qu'il n'y a chose humaine qui me sceust si bien lier ou captiuer mes sens, que ie n'ensuiue desormais la trace de mes maieurs,
aiant

aiant si bien la gloire & valeur des Othomans imprimee en mon cœur, que la seule mort en peut effacer la memoire. Ces propos finis print incontinent d'vne main la Grecque par les cheueux, & de l'autre tira le cymeterre que il auoit au costé, & aiant les mains laccés à la blonde trace de son chef, d'vn seul coup luy trancha la teste auec vne espouuantable tremeur d'vn chacun: puis aiant mis fin à ce chef d'œuure leur dist, Cognoissez maintenant si vostre Empereur sçait commander à ses affections ou non? Soudain apres, pensant decharger le reste de sa colere, dressa vn camp de bien quatre vingts a cent mille hommes, par le secours duquel il penetra toute la Boussine, assiegea Belgrade, ou la fortune luy fut tant contraire qu'il fut mis en routte & perdit la memorable bataille contre les Chrestiens, sous la cõduite de Iean Huniade surnommé le Blãc, lequel fut pere du glorieux Roy Mathias Coruin.

Fin de la seconde Histoire.

HISTOIRE
Sommaire de la troisieme Histoire.

IE m'asseure que ceux qui mesurent la grandeur des œuures de Dieu, selon la capacité de leur rude entendement, n'adiousteront pas legierement foy à ceste histoire, tant pour la varieté des accidens estranges qui y sont descrits, que pour la nouueauté d'vne si rare & parfaite amitié: Si est ce que ie puis acertener vne fois pour toutes que ie ne insereray aucune Histoire fabuleuse en tout cest œuure, de laquelle ie ne face foy par annales & croniques, ou par commune approbation de ceux qui l'ont veu, ou par authorité de quelque fameux Historiographe, Italien ou Latin. Ceux qui ont leu en Pline, Valere, Plutarque & plusieurs autres que anciennement il s'est trouué grand nombre d'hommes & de femmes qui sont morts par vne trop excessiue ioye, ne feront doute qu'on ne puisse mourir par les furieuses flames du trop ardent amour, lequel s'il s'empare vne fois de quelque genereux subiect, & qu'il ne trouue forte resistance qui luy serue de rampart pour empescher la violence de son cours, il mine & consume si bien peu à peu les vertus & facultez naturelles, que l'esprit succombant au faix quitte la place à la vie. Ce qui est verifié par la piteuse & infortunee mort de deux amants, lesquels

lesquels rendirent leurs derniers souspirs en vn mesme sepulchre à Veronne, auquel reposent encores pour le iourd'huy leurs os auec grande merueille : histoire non moins admirable que veritable.

Histoire troisieme de deux Amans, dont l'vn mourut de venin, l'autre de tristesse.

SI l'affection particuliere qu'à bon droict chacun porte au lieu de sa natiuité ne vous deçoit, ie croy que vous confesserez auecques moy qu'il y a peu de citez en Italie qui puissent surmonter Veróne, tát à cause du fleuue nauigable nómé Adisse, qui passe quasi par le milieu de la ville, & au moyé duquel se fait vne grosse trafique en Allemaigne, comme en semblable pour le regard des fertiles montagnes & vallees delectables qui l'enuironnent, auec vn grand nombre de tresclaires & viues fontaines qui seruent pour l'aise & commodité du lieu, sans deduire par le menu plusieurs autres singularitez quatre pôts, & vne infinité d'autres venerables antiquitez,

tiquitez, qui se manifestent de iour à autre, à ceux qui sont curieux de les contempler. Ce qu'ay voulu recercher vn peu de plus loing, d'autant que l'Histoire tres-veritable que ie veux deduire cy apres en depēd & en est encores pour le iourd'huy la memoire si recente à Veronne qu'a peine en sont essuiez les yeux de ceux qui ont veu ce piteux spectacle. Du temps que le Seigneur de l'Escale estoit seigneur de Veronne, il y auoit deux familles en la cité, qui estoient plus renommees que les autres, tant en richesse qu'en noblesse, l'vne desquelles s'appelloit les Montesches, l'autre les Cappeliets: mais ainsi que le plus souuent il y a enuie entre ceux qui sont en pareil degré d'hōneur, aussi suruint il quelque inimitié entre eux, & combien que l'origine en fust legere & assez mal fondee, si est-ce q̄ par interualle de temps il s'enflamma si bien, qu'en diuerses menees, qui se dresserent d'vne part & d'autre, plusieurs y laisserent la vie. Le Seigneur Barthelemy de l'Escale (duquel auons ia parlé) estant Seigneur de Veronne & voiant vn tel desordre en sa Republique, s'essaia par tous moiens de reduire & cōcilier ces deux lignees, mais tout en vain, car leur haine estoit si bien enracinee, qu'elle ne pouuoit estre moderee par aucune prudence ou conseil, feil, de sorte qu'il ne peut gaigner sus eux autre chose que leur faire laisser les armes pour vn temps, attendant quelque autre saison plus opportune, ou auec plus de loisir il esperoit appaiser le reste. Ce pendant que ces choses estoient en tel estar, l'vn des Montesches, qui se nommoit Rhomeo, eagé de vingt à vingt & vn an, le plus beau & mieux accomply gentilhomme qui fust en toute la ieunesse de Veronne, se enamoura de quelque damoiselle de Veronne, & en peu de iours fut tellement espris de ses bonnes graces, qu'il abandonna toutes ses autres occupations pour la seruir & honnorer. Et apres plusieurs lettres, ambassades & presens, il se delibera en fin de parler à elle, & de luy faire ouuerture de ses passions, ce qu'il feist sans rien practiquer, car elle qui n'auoit esté nourrie qu'à la vertu, luy sceut tant bien respondre, & retrancher ses affections amoureuses qu'il auoit occasiō pour l'aduenir de n'y plus retourner, & mesmes se monstra si austere qu'elle ne luy feist la grace d'vn seul regard, mais plus le ieune enfant la voioit retifue, plus s'enflammoit, & apres auoir continué quelque mois en telle seruitude sans trouuer remede à sa passiō, se delibera en fin de s'en aller de Veronne pour experimenter si en changeant de lieu

lieu il pourroit changer d'affection, & disoit en soymesme: Que me sert d'aimer vne ingrate, puis qu'elle me desdaigne ainsi? Ie la suy par tout, & elle me fuit: ie ne puis viure si ie ne suis aupres d'elle, & elle n'a contentement aucun, sinon quand elle est absente de moy. Ie me veux donc pour l'aduenir estranger de sa presence, car peut estre que ne la voiant plus, ce mien feu qui prend viande & aliment de ses beaux yeux s'amortira peu à peu: mais pensant executer ses pensees, en vn instant ils estoient reduicts au contraire, de sorte que ne sçachant en quoy se resouldre, passoit les iours & les nuicts en plainctes & lamentations merueilleuses: car amour le sollicitoit de si pres, & luy auoit si bien empraincte la beauté de la damoiselle en l'interieur de son cœur, que ny pouuant plus resister il succomboit au faiz, & se fondoit peu à peu, comme la neige au soleil: dequoy esmerueillez ses parens & alliez plaignoient grandement son desastre: mais sus les autres vn sien compaignon plus meur d'eage & de conseil que luy commença à le reprendre aigrement: car l'amitié qu'il luy portoit, estoit si grande qu'il se ressentoit de son martire, & participoit à sa passion, qui fut cause que le voyant quelque fois agité de ses resueries amoureuses, il luy dist

SIXIEME.

que je ne te traicteray point comme damoiselle, mais comme parente et meilleure amie: car je me tiens tant satisfaite de ce que tu m'as dit, que si la fortune est de nostre costé, je n'y voy empeschement aucun, qui puisse retarder nostre entreprinse: Va seulement traicter ton medecin, comme tu l'entends, car c'est bien le plus expedient qu'il soit de la partie, et me laisse faire du reste: car jamais queuque rencontre feist mieux l'impotent, que je sçauray faire la malade. La Duchesse partie d'avec Emilie commença a se plaindre amerement, faignant ores sentir quelque douleur d'estomach ores d'avoir mal a la teste, de sorte qu'apres plusieurs plaintes feminines (propres a ceux qui sentent mal) elle fut enfin contrainte de se coucher, et sçauoir tant bien dissimuler la Duchesse, qu'il n'y avoit celuy (apres qu'elle eut esté quelque jours au lict) que ne doutast grandement de sa santé. Et cependant Emilie avoit tendu tant de laçons amoureux, pour appaster son medecin que luy qui sçauoit tant d'heureux remedes pour les corps, n'en peut trouuer aucun pour guerir la maladie de son esprit. Emilie aiant mis maistre Apian en ses ambles amoureux, commença a luy faire entendre l'origine de la maladie de madame la Duchesse les Symptomes de sa passion, le regime duquel elle avoit esté, durant le furieux

P

HISTOIRE

cours d'icelle. Adjoustant pour conclusion, que s'il vouloit tenir cela secret, et leur aider de son conseil, que tout à l'heure elle luy promettoit mariage, par parole de present, sans que elle luy refusast desormais aucune faueur ou priuauté, reserué celle qu'on ne peut honestement demander, que le mariage ne soit solennisé en la face de l'eglise: en tesmoingnage dequoy elle le baisa affectueusement. Le medecin plus aise que s'il eust veu son Hippocrate, ou Galien resuscité, luy promis de ne luy manquer en rien, y allast il de la vie. Et pour donner commencement a cette entreprinse ils visiterent Madame la Duchesse, a laquelle ils trouuerent le poulx tant esmeu, la langue tant chargée, l'estomack si debile, pour vne continuelle suffocation de matrice, que la patiente estoit en tres grand peril de mort: a quoy on adjousta foy aisement pour la reputation et grande experience du medecin. Et maistre Appian aiant commandé que chacun se retira il fait entendre en peu de paroles a la Duchesse côme elle se deuoit gouuerner, et que pour mieux pallier son affaire, il luy apporteroit ce jour mesme vn petit parfum duquel receuant l'odeur, elle tomberoit souuent en quelques petites syncopes, et que le parfum souuent reiteré

SIXIEME.

reiteré, luy mangeroit tant bien la couleur, pour un temps, qu'il sembleroit que depuis un an, elle n'eust bougé du lict, neanmoins qu'il ne luy feroit autre ennuy, et qu'en trois ou quatre jours, avec quelques autres drogues, il luy rendroit la couleur aussy vive qu'elle estoit auparavant. Ce que la Duchesse trouva le meilleur du monde, et jouèrent si bien leur rolle, tous trois ensemble, que le bruit commun estoit par la cité, que la duchesse se mouroit. Le Duc aversti de toutes ces choses, feist assembler tous les medecins de Turin, afin de pourvoir à la santé de la Duchesse, lesquels arrivez en sa chambre avec le Duc, quelque peu apres qu'elle fut parfumée du parfum de maistre Appian, la voyant pasmée par plusieurs fois devant eux, furent en grand doute de sa santé. Et apres avoir quelque peu communiqué de cette affaire, avec maistre Appian, ne sachant en quoy se resoudre, dirent au Duc, qu'il falloit pourvoir de l'ame, et qu'ils voient en elle tous les signes, qui ont accoustumé de preceder la mort. Le pouvre Duc pasionné outre mesure, parce qu'il aimoit uniquement la duchesse, envoia querir le suffragant de l'evesque de Turin, homme de tres-sainte vie, afin qu'il pourveust à son ame, auquel elle se confessa avec que une voix tant debile, qu'il sembloit qu'elle eust ja perdu la moitié de la vie, et ne luy tint long propos, luy faisant entendre que nature defail-

HISTOIRE

soit en elle, et que peu a peu s'acheminoit a la
mort, le priant avoir souvenance d'avoir sa
poure ame en ses prieres et oraisons. Le sus-
dit fragment parti, l'Esué et autre grand nombre
de gentilshommes et damoiselles entrerent en sa
chambre: mais elle commença lors a entrer
en une si grande resuerie, qu'un chacun en
estoit espouuenté. Et apres s'estre quelque peu
debattue en son lict, come feme furieuse,
la parole luy defaillit: dequoy ceux qui
estoit presens emerueiller, et pensans que
l'ame voullist faire son depart d'auec le
corps, crioient les vns apres elle, Madame,
appellez Iesus, les autres Sainte barbe: mais
Emilie plus priuée d'elle que les autres,
la prenant par les bras, la tira rudement,
luy criant a haute voix: Madame, appelez
Saint Iacques, lequel vous a tant de fois se-
couruë en vos aduersitez: et lors la Duchesse
esueillée, come de quelq pesant sommeil, tournant les yeux en la teste, auec vn estrange
tremblement de tous ses membres, commença
a prononcer (auec vne voix interrompuë)
glorieux apostre, auquel des ma ieunesse
i'eay toujours eu confiance, sois maintenant
mon intercesseur a ce cruel assault de mort,
enuers Iesus-christ et ie fay vœu q̃ si ie puis
recouurer guerison i'iray honorer en persone
ton digne corps, au lieu propre où il repose.
Et aiant mis fin a sa dissimulé oraison,
elle feignit de dormir, et cõtinua ainsi l'espace

dist: Rhomeo, ie m'esmerueille grandement comme tu consumes ainsi le meilleur de ton eage à la poursuitte d'vne chose de laquelle tu te vois mesprisé & bãny, sans qu'elle ait respect ny à ta prodigue despense, ny à ton honneur, ny à tes larmes, ny mesmes à ta miserable vie, qui esmouue les plus cõstans à pitié. Parquoy ie te prie par nostre ancienne amitié & par ton propre salut que tu apprenes à l'aduenir à estre tien, sans aliener ta liberté à personne tant ingrate, car à ce que ie puis coniecturer par les choses qui sont passees entre toy & elle, ou elle est amoureuse de quelque autre: ou bien est en deliberation de n'aimer iamais aucun. Tu es ieune, riche des biens de fortune, & plus recõmandé en beauté que gentilhomme de ceste cité, tu es bien instruict aux lettres, tu es fils vnique de ta maison, quel creuecœur à ton poure vieillard de pere, & à tes autres parens de te veoir ainsi precipité en cest abysme de vices, & en l'eage ou tu leur deusses donner quelque esperance de ta vertu. Commence donques desormais à recognoistre l'erreur en laquelle as vescu iusques icy. Oste ce voille amoureux qui te bande les yeux & qui t'empesche de suyure le droit sentier, par lequel tes ancestres ont cheminé, où bien si tu te sens si subiect à

ton

ton vouloir, range ton cœur en autre lieu, & eslis quelque maistresse qui le merite, & ne seme desormais tes peines en si mauuaise terre, que tu n'en reçoiues aucun fruict. La saison s'approche qu'il se fera assemblee des dames par la cité où tu en pourras regarder quelqu'vne de si bon œil, qu'elle te fera oublier tes passions precedentes. Ce ieune enfant ententiuement escoute toutes les raisons persuasiues de son amie, commença quelque peu à moderer cest ardeur, & recognoistre que toutes les exhortations qu'il luy auoit faites ne tendoiët qu'à bonne fin, & deslors delibera les mettre en execution & de se retrouuer indifferemment par toutes les assemblees & festins de la ville sans auoir aucune des dames non plus affectee que l'autre. Et continua en ceste façon de faire deux ou trois mois, pensant par ce moyen esteindre les estincelles de ses anciénes flames. Aduint donq quelques iours apres enuiron la feste de Noël, que lon commença à faire festins, où les masques selon la coustume, auoient lieu. Et par ce que Antoine Capellet estoit chef de sa famille, & des plus apparents seigneurs de la cité, il feist vn festin, & pour le mieux solenniser, il conuoia toute la noblesse tant des hommes que des femmes, en laquelle on peut

veoir

veoir aussi la plus grand part de la ieunesse de Verône. La famille des Capellets (comme nous auons monstré au commencemēt de ceste histoire) estoit en disside auec celle des Montesches, qui fut la cause pour laquelle les Montesches ne se trouuerent à ce conuy, hors mis ce ieune adolescent Rhomeo Montesche, lequel vint en masque apres le souper, auecques quelques autres ieunes gentilshōmes. Et apres qu'ils eurent demeuré quelque espace de temps la face couuerte de leurs masques, ils se demasquerent. Et Rhomeo tout honteux se retira en vn coing de la salle, mais pour la clarté des torches qui estoient allumees il fut incontinent aduisé de tous, specialement des dames, car outre la nayfue beauté, de laquelle nature l'auoit doüé, encores s'esmerueilloient elles d'auantage de son asseurance, & comment il auoit osé entrer auec telle priuauté en la maison de ceux qui auoient peu d'occasion de luy vouloir bien. Toutesfois les Capellets dissimulās leur haine, ou bien pour la reuerēce de la compaignie, ou pour le respect de son eage, ne luy mesfirent, ny d'effect ny de paroles. Au moien dequoy auec toute liberté il pouuoit contempler les dames à son aise, ce qu'il sceut si bien faire, & de si bōne grace, qu'il n'y auoit celle qui

F

ne receust quelque plaisir de sa presence. Et apres auoir assis vn iugement particulier sur l'excellence de chacune, selon que l'affection le conduisoit, il aduisa vne fille entre autres d'vne extreme beauté, laquelle encores qui ne l'eust iamais veuë, elle luy pleut sut toutes, & luy donnoit en son cœur le premier lieu en toute perfection de beauté. Et la festoiant incessamment par piteux regards, l'amour qu'il portoit à sa premiere damoiselle demeura vaincu par ce nouueau feu, lequel print tel accroissement & vigueur qu'il ne se peust oncques esteindre que par la seule mort, comme vous pourrez entendre par l'vn des plus estranges discours que l'homme mortel sçauroit imaginer. Le ieune Rhomeo donques se sentant agité de ceste nouuelle tempeste, ne sçauoit quelle contenance tenir, ains estoit tant surpris & alteré de ses dernieres flammes qu'il mescongnoissoit presque soymesme, de sorte qu'il n'auoit la hardiesse de se enquerir quelle estoit, & n'estoit intentif seulement qu'à repaistre ses yeux de la veuë d'icelle : par lesquels il humoit le doux venin amoureux, duquel il fut en fin si bié empoisonné, qu'il fina ses iours par vne cruelle mort. Celle pour qui Rhomeo souffroit vne si estrange passion s'appelloit Iuliette,

&

& estoit fille de Capellet maistre de la maison où se faisoit ceste assemblee, laquelle ainsi que ses yeux ondoient çà & là, apperceut de fortune Rhomeo, lequel luy sembla le plus beau gentilhomme qu'elle eust onques veu à son gré. Et amour adonc qui estoit en embusche, lequel n'auoit point encores assailly le tendre cœur de ceste ieune damoiselle, la toucha si au vif que quelque resistance qu'elle sceut faire n'eust pouuoir de se garentir de ses forces, & deslors commença à côtemner toutes les pompes de la feste, & ne sentoit plaisir en son cœur sinon lors que par emblee elle auoit geété ou receu quelque traict d'œil de Rhomeo. Et apres auoir côtenté leurs cœurs passionnez par vne infinité d'amoureux regards, lesquels se rencontrans le plus souuent & les meslâs ensembles, leurs rayons ardens donnoient suffisant tesmoignage de quelque commencement d'amitié. Amour aiant fait ceste bresche au cœur de ces amants, ainsi qu'ils cherchoient tous deux les moiens de parler ensemble, fortune leur en apprestа vne prompte occasion, car quelque seigneur de la trouppe print Iuliette par la main pour la faire dancer au bal de la torche, duquel elle se sceut si bien acquiter, & de si bonne grace, qu'elle gaingna pour

F 2

ce iour le pris d'honneur entre toutes les filles de Veronne. Rhomeo aiant preueu le lieu ou elle se deuoit retirer, fist les approches, & sceut si discretement conduire ses affaires qu'il eut le moien à son retour d'estre aupres d'elle. Iuliette le bal finy retourna au mesme lieu duquel elle estoit partie au parauant, & demeura assise entre Rhomeo, & vn autre appellé Marcucio, courtisan fort aimé de tous, lequel à cause de ses facecies & gentillesses estoit bien receu en toutes compagnies. Marcucio hardy entre les vierges, comme vn lion entre les aigneaux saisit incontinent la main de Iuliette, lequel auoit vne coustume tant l'hyuer que l'esté d'auoir tousiours les mains froides comme vn glaçon de montaigne, mesme estant aupres du feu, Rhomeo lequel estoit au costé senestre de Iuliette, voiant que Marcucio la tenoit par la main dextre à fin de ne faillir à son deuoir, print l'autre main de Iuliette, & la luy serrant vn peu, se sentit tellement pressé de ceste nouuelle faueur, que il demeura court, sans pouuoir respondre, mais elle qui apperceut par sa mutation de couleur que le default procedoit de vne trop vehemente amour desirant de le ouyr parler, se tourna vers luy, & la voix tremblante auec vne honte virginale entremeslee

meſlee d'vne pudicité, luy diſt : Benoiſte ſoit l'heure de voſtre venue, à mon coſté, puis penſant acheuer le reſte, amour luy ſerra tellement la bouche qu'elle ne peut acheuer ſon propos, A quoy le ieune enfant tout tranſporté d'aiſe & de contentement en ſouſpirant luy demanda quelle eſtoit la cauſe de ceſte fortunee benediction, Iuliette vn peu pl⁹ aſſeuree auec vn regard de pitié luy diſt en ſous-riant: Mon gentil-homme ne ſoiez point eſmerueillé ſi ie beniz voſtre venue, d'autant que le ſeigneur Marcucio long temps auec ſa main gelee m'a toute glacé la mienne & vous de voſtre grace la m'auez eſchauffee. A quoy ſoudain repliqua Rhomeo, Madame, ſi le ciel m'a eſté tant fauorable que ie vous aie fait quelque ſeruice agreable, pour m'eſtre trouué caſuelement en ce lieu, ie l'eſtime bien employé, ne ſouhaittant autre plus grand bien pour le comble de tous les contentemens que ie pretends en ce monde, que de vous ſeruir, obeyr & honnorer par tout où ma vie ſe pourra eſtendre, comme l'experience vous en fera plus entiere preuue, lors qu'il vous plaira en faire eſſay : mais au reſte ſi vous auez receu quelque chaleur par l'atouchement de ma main, bien vous puis ie aſſeurer que les flammes ſont mor-

tes au regard des viues eſtincelles & du violent feu qui ſort de vos beaux yeux, lequel a ſi bien enflammé toutes les plus ſenſibles parties de moy, que ſi ie ne ſuis ſecouru par la faueur de vos diuines graces, ie n'attends que l'heure d'eſtre du tout conſommé & mis en cendre. A peine eut il acheué ſes dernieres parolles que le ieu de la torche print fin, dont Iuliette qui toute bruſloit d'amour, luy ſerrant la main eſtroictement, n'euſt loiſir de luy faire autre reſponce que de luy dire tout bas : Mon cher amy, ie ne ſcay quel autre plus aſſeuré teſmoignage vous voulez de mon amitié, ſinon que ie vous puis acertener que vous n'eſtes point plus à vous meſme que ie ſuis voſtre, eſtant preſte & diſpoſee de vous obeyr en tout ce que l'honneur pourra ſouffrir, vous ſuppliant de vous contenter de ce, pour le preſent, attendant quelque autre ſaiſon plus opportune ou nous pourrons communiquer plus priuement de nos affaires. Rhomeo ſe ſentant preſſé de partir auec la compaignie, ſans ſcauoir par quel moyen il pourroit reuoir quelque autre fois celle qui le faiſoit viure & mourir, s'aduiſa de demãder à quelque ſien amy qui elle eſtoit, lequel luy feiſt reſponce qu'elle eſtoit fille de Capellet maiſtre de
la

la maison ou auoit esté fait ce iour le festin, lequel indigné outre mesure dequoy la fortune l'auoit adressé en lieu si perilleux, iugeoit en soymesme qu'il estoit presque impossible de mettre fin à son entreprise. Iuliette conuoiteuse d'autre costé de sçauoir qui estoit le iouuenceau qui l'auoit tant humainement caressee le soir, & duquel elle sentoit la nouuelle playe en son cœur, appella vne vieille dame d'honneur, qui l'auoit nourrie & esleuee de son laict, à laquelle elle dist, estant appuiee: Mere qui sont ces deux iouuenceaux qui sortent les premiers auec deux torches deuant? à laquelle la vieille respondit, selon le nom des maisons dont ils estoient issus. Puis elle l'interroga derechef, qui est ce ieune qui tient vn masque en sa main, & est vestu d'vn manteau de damaz? C'est, dist elle, Rhomeo Montesche, fils du capital ennemy de vostre pere & de ses alliez: mais la pucelle au seul nom de Montesche demeura toute confuse, desesperant du tout de pouuoir auoir pour espoux son tant effectionné Rhomeo, pour les anciennes inimitiez d'entre les deux familles: neantmoins elle sceut (pour l'heure) si bien dissimuler son ennuy & mescontentement, que la vieille ne le peut comprendre: ains luy persuada de se retirer en sa chambre pour se coucher, à quoy elle obeït, mais estant au lict, & cuidant prendre son accoustumé repos, vn grād tourbillon de diuers pensemens commencerent à l'enuironner & traicter de telle sorte, qu'elle ne sceut onques clorre les yeux, mais se tournant çà & là, fantastiquoit diuerses choses en son esprit, faisant ores estat de retrancher du tout ceste practique amoureuse, ores de la continuer. Ainsi estoit la pucelle agitee de deux contraires, desquels l'vn luy donnoit adresse de poursuiure sa deliberation, l'autre luy proposoit le peril eminent auquel indiscretement elle se precipitoit, & apres auoir longuement vagué en ce labyrinthe amoureux, ne sçauoit en fin en quoy se resouldre, mais elle pleuroit incessamment, & s'accusoit soymesme, disant, Ah! chetiue & miserable creature, dont procedent ces inacoustumees trauerses que ie sens en mon ame, qui me font perdre le repos? Mais infortunee que ie suis, que sçay ie si ce iouuenceau m'aime comme il dit? peut estre que sous le voile de ses paroles amiellees il me veut rauir l'honneur pour se venger de mes parens, qui ont offensé les siens : & par ce moyen me rendre auec mon eternelle infamie la fable du peuple de Veronne. Puis soudain apres elle

condam

condamnoit ce qu'elle soupçonnoit au commencement, disant : Seroit bien possible que sous vne telle beauté & acomplie douceur, desloyauté & trahison eussent mis leur siege, s'il est ainsi que la face est la loiale messagiere des conceptions de l'esprit, ie me puis asseurer qu'il m'aime : Car i'ay experimenté tant de mutations de couleur en luy, lors qu'il parloit à moy, & l'ay veu tant transporté & hors de soy, que ie ne doy souhaitter autre plus certain augure de son amitié en laquelle ie veux parsister, immuable iusques au dernier souspir de ma vie, moiennant qu'il m'espouse, car (peut estre) que ceste nouuelle alliance engendrera vne perpetuelle paix & amitié entre sa famille & la mienne. Arrestee donques en ceste deliberation, toutes les fois qu'elle aduisoit Rhomeo, passer deuant sa porte, elle se presentoit auec vn visage ioyeux, & le conduisoit du clin de l'œil, tant qu'elle l'eut perdu de veuë. Et apres auoir continué en ceste façon de faire, par plusieurs iours, Rhomeo ne se pouuant contenter du regard, contemploit tous les iours l'assiete de la maison, & vn iour entre autres, il aduisa Iuliette à la fenestre de sa chambre, qui respondoit à vne rue fort estroicte, vis à vis de laquelle y auoit vn iardin, qui fut cause que

HISTOIRE

Rhomeo (craignant que leurs amours fussent manifestees) commença dés lors à ne passer plus le iour deuant sa porte, mais si tost que la nuict auec son brun manteau auoit couuerte la terre, il se pourmenoit luy seul auec ses armes en ceste petite ruelle: & apres y auoir esté plusieurs fois à faute, Iuliette impatiente en son mal, se meist vn soir à sa fenestre, & apperceut aisement par la splendeur de la Lune son Rhomeo ioingnant sa fenestre, non moins attendu qu'attendant, lors elle luy dist tout bas la larme à l'œil, auec vne voix interrompue de souspirs : Seigneur Rhomeo vous me semblez par trop prodigue de vostre vie, la exposant à telle heure à la mercy de ceux qui ont si peu d'occasion de vous vouloir bien : lesquels outre s'ils vous y auoient surpris vous mettroient en pieces, mon honneur que i'ay plus cher que ma vie, en seroit à iamais interessé. Madame, respondit Rhomeo, ma vie est en la main de Dieu, de laquelle luy seul peut disposer : si est-ce que si quelqu'vn vouloit faire effort de la m'oster, ie luy ferois cognoistre en vostre presence, comme ie la sçay defendre, ne m'estant point toutesfois si chere, ny en telle recommandation, que ie ne la voulusse sacrifier pour vous à vn besoing : & quand bien mon desastre

astre seroit si grand que i'en fusse priué en ce lieu, ie n'aurois point d'occasion d'y auoir regret, sinon que la perdant ie perdrois le moien de vous faire cognoistre le bien que ie vous veux, & la seruitude que i'ay à vous, ne desirant la conseruer pour aise que ie sente, ny pour autre regard, fors que pour vous aimer, seruir & honnorer, iusques au dernier souspir d'icelle, soudain qu'eut donné fin à son propos, lors amour & pitié cōmencerēt à s'emparer du cœur de Iuliette, & tenant sa teste appuiee sur vne main, aiant sa face toute baignee de larmes, repliqua à Rhomeo: Seigneur Rhomeo, ie vous prie ne me ramenteuoir plus ces choses: car la seule apprehension que i'ay d'vn tel inconuenient me fait balancer entre la mort & la vie, estant mon cœur si vny au vostre, que vous ne sçauriez receuoir le moindre ennuy de ce monde, auquel ie ne participe comme vous mesmes, vous priant au reste, que si vous desirez vostre salut & le mien, que vous m'exposez en peu de paroles, qu'elle est vostre deliberation pour l'aduenir: car si vous pretendez autre priuauté de moy que l'honneur ne le commande, vous viuez en tresgrand erreur: mais si vostre volonté est sainte, & que l'amitié laquelle vous dites me porter, soit fondee sur la vertu, &
qu'elle

qu'elle se consomme par mariage, me recevant pour vostre femme & legitime espouse, vous aurez telle part en moy, que sans auoir esgard à l'obeissance & reuerence, que ie doy à mes parens, ny aux anciennes inimitiez de vostre famille & de la mienne, ie vous feray maistre & seigneur perpetuel de moy, & de tout ce que ie possede, estant preste & appareillee de vous suiure par tout ou vous me commanderez: mais si vostre intention est autre, & que vous pensez recueillir le fruict de ma virginité, soubs le pretexte de quelque lasciue amitié, vous estes bien trompé, vous priant vous en deporter, & me laisser desormais viure en repos auec mes semblables. Rhomeo qui n'aspiroit à autre chose, ioingnant les mains au ciel, auec vn aise & contentement incroiable, luy respondit: Madame, puis qu'il vous plaist me faire l'honneur de m'accepter pour tel, ie l'accorde, & m'y consents, du meilleur endroit de mon cœur, lequel vous demourra pour gaige & asseuré tesmoing de mon dire, iusques à ce que Dieu m'ait fait la grace de le vous monstrer par effect. Et à fin que ie donne commencemét à mon entreprinse, ie m'en iray demain au conseil à frere Laurens, lequel, outre qu'il est mon pere spirituel, a de coustume de me
donner

donner instruction en tous mes autres affaires priuez : & ne faudray (s'il vous plaist) à me retrouuer en ce lieu, à la mesme heure, à fin de vous faire entendre ce que i'auray moienné auecques luy, ce qu'elle accorda volontiers, & se finerent leurs propos, sans que Rhomeo receut, pour ce soir, autre faueur d'elle que de parole. Ce frere Laurens, duquel il sera fait plus ample mention cy apres, estoit vn ancien Docteur en theologie, de l'ordre des freres mineurs, lequel outre l'heureuse profession qu'il auoit fait aux saintes lettres, estoit merueilleusement bien versé en Philosophe, & grand scrutateur des secrets de nature, mesmes renommé d'auoir intelligence de la Magie, & des autres sciences cachees & occultés, ce qui ne diminuoit en rien sa reputation : car il n'en abusoit point. Et auoit ce frere, par sa preudhommie & bonté, si bien gaingné le cœur des citoiens de Veronne, qu'il les oioit presque tous en confession : & n'y auoit celuy depuis les petitz iusques aux grands, qui ne le reuerast & aimast : & mesmes le plus souuent par sa grande prudence, estoit quelquefois appellé aux plus estroicts affaires des seigneurs de la ville. Et entre autres il estoit grandement fauorisé du seigneur de l'Escale seigneur de Veronne, & de toute la
famille

famille des Montefches, & des Capelletz, &
de plufieurs autres. Le ieune Rhomeo (comme auons ià dit) des fon ieune eage auoit
toufiours eu ie ne fcay qu'elle particuliere
amitié auecques frere Laurens, & luy com-
muniquoit fes fecrets. Au moien dequoy
partant d'auec Iuliette s'en va tout droit à
faint Fräçois, ou il racompta par ordre tout
le fuccez de fes amours au beau pere & la
conclufion du mariage prinfe entre luy &
Iuliette, adiouftant pour la fin, qu'il eftiroit
pluftoft vne honteufe mort, que de luy faillir de promeffe, auquel le bon homme apres
luy auoir fait plufieurs remonftrances, &
propofé tous les inconueniens de ce mariage clandeftin, l'exhorta d'y penfer plus à
loifir, toutesfois il ne luy fut poffible de le
reduire, parquoy vaincu de fa pertinacité,
& auffi proiectant en luy mefmes que ce
mariage feroit (peut eftre) moien de reconcilier ces deux lignees, luy accorda en fin
fa requefte, auec la charge qu'il auroit vn
iour de delay, pour excogiter le moien de
pourueoir à leur fait: mais fi Rhomeo eftoit
foigneux de fon cofté de donner ordre
à fes affaires, Iuliette femblablement faifoit bien fon deuoir du fien: car voiant
qu'elle n'auoit perfonne autour d'elle, à
qui elle peut faire ouuerture de fes paffions,
s'ad

s'aduisa de communiquer le tout à sa nourrice qui couchoit en sa chambre, & luy seruoit de femme d'honneur, à laquelle elle cõmit entierement tout le secret des amours de Rhomeo & d'elle. Et quelque resistance que la vieille feist au commencement de s'y accorder elle la sceut en fin si bien persuader & la gaingner, qu'elle luy promist de luy obeir en ce qu'elle pourroit, & dés lors la depescha pour aller en diligence parler à Rhomeo, & sçauoir de luy par quel moien ils pourroient espouser, & qu'il luy feist entendre ce qui auoit esté determiné entre frere Laurens & luy. A laquelle Rhomeo feit responce comme le premier iour qu'il auoit informé frere Laurens de son affaire, il auoit differé iusques au iour subsequent qui estoit ce mesme iour. & qu'à peine y auoit il vne heure qu'il en estoit retourné pour la seconde fois. Et que frere Laurens & luy auoient aduisé que le Samedy suiuant elle demanderoit congé à sa mere de aller à confesse, & se trouueroit en l'eglise de saint François en certaine chapelle, en laquelle secretement les espouseroit, & qu'elle ne faillist à se trouuer, ce qu'elle sceut si bien conduire, & auec telle discretion, que sa mere luy accorda sa requeste, & accompaignee seulement
de la

HISTOIRE

de la bonne vieille, & d'vne ieune damoiselle, se trouua au iour determiné: & si tost que elle fut entree en l'eglise, elle feist appeller le bon docteur frere Laurens, à laquelle on feist responfe, qu'il estoit au confessionnaire, & qu'on l'alloit auertir de sa venue, si tost que frere Laurens fut auerty de la venue de Iuliette, il entra au grand corps de l'eglise, & dist à la bonne vieille & à la ieune damoiselle, qu'elles allassent ouir messe, & qu'il les feroit appeller, mais qu'il eust fait auecques Iuliette: laquelle entree en la cellule auecques frere Laurens, ferma la porte sur eux, comme il auoit de coustume, mesme qu'il y auoit pres d'vne heure que Rhomeo & luy estoient ensemble enfermez. Ausquels frere Laurens, apres les auoir ouis en confession, dist à Iuliette: Ma fille, selon que Rhomeo (que voicy present) m'a recité, vous estes accordee auecques luy, de le prendre pour mary, & luy semblablement vous pour son espouse, persistez vous encores maintenant en ces propos? Les amans respondirent qu'ils ne souhaitoient autre chose. Et voiant leurs volontez conformes: apres auoir raisonné quelque peu à la recommandation de la dignité de mariage, il prononça les paroles desquelles on vse, selon l'ordonnance de l'eglise, aux

espou

espousailles. Et elle aiant receu l'anneau de Rhomeo, se leuerent de deuant luy, lequel leur dist: Si auez quelque autre chose à conferer ensemble de vos menus affaires, diligetez vous, car ie veux faire sortir Rhomeo d'icy, au desceu des autres. Rhomeo pressé de se retirer, dist secretement à Iuliette, que elle luy enuoyast apres disner la vieille, & qu'il feroit faire vne eschelle de cordes, par laquelle (ce soir mesme) il monteroit en sa chambre par la fenestre, ou plus à loisir ils adviseroient à leurs affaires. Les choses arrestees entre eux chacũ se retira en sa maison auec vn contentement incroiable, attendans l'heure heureuse de la cõsummation de leur mariage. Rhomeo arriué à sa maison declara entieremẽt tout ce qui estoit passé entre luy & Iuliette à vn sien seruiteur nõmé Pierre, auquel il se fust fié de sa vie, tant il auoit experimenté sa fidelité, & luy cõmanda de recouurer prõptement vne eschelle de cordes auec deux fors crochets de fer, attachez au deux bouts, ce qu'il feit aisemẽt, par ce que elles sont fort frequentes en Italie. Iuliette n'oublia au soir sur les cinq heures, d'enuoier la vieille vers Rhomeo, lequel aiant pourueu de ce qui estoit necessaire, luy feist bailler ladite eschelle, & la pria d'asseurer Iuliette, que ce soir mesme il ne faudroit

au premier somme de se trouuer au lieu ac coustumé, mais si ceste iournee sembla longue à ces passionnez amants, il en faut croire ceux qui ont fait autresfois essay de semblables choses, car chacune minute d'heure leur duroit mille ans, de sorte que s'ils eussent peu cōmander au ciel, cōme Iosué feit au Soleil, la terre eust esté bien tost couuerte de tres obscures tenebres. L'heure de l'assignation venue Rhomeo s'accoustra des plus somptueux habits qu'il eust, & guidé par la bonne fortune se sentāt approcher du lieu ou son cœur prenoit vie, se trouua tant deliberé qu'il franchit agilement la muraille du iardin. Estant arriué ioingnant la fenestre apperceut Iuliette, qui auoit ia tendu son laçon de corde pour le tirer en haut, & auoient si bien aggrafé ladite eschelle, que sans aucun peril il entra en la chambre, laquelle estoit aussi claire que le iour à cause de trois mortiers de cire vierge que Iuliette auoit fait allumer pour mieux contépler son Rhomeo. Iuliette de sa part pour toute pareure seulement de son couurechef s'estoit coiffee de nuict, laquelle incontinent qu'elle l'apperceut se brancha à son col, & apres l'auoir baisé & rebaisé vn million de fois, se cuida pasmer entre ses bras sans que elle eut pouuoir de luy dire vn seul mot,
ains

ains ne faisoit que souspirer, tenant sa bouche serree côtre celle de Rhomeo, laquelle ainsi trassie, le regardoit d'vn œil piteux, qui le faisoit viure & mourir ensemble. Et apres estre reuenue quelque peu à soy elle luy dist, tirant vn profond souspir de son cœur. Ah Rhomeo exemplaire de toute vertu & gētillesse, vous soiez le tresbien venu maintenant en ce lieu, auquel pour vostre absence & pour la crainte de vostre personne, i'ay tant ietté de larmes q̃ la source en est presque espuisee, mais maintenant que ie vous tien entre mes bras facēt desormais la mort & la fortune comme ils entēdront: car ie me rien plus que satisfaite de tous mes ennuiz passez, par la seule faueur de vostre presence. A laquelle Rhomeo la larme à l'œil, pour ne demeurer muet, respondit: Madame cōbiē que ie n'aie iamais receu tāt de faueur de fortune que vous pouuoir faire sentir par viue experience la puissance qu'aués sur moy, & le tourment, q̃ ie receuois à tous les moments du iour à vostre occasion, si vous puis ie bien asseurer que le moindre ennuy, ou ie me suis veu pour vostre absence, m'a esté mille fois plus penible, que la mort, laquelle long tēps eust trāché le filet de ma vie, sans l'esperance que i'ay tousiours euë en ceste heureuse iournee, laquel-

G 2

me voyant maintenant le iuste tribut de mes larmes passees, me rend plus cōtent, que si ie commandois à l'vniuers, vous suppliant (sans nous amuser à rememorer nos anciennes miseres) que nous aduisons pour l'aduenir de cōtenter nos cœurs passionnez, & à cōduire nos affaires auec telle prudence & discretion que nos ennemis n'aians aucun aduantage sur nous, nous laissent continuer nos iours en repos & trāquilité : & ainsi que Iuliette vouloit respondre, la vieille suruint qui leur dist: Qui a temps à propos & le pert, trop tard le recouure, mais puis qu'ainsi est que vous auez tant fait endurer de mal l'vn à l'autre, voila, dist elle, vn camp que ie vous ay dressé, leur monstrant le lict de camp que elle auoit appareillé: prenez vos armes & en iouez desormais la vengeāce. A quoy ils s'accorderent aisémēt, & lors estans entre les draps en leur priué, apres s'estre cheriz & festoiez de toutes les plus delicates caresses dont amour les peut aduiser, Rhomeo rompant les saincts liens de virginité print possession de la place, laquelle n'auoit encores esté assiegee auecques tel heur & contentement, que peuuent iuger ceux qui ont experimenté semblables delices. Leur mariage ainsi consommé, Rhomeo se sentant pressé par l'importunité du iour, print congé d'elle, le, auecques protestation qu'il ne faudroit de deux iours l'vn, à ce retrouuer en ce lieu, & auecques le mesme moien & à heur semblable, iusques à ce que la fortune leur eust appresté seure occasion de manifester sans crainte leur mariage à tout le mõde. Et continuerent ainsi quelque moys ou deux leurs aises, auec vn contentement incroiable, iusques à tant que la fortune enuieuse de leur prosperité tourna sa rouë pour les faire trebucher en vn tel abysme, qu'ils luy paierent l'vsure de leurs plaisirs passez, par vne trescruelle & trespitoiable mort, cõme vous en tendrez cy apres, par le discours qui s'ensuit. Or cõme nous auõs deduict cy deuant, les Capellets, & les Montesches, n'auoient peu estre si bien reconciliez par le seigneur de Veronne, qu'il ne leur restast encores quelques estincelles de leurs anciennes inimitiez, & n'attendoient d'vne part & d'autre que quelque legiere occasion pour s'attaquer: ce qu'ils feirent. Les festes de Pasques (cõme les hommes sanguinaires sont volontiers coustumiers apres les bõnes festes commettre les meschãtes œuures) aupres la porte de Boursari deuers le chasteau vieux de Verõne, vne trouppe des Cappellets rencontrerent quelques vns des Montesches, & sans autres paroles commencerent à chamailler sur eux, & auoient les Capellets pour chef de leur glorieuse entreprinse vn nōmé Thibault, cousin germain de Iuliette, ieune hōme, dispos, & bien adroit aux armes, lequel exhortoit ses cōpaignons de rabatre si bien l'audace des Montesches ce voiage, q̃ il n'en fust iamais memoire, & s'augmenta la rumeur de telle sorte par tous les cantons de Veronne, qu'il y suruenoit du secours de toutes pars : dequoy Rhomeo aduerty, qui se pourmenoit par la ville auec quelques siens cōpaignons, se trouua prōptement en la place ou se faisoit ce carnage de ses parens & alliez, & apres auoir a luisé qu'il y en auoit plusieurs blessez des deux costez, dit à ses compaignons: Mes amis separons les, car ils sont si acharnez les vns sur les autres, qu'ils se mettront tous en pieces, auant que le ieu departe, & ce dit, il se precipita au milieu de la troupe, & ne faisoit que parer aux coups, tant des siens que des autres, leur criāt tout haut: Mes amis, c'est assez, il est temps desormais que nos querelles cessent, car outre q̃ Dieu y est grādement offensé, nous sommes en scandale à tout le monde, & mettons ceste Republique en desordre, mais ils estoiēt si animez les vns contre les autres qu'ils ne donnerent aucune audience à Rhomeo, & n'entendoient qu'a se tuer, demembrer

&

& deschirer l'vn l'autre, & fut la meslee tant cruelle & furieuse entre eux, que ceux qui la regardoient s'espouuãtoient de les veoir tãt souffrir, car la terre estoit toute couuerte de bras, de iambes, de cuisses & de sang, sans qu'ils donnassent tesmoignage aucun de pusillanimité, & se maintindrent ainsi longuement sans qu'on peust iuger qui auoit du meilleur. Lors que Thibault cousin de Iuliette enflammé d'ire & de courroux se tournant vers Rhomeo luy rua vne estocade pẽsant le trauerser de part en part, mais il fut garanti du coup par le iaques qu'il portoit ordinairement pour la doute qu'il auoit des Capellets, auquel Rhomeo respondit: Thibault tu peux cognoistre par la patience que i'ay euë iusques à l'heure presente, que ie ne suis point venu icy pour cõbatre ou toy ou les tiens, mais pour moienner la paix entre nous: & si tu pensois q̃ par defaut de courage i'eusse failly à mon deuoir, tu ferois grand tort, à ma reputatiõ, mais ie te prie de croire qu'il y a quelque autre particulier respect, qui m'a si bien cõmãdé iusques icy, q̃ ie me suis cõtenu cõme tu vois: duquel ie te prie n'abuser, ains sois content de tant de sang respandu, & de tant de meurtres cõmis le passé, sans que tu me contraignes de passer les bornes de ma volonté. Ha traistre,

G 4

dist Thibault, tu te penses sauuer par le plat
de ta langue, mais entends à te defendre, car
ie te feray maintenant sentir qu'elle ne te
pourra si bien garantir ou seruir de bouclier
que ie ne t'oste la vie, & ce disant luy rua
vn coup de telle furie que sans que l'autre
le para, il luy eust osté la teste de dessus les
espaules, mais il ne feist que le prester à celuy qui le luy sceut incontinent rendre, car
estant non seulement indigné du coup qu'il
auoit, mais de l'iniure que l'autre luy auoit
faite, commença à poursuiure son ennemy
d'vne telle viuacité, que au troisieme coup
d'espee qu'il luy rua, il le renuersa mort par
terre d'vn coup de pointe qu'il luy auoit
donné en la gorge, si qu'il la luy persa de
part en part. A raison de quoy la meslee cessa, car outre que Thibault estoit chef de sa
compagnie, encores estoit il issu de l'vne des
plus apparentes maisons de la cité, qui fut
cause que le Potestat feist congreger en diligence des soldats pour emprisonner Rhomeo, lequel voiant son desastre, s'en va secre
tement vers frere Laurens à sainct François,
lequel aiant entendu son fait, le retint en
quelque lieu secret du conuent, iusques à ce
q̃ la fortune en eust autrement ordonné. Le
bruit diuulgué par la cité de l'accident suruenu au seigneur Thibault, les Capellets
accou

accouſtrez de dueil firent porter le corps mort deuant le ſeigneur de Veronne, tant pour l'eſmouuoir à pitié que pour luy demander iuſtice, deuant lequel ſe retrouuerent auſſi les Monteſches remonſtrans l'innocence de Rhomeo & l'aggreſſion de l'autre. Le conſeil aſſemblé, & les teſmoings ouiz d'vne part & d'autre, il leur fut fait vn eſtroit commandement par ledit ſeigneur de poſer les armes. Et quant au delict de Rhomeo, pource qu'il auoit tué l'autre ſe defendant, il ſeroit banny à perpetuité de Veronne. Et ce cōmun infortune publié par la cité, tout eſtoit plein de plaintes & murmures. Les vns lamentoient la mort du ſeigneur Thibault, tant pour la dexterité qu'il auoit aux armes, que pour l'eſperance qu'on auoit vn iour de luy & des grands biens qui luy eſtoient preparez s'il n'euſt eſté preuenu par tant cruelle mort: les autres ſe douloient (& ſpecialemēt les dames) de la ruine du ieune Rhomeo, lequel outre vne beauté & bonne grace de laquelle il eſtoit enrichy, encores auoit il, ie ne ſçay quel charme naturel, par les vertus duquel il attiroit ſi bien les cœurs d'vn chacun que tout le monde lamētoit ſon deſaſtre: mais ſur tous l'infortunee Iuliette, laquelle auertie tant de la mort de ſon couſin Thibault que du bannissement de son mary, faisoit retentir l'air par vne infinité de cruelles plaintes & miserables lamétations: puis se sentant par trop outragee de son extreme passion, entra en sa chãbre, & vaincue de douleur se getta sur son lict, ou elle commença à renforcer son dueil par vne si estrange façon, qu'elle eust esmeu les plus constãs à pitié: puis comme transportee regardoit çà & là, & aduisant de fortune la fenestre (par laquelle soloit Rhomeo entrer en sa chãbre) s'escria, O malheureuse fenestre, par laquelle furent ordies les ameres trames de mes premiers malheurs, si par ton moien i'ay receu autresfois quelque leger plaisir ou contentement transitoire, tu m'en fais maintenant paier vn si rigoureux tribut, que mon tendre corps n'elle pouuant plus supporter, ouurira desormais la porte à la vie, à fin que l'esprit dechargé de ce mortel fardeau cherche desormais ailleurs plus asseuré repos. Ah Rhomeo, Rhomeo, quand au cõmencemẽt i'eu accointance de vous, & que ie prestois l'aureille à vos fardees promesses confirmees par tant de iuremens, ie n'eusse iamais creu qu'au lieu de continüer nostre amitié & d'appaiser les miens, vous eussiez cherché l'occasion de la rompre par vn acte si lasche & vituperable, que vostre renommee

mee en demeure à iamais interessee, & moy miserable que ie suis sans confort & espoux: Mais si vous estiez si affamé du sang des Capellets, pourquoy auez vous espargné le mien, lors que par tant de fois & en lieu secret m'auez veuë exposer à la mercy de vos cruelles mains? La victoire que vous auiez euë sur moy ne vous sembloit elle assez glorieuse, si pour la mieux solemniser elle n'estoit courōnee du sang du plus cher de tous mes cousins? Or allez donc desormais ailleurs deceuoir les autres malheureuses cōme moy, sans vous trouuer en part ou ie sois, ne sans qu'aucune de vos excuses puisse trouuer lieu en mon endroict. Et ce pendant ie lamenteray le reste de ma triste vie auec tant de larmes, que mon corps espuisé de toute humidité cerchera en brief son refrigere en terre. Et ayāt mis fin à ses propos, le cœur luy serra si fort qu'elle ne pouuoit ny plorer ny parler, & demeura du tout immobile, comme si elle eust esté transsie, puis estant quelque peu reuenue auec vne voix foible disoit: Ah langue meurtriere de l'honneur d'autruy, comme oses tu offenser celuy auquel ses propres ennemis donnent louenge? comment reiectes tu le blasme sur Rhomeo, duquel chacun approuue l'innocence? ou sera desormais son refuge, puis que

que celle qui d'eust estre l'inique propugna
cle & asseuré rampart de ses malheurs, le
poursuit & diffame? Reçoy, reçoy donques
Rhomeo la satisfaction de mon ingratitude
par le sacrifice que ie te feray de ma propre
vie: & par ainsi la faute que i'ay commise
contre ta loyauté sera manifestee, toy vengé, & moy punie. Et cuidant parler dauantage tous les sentimens du corps luy defailli-
rent, de sorte qu'il sembloit qu'elle donnast
les derniers signes de mort, mais la bonne
vieille qui ne pouuoit imaginer la cause de
la longue absence de Iuliette, se douta soudain qu'elle souffroit quelque passion, & la
chercha tant par tous les endroits du palais
de s5 pere qu'à la fin elle la trouua en sa chã
bre estéduë & pasmee sur son lict ayant toutes les extremitez du corps froides, comme
marbre, mais la vieille qui la pensoit morte, commança à crier comme si elle eust esté
forcenee disant: Ah chere nourriture, combien vostre mort maintenant me griefue:
Et ainsi qu'elle la manioit par tous les endroits de son corps, elle cogneut qu'il y a-
uoit encores de scintille de vie, qui fust cause que l'ayant appellé plusieurs fois par son
nom elle la feit retourner d'extase. Puis elle luy dist: Madamoiselle Iuliette, ie ne
sçay dõt vous procede ceste façon de faire,
ny

ny ceste immoderee tristesse, mais bien, vous puis-ie asseurer que i'ay pensé depuis vne heure ença vous accompagner au sepulchre. Helas ma grande amie (respond la desolee Iuliette) ne cognoissez vous à veuë d'œil la iuste occasion que i'ay de me douloir & plaindre aiant perdu en vn instant les deux personnes du monde, qui m'estoyent les plus cheres? Il me semble, respond ceste bonne dame, qu'il vous siet mal (attēdu vostre reputation) de tomber en telle extremité, car lors que la tribulation suruient, c'est l'heure ou mieux ie doit mōstrer la sagesse. Et si le seigneur Thibault est mort, le pensez vous reuoquer par vos larmes? Qu'en doit on accuser que sa trop grande presomption & temerité? eussiez vous voulu que Rhomeo eust fait ce tort à luy & aux siens de se laisser outrager par vn à qui il ne cedoit en rien? Iustile vous que Rhomeo est vit, & ses affaires sont en tel estat qu'auecq le temps il pourra estre rappellé de son exil: car il est grand seigneur come vous sçauez, bien apparenté, & bien voulu dē tous. Parquoy armez vous desormais de patiéce, car combien que la fortune le vous eslongne pour vn temps, si suis ie certaine qu'elle le vous rendra au parapres auec plus d'aise & de cōtentement que vous n'eustes onques.

Et à

Et à fin que nous soyons plus asseurees en quel estat il est, si me voulez promettre de ne vous plus contrister ainsi, ie scauray ce iourd'huy de frere Laurens ou il est retiré, ce que Iuliette luy accorda. Et ceste bonne dame alors print le droict chemin à sainct François ou elle trouua frere Laurens qui l'aduertit que ce soir Rhomeo ne faudroit à l'heure accoustumee visiter Iuliette, ensemble luy faire entendre quelle estoit sa deliberation pour l'aduenir. Ceste iournee doncques se passa comme sont celles des mariniers, lesquels apres auoir esté agitez de grosses tempestes, voyans quelque rayon de Soleil penetrer le ciel pour illuminer la terre se r'asseurans & pensans auoir euité naufrage, soudain apres la mer vient à s'enfler & mutiner les vagues par telle impetuosité qu'ils retombent en plus grand peril qu'ils n'auoyent esté au precedent. L'heure de l'assignation venue Rhomeo ne faillit suyuant la promesse qu'il auoit faite de se rendre au iardin ou il trouua son equipage prest pour monter en la chambre de Iuliette, laquelle ayant les bras ouuers commença à l'embrasser si estroictement qu'il sembloit que l'ame d'eust abandonner son corps. Et furent plus d'vn gros quart d'heure en telle agonie tous d'eux sans pouuoir prononcer vn seul mot

mot. Et ayant leurs faces ferrees l'vne côtre l'autre humoyent ensemble auecques leurs baisers les grosses larmes, qui tomboyét de leurs yeux. Dequoy s'apperceuant Rhomeo pensant la remettre quelque peu, luy dist: M'amie ie n'ay pas maintenant deliberé de vous deduire la diuersité des accidens estrãges de l'inconstante & fragile fortune, laquelle esleue l'homme en vn moment au plus haut degré de sa rouë, & toutesfois en moins d'vn cil d'œil elle le rebaisse & deprime si bien, qu'elle luy appreste plus de miseres en vn iour que de faueur en cent ans, ce qui s'experimente maintenant en moymesme, qui ay esté nourri delicatement auec les miens, maintenu en telle prosperité & grandeur que vous auez peu cognoistre, esperãt pour le comble de ma felicité par moyen de nostre mariage reconcilier vos parens auec les miens, pour conduire le reste de ma vie à son periode determiné de Dieu: Et neantmoins toutes mes entreprises sont frenuersees & mes desseings tournez au contraire, de sorte qu'il me faudra desormais errer vagabõd par diuerses prouinces, & me sequestrer des miens sans auoir lieu asseuré de ma retraitte. Ce que i'ay bien voulu mettre deuant vos yeux, à fin de vous exhorter à l'aduenir de porter patiemment tant mon
absen

absence, que ce qui vous est destiné de Dieu: mais Iuliette toute côfite en larmes, & mortelles angoisses ne voulut laisser passer outre, ains luy interrôpant ses propos, luy dist: Côment Rhomeo aurez-vous bien le cœur si dur & esloigné de toute pitié de me vouloir laisser icy seule, assiegee de tant de mortelles miseres? qu'il n'y a heure ny moment au iour, ou la mort ne se presente mille fois à moy, & toutesfois mô malheur est si grad que ie ne puis mourir: de sorte qu'il semble proprement qu'elle me veut conseruer la vie, à fin de se delecter en ma passion, & de triôpher de mô mal, & vous côme ministre & tyran de sa cruauté ne faites côscience (à ce que ie voy) apres auoir recueilly le meilleur de moy, de m'abâdonner. En quoy i'experimente que toutes les loix d'amitié sont amorties & estaintes, puis que celuy duquel i'ay plus esperé q̃ de tous les autres, & pour lequel ie me suis faicte ennemie de moy-mesme, me desdaigne & contêne: non, non Rhomeo, il vous faut resouldre en l'vne des deux choses, ou de me voir incontinent precipiter du haut de la fenestre en bas apres vous, ou que vous souffrez que ie vous accompaigne la part ou la fortune vous guidera: car mon cœur est tant transformé au vostre, que lors que i'appréhende vostre

de

departemét, ie sens ma vie incontinent s'esloingner de moy, laquelle ie ne desire cōtinuer pour autre chose, que pour me veoir iouyr de vostre presence, & participer à toutes vos infortunes comme vous mesme. Et par ainsi, si onques pitié logea en cœur de gētilhōme, ie vous supplie Rhomeo en toute humilité, qu'elle trouue ores place en vostre endroict, que me receuez pour vostre seruante & fidelle cōpaigne de vos ennuis, & si voiez q̄ ne puissiez me receuoir cōmodement en l'estat de femme, & qui me gardera de chāger d'habits ? seray ie la premiere qui en a vsé ainsi, pour eschapper la tyrannie des siens ? Doutez vous que mon seruice ne vous soit aussi aggreable que celuy de Pierre vostre seruiteur ? Ma loyauté sera elle moindre que la sienne ? Ma beauté laquelle vous auez autresfois tant exaltee n'aura elle aucū pouuoir sur vous ? mes larmes, mon amitié & les anciens plaisirs que vous auez receu de moy seront ils mis en oubly ? Rhomeo la voyant entrer en ses alteres, craingnant qu'il luy aduint pis, la reprint de rechef entre ses bras, & la baisant amoureusement, luy dist : Iuliette l'vnique maistresse de mō cœur, ie vous ptie au nom de Dieu, & de la feruéte amitié que me portez, que vous deracinez du tout ces entre-

H

prinses de vostre entédemét, si ne cherchez
l'entiere ruine de vostre vie & de la mienne:
car si vous suyuez vostre conseil, il ne peut
aduenir autre chose, que la perte des deux
ensemble : car lors que vostre absence sera
manifestee, vostre pere fera vne si vifue
poursuite apres vous, que nous ne pourrós
faillir à estre decouuerts & surprins, & en fin
cruellemét punis: moy, cóme rapteur, & vo⁹
cóme fille desobeissante à son pere : & ainsi
cuidant viure contents, nos iours prendrót
leur fin par vne mort honteuse: mais si voulez vous fortifier vn peu à obeir à la raison,
plus qu'au delices que nous pourriós receuoir l'vn de l'autre, ie donneray tel ordre à
mon banissement, que dedans trois ou quatre moys, pour tout delay, ie seray reuoqué.
Et s'il en est autrement ordonné, quoy qu'il
en aduienne, ie retourneray vers vous, &
auec la puissance de mes amis ie vous enle-
ueray de Veronne à main forte non point
en habit dissimulé, comme estrangere, mais
comme mon espouse & perpetuelle compagne. Et par ainsi moderez desormais vos
passions, & viuez asseuree, que la mort seule, me peut separer de vous & non autre cho
se. Les raisons de Rhomeo gaignerent tant
sur Iuliette, qu'elle luy respondit: Mon cher
amy, ie ne veux q̃ ce qu'il vous plaist : Si est-
ce que

ce que quelque part, q̃ vous tiriez, mõ cœur vous demeurera pour gage, du pouuoir que vous m'auez donné sur vous. Ce pendant ie vous prie ne faillir me faire entendre souuent par frere Laurens en quel estat seront vos affaires, mesme le lieu de voitre residence. Ainsi ces deux poures amans passerent la nuict ensemble, iusques à ce que le iour, qui commençoit à poindre, leur causa la separation, auec extreme dueil & tristesse. Rhomeo ayant prins congé de Iuliette, s'en va à saint Fraçois, & apres qu'il eut fait entendre son affaire à frere Laurens, partit de Veronne accoustré en marchant estranger, & feist si bonne diligence que sans encombrier il arriua à Mantoüe (accompaigné seulement de Pierre son seruiteur, lequel y renuoya soudainement à Veronne au seruice de son pere) ou il loua maison:& viuant en compagnie honnorable, s'essaya pour quelques mois, à deceuoir l'ennuy qui le tourmentoit. Mais durant son absence, la miserable Iuliette ne sçeut donner si bonnes trefues à son dueil, que par la mauuaise couleur de son visage, on ne descouurist aisement l'interieur de sa passion. A raison dequoy sa mere qui l'entendoit souspirer à toute heure & se plaindre incessamment, ne se peut contenir de luy dire: Mamye, si vous cõtinuez pl̃

gueres en ces façós de faire, vous auācerez la mort à vostre bon homme de pere & à moy semblablement, qui vous ay aussi chere que la vie : parquoy moderez vous pour l'aduenir, & mettez peine de vous resiouyr sans plus penser à la mort de vostre cousin Thibault, lequel s'il à pleu à Dieu de l'appeller, le pensez vous reuoquer par vos larmes & cōtreuenir à sa volonté? Mais la pourette q̃ ne pouuoit dissimuler son mal, luy dist:Madame, il y a lōg téps q̃ les dernieres larmes de Thibault sont iectees,& croy que la source en est si bien tarie, qu'il n'en renaistra plus d'autre. La mere qui ne sçauoit ou tendoyent tous ces propos, se teut, de peur d'ennuier sa fille. Et quelques iours apres, la voiāt cōtinuer en ses tristesses & angoisses accoustumees,tacha par tous moiés de sçauoir, tant d'elle que de tous les domestiques de sa maison, l'occasion de son dueil, mais tout en vain, dequoy la poure mere faschee outre mesure, s'aduisa de faire entendre le tout au seigneur Antonio son mary. Et vn iour qu'elle le trouua à propos luy dist:Monseigneur, si vous auez consideré la contenance de nostre fille,& ses gestes, depuis la mort du seigneur Thibault son cousin, vous y trouuerez vne si estrange mutatiō, q̃ vous en demeurerez esmerueillé:Car
elle

elle n'est pas seulemét côtente de perdre le boire, le manger, & le dormir: mais elle ne s'exerce à autre chose qu'à pleurer & laméter, & n'a autre plus grãd plaisir & contentemét, que de se tenir recluse en sa chãbre, ou elle se passiõne si fort, q̃ si nous n'y donnons ordre, ie doute desormais, de sa vie, & ne pouuant sçauoir l'origine de son mal, le remede sera plus difficile : Car encores que ie me soye employee à toute extremité, ie n'en ay sceu rien cõprendre, & combien que j'aye pésé au cõmencemét que cela luy procedast, pour le decez de son cousin, ie croy maintenant le contraire, ioinct qu'elle mesme m'a asseuree, q̃ les dernieres larmes en estoient gettees, & ne sçachant plus en quoy me resouldre, i'ay pensé en moymesme que elle se contristoit ainsi, pour vn despit qu'elle a cõceu, de voir la pluspart de ses compaignes mariees, & elle nõ, se persuadant (peut estre) que nous la voulons laisser ainsi. Parquoy mon amy, ie vous supplie affectueusement, pour nostre repos & pour le sien, que voꝰ soiez pour l'aduenir, curieux de la pouruoir en lieu digne de nous. A quoy le seigneur Antonio s'accorda volontiers, luy disant: M'amie i'auois plusieurs fois pésé ce q̃ me dites: Toutesfois, voiant qu'elle n'auoit encores attainct l'eage de dixhuict ans,

HISTOIRE

ie deliberois y pouruoir plus à loisir. Neantmoins puis que les choses sont en tel terme, & que c'est vn dangereux thresor que de filles, i'y pouruoiray si promptemét, que vous aurez occasion de vous en contéter, & elle de recouurer son en bon poinct, qui se perd à veuë d'œil. Ce pendant aduisez si elle est point amoureuse de quelqu'vn, à fin que nous n'aions point tant d'esgard aux biens, ou à la grandeur de la maison ou nous la pourrions pouruoir, qu'à la vie & santé de nostre fille : laquelle m'est si chere, que i'aimerois mieux mourir poure, & desherité, que de la donner à quelqu'vn qui la traictast mal. Quelques iours apres que le seigneur Antonio eut euenté le mariage de sa fille, il se trouua plusieurs gentilshommes qui la demādoiēt, tant pour l'excellēce de sa beauté que pour sa richesse & extraction : mais sur tous autres l'alliance d'vn ieune Comte nommé Paris, Comte de Lodronné, sembla plus auantageux au seigneur Antonio, auquel il l'accorda liberalement, apres toutesfois l'auoir communiqué à sa femme. La mere fort ioieuse, d'auoir rencontré vn si honneste parti pour sa fille, la feit appeller en priué, & luy feist entendre cōme les choses estoient passees, entre son pere & le Comte Paris, luy mettant la beauté & bonne grace

de

de ce ieune Côte deuant les yeux, les vertus pour lesquelles il estoit recommandé d'vn chacun, adioustant pour conclusion les grandes richesses & faueurs, qu'il auoit aux biés de fortune, par le moien desquelles elle & les siens viuroient en eternel honneur: mais Iuliette qui eust plustost consenti d'estre demembree toute viue, que d'accorder ce mariage, luy dist, auec vne audace non accoustumee: Madame, ie m'estonne comme auez esté si liberalle de vostre fille, de la cōmettre au vouloir d'autruy, sans premier sçauoir quel estoit le sié: vous en ferez ainsi que l'entendrez, mais asseurez vous que si vous le faites, ce sera outre mon gré. Et quant au regard du Comte Paris, ie perdray premier la vie qu'il ait part à mon corps, de laquelle vous serez homicide, m'aiāt liuree entre les mains de celuy, lequel ie ne puis, ny ne veux, ny ne sçaurois aimer. Parquoy ie vous prie me laisser desormais viure ainsi sans prēdre aucun soing de moy, tant que ma cruelle fortune ait autrement disposé de mon faict. La dolente mere qui ne sçauoit quel iugement asseoir sur la response de sa fille, comme confuse & hors de soy, va trouuer le seigneur Antonio, auquel sans luy rien desguiser, feit entendre le tout. Le bon vieillart indigné outre mesure, cōman-

H 4

da qu'on l'amenaſt incontinēt par force deuant luy, ſi de ſon gré elle ne vouloit venir. Et ſi toſt qu'elle fut arriuee, toute eſploree, elle cōmença à ſe gecter à ſes pieds, leſquels elle baignoit tous de larmes, pour la grande abondance, qui diſtilloit de ſes yeux. Et cuidāt ouurir la bouche pour luy crier mercy, les ſanglots & ſouſpirs luy interrompoient ſi ſouuent la parole, qu'elle demeura muette, ſans pouuoir former vn ſeul mot: mais le vieillart (qui n'eſtoit en rien eſmeu des larmes de ſa fille) luy diſt auec treſgrande colere: Vien ça ingrate & deſobeiſſante fille, as tu deſia mis en oubly ce que tāt de fois as ouy racompter à ma table, de la puiſſance que mes anciens peres Romains auoiēt ſur leurs enfans? auſquels il n'eſtoit pas ſeulement loiſible de les vendre, engager & aliener (en leur neceſſité) commē il leur plaiſoit, mais qui plus eſt, ils auoient entiere puiſſance de mort & de vie ſur eux. De quels fers, de quels tourments, de quels liens te chaſtiroiēt ces bons peres, s'ils eſtoiēt reſuſcitez? & s'ils voioient l'ingratitude, felonnie & deſobeiſſance de laquelle tu vſes enuers ton pere, lequel auecques maintes prieres & requeſtes t'a pourueue de l'vn des plus grands ſeigneurs de ceſte prouince, des mieux renommez en toutes eſpeces de vertus,

tus, duquel toy & moy sommes indignes, tant pour les grands biens (ausquels il est appellé) comme pour la grandeur & generosité de la maison de laquelle il est issu : & neantmoins tu fais la delicate, & rebelle : & veux contreuenir à mon vouloir. I'atteste la puissance de celuy qui m'a fait la grace de te produire sur terre, que si dedans mardy, pour tout le iour, tu faux à te preparer, pour te trouuer à mon chasteau de Villefranche, ou se doit rédre le Comte de Paris:& là donner consentement à ce que ta mere & moy auons ia accordé, que non seulement ie te priueray de ce que iay des biens de ce monde, mais ie te feray espouser vne si estroite & austere prison, que tu maudiras mille fois le iour & l'heure de ta naissance : Et aduise desormais à ce que tu as à faire, car sans la promesse que i'ay fait de toy au Comte Paris, ie te ferois dés à present sentir combien est grande la iuste colere d'vn pere, indigné contre l'enfant ingrat. Et sans attendre autre response le viellart part de sa chambre & là laissa sa fille à genous, sans vouloir attendre aucune responce d'elle. Iuliette cognoissant la fureur de son pere, craignant d'encourir son indignation, ou de l'irriter d'auantage, se retira (pour ce iour) en sa chambre, & exerça toute la nuict plus ses yeux à

H 5

plorer qu'à dormir : & le matin s'en part feignant aller à la messe, auecques sa dame de chambre, arriua aux Cordeliers, & apres auoir fait appeller frere Laurens, elle le pria de l'ouir en confession, & si tost qu'elle fut à genoux deuāt luy, elle comméça sa côfession par larmes, luy remonstrāt le grād malheur qui luy estoit preparé, pour le mariage accordé par son pere auec le Comte Paris. Et pour la conclusion luy dist: Monsieur, par ce que vous sçauez, que ie ne puis estre mariee deux fois, & que ie n'ay qu'vn Dieu, qu'vn mary, & qu'vne foy ie suis deliberee partant d'icy auec ces deux mains que vous voiez ioinctes deuant vous, ce iourd'huy donner fin à ma douloureuse vie : à fin que mon esprit porte tesmoingnage au ciel & mon sang à la terre, de ma foy & loiauté gardee. Puis aiant mis fin à ce propos, elle regardoit çà & là, faisant entendre par sa farouche côtenance: qu'elle bastissoit quelque sinistre entreprise : dequoy frere Laurens estonné outre mesure, craingnant qu'elle n'executast ce qu'elle auoit deliberé, luy dist: Ma damoiselle Iuliette, ie vous prie au nom de Dieu, moderez quelque peu vostre ennuy, & vous tenez coye en ce lieu, iusques à ce que i'aye pourueu à vostre affaire : car auāt que partiez de ceans ie vous donneray

telle

telle consolation, & remedieray si bien à vos
afflictions, que vous demeurerez satisfaite
& contente. Et l'aiant laissee en ceste bonne
opinion, sort de l'eglise, & monte subitemét
en sa chābre, ou il commença à proiecter diuerses choses, en son esprit, se sentant ores solicité en sa conscience, de souffrir qu'elle espousast le Comte Paris: sçachant que par son moien elle en auoit espousé vn autre. Ores faisant son entreprinse difficile, & encores plus perilleuse l'execution, d'autant qu'il se commettoit à la misericorde d'vne ieune simple damoiselle peu ascorte, & que si elle defailloit en quelque chose, tout leur fait seroit diuulgué, luy diffamé, & Rhomeo son espoux puni. Neantmoins apres auoir esté agité d'vne infinité de diuers pensemens, fut en fin vaincu de pitié, & aduisa qu'il aimoit mieux hazarder son honneur q̃ de souffrir l'adultere de Paris auec Iuliette: Et estant resolu en cecy, ouurit son cabinet, & print vne fiole, & s'en retourne vers Iuliette, laquelle il trouua quasi transsie, attendant nouuelles de sa mort, ou de sa vie, à laquelle le beaupere demanda: Iuliette, quand est ce l'assignation de vos nopces? La premiere assignation, dist elle, est à mercredy, qui est le iour ordonné pour receuoir mon consentement du mariage, accordé par mon
pere

pere au Comte Paris, mais la solemnité des
nopces, ne se doit celebrer que le dixieme
iour de Septembre. Ma fille, dist le religieux,
prens courage, le Seigneur m'a ouuert vn
chemin, pour te deliurer, toy & Rhomeo
de la captiuité qui t'est preparée. I'ay cogneu
ton mary des le berceau. Il m'a tousiours
commis les plus interieurs secrets de sa conscience, & ie l'ay aussi cher que si ie l'auois
engendré, parquoy mon cœur ne pourroit
souffrir qu'on luy feist tort, en chose ou ie
peusse pouruoir par mon conseil. Et d'autant que tu es sa femme, ie te doy par semblable raison aymer, & mesuertuer de te deliurer du martire & angoisse, que te tient
assiegee. Entens donques ma fille, au secret
que ie te vay à present manifester, & te garde sur tout de le declarer à creature viuante, car en cela consiste ta vie & ta mort. Tu
n'es point ignorante, par le raport commun
des citoyens de ceste cité, & par la renōmee,
qui est publiee par tout de moy, que ie ne
aye voyagé quasi par toutes les Prouinces de
la terre habitable: de sorte que par l'espace
de vingt ans continus ie n'ay donné repos
à mon corps, ains ie l'ay le plus souuent exposé à la mercy des bestes brutes par les
deserts & quelque fois à celle des ondes, à
la mercy des pyrates, & de mille autres perils

rils & naufrages, qui se retrouuent tant en la mer, que sur la terre. Or est il ma fille que toutes mes peregrinations ne m'ont point esté inutiles, car outre le contentement incroyable que i'en reçoy ordinairement en mon esprit, encores en ay-ie recueilly vn autre fruict particulier lequel auec la grace de Dieu tu resentiras en brief. C'est que i'ay esprouué les proprietez secrettes des pierres, plantes, metaux & autres choses cachees aux entrailles de la terre, desquelles, ie me sçay aider (contre la commune loy des hommes) lors que la necessité me suruient, specialement aux choses esquelles ie cognois mon Dieu en estre moins offensé. Car comme tu sçais estant sur le bord de ma fosse (comme ie suis) & que l'heure approche qu'il me faut rendre compte, ie doy desormais avoir plus grande apprehension des iugemens de Dieu, que lors que les ardeurs de l'inconsideree ieunesse bouillonnoyent en mon corps. Entends doncques ma fille, qu'auec les autres graces & faueurs que i'ay receuës du ciel, i'ay apprins & experimenté long temps a, la composition d'vne paste que ie fais de certains simples soporiferes, laquelle puis apres reduicte en poudre & beuë auec vn peu d'eau en vn quart d'heure elle endort tellement ce-

luy

luy qui la prend, & enseuelit si bien ses sens
& autres esprits de vie, qu'il n'y a medecin
tant excellent qui ne iuge pour mort celuy
qui en a prins. Et à encor dauantage vn effect plus merueilleux, c'est que la personne
qui en vse ne sent aucune douleur,& selon
la quantité de la doze qu'on a receuë, le patient demeure en ce doux sommeil, puis
quand son operation est parfaite il retourne
en son premier estat. Or reçoy donc maintenant l'instruction de ce que tu dois faire
& despouille ceste affection feminine, &
prends vn courage viril, car en la seule force de ton cœur consiste l'heur ou malheur
de ton affaire. Voila vne fiole que ie te donne, laquelle tu garderas, comme ton propre
cœur, & le soir dont le iour suiuant seront
tes espousailles, ou le matin auant iour, tu
l'empliras d'eau, & beuuras tout ce qui est
contenu dedans, & lors tu sentiras vn plaisant sommeil, lequel glissant peu à peu par
toutes les parties de ton corps, les contrain-
dra si bien qu'elles demeureront immobi-
les, & sans faire leurs accoustumez offices,
perdront leurs naturels sentimés, & demeu-
reras en telle extase lespace de quarâte heures pour le moins, sans aucun poulx ou mou
uement perceptible, dequoy estonnez ceux
qui te viendront veoir, te iugeront morte,&
selon

selon la coustume de nostre cité, ils te feront apporter au cymetieré, qui est pres nostre eglise, & te mettront au tombeau ou ont esté enterrez tes ancestres les Capellets. Et cependant i'aduertiray le seigneur Rhomeo par homme expres de tout nostre affaire, lequel est à Mantoüe: qui ne faudra à se trouuer la nuictee suiuant ou nous ferons luy & moy ouuerture du sepulchre, & enlieuerons ton corps, & puis l'operation de la poudre paracheuee, il te pourra emmener secretement à Mantoüe, au desceu de tous tes parens & amis, puis peut estre quelque fois la paix de Rhomeo faite, cecy pourra estre manifesté auec le cōtentement de tous les tiés. Les propos du beaupere finiz, nouuelle ioye commença à s'emparer du cœur de Iuliette, laquelle auoit esté si ententiue à les escouter qu'elle n'en auoit mis vn seul poinct en oubly. Puis elle luy dist: Pere n'aiez doute que le cœur me deffaille en l'accomplissement de ce que m'auez cōmandé, car quand bien seroit quelque forte poison, & venin mortel, plustost le mettrois-ie en mon corps que de consentir de tomber es mains de celuy qui ne peut auoir part en moy. A plus forte raison donques me doy-ie fortifier, & exposer à tout mortel peril, pour m'approcher de celuy duquel depend entierement

ma

ma vie, & tout le contentement que ie pretends en ce monde. Or va donc ma fille (dit le beaupere) en la garde de Dieu, lequel ie prie te tenir la main & te confirmer ceste volonté en l'accomplissement de ton œuure. Iuliette partie d'auec frere Laurens, s'en retourna au palais de son pere sur les onze heures, ou elle trouua sa mere à la porte, qui l'attendoit en bonne deuotion de luy demander si elle vouloit encores continuer en ses premieres erreurs: mais Iuliette auec vne contenance plus gaye que de coustume, sans auoir patience que sa mere l'interrogast, luy dist: Madame, ie viens de saint François ou i'ay seiourné peut estre plus que mō denoir ne requeroit, neantmoins ce n'a esté sans fruict, & sans apporter vn grand repos à ma conscience affligee, par le moien de nostre pere spirituel, frere Laurens, auquel i'ay fait vne bien ample declaration de ma vie, & mesmes luy ay communiqué en confession, ce qui estoit passé entre mōseigneur mon pere & vous, sur le mariage du Comte Paris & de moy: mais le bon home m'a sceu si bië gaigner par ses saintes remonstrances & louables hortations, qu'encore q̃ ie n'eusse aucune volonté d'estre iamais mariee, si est ce q̃ ie suis maintenant disposee de vous obeir en ce qu'il vous plaira me cōmander.
Par

Parquoy madame ie vous prie impetrez ma grace enuers monseigneur & pere, & luy dites s'il vous plaist, qu'obeissant à son commandement ie suis preste d'aller trouuer le Comte Paris à Villefranche, & là en vos presences l'accepter pour seigneur & espoux en asseurance de quoy ie m'en vay à mon cabinet eslire tout ce qu'il y a de plus precieux, à fin q̃ me voiant en si bon equipage ie luy sois plus agreable. La bonne mere rauie de trop grãd aise, ne peut respondre vn seul mot, ains s'en va en diligence trouuer le seigneur Antonio son mary, auquel elle raconta par le menu, le bon vouloir de sa fille, & comme par le moien de frere Laurens elle auoit du tout changé de volonté: dequoy le bon vieillard ioyeux outre mesure, louoit Dieu en son cœur, disant: Mamie ce n'est pas le premier bien q̃ nous auons receu de ce saint hõme, mesme qu'il n'y a citoié en ceste Republique, qui ne luy soit redeuable: pleust au seigneur Dieu, q̃ ieusse acheté vingt de ses ans la tierce partie de mon bien, tant m'est griefue son extreme vieillesse. Le Seigneur Antonio à la mesme heure va trouuer le Comte Paris auquel il pensa persuader d'aller à Villefranche. Mais le Comte luy remonstra que la despence seroit excessiue, & que c'estoit le

meilleur de la reseruer au iour des nopces
pour les mieux solénifer. Toutesfois qu'il
estoit bien d'aduis, s'il luy sembloit bon, de
aller voir Iuliette, & ainsi s'en partirent ensemble pour l'aller trouuer. La mere auertie de sa venue, feist preparer sa fille, à laquelle elle cōmanda de n'espargner ses bonnes graces à la venue du Comte, lesquelles
elle sceut si bien deplorer, qu'auant qu'il partist de sa maison, elle luy auoit si bien derobé son cœur, qu'il ne viuoit desormais que
en elle, & luy tardoit tant que l'heure determinee n'estoit venue, qu'il ne cessoit d'importuner & le pere & la mere de mettre vne
fin & consommation à ce mariage. Et ainsi
se passa ceste iournee assez ioieusement, &
plusieurs autres, iusques au iour precedent
les nopces, auquel la mere de Iuliette auoit
si bien pourueu qu'il ne restoit rié de ce qui
appartenoit à la magnificence & grandeur
de leur maison. Villefranche, duquel nous
auons fait métiō, estoit vn lieu de plaisance
ou le seigneur Antonio se souloit souuent recreer, qui estoit vn mille ou deux de Veronne, ou le disner se deuoit preparer, cōbien q̄
les solénitez requises deussent estre faites à
Veronne. Iuliette sentant son heure approcher dissimuloit le mieux qu'elle pouuoit:
& quand ce vint l'heure de se retirer, sa dame

me de chābre luy vouloit faire compaignie & coucher en sa chābre, cōme elle auoit accoustumé. Mais Iuliette luy dist: Ma grande amie vous sçauez q̃ demain se doiuēt celebrer mes nopces, & parce que ie veux passer la plus part de la nuict en oraison, ie vous prie pour ce iourd'huy me laisser seule, & venez demain sur les six heures m'aider à m'accoustrer: ce que la bōne vieille luy accorda aisémēt ne se doutāt, point de ce qu'elle proposoit de faire, s'estant retiree seule en sa chambre, aiant vn boucal d'eau sur la table, emplit la fiole que le beaupere luy auoit dōnee, & apres auoir fait ceste mixtion, elle meist le tout sous le cheuet de son lict, puis elle se coucha, & estant au lict, nouueaux pensers cōmecerēt à l'ēuirōner, auec vne apprehēsiō de mort si grande, qu'elle ne sçauoit en quoy se resoudre, mais se plaignant incessamment, disoit: Ne suis ie pas la plus malheureuse & desesperee creature qui nasquit onques entre les femmes ? pour moy ny a au mōde que malheur, misere & mortelle tristesse, puis que mō infortune m'a reduicte à telle extremité que pour sauuer mon honneur & ma conscience, il faut que ie deuore icy vn breuuage, duquel ie ne sçay la vertu. Mais que sçay ie (disoit elle) si l'operation de ceste poudre se fera point plustost ou plus tard qu'il n'est de besoing, & que ma faute estât decouuerte, ie demeure la fable du peuple. Que sçay ie d'auantage si les serpens & autres bestes venimeuses, qui se retrouuent coustumierement aux tombeaux & cachots de la terre m'offenseront, pensant que ie soye morte? Mais comment pourray ie endurer la puanteur de tant de charongnes & ossements de mes ancestres, q repofent en ce sepulchre : Si de fortune ie m'esueillois auant que Rhomeo & frere Laurens, me vinssent secourir? Et ainsi qu'elle se plongeoit profondemét en la contemplation de ces choses, son imagination fut si forte, qu'il luy sembloit aduis qu'elle voioit quelque spectre ou fantosme de son cousin Thibault, en la mesme sorte qu'elle l'auoit veu blessé, & sanglant: & apprehendant qu'elle deuoit viue estre enseuelie à son costé auec tant de corps morts, & d'offemens desnuez de chair, q son tendre corps & delicat se print à frissonner de peur, & les blonds cheueux à herisser, tellement que pressee de fraieur, vne sueur froide commença à percer son cuir & arrouser tous ses membres, de sorte qu'il luy sembloit aduis qu'elle auoit desia vne infinité de morts autour d'elle, qui la tiralloient de tous costez & la mettoient en pieces : & sentant que ses

forces

forces se diminuoiét peu à peu, & craignant que par trop grande debilité, elle ne peust executer son entreprinse, comme furieuse & forcenee sans y penser plus auant, elle engloutist l'eau contenuë en sa fiole, puis croisant ses bras sur son estomach, perdit à l'instant tous ses sentimens du corps & demeura en extase. Et comme l'aube du iour commençoit à mettre la teste hors de son Orient, sa dame de chambre qui l'auoit enfermee auec la clef ouurit la porte, & la pensant esueiller l'appelloit souuent, & luy disoit, Madamoiselle, c'est trop dormi, le Compte Paris vous viendra leuer. La poure femme chantoit aux sourds, car quand tous les plus horribles & tempestueux sons du monde eussent resonné à ses oreilles ses esprits de vie estoient tellemét liez & assoupiz, que elle ne s'en fust esueillee. Dequoy la pourę vieille estonnee, commença à la manier, mais elle la trouua par tout froide comme marbre, puis luy mettant la main sur sa bouche iugea soudain qu'elle estoit morte: car elle n'y auoit trouué aucune respiration: dont comme forcenee & hors de soy, courut l'annoncer à la mere, laquelle effrenee come vn tygre, qui a perdu ses faons, entra soudainement en la chambre de sa fille, & elle l'aiāt aduisee en si piteux estar, la pou-

sant morte s'escria : Ah ! mort cruelle
qui as mis fin à toute ma ioye & felicité,
execute le dernier fleau de ton ire contre
moy, de peur que ne me laissant viure le reste de mes iours en tristesse, mon martyre
ne soit augmenté. Lors elle se print tellemét à souspirer qu'il sembloit que le cœur
luy deust fendre, & ainsi qu'elle renforçoit
ses criz, voicy le pere, le Comte Paris, &
grand trouppe de gentilshommes & damoiselles, qui estoient venus pour honorer
la feste, lesquels si tost qu'ils eurent le tout
entendu, menerent tel dueil, que qui eust
veu lors leurs contenances, il eust peu aisément iuger que c'estoit la iournee d'ire &
de pitié, specialement le seigneur Antonio,
lequel auoit le cœur si serré qu'il ne pouuoit ny plourer ny parler, & ne sçachant que
faire mande incontinent querir les plus ex-
perts medecins de la ville, lesquels apres
s'estre enquestez de la vie passee de Iuliette
iugerent d'vn cómun rapport qu'elle estoit
morte de melancholie, & lors les douleurs
cómencerent à se renouueller. Et si onques
iournee fut lamentable, piteuse, malheureuse & fatale, certainement ce fut celle en
laquelle la mort de Iuliette fut publiee par
Veronne : car elle estoit tant regretee
des grands & des petits, qu'il sembloit à
veoir

veoir les communes plaintes que toute la republique fust en peril, & non sans cause. Car outre la naïfue beauté accõpaignee de beaucoup de vertus, desquelles nature l'auoit enrichie, encores estoit elle tãt humble, sage & debõnaire, que pour ceste humilité & courtoisie, elle auoit si bien derobé les cœurs d'vn chacũ, qu'il n'y auoit celuy qui ne lamẽtast son desastre. Comme ces choses se demenoient, frere Laurés depescha en diligence vn beaupere de son conuent nõmé frere Anselme, auquel il se fioit comme en luy mesme, & luy donna vne lettre escrite de sa main & luy commanda expressement ne la bailler à autre qu'à Rhomeo, en laquelle estoit cõtenu tout ce qui estoit passé entre luy & Iuliette nommant la vertu de la poudre, & luy mandoit qu'il eust à venir la nuict suiuãte, par ce que l'operation de la poudre prendroit fin, & qu'il emmeneroit Iuliette auec luy à Mantouë en habit dissimulé iusques à ce q̃ la fortune en eust autremẽt ordonné. Le Cordelier feist si bonne diligence qu'il arriua à Mãtouë, peu de temps apres. Et pour ce que la coustume d'Italie est que les Cordeliers doiuent prendre vn compagnon à leur conuent pour aller faire leurs affaires par ville : le Cordelier s'en va à son conuẽt, mais depuis qu'il

y fut entré, il ne luy fult loisible de sortir à
ce iour comme il pensoit, par ce que quelques iours auant il estoit mort quelque religieux au conuent (cóme on disoit) de peste:
parquoy les deputez de la santé auoient defendu au gardien que les Cordeliers n'eussent à aller par ville, ny communiquer auecques aucuns des citoiens, tant que messieurs
de la iustice leur eussent donné permission,
ce qui fut cause d'vn grand mal, cóme vous
verrez cy apres. Ce Cordelier estant en cette
perplexité de ne pouuoir sortir, ioint aussi
qu'il ne sçauoit ce qui estoit contenu en la
lettre, voulut differer pour ce iour. Cependant q̃ ces choses estoient en cest estat, on se
prepara à Veronne pour faire les obseques
de Iuliette. Or ont vne coustume, q̃ est vulgaire en Italie de mettre tous les plus apparents d'vne lignee en vn mesme tóbeau, qui
fut cause que Iuliette fut mise en la sepulture ordinaire des Capellets, en vn cymitiere
pres l'eglise des Cordeliers, où mesmes
Tibault estoit enterré. Et ses obseques paracheuees honnorablement, chacun s'en retourna, ausquelles Pierre seruiteur de Rhomeo auoit assisté, car, cóme nous auós dit cy
deuant, son maistre l'auoit renuoié de Mantoüe à Veronne faire seruice à son pere, &
l'aduertir de tout ce qui se bastiroit en son
absen

absence à Veronne. Et aiant veu le corps de Iuliette enclos dedans le tombeau, iugeant comme les autres qu'elle estoit morte, print incontinent la poste, & feist tant par sa diligence qu'il arriua à Mantouë où il trouua son maistre en sa maison accoustumee, auquel il dist (aiant ses yeux tous mouillez de grosses larmes) Mōseigneur, il vous est suruenu vn accident si estrange, que si ne vous armez de cōstance, i'ay peur d'estre le cruel ministre de vostre mort. Scachez Monseigneur, que depuis hier matin madamoiselle Iuliette a laissé ce monde pour chercher repos en l'autre, & l'ay veuë en ma presence receuoir sepulture au cimitiere de sainct François. Au son de ce triste message, Rhomeo cōmença à mener tel dueil qu'il sembloit q̄ ses esprits ennuyez du martyre de sa passion, deussent à l'instant abandonner son corps, mais forte amour qui ne le peut permettre faillir iusques à l'extremité, luy meist en sa fantasie que s'il pouuoit mourir aupres d'elle, sa mort seroit plus glorieuse, & elle (ce luy sembloit) mieux satisfaite. A raison dequoy apres s'estre laué la face de peur qu'on cogneust son dueil il part de sa chambre & defend à son seruiteur de ne le suiure, puis il s'en và par tous les cantons de la ville, chercher s'il pourroit trouuer reme-

I 5

son maistre, s'esloigna quelque peu à fin de
cõtépler ses gestes & cõtenãces. Et lors que
le cercueil fut ouuert, Rhomeo descend
deux degrez tenãt sa chãdelle en la main &
cõmença à aduiser d'vn œil piteux le corps
de celle qui estoit l'organe de sa vie, puis
l'aiãt arrousee de ses larmes & baisé estroictemét la tenãt entre ses bras ne se pouuãt
rassasier de sa veuë, mit ses craintiues mains
sur le froict estomach de Iuliette & apres
l'auoir maniee en plusieurs endroits, & n'y
pouuãt asseoir aucũ iugement de vie, il tire
sa poison de sa boitte, & en aiant aualé vne
grande quantité, il s'escrie: O Iuliette de laquelle le monde estoit indigne, quelle mort
pourroit eslire mon cœur, qui luy fust plus
agreable que celle qu'il souffre pres de toy:
quelle sepulture plus glorieuse q̃ d'estre enfermé en ton tombeau ? quel plus digne ou
excelléet epitaphe se pourroit sacrer à la memoire, que ce mutuel & piteux sacrifice de
nos vies ? & cuidant renforcer son dueil, le
cœur luy commença à fremir pour la violence du venin, lequel peu à peu s'emparoit
de son cœur, & regardant çà & là, aduisa le
corps de Thibault pres de celuy de Iuliette, lequel n'estoit encores du tout putrifié,
parlant à luy comme s'il eust esté vif, disoit: Cousin Thibault en quelque lieu que

commandé,& feinst si bonne diligence qu'il arriua de bonne heure à Verône, donna ordre à tout ce qui luy estoit enchargé. Rhomeo ce pendant sollicité de mortels pensemens, se feist apporter ancre & papier, & meist en peu de paroles tout le discours de ses amours par escrit, les nopces de luy & de Iuliette, le moien observé en la consommation d'icelles, le secours de frere Laurés, l'achapt de sa poison, finalement sa mort, puis aiant mis fin à sa triste tragedie, il ferma les lettres,& les cacheta de son cachet, puis mist la superscription à son pere, & serrant ses lettres en sa bourse, il monte à cheual & feist si bonne diligence qu'il arriua par les obscures tenebres de la nuict en la cité de Veronne auant que les portes fussent fermees, où il trouua son seruiteur qui l'attendoit, auec lanterne & instruments desusdits, propre pour ouurir le sepulchre, auquel il dist: Pierre aide moy à ouurir ce sepulchre,& si tost qu'il sera ouuert, ie te commande sur peine de la vie, de n'approcher de moy, ny de mettre empeschement à chose que ie vueille executer. Voila vne lettre que tu presenteras demain au matin à mon pere à son leuer, laquelle peut estre luy sera plus agreable que tu ne pense. Pierre ne pouuant imaginer, quel estoit le voloir de
son

son maistre, s'esloigna quelque peu à fin de contépler ses gestes & cōtenāces. Et lors que le cercueil fut ouuert, Rhomeo descend deux degrez tenāt sa chādelle en la main & cōmença à aduiser d'vn œil piteux le corps de celle qui estoit l'organe de sa vie, puis l'aiāt arrousee de ses larmes & baisé estroictemét la tenāt entre ses bras ne se pouuāt rassasier de sa veuë, mit ses craintiues mains sur le froict estomach de Iuliette & apres l'auoir maniee en plusieurs endroits, & n'y pouuāt asseoir aucū iugement de vie, il tire sa poison de sa boitte, & en aiant auallé vne grande quantité, il s'escrie: O Iuliette de laquelle le monde estoit indigne, quelle mort pourroit eslire mon cœur, qui luy fust plus agreable que celle qu'il souffre pres de toy: quelle sepulture plus glorieuse q̃ d'estre enfermé en ton tombeau? quel plus digne ou exceliēt epitaphe se pourroit sacrer à la memoire, que ce mutuel & piteux sacrifice de nos vies? & cuidant renforcer son dueil, le cœur luy commença à fremir pour la violence du venin, lequel peu à peu s'emparoit de son cœur, & regardant çà & là, aduisa le corps de Thibault pres de celuy de Iuliette, lequel n'estoit encores du tout putrifié, parlant à luy comme s'il eust esté vif, disoit: Cousin Thibault en quelque lieu que
tu

tu sois, ie te crie maintenant mercy de l'offense que ie fey de te priuer de vie, & si tu souhaites vēgeāce de moy, quelle autre plus grāde ou cruelle satisfactiō scaurois tu deformais esperer, que de veoir celuy qui t'a mesfait, empoisonné de sa propre main & enseuely à tes costez? Puis aiant mis fin à ce propos, sentāt peu à peu la vie luy defaillir, se prosternant à genoux d'vne voix foible, dist assez bas: Seigneur Dieu, qui pour me racheter es descendu du sein de ton pere, & as prins chair humaine au vētre de la Vierge: Ie te supply prendre compassion de ceste poure ame affligee: car ie cognoy bien que ce corps n'est plus que terre. Puis saisi d'vne douleur desesperee se laissa tomber sur le corps de Iuliette de telle vehemēce, que le cœur attenué de trop grād tourmēt, ne pouuant porter vn si dur & dernier effort, demeura abandonné de tous les sens & vertus naturelles: en façon que le siege de l'ame luy faillit à l'instāt, & demeura roide estendu. Frere Laurens qui cognoissoit le periode certain, de l'operation de sa pouldre, esmerueillé qu'il n'auoit aucune response de la lettre qu'il auoit enuoiee à Rhomeo par son compaignon frere Anselme, s'en part de saint François: & auec instruments propres, deliberoit d'ouurir le sepulchre pour

donn

donner air à Iuliette, laquelle estoit preste à s'esueiller. Et approchant du lieu, il aduisa la clarté dedans, qui luy dóna terreur iusques à ce que Pierre, qui estoit pres, l'eust acertené, q̃ Rhomeo estoit dedans, & n'auoit cessé de se lamenter & plaindre, depuis demie heure. Et lors ils entrerẽt dedãs le sepulchre, & trouuans Rhomeo sans vie, menerẽt vn dueil, tel q̃ peuuẽt apprehender ceux qui ont aimé quelqu'vn de parfaicte amitié. Et ainsi qu'ils faisoient leurs plaintes, Iuliette sortãt de son extase, & aduisant la splendeur dans ce tombeau ne sçachant si s'estoit songe ou fantosme, qui apparoissoit deuant ses yeux, reuenant à soy recõgneut frere Laurens, auquel elle dist: Pere ie vous prie au nom de Dieu, asseurez moy de vostre parole: car ie suis toute esperdue. Et lors frere Laurens, sans luy riẽ deguiser (par ce qu'il se craignoit d'estre surprins, pour le trop long seiour en ce lieu) luy racompta fidelemẽt, cõme il auoit enuoié frere Anselme vers Rhomeo à Mantouë, duquel il n'auoit peu auoir response. Toutesfois qu'il auoit trouué Rhomeo au sepulchre, mort, duquel il luy mõstra le corps estendu, ioingnant le sien: la suppliant au reste, de porter patiemmẽt l'infortune suruenue, & que, s'il luy plaisoit, il la conduiroit en quelque monastere

naftere secret de femme, où elle pourroit (auec le temps) moderer son dueil, & donner repos à son ame. Mais à l'inftant qu'elle eut getté l'œil sur le corps mort de Rhomeo, elle commença à destouper la bonde à ses larmes, par telle impetuosité, que ne pouuât supporter la fureur de son mal, elle halletoit sans cesse sur sa bouche, puis se lançant sur son corps, & l'embrassant estroitement, il sembloit qu'à force de souspirs & de sanglots, elle deust le viuifier & remettre en essence. Et apres l'auoir baisé & rebaisé vn million de fois, elle s'escria: Ah! doux repos de mes pésees,& de tous les plaisirs que iamais i'eu, as tu bien eu le cœur si asseuré, d'eslire ton cymetiere en ce lieu, entre les bras de ta parfaite amâte,& de finir le cours de ta vie à mon occasion, en la fleur de ta ieunesse, lors que le viure te deuoit estre pl⁹ cher & delectable? côment ce tendre corps a il peu resister au furieux côbat de la mort lors quelle s'est presentee? comment ta tendre & delicate ieunesse a elle peu permettre de son gré, que tu te sois confiné en ce lieu, ord & infect, où tu seruiras desormais de pasture à vers, indignes de toy? Helas! helas! quel besoing m'estoit il maintenant, que les douleurs se renouuellassent en moy, ue le téps & ma longue patience deuoient
enfe

enseuelir & esteindre. Ha miserable & chetiue q̃ ie suis pensant trouuer remede à mes passions! i'ay esmoulu le cousteau, qui a fait la cruelle playe dont ie reçoy le mortel dõmage, Ah heureux & fortuné tombeau, qui seruira es siecles futeurs de tesmoing de la plus parfaite alliance, qu'ont les deux plus fortunez amants qui furent onques, Reçoy maintenant les derniers souspirs, & acces, du plus cruel de tous les cruels subiects d'ire & de mort. Et comme elle pensoit continuer ses plainctes, Pierre aduertit frere Laurens, qu'il entédoit vn bruit pres de la citadelle, duquel intimidez, ils s'esloingnerent promptement, craignans estre surpris. Et lors Iuliette se voyant seule, & en pleine liberté, print derechéf Rhomeo entre ses bras le baisant par telle affectiõ, qu'elle sembloit estre plus attaincte d'amour, que de la mort. Et aiãt tiré la dague q̃ Rhomeo auoit ceincte à son costé se donna de la poincte plusieurs coups au trauers du cœur, disant d'vne voix foible & piteuse: Ha mort fin de malheur, & commencement de felicité, tu sois la bien venue: ne crains à ceste heure de me darder, & ne donne aucune dilation à ma vie, de peur que mon esprit ne trauaille à trouuer celuy de mon Rhomeo, entre tant de morts. Et toy mon cher seigneur

TROISIEME. 73

gneur & loyal espoux Rhomeo : s'il te reste encores quelque cognoissance, reçoy celle que tu as si loyaument aymee, & qui a esté cause de ta violéte mort: laquelle t'offre volontairement son ame, à fin qu'autre q̃ toy ne soit iouyssant de l'amour q̃ si iustement auois cõquis. Et à fin que nos esprits, sortans de ceste lumiere, soient eternellemẽt viuás ensemble, au lieu d'eternelle immortalité. Et ces propos acheuez, elle rendit l'esprit. Pendant que ces choses se demenoient, les gardes de la ville passoiẽt fortuitement par là aupres, lesquels aduisans la clarté en ce tombeau, soupçonnerẽt incontinent que ce estoient Nicromanciens qui auoiẽt ouuert ce sepulchre, pour abuser des corps morts, & s'en aider en leur art. Et curieux de sçauoir ce qui en estoit, entrerent au cercueil, ou ils trouuerẽt Rhomeo & Iulietre, aians les bras lacez au col l'vn de l'autre, comme s'il eust resté quelque marque de vie. Et apres les auoir bié regardez à loisir, cogneurent ce qui en estoit : & lors tous estonnez chercherent tant çà & là, pour surprendre ceux qu'ils pensoient auoir fait le meurtre, qu'ils trouuerent en fin le beaupere frere Laurés & Pierre, seruiteur du defunct Rhomeo, (qui s'estoient cachez sous vn estau) lesquels ils menerent aux prisons, & auerti-

K

vent le seigneur de l'Escale & les magistrats
de Veronne, de l'inconuenient suruenu: lequel fut publié en vn instant par toute la cité. Vous eussiez veu lors tous les citoiens,
auec leurs femmes & enfans, abandonner
leurs maisons pour assister à ce piteux spectacle. Et à fin qu'en presence de tous les citoiés le meurtre fut publié: Les Magistrats
ordonnerent que les deux corps morts, fussent erigez sur vn theatre, à la veuë de tout
le móde en la forme qu'ils estoient, quád ils
furent trouuez au sepulchre. Et que Pierre
& frere Laurens, seroient publiquement interrogez, à fin qu'au par-apres on ne peut
murmurer, ou pretendre aucune cause d'ignoráce. Et ce bon vieillard de frere, estant
sur le theatre, aiant sa barbe blanche toute
baignee de grosses larmes: les iuges luy cómanderent qu'il eust à declarer ceux qui estoient auteurs de ce meurtre, attendu qu'à
heure indeuë il auoit esté apprehendé auec
quelques ferremens pres le sepulchre. Frere Laurens homme rond & libre en parolle
sans s'esmouuoir aucunement pour l'accusation opposee, leur dist auec vne voix asseuree, Messieurs il n'y a celuy d'entre vous q̃
(s'il auoit esgard à ma vie passee, & à mes
vieux ans, & au triste spectacle, où la malheureuse fortune m'a maintenant reduict)
qui

qui ne soit grandement esmerueillé, d'vne tant soudaine & inesperee mutation: attendu que depuis soixante & dix ou douze ans, que ie fey mon entree sur la terre, & que ie commençay à esprouuer les vanitez de ce mode, ie ne fus onques attaint, tant s'en faut cōuaincu de crime aucū qui me sceut faire rougir, encore que ie me recognoisse deuant Dieu le plus grand & abominable pecheur de la troupe, si est ce toutesfois que lors que ie suis plus prest à rendre mō compte, & que les vers, la terre & la mort m'adiournent à tous les momēts du iour, à comparoistre deuant la iustice de Dieu, ne faisant plus autre chose que abbaier mon sepulchre. C'est l'heure(ainsi cōme vous vous persuadez) en laquelle ie suis tombé au plus grand interest & preiudice de ma vie, & de mon honneur. Et ce qui a engendré ceste si nistre opinion de moy en vos cœurs, sont (peut estre) ces grosses larmes q̄ decoulent en abondance dessus ma face: comme s'il ne se trouuoit pas en l'escriture sainte, que Iesus Christ eust ploré esmeu de pitié & compassiō humaine, & mesmes que le plus souuent elles sont fideles messageres de l'innocence des hommes. Ou bien, ce qui est plus probable, c'est l'heure suspecte, & les ferremens, comme le Magistrat a proposé

K 2

qui me rendét coulpable des meurtres, comme si les heures n'auoyent pas toutes esté crees du Seigneur esgales : & ainsi que luy mesmes a enseigné, il y en a douze au iour monstrāt par cela qu'il n'a point acception d'heures, ny de momens : mais qu'on peut faire bien ou mal à toutes indifferemment, ainsi q̃ la personne est guidee, ou delaissee de l'esprit de Dieu. Quant aux ferrements desquels ie fus trouué saisy, il n'est ia besoin maintenāt de vous faire entendre pour quel vsage a esté creé le fer premierement, & comme de soy il ne peut rien accroistre en l'homme de bien ou de mal, sinon par la maligne volonté de celuy qui en abuse. Ce que i'ay bien voulu mettre en auant pour vous faire entendre que ny mes larmes, ny le fer, ny l'heure suspecte, ne me peuuét conuaincre de meurtre, ne me rēdre autre que ie suis : mais seulement le tesmoignage de ma propre conscience, lequel seul me seruiroit (si i'estois coulpable) d'accusateur, de tesmoing, & de bourreau. Laquelle (veu l'eage où ie suis, & la reputation q̃ i'ay eu le passé entre vous, & le petit seiour q̃ i'ay plus à faire en ce monde) me deuroit plus tourmēter la dedans, que toutes les peines mortelles qu'on sçauroit proposer. Mais(la grace à mon Dieu) ie ne sens aucun ver, qui me

ronge, ne aucun remors qui me pique, touchant le fait, pour lequel ie vous veoy tous
troublez, & espouuentez. Et à fin de mettre
vos ames en repos, & pour esteindre les scru
pules, qui pourroient tourmēter desormais
vos cōsciences, ie vous iure sur toute la part
que ie pretens au ciel, de vous faire entendre maintenant de fonds en comble, le discours de ceste piteuse tragedie, de laquelle
vous ne serez (peut estre) moins esmerueillez, que de deux poures passiōnez amās, qui
ont esté forts & patiens, à s'exposer à la misericorde de la mort, pour la feruente, & indissoluble amitié qu'ils se sont portez. Et lors
le beaupere commença à leur desduire le
commencement des amours de Iuliette &
de Rhomeo : lesquelles apres auoir esté par
quelque espace de temps confirmees c'estoit
ensuiuy, par paroles de present, promesse de
mariage entre eux, sans qu'il en sceut rien.
Et comme (quelques iours apres) les a-
mants se sentans aguillonnez d'vne amour
plus forte, s'estoient adressez à luy, soubs le
voile de confession, attestans tous deux par
serment qu'ils estoient mariez, & que s'il ne
luy plaisoit solenniser leur mariage, en face
d'Eglise, ils seroient contrains d'offenser
Dieu, & viure en concubinage. En consideration
de quoy, & mesmes voiant l'alliance

K 3

HISTOIRE

estre bonne & conforme en dignité, richesse & noblesse, de tous les deux costez: esperant par ce moyen (peut estre) reconcilier les Môtesches & Capellets ensemble, & faire œuure agreable à Dieu, leur auoit donné la benediction en vne chapelle: dôt la nuict mesme ils auoyent consommé leur mariage, au palais des Capellets: dequoy la femme de chambre de Iuliette pourroit encores deposer. Adioustant puis apres le meurtre de Thibault, cousin de Iuliette, estre suruenu: à raison duquel le ban de Rhomeo s'estoit ensuyuy, & comme en l'absence dudit Rhomeo, le mariage estant tenu secret entre eux, on l'auoit voulu marier au Comte Paris, dequoy Iuliette indignee s'estoit prosternee à ses pieds, en vne chapelle de l'Eglise sainct François auecque vne ferme esperance de se occire de ses propres mains, s'il ne luy donnoit conseil au mariage accordé par son pere auec le Comte Paris. Adioustant pour conclusion, encores qu'il eust resolu en luy mesme (pour vne apprehension de vieillesse & de mort) d'aborrer toutes les sciêces cachees, auxquelles il s'estoit delecté en ses ieunes ans: toutesfois pressé d'importunité & de pitié, & craignant que Iuliette exerceast cruauté contre elle mesme, il auoit eslargi sa conscience, & mieux aimé
don

donner quelque legiere attainte à son ame
que de souffrir que ceste ieune Damoiselle
defeit son corps & meist son ame en peril.
Et partant auoit desployé son ancien artifice, & luy auoit baillé certaine poudre pour
l'endormir, par le moyen de laquelle on l'auoit iugee morte. Luy faisant puis apres entendre, comme il auoit enuoyé frere Anselme aduertir Rhomeo par vne lettre de toutes leurs entreprinses, duquel il n'auoit encores eu responsse: deduisant apres par le
menu comme il auoit trouué Rhomeo au
sepulchre mort, lequel (comme il estoit vray
semblable) s'estoit empoisonné ou estouffé,
Esmeu de iuste dueil qu'il auoit de trouuer
Iuliette en cest estat la pensant morte, puis,
poursuyuant son discours, declara comme Iuliette s'estoit tuee elle mesme de la
dague de Rhomeo, pour l'accompaigner
apres sa mort, & comme il ne leur auroit esté
possible de la sauuer pour le bruit suruenu
des gardes qui les auoyent contraincts de
s'escarter. Et pour plus ample approbatiõ de
son dire, il supplia le seigneur de Veronne
& lés magistrats d'enuoyer à Mantouë querir frere Anselme, sçauoir la cause de son
retardement, de veoir le contenu des lettres
qu'il auoit enuoyees à Rhomeo, de faire interroger la dame de chambre de Iuliette, &

HISTOIRE

Pierre seruiteur de Rhomeo, lequel sans attendre qu'on en feist autre enqueste, leur dist: Messieurs ainsi que Rhomeo voulut entrer au sepulchre, il me bailla ce paquet (à mon aduis escrit de sa main) lequel il me commande expressemét presenter à son pere. Le paquet ouuert ils trouuent entierement tout le contenu de l'histoire, mesmes le nom de l'apothicaire qui luy auoit vendu la poison, le pris, & l'occasion pour laquelle il en auoit vsé. Et fut le tout si bien liquidé, qu'il ne restoit autre chose pour la verification de l'histoire, sinon d'y auoir esté presens à l'execution: car le tout estoit si bié declaré par ordre qu'il n'y auoit plus aucun qui en fist doute. Et lors le Seigneur Barthelemy de l'Escale, (qui commandoit de ce temps là à Veronne) apres auoir le tout cómuniqué aux magistrats, fut d'aduis que la dame de chābre de Iuliette fut bannie, pour auoir celé au pere de Rhomeo ce mariage clandestin, lequel s'il eut esté manifesté en sa saison, eust esté cause d'vn tresgrand bien, Pierre, pource qu'il auoit obey à son maistre, fut laissé en sa premiere liberté, l'apothicaire prins, gehenné, & cōuaincu, fut pendu: Le bon vieillard de frere Laurens, (tant pour le regard des anciens seruices qu'il auoit fait à la Republique de Veronne, que

pour

pour la bonne vie, de laquelle il auoit tousiours esté recōmandé) fut laissé en paix, sans aucune note d'infamie. Toutesfois qu'il se confina de luy mesme en vn petit hermitage à deux mille pres de Veronne, où il vesquit encore depuis cinq ou six ans en continuelles prieres & oraisons, iusques à ce qu'il fut appellé de ce mōde en l'autre. Et pour la cōpassion d'vn si estrange infortune, les Montesches, & les Capellets rendirent tant de larmes, qu'auec leurs pleurs ils euacuerent leurs coleres, de sorte que dés lors ils furent reconciliez, & ceux qui n'auoient peu estre moderez par aucune prudence ou conseil humain, furēt en fin vaincus & reduicts par pitié. Et pour immortaliser la memoire d'vne si parfaicte & accomplie amitie, le Seigneur de Veronne ordonna que les deux corps de ces poures passiōnez demourroiēt enclos au tombeau auquel ils auoient finy leur vie, qui fut erigé sur vne haute colonne de marbre, & honnoré d'vne infinité d'excellens epitaphes. Et est encores pour le iourd'huy en essence: de sorte qu'entre toutes les plus rares excellences qui se retrouuent en la cité de Veronne, il ne se voit rien de plus celebre que le monument de Rhomeo & de Iuliette.

Fin de la troisieme Histoire.

K

Sommaire de la quatrieme Histoire.

La plus grande, cruelle & atroce iniure que peut recevoir l'homme bien-né, & nourri en vertu, est celle qui se commet en l'honneur de sa femme. En consideration dequoy les anciens Romains, voulans refrener l'incontinence des dames permirent aux maris qui les trouveroient en faute, d'vser de seuere correction, iusque à les priuer de vie, loy certainement tres-equitable, laquelle borne si bien les affections desordonnees, de celles qui sont dissolues & lasciues, que quelque fois la crainte du supplice amortist & esteinct le desir. Ce qu'estant mal practiqué par celle de laquelle nous descrirons l'histoire paya sa faute par vne tres-cruelle, & tres-honteuse mort.

D'vne Gentilfemme Piedmontoise, qui surprinse en adultere, fut punie cruellement par son mary.

QVATRIEME HISTOIRE.

'Ancienne & generale coustume des gentilshommes Piedmõtois & damoiselles, a tousiours esté d'abandonner les villes fameuses,& murmures des republiques, pour se retirer aux champs en leurs chasteaux & autres lieux de plaisance, à fin de deceuoir les ennuieuses parties de la vie, auec plus grand repos, & contentement que ceux, qui s'occupent à demesler les troubles de la chose publique, ce qui gardoit si curieusement auant que les guerres eussent preposteré l'ordre de l'ancienne police, qu'à peine eussiez vous trouué vn gentilhomme oisif en vne ville, ains se retiroiết tous en leurs maisons chãpestres auec leur famille, lesquelles estoiết si bien ordonnees & dressees, que vous partiriez aussi content, & bien edifié de la maison d'vn simple gentilhomme, que vous feries en quelque grosse ville, de celle de quelque sage & prudent Senateur: mais ainsi que le monde a commencé à vieillir, il a retourné en enfance, de sorte que la plus part des villes ne sont pour le iourd'huy peuplees que de gentilshommes oisifs, qui y font seiour, non pour y proficer, mais pour augmenter leurs delices, &
ne se

ne se corrompent pas seulement eux mesmes, mais qui pis est, ils infectent ceux auec lesquels ils frequentent. Ce que i'ay voulu deduire vn peu de plus loin, d'autant que la damoiselle de qui ie veux descrire l'histoire, auoit tout le temps de son ieune eage esté nourrie en l'vne des plus delicieuses villes du Piedmont, & se ressentant encores de cette premiere nourriture, elle ne la peut si bien reformer (estant aux champs retiree auecques son mary) qu'elle ne tombast en fin en tresgrand mespris & vitupere, comme vous entendrez par le subiect de nostre histoire.

Au temps, que madame Marguerite de Austriche fille de Maximilian l'Empereur, fut menee en Sauoie vers son mary, il y auoit vn grand seigneur vaillant & genereux en quelque côtree du Piedmont, duquel ie tairay le nom, tant pour la reuerēce de ses plus proches parents qui viuent encor pour le iourd'huy, que pour la trop seuere iustice de laquelle il vsa enuers sa femme, l'aiant surprinse en faute. Ce grand Seigneur, combiē qu'il eust grand nombre de chasteaux & belles terres en Piedmont, si est ce que la plus part du temps il suiuoit la cour, par le commandemēt du Duc qui le retenoit tousiours pres de sa personne, vsant de son conseil le
plus

plus souuent es affaires grands. Ce seigneur en ce temps espousa vne damoiselle de Thurin de moienne beauté, laquelle il print pour son plaisir, n'aiant esgard à la grandeur du lieu dont il estoit issu: & par ce qu'il auoit bien cinquante ans lors qu'il espousa, elle s'accoustroit tant modestement, qu'elle resembloit mieux veufue que mariee, & sceut tant bien gaingner ce bon homme l'espace d'vn an ou deux, qu'il se reputoit tres-heureux d'auoir trouué telle alliance. Ceste damoiselle estant seruie & honoree en telle grandeur ennuiee de trop de repos, elle commença à s'enamourer d'vn ieune gentilhomme sien voisin, lequel par interualle de temps, elle sceut si bien practiquer par regards,& autres gestes lascifs, qu'il s'en apperceut aisement. Toutesfois pour le respect de la grandeur de son mary il ne faisoit ses approches que de loing. Or ceste amitié gelee peu à peu apres commença à s'achaufer: car la damoiselle ennuiee d'vne si longue attente, ne se pouuant contenter de regards, trouuant vn iour ce ieune gentilhomme à propos, ainsi qu'il se pourmenoit pres de sa maison, elle commença à l'araisonner & le mettre en termes de l'amour, luy remonstrant qu'il viuoit trop solitairement, veu la ieunesse ou il estoit, & que quant
à elle

à elle, elle auoit tousiours esté nourrie aux villes en grande compaignie: de sorte que maintenant estant aux champs, elle ne pouuoit aisément digerer l'incommodité de la solitude, specialement pour la continuelle absence de son mari, lequel à peine demeuroit trois moys en tout vn an à la maison. Et tombans ainsi d'vn propos en l'autre, amour les aguillonna si bien qu'ils feirent en fin ouuerture de ce qui les passionnoit si fort, & specialement la damoiselle, laquelle oubliant l'honneur, qui accompaigne ordinairement les grandes dames, luy declara priuement l'amitié qu'elle luy auoit longuement portee, laquelle toutesfois elle auoit dissimulee attendant qu'il se meist le premier au deuoir que font les gentilshommes, de requerir plus volontiers que d'estre requis des dames. Ce gentilhomme entendant à demy mot sa maladie, luy remonstra qu'encor que son amitié eust esté extreme, toutesfois se reputant indigne d'vn si haut subiect, il auoit tousiours celé son mal, lequel d'autát luy auoit esté plus importable, que la crainte le contraingnoit de le tenir caché. Toutesfois puis qu'il luy plaisoit de tant s'abbaisser, & luy vouloir faire l'honneur de l'accepter pour seruiteur, qu'il mettroit peine de recompenser par humilité, &

hum

humbles seruices, ce que la fortune luy auoit en autres choses denié. Et aiant donné ce fondement à leurs amitiez, ils n'eurent pour ce iour autre contentemét l'vn de l'autre que le deuis. Mais ils pourueurent si bié à leurs affaires pour l'aduenir, qu'ils n'eurent plus besoing de haranguer: car estans voisins, & le mary souuent absent, le grand chemin leur estoit ouuert, pour conduire leurs entreprinses à leur effect desiré. Dequoy ils se sceurét si bié acquiter qu'ils vesquirent en ce contentement l'espace de sept ou huict mois, sans qu'on s'en apperceust. Toutesfois par traict de temps ils ne peurét si bien maistriser leurs passiōs, ne les moderer par telle discretion, que les seruiteurs de la maison (pour la trop frequente cōmunication du gentilhomme auec la damoiselle) ne cōméçassent à s'en douter, & auoir leur maistresse en tresmauuaise reputation, encores qu'aucun ne fut si hardi de luy en oser parler, ou faire aucun semblāt d'y rien entédre. Amour estant en pleine possession du cœur de ses deux amans, les aueugla bien que laschant la bride trop longue à leur honneur, ils deuisoient en priué & en public à toutes heures l'vn auec l'autre sans aucun respect. Et ainsi q̃ le seigneur retourna quelque voiage en sa maison estant au seruice du Duc, il trou

il trouua sa femme tant propre, & gaye outre son accoustumee maniere de faire qu'i s'en estonna fort au commencement. Et l: voiant quelque fois resuer & penser en autres choses, lors qu'il parloit à elle, il commença à obseruer plus curieusemét ses gestes & côtenances: & estât hôme fort accor & experimenté, se persuada aisément, qu'il y auoit quelque anguille sous roche, & pou en sentir au vray ce qui en estoit, il luy fa soit meilleur visaige que de coustume, ce qu'elle luy sçauoit tresbien rendre. Et viuant en ceste simulation, tous deux taschoiét chacun de son costé, de si bien iouër leur rolle que le moins rusé d'eulx deux n'eust voulu estre descouuert. Ce ieune gentilhôme voisin de ce seigneur, faché outre mesure, de sa venue, passoit & repaissoit souuent deua la porte de son chasteau, pensant auoir quelque traict d'œil de sa damoiselle, toutesfois il n'y auoit ordre, pour la crainte de son mary, lequel n'estoit point si sot, qu'apres l'auoir veu passer plusieurs fois deuant.la porte, sans aucune apparente occasion, iugeast aisément qu'il y auoit quelque amitié secrete entr'eux. Quelques iours apres à fin de s'insinuer en la bonne grace du seigneur, & d'auoir entree à sa maison, il luy enuoia vn tresexcellent oiseledet de faulcon
& le

& defois à autres luy faisoit presens des gibiers, qu'il prenoit à la chasse: mais ce seigneur qui sçauoit tresbié qu'on caresse souuét vn laid mari pour iouir d'vne belle femme, à fin de n'estre point veu ingrat, luy enuoioit aussi quelques nouueautez, & continuerent ces courtoisies si longuement, que le seigneur le voulant prendre au filé l'enuoia prier de venir disner auec luy, ce que l'autre luy accorda liberalement pour la deuotion qu'il auoit à la saincte du chasteau. Et apres que les tables furent decouuertes, ils s'allerent pourmener à la campaigne ensemble, où pour mieux le gratifier, il pria sa femme d'y vouloir venir, à quoy elle ne feit la retifue. Et apres auoir deuisé de diuerses choses, le seigneur luy dist: Mon voisin & amy, ie suis vieux & melencholique, cóme vous cognoissez, parquoy i'ay besoin desormais de me resiouir, ie vous prie bien fort venez souuent boire & manger auec moy, & vsez priuement des biens de ma maison, comme vous feriez des vostres, ce que l'autre accepta volontiers, le suppliant au reste de luy commander tout ce qu'il luy plairoit, & qu'il ne le trouueroit point autre ĝ son treshüble & tresobeissant seruiteur. Cette pantiere tédue, ce ieune gentilhóme venoit ordinairement vne fois le iour visiter

L.

ce seigneur & sa femme. Et tant continua
ceste façon de faire, que le seigneur (feignât
vn iour d'estre malade) commanda que personne n'entrast en sa chambre, par ce qu'il
s'estoit trouué mal toute la nuict, & n'auoit
sceu reposer, dequoy le gentilhôme fut incontinent aduerty par vne vieille duicte à
leur message, de laquelle nous ferons bien
tost mention. Estant arriué au chasteau, il
demanda en quelle disposition estoit monsieur, & s'il y auoit ordre de l'aller voir, auquel il fut fait response que non, & qu'il reposoit masqué. Madamoiselle estoit au iardin seule, qui se pourmenoit, & laquelle on
alloit aduerty de sa venue : ie ne luy donneray, dit-il, pas ceste peine, mais ie l'iray trouuer au iardin. Arriué au iardin & acertené
de l'indisposition de monsieur, il commença
à continuer ses anciennes priuautez auec la
damoiselle, & la baisa & rebaisa par plusieurs fois, iusques à luy mettre la main au
sein, & à vser d'autres petits preparatifs d'a-
mours, qui ne doiuent estre permis auec telle priuauté, qu'au seul mari : mais ce pédant
qu'ils se donnoyent là du bon temps, le mari ne dormoit pas, lequel estoit sorti de sa
chambre basse à deux heures, & estoit monté en la plus haute tour de son chasteau, à
vne petite fenestre treillisée, de laquelle il
pouuoit

pouuoit voir tout ce qui se faisoit au circuit de sa maison. Et aduisant lors toutes ces caresses, il n'attendoit sinō que le genti l-hōme se meist en deuoir de passer outre, à fin de decharger sa mortelle colere sur tous deux: mais se craignant que le trop long seiour qu'ils faisoyent au iardin leur apportast quelque ennui, s'en retournerét au chasteau auec propos deliberé de contenter leurs desirs si tost que l'opportunité se presenteroit. Le seigneur ayant obserué tout ce qui s'estoit passé entr'eux, retourna en sa chambre, & se mit au lict, feignant estre malade, cōme il auoit fait tout le iour. L'heure du souper venue, madame luy alla demander s'il luy plaisoit souper en sa chābre, ou en la salle, à laquelle il fit responce (auec vn visage masqué de ioye) qu'il se commençoit à trouuer bien, & qu'il auoit reposé toute l'apres disnee, & qu'il estoit deliberé de souper en bas, & manda ce soir mesme ce ieune gentilhomme, pour luy faire compaignie à souper & sceut tant bien dissimuler son iuste courroux, que ny sa femme ny le gentilhōme ne s'en apperceurent aucunement. Et continua encores l'espace de quinze iours ou trois sepmaines, le seigneur auec sa femme, (la cherissāt aussi soigneusemét que le premier moys qu'il l'espousa) de sorte que lors que ceste poure miserable pésoit estre victorieuse du mary, & de l'amy, c'estoit l'heure où fortune ourdissoit petit à petit la toille, & le filé auquel elle la vouloit enclorre. Ce seigneur ne pouuant plus supporter son mal outré d'vne extreme cholere, voiant qu'il n'y auoit ordre de les surprendre (estât present) se delibera de bien tost mourir, ou d'y pouruoir:& pour mieux executer son vouloir, il va contrefaire vne lettre du Duc deguisant son escripture,& la porta secretemét à la poste, luy seul, qui n'estoit gueres esloingnee de là, & commanda au postillon qu'il la luy apportast le iour suiuant au chasteau, & feignist que le Duc la luy enuoioit. Ce que le postillon sceut si bien deguiser, qu'il la luy presenta pendant qu'il souppoit. Et à fin de mieux entretenir sa femme en son erreur, apres qu'il l'eut leuë, la luy offrit pour lire, laquelle ne contenoit autre chose, sinon que le Duc luy comandoit partir soudain en diligence auecq son train, pour aller en embassade en France. Ce fait il luy dist: Mamie, vous voyez cóment ie suis cótrainct de partir en diligence, (encores que soit à mon grád regret) cómádez que mes gents soient prests le matin, & qu'ils s'en aillent deuant m'attendre à Turin, ou est mon Seigneur le Duc à present. Ie partiray demain

au

au soir apres foupper, & m'en iray toute la nuict en pofte, à la fraifcheur: & à fin de mieux deceuoir cefte poure malheureufe, il s'en va à fon cabinet, prent fa bougette, où eftoit la plufpart de fes trefors, & la luy offrant luy dit, qu'il craignoit de faire long feiour en France, & par tant qu'il la luy laiffoit pour furuenir à fes neceffitez. Et apres que tout fon train fut parti, il fe referua feulement vn valet de châbre, duquel il auoit autres fois efprouué la fidelité, & tout le iour ne ceffa de cherir & careffer fa femme, auec plus grád figne d'amitié qu'il n'auoit accouftumé: mais la pourete laquelle ne preuoioit pas q c'eftoiét des faueurs du crocodile, q applaudit quand il veut deceuoir. Apres qu'il euft foupé, il feift vne particuliere remôftráce à fa femme, côme elle deuoit ordonner des affaires de fa maifon en fon abfcence, & print côgé d'elle en la baifant à la Iudaique. A peine auoit ce feigneur cheuauché deux ou trois mille qu'elle enuoia la vieille auertir fon amant du departement de fon mari, & qu'il pouuoit venir en toute feureté coucher auec elle au chafteau, confideré que tous les feruiteurs s'en eftoient allez accompaigner leur maiftre, & qu'il ne reftoit que quelque valet & fes deux damoifelles, lefquelles n'auoient de

L

coustume de coucher en sa chambre. Ce gratieux message entendu, le gentilhomme ne fut paresseux de comparoistre à celle assignation, & la vieille le sceut si bien guider qu'elle le fit entrer en la chambre de madame, où amour les aueugla si bien qu'ils se coucherét ensemble au lict, où mōseigneur auoit accoustumé de coucher, & la vieille se coucha en vn autre lict en la mesme chābre, & ferma la porte par dedans sur eux: mais pendant que ces deux poures passionnez amans pensoyent auoir attaint au comble de toute felicité, & iouïr à plein voile des faueurs de ce petit dieu, fortune voulut estre de la partie, qui pour le dernier mets de la feste leur appresta des cōfitures si ameres, qu'il leur fit couster la vie à tous deux, par vne si cruelle mort, que si ceux qui font profession de semblable chose, y prenoyent exemple, il y auroit moins de femmes diffamees, & peu de maris trompez. Ce seigneur pour ce soir ne fit pas longue traitte, car il alla descendre de cheual chez vn sien chastelain qu'il cognoissoit fidele, auquel present son varlet de chambre, il fit le discours des amours du gentilhomme & de sa femme, & luy commanda de s'armer promptement, & de prendre vne couple de pistolets, de harquebuses pour le suyure, à quoy l'autre
obeït

obeist, & arriuez à la porte du chasteau, il dist à son chastelain: Frappez à la porte & feignez estre seul, & dites q̃ passant par vostre maison ie vous ay laissé vn memoire pour apporter à madame. Et pource q̃ c'est chose de consequence, & qui requiert celerité, vous auez esté contrainct l'apporter de nuict. Aiant frappé à la porte assez legerement (de peur que ceux qui estoient aux chãbres l'entendissent) quelque varlet se leue, qui couchoit au portail, lequel entẽdant la voix du chastelain (par ce qu'il estoit des plus fauoriz de Monsieur) luy oure la porte, & la premiere chose qu'ils feirent, ils allumerent vne torche, & monterent tous trois à la chambre de monsieur, sans permettre que personne auertist madame de leur venue: arriuez à la porte de la chambre le chastelain hurte, le bruit duquel fut incontinent entẽdu par la vieille, laquelle sans ouurir demanda qui c'estoit, c'est moy tel (dit le chastellain) qui apporte vne lettre à ma dame, de la part de mõseigneur, lequel allant ceste nuict à Thurin en poste, a passé par ma maison, & m'a expressement cõmandé la luy faire tenir, à quoy ie n'ay aucunement voulu faillir. Ce qu'entendu de la dame (qui n'eust iamais pensé que son vassal, homme simple eust voulu bastir vne telle

L

trahison) dist à la vieille, receuez la lettre à la porte, sans qu'il entre, & ie feray le contenu. La vieille qui pensoit seulement entreouurir la porte, & receuoir la lettre, fut estónee quád le chastelain (luy dónant vn coup de pied en l'estomach) la getta à la renuerse, où elle fut plus d'vn quard d'heure sans parler, ny se mouuoir. Et lors entrans tous trois de furie en la chambre, aians les pistolets en main trouuerét ces deux miserables amants tous nuds: lesquels se voiás surprins en tel estat, furent aussi honteux, que Eue & Adá, lors que leur peché fut manifesté deuant Dieu: & ne sçachás que faire, eurent refuge à leurs larmes: mais à l'instant mesmes ils lierent les bras, & les iambes du poure gentilhomme auec les licols de leurs cheuaulx qu'ils auoiét apportez exprés. Et lors le seigneur commanda que les deux damoiselles qui estoient au chasteau, & quelque reste de varlets fussent appellez, pour assister, & prendre exemple à ce beau spectacle. Et estant ainsi tout ce menu peuple congregé le seigneur s'adressant à sa femme luy dist: Vieçà loune vile, & detestable, puis que tu as eu le cœur si traistre & desloyal, d'introduire ce ruffien infame de nuict en mon chasteau, non seulement pour me derober l'hóneur, lequel ie prefere à la vie, mais qui
plus

plus est pour rompre à perpetuité le sainct & precieux lié de mariage, par lequel nous estions liez & vnis ensemble. Aussi veux-ie maintenant que de tes propres mains, par lesquelles tu me donnas le premier tesmoignage de ta foy, il soit maintenant pendu & estranglé en presence de tous, ne sçachant inuenter autre supplice plus grand pour satisfaire à ta coulpe, que te contraindre de meurtrir celuy, lequel tu as preferé à ta reputation, à mon hôneur, & à ta vie. Et aïant prononcé cest arrest fatal, il enuoia querir vn gros clos de charrette, qu'il feist attacher à la poutre de la chambre, & feist apporter vne echelle, & lors la contraingnit d'attacher le collier de l'ordre des malheureux, au col de son triste amant, par ce qu'elle ne pouuoit seule satisfaire à vne charge si griefue & pesante, il ordôna, qu'ainsi q̃ la vieille auoit esté loyalle ministre des amours de sa femme, ainsi la secôderoit elle en l'accôplissement de ce chef d'œuure. Et furent par ce moien reduites à telle extremité ces deux poures miserables, qu'elles estrâglerẽt de leurs mains cest infortuné gentilhôme: de la mort duql le seigneur n'estât encores satisfaict, feist brusler le lict, la coutre & les draps, ausquels, ilz auoiẽt receus leurs plaisirs passez. Et feist oster le reste des autres

L 5

vtenfiles qui eſtoient en la chambre: & voulut ſeulemēt qu'on y laiſſaſt autant de paille qu'il en faudroit pour coucher deux chiens. Puis il dit à ſa femme: Femme malheureuſe entre les malheureuſes, puis que tu n'as eu eſgard au rang d'honneur, auquel fortune t'auoit appellee: aiant eſté (par mon moien) faicte de ſimple damoiſelle grande dame: & que tu as preferé l'accointance laſciue d'vn mien ſubiet, à ma chaſte amitié: Auſſi veux ie que tu luy faces deſormais continuelle compaignie, ſans que tu partes iour de ta vie d'aupres de luy, tant que ſon corps putrifié ait donné fin à la tienne. Et deſlors il feit murailler toutes les feneſtres & la porte meſme, tellement qu'il eſtoit impoſſible d'en ſortir: & feit ſeulement laiſſer vn petit pertuis ouuert, par lequel on leur donnoit du pain & de l'eau: dōnant la charge de cecy à ſon chaſtelain. Et demeura ceſte poure malheureuſe en la miſericorde de ceſte obſcure priſon, n'aiant autre compaignie que celle d'vn corps mort. Et apres auoir demeuré quelque temps en ceſte puanteur, ſans air, ou conſolation, vaincue de douleur, & d'extreme martyre, rendit lame à Dieu.

Fin de la quatrieme Hiſtoire.

Sommaire de la cinquieme histoire.

Combien qu'entre toutes les creatures de Dieu, il ne se trouue rien plus traictable & humain, que les femmes : de sorte qu'il semble qu'elles soient enuoyees du ciel, pour le soulagement de nostre humanité. Si est-ce que depuis qu'elles degenerent de leur naturel, & que leur cholere s'allume & s'enflamme, elles deuiennent quelques fois furieuses, & entreprennent des choses que les plus cruels tyrans auroient horreur d'exercer : dequoy nous font preuue vne infinité d'histoires sacrees & prophanes, depuis le commencement du monde iusques à nostre siecle. Mais qui a esté mieux accompli en toutes choses qu'Adam ? La femme du premier assaut la vaincu. Que a esté plus fort que Samson ? La femme a dompté sa force. Qui a esté plus chaste que Loth ? La femme a esté victorieuse de sa chasteté. Qui a esté plus religieux que Dauid ? La femme a troublé sa sainteté. Qui a esté plus sage que Salomon ? La femme l'a fait deuenir fol. Qui a esté plus feruent en la foy que saint Pierre premier Apostre de Iesus Christ ? Vne simple chambriere la fait trembler, & renoncer son maistre. Qui a esté plus patient en toutes choses que Iob, lequel le diable mesme,

ne

ne peut retirer de sa simplicité? Et toutesfois la femme le feist murmurer, & maudire. Qui a il de plus reueré que le siege Papal? Toutesfois la femme par son astuce y a môté. Bref il ne se trouue rien si difficile, ardu & penible, où sa malice ne penetre, lors qu'elle la veut deploier. Comme vous pourrez iuger par la lecture de ceste histoire, où les affectiõs d'une femme cruelle sont si bien exprimees, que vous ne serez moins espouuentez de les entendre, qu'elle estoit hardie & asseuree à les executer.

Comment un Cheualier Espagnol, amoureux d'une fille, n'en peut iouyr que par mariage, & lequel depuis en espousa une autre: dont la premiere indignee se vengea cruellement du Cheualier.

HISTOIRE CINQVIEME.

IL n'y a celuy qui ne scache que Valence n'ait tousiours esté le seul & vnique rampart d'Espaigne, le vray seiour de foy, de iustice & d'humanité. Et entre tous ses plus rares & excellens

cellens ornemens, elle est tant bien peuplee de dames, & damoiselles accortes & gentilles, qui sçauent tant bien apaster les ieunes hommes, & passer leur temps de leurs folies, que s'il s'en trouue quelqu'vn qui soit grossier, pour le leurrer & deniefer, on dit en commun prouerbe, qu'il a besoin d'aller à Valence. En ceste cité il y a tousiours eu d'ātiquité, & est encores pour le iourd'huy vne famille fort ancienne nommee de Ventimiglia, de laquelle sont sortis vn grand nombre de riches & honnorables cheualiers: entre lesquels n'a pas long temps qu'il s'en trouua vn, nommé Didaco, renómé de tous, pour le plus liberal & courtois gentilhōme de la cité: lequel (par defaut de meilleures occupations) se pourmenoit par la ville, & cōsommoit ainsi sa ieunesse en triōphes, masques & autres despenses, communes à tels pelerins, dressant l'amour à toutes les femmes indifferemment, sans qu'il eust l'vne plus affectee que l'autre: & continua ceste façon de faire, iusques à vn iour de feste, qu'il aduisa vne ieune fille de moié eage, mais de beauté fort exquise, de laquelle aiant receu vn trait d'œil au depourueu, ne se seut si bien garentir, que de là en auant elle ne luy touchast plus pres du cœur que les autres. Et apres auoir remarqué

qué le lieu de sa demeure, il passoit & repassoit souuét deuant sa porte, pour espier s'il pourroit auoir qlque regard, ou autre faueur de celle, qui cōmençoit desia a gouuerner le frein de ses pēsees, & s'il aduenoit de fortune, que le cheualier la regardast, elle luy sçauoit tant bien rendre, & de si bōne grace, qu'il ne partoit iamais mal cōtent de sa rue. Aiant le cheualier continué quelque temps en telles vanitez, il voulut decouurir de loing qui elle estoit, de quelle maison, de quelles meurs, & de quelle vacation. Et apres auoir curieusemēt recherché toute sō origine, il trouua par le raport de plusieurs qu'elle estoit fille d'vn orfeure, decedé depuis quelques annees, & qu'il ne luy restoit que sa mere, & deux freres, qui exerçoient encores l'estat de son pere. Toutesfois quāt à sa vie, qu'elle estoit reputee tant chaste & spirituelle, qu'il ne se trouuoit encores aucun qui eust eu le bruit d'auoir fait bresche à son hōneur, encores qu'elle eut esté poursuiuie de plusieurs. Et que c'estoit peu de la beauté exterieure, qui apparoissoit en elle, eu regard aux graces q se manifestoient en sa parole: car cōbien qu'elle eust esté nourrie en maison bourgeoise, il y auoit peu de damoiselles & dames en la ville, qui la peussent esgaller en vertu & gentillesse: car
des

dés ses ieunes ans elle ne s'estoit pas seulement adonnee à l'exercice des ouurages de l'aiguille, propre aux filles qui tenoient son rang : mais (par ie ne scay quel particulier destin) elle auoit appris à lire & escrire, où elle prenoit si grand plaisir, qu'elle auoit ordinairement quelque liure en main, lequel elle n'abandonnoit iamais, qu'elle n'en eust rapporté quelque fruict. Ce cheualier aiant receu ceste premiere impression de la valeur & vertu de Violente (car ainsi s'appelloit-elle) estoit plus enflammé qu'au parauãt, & ce qui adioustoit encores plus l'huille à la meche, estoit les continuels regards, desquels elle sçauoit festoier, en estant si liberalle en son endroit, que toutes les fois qu'il passoit par la rue, elle le dardoit si à propos, que son poure cœur (se sentant par trop interessé) ne pouuoit endurer ceste nouuelle charge. A raison dequoy, cuidant amortir ce feu qui le côsommoit peu é peu, il voulut tenter sa pudicité par presens, lettres & messages : lesquels il continua l'espace de demi an, ou plus : ausquels Violente ne donnant aucun lieu, il fut en fin contraint l'assaillir par presence : & la trouuant vn iour seule à sa porte, apres luy auoir fait vne tres-humble reuerence, luy dist : Madame Violente, considerans vos façons

de

de faire, & le froid accueil que vous auez
fait à mes lettres & messages, ie me suis souuenu de l'astuce qu'on attribue au serpent:
lequel de sa queuë bouche ses oreilles, pour
n'entendre les paroles, par la vertu desquelles il soit contrainct à faire contre son vouloir. Ce qui m'a fait delaisser à vous escrire,
& desirer singulierement de parler à vous:
à fin que mes affectueux accens, tristes paroles, & souspirs ardés, vous puissent mieux
acertener que le papier, quel est le reste de
ma passion, aiant vne ferme opinion, que si
le triste son de mes dures complaintes paruenoit iusques à vos oreilles, qu'elles vous
feroient sentir vne partie du bien & du mal,
que i'ay continuellement en mon cœur,
encores que l'amitié que ie vous porte, soit
telle, que ie n'en sçaurois donner si viue experience au dehors, qu'elle ne fut petite, en
comparaison de celle qui se pourroit veoir
au dedans. Et prononçans ces mots, il les
accompagnoit de tant de larmes, sanglots
& souspirs, qu'il donnoit assez suffisant tesmoignage, que sa langue estoit la vraye &
fidele messagere de son cœur. Dequoy quelque peu honteuse Violente, auec vne grace
asseuree, luy dist, seigneur Didaco, s'il vous
souuient encores de vostre vie passee, &
de mon honnesteté (laquelle parauenture
vous

vous auez reputee rudesse ou cruauté) ie ne fay point de doute, que vous ne soyez esmerueillé de ma presomptió, & que vous n'attribuez (peut estre) à vice, ce qui est le plus familier à la vertu: car encores que m'ayez solicitee à vous aymer par vne infinité de lettres & messages, si est-ce que suiuant le naturel des filles qui tiennent mon rang, ie ne les ay ny apptouuez ny condamnez, comme en semblable ie n'y ay donné respôce: non point par mespris ou contemnement que i'aye fait de chose qui partist de vous, mais pour cognoistre au plus pres que fauorisant à vos entreprinses, ie donnerois accroissement à vostre mal, lequel ne peut prédre fin, par le moyen que vous pretendez: car combien que i'en aye fait la premiere espreuue sur moy-mesme, & que ie doiue plaindre auec raison, ceux qui sont en semblable peine, si est-ce que ie ne veux tellement lascher la bride à ma passion, que mon hôneur en demeure au pouuoir d'autruy, & (peut estre) à la mercy de ceux lesquels ne scachans côbien il m'est cher, penseroyent auoir fait petite côqueste. Et pour ne venir trop tard au repentir, ie n'ay pas bouché mes oreilles, de peur d'estre arrestee par la violence de vos charmes, chose que vous dites estre propres aux serpens:

M

mais i'ay mis ma force à mon cœur, & me
suis tellement armee & fortifiee par dedās,
que si Dieu me continue la grace qu'il m'a
faite iusques à ce iour, ie n'espere pas d'e-
stre surprinse: encores qu'il faut que ie confesse auec ma honte, que ie receus de merueilleux assauts de l'amour non seulement
pour la cōmune renōmee de vos vertus, &
pour la courtoisie & gētillesse laquelle vous
m'auez tousiours departie par vos lettres,
mais mesmes par vostre presence, laquelle
me fait preuue & entiere foy de ce que tou
tes les lettres du mōde ne seroyent suffisan
tes de cōprēdre, ne tous autres messages de
conceuoir. Et à fin que de ma part ie ne demeure du tout ingrate, & que vous ne par-
tez mal contēt de moy, ie vous promets dés
maintenant que desormais vous tiendrez le
premier lieu en mon cœur, auquel onques
autre homme viuāt ne sceut faire bresche,
moyennāt que vous vous cōtentez de ceste
honneste amitié, de laquelle vous me trouuerez en l'aduenir tant liberale en tout ce
que l'honneur pourra permettre, que ie per
dray le nō de presomptueuse, ou cruelle en
vostre endroit: mais si vous en pensiez abuser, ou esperiez quelque chose de moy, qui
fust alienee de l'honneur, vous viuriez en
tresgrād' erreur: parquoy, si vous sentez vostre

stre merite trop grand pour en réporter satisfaction si petite, vous feriez beaucoup pour vous & pour moy, oubliant le passé, de retrancher du tout l'esperance du futur. Et côme elle cuidoit prolôger d'auantage son discours, la mere de Violéte, qui auoit tousiours esté à la fenestre, pendant que le cheualier Didaco deuisoit auec sa fille, descendit en bas, laquelle s'approchant de la porte, leur interrompit leurs propos, disant à Didaco, Monsieur, ie croy que vous prenez si grand plaisir aux folies de ma fille, que vous demeurez icy plustost pour en passer vostre temps, que pour autre contentement que vous en puissiez receuoir: car elle est si mal apprinse, & de si mauuaise grace, que ceux qui vous ressemblent en deuroyent estre biê tost ennuyez. Madame, dit Didaco, encores qu'au commencement que ie l'ay escoutee, ie n'eusse deliberé y faire si long seiour, si est-ce que depuis que ie l'ay pratiquee de plus pres, & fait plus viue espreuue de ses bonnes graces, ie confesse que i'ay esté arresté outre mon gré. Et ne sçache auiourd'huy si grand seigneur, qui ne deust estimer le temps pour tres-bien employé, auquel il auroit eu cest heur de participer à tant de bons propos, desquels ie me trouue tant bien-satisfaict & edifié, qu'il ne

M 2

sera iour de ma vie que ie ne tesmoingne
que la vertu, courtoisie & gentillesse ne se retrouue aussi bien aux maisons mediocres,
qu'en celles des plus grands, esquelles combien qu'elle y soit, peut estre en plus grand
lustre & ornement, si est-ce qu'elle n'y est
point plus nayfue, ne mieux accomplie que
celle qui s'est manifestee maintenāt à moy
en ce petit subiect. Et apres quelques autres
cōmuns propos, Didaco print congé, & s'en
retourna en sa maison, où il vesquit quelque quatorze ou quinze mois, sans donner
treues à ses desirs: ains il taschoit par tous
moyens de les amortir, sans qu'il s'aduanceast en rien: car combien qu'il fust riche,
grād courtisan, & hōme bien parlāt, & qu'il
eust opportunité de parler souuent à elle, &
qu'elle ne se mōstrast retifue, ny de l'escouter, ny d'entendre ses messages, & qu'il fust
assez acertené, qu'elle fust passionnee de son
costé, si est-ce qu'il n'y eust ordre, par aucun
artifice humain, de la conuertir, dequoy à la
lōgue ennuyé & par trop pressé de son mal,
s'aduisa d'enuoyer six cens ducats à la mere
pour aider à marier sa fille, promettant au
reste de luy assigner doüaire honneste lors
qu'il se presenteroit quelque parti, digne
d'elle, si elle vouloit dōner allegeance à son
extreme martyre, mais celle qui n'auoit
peu

peu eſtre vaincue par amour, ne le peut eſtre par auarice, & trouua fort mauuais que le ſeigneur Didaco ſe fuſt tant oublié, que de penſer acqueſter par argent ce que par tant de peines, larmes & ſouſpirs, luy auoit eſté denié. Et à fin de luy faire entédre qu'il luy auoit deſpleu, luy manda par celuy qui luy auoit apporté l'argent, qu'il allaſt deſormais eſſayer à deceuoir celles qui meſurent leur honneur au prix de leur proffit, ſans tédre ſes lacs pour abuſer les autres: qui ne s'achetent que par vertu. Et apres auoir entédu quel eſtoit ſon vouloir, & qu'il perdoit temps en toutes ſes entrepriſes, ne pouuāt plus parer à l'extreme douleur qui s'augmentoit de iour en iour: apres auoir debatu en ſon eſprit tout le ſucces de ſes amours reſolut en fin que c'eſtoit le plus proffitable, pour le repos de ſon eſprit, de l'eſpouſer. Et combien qu'elle ne fuſt de telle maiſon, & moindre encores en biés qu'il meritoit, ſi eſt-ce que ſa beauté & vertu, & autres dós de grace, deſquels elle eſtoit pourueuë, la rédoyét digne d'vn grand ſeigneur. Et arreſté en ceſte opinion, va trouuer Violente en ſa maiſon, à laquelle il dit: Madame Violente, ſi la vraye pierre de touche pour cognoiſtre ceux qui aiment parfaitement d'auecques les autres, eſt le mariage:

certainement vous auez acquis vn mari en moy, s'il vous plaist, de m'accepter pour tel, lequel auec le temps vous fera cognoistre la difference qu'il met entre les biens & la vertu, & entre l'hôneur & les richesses. Violente lors rauie d'vne ioye & contentement incroyable, vn peu honteuse luy dit: Seigneur Didaco, ie ne sçay si vous pretendez point par vos propos de faire espreuue de ma constance, ou trop grād ayse, mais d'vne chose vous puis-ie asseurer, qu'encores que ie me recognoisse beaucoup inferieure à vous, en merites, en biens & vertu, si est-ce que si cela aduient cōme vous promettez, ie ne vous voudrois ceder en amitié, esperant, (si nous auons à consommer nos iours ensemble) vous faire si bien cognoistre ce que elle peut en mon endroit, que vous ne voudrez, peut estre, vn iour auoir fait eschange de ma personne auecques celle de quelque grand' dame: en confirmation dequoy Didaco print vne riche esmeraude, qu'il portoit ordinairement à son doigt, laquelle (la baisant) luy donna par nom de mariage, la priant au reste que cela ne fut diuulgué iusques à certain temps, auquel luy mesme le publieroit à tous ses amis: toutesfois que elle le pouuoit bien seulement communiquer à ses deux freres & à sa mere, & que
quant

quant à luy il alloit dôner ordre pour auoir vn prestre des champs pour solenniser leur mariage à leur maison: ce qu'il fit sur les quatre heures du matin en vne chābre, presēs seulemēt la mere & les freres, & le prestre, & vne esclaue, qui auoit esté nourrie ieune en leur maison, & son seruiteur, sans vser d'autre preparatif ou magnificence requise en telle chose. Ainsi se passa la iournee en telle ioye & liesse (que peuuent apprehéder ceux, lesquels sortis de bas lieu sont esleuez en quelque grand degré d'honneur) iusques au soir, où chacun se retira, abandonnant l'espousee & le mari à la misericorde de l'amour & de la nuict: lesquels estans en leur priué receurent ayse semblable, & contentement pareil que font ceux qui pressez d'vne trop ardente & ennuyeuse soif, se trouuent en fin aupres de quelque viue source, où auec toute liberté ils peuuent estancher leur soif. Et continuerent en ces delices iusques au matin que le iour commençant à apparoistre, Violente luy dit, Mon cher seigneur & espoux, puis que vous estes maintenant en possession de ce qu'auez tant souhaité, ie vous supplie humblement d'aduiser pour l'aduenir, comme il vous plaist que ie me gouuerne: car si Dieu me fait la grace d'estre autant

M 4

discrete à vous satisfaire, que ie seray prompte & ardēte à vous obeïr en tout ce que me commāderez, il n'y eut onques seruante de gentilhomme qui s'employast de meilleur cœur à cōplaire à son seigneur, que i'espere faire en vostre endroit A laquelle Didaco respondit, Ma grād'amie, laissons ces humilitez & seruices pour le present à ceux qui se plaisent en telles choses, car ie vous promets ma foy, que ie ne vous ay point en moindre reuerence ou estime que si vous estiez sortie de la plus grande maison de Cathalongne, comme ie vous feray cognoistre en quelqu'autre saison plus à loisir : mais ce pendant iusques à ce que i'aye donné ordre à quelques miens affaires, ie vous prie tenir nostre mariage secret, & ne trouuez mauuais si ie me retire le plus souuent à ma maison, combien qu'il ne passera à peine iournee que ie ne vous face compagnie la nuict. Et ce pēdāt à fin que vous pouruoyez à vos menus affaires, ie vous enuoyeray mille ou douze cés escus, lesquels vous employerez, non pas en habits, ou autres choses requises à celles qui tiennent vostre rang, car i'y pouruoiray en autre saison, mais pour vous accōmoder, & suruenir à vos autres petites particulieres necessitez, qui se retrouuent en mesnage. Et s'en partit le cheualier Didaco

daco de la maison de sa femme, laquelle le sçauoit si bien entretenir qu'il côtinua l'espace d'vn an en telle amitié, qu'il ne viuoit point content le iour qu'il ne l'auoit veuë. Et apres plusieurs allees & venues, les voisins commécerét à soupçôner qu'il entretenoit ceste fille impudiquement, & dónoyent grád blasme à la mere, & aux freres de souffrir Didaco hanter en leur maison en telle priuauté, & auec leur sœur. Et sur tout ils plaignoyét l'infortune de Violente, laquelle s'estoit tant bié gouuernee, & auecques telle beauté iusques à l'aage de vingt ans, que il n'y auoit celuy de tous les citoyés de Valence qui n'en feist grand compte, & qui ne l'eust en tres bonne reputation: toutesfois que degenerant de son ancienne vertu, elle estoit deuenue si effrontee qu'elle depédoit du tout de la lasciue amitié d'vn homme, & côbien que le plus souuét on luy en donnast des attaintes, & qu'elle en entendist murmurer, si est-ce qu'elle en faisoit peu de côpte, ne sentant aucunement sa conscience chargee d'vn tel vitupere, ioint qu'elle esperoit vn iour leur faire perdre ceste fausse opinion par la publication de son mariage. Si est-ce que quelque fois se sentât espoinçonnee par ie ne sçay quel aiguillon d'hôneur, elle ne se pouuoit contenir lors qu'elle so

M 5

voyoit mieux fauorisée de luy, en son priué de le prier bien affectueusement de la retirer à sa maison, pour euiter le scandale & diffame des voisins, mais le cheualier Didaco la sçauoit tant bien gagner par dilations & promesses, qu'elle s'acordoit à tout, & eust mieux aymé desplaire à tout le monde ensemble, que de l'offenser luy seul, estant desia si resolüe en l'amitié du cheualier, qu'elle n'auoit autre pensement en elle, que d'inuenter les moyens de luy côplaire & satisfaire en toutes choses, esquelles elle le verroit affectionné: comme elle auoit esté dure au commencement, & fort tardiue en l'amour, elle deuint si aspre & ardente en ses affections, qu'elle ne receuoit plaisir aucun, sinon lors qu'elle estoit auprès de son Didaco, ou que elle auoit moyen de le cherir & caresser: dequoy le cheualier s'apperceuoit aisément, & se voyant en pleine possession de son cœur, commença peu à peu se refroidir & à s'ennuyer de ce qu'il auoit eu si cher par le passé, & se persuadant en luy mesme qu'il feroit grand tort à sa reputation, si ce mariage indigne de sa grandeur, estoit descouuert & manifesté par la cité, & pour obuier à cela il n'alloit plus que d'heures à fois, & quasi par acquit visiter sa Violente, encor estoit ce plus pour satisfaire à sa lubricité, que
pour

pour le respect d'aucune amitié qu'il luy portast. Et ainsi oubliant son Dieu, & le devoir de sa conscience, il alloit escumer les compagnies çà & là pour prattiquer la bonne grace de quelque autre, & fit tant par ses menees, simulations & hypocrisies, qu'il se insinua en la bonne grace de la fille au seigneur Ramyrio Vigliaracuta, cheualier d'vne des premieres & plus anciennes maisons de Valence. Et comme nous auons monstré cy deuant, parce qu'il estoit riche & opulent, & yssu de lieu illustre, les parens accorderent aisément ce mariage, & le pere ayant assigné doüaire honnorable à la fille, les nopces furent celebrees publiquement en grand pompe & solennité, & auecques le contentement d'vn chacun. Le mariage consommé, le cheualier Didaco se retira à la maison de son beau-pere, auec sa nouuelle femme, où il vesquit quelques iours, auec tel plaisir & contentement que font ceux qui sont mariez de nouueau. Dequoy aduertis la mere & les freres de Violente, menerent semblable dueil que font coustumierement ceux qui voyent rauir iniustement l'honneur à ceux qui sont yssus de leur sang: & ces poures miserables ne sçachans à qui s'en plaindre, viuoyent en vne estrange perplexité, car ils ne

cognois

cognoissoyent le prestre qui auoit solennisé leur mariage: d'autre costé, ils n'auoyent aucune preuue suffisante. Et combien encores qu'ils eussent peu verifier, si n'osoyét-ils s'attacher par proces aux deux plus grans seigneurs de leur cité: & cognoissant la grandeur du cœur de Violente, ils le luy cuideréc celer pour vn temps, mais ce fut en vain, car elle ne tarda gueres apres qu'elle ne fut auertie du tout, non seulement par ces proches voisins, mais par le commun bruit de ceux de la ville, qui disoyent que passe a dix ans on n'auoit veu à Valence nopces plus honnorables ou magnifiques, ny enrichies de plus grād compagnie de gentilshommes & damoiselles, que celle du ieune cheualier Didaco auec la fille du cheualier Ramyrio, dequoy Violente passionnee outre mesure, pressee d'ire & de fureur, elle se retira en sa chambre toute seule, où elle comméça à faire vne cruelle guerre à sa face & à ses cheueux: puis comme forcenee & hors de soy, disoit, Ah! ah! quantes peines & trauaux, quels desmesurez tourments souffre maintenāt ma poure ame affligee, sans auoir cōsolation de creature viuante! quelle dure & cruelle penitéce pour chose nō offensee! ah fortune ennemie de mon heur, tu m'as si eslongnee de tout remede, que ie n'ay seulement

ment moyen de faire entendre mon desastre à personne qui me peust venger: qui seroit vn tel confort à mon esprit, qu'il partiroit plus content de ce miserable monde. Helas! que n'ont voulu les dieux que ie soye yssue de quelque race genereuse, à fin de faire sentir à ce Ruffien infame le mal & griefue amertume que ie sens en mon cœur? Ah! miserable que ie suis,& delaissee de toute bonne fortune,c'est à ce coup, que ie ne voy des yeux de l'ame, ce que ceux du corps deceus & trompez, n'ont peu veoir ou apperceuoir. Ah! cruel ennemy de toute pitié, ne resens-tu point en toy le triste son de mes ameres complaintes? N'entens-tu point ma voix crier sur toy vengeance de ton forfait? ta dureté ne se peut-elle adoucir en rien, me voyant demembrer par la fierté de mille aspres martyres? Ah! ingrat, est-ce maintenant le merite de mon amour, de ma fidele seruitude, & de ma loyauté? Et ainsi qu'elle se lamentoit si amerement, sa mere, ses freres, & la femme esclaue, qui l'auoit nourrie en ses ieunes ans, monterent à la chambre de Violente, où ils la trouuerét desia tant attenuee de mal & de rage, qu'ils la mescognoissoyét presque. Et apres s'estre efforcez par tous moyens de la reduire sans y proffiter en rien, la laisserent en la garde de la vieille esclaue

claue qu'elle auoit tousiours aymee plus affectueusement que les autres. Et apres plusieurs remonstrances particulieres, luy mit deuant les yeux que si elle se vouloit moderer quelque peu, qu'elle yroit parler au cheualier Didaco, & luy remonstreroit si bien sa faute, qu'elle le conuertiroit à retourner à la maison: & qu'elle se deuoit fortifier côtre son mal, & le dissimuler pour vn temps, pour s'en venger au parapres. Non non, respondit elle Ianique, le mal est trop leger, ou le conseil est receu: & combien que ie soye contrainte de confesser que ton côseil soit equitable, si est-ce que tant s'en faut que i'aye deliberé de le suiure, que si ie sentois aucune partie en moy disposee à y obeïr, ie le separerois d'auec mon corps en ta presence: car ie suis si resolüe en la haine de Didaco, qu'il ne me peut satisfaire par vne seule vie: & croy que les dieux m'ont esteüe pour executer moymesme la vengeance de leur ire, & de la perte de mon honneur. Parquoy, Ianique, si tu m'as aymee en ma ieunesse, monstre-le moy maintenant par effect à l'endroit où ton secours m'est plus necessaire: car ie suis tāt outree de mal, que ie porte enuie aux plus miserables creatures du monde: ne me restant plus rien pour entretenir ma vie en pleurs & continuel

nuels soufpirs, que le titre de vile & abominable putain. Tu es estrangere, & n'as rien
icy que la vie comme les bestes, encores a-
uecques vn continuel labeur. I'ay douze
cens escus que ce fausseur de foy m'a baillez, auecques quelques bagues, lesquels ne
sont destinez du ciel à autres vsages, qu'à
payer ceux qui feront la vengeance de sa
desloyauté : ie les remets maintenant entre
tes mains, si tu me veux ayder à faire le sacrifice de ce pariure Didaco: aussi biē si ton
secours m'est denié, i'executeray seule mes
desseings : & s'il ne meurt comme ie l'entens, il mourra comme ie pourray, car la
premiere fois qu'il se presentera deuāt mes
yeux, quoy qu'il en aduienne, sa vie prendra fin par ces deux mains que tu vois deuant toy tremblantes. Ianique voyant sa
maistresse en ces termes, & la cognoissant
de nature hautaine, & d'vn cœur viril & inuincible, apres auoir quelque peu debatu
les choses en son entendement, print vne
ferme & asseuree resolution de s'employer
pour elle en ce qu'elle pourroit : esmeüe en
partie de pitié, de la veoir ainsi deshon-
noree sous le pretexte de mariage, partie
pour la conuoitise de gaingner la grande
somme de deniers qu'elle luy auoit offerte, si elle la fauorisoit à son entreprinse,

(auec

(auec laquelle elle esperoit s'enfuir en quelque autre prouince.) Et apres auoir arresté cela en elle, vint embrasser Violente, & luy dit: Madame, si vous voulez vous gouuerner par moy, & n'ensuiure pas ainsi l'impetuosité de vostre colere, i'ay trouué le moyen de vous venger du cheualier qui vous a ainsi cruellement deceuë, combien que cela ne se puisse faire si secretement, qu'à la fin sa mort ne soit decouuerte: mais i'ay ferme opinion que remonstrant vostre droict aux iuges, & que faisant apparoistre du tort qu'il vous a fait, ils auront compassion de vostre misere, ayant tousiours esté recongneuë de tous pour tres-honneste & vertueuse fille. Et à fin que soyez informee comme nous nous deuons gouuerner en cecy: Il faut, en premier lieu, que vous apprenez à dissimuler vostre mal en public, & à feindre de n'estre aucunement passionnee pour le nouueau mariage du cheualier, puis vous luy escrirez vne lettre de vostre main, par laquelle vous luy ferez entendre le mal que vous souffrez par trop l'aymer: & le supplierez de vous visiter quelques fois: & que puis que vostre fortune aduerse ne peut permettre que vous luy soyez demeuree pour femme, aumoins que il vous face le traittement que merite vne
amie

ame, & que vous tenez le second lieu en a-
mitie apres son espouse. Ainsi ce trompeur
deceu, pensant vous auoir à son commandemēt comme il souloit, viendra quelquefois
le moys coucher ceans, où nous le sçaurons
si bien traitter par le moyen que i'ay inuenté (qui sera executé la nuict) qu'il perdra sa
vie, sa femme, & celle qu'il pēsoit auoir pour
amie : car lors qu'il sera endormy à vos costez, au premier somme nous l'enuoyerons
dormir ailleurs, d'vn plus profond & eternel sommeil. Violente ce pendant qui ne repaissoit son cœur felō & cruel d'autres viandes que de rage & desdaing, commença à
s'addoucir, & trouua le conseil de Ianique
tant bon qu'elle se delibera du tout le suyure : & pour y donner commencement, la
pria de se retirer vn peu, pendāt qu'elle es-
criroit sa lettre, par le suiect de laquelle elle luy feroit entendre auec quelle asseurance elle sçauroit conduire le reste de leur entreprinse. Et estant demeurée seule en sa
chābre, prenāt plume, & papier, elle escriuit
à Didaco d'vn cœur simile ce qui s'ensuit:

Seigneur Didaco, ie m'asseure que si vous
me faites tant d'hōneur, que de vouloir faire lecture de ces tristes lettres, que vous serez esmeu à quelque compassion & pitié, y
trouuant au vray la misere de ma vie grauee

N.

& depeinte, laquelle par voſtre deſloyauté eſt confité en tant de larmes, ſouſpirs, tourments, & ennuis, que ie me ſuis ſouuent eſmerueillée cōme la nature a peu ſi longuement ſupporter, & faire defenſe contre le violent aſſaut d'vn ſi cruel martyre, & que elle n'ayt par pluſieurs fois tiré mon eſprit langoureux hors de ceſte ennuyeuſe & mortelle priſon: qui me fait penſer & croire, puis que ie demeure viue, que la mort meſme a coniuré mon mal, & eſt compagnie à mon martyre, veu qu'il ſemble que par aucun tourment elle ne puiſſe ſeparer mon ame d'auec mon corps. Helas! combien de millions de fois le iour l'ay-ie appellée, ſans la pouuoir rendre ployable à mes cris? Helas! cōbien de fois me ſuis-ie veüe vaincue par l'aſpre tourment de ma douleur, prendre de vous l'extreme congé & dernier adieu, penſant eſtre arriuée au but limité de ma vie? Voila mes delices ordinaires Didaco, voila mes plaiſirs, voila tout mon paſſetēps: mais encores eſt-ce peu au regard de la nuict, car s'il aduient que mes poures yeux laſſez d'auoir preſque ſans interualle eſpuiſé vne viue ſource de larmes, ſe veulent clorre, les ſonges ne ceſſent lors de tourmenter & affliger mon ame par les plus cruel tourments qu'il leur eſt poſſible, me repreſentant par

leurs

leurs espouuātables & horribles visions, l'aise & contentement de celle qui tient ma place, de sorte que la seule apprehension que i'en puis auoir, est beaucoup moindre que la plus cruelle mort. Ainsi est entretenue ma vie, par vne telle cōtinuatiō de douleurs & angoisses, que ie porte enuie à tout miserable sort. Or cōme vous sçauez, i'ay tousiours passé ma douleur sous vn silence ennuyeux, pésant que vos anciennes promesses confirmees par tant de iuremés, auec l'asseuree preuue que vous auez tousiours faite de ma fidelité & constance, vous auroyent rangé à quelque deuoir: mais maintenant que ie cognois à veüe d'œil la dure trēpe de vostre cœur, & la cruauté de mō destin, lequel m'a du tout acheminee à vostre pouuoir, par le pris de mon hōneur, il m'est force que ie me plaigne de celuy qui me bat, & qui par mesme moyen me rauit, & l'honneur & la vie, sans daigner seulement me contenter d'vne veüe: & ne sçachant plus à quoy auoir recours, n'en qui trouuer remede, ie t'appelle, à fin que me voyant en l'estat que ie suis si maigre & espouuétable, ta cruauté soit du tout satisfaite: laquelle venant regarder l'obiect d'vn si piteux spectacle, & où le signe de ma passion est tant clairement exprimé, elle soit esmeüe à quelque pitié. Viens donc, viens donc cruel visiter celle, laquelle auec quelque signe d'humanité, tu pourras si non empescher, au moins adoucir la vengeance qu'elle te prepare. Et si quelque ardeur de pitié a iamais r'eschauffé ton cœur glacé, viés plus que iamais armé de cruauté, pour voir rédre les derniers soufpirs à celle que tu as miserablement deceüe: car faisant autremét, tu pourras paraduéture trop tard pleurer ma mort, & ton inhumaine cruauté. Et cuidant donner fin à sa lettre, les larmes luy firent mourir les paroles en sa bouche: de sorte que n'y pouuant adiouster autre chose, elle ferma & cacheta sa lettre, puis ayant appellee Ianique, elle luy dit, Tien ma chere amie, porte-luy ces presentes, & si tu sçais aussi bien iouër ton personnage que i'ay fait le mien, i'espere que nous aurons ceans bien tost en nostre pouuoir, celuy qui réd ma vie si penible, qu'elle est plus angoisseuse, que mille morts ensemble. Ianique ayant la lettre, s'en part en diligence: & arriuee pres de la maison du beau pere de Didaco, elle se tint coye, attendant qu'elle verroit sortir quelqu'vn de leans, ce qu'elle fit bien tost apres: car l'vn des seruiteurs de Didaco, qu'elle cognoissoit, allant à quelques siens affaires, fut tout estôné qu'il rencontra Ianique, laquelle luy demáda si le seigneur Didaco

Didaco estoit à la maison, & qu'elle auoit quelque chose à luy dire: mais s'il estoit possible qu'elle voudroit bien parler à luy en secret: dequoy Didaco aduerty, la vint trouuer en la rue, auquel elle dit en sousriant, (luy ayant fait vne simulee reuerence) Seigneur Didaco, ie ne sçay ny lire ny escrire, mais ie mettray sur ma vie qu'on se plaint bien de vous par ces lettres que madame Violéte vous enuoye: & aussi pour en parler à la verité, il y a vn petit de tort de vostre costé, non point pour le respect de celle que vous auez espousee : car ie n'ay iamais pensé en moy-mesme que Violente deust estre vostre femme, veu la difference qu'il y a entre vos extractions: mais par ce que vous ne la voyez plus, & que vous ne faites compte d'elle, & mesme que vous ne pourchassez pas à la marier ailleurs. Et si vous puis bien asseurer qu'elle est tant amoureuse de vous qu'elle en meurt sur le pied : de sorte que se plaignant auiourd'huy à moy en pleurant, elle me disoit, Et bien, puis que ie ne le puis auoir pour mari, qu'il me tienne au moins pour amie, & qu'il me vienne voir quelque fois la sepmaine, au soir principalement, de peur d'estre apperceu des voisins. Et certainemét si vous luy obeïssez en cela, vous ne ferez que vostre deuoir : car la chose aduẽ-

nant ainſi, vous vous pourriez bien vanter d'eſtre auſſi bien pourueu de belle femme & de belle amie, que gentilhhomme de Valence. Et ayant mis fin à ce propos, Ianique luy preſenta la lettre, laquelle il leut & receut: & ayant bien peſé le contenu d'icelle, il fut incontinant ſurpris de grand ſurſaut, car haine & pitié, amour & deſdaing (ainſi que dedans la nuee le chaud & le froid, auec pluſieurs vents contraires) commencerent à ſe debatre, & contrarier en ſon cœur: puis ayant quelque peu penſé à ſon affaire il luy dit: Ianique m'amie recommandez-moy à la bonne grace de voſtre maiſtreſſe, & luy dites que ie ne luy rendray (pour le preſent) aucune reſponce: mais que demain dés quatre heures du matin, ie ſeray à ſa maiſon, & luy feray cōpagnie tout le iour & la nuict: & lors ie luy declareray ſi bien ce que i'ay fait, que premier que ie parte d'auec elle, elle n'aura occaſion de ſe mal contenter de moy. Et lors Ianique prenant congé du cheualier, s'en retourna vers Violente, & luy fit entendre le tout: à laquelle Violente reſpondit, Ianique, ſi tu as dōné bon cōmencement à noſtre entrepriſe, auſſi n'ay-ie pas dormy de mon coſté: car i'ay aduiſé qu'il nous faut faire prouiſion d'vne forte corde, laquelle nous attacherons au pied du cheuet du lict:
& ſi

& si tost qu'il sera endormy, ie te getteray l'autre bout de la corde en la ruelle, que tu tireras de ta force, & auant que tu commences à tirer, ie luy auray donné le coup de la mort en la gorge: parquoy donne ordre d'auoir deux grans couteaux, quoy qu'ilz coustent: mais ie te prie qu'il n'y ayt que moy qui dōne fin à sa vie, ainsi que luy seul a dōné la premiere attainte à mon honneur. Iani que sceut si bien pouruoir à tout ce qui estoit requis à l'execution de leur entreprise, qu'il ne restoit plus que l'opportunité de mettre en effect leur cruel vouloir. Le cheualier Didaco à l'heure assignee dōna à entendre à sa nouelle femme, qu'il alloit aux chāps à vne sienne terre, & qu'il ne pourroit estre de retour iusqu'au iour ensuyuant au matin, ce qu'elle creut aisément. Et pour mieux pallier son fait, il fit accoustrer deux cheuaux, & partit ainsi que quatre heures sonnoyent. Et ayant trauersé quelque rue, il dit à son seruiteur (qui auoit acoustumé de l'accompagner en ses amours) Va t'en aux chāps à vne telle terre, & seiourne là tout ce iour, & t'en vien au matin me querir en tel lieu, partant de la maison de Violéte, & mets mes cheuaux ce pendant en quelque hostellerie: car ie ne veux pas qu'on sçache que i'y aye couché. Ce fait, le maistre & le seruiteur

se separerent. Le cheualier arriué à la maison de Violente, il trouua Ianique qui l'attendoit en bonne deuotion de le traitter selon son merite, laquelle l'accompagna iusques en la chambre de Violente, puis s'en retourna à ses affaires. Et lors le cheualier en la baisant, luy donna le bon iour, en luy demādant cōme elle se portoit, auquel Violente respondit; Seigneur Didaco, vous me presentez le bon iour de parole, mais par effet vous me preparez vne triste vie. Ie croy dit-elle, que vous pouuez sentir en vostre ame comme ie me porte : car vous m'auez reduite à telle extremité, que vous voyez assez que ie n'ay que la seule voix qui tienne de la femme, & encore si debile, qu'elle ne cesse d'appeller la mort ou pitié, cōbien que de l'vne & de l'autre ie suis sourdement entendue. Et ne me pensez point pourtant, Didaco, tant hors de moy, que ie vous aye escrit sous l'esperance que (vous rameteuant mes peines tresaigres, & vostre grief peché) ie vous puisse iamais esmouuoir à pitié, car ie suis toute asseuree que vous ne cesserez iamais de boire le sang, l'honneur & la vie de celles qui adioustent foy à vos tromperies, comme i'experimente maintenant en moy mesme: auec vn si mortel regret, que ie n'attens d'heure à autre, que la triste fin de ma
vie

vie. Didaco la voyant ainsi troublee, craingnant que sa colere s'enflammast dauantage, commença à l'amodoüer, & la prendre entre ses bras, luy faisant entendre que le mariage celebré de la fille de Viglia racuta & de luy auoit esté conclu, plus par force que de son gré & volonté, par ce qu'ils pretendoyent vne dennaison sur la succession de son defunct pere, laquelle s'ils eussent obtenu en iustice, il fust demeuré poure toute sa vie, & que ce qu'il en auoit fait, c'estoit pour pouruoir au repos d'eux deux, & que ce n'estoit point sa femme, qu'il n'en vouloit autre qu'elle, & qu'il estoit deliberé de l'empoisonner (de là à quelque temps) & consommer le reste de sa vie auec elle.

Et ainsi voulant r'accoustrer sa faute par quelques pieces r'apportees, iouant du plat de la langue, il pensoit, par bien courtisanner, appaiser celle qui auoit l'esprit trop bon pour estre prise deux fois à vne mesme trappe: toutesfois de peur de le rebouter, & de perdre le moyen d'accomplir ce qu'elle pretendoit, elle luy dit auec riz contraint: Seigneur Didaco, combien que vous m'ayez si maltraittee le passé, que ie n'ay pas grande occasion à present d'adiouster foy à vos paroles, si est-ce que l'amitié que ie vous porte, est tellement enracinee en mó cœur, que

la faute seroit bien grande qui la pourroit
esteindre : en consideration dequoy ie me
veux bien faire à croire que vos propos sont
veritables, moyennāt que vous me promettiez par fermēt de coucher vne fois ou deux
la semaine ceās : car il me semble mais que
i'aye quelque moyen de vous voir d'heures
à fois, qu'il me restera encores quelque part
en vous, & que ie viuray de beaucoup plus
contente : ce qu'il luy accorda volontiers,
auec vn grand nombre d'autres telles protestations propres à ceux qui pensent deceuoir: mais si le poure miserable eust peu penetrer (par son regard) iusques au profond
de son cœur, il eust bien changé de conseil.
Ainsi se passa la iournee en froides & simulees caresses, tant d'vn costé que d'autre, iusques à tant que la nuict obscure, auecques
son accoustumee silence, leur appresta le
moyen d'exercer leur furieuse entreprinse:
& incontinent apres souper Didaco & Violente se pourmenerent ensemble, deuisans
de quelques communs propos, iusques à ce
que le cheualier (pressé de sommeil) commanda qu'on accoustra le lict, & il ne faut
lors demander auec quelle diligence Violente & Ianique obeïrent à ce cōmandement,
auquel seul (à leur aduis) consistoit l'heur
ou malheur de leur entreprise. A quoy Violente

lente pour se monstrer plus affectionnee, se couche la premiere:& incontinent qu'ils furent au lict, Ianique ayant accoustré les rideaux, se saisit de l'espee du cheualier,&(feignant ordonner quelque chose au lict) elle attacha sa corde, couurit le reste du feu qui estoit en la cheminee, porta vn escabeau en la ruelle du lict,& mit deux grans couteaux de cuisine dessus. Ce fait, elle esteingnit la chandelle, & feignant de sortir, elle ferma la porte sur elle,& r'entre dedans. Et lors ce poure infortuné cheualier, pésant estre seul en la chambre auec Violente, se print à la baiser & cherir, à quoy elle ne fit aucun refus: mais voulant vser de ses anciennes priuautez, elle le pria sur toute l'amitié qu'il luy portoit, qu'il luy donnast treues pour deux ou trois heures seulement, & que la nuict estoit assez lōgue pour satisfaire à ses desirs: par ce qu'elle se sentoit tant pressee de sommeil, qu'il luy estoit impossible de resister, mesmes qu'il y auoit cinq ou six iours qu'elle n'auoit fermé l'œil, pour son ennuy passé: toutesfois qu'apres sō premier somme elle luy obeïroit volentiers, ce qu'il luy accorda aisémét, tant pource qu'il auoit allez ailleurs pour estácher sa soif, que pour ne la mal contenter. Et feignant de vouloir dormir, elle se tourna la face de l'autre costé,

sté, & apres auoir demeuré quelque espace de téps en tel estat, le poure infortuné cheualier s'endormit, & estant au plus profond de son somme, Ianique coula doucement la corde par dessus le corps du cheualier, & la mit entre les mains de Violente, & apres que Violéte l'eut accommodee ainsi qu'ils auoyent proietté ensemble, elle en bailla le bout à Ianique, laquelle estant en la ruelle du lict, s'assit contre terre : & ayant la corde lacee en ses bras, elle s'appuyoit les deux pieds contre la poutre du lict, à fin d'auoir plus grande force à la tirer, lors qu'il en seroit besoing : & ne tarda gueres Violente, qu'elle ne se saisist de l'vn de ces grans couteaux, & s'estant doucement esleuee, elle tastoit auec la main le lieu le plus propre pour luy faire vn fourreau de la chair de son ennemy : & toute saisie d'ire, de rage, & de furie, enflammee comme vne Medee, luy darda la pointe de telle force contre la gorge, qu'elle la persa de part en part : & le poure malheureux pensant resister à son mal, & faire quelque effort côtre son aduerse & triste fortune, fut estonné qu'il se sentit encores rechargé de nouueau, mesme si intriqué en la corde, qu'il ne pouuoit mouuoir ny pied ny main : & par l'excessiue violence du mal, le pouuoir de parler & de crier luy
fut

fut ofté, de forte qu'apres auoir receu dix
ou douze coups mortels l'vn apres l'autre,
fa poure ame martyre fit le defpartement
d'auec fon trifte corps. Violente ayant mis
fin à ce chef d'œuure, commanda à Ianique
d'alumer la chandelle, & l'ayant approchee
pres de la face du cheualier, elle cognut fou-
dain qu'il eftoit fans vie. Et lors ne pouuant
encores repaiftre fon cœur felon, ny eftein-
dre l'efchauffé courroux, qui bouillonnoit
en fon cœur, elle luy tira les yeux auec la
pointe du couteau hors de la tefte, s'efcriät
contr'eux auec vne voix hideufe, côme s'ils
euffent eu quelque fentimét de vie:Ah!trai-
ftres yeux, meffagers de la plus traiftreffe
ame qui refida onques en corps d'homme
mortel, fortez deformais de vos fieges hon-
teux:car la fource de vos feintes larmes eft
maintenant tarie & feichee. Puis ayant mis
fin au martire infenfible des yeux, cótinuāt
fa rage, elle s'attaqua à la langue, & l'ayant
auec fes mains fanglantes tiree hors de fa
bouche, & la regardant d'vn œil meurtrier
luy dit en la trenchāt: Ah!langue abominable & pariure, combien de menfonges as tu
bafti auāt que tu peuffes faire cefte brefche
mortelle à mon hõneur, duquel me fentant
maintenāt par ton moyen priuee, ie m'achemine franchement à la mort, à laquelle tu
m'ouures

m'ouures à present le chemin, & ayant sepa
ré ce petit membre d'auec le reste du corps
(insatiable en sa cruauté) elle fit auec le
couteau vne violente ouuerture en l'estomach, & lançant ses cruelles mains dessus le
cœur du cheualier, l'arracha de son lieu, &
luy ayant donné plusieurs coups, disoit, Ah!
cœur diamantin, sous l'enclume duquel
ont esté forgees les infortunees trames de
mes cruels destins, que ne te pouuois-ie aus
si bien voir au descouuert le passé, comme
ie fay ores, pour me garder de ton enorme
trahison & abominable desloyauté? Puis a-
charnee sur ce corps mort, comme vn Lyon
affamé sur sa proye, il n'y eut presque partie
à laquelle elle ne donnast quelque atteinte.
Et l'ayant ainsi deschiré par tout auec vn
infinité de coups, elle s'escria: O charongne
infecte, qui as autresfois esté organe de la
plus infidele & desloyalle ame qui oncques
descédit du ciel. Or es-tu maintenant payee
de desserte condigne à tes merites. Puis elle
dit à Ianique (laquelle auecques vne gráde
terreur auoit ce pendant contemplé toutes
les gestes) Ianique, ie me sens maintenant
si allegee de mon mal, que vienne la mort
quand elle voudra, elle me trouuera forte &
robuste, pour endurer son furieux assaut, lequel de long temps i'eusse esprouué, sans la
ferme

ferme esperance que i'auois de mettre fin à
cette entreprinse. Ayde-moy donc à treiner
ce corps hors de la maison de mon pere, en
laquelle ie fus premierement violee, puis ie
te diray que tu as à faire: car ainsi qu'il a esuenté mon honneur, & publié par tout, aussi
veux-ie que la vengeance soit manifestee,
& son corps exposé à la veuë d'vn chacun:
à quoy obeyssant Ianique, elle print aueques Violente le corps du cheualier, & le
precipiterent par l'vne des fenestres de la
chambre en bas sur le paué, auec toutes ses
parties. Ce fait, elle dit à Ianique, Prens cette boiste auec tout ce qu'il y a d'argent, &
t'embarque au premier port que trouueras
& t'en va en Afrique, & sauue ta vie par vne
prompte fuite, sans iamais faire retour en
ces parties de deça, ny en lieu où tu penses
estre cogneuë: ce que Ianique auoit delibere d'accomplir quand bien Violente ne luy
en eust rien conseillé. Et ayant donné ordre
à son departement, elle print le triste congé de sa maistresse, & s'en va à sa bonne fortune, sans que depuis on sceust entendre aucunes nouuelles, quelque poursuite qu'on
en sceust faire. Si tost que le iour fut apparu, les premiers qui passoyent par la rue
apperceurent ce corps, duquel le bruit estendu par toute la ville, incita plusieurs à
le

le venir voir, mais il ne peut estre recognu d'aucun, tant pource qu'il auoit les yeux arrachez, que pour les autres parties qui estoyent mutiles & difformes. Et enuiron sur les huict heures du matin, il se trouua là tant de peuple assemblé, qu'il estoit quasi impossible d'en approcher, & iugeoyent la plus-part d'iceux que c'estoyent quelques voleurs de nuict qui l'auoyent ainsi meurtri, ce qui sembloit probable, par ce qu'il estoit en chemise: les autres disoyét que non: & Violente qui estoit à sa fenestre, entédant toutes ces cótentions entr'eux, descendit à bas, & auec vne voix asseuree leur dit si haut q̃ chacun le peut entédre: Messieurs, vous estes icy en cótrouerse d'vne chose, de laquelle si i'estois interrogee par les magistrats de ceste cité, i'en rendrois asseuré tesmoignage. Et à peine peut ce meurtre estre decouuert par autre que par moy: à quoy ils adjousterent foy ayséement, pensant que ce fussent quelques gentilshommes qui par ialousie de Violéte se fussent batus: car elle auoit ia perdu son ancienne reputation, par le moyen de Didaco, qui auoit le bruit de l'entretenir. Ces propos finis, les Iuges furét incontinent aduertis, tant du meurtre que de ce que Violéte auoit dit, & lors se transporterent en personne auec sergens, sur le lieu,
où ils

où ils trouuerēt encore Violente plus asseuree qu'aucū des autres spectateurs, laquelle à l'heure mesme ils interroguerēt sur le fait de ce meurtre: mais sans s'estonner aucunement elle leur respondit, Celuy que vous voyez mort icy est le Cheualier Didaco. Et par ce que plusieurs ont interest à sa mort, (comme son beau-pere, sa femme & ses autres parés) vous les ferez, s'il vous plaist, appeller, à fin qu'en leur presence i'en die ce que i'en sçay: dequoy les Iuges espouuentez de voir vn si grād seigneur ainsi cruellemēt tué, le meirent en seure garde iusques à l'apres-disnee, où tous les dessus-nōmez furēt apellez, lesquels se trouuerēt au palais auec si grand nōbre de peuple, qu'à peine les Iuges pouuoyent auoir place. Et lors Violéte en presence de tous, sans s'esmouuoir aucunement, & sans autre indice de passion, leur compta en premier lieu les chastes amours de Didaco & d'elle, lesquels il auoit continuez quatorze ou quinze mois, sans en receuoir aucū fruict, deduisant apres comme (vaincu d'amour) il l'auoit espousee clandestinemēt en sa maison, & solēnisé ses nopces par vn prestre incogneu: adioustāt encores, comme ils auoyent vescu vn an en mesnage ensemble, sans qu'elle luy eust iamais dōné occasion de se mescontenter. Puis leur mit

O

deuant les yeux son second mariage auec
la fille de tel, qui estoit present: adioustant
pour conclusion, que puis que l'autre luy a-
uoit fait perdre l'honneur, elle auoit cherché le moyen de luy faire perdre la vie, ce
qu'elle auoit executé par le secours de son
esclaue Ianiq, laquelle à son aduis ennuyée
de viure, s'estoit precipitée en l'eau: & apres
auoir narré de fonds en comble la pure veri
té de tout ce qui s'estoit passé entr'eux, elle
leur dit pour conclusion, que toutes choses
par elle reduites, ne tendoyent à les esmouuoir à pitié pour cuider prolonger sa vie, de
laquelle elle se sentoit indigne: car aussi
bien, disoit-elle, si vous me permettez res-
chapper viue de vos mains, pensant sauuer
mon corps, vous serez la cause & entiere
ruine de mon ame: car de ces mains que
voyez deuant vous, ie trancheray le filet de
ma desesperée vie. Et ayant mis fin à ces pro
pos, elle se teut, & laissa tout le peuple si esto
né & aggraué de pitié, qu'il n'y auoit celuy
qui ne pleurast à chaudes larmes l'infortune de ceste poure creature, remettât la faus-
seté sur ce cheualier defunct, lequel sous
couleur de mariage l'auoit deceuë. Et les
magistrats, deliberez de pouruoir à tout,
firent enterrer le corps mort, & mirent Violente entre les mains des gardes, sans luy
laisser

laisser aucunes armes, desquelles elle se peust offenser: & firent tant par leurs diligence & industrie, que le prestre fut recongneu, qui les auoit espousez, le seruiteur de Didaco, qui auoit assisté aux nopces de Violéte interrogé, lequel deposa comme par le commandemét de son maistre auoit mené ses cheuaux aux champs, & comme il luy auoit commãdé de le venir trouuer le matin en la maison de Violéte. Et fut le tout si bié procuré, qu'il ne restoit que la cõfession de celuy qui estoit mort. Et fut Violente par la plus cõmune opinion de ceux qui assisterét au cõseil condamnee à estre decapitee, non seulement par ce que ce n'estoit à elle de punir la faute du cheualier, mais pour la trop excessiue cruauté de laquelle elle auoit vsé enuers le corps mort. Ainsi fina sa vie l'infortunee Violéte, demeurans sa mere & ses freres absous. Et fut executee en la presence du Duc de Calabre, fils du Roy Federic d'Aragõ, qui estoit en ce temps là Viceroy, & mourut depuis à Torcy en France: lequel incontinent apres fit enregistrer l'histoire, auec les autres choses memorables aduenues de son téps à Valéce, duquel i'ay voulu faire mention, par ce que l'Autheur Italien descrit que l'esclaue Ianique fut defaite auec sa maistresse, mais Paludanus Espagnol de nation, qui regnoit de ce temps, lequel a escrit l'histoire en Latin, fort elegãt, acerténé nommément qu'elle ne fut iamais appréhendee, ce que i'ay ensuyui, comme le plus probable.

Fin de la cinquieme Histoire.

Sommaire de la sixieme Histoire.

ENtre toutes les plus grandes merueilles que puisse contempler l'humanité de l'homme, il ne se trouue rien de plus admirable és œuures de Dieu, selon le tesmoignage du Prophete, que sa misericorde & grace, laquelle lors qu'il luy plaist l'estendre & faire pleuuoir sur ses creatures, il n'y a astuce machine, inuention humaine ou diabolique, qui luy puisse faire telle resistence, qu'elle ne paruienne en fin iusques à son poinct & periode determiné : comme il appert par la memorable histoire d'vne miserable Duchesse faussement accusée d'adultere, laquelle estant preste d'estre precipitée en vn feu ardent, fut en fin deliurée par la main forte de celuy qui n'abandonne iamais l'innocent en sa tribulation, & necessité.

Aduer

SIXIEME.   107

Aduertissement au Lecteur.

Valentinus Barruchius natif de Tollette en Espaigne, a fait vn gros Tome Latin, escrit purement & en bons termes, de nostre presente histoire, duquel i'ay voulu faire mention, parce que ie l'ay ensuyui plus volontiers que les autheurs Italiens, qui l'ont semblablement escrite.

Commēt vne Duchesse de Sauoye faussement accusee d'adultere, & iugee à mort, fut deliuree par le combat d'vn Cheualier Espagnol.

HISTOIRE SIXIEME.

Entre toutes les plus griefues passions, qui assiegent ordinairemēt les esprits humains, l'amour a tousiours tenu presque le premier lieu, lequel depuis qu'il s'est vne fois emparé de quelque subiet genereux, il ensuit le naturel de l'humeur corrompu de ceux qui ont la fieure, qui prenāt au cœur son origine, s'achemine incurable par toutes les autres sensibles parties du corps humain, dequoy l'histoire presente nous fera bien ample foy, laquelle n'est moins admirable que veritable

HISTOIRE

Ceux qui ont leu les anciénes annales & croniques d'Espaigne, ont peu veoir en plusieurs l'occasion de la cruelle inimitié, qui a regné l'espace de plus de quarante ans entre les Mandozzes & de Tolledo, familles non seulement tresnobles & tresanciennes, mais des plus opulentes en richesses, vassaux & seigneuries de toute la prouince. Aduint vn iour que leurs armees estãs prestes à se ioindre en vne campaigne, Le Seigneur Dom Iean de Mandozze, chef de son armee, homme fort celebré par les histoires, auoit vne sienne sœur vefue, Dame fort deuote laquelle apres auoir entendu la triste nouuelle de ceste bataille, se prosternant à genoux prioit Dieu incessamment, qu'il luy pleust reconcilier ces deux familles ensemble, & mettre fin à tant de maux. Et ainsi qu'elle entendit qu'ils estoient au plus fort du cõflict, & qu'il y auoit grãd nombre de morts d'vn costé & d'autre, elle feist vœu à Dieu, que si son frere sortoit victorieux de cesté entreprise, que elle iroit vn voiage à Rome à pied. Le sort des armes tombé, apres beaucoup de sang respandu sur ceux de Tolledo, Mandozze reporta la victoire auecques moindre perte des siens. Dequoy auertie Ylabeau declara à son frere le vœu qu'elle auoit fait, qui luy sembla fort estrange, mesme comme elle
auoit

auoit osé entreprédre à pied vn si long voiage & l'en cuida diuertir. Toutesfois, elle le sceut tant bien importuner, qu'il luy donna en fin congé, auec la charge qu'elle iroit bien accompaignee à bien petites iournees pour le respect de sa santé. Madame Ysabeau partie d'Espaigne, aiant traversé les monts Pyrenees passa par la France, & surmontant les Alpes s'en vint à Turin, où le Duc de Sauoye auoit lors pour femme vne sœur du Roy d'Angleterre. Laquelle auoit le bruit d'estre la plus belle femme de toutes les parties Occidentales. A ceste cause Madame Ysabeau souhaitoit fort en passant de la veoir, pour scauoir si la verité respondoit à la renommee d'vne si grande beauté, en quoy elle eut la fortune si fauorable que entrant à Turin, elle trouua madame la Duchesse, qui estoit sur vne coche, & alloit prédre l'air aux champs: ce que entédu par Ysabeau s'arresta pour la contempler, laquelle estoit de fortune à l'heure sur la porte de sa coche. Et lors auec grand merueille considerant l'extreme beauté de ceste princesse, & la iugeant la premiere en beauté de toutes celles qu'elle auoit onques veuës, dist assez haut en langue Espaignolle à sa cõpaignie, Si Dieu eust voulu permettre que mon frere & ceste princesse eussent esté mariez

O 4

ensemble, on eut bien peu dire, que s'eust esté le plus excellent couple en toute perfection de beauté, qui se peust retrouuer en l'Europe: & ces propos estoient veritables. Car le cheualier Mandozze estoit bien l'vn des plus beaux chenaliers qui se trouuassent en son temps en toutes les Espaignes. La Duchesse qui entendoit fort bien l'Espaignol, passant outre aduisa toute ceste cōpaignie, & faignāt n'auoir point entendu ce que l'autre auoit dit, pensa en soymesme que c'estoit quelque grāde dame. A cause dequoy quād elle fut vn peu esloingnee, elle dist à vn sien page, Pren garde soingneusement où ira loger ceste dame, & sa compaignie, & luy dy, que ie la prie à mon retour, de me venir veoir à mon chasteau: ce que le page feist. Ainsi que la Duchesse se pourmenoit autour des riues du Pau, elle ne pouuoit penser à autre chose, sinon au propos qu'elle auoit entendu de l'Espaignolle, qui fut cause, qu'elle ne feist pas long seiour, mais elle reprint la routte du chasteau, où estant arriuee elle trouua madame Ysabeau, laquelle (suiuāt ce que la Duchesse auoit mādé) l'attendoit auecques sa compaignie, & apres auoir fait la reueréce à madame la Duchesse, comme sa grādeur meritoit, la Duchesse l'aiant saluee, la receut fort humainement,
& la

& la tirãt à part, luy demãda de quelle prouince d'Espaigne elle estoit, de quelle maison, & quelle fortune l'auoit maintenãt cõduite en ce lieu. Et lors madame Ysabeau luy feist entendre par le menu l'occasion de son long voiage, & sa maison. La Duchesse entẽdãt la noblesse de l'Espaignolle, s'excusa, si elle ne luy auoit fait l'hõneur & racueil qu'elle meritoit, regettãt la faute sur l'ignorance qu'elle auoit de son estat, & apres plusieurs autres menus propos, la Duchesse voulut sçauoir à quoy tendoient les paroles que l'Espagnolle auoit dites d'elle & de la beauté de son frere. l'Espaignolle vn peu hõteuse luy dist: Madame quand i'eusse bien esté informee que vous eussiez esté aussi sçauãte en nostre langue cõme ie cognois à present, ie me fusse bien gardee d'exalter ainsi la beauté de mon frere, la louange duquel luy eust beaucoup esté plus aduantageuse par vne autre, si est ce que i'ose bien dire auecque tous ceux qui le cognoissent (sans que l'affection dũ sang me trãsporte) q̃ c'est l'vn des plus beaux gentilshommes qu'ait produit l'Espaigne depuis vingt ans: mais quant à ce que i'ay dit, qui concerne vostre beauté, si i'y ay offensé, à peine me sera elle iamais pardonnee, car ie ne m'en sçaurois repentir ny dire autrement, si ie ne voulois parler contre verité, ce que i'entreprendrois bien de verifier par vous mesmes, s'il estoit possible que nature pour vn quart d'heure seulement eust trãsporté en vn autre, ce que auec tresgrãde merueille se manifeste maintenant en vous. A laquelle la Duchesse, à fin de ne faillit à son deuoir, respõdit auecques vne petite honte, qui embellissoit la couleur de son teinct: Madame si vous continuez en ces termes, vous me contraindrez de penser que changeant de lieu, vous auez chãgé de iugement, car ie suis des moins recommandees en beauté de toute ceste terre. Ou bien ie croiray que vous auez tellement la beauté & valeur de monseigneur vostre frere imprimee en l'esprit, que tout ce qui se presente à vous aiant quelque apparoissance de beauté vous le mesurez à la perfectiõ de la sienne. Et à l'instant madame Ysabeau, qui pensoit que la Duchesse eust prins en mauuaise part la comparaison qu'elle auoit faite d'elle, & de son frere, quelque peu irritee de cela luy dist: Madame vous me pardonnerez si ie me suis de tant oubliee, que d'oser egaller vostre beauté à la sienne, de laquelle s'il estoit recommandé seulement i'aurois honte, comme sœur de l'auoir ainsi publiee en lieu ou il est incogneu, mais si suis ie asseuree, que quand bien vous parleriez

riez à ses propres ennemis, qu'encores, outre la beauté, ils l'asseureroient bien estre l'vn des plus genereux & accomplis gentilshommes qui viuent. Et la Duchesse la voiát en ses alteres, & si affectee aux louanges de son frere, y prenoit fort grand plaisir, & eust volōtiers desiré qu'elle eust passé outre, sans la crainte qu'elle auoit de l'offenser & la mettre en cholere. Et à fin de la diuertir de ce propos, elle feist cōuoier pour le souper, où elle la feit seruir honnorablement de toutes les plus delicates & exquises viandes qu'il luy fut possible, & les tables decouuertes, & apres qu'ils eurent quelque peu deuisé, & qu'il estoit heure de se retirer, la Duchesse pour la plus honnorer voulut qu'elle couchast en sa chambre auec elle, où la pelerine (ennuiee du chemin) reposa fort bien, mais la Duchesse esguillonnee par les nouueaux propos d'Ysabeau aiant martel en teste, ne pouuoit dormir, & auoit si bien la beauté de ce cheualier incogneu grauee au plus profond de son cœur, que cuidant clorre les yeux, il luy sembloit aduis qu'il volletoit incessamment deuant elle, comme quelque fantosme, de sorte que pour cognoistre ce qui en estoit elle l'eust volontiers desiré aupres d'elle. Puis tout soudain apres vne honte & crainte entremeslee
d'vne

d'vne pudicité lóguement par elle obseruee, auec la fidelité, qu'elle auoit au Duc son espoux, se presentāt deuāt elle, enseuelissoient du tout son premier cōseil lequel mouroit, & prenoit fin aussi tost presque qu'il estoit né. Et combattue ainsi d'vne infinité de diuers pēsers, passa la nuict iusques à ce que le iour cōmençant à esclairer auec sa lāpe ardente les contraignit de se leuer. Et lors madame Ysabeau aiāt pourueu à son partemēt, vint prendre congé de la Duchesse, laquelle eust volōtiers desiré ne l'auoir onque veuë, pour la nouuelle flamme qu'elle sentoit en son cœur. Toutesfois dissimulāt son mal en la pouuant arrester d'auantage luy feist promettre par serment qu'au retour de son voiage elle repasseroit par Turin, & apres luy auoir fait vne offre liberale de son bié, aiant prins congé d'elle la laissa en la garde de Dieu. Quelques iours apres le departement de l'Espaignolle, la Duchesse pensant amortir ce nouueau feu l'enflammoit d'auātage, & tant plus l'esperāce luy māquoit, tant plus luy croissoit son desir, & apres vne infinité de diuers pensemés la victoire demeura du costé de l'amour, & se resolut en fin, quoy qu'il en deust aduenir, de communiquer son affaire à vne sienne fauorite damoiselle qui s'appelloit Emilie, & luy demander cōseil à
laquelle

laquelle elle auoit accoustumé de se fier de tous ses plus secrets affaires. Et l'aiant fait appeller en priué elle luy dist: Emilie, ie croy que si vous auez prins esgard à mon ancienne façon de faire depuis mon retour d'Angleterre, vous m'auez tousiours cogneuë estre le rapart & refuge de toutes personnes affligees: mais maintenant mes destinees tournees au côtraire, i'ay plus de besoing de côseil qu'autre creature qui viue. Et n'aiant personne autour de moy digne d'entendre mon desastre, mon premier & dernier refuge a esté à vous seule, de qui i'espere consolation, en chose qui ne m'importe moins que de la vie, & de l'honneur. Et lors la Duchesse luy declara priuement, que depuis le departement de madame Ysabeau elle n'auoit eu repos en son ame, & comme elle estoit enamouree d'vn cheualier sans l'auoir veu, la beauté & bonne grace duquel la sollicitoit de si pres, que ne pouuant plus resister à son mal, elle ne sçauoit à qui auoir recours, qu'à la fidelité de son côseil: adioustant pour conclusion que elle ne l'aimoit point impudiquement, ne pour esperance qu'elle eust de satisfaire à quelque vouloir lascif, mais seulemét pour en auoir la veuë: laquelle (ce luy sembloit) luy apporteroit tel contentement que son mal prendroit fin.

Emilie.

Emilie, qui auoit tousiours aimee sa maistresse côme son propre cœur, eut grãde cõpassion d'elle quãd elle eut entédu le legier fondement d'vne si estrange amitié. Toutefois luy desirant complaire, iusques au dernier poinct de sa vie, luy dit: Madame, s'il vous plaist dõner quelque relasche à vostre ennuy, & me donner (seulement) deux iours de delay, i'espere y pouruoir par si bon moié, que verrez en brief celuy qui sans que l'ayez en rié offensé, vous cause tant de mal. La Duchesse nourrie de ceste esperance la pria affectueusement d'y penser, luy promettant au reste, que si sa promesse sortoit quelque effect, elle luy en feroit telle recompense, qu'elle confesseroit elle mesme, n'auoir fait plaisir à vne ingrate. Emilie, qui auoit le bruit d'estre l'vne des plus subtiles & accortes damoiselles de Turin, ne dormoit pas durant le temps de sa cherie. Et apres auoir recherché vne infinité de moiens, pour paruenir à ce qu'elle souhaittoit, il y en eut vn qui luy sembla le plus expediẽt, & moins perilleux que les autres. Et le tẽps du delay expiré, elle vint trouuer madame la Duchesse, à laquelle elle dist: Madame, Dieu sçait cõbien d'entorses i'ay donné à mon ame, & combien de trauerses à ma conscience, pour satisfaire à ce que m'auez commãdé, toutes
fois

fois apres auoir debatu les choses le plus meurement qu'il m'a esté possible, il ne s'est rien presenté plus digne de vous contenter, que ce que ie vous deduiray maintenant, s'il vous plaist de m'escouter, qui est en somme: que pour l'execution de nostre entreprise, il vous faut faindre estre malade, & vous laisser si bien miner au mal, qu'il y ait plus de esperance de mort, que de guerison, & estant reduite en telle extremité, vou ferez vœu (vostre santé recouuerte) d'aller dedans certain temps à saint Iaques, ce que vous pourrez aisément impetrer de monseigneur le Duc vostre espoux. Et lors vous pourrez faire vostre voiage librement, auecque Madame Ythbeau, qui passera icy à son retour, sans toutesfois luy decouurir vostre affection laquelle ne faudra (en recognoissance de la courtoisie que luy auez faite par de ça) de vous conduire par sa maison, où vous pourrez veoir à vostre aise celuy qui vous fait tant souffrir. Et vous veux d'auantage aduertir d'vne chose que ie vous ay celee iusques à l'heure presente: mais par ce que nous ne pourrions (sinon auec grande difficulté) nous deux ensemble accomplir nostre desseing, il m'a semblé bon sçauoir de vous, si vous voudriez qu'vn tiers y fust appellé, lequel est tant à mon commandement

dement, que ie luy puis commander, cõme à moymesme : C'est maistre François Appian le Milannois, vostre medecin, lequel (pour vous en dire ce qui en est) a tant esté passionné de moy depuis vn an ou deux, qu'il n'a cessé par tous les moiens, qui luy a esté possible, de me pourchasser (mais d'amour honneste) car il pretendoit m'espouser. Et par ce que iusques à l'heure presente, i'en ay fait peu de cõpte, & ne luy ay vsé d'aucune faueur, ou d'autre bon traitement : ie me asseure, veu la grande amitié qu'il me porte : que si ie l'auois regardé cinq ou six fois de bon œil, ou fauorisé de quelque baiser, qu'il hazarderoit mille vies s'il les auoit, pour me complaire. Et pour autant que ie sçay qu'il est homme officieux, docte, & de grande reputation, & qu'il pourroit beaucoup en cecy, ie n'ay voulu vous celer ce que i'en pẽsois. La Duchesse aiant entédu tout ce petit discours, tant propre pour ses affections, rauie de grand aise, ambrassa estroitement Emilie, & luy dist : Emilie mamie, si tu sçauois quelle part tu auras en ma bonne grace, & en mon bien pour l'aduenir, ie suis asseuree, combien que tu m'aies assez monstré ta bonne volonté, que tu ferois encores d'auantage. Te promettant foy de Princesse, que si nostre entreprinse succede bien,
que

SIXIEME

nce de deux ou de trois heures, ce qui fut cause
de les faire tous retirer excepté le jeune Duc qui
ne la voulut abandonner jusques à son reveil
lequel cependant ne cessa de prier Dieu, soubz
la saincté de la Coqueluche, ressoubz. Apres qu'elle
eust si bien joué son personnage, quelque heure
ou deux, feignant de s'esveiller, elle commença
à bouger les bras et les jambes de telle force,
qu'à entendre le bruit on eust aisement jugé
qu'elle estoit navrée de quelque forte passion.
Et advisant d'un œil piteux le Duc cousin nous
qui avoit esté là a genoux priant Dieu, sur
le lict, y alla avec grand gemissement estendre, et
en cœur se saisant luy dit, Et vous puis je
bien maintenant saluer en seureté, mon cher
cousin, c'est que je me suis trouvée en si piteux
estat, depuis trois heures en ça, que je me pensois a jamais s'estre sauvée de ce bien remercié
la grace à Dieu et le bon saint à qui je me
suis vouée, je me sens tellement allegée
que s'il ne m'advient pas, de vous garderay encore quelque temps, je maried mais le jeune
Duc, tout ravy de joye et de grand aise
ayant sa barbe blanche toute trempée
de larmes ne luy sçavoit que respondre,
ains la regardoit avec telle admiration,
qu'il sembloit qu'il fut transy. et ce pendant
quelques uns qui estoit a la porte les entendit
parler, entrerent en la chambre. Lesquels

P 3

HISTOIRE

trouverent la duchesse quelque peu mieux
disposee que de coustume, le publierent incontinant par toute la cité: dequoy les Citoiens qui l'aimoient uniquement, advertis,
feirent processions, et autres actions de graces
accoustumees en telles choses. De la a quelque
temps la duchesse commença peu a peu
a trouver goust aux viandes, et a donner si
bon ordre a va santé qu'elle se trouva aussi
saine qu'au paravant, hors mis la nouvelle
playe qu'elle avoit a c'œur neuf, pour le
Seigneur Manesse de laquelle ne se pouvoit curer que par la presence de celuy qui
portoit la boëtte aux Unguens. et tant continua en ses pensees amoureuses, que madame
Ysabeau retourna de son voyage, laquelle
vint loger au chasteau, comme elle luy avoit
promis. et apres s'estre bien aisees l'une et
l'autre, la Duchesse luy feist entendre
qu'elle n'avoit presque depuis son departement bougé du lict, affligee d'une tres
cruelle maladie: toutesfois que par l'aide
de Dieu et l'intercession du bon Saint
Iacques (a qui elle s'estoit vouée) elle
avoit recouvert guerison, et que, si elle
pouvoit obtenir congé du Duc son espoux
elle seroit heureuse de faire son voyage
en sa compagnie. ce que l'Espaignolle
luy

IXIEME

luy persuada au possible, luy demons-
trant plusieurs singularités qui se
retrouvoient en Espaigne, les hono-
rables compagnies des gentils hômes
et damoiselles, lesquelles à son arrivée,
s'il luy plaisoient de luy faire tant d'honneur, que de la visiter en passant, ne se
sçauroient a luy faire tout le meilleur
traictement qu'il leur seroit possible
et par dessus tous seroit Madame
Ysabeau incitée, celle qui n'estoit que
trop prompte a ce pèlerinage, qu'elle
ennuyée de ce long séjour, s'advisa
un matin d'accoster son Espoux, auquel elle dit Monseigneur je voy
que vous vous souvenez assez des
succès passés, et de l'extreme martyre
que j'ay souffert en ma maladie, et mesme du Vœu que je fey pour recouvrer
ma santé : Or me trouvant maintenant
saine et robuste, je desirerois, avecques
vostre congé, pouvoir accomplir
mon voiage, mesmes avecque si opportune occasion : Car cette grande
dame Espaignolle de laquelle je
vous ay autre fois tenu propos, est
retournée qu'il seroit bien aisé que
nous allassions de compagnie ensemble, et attendu que c'est un

P

HISTOIR

faire le faut, et tost ou tard, il me faut
franchir le faut, et payer cette dette,
C'est bien le plus commode et honorable pour moy, s'aller en sa compagnie:
ce que le bon Duc luy accorda volontiers
q n'eust jamais soupçonné telle trahi-
ton logée au cœur d'une telle princesse.
Et aiant donner ordre de tout ce qui estoit
requis pour leur departement, elle
print quelque nombre de gentilshômes
et damoiselles, entre lesquels Emilie
et maistre Apsius ne furent ouliez,
et estant tous accoustrez en habit de
pelerins, firent là par leurs journées
qu'apres avoir passé les froidureuses
Alpes, ils vindrêt sur la coste de Rous-
sillon, et entrerent en Espaigne, et
lors la duchesse se ventât approcher
du lieu, ou son cœur de lôg têps avoit
prins place, pria bien affectuesemêt
madame Sabéau et sa compagnie
de ne dire a personne qui elle estoit,
et cheminant ainsi a petites journées
devisans de diverses choses, arriverent
a deux petites journées pres du lieu où
se tenoit ordinairement le seigneur
Madorres: et pour cette cause l'espaignolle pria la duchesse ne
trouvât mauvais, si elle envoioit
quelqu'un devers luy, devant l'aver-
tir

cis de leur venue, ce que la duchesse
luy accorda, et le messager aiant trouvé
son seigneur Madozze apropos, et luy aiant fait entendre la venue de la duchesse
les premiers propos d'elle et de sa sœur, le
grand racueil qu'elles leur avoit fait, la fin
qu'elles de beauté de laquelle elle estoit aor-
née, ne fut si grié qu'il ne coqneust instinct
que la duchesse en l'aage qu'elle estoit n'eus-
pont esté tant il s'... de sorte qu'on la peut de-
juer un tel sirige apié, sans quelque autres respect. Et dissimulant ce qu'il en pensoit, s'est incontinent equipé trente ou quarante gentils-hommes de ces subjets avecques
lesquels feignant d'aller coudrie de lieu s'...
au devant de la Duchesse, et l'aiant
rencontrée de coing en une campaigne,
madame Yda b'... les recogneust incontin-
nent que en a s'... la Duchesse et luy dist
ce luy qui s'... marchoit la cenet d'Es...
signes blanc, est oit le seigneur Madozze,
son frere et les autres quelques uns de ces
subjets. Et son le seigneur Madozze après
avoir fait boudir trois ou quatre fois son
cheval en tair, avec une grace et exter-
rités merveilleuses, ayant mis pied a terre, luy baisant la main luy dist: Madame,
je voy que les chevaliers, errans du temps
passé qui ont eternisé leur memoire par le
moïen de victoires innombrables, en fet en
tant d'honn... que de rencontrer dans l'estre
des aduantures de telles précieines, qu'ils

eussent volontiers abandonné la lance et
le morrion pour prendre le bourdon et les
chappes. Et lors la duchesse, autant bien
nourrie et bien disante que princesse qui
regnast de son temps, assaillie d'aises, de
joyes, de craintes et de hontes, pour ne faillir à son devoir, luy dit: et des mesme
si les chevaliers desquels vous parlez,
eussent senti quelque heure ainsi que
dittes, pour la rencontre de telles personnes,
aussi esperons nous que le saint à qui nous
sommes vouées, en faveur duquel nous en-
treprenons ce perilleux voyage, nous en
sçachra gré, autrement nostre peine seroit en tout perdue, et nostre vïage mal
employé. Et après qu'il ce fut donné
cette premiere attainte amoureuse, le
Seigneur Mancorse, la prenant par un
bras, la conduit jusque à son chasteau,
devisant de propos qui leur sembloient t...
ennuieux. Et estoit grandement esmer-
veillé de cette beauté tant rare, qui
moustroit en la princesse laquelle ni la
fatigue du chemin, ni les cuisans rays
du soleil n'avoient sceu si bien endommager, que il n'en restast assez pour
asservir avec luy les cœurs mêmes des plus
refroidis et glacez hommes du monde, et si
le seigneur Mancorse prenoit grand plaisir à l'admirer et contempler, ce n'estoit
auprès de la duchesse laquelle après avoir
admiré de son œil la beauté excellence qui
                                              autres

SIXIEME.

autres dons de graces du seigneur Mandozze, confessoit en elles mesmes que ce n'estoit que peu de ce que elle en avoit attendu de sa veue, regard de la preuve qui se descouvrit par le V. luy semblant bien advis que toutes les beautés du monde n'estoient que peinture en comparaison de la perfection de celles qui se presentoit a ses yeux, en quoy elle estoit deceuë, combien que la fervente amitié la peust transporter, car toutes les histoires Latines, Espaignolles et Italiennes, lesquelles font mention de Mandozze, luy donnent le premier lieu en beauté de tous les princes et seigneurs qui ont regné beaucoup. La pourcelle Heste, apres avoir manifesté par gestes, et contenances extérieures au seigneur de Mandozze, quel estoit l'interieur de son cœur, dans en recevoir la satisfaction qu'elle desiroit, deliberea, avant sejourneé trois jours en son chasteau, partir le matin au desceu du chevalier pour faire son voiage. Et alors que l'aube du jour commença à apparoistre, elle s'en va a la chambre de madame Ysabeau, laquelle elle remercia affectueusement tant de sa bonne compagnie que de la grande courtoisie et humanité qu'elle avoit receu en sa maison, et aiant prins congé d'elle, s'en part avecques son train. Le chevalier Mandozze quelqu'heure ou deux apres, son departement advisé de

ce, trouuas fort mauuais dequoy elle s'en
estoit allee sans prendre congé de luy. Et
apres qu'il eut quelque peu pensé a son
affaire, il cogneust aisement qu'il y auoit
de la faute de son costé; et que cette grande
princesse auoit abandoné son païs expres,
a son aduis, pour le visiter, et que il s'estoit
monstré trop retif a luy complaire et offrir son seruice: dequoy indignee elle ne
luy auoit voulu dire adieu. Et s'accusant
ʃoy mesme, il se delibera d'aller apres l'accompagner seulement de deux pages, et pʃ
ce qu'il estoit bien monté, il ne tarda quer
qu'il ne l'apperceust sur le grand chemin
de ʃainct Jacques ou mettant pied a terre
il chemina deux lieues auec elles ʃans
cesse de la raisonner, la suppliant entre
autres choses de luy faire entendre quel me-
contentement elle auoit receu de sa maison
pour en faire si prompt et secret depart. adjoustant puis apres, que si'l luy
plaisoit, qui luy feroit compagnie jusques
au lieu ou elle s'estoit vouee, et encor
la reconduiroit jusques a Turin en si honorable equipage qu'elle auroit occasion de se contenter: puis passant outre,
il luy dist en souspirant: Madame la
Duchesse, la fortune eust beaucoup fait
pour moy, lors que ma seur feist son vœu
d'aller a Rome, j'eusse perdu la bataille contre mes ennemis, et que son vœu eust esté
sans effet, car j'en fusse, peut estre, demeuré quitte pour la perte de quelques vns

IXIEME

de vengeance: mais, helas, je sens maintenant depuis vostre venuë en ce païs, une si cruelle bataille et furieux assault en mon cœur, que n'y pouvant plus resister, je me sens vaincu et captivé de telle sorte que je n'ay à qui me plaindre, sinon à vous, qui estes le motif de mon mal. et toutesfois ce qui m'est plus insupportable, vous dissimulez de l'entendre. et pour me reduire à ma derniere fin, vous estes partie ce jourd'huy de ma maison sans me daigner escrit, ny compter d'un seul adieu. ce qui souffla ma tellement ma passion, que je meurs mille fois le jour: vous suppliant pour l'advenir me traicter plus humainement, ou vous verrez en moy ce qui vous deplairoit en vos ennemis, qui ne peut estre moins qu'une tres cruelle mort. et de monstroit assez le chevalier Madorre, combien la passion qu'il sentoit, estoit conforme à sa parolle: car prononçant ces mots il souspiroit tant à propos, et changeoit tant souvent de couleurs, et avoit la face si couverte de larmes, qu'il sembloit que son ame, prez de si trop grand ennuy, deust à l'instant abandonner son corps, ce qui aiant apperceu la princesse appréhendant au plus prez la triste issue de son mal, luy dit, seigneur Madorre, je ne sçay que vous attendez davantage que je face pour vous, ne pour quelle occasion vous

pre

HISTOIRE

pretendez que je vous face mourir, veu
que s'il aduenoit seulement que fussiez malade à mon occasion, je ne me
sens assez forte, ny constante pour me
conserver la vie vne seule heure pour l'ennuy que j'en receurois. Ostez donc de vostre
esprit que je souhaite autre autre que
vostre, et ne trouuez, je vous prie, estrange si en public je tiens propos qui va à
vostre aduantage, car je ne consentirois
pour rien du monde que quelques vns
de ceux, qui m'accompagnent cong-
neussent encore vne seule estincelle du grand feu au lume nar
que l'mon cœur se brusle jour et
nuit, pour rien que je vous escriue.
estant asseurée que si vous auez senti
vne heure de mon temps, au lieu de
m'accuser de cruauté, vous me mes
plaindriez le grief mal que j'ay souffert pour vostre longue absence, car
vous la continuelle presence j'auois
de vostre personne aux yeux de mon
entendement auec vne ferme esperance
de vous voir, il m'eust esté impossible de
resister longuement au dur assault qu'
amour me liurait a toute heure et sans
aucune relasche, mais vne chose
vous puis je bien confesser que l'oyant
                                                          ta

SIXIEME.

Le froid acueil que j'ay receu de vous, au commencement, je jugay en moy mesme que cela procedast de quelque mauvaise opinion que vous eussiez de moy, ou que me eussiez pensé (peut estre) par trop liberté de mon honneur, d'avoir abandonné le païs où je me rendray pour me mettre ès lieux de vos bonnes graces, ce qui m'a fait partir de vostre maison, sans prendre congé de vous : mais main'enant que je congnois par vostre contenance et par vos larmes le contraire, je recongnois ma faute, et vous supplie de l'oublier, et à la charge qu'entretenu en mon voiage de Saint Jacques, je vous en feray tel amende, et useray de telle satisfaction en vostre endroit au lieu mesme, où j'ay commis la faute demeurant vostre prisonniere pour quelque temps, je ne partiray de vos mains que je n'aie recongneue par une sentence agreable la grandeur de mon merité, cependant vous contenterez de cette bonne volunté, et sans passer outre reprendrez la route de vostre chasteau, de peur de quelques uns des plus fins ennemis d'un prince, qui congnoissent en moy ce que je ne leur envoy pas ma vie occasion de penser. A quoy le seigneur Madore obeit plus pour son voiage plausiblement : car il avoit esleu les beautés et bonnes graces de la princesse et imprimées au plus beau lieu de son cueur, qu'il n'eust jamais voulu estre loing d'elle, mais aussi qu'ils repassoient pour se

tourner

HISTOIRE.

donner du bon temps et satisfaire a leurs
desirs au retour de son voiage, fortune cependant estoit en embusche, qui rompit
si bien le fil de leurs entreprises, que
l'issue ne fut pas telle qu'ils avoit esperé.
Or laissons songer la Duchesse parfaire
son voiage et le Seigneur de Mantoüe entretenir ses passions, et retournons prendre
nos erres du Duc, lequel quelque dix ou
douze jours apres que la Duchesse son
espouze fut partie, commença a sentir
une frayeur, laquelle ne pouvant dissimuler pour la grande amitié qu'il luy portoit, et mesme congnoissant la grande
faute qu'il avoit commise, estant sorti du
Roy, et femmes de telle princesse l'envoier
ainsi laisser aller comme en train devant
pensa, en un loin grain voiage, se delibera d'espeur que s'il luy mesadvenoit, il ne
tombast en deshonneur, d'assembler son
conseil, et s'y pourvoir par quelque
remede, et le conseil assemblé, et
le fait proposé il n'y eut celui, qui
ne remonstrat au Duc, qu'il avoit consenti trop legerement au voiage de la Duchesse, et que s'il elle tomboit en quelque
inconvenient on luy en pourroit faire
reproche, de quoy il l'eussent averti
dés les commencements. Sur
ce

la crainte qu'ils auoyent de luy deplaire: adiouſtant pour cōcluſion, que c'eſtoit le plus expedient que le Duc ſe miſt ſur mer pour l'aller trouuer en Gallice, ce qu'il fit, & s'embarqua auec grande compagnie de gentilshommes, & eut le vent ſi à propos qu'il arriua à ſainct Iaques auant elle, & s'eſtant fait enquerir ſi elle eſtoit point venue, trouua que non: toutesfois il fut aduerti par quelques pelerins, qu'elle ne pouuoit tarder longuemēt à venir, par ce qu'ils l'auoyent laiſſee à trois ou quatre iournees de là, où elle venoit auec ſa cōpagnie à petites iournees, dequoy le Duc fut tres-aiſe: & enuoya quelques vns de ſes gentilshommes au deuant d'elle par là où elle venoit. Ceux q auoyent charge d'aller au deuāt, ne tardexēt gueres qu'ils ne rencontraſſent la Ducheſſe auecques ſa compagnie, à laquelle ils firent entendre la venue du Duc, & l'occaſion de ſon departement de Turin, à quoy elle prenoit vn bien maigre plaiſir, & euſt volontiers deſiré qu'il n'euſt point pris tant de peine: toutesfois prepoſant ſon honneur à ſon affection, elle ſe diligenta le plus qu'elle peut pour le venir trouuer, & ne s'eſpargna à ſon arriuee de luy monſtrer bon viſage, & le plaindre de la peine qu'il auoit prinſe de ſe mettre en tant de hazards, pour la ſoulager

Q

en son voyage. Et apres toutes ces choses, ils entrerent en l'Eglise auec tresgrande deuotion, où apres que la Duchesse eut fait quelques particulieres oraisons, elle commença à cognoistre que Dieu resistoit à sa lasciue volonté, & qu'ayant prins cōpassion de la bonté du bon Duc son espoux, il n'auoit voulu permettre qu'il eust esté ainsi desloyalement deceu, & pleurant à grosses larmes, elle commença à se repentir amerement de sa faute passee, & se sentant pressee en son ame d'vn remors de conscience, gagna sur elle, qu'elle se delibera du tout d'oublier Mandozze & sa beauté, loüant toutesfois Dieu, de ce qu'il luy auoit pleu luy faire la grace de si bien borner les choses, que les affections n'auoyēt point passé les limites de l'honneur, deliberant pour l'aduenir non seulement de mettre du tout Mandozze en oubli, mais à fin de retrancher ceste pratique amoureuse, mesmes de ne luy dire adieu, ny ne luy faire entendre aucunement de ses nouuelles : & arrestee en ceste deliberation, solicitoit son mary tresinstamment de l'emmener, ce qu'il fit, & leur equipage de mer preparé, il reprint la route de Turin, & eut le vēt si à propos, que de là à quelques iours, il print port à Marseille, & ennuyé de la marine, il se fit pouruoir de cheuaux, naux, & alla iusqu'à Turin par terre, où ils vesquirent luy & sa femme quelque temps en tresgrande amitié & fort bonne disposition. Le seigneur Mandozze ennuyé de la trop lõgue absence de la Duchesse, enuoya vn gentilhomme exprés en Galice, pour sçauoir l'occasion de son long retardement, lequel luy raporta nouuelles asseurees que le Duc estoit venu en personne querir sa femme, & l'auoit emmenee par mer, dequoy il cuida perdre patience, deliberant en luymesme quelque iour ayant donné ordre à ses affaires, de l'aller visiter iusqu'à Turin. Durant que les choses estoyent demeurees en cest estat tant d'vn costé que d'autre, les Allemãs ayans dressé vne grosse armee, entrerent en Frãce, auec laquelle ils gastoyent & brusloyẽt tout le païs par où ils passoyẽt, dequoy le Roy aduerty, manda le Duc de Sauoye pour aller au deuãt auec la gendarmerie Françoise: mais auant que partir de Turin, il laissa pour son Lieutenant general le Comte de Pãcalier, par l'aduis & conseil duquel il entendoit que tous les affaires de son Duché seroyẽt regies & gouuernees durãt son absence, & qu'il fust honoré & obey cõme sa propre personne. Ce Cõte de Pancalier homme genereux, fort prudẽt en ses affaires, & qui sçauoit tres-bien gouuerner

Q 2

une chose publique, se voyant auoir entier commādement sur tout le pays, se trouuant quelquesfois pres de la personne de la Duchesse, & la voyant si belle & de si bōne grace, ne peut tant commander à luy-mesme, qu'il n'en deuinst amoureux. Et croissant peu à peu ce nouueau desir, il s'oublia tant, qu'il ne fit cōscience de luy offrir son seruice, mais la princesse, q auoit resolu de viure en femme de bien, & qui abhorroit toutes ces harengues lasciues, le pria vne autrefois d'estre plus aduisé auant que prendre la hardiesse de s'adresser à ses semblables: luy remonstrant que l'hōme ne doit point estre si effronté de s'offrir à quelque grāde dame pour luy dresser l'amour, sans que premier il ait cogneu en ses gestes ou parolles quelque commencement d'amitié: ce qui ne se pouuoit iuger d'elle, attendu que ny à luy ny à autre elle n'auoit encore de sa vie fait faueur où on peust asseoir iugement autre que de l'hōneur: ce qu'entendu par le Comte de Pancalier, il print congé d'elle, auec sa courte hōte: mais luy qui suyuant la coustume de ceux qui aymēt, ne se pensent esconduits pour ce premier refus, reitera ses requestes, & eschauffant son style, la supplia d'auoir pitié de luy, & qu'eu esgard à la grādeur de sa passion, il ne pouuoit lōguement
prolon

prolonger sa vie, sans la faueur de ses bonnes graces, lesquelles seules estoyent le vray remede de son mal. La Duchesse ennuyee de tels propos, luy dit: Comte, il me semble q̃ vous vous deuez cõtenter de mõ premier refus, sans cõtinuer d'auantage la poursuite de vostre temeraire entreprise: auez-vous desia oublié le rang que vous tenez, & l'hõneur auquel mõseigneur le Duc, mõ espoux vous a esleué? est ce maintenãt le loyal guerdõ que vous luy rẽdez, de vous auoir cõstitué Lieutenãt en ses terres & seigneuries, de vouloir encores vsurper la preeminence sur son lict: Asseurez vous ceste fois pour toutes, que s'il vous eschet encores vne fois de retomber en cest erreur, ie vous iure en foy de princesse, q̃ ie vous feray chastier de telle sorte, que tous les traistres & desloyaux seruiteurs qui vous ressemblẽt y prendront exẽple. Le Comte se sentãt refusé, iniurié, & en doute que sa princesse ne fist entẽdre son fait au Duc (à son retour) chãgeãt ceste grãde amour en vne haine plus que mortelle, se delibera, quoy qu'il en deust auenir, d'inuẽter toꝰ les moyẽs qu'il luy seroit possible pour ruiner du tout la Duchesse. Et apres auoir fantastiqué diuerses choses en son esprit, il s'auisa par l'instinct du diable, de luy faire dresser l'amour par vn sien nepueu son futur heritier, car il n'auoit point d'enfans, lequel estant aagé seulement de xviij. à xx. ans, estoit l'vn des plus beaux & mieux accõplis gẽtilshõmes de Turin:& le trouuant vn iour à propos, il dit à ce ieune enfant, (qui dependoit du tout de luy) mõ nepueu, tu scais que tout l'espoir que tu as en ce mõde gist en moy seul, faisant estat de toy comme de mõ enfant:& par ce que Dieu ne m'a pas fait la grace d'en auoir, ie t'ay constitué & ordõné mon seul & vnique heritier, auec la charge que desormais tu te tiendras plus pres de moy, & m'obeyras en tout ce que ie te cõmanderay, specialement és choses qui te sont plus proffitables. Le Duc, comme tu scais, est absent, vieil & caduc, & à toutes heures en la misericorde de la mort, pour les hazards de la guerre. Or s'il aduenoit qu'il mourust, ie ne te veux moins hõnorer que de te faire espouser quelque grand' dame, & s'il estoit possible que tu peusses paruenir au mariage de la Duchesse, Dieu scait quel auãtage seroit pour toy & les tiens, ce qui est aisé(ce me semble)si tu te veux gouuerner selõ mon cõseil, ou pour le moins si tu ne peux paruenir au tiltre de mari, tu ne peux faillir à celuy d'amy. Tu es beau gentilhomme, & bien fauorisé de la Duchesse, comme i'ay souuẽt cogneu par ses propos, encore, que tenant la bride ſerree à ſon honneur, elle ne te l'ait oſé iuſqu'à preſent manifeſter: n'eſpargne plus mon bien, tiens toy à l'aduenir proprement, quoy qu'il couſte, & mets peine de luy complaire en ce que tu pourras, & le temps te fera cognoiſtre ce que le peu d'eage t'a iuſqu'à ce iour icy caché. Ce pouure miſerable iouuenceau, donnant foy aux deſloyalles inuentions de ſon oncle (lequel le tenoit pour pere) commença à ſe trouuer ſouuent pres de la perſonne de la Ducheſſe, & la ſollicitoit honteuſement par regards, & autres offices d'humanité, ainſi que nature luy auoit enſeigné: & continua ceſte façon de faire quelques mois, ce qu'eſtāt apperceu par la Ducheſſe, elle meit peine de ſon coſté à recognoiſtre les honneſtes, & affectueux ſeruices que ce ieune enfant luy faiſoit à toutes heures, & luy mōſtroit touſiours quelque faueur honneſte plus que aux autres pages, tāt pour ceſte naïfue beauté, de laquelle nature l'auoit enrichi, que pource qu'elle le voioit plus enclin à luy faire ſeruice que les autres, ſans qu'elle euſt iamais penſé au voloir deshonneſte de l'enfant, ny à la malice de ſon oncle, lequel ne recognoiſſant autre félicité en ce mōde, que ſe venger de la Ducheſſe ſon ennemie, ne pouuant plus ſupporter en ſon cœur la

Q 4

cruelle vengeance, qui luy rōgeoit son ame, se delibera de iouer à quitte ou à double, & aiāt fait appeller son nepueu, il luy dist, Mon enfant ie preuoy en moymesme que tu es l'vn des plus heureux gētilshōmes de l'Europe, si tu sçais entretenir ton heur, car la Duchesse non seulement est amoureuse de toy, mais elle se consomme à veuë d'œil pour la trop furieuse amitié qu'elle te porte, mais cōme tu sçais les femmes sont honteuses, & veulent estre priees en secret, & se plaisent d'estre trōpees par les hōmes, à celle fin que il semble qu'auec tromperie, ou force, elles soiēt contraintes accorder aux hommes, ce q̃ de leur bongré elles offriroiēt volontiers, sans vn peu de hōte qui les retiēt, & me croy hardimēt, l'aiant par plusieurs fois experimē té auec mon tresgrand cōtentement. Partāt croy mō cōseil, & obeis à ce que ie te diray, & tu me confesseras toymesme auant qu'il soit demain ceste heure, que tu es le plus heureux du monde. Ie veux donq q̃ ce soir, quand tu verras le temps commode, que tu t'en aille secretement en la chambre de la Duchesse, & que tu te cache bien auant sous le lict, de peur d'estre apperceu d'aucun, où tu te tiendras iusques à vne heure apres minuict, que lon commence à entrer au plus profond sommeil. Et lors que verras au plus
pres

pres, q̃ toutes les dames seront endormies, tu te leueras alors tout bellemẽt, & t'approchant de son lict tu luy declareras qui tu es, & ie m'asseure, veu l'ardente amitié qu'elle te porte, & pour la longue absence de son mari, qu'elle te receura humainement entre ses bras, & te festoiera lors des delicates caresses que les amoureuses font à leur amás. Ce simple iouuenceau donnãt foy aux paroles de son oncle, pensant (peut' estre) que ce fust par la persuasiõ de la Duchesse, ou pour obeir au commendement de son oncle, qui estoit honnoré cõme vn Roy, obeit entierement à ce traistre & abominable commãdement, & l'opportunité trouuee, accomplist de poinct en poinct, ce que son parricide oncle luy auoit commandé. Lequel quelque peu deuant la minuict craingnãt que sa trahison ne fust decouuerte, print trois conseilliers & quelques vns de la garde du chasteau, auquel comme Lieutenant du Duc, il pouuoit entrer & sortir à toute heure: comme bon luy sembloit, & sans declarer son entreprinse, s'en va droit à la porte de la chambre de la Duchesse, aiant hurté à l'huis, dist que le Duc estoit venu, & qu'on luy ouurit, & luy aiant ouuert entra dedans auec force flãbeaux, accompaigné de la garde, aiant vn estoc tout nud en la main: &

comme furibond, & hors de soy, commença à regarder par tout, puis finalement sous le lict de la Duchesse, de là où il feist tirer son propre nepueu, auquel sans luy donner loisir de proferer vn seul mot, de peur que sa meschanceté fut decouuerte, il dit: Paillard detestable tu es mort, & luy bailla tel coup de pointe par le centre de l'estomach, qu'il perça iusques aux gardes, & redoublant son coup, pour luy faire faillir la parole, luy en donna vn autre au trauers de la gorge, si viuement que le poure innocent, apres auoir vn peu chancelé tomba roide mort à terre. Puis aiāt mis son espee au fourreau, se tournant vers les conseillers leur dist: Mes amis ce n'est pas du iourd'huy que ie me suis aduisé de l'amour lascif & deshōneste, de mon glouton de nepueu, & de la Duchesse, lequel i'ay fait mourir trop honnorablement, eu esgard a son demerite: car qui luy eust voulut garder la rigeur de la loy, il meritoit d'estre bruslé vif, ou demembré à quatre cheuaux.) Quant à madame la Duchesse ie ne delibere point de la punit, ou luy ordonner autre chastiement: car vous n'estes point ignorans entre vous, que l'ancienne coustume, de Lombardie, & de Sauoye, veut que toute dame qui sera trouuee en adultere, soit bruslee vifue, si dedans l'an & iour elle

ne

ne trouue champion, qui côbatte pour son innocence. Mais pour l'obligation que i'ay à monseigneur le Duc, & pour le deuoir de l'estat auquel il m'a constitué: ie depescheray demain vn courrier pour luy faire entédre l'accident suruenu. Et quát à la Duchesse elle demeurera en ceste chambre auec quelques vnes de ses damoiselles, & sous bône & seure garde. Ce pendant la Duchesse, qui auoit le iugement & l'esprit aussi bon, que Princesse qui ait regné de son temps, soupçonna incontinent la trahison du Côte de Pancalier: & regardant d'vn œil piteux le corps mort de son page, elle s'escrie en souspirant profondement:O ame innocéte, qui autresfois a donné la vie à ce corps, qui n'est plus que terre, tu es maintenant en lieu ou tu vois clairement l'iniquité du parricide, qui t'a mis à mort! Et aiant donné fin à ceste exclamation, croisant les bras, elle demeura comme trássie, sans mouuoir ny pied ny main: & apres s'estre contenue quelque peu en c'est estat, elle pria les conseillers de faire inhumer le corps, & le rendre à la terre de laquelle il auoit esté p̃mieremét creé: car disoit elle, il n'a point merité d'estre attaché à vn gibet, & de seruir de pasture aux oiseaux du ciel, ce qu'ils luy accorderent non sans quelque grief soupçon d'elle & du
page

page: cõsideré qu'elle n'excusoit q̃ l'innocẽce du page, sans mettre rien en auãt pour sa iustification particuliere. Ceste piteuse auẽture fut incõtinẽt publiee par la cité auec si grãd dueil & murmure du peuple, qu'il sembloit que les ennemis eussent mis leur ville à sac, car il n'y auoit celuy, depuis les plus petis iusques au plus grands, qui n'aimast & reuerast la Duchesse, de telle sorte qu'il sembloit que ceste infortune fut tõbee sur quelques vns de leurs enfans. Le Cõte de Pancalier ne s'occupa tout le iour qu'à faire ses depesches & preparatifs, & aiant fait enregistrer le tout selon qu'il auoit esté obserué, commanda aux conseillers, & aux gardes de sousigner à ses lettres. Et le tout mis en forme, il enuoia deux Courriers en diligence l'vn en Angleterre, auertir le Roy son frere, & l'autre vers le Duc: lesquels arriuez chacũ en sa prouince presenterẽt leurs charges, ausquelles & le frere & le mary adiousterent foy sans aucune difficulté, persuadez principalement par la mort du nepueu, lequel (comme il estoit vray semblable) n'eust esté mis à mort par son propre oncle, & duquel il estoit heritier, sans son enorme faute. Louans en eux mesmes grãdemẽt la fidelité du Cõte: lequel n'auoit pardonné à son propre sang, pour garder le deuoir & honneur

neur de son Seigneur. Et fut arresté entre eux, par l'aduis & côseil, tant de ceux du Roy d'Angleterre, q̃ par grãd nombre de doctes François, que le Roy de France feist assembler pour ce regard, en faueur du Duc, que la coustume seroit inuiolablement gardee côme pour la plus simple damoiselle de tout le pais : à fin qu'à l'auenir les grands seigneurs & dames: qui sont côme les lampes, qui doiuent esclairer aux autres, y prinssent exéple, & qu'ils ne laissassent desormais obscurcir leur vertu par les tenebres des execrables vices. Le Roy d'Angleterre pour gratifier le Comte de Pancalier, lequel (à son aduis) s'estoit monstré genereux en c'est acte, luy enuoia vn excellent harnois auec vne riche espee de mesme trépe, par le courrier auquel il feist responce par lettres escrites de sa main, côme il entendoit qu'il y fut procedé. Et le courrier depesché, feit si bonne diligéce q̃ quelques iours apres il arriua à Turin. Peu apres que le Roy d'Angleterre eut depesché son courrier, le Duc de Sauoye depescha le sien, lequel il retarda plus longuement, d'autãt que l'affaire luy touchoit de plus pres, & qu'il vouloit qu'il fust vuidé par plus meur conseil. Et la resolution prise, il escriuit aux Conseillers, & autres Magistrats de Turin, sur toutes choses qu'ilz

eussen

HISTOIRE

entendoit que la coustume fust inuiolablement gardee: & qu'ils n'eussent en aucune sorte à fauoriser a l'adultere de sa femme sur peine de mort. Puis en particulier, il escriuit des lettres au Comte, par lesquelles il approuuoit grandement sa fidelité, de laquelle il esperoit faire telle recompense, que luy & les siens s'en resentiroient toute leur vie. Le courrier du Duc arriué, & la matiere proposee au conseil, il fut arresté que suiuāt l'ancienne coustume, qu'on planteroit vne colonne de marbre en la campagne pres de Turin, qui est entre le pont du Pau, & de la cité: en laquelle seroit escrite l'accusation du Côte de Pancalier & de la Duchesse: ce que entédu par la Duchesse, qui n'auoit autre compaignie que d'Emilie, & de quelque autre ieune damoiselle, cōmença à dechirer ses vestemens de soye, & à s'accoustrer de dueil, martyree par vne infinité de diuers tourmens, se voiant abandonnee de tout secours humain, faisoit ses cōplaintes à Dieu, le priant auec larmes, qu'il fust le protecteur de son innocence. Emilie qui auoit sceu d'elle cōme elle auoit esté iniustement accusee, & voiant le peril eminent qui luy estoit preparé, se delibera par son accoustumee prudence d'y pouruoir. Et apres l'auoir quelque peu consolee elle luy dist: Madame, ce
n'est

n'eſt maintenant la ſaiſon, en laquelle il faille conſommer le temps en larmes & autres
plaintes feminines, leſquelles ne peuuent
en rien amoindrir voſtre mal, il me ſemble
que c'eſt le plus expedient de vous fortifier
contre voſtre ennemi, & de trouuer moien
d'enuoier en poſte maiſtre Appian vers le
cheualier Mandozze, l'vn des plus renommez en proüeſſe de tous les cheualiers d'Eſ-
paigne, lequel aduerti de voſtre infortune
pouruoira ſi bien à voſtre affaire, que voſtre
honneur recouuert, voſtre vie demeurera
aſſeuree: parquoy ſi me voulez croire vous
luy eſcrirez vne lettre pleine d'affectiõs, cõme vous ſçaurez bien faire, laquelle Appian
luy preſentera de voſtre part. Car ſi vous ne
ſuiuez ce conſeil, ie n'en recognois autre
pour le iourd'huy, qui vouſſiſt hazarder ſa
vie ſous la cõdition d'vn ſi eſträge ſort, que
le voſtre: meſme eu eſgard à la renommee
& magnanimité du Comte, lequel (comme
vous ſçauez) eſt en reputation d'eſtre l'vn
des plus vaillants hõmes & heureux aux armes qui ſoit en toute la Sauoye, & la Lõbar-
die. M'amie, dit la Ducheſſe, fais ce que tu
voudras, car ie ſuis ſi reſolue & cõfirmee en
mon mal, que ie ne me ſoucie ny de mort
ny de vie, non plus q̃ ſi iamais ie n'euſſe eſté
nee, ny en l'vne ny en l'autre ie ne preuoy
reme-

remede à mon hôneur perdu. Madame(dist Emilie)laissons desormais le soing de l'honneur entre les mains de Dieu, qui le scait garder,& rédre ainsi que bon luy semble, & donnons ordre de nostre costé, de ne faillir à nostre deuoir, de peur d'estre surprinses. Et aiant donné fin à ce propos, elle luy presenta ancre & papier,en luy disant: Or verray ie à ceste heure, Madame, si le cœur vous faut au besoing. La Duchesse retiree à part, apres auoir longuement discouru en son esprit, sur ce qui estoit passé, entre elle & le cheualier, luy escriuit ce qui s'ensuit.

SEIGNEVR Mandozze, ie ne vous escris la presente sur aucune esperance d'estre deliuree par vostre moyen, du poignāt aiguillon de la fiere mort qui me tiét assiegee, l'aiant tousiours cogneuë estre le vray port & asseuré refuge des miserables affligees qui me ressemblent. Car puis que Dieu le veut, la nature le permet, & ma triste fortune le cōsent, ie m'achemine de bon cœur, sçachant que la sepulture n'est autre chose que vn fort rempart, & imprenable chasteau, auquel nous nous enfermons cōtre les assauts de la vie, & furieux aboys de la fortune: lesquels il vaudroit mieux (comme il est manifeste par moymesme) les yeux fermez attendre au sepulchre, que les experimenter
les

les yeux ouuers, auec tant d'angoisses sur la terre: mais bien veux-ie ramenteuoir & remettre deuāt vous yeux, cōme i'ay quelques fois abandōné le lieu, qui ne m'estoit moins cher que celuy de ma propre natiuité, où i'estois nourrie delicatement en honneurs & delices, pour m'exposer à vne infinité de perils, côtre le deuoir de celles qui tiennent mon rang: perdāt le nom de princesse, pour emprunter celuy d'vne chetifue pelerine, pour le regard seulement d'vne trop ardente & demesuree amitié que ie vous portois, sans oncques vous auoir veu, ou y estre liee par aucuns autres precedens merites: la recordation desquelles choses (ce me semble) doit maintenant liurer vn si dur assaut à la porte de vostre conscience, que rompant le voile de vostre tendre cœur, vous preniez desormais pitié & compassion de mon estrange & cruelle fortune: laquelle n'est pas seulement reduite à la misericorde d'vne tresdouloureuse prison, & au pouuoir d'vn sanglant & impitoyable tyran, mais qui pis est, au continuel hazard d'vne honteuse mort, à laquelle ie n'aurois regret, & de lōg téps l'eusse auancee par mes propres mains pour trouuer repos en l'autre vie, sans que en mourāt i'eusse laissé vne eternelle tache à ma renommee, & vn perpetuel heritage d'infamie, aux miens: parquoy s'il est ainsi qu'amitié ne reçoiue aucun pris, & qu'elle ne se puisse payer, que par le tribut d'vne autre amitié, faites-moy maintenant resentir l'ancien fruict de la mienne. Et si pitié est la seule & vnique clef pour ouurir la porte de Paradis, desployez la ores à l'endroit de celle laquelle (abandonnee de tout humain secours) n'attend que l'heure fatale d'estre gettee au feu, ainsi que le poure aigneau innocent au sacrifice. Et par ce que ce porteur vous fera entendre le reste de bouche (auquel s'il vous plaist adiousterez foy comme à moy-mesme) ie feray fin à ma triste lettre, priant Dieu vous donner bonne vie, & à moy bonne mort.

La lettre close, & seellee du seau de la Duchesse, elle commanda à Emilie de la bailler à Appian, & l'aduertir de faire diligence, & ne cesser de courir iour & nuict, tāt qu'il fust paruenu au lieu où ils auoyent laissé le cheuallier Mandozze: luy donnāt charge de luy faire entendre au long de son innocence, & fausse accusation. Appian ayant sa depesche estoit si affecté de complaire à sa maistresse, & tāt desireux de la voir deliuree de sa prison, qu'il ne cessa de cheminer iour & nuict tant qu'il fust dās les frōtieres d'Espagne. Et apres auoir encor cheuauché deux ou trois
iourn

iournées, s'approchant du lieu où il penſoit trouuer le cheualier Mandozze, il commença à s'enquester à ſon hoſte, où il coucha le ſoir, tant de ſa diſpoſition, que de ſes autres affaires, lequel luy reſpondit qu'il luy baſtoit auſſi mal qu'au plus poure gentilhôme d'Eſpagne, encores qu'il fuſt grand ſeigneur: car (diſoit-il) depuis quelques mois en çà ſes ennemis les Toledes (leſquels par pluſieurs fois il auoit vaincu) ſe ſont ſi bien r'alliez enſemble de toutes les parties d'Eſpagne, qu'ils ont miſe vne groſſe armee en câpagne, & leur a eſté la fortune de la guerre tant fauorable, qu'ils ont desfait l'armee de Mandozze, lequel s'eſt retiré auec ce que il a peu ſauuer des ſiens, en vne petite ſienne ville, où encores pour le iourd'huy ils le tiennent aſſiegé: Si eſt-ce, qu'à ce qu'on dit, il fait treſbien le deuoir de ſorte que ſes ennemis ne peuuent entrer en la ville. Et lors maiſtre Appian luy demanda ſi la ville qui eſtoit aſſiegee, eſtoit bien loing de luy, il peut (dit-il) y auoir ſept ou huict poſtes. Et lors ſans faire plus longue enqueſte, il print vne guide qui l'accompagna iuſques auprés du camp, & ayant decouuert la ville de loing, il le renuoya, & ſe vint le iour meſme preſenter à quelque cappitaine de cheuaux legers, qui le receut, ayant achetté

R 2

quelques armes. Et maiſtre Appian, lequel
outre la cognoiſſance qu'il auoit des lettres,
eſtoit homme fort eſcort, ſe delibera ſi toſt
qu'il veit qu'on cómença à s'eſcarmoucher
de ſe mettre des premiers en beſongne, &
ioüa ſi bien ſon perſonnage, qu'il ſe laiſſa
prendre priſonier, & mener dedás la ville,
en laquelle entré, il pria ceux qui l'auoyent
prins, de le conduire vers le ſeigneur Mandozze leur chef, qui le recogneut incontinent, par ce qu'au voyage que la Ducheſſe
auoit fait en Eſpagne, il l'auoit touſiours co
gneu plus priué d'elle qu'aucun autre de ſes
gentilshommes. Et apres que le ſeigneur
Mandozze l'eut interrogé par quel moyen
il auoit peu entrer en la ville, & que l'autre
luy en eut fait le recit, il commença à iuger
en luy-meſme qu'il eſtoit homme de bon
ſens, & bien affectionné à faire ſeruice à ſa
maiſtreſſe, d'auoir oſé ainſi hazarder ſa vie
pour luy obeïr. Incontinent apres maiſtre
Appian luy preſenta la lettre de la Ducheſſe,
laquelle leüe, il ſe retire en ſa chambre auec
maiſtre Appian, ayant la face toute baignee
de groſſes larmes. Et par ce que la lettre por
toit creance, il pria maiſtre Appian de luy
dire ſa charge, lequel luy dit, Madame la
Ducheſſe, la plus affligee princeſſe qui ſoit
auiourd'huy ſous la chappe du ciel, ſe re-
com

cōmande à voſtre bonne grace, & vous ſupplie humblemér ne trouuer mauuais, ſi elle departit dernierement de Galice, ſans accōplir la promeſſe qu'elle vous auoit faite, & vous prie reietter la faute ſur l'importunité du Duc ſon mari, auquel eſtant contrainte d'obeïr, elle ne peut ſatisfaire à la bonne volonté qu'elle vous portoit. Puis commença à luy deduire par ordre, cōme le Comte de Pācalier s'eſtoit enamouré d'elle, & ne pouuant obtenir ce qu'il deſiroit, fit cacher ſon nepueu ſous le lict, lequel il auoit tué de ſes propres mains: finalemēt la priſon de la Ducheſſe, l'arreſt donné contre elle: dequoy le ſeigneur Mandozze fut fort eſtoané, & le tout entendu, il commença à auoir quelque mauuaiſe opiniō de la Ducheſſe, ne pouuāt comprēdre en ſon eſprit, comme le Comte de Pancalier ſe fuſt tāt oblié, que de meurtrir ſon propre nepueu, & fils adoptif, pour ſe venger d'vne femme: toutesfois il diſſimula ce qu'il en penſoit deuant maiſtre Appian, & luy dit: Appian mon amy, ſi ma fortune aduerſe ne parloit aſſez pour moy, ie te ferois icy vne longue deduction de mes miſeres, mais tu vois en quelle extremité ie ſuis maintenant reduit, de ſorte que tant s'en faut que ie puiſſe aller ſecourir ta maiſtreſſe, que moy-meſme ie n'attés que l'heu-

re de ma mort, & tout ce que ie te puis faire
pour le present, c'est de te faire euader toy-
mesme du peril qui nous est preparé. Et sans
plus longue harangue, il fit dresser vne forte escarmouche à ses ennemis, pour faire
sortir Appian, lequel sorti, le fit accompagner par aucuns des siens en lieu de seureté. Appian voyant qu'il n'y auoit ordre que
Mandozze abandonast sa cité pour le peril
de mort, qui luy estoit preparé, l'excusoit aisément en luy-mesme. Et à fin de tenter autre fortune, il fit si bonne diligence, qu'il
fût en brief de retour à Turin, où ayant le
tout communiqué à Emilie, elle va trouuer
la Duchesse, à laquelle dit: Madame, Dieu
vous doint la grace d'estre aussi constante
en vos aduersitez, que vous auez occasion
de vous mal contenter des tristes nouuelles
que vous a apportees Appian. Et commença
lors Emilie à luy racôter l'infortune de Mâ-
dozze, la necessité où ses ennemis l'auoyent
rangé. Et pour côclusion qu'elle ne pouuoit
estre secourue de luy: ce qu'entendu par la
Duchesse, elle s'escria, O poure femme malheurese entre les plus desolees & tristes! tu
peux bien dire maintenant que la lumiere
de ta vie cômence desormais à s'esteindre, &
prendre fin, puis que le secours de celuy du
quel dependoit ton asseurance, t'est denié.
Ah

Ah! chevalier ingrat, or cognois-ie bien maintenāt (mais c'est trop tard) que de l'extreme amitié que ie t'ay portee naist la premiere source de mon mal, lequel n'est point accidental ou fortuit, mais il procede de la celeste dispensation,& diuine prouidence de mon Dieu, lequel permet ores que mon hypocrisie & simulee deuotion reçoiue condigne chastiment de son peché. Et lors Emilie qui la voyoit ainsi confite en larmes, craignant qu'elle n'exerçast cruauté contre soy-mesme, luy dit: Madame, il sied mal à vne grande princesse sage (cōme vous auez tousiours esté reputee) de se tourmenter ainsi, veu que sçauez que toutes les afflictiōs que nous receuons du ciel, ne sont que preuues de nostre fidelité, où vo9-mesme recognoissez par vos plainctes, iustes chastimens de nos pechez. Or donques soit l'vn ou l'autre vous vo9 deuez fortifier cōtre le dur assaut de vostre ennuy,& remettre le tout à la misericorde de Dieu, lequel par sa sainte grace vous deliurera de vostre tribulation, cōme il a fait beaucoup d'autres, lesquels se pensoyent abādōnez de tout secours, lors qu'il faisoit pleuuoir quelque rayon de pitié sur eux. Las mamie (dit la duchesse) tant il est aisé à la personne saine de cōsoler celuy qui est malade: mais si tu sentois mō mal, tu me

aiderois à le plaindre, tant il m'est grief, auec la vie de perdre l'honneur, & faut que ie te côfesse que ie soustiens vn trop cruel assaut, & contre la mort & la vie, & si ne puis ny auec l'vn ny auec l'autre auoir paix ou trefue: & si ne sçaurois tant bien dissimuler mon mal, qu'il ne soit en fin descouuert par les fumees de mes ardans souspirs, lesquels cuidans contraindre & retenir, ie ne fay autre chose que m'enterrer viue par dedans: t'asseurant que c'est plus vne goutte de sang que sue le cœur par dedans, que toutes les larmes qui se sçauroyent pleurer en la vie, par dehors: parquoy ie te prie laisse-moy vn peu plaindre ma douleur, auāt que i'alle au lieu dont ie ne feray iamais retour. Emilie qui se fust volōtiers sacrifiee elle mesme pour racheter la Princesse du peril, ne pouuant plus endurer le dur effort, que la pitié faisoit à son cœur, fut contrainte de sortir, & de se retirer en vne autre chābre, où elle cōmença à se lamenter si estrangemēt, qu'il sembloit que ce fust elle qui estoit destinee à la mort. Pendant que ses damoiselles continuerēt leur dueil, le cheualier Mandozze ne reposoit ny nuict ny iour, & ne cessoit de pēser cōtinuellement au desastre de la Duchesse. Et apres y auoir bien pensé & repensé, il s'acculoit soy-mesme de luy auoir failly à
ce

ce besoin disant: Or cognoy-ie maintenant bien que ie suis indigne de porter iamais armes, ny d'auoir ce titre honnorable de cheualier, puis que ie l'ay receu auec la charge de secourir les personnes affligees, specialement les dames, desquelles la force consiste seulement aux larmes:& toutesfois i'ay (miserable que ie suis) failly si honteusement à mon deuoir à l'endroit de la personne du mōde, qui a plus fait pour moy, que ie meurs mille fois le iour quād i'y pense. Il faut donques desormais que i'establisse nouuelles loix à ma deliberation, & que ie rōpe la porte de mon ancienne rigueur, aymant trop mieux mourir en hōneur poure & desherité, que viure puissant, malheureux & pusillanime: parquoy face fortune ce qu'elle voudra, puis que la Duchesse a abandonné son païs pour me venir trouuer en prosperité, ie ne puis moins faire en aduersité que de la visiter. Et pressé & solicité par dedās de nouueau desir, delibera, quoy qu'il en aduint, de l'aller secourir. Et ayant donné ordre à tout ce qui estoit necessaire pour la defense de la cité, se cōfiant à la fidelité de ceux qui estoyēt dedās, fit appeller tous les capitaines ausquels il fit entēdre cōme il auoit deliberé d'aller chercher secours, à fin de rompre le siege des ennemis. Cependāt il continua

son lieutenant general vn sien proche parēt.
Et le lendemain auant que le iour apparust,
fit donner vne chaude alarme à ses ennemis,
durant laquelle il sortit aisément, sans estre
cogneu, estant monté sur vn genet d'Espagne, & se voyant hors de tout peril, il print
la poste, & fit si bonne diligence qu'il arriua
à Lyon, où il se pourueut des meilleures armes qu'il peut recouurer, & de deux bonnes
pieces de cheuaux, l'vn desquels estoit fort
coursier de Naples. Et ayant recouuert quel
que valet incogneu, il print la route de Turin, où estant arriué, il se logea au fauxbourg
chez vn hoste auquel il demanda s'il y auoit
point d'Espagnols en la ville, lequel luy respondit qu'il n'en cognoissoit aucun, reserué vn beaupere religieux, qui depuis vingt
ans n'auoit bougé de Turin, hōme de sainte vie, & bié voulu de tous les citoyens, qui
auoit la charge de quelque conuent: toutesfois il auoit vn petit logis sequestré du com
mun, pour soulager l'incōmodité de sa vieillesse. Le cheualier ayant sceu de son hoste
au plus pres du lieu où se tenoit le beaupere, l'alla trouuer en diligence de grand matin, & luy dit en langue Espagnolle : Pere,
Dieu soit auec vous, ie suis Espagnol, venu
en ce païs icy pour certains miens affaires,
vous vseriez de grande charité, s'il vous plai
soi

soit me loger auec vo⁹ pour quatre ou cinq
iours seulement, sans que ie vous demande
autre chose que le logis: car ce mien seruiteur pouruoira à mes necessitez, ce que le
bon homme luy accorda volontiers (estant
fort esmerueillé de sa grande beauté.) Et pédant que le seruiteur estoit allé acheter les
victuailles à la ville, le bon homme luy demanda de qu'elle côtree d'Espagne il estoit,
ce que le cheualier luy confessa librement.
Et lors ce bon homme, ayant la face toute
couuerte de grosses larmes, dit: Loué soit le
nom de Dieu, de ce qu'il m'a fait la grace
deuant que mourir de voir vn si grand seigneur à ma poure maison, & duquel ie suis
vassal & voisin. Et lors le bon vieillard commença à luy racôter, cöme par deuotion, il
auoit abandonné le lieu de sa natiuité, & s'estoit confiné en ce lieu, pour se retirer des
vanitez du monde: neantmoins qu'il auoit
cogneu son pere, sa mere & son ayeul, le
suppliant au reste de commander à sa maison, où il seroit obey comme en la sienne
mesme. Et à l'instant le seigneur Mandozze luy dit qu'il estoit party d'Espagne expres pour veoir la France, & y faire quelque seiour. Et que passant par Lyon, on l'auoit aduerty de l'infortune de la Duchesse,
laquelle s'il pensoit estre innocente du cri-
me

me dôt elle eſtoit accuſee, il la voudroit defendre iuſques à la derniere goutte de ſon ſang: toutesfois qu'il ne voudroit hazarder ſa vie ny ſon ame pour defendre le peché d'autruy, ce que le bon homme approuua grandement, luy diſant: Monſeigneur, quant à l'innocence de la Ducheſſe, ie croy qu'il n'y a point le iourd'huy viuant, qu'elle & le Cõte qui l'a accuſee, qui en puiſſent iuger: mais ie vous puis biẽ aſſeurer que nous l'auõs icy en reputation d'eſtre vne des bõnes princeſſes qui ait iamais regné par deçà, meſme que depuis vn an elle eſt allee à pied à S. Iaques, en telle deuotion & humilité, qu'il n'y auoit celuy à qui elle ne fiſt pitié, de la veoir ainſi mortifiee pour ſon ſalut. Quãt au Comte de Pancalier, vous me ſemblez biẽ ieune pour ſouſtenir vn dur effort: car outre le continuel exercice qu'il a touſiours fait aux armes, il eſt biẽ en reputation d'eſtre l'vn des plus roides, adroicts & redoutez cheualiers de la Lombardie: toutesfois que la victoire eſt en la main de Dieu, & qui la peut donner à qui bon luy ſemble, comme il manifeſta au ieune enfant Daniel contre le mõſtrueux geant Goliath. Auquel le cheualier reſpõdit: Pere, ie me ſuis aduiſé par le moyẽ que ie vous diray, de pouruoir au ſcrupule de ma conſcience pour le doute
que

que i'ay, si le combat que ie veux entreprēdre contre le Comte de Pancalier, est iuste ou iniuste, qui est tel, que ie voudrois, sous couleur de la confession entendre de la Duchesse la verité du fait. Et par ainsi si vous trouuiez bon que ie fisse rongner mes cheueux & ma barbe, & que ie m'accoustrasse de tels habits, que les vostres, nous pourriōs ce me semble, aisément auec le congé des gardes entrer en la chābre de la Duchesse, pour l'exhorter à patience, car aussi bien le terme de l'an & iour est presque expiré, ce que le beaupere luy accorda sans grāde difficulté, tant pour le respect de son bon zele, que pour la reuerence de la grādeur du lieu dont il estoit yssu. Et ainsi ayant pourueu à tout, ils s'en allerent vers le chasteau de la Duchesse. Et qui eust lors auisé le cheualier Mandozze auec son accoustremēt de frere, il l'eust à peine recogneu pour grand seigneur qu'il estoit: car outre les gestes & cōtenances simulees, desquelles il sçauoit tant bien s'aider, encor estoit-il si maigre & desfait, tant pour la bataille qu'il auoit perdue de ses gens, que pour le desastre de la Duchesse, & le peril de sa vie, qui luy estoit preparé par le combat du Comte, qu'il ressembloit trop mieux vn sainct Hierosme mortifié en quelque desert, qu'vn grand seigneur

genet

genereux & vaillant, comme il estoit. Arriuez au chasteau, le vieil pere s'adressant aux gardes, leur dit: Messieurs, d'autant que la mort de la miserable Duchesse s'approche, nous sommes icy venus pour luy monstrer les choses spirituelles, comme le Seigneur nous a inspirez, esperans qu'il nous fera auiourd'huy ceste grace d'induire ceste princesse à mourir patiemment, à celle fin que perdant le corps, l'ame demeure sauue, à quoy ils s'accorderent volontiers, & leur firent ouurir la châbre. Ceux qui estoyent en la chambre auec elle, sortirent incontinent, pésant que le gouuerneur eust fait venir les beaux peres, pour ouïr la derniere cófession de la poure Duchesse, laquelle estoit tant attenuee de mal & d'angoisse, qu'elle estoit cótrainte de garder le lict, ce qui succedoit fort bien à propos pour le cheualier Mandozze, lequel estât pres de son lict, & ayant la face tournee vers elle, faisoit tel ombre au iour, qu'il ne pouuoit en aucune sorte estre recognu. Et le vieillard beaupere estoit en vn coin de la chambre bien esloigné, de sorte qu'il n'eust sceu entédre leurs propos aucunemét. Et ainsi que le seigneur Mandozze s'appuya sur son lict, il luy dit en langue Italienne (laquelle luy estoit aussi familiere que l'Espagnolle) Madame la Duchesse

chesse, la paix de nostre Seigneur soit avec vous, laquelle luy respondit, Pere, comment me tenez-vous propos de paix, veu que ie suis en continuelle guerre, priuee de tout côtentement, & qui n'attens pour derniere fin de tous mes maux, qu'vne par trop cruelle & honteuse mort, sans l'auoir meritee? Et lors le seigneur Madozze qui auoit consommé la pluspart de sa ieunesse aux bônes lettres, luy dit: Ie croy, Madame que vous n'ignorez point que les calamitez & tribulations qui viennent és creatures, ne soint point par accident ou par cas fortuit, mais par la prouidence ou dispensation de Dieu, deuât lequel vn seul passereau n'est pas mis en oubly, comme nous tesmoigne le Prophete Amos, quand il dit: Il n'y a mal en la cité, que ie n'y aye enuoyé: ce qui est aussi manifesté en Iob, lequel le diable ne peut affliger, sans premierement auoir obtenu côgé de Dieu. Et faut que vous soyez asseuree que les tribulations sont les signes des predestinez & esleus de Dieu, & les vrayes artes de nostre salut: de sorte que si vous voulez côsiderer l'ordre de toutes les escritures, depuis le commencemeut du monde iusqu'à nostre siecle, vous trouuerez que ceux q̃ Dieu a tousiours pl'aimez & cheris, il a voulu qu'ils beussent au calice de sa passion

sion, & qu'ils fussent plus affligez que les autres, comme les exemples en sont vulgaires aux escritures, lors que Abel fut affligé par Cain son frere, Isaac par son frere Ismael, Ioseph par ses freres, Dauid par Absalon son fils, les enfans d'Israel (peuple esleu de Dieu) par Pharaon: lesquelles choses estans profondement considerees par sainct Paul, disoit: Si nous n'auions autre esperance en Iesus Christ, sinon en la vie presente, il nous faudroit inferer, que nous serions les plus miserables de tous les hommes. Encores disoit-il estre peu ou rien de ce que nous endurons au regard de ce que Iesus Christ a enduré: lequel cõbien qu'il eust forgé toute la machine du monde, il a esté appellé fils de charpentier: preschant, il a esté calomnié, mené sur vne montagne pour le precipiter, appellé gourmand, yurongne, amateur des publicains & pecheurs, Samaritain, seducteur, demoniacle, disans qu'au nõ de Beelzebut il chassoit les diables. Mais considerõs vn peu, Madame, quel il a esté fait, nous le verrons nud pour nous vestir, prisonnier & lié pour nous deslier du lien du diable, fait sacrifice pour nous purifier de toute macule interieure: nous le verrõs qu'il s'est laissé ouurir le costé pour nous clorre l'enfer, nous verrons ses mains qui en si bel or-

…re firent le ciel & la terre, pour l'amour de nous, de picquás clous persees, son chef couronné de trespoignantes espines, pour nous couronner de gloire celeste. Considerons que de sa douleur vient nostre ioye, nostre santé naist de son infirmité, de sa mort derive nostre vie, & nous aurons honte d'estre trouuez tant delicats sous vn chef couronné d'espines? Fortifiez-vous donques madame la Duchesse au nom de Dieu, ie vous prie, & vous appareillez de receuoir la mort au nom de celuy qui n'a point eu de honte de l'endurer pour vous: sa main forte est elle amoindrie? n'est-il pas en luy de dompter la fureur de vostre ennemy, & l'humilier si bié qu'il ne se pourra iamais releuer? Combien a on veu de poures personnes affligees & abandonnees de tout secours, lesquels il a regardez de son œil de pitié, & remis en plus grád aise & cótétemét qu'ils n'auoyent iamais esté. Apprenez donques desormais à vous consoler auec Dieu, & dites comme disoit ce grád docteur sainct Ignace sur l'epistre aux Romains: ie desire que le feu, le gibet, que les bestes, que tous les tourments du diable puissent exercer leur cruauté sur moy, moyennát que i'aye la fruition de mó seigneur. Et apres que le cheualier eut mis fin à sa consolation, la Duchesse demeura si

S

rauie en contemplation, qu'il sembloit que son ame eust desia gousté les celestes delices, & voulust voler au ciel, & lors se sentit allegee, cóme celuy qui a eschappé quelque furieuse tourméte de mer, elle comença à se cófesser à luy de poinct en poinct, sans rien obmettre de ce qu'elle pésoit qui greuast sa conscience: & quád ce vint à l'accusation du Comte, elle luy dit, qu'elle ne vouloit point que Dieu luy pardónast aucun peché qu'elle eust commis de faict ou de volonté contre le droict de son mariage, reserué vn impudique affection qu'elle auoit portee à vn cheualier Espagnol, lequel sous le pretexte d'vne simulee deuotion, elle l'estoit allé visiter en Espagne, sans qu'il eust eu autre chose que la volonté: qui me fait penser (disoit-elle) que le seigneur irrité contre mon peché, ait permis ceste fausse accusation auoir esté suscitee contre moy par le Comte de Pancalier, laquelle ie porteray patiemment puis que son vouloir est tel. Sa confession finie, elle tira vn riche diamant, qu'elle auoit à son doigt, disant: Beaupere, encores que i'aye esté autrefois riche princesse, comme vous sçauez, si est-ce qu'ils m'ont tout osté ce que i'auois en ma puissance, reserué ce diamant, lequel mon frere le Roy d'Angleterre me dóna lors que i'espousay le Duc
de

de Sauoye : & par ce que ie n'ay aucun moyen de vous bien faire, ie le vous dône, vous priant auoir souuenâce de moy en vos oraisons, & de le garder : car il est de plus grand prix que vous ne pensez, & pourra quelque iour seruir pour subuenir à la necessité de vostre conuent. La côfession de la Duchesse finie, & le diamât receu, les deux freres s'en retournerent au conuent : & si tost qu'ils furent arriuez, le seigneur Mandozze luy dit, Mon pere, or ay-ie cogneu veritablement que ceste poure femme est innocente, parquoy i'ay resolu de la defendre iusques au dernier souspir de ma vie. Et me suis tellement attaint & pressé en mon ame, qu'il me tarde desia que ie ne suis à l'effect: parquoy ie vous prie, s'il aduient que la fortune me soit contraire, apres ma mort manifester en public qui ie suis, & mesme que la Duchesse l'entende, & pour cause : S'il aduient que ie reschappe vif (ce qui ne peut aduenir que par la mort du Comte) tenez tout mon affaire secret, lequel ie vous ay declaré sous le voile de confession, ce que le beaupere luy accorda. Et ayant passé tout le iour & la nuict en prieres & oraisons, il fit accoustrer ses armes, & mettre en ordre son coursier. Et ainsi que l'aube du iour commençoit à apparoistre, il s'en alla tout armé à la porte

S 2

de la cité, & appella vn de ceux de la garde, & luy dit, Mõ compagnon, ie te prie va dire au Comte de Pancalier qu'il se prepare de maintenir la fausse accusatiõ qu'il a faite cõtre la Duchesse de Sauoye, d'autant qu'il y a icy vn cheualier qui le fera dedire auãt que il parte du cãp: & luy tréchera deuãt le peuple la langue pariure, qui a osé commettre telle trahison contre la princesse innocente. Cecy fut en vn moment publié par toute la cité: de sorte que vous eussiez veu les temples tous peuplez d'hommes & de femmes, qui prioyent Dieu pour la redéption de leur maistresse. Ce pendant que la garde faisoit son ambassade, le seigneur Mãdozze s'en alla vers le pilier où l'accusatiõ estoit escrite, attendãt que l'accusateur sortist. Le Comte de Pancalier auerti de cecy, cõmença incontinent à sentir vn remors de conscience, qui le chatouilloit de si pres par dedãs, qu'il enduroit tourment semblable à la mort. Et ne se pouuãt absoudre soy-mesme, eust volontiers desiré n'auoir iamais commis telle faute: toutesfois à fin de ne sembler retif, il manda au cheualier qu'il eust à escrire son nom au perron, auquel Mandozze fit responce, qu'il ne pouuoit scauoir son nom, mais quãt au reste de ce qui estoit en luy, il luy seroit sentir auãt iour couché. Le Comte

te de Pancalier faisoit difficulté de combatre si preallablemét il ne sçauoit le nom de celuy à qui il auoit affaire. Et la matiere mise au conseil, il fut dit expressément par les iuges, que les statuts ne faisoient point de mention du nom, & par ainsi qu'il n'y estoit tenu: mais que le statut fauorisoit expressément au defenseur, luy ottroiant l'election des armes. Et semblablement qu'il estoit requis que la personne accusee fut amenee en la presence des deux combatans. Ce que entendu par le Comte, combien qu'il se defiast de son droit, faisant de necessité vertu, ioint qu'il n'estoit point apprentif à telles escarmouches, s'arma promptement, & se vint rédre au lieu ordonné pour le camp, où il trouua son ennemy armé d'vnes armes noires, pour signifiance de dueil. Soudain apres on manda querir la Duchesse, laquelle n'aiant encore entendu l'occasió, fut grandement esmerueillee; quand elle sceut qu'il y auoit vn cheualier dans le camp armé d'vnes armes noires, homme genereux à le voir, & qui promettoit ie ne sçay quoy de grand, par sa dexterité & asseuree contenance. Lequel vouloit maintenir contre le Comte de Pácalier, son accusatió estre fausse. Et lors la poure Duchesse, ne pouuant imaginer qu'il estoit, fort troublee en son

ame,& sortant du chasteau,elle fut conduite en vne lictiere couuerte de drap noir,accompagnee de plus de deux cens dames & damoiselles de semblable pareure, iusques au lieu où estoyent les iuges, le peuple & les deux cheualiers,qui n'attendoyent que sa venue. Et apres auoir attendu qu'elle fust montee sur vn petit theatre,ordôné pour cest effect, les deputez pour l'asseurance du camp luy demanderent, Madame, par ce que vous estes accusee d'adultere, par le seigneur Conte de Pancalier cy present, & que la coustume veut que vous puissez presenter cheualier dedás l'an & iour, lequel par force d'armes preuue vostre droit : estes-vous deliberee d'accepter celuy qui se presente, & vous reposer sur luy de vostre iniquité ou innocence ? Et lors la Duchesse respondit qu'elle remettoit tout son droit en la misericorde de Dieu, qui cognoissoit l'interieur de son cœur & en la preud'hommie du cheualier, encores qu'elle ne pensast l'auoir onques veu. Et ces propos finis, elle se prosterna à genoux, puis leuant ses yeux,tous couuerts de larmes, vers le ciel,elle dit, Seignr Dieu, qui es la mesme verité, & qui cognois l'amertume que ie sens en mon cœur,pour me voir faussement accusee, desploye maintenant le tresor de ta grace sur moy chetifue
prin

princesse. Et ainsi que tu déliuras Susanne de sa tribulation, & Iudich de la main d'Olofernes, deliure moy de la main d'vn tyran, lequel cōme vn lion affamé de mon sang me rauit & l'honneur & la vie. Et aiant mis fin à son oraison elle demeura immobile, comme si elle eust esté transsie. Et lors le cheualier Mandozze ennuié de veoir le Comte se pennader par le camp, faisant voltiger son cheuaī, auec vne contenance fort furieuse, luy dist : Traistre Comte, par ce que ie suis certain que l'accusation que tu as dressee contre ceste Princesse, est inuentee par la plus grande meschanceté du mōde: Ie maintiens icy deuant tous, que tu l'as malheureusement blasmee, & que tu as menti par la gorge, de tout ce que tu as cōtrouué contre elle. Ensemble que tu merite d'estre getté en vn sac en l'eau, pour le parricide que tu as commis en la personne de ton nepueu, duquel le sang innocent crie maintenāt vengeance deuant Dieu de ton peché. Et à peine eut acheué sa parole, que le Comte luy respondit auecques vne audace merueilleuse : Vilain infame, qui as celé ton nom, de peur que tes vices fussent cogneus : tu es bien maintenant trompé, pensant garantir celle qui a forfait contre le Duc son espoux, par sa paillardise & adultere, & par

S 4

ce que tu en as parlé si auant, sans te vouloir
faire cognoistre, ie ne puis penser autremét
que tu ne sois quelqu'vn de ses ruffiens. Parquoy ie maintien que tu as menty toy mesme, & que tu merite estre bruslé au mesme
feu auec elle, ou bien estre trainé à quatre
cheuaux, par les carrefours de ceste ville,
pour seruir d'exemple aux siecles aduenir,
non seulement aux dames & damoiselles lasciues, mais aux malheureux putiers, & se-
ducteurs qui te resemblent. Incontinent a-
pres le heraut d'armes commença à faire le
cry accoustumé, & les cheualiers à mettre
les lances aux arrests, & a laisser courir leurs
cheuaux de telle impetuosité que se ioignás
d'escuz, de corps & de testes, briserent leurs
bois iusques aux gâtelets, si lourdemét que
ils tomberent tous deux à terre, sans toutesfois perdre les renes de leurs cheuaux, mais
ardeur de cœur, & desir de vaincre les feist
promptement redresser; & aians abandonné
les tronçons de leurs lances, meirét la main
à l'espee, & se comméça entre eux vne meslee si cruelle & estráge, que ceux qui estoiét
à lentour s'espouuentoient de les veoir tant
souffrir. Car ils estoient si acharnez l'vn sur
l'autre, & se chamailloient si souuent, sans
prédre alaine, que les spectateurs cófessoiét
n'auoir onques veu en Piedmont combat
singu

singulier, si furieux, ny mieux poursuiui que celuy du Comte & du cheualier Mandozze. Mais le cheualier Espaignol pensant à sa iustice, & au merite de son combat, sembloit redoubler ses forces: car lors qu'on pensoit qu'il d'eust defaillir, c'estoit l'heure où il faisoit mieux, de sorte que son ennemy ne pouuant plus endurer la fureur de ses pesants coups, estant blessé en plusieurs endrois, ne faisoit plus que cingler & parer aux coups, qui pleuuoiét sans cesse sur tous les endrois de son corps: dequoy, s'aperceuāt le cheualier Espaignol, voulant mettre fin à leur meslee, luy rua si grand coup de toute sa force sur l'armet, qu'il luy feist vne grande ouuerture en la teste, dont le cœur du Comte comméça si bien à affoiblir, que chancellant cà & là, cóme vn homme yure, ou troublé de son sens, il fut contraint de tóber du cheual. Et lors le seigneur Mandozze aiant mis pied à terre, le prenant par les courroies de l'escu, le tira à soy si rudement qu'il le réuersa de l'autre costé, puis à coups de pommeau d'espee, il le caressoit si doucement qu'il luy feit sortir l'armet de la teste. Et luy mettant le pied sur la gorge, faignoit auec la poincte de l'espee de le vouloir tuer, disant: Comte l'heure est venue qu'il te faut aller conter auec Dieu, de la deloyauté

& trahison, que tu as commise contre la Duchesse. Ah chevalier! respondit le Cõte, aiez pitié de moy, & ne precipitez au moins tant ma mort, q ie me pense vn peu à ma cõscience. Paillard dist l'Espaignol, si i'auois aucune esperance de ton amédemét, ie donnerois volõtiers dilation à ta vie: mais estát traistre comme tu es, tu ne cesseras iamais d'affliger les innocés. Toutesfois si tu veux recognoistre ta faute publiquemét, & requerir pardõ à la Duchesse, ie te laisseray volontiers à la misericorde du Duc, cõbié que si ie te voulois garder rigueur, ie te ferois maintenant receuoir la peine ordonnee pour la Duchesse: à quoy il obeit pour sauuer sa vie: & se mettát à genoux deuát la Duchesse, en presence de tout le peuple, feit vn lõg discours de ses amours enuers la Duchesse, du refus que elle luy auoit fait. Et que par végeáce il s'estoit aidé de son nepueu, la pésant diuertir de sa pudicité. Finalement cõme il auoit tué son nepueu pour induire le Duc à la soupçonner estre coulpable d'adultere. Et lors tournant sa face vers la Duchesse luy dist: Madame, il faut que ie cõfesse que c'est peu de perdre vne seule vie, pour le tribut de la faute irreparable, que i'ay cõmise enuers vous: si est ce que ie vous supplie que preferát pitié & misericorde à la rigueur de
vostre

voſtre iuſtice, vous permettiez que ie viue encores quelques iours pour me laiſſer faire vne reueuë de ma vie paſſee, & à pouruoir au ſcrupule de ma conſcience. Alors nouuelle ioye ſe vint emparer de l'eſprit de la Ducheſſe, & l'ame & le cœur cōmecerent à s'eſgayer de telle ſorte qu'elle fut long tēps ſans pouuoit parler, & ne faiſoit q̃ ioindre les mains, & leuer les yeux au ciel, diſant: ſeigneur dieu, voſtre ſaint nō ſoit loué, de ce q̃ vous auez fait reluire le clair rayon de voſtre Diuinité ſur les tenebres de mon angoiſſeuſe vie, forçāt ſi bien l'ame du traiſtre meutrier de mon hōneur, par les traicts de voſtre rigoureuſe iuſtice, qu'il recognoiſt deuāt tous, l'iniure qu'il m'a faite. Et ſans parler deuantage elle tourna ſa face de peur de luy faire autre reſponce. Et lors tout le peuple cōmēça à louer & magnifier Dieu, & à chanter & pſalmodier de ioye, pour la deliurāce de leur Ducheſſe, laquelle fut menee & reconduite en la cité, en auſſi grand triomphe cōme ſi elle euſt fait vne ſeconde entree. Pendāt que ceux qui eſtoiēt deputez pour la ſeureté du camp faiſoïent porter le Comte nauré, dans les priſons, le cheualier Mandozze ſe deroba ſecrerement. Et apres auoir fait penſer au prochain village, quelques legieres playes qu'il auoit
receuës

receuës au cōbat, il reprint la route d'Espaigne. Ce pendant la Duchesse le faisoit chercher par tout, mais il ne fut possible d'en sçauoir nouuelles non plus que s'il fust fondu: dōt fachee outre mesure faisoit ses complaintes à Emilie, dequoy il s'estoit ainsi absenté d'elle, laquelle luy dist: Madame c'est quelque cheualier François ou (peut estre) quelque vostre parent, qui est venu d'Angleterre, lequel a quelques autres affaires: & craignant qu'il ne fust retardé par deça, ne s'est voulu faire cognoistre, reseruant en autre saison plus opportune à se manifester à vous. Soit qui soit, dist la princesse, si est-ce tant que l'ame residera en mon corps, ie luy feray l'hommage de ma vie, de laquelle ie luy suis plus estroitement redeuable que ne fut onques vassal à son seigneur. Pendant le temps que ces choses se demenoient à Turin, le Duc qui estoit lieutenāt general pour le Roy, contre les allemans, se rēcontrant (de fortune) à quelque escarmouche, fut tué: De quoy le Roy d'Angleterre auerti, mesme de la deliurance de sa sœur, desirant l'auoir aupres de luy, l'enuoya querir, pour la remarier. Et pour luy laisser l'entier gouuernemēt de sa maison, & pour luy gratifier à son arriuee, luy donna le gouuernement de sa fille, eagee de seize à dixsept ans, de laquelle (par
quel

quelques menees secrettes, on pratiquoit le mariage auecques le prince d'Espaigne.

Or laissons donques la Duchesse viure en honneur auecque son frere, & retournons au seigneur Mãdozze, lequel arriué pres de sa cité entendit incontinét que ceux qui l'auoient assiegee auoient esté contraincts leuer leur camp, parce que ceux de dedans auoiét si bien fait leur deuoir, que non seulemen leurs ennemis n'y auoient sceu entrer, mais mesmes ils auoient en certaine escarmouche prins le seigñr Ladulphe, leur chef prisonnier, lequel estoit encores à present detenu, & qu'il se moiennoit quelque paix de tous les costez. Toutesfois qu'ils n'osoiét rien conclure sans luy. Dequoy le Seigneur Mandozze, comblé de grand ioye, de veoir ses affaires si bien prosperer de tous costez, entra en sa cité. Et les articles de la paix luy estãt communiquez, il les trouua fort auantageuses pour luy, & conclues & arrestees, il commença à se solacier en sa maison, sans auoir plus soing d'aucune chose, sinon de penser desormais par quel moien il pourroit aller veoir la Duchesse, & luy compter l'issue de ses affaires, mais fortune luy appresta vne plus prompte occasion qu'il ne pensoit. Car le Roy d'Espaigne aduerti de quelques propos, qui auoient esté semez du

maria

mariage de son fils auec la fille du Roy d'Angleterre, se delibera sans laisser refroidir dauantage les matieres, d'enuoier grãd cõpaignie de gẽtilshommes vers le Roy d'Angleterre luy demander sa fille, desquels le seigneur Mandozze, tant pour le respect de sa grandeur, q̃ pour la cognoissance qu'il auoit des langues, & autres bonnes disciplines, fut esleu chef auec procuration speciale d'accorder le mariage, au cas qu'il pleust au Roy. Les ambassadeurs feirẽt si bonne diligence, qu'ils s'aprocherẽt de Lõdres, où le Roy se iournoit de ce tẽps-là, lequel auerti de leur venue, cõmanda à la princesse sa fille, & à la sœur la Duchesse de se preparer, pour receuoir vne grande trouppe de seigneurs d'Espaigne, qui deuoiẽt arriuer ce iour pour traicter le dessusdit mariage. Et Dieu scait si les dames espargnerẽt rien de ce qu'elles pensoient pouuoir augmenter leur beauté. Et le Roy de son costé pour les mieux honnorer alla au deuãt d'eux, & les recueillit fort humainement à leur arriuee, mais soudain qu'ils se presenterent pour faire la reuerẽce aux dames, la Duchesse qui recognent incõtinent le seigneur Mandozze commença à l'auoir en si grande horreur, qu'elle ne se peut tant commander à soymesmes, qu'auec vne soudaine mutation de couleur elle n'abandon

bandonnast la compaignie. Mais le seigneur Mandozze, qui cognoissoit l'origine du mal de la patiente, ne laissa à faire son deuoir enuers la Princesse, & les autres dames, qui l'accōpaignoient; dissimulāt n'auoir prins garde à l'absence de la Duchesse : & Emilie qui auoit suiui sa maistresse en sa chambre, craignant qu'il luy fut suruenu quelque accidēt, luy demanda pourquoy elle s'estoit ainsi retirée d'vne si honnorable compagnie, & qu'elle faisoit grand tort à sa reputation. A laquelle la Duchesse pressee d'extreme cholere respondit: Comment Emilie pensez vous que ie sceusse auoir le cœur de me laisser baiser les mains au plus traistre & pusillanime cheualier du monde, lequel n'a fait conscience de m'abandonner au plus necessiteux destroict de ma vie? Encores que contre le deuoir de toutes les loix d'honneur, & de mon sexe ie me fusse de tant abaissee que de l'aller trouuer en Espaigne. Plustost meurēt mes iours, que mō affectiō reuiue iamais en son endroit, ny qu'il reçoiue iamais de moy faueur, autre que de sa plus cruelle & mortelle ennemie. Et lors Emilie en sous-riant, luy dist à bon escient, Madame, ie pensois que l'austerité de la prison auecque les autres tourmens, que vous auez enduré le passé, vous
eussent

eussent osté toute cognoissance, & si bien mortifiee, que vous eussiez perdu entierement l'appetit de vous venger, mais à ce que ie voy, ie suis bien loing de mon conte, veu que soudain que vous auez aduisé le cheualier Mandozze, vous auez commencé à fuir côme si l'ennemy se fust presenté à vous en sa plus hideuse forme. Si ne sceut neātmoins si bien la gaingner ou la persuader Emilie, qu'elle la peust faire comparoistre iusques à l'heure du disner, que le Roy luy māda qu'il l'iroit querir luymesme, si elle failloit à venir. Et lors vne petite cholere honteuse commença à s'entremesler parmy ces cautaux d'albastre, qui la rédoiét si vermeille & si belle, que les Espaignols confessoient n'auoir encores veu en part du mōde, où ils eussent esté, vne pl^9 belle vefue. Et les tables couuertes pour le disner, le Roy aiant prins place, pour les plus honnorer les feist asseoir à sa table, & feist mettre le Seigneur Mandozze vis à vis de sa sœur la Duchesse, qui estoit tellement enflammee & esmeuë de cholere, qu'elle n'osoit leuer les yeux contremont de peur de l'aperceuoir au depourueu, lesquels estincelās quelque fois de grād' ire, resembloient propremēt deux astres de nuict qui dardent leurs rayons sur la terre, lors que toutes choses sont en silence. Et ce
pendant

pendant le seigneur Mandozze prenoit tāt de plaisir à ses petites mines, qu'il n'eust lors changé son aise pour la meilleure cité d'Angleterre. Et ainsi que la Duchesse tenoit ses yeux serrez, elle aduisa de fortune vn riche diamāt, que Mandozze portoit à son doigt, sur lequel ayant ietté l'œil par plusieurs fois, elle cogneut soudain que c'estoit celuy qu'elle auoit donné au beaupere qui la confessa à Turin, le iour precedent qu'elle fut conduite au perron, & commença lors à penser comment se pouuoit faire qu'il l'eust recouuert, & ne scachant en quoy s'en resoudre, incontinent apres qu'ils eurent disné, & que les tables furent decouuertes, elles fit appeller son medecin Appizan, lequel elle pria de sonder du seigneur Mandozze par quel moyen il auoit recouuert vn diamant qu'il portoit à son doigt: ce que fit Appian. Et apres auoir deuisé de quelques autres communs propos auec le cheualier, luy dit: Seigneur Mandozze, vous auez là vn fort riche diamant, ie pense autresfois l'auoir veu, dites moy de grace, de qui vous l'auez eu: auquel le seigneur Mandozze respondit en riant: Monsieur maistre Appian, sont lettres closes pour vous, mais dites à Madame la Duchesse, qu'elle seule le peut scauoir de moy, & non autre: ce qu'Appian

T.

fit entendre à la Duchesse. Et iaçoit qu'elle
ne print gueres de plaisir à telle ambassade:
toutesfois vaincue du desir d'en sçauoir la
verité, alla trouuer le cheualier, qui se pourmenoit seul en vne galerie, lequel apres luy
auoir baisé les mains, commença à discourir sur ses fortunes passees, luy remettant
deuãt les yeux cõme il s'estoit repéty du refus qu'il auoit fait à maistre Appian de la secourir, & cõme quelque téps apres il auoit
prins la route de Turin, adioustãt le moyen
par lequel il l'auoit oüye en confession, qui
auoit esté la cause qu'il auoit encore le diamant en sa possession, luy rememorant de
mot à mot tous les propos qu'il luy auoit
tenus, durant qu'il estoit accoustré en Cordelier, puis finalement sa victoire contre le
Comte, sa fuitte secrette, tout ce que nous
auons declaré cy deuant: dequoy la Duchesse non moins espouuãtee, que rauie d'ayse,
& d'admiration, se laissant tomber pasmee
entre ses bras, tenant sa bouche si fort serree contre celle du cheualier, qu'il sembloit
qu'elle luy deust tirer l'ame hors du corps,
pour la ioindre & vnir auec la sienne. Et
apres qu'elle eut demeuré quelque peu en
telle extase, elle cõmença à s'escrier, O poure cœur si long temps passionné, qui as depuis vn an en ça esté agité de tant de tempestes

stes & diuers assaux de fortune, reçoy à present la medecine, laquelle est propre pour ton salut, puis que tu as entre tes bras celuy qui par le pris de son sang, de ses larmes, & ses peines t'a resuscitee de la mort à la vie. Or face donc fortune desormais côme elle entêdra, car quelque ennuy qu'elle me puisse iamais apprester, ie me confesseray par la seule grace qu'elle m'a faite ce iourd'huy, luy estre eternellemêt redeuable. Madame, respondit le cheualier, ie vous prie, ne refraichissons plus la memoire de vos anciennes playes, ausquelles si i'ay donné quelque allegement, ie n'en suis que l'organe: car Dieu, qui est droicturier, ne permet iamais iniustice sans la vengeance, quoy qu'il tarde. Ainsi vous n'estant aucunement coulpable, quand bien ie n'eusse entreprins le côbat, auquel i'estois obligé, le Seigneur en eust suscité quelque autre, qui eust fait ce que i'ay executé. Or bien monseigneur, dist la duchesse, puis qu'il ne vous plaist que ie renouuelle mes douleurs passees, qui ont prins fin par vostre moyen, ie vous supplieray de m'excuser, si ie ne vous ay fait ce iour d'huy l'honneur & le traitement que vous meritiez à la charge qu'auant que vous partiez de ce païs icy, ie l'amenderay à vostre discretion. Madame, dit le cheualier, tous

T 2

les torts que vous me fistes iamais (si torts se doyuent appeller) les courtoysies, faueurs & gentilesses que i'ay iusqu'à present receües de vous, se peuuent payer tout en vn coup, me faisant c'est hôneur de m'accepter pour vostre futur espoux, puis qu'il a pleu au Seigneur appeller le vostre de ce monde en l'autre, qui est le comble de toute la felicité que ie pretens en ce monde. Seigneur Mandozze, respondit la Duchesse, la satisfaction est petite pour la froide recompense que vous me demādez, mais bien vous puisie asseurer d'vne chose, que quand ie commāderois ce iourd'huy à tout cest vniuers, & que ie fusse la plus accomplie princesse de la terre en toutes especes de dons dé grace, si est-ce que ie me soumettrois à vous, eu esgard à vostre merite, & à ce qu'auez fait pour moy d'aussi bon cœur que ie fay maintenant. Et faut que ie confesse que ie me sens maintenant bien redeuable & obligee à la fortune, de m'auoir soumise sous vostre puissance, de laquelle ie n'espere partir tāt que l'ame residera en ce corps, qui ne nasquit onques, côme ie croy, que pour vous seruir & obeïr. Et comme ils cuidoyent faire plus longue continuation de propos, Emilie leur dit que le Roy estoit au conseil, & les autres seigneurs d'Espagne, qui n'attend rendoyent que sa venue: auquel arriué, & apres auoir fait la reuerence au Roy, & à sa compagnie, il commença à luy declarer sa charge, & comme ils estoyent enuoyez expres vers sa Maiesté, de la part du Roy d'Espagne, luy demander Madame sa fille en mariage pour son fils le prince d'Espagne, laquelle il auoit choisie, tant pour auoir son alliance par luy vniquement desiree, que pour la beauté & bonne grace, de laquelle elle estoit recomandee. Et quand bien il eust voulu prendre party en autre lieu, qu'il n'y auoit pour le iourd'huy prince en toute l'Europe, qui n'eust esté tresaise de le receuoir. ausquels le Roy respondit: Mes amis, ie me sens tant honnoré, de ce qu'il a pleu au Roy me mander, que s'il ne m'eust preuenu, i'estois en ceste mesme deliberation d'enuoyer vers luy, pour la mesme cause. Et combien que pour ce coup il m'ayt vaincu en ciuilité & courtoysie, si est-ce que ie ne me laisseray pas, si ie puis surmonter en amitié, car il a telle part en moy, & aura toute sa vie, que luy & mõsieur son fils se pourront vãter desormais d'auoir vn Roy d'Angleterre, & vn royaume à leur commandement. Le mariage arresté, la Duchesse ne taschoit qu'à trouuer le Roy seul, pour luy communiquer l'affaire du seigneur Mau-

T 3

HISTOIRE

dozze & d'elle, & voyant qu'il s'estoit retiré en sa chambre, elle le va trouuer, & estant seule auec luy, ayant la face toute mouillee de larmes, elle se iettant à ses pieds luy dit, Monseigneur, quand ie considere mes miseres passees, & les cruelles trauerses, que i'ay receües de la fortune, iusques à me veoir reduite non seulement en la misere d'vne prison : mais, qui plus est iusques au dernier periode d'vne honteuse mort, ie souffre vne telle passion en moy-mesme, que la seule recordatiō de ces maux espouuante mon ame, & me cause vne extreme amertume en mon cœur. Et quand d'autre costé ie pense aux graces que le Seigneur m'a faites, de m'auoir non seulement tendu sa main forte, pour me retirer du peril, mais mesme de me faire triompher de l'honneur, & de la mort de mon ennemy, ie sens vne telle consolation en mon ame, que toutes les delices du monde ne sont qu'ennuy, eu esgard à l'ayse, plaisir & contentement que i'en reçoy, lequel n'est seulement troublé & interrompu pour autre chose que pour n'auoir encores recogneu le bien que i'ay receu de celuy qui estoit esleu de Dieu pour estre mon liberateur: & toutesfois, Sire, auec vostre seule parolle vous luy pouuez satisfaire, & me rendre
conten-

contente, & quasi donner respit à ma vie. Le Roy qui n'aimoit pas moins sa sœur que sa fille, la voyant ainsi fondre en larmes, & parler de telle affection, il la releue, la prenant entre ses bras, luy dit: Mamie, si ie n'ay iusqu'à present satisfait à celuy qui fut cause de vostre deliurance, ie n'en puis estre accusé d'ingratitude, parce que ie n'ay encores point eu cest heur que de le recongnoistre, ny vous semblablement, comme souuent vous m'auez dit: mais d'vne chose vous puis-ie asseurer, & vous en iure dés à present par mon sceptre, que si tost que i'auray le moyen de sçauoir qui il est, i'vseray de telle recongnoissance qu'il s'en deura contenter, & y allast-il de la motié de mon royaume: car le plaisir qu'il vous a fait, ne vous lie pas seulement, mais ie participe à l'obligation, d'autant que mon honneur est ioinct au vostre. Helas, monseigneur, respondit la Duchesse, c'est le cheualier Mandozze, chef de ceste ambassade, duquel s'il vous plaist d'accorder le mariage auec moy, toutes les obligations anciennes demeureront esteinctes, & pour peu de merite vous aurez remis en vie deux personnes presques mortes, pour la trop excessiue & ardente amour qu'ils se portent. Et dés lors elle commença à deduire par le menu au

T 4

HISTOIRE

Roy le voyage de la sœur de Mandozze en Piedmont, le sien à sainct Iaques, l'amytié honneste d'elle & de Mandozze, le meſſage d'Appian vers Mandozze, ſon refus, ſon retour apres à Turin, ſa confeſſion, le diamāt recogneu. Finalement comme tout s'eſtoit paſſé entr'eux, reſerué ſa ſimulee deuotion de ſainct Iaques, laquelle l'honneur luy interdiſoit de publier. Le Roy ayant entendu ceſt eſtrange diſcours, eſtoit ſi rauy d'ayſe & d'eſbahiſſement, qu'il demeura longuement ſans pouuoir reſpondre vn ſeul mot. Puis quand ſa paſſion fut vn peu moderee, il demanda à ſa ſœur: Mais eſtes-vous bien aſſeuree qu'il vous veuille receuoir pour eſpouſe? Ouy bien, mon ſeigneur, dit-elle, i'en doy eſtre aſſeuree, puis que luy-meſme m'a fait ceſte requeſte. Et vrayement, dit le Roy, ia à Dieu ne plaiſe que ie ſoye cauſe de rompre vn ſi ſainct accord: car quand bien le ſeigneur Mandozze ſeroit moindre en qualité, en extraction & en biens qu'il n'eſt, ſi eſt-ce qu'il a tant fait pour vous & pour moy, que nous ne le pourrions honneſtement refuſer. De combien donc luy ſommes nous obligez & redeuables, eſtant grand ſeigneur comme il eſt, yſſu des nobles & illuſtres familles d'Eſpagne, opulent en biens, & ayant hazardé ſa vie pour la

conſer

conseruation de voſtre honneur, & encoru auec tout celà, il demande mon alliance? allez mamye, allez-le cherir, & le traittez cõme vous entendez, & mais que i'aye fait icy deux ou trois tours, ie m'é iray vers luy, pour communiquer plus amplement de nos affaires. A peine la Ducheſſe auoit eu loiſir d'aduertir le ſeigneur Mandozze, de ce qui eſtoit arreſté entre le Roy & elle, qu'il deſcendit en la ſalle, où la pluſpart des gentilshommes Eſpagnols ſe pourmenoyét, où auec vn viſage fort ioyeux, il ſe vint preſenter au cheualier, auquel il dit, Seigneur Mandozze, ie vous prie embraſſez-moy, car à ce que ie voy, i'ay meilleure part en vous que ie ne penſois. Et le ſeigneur Mandozze luy cuydant embraſſer le genouil à terre, fut releué incontinent, & le Roy luy ayant donné l'accollee, luy dit ſi haut que chacun le peut entendre: Cheualier, par le Dieu du ciel, depuis que ie commande au Royaume d'Angleterre, ie n'ay chery gentilhomme ny prince, à qui ie me ſente plus redeuable qu'à vous, ne qui ayt meilleure part en moy, veu que vous m'auez obligé à vous par ſi bon moyen, que ie ne viuray deſormais content, que ie n'aye recogneu en quelque choſe l'obligation que i'ay à vous. Ces propos finis, commen-

HISTOIRE

ça à deduire de poinct en poinct, en presence de tous le contenu de toute l'histoire precedente, dont il n'y auoit celuy en la compaignie, qui ne fust grandement esmerueillé de la prudence de Mandozze, & comme il auoit peu tant bien dissimuler, & conduire si grandes entreprinses, sans les manifester. Et voulut le Roy d'Angleterre que le mariage de luy & de sa sœur fust publié par tout son royaume, où tous les seigneurs se trouuerent. Et pour le plus honnorer, le Roy le constitua dés lors sont Connestable, & se reposa sur luy comme sur vn ferme pillier de l'administration des plus grands affaires de son royaume. Et le mariage solennisé & consommé auec la Duchesse, il retourna en Espagne, querir le Prince, duquelles nopces furent celebrees à Londres, auecques la fille du Roy d'Angleterre, en telle pompe & solennité qu'ont accoustumé les Princes, qui tiennent leur rang.

Fin de la sixieme Histoire.

AV SEIGNEVR DE LAVNAY,
BRETON, FR. DE BEL-
le-forest, Comingeois,
Sonnet.

✶

Celuy qui sanglamment a chanté les erreurs
Des humains, & a faict tristes les plus ioyeux:
Et qui dés bien viuans a humecté les yeux
De ris, d'ennuy, de dueil, en liesse & frayeurs.

Celuy qui de l'amour exprime les fureurs
Sous le nom des amants fortunez malheureux,
S'en vient plus hardiment sanglant & furieux
De ces amants chanter les mortelles horreurs.

Et quoy que des saincts vers des Grecs, La-
tins on die,
Et qu'on loue, sans prix, d'eux tous la Tragedie
La prose de Launay nonobstant les surmonte.

Car espandant le sang, priuant de l'ame les
corps,
Il accorde si bien des nombres les discords,
Que sa prose tragique aux vers tragiq' fait
honte.

Ou mort, ou vie.

CON

CONTINVATION DES HISTOIRES TRAGIQVES,
PAR
François de Belle-forest, Comingeois.

A Monseigneur, Monsieur Charles Maximilian, Duc d'Orleans, François de Belle-forest, Salut.

Monseigneur, ce n'est pas d'auiourd'huy que la splendeur de vertu s'espand si viuement, que les rays d'icelle penetrét iusques au profond des obscures tenebres, y faisant apparoir nō vne seule idee de sa perfection, mais encor la chose mesme, qui est la cause de ses effects. Et tout ainsi que le feu (tāt couuert soit il) ne peut faire, qu'il n'asoppisse son amortissement, pour mettre hors ce qu'il a de naturel, soit en clarté, soit en
chal

chaleur: ainsi, à mon aduis, le cœur genereux ne sçait, ny peut sinõ monstrer euidemment les marques illustres de la generosité, quoy qu'il fust enclos au milieu d'vne nuict d'ignorance, & brouee d'erreur. Qui fait, Monseigneur, que tous les bons esprits admirent vostre excellence & grandeur, tant pour la gentile nourriture, courtoisie, honnesteté, & bon esprit qui reluisent en vous, & y font apparoir les vrayes marques de la grandeur & auguste maiesté des deux lumieres de nostre siecle, trespuissans, tresclemens & immortels François, vostre ayeul, restaurateur des bonnes lettres: & Henry (que Dieu absolue) vostre honnoré pere, vray tuteur du pays, & nation Gallicane, que pour y voir le singulier plaisir que vous prenez aux choses rares, & dignes du sang illustre & royal, duquel de tous costez vostre excellence
a prins

a prins son estre : & singulierement
vous voyant embrasser d'vne affection singuliere (à l'imitation des
Rois vos maieurs) & les bonnes lettres, & les amateurs d'icelles. Qui
nous fait esperer, que par le moyen
du secours de vostre excellence, ceste
trouppe d'ignorans, qui fait la guerre aux lettres, mettra quelque iour
fin à ses importunitez:& vous, Mon=
seigneur, tenant la main aux Muses,
les ferez apparoistre celles, qui doiuent estre les compagnes des Rois,&
Princes,& les guides de toute Republique bien instituee. Ceste esperance, auec le desir que i'ay, qu'on con-
gnoisse que ie ne veux cesser où tant
de bons esprits trauaillent, m'a fait
enhardir de presenter à vostre excellence, la continuation de quelques
histoires Tragiques, extraites d'vn
autheur Italien, assez grossier, mais
qui toutesfois pour le merite de l'in-
uen

uction,& verité de l'histoire,& pour le fruict que l'on en peut tirer, ne doit estre privé de l'honneur, ny la ieunesse Françoise,du proffit, d'estre mis en nostre langue:ce que i'ay fait, non pas que ie me soye asservy à la maniere de parler dudit autheur:veu que ie l'ay enrichy de sentences, d'adoption d'histoires, harangues, & epistres, selon que i'ay veu que le cas le requeroit. Et encor, pour mieux embellir l'histoire,qui de long temps vous estoit vouee,Monseigneur, i'ay fait le sommaire de chasque narration, & la fin selon le suiet, y accommodant les sentences, qui me sembloyent faire pour l'institution de la vie, & formation des bonnes mœurs. Cest embellissement donq (ie ne l'appelleray plus traduction) pourra servir d'enseigne vainqueresse sur le fort de mon autheur, à fin qu'il se resente mieux poly en vostre
langue

langue, qu'il n'estoit rude & grossier en son Lombard: & à fin que ie ne face parade deuant vostre excellēce de chose de trop peu de merite, & auec la faueur de vostre illustre & royal nom, vn bouclier defenseur contre ceux, qui oublians la verité, ou dissimulans l'entendre, voudront calomnier ce peu que i'ay mis icy de diligence : car ie ne craindray de dire franchement, que la gloire de nostre langue a ie ne scay quoy de meilleur que toutes celles qui portent tiltre de vulgaire : & ne penseray faire tort (ayant la raison de ma part, & l'experience pour preuue) ny au Toscan, ny à l'Espagnol, si ie fay ceste preference de langues : veu que ie leur accorde franchement (pour ne sembler flateur de mes desirs, & trop amoureux de mon opinion) qu'en l'inuention, ils nous ont iadis deuancez de quelque chose : mais il faut imputer

ter ce vice à la rudesse des siecles passez, veu que le chemin se defriche si bien entre nous, que ie m'atten, que en inuentant, & disposant les matieres & les paroles, nous ne cederons (ayans tels obiects à qui referer nos conceptions) ny aux presens, ny aux passez. Or mon Bandel (tel le nomme l'autheur Italien) sans faire tort à personne, peut porter le tiltre d'Historien, en faisant ses comptes, veu qu'il a recueilly plusieurs belles & notables histoires, qui sont, ou aduenues de nostre aage, ou qui n'en sont gueres eslongnées. Et en ce a-il imité ce veritable historien François le Sieur d'Argenton, lequel a fait conscience d'escrire rien que les choses aduenues de son temps, & sous les Princes desquels il manioit les affaires : non que pour cela ie voeille vituperer ceux, qui repetans la memoire de nos ancestres veritablement &

v

sans fard, & auec vn meur iugement s'essayent d'escrire les gestes memorables de l'antiquité, comme ont fait Paul Aemile Veronnois, & Arnoul de Ferron Bourdelois, & fera encor cest eloquent Pierre Paschal, sur l'histoire des Rois de France, peres & predecesseurs de vostre excellence: & comme Loys Domenichi en son vulgaire, sur les faicts & dicts des illustres hommes qui ont esté depuis la mort de nostre Sauueur Iesus Christ. Cestuy-cy nous a esté traduit par Berard de Girard, Bourdelois, autant heureusement, comme son esprit est bon en toutes ses œuures, si bien que la Garonne ne s'esiouyt pas moins en luy, qu'en la memoire de son ancien Ausonne, ou que le Loir aux vers de ce diuin & sçauant Pierre de Ronsard. De ce Bandel donc ay-ie fait tout ainsi que le Poëte Mazuan Virgile des œuures & vers d
Enne

Enné, dans lesquels ils ramassoit les perles d'emmy vn fumier & ordure: car i'en ay extraict douze histoires, les plus veritables (telles les iuge-ie, les ayant leuës dans de bons & approuuez autheurs) & qui peussent seruir à l'institution & discipline de la ieunesse de nostre temps. Veu que il ne suffit pas à l'historien de bien tracer la narration d'vne chose aduenue, si le proffit d'icelle ne redonde à la gloire des passez, seruans d'exemple aux presens, & d'adhortatiõ à toute la posterité, qui se mirera au lustre de la vertu de ses maieurs. Ces histoires donques, Monseigneur, si c'est le bon plaisir de vostre excellence, seront posees sur l'autel où on immole les victimes, qui doyuent vous estre offertes: & pendront dans le temple de vos trophees, pour memoire du treshumble sacrifice que ie vous fay, & de mon petit labeur

& seruice, que ie vous voué, & voueray perpetuellement : m'asseurant que ma petitesse aura dequoy se aggrandir, si cest œuure ose marcher à la veuë de tous, ayant les marques & nom d'vn Prince si excellent, courtois & illustre, que ce Charles Maximilian de France, fils, & frere des Rois treschrestiens, & trespuissans de la riche & populeuse Gaule. Plaise donc à vostre excellence, accepter le present de la main du moindre de vos obeyssans, pour arres de sa deuotion, & affectionné desir, de par cy apres continuer ce deuoir seruiable, & honneste labeur employé à l'exaltation de vostre nō illustre & royal, & à la treshumble execution de vos commandemens. Priant le Tout puissant, Monseigneur, vous donner en santé longue vie, & desiree felicité.

Somm

Sommaire de la septieme histoire.

LEs accidens diuers qui semblent par leur va-rieté regir les conseils, desseins, & faits des hommes, ont iadis causé ce fol aduis & pensement en l'esprit mesme des plus sages, que ceste varieté tournant & rouant estoit ce qu'ils appellēt Fortune: la mobilité de laquelle ils se sont essayez d'exprimer par leurs peinctures & tableaux, lesquels la peignent si dextrement & auec si bonne industrie, que les moins accorts (à leur iugement) cuideroyent veoir les forces, & effects de ceste qualité laquelle follement, & sans meure deliberation ils ont nommee Deesse & Dame des choses de cà bas. Mais ceux qui ont veu plus cler, & la diligence desquels est si grande, que, quoy que la verité soit ombragee de mil nuages & espesses tenebres, si l'ont-ils retiree de telles brouees, voire du profond obscur du puits, où le Philosophe mocqueur la disoit estre cachee. Ceux là, dy-ie, ont confessé que la vicissitude & reuolution des choses humaines, le gain & la ruineuse perte des biēs, l'abbaissement des puissances, le restablissement d'icelles, l'election de nouueaux estats, l'abolissement des premiers prennent leur essence, accroist, & fin par l'ordonnance de la volonté immuable de ce grand Monarque lequel dispose & de ce rond valuers, & de choses en iceluy contenues, tout ainsi que bon luy semble, comme en estant le facteur, le soustien & le moderateur. Ils conoissent donc que la main puissante de ce grand Dieu a musé iadis l'idee du futur Empire des Medes sous la personne d'vn Cyre exposé en proye aux bestes errantes conuersant auec les pasteurs & bouuiers, pour rendre sa magesté plus admirable lors que le pasteur royal seroit chef non d'vn seul peuple, mais presque de la Monarchie de toute l'Asie. L'on a veu Remule flotant, & pleurant sur les vagues du Tybre exposé puis apres à la mercy des bestes farouches, nourri grossierement au village: & toutesfois c'est luy qui a posé les fondemens de la Cité la plus belle, riche & puissante qui iamais fut ny sera & sous l'obeissance de laquelle toutes les autres Monarchies ont fleschi, receuant & son ioug, & ses loix pour la constitution de toutes republiques. De mesme fortune, & pareil succes a esté tractee l'enfance de ce grand legislateur Moyse: & neantmoins ceste variete est tousiours par la prouidence, & vouloir de ce grand Dieu. Mais ceux qui se feignent deux aueugles pour guides Fortune & l'Amour, les verront accompaignez de folie, & calamité, si bien que l'vn (faisant voye à l'autre) conduit l'homme aux lacs & filets de ses compagnons pour le peindre de leurs coleurs, & luy donner autant de sagesse comme il y a d'asseurance en l'vn & en l'au-

tre de deux. Comme me fera foy vn Prince (l'histoire duquel i'espere raconter) lequel guidé d'A-
mour & trompé de Fortune experimenta les a-
mertumes de misere & les poignantes tristesses
qui suiuent volontiers ceux qui aiment : mieux
l'aise incertain que la chair promet, que l'heur
present offert & mis en main par la vertu non
redeuable ou au temps ou à l'inconstance de fortune : & toutesfois à la fin il sent la pitié de ce
Dieu (nostre amour & fortune) lequel tient les
cœurs des Roys en sa main, distribue les puissances, departit les honneurs, appetisse les grands &
pour punir leur fautes, & pour les restablir en
vn plus haut degré d'honneur comme l'on lit
de Dauid, Nabuchodonosor, des Roys de
de France foullez par l'Anglois, &
de cestuy duquel vous pourrez ouyr l'histoire par
le discours
suiuant.

*

V 4

Des amours d'Alexandre Saxonne, & d'Adelasie fille de l'Empereur Otton tiers: leur fuitte en Italie: & comme ils furent recogneuz: & quelles maisons d'Italie sont descendues de leur race.

HISTOIRE SEPTIÈME.

LES histoires anciennes des Princes, qui tant sous le nom de Roy, que titre de Duc ont iadis gouuerné le païs & prouince de Saxonne, racontent que Otton second de ce nom, lequel fut le premier des Empereurs qui (apres que l'Empire defaillit en la race de Charles le grand) regna legitimemét, eut de sa femme Matilde fille du Roy des Saxons, vn fils, lequel luy succeda à la couronne Imperiale, qui s'appella Otton le tiers, lequel pour la gentilesse de sa nourriture, & naturelle douceur acquist entre, & enuers tous le surnom de l'amour du monde, estant si debonnaire & gracieux, que iamais (à son escient) il ne donna moien ny occasion à personne de se contrister, ains aidoit vn chacun, & ne nuisoit à homme. Aussi luy sembloit il que
l'Em

l'Empire s'acquiert mieux & l'acquis se conserue, si le Roy, Prince, ou grand Seigneur s'estudie plustost d'estre aimé, que craint: veu que l'amour engendre, quāt à soy, vn desir d'obeissance au peuple: la ou au cõtraire le Prince se faisant craindre tyraniquement, il ne vit vne seule heure en repos, aiant sa conscience bourrelee indifferemment de soupçon, & de crainte, luy semblant tousiours auoir mille glaiues pendus, pour luy faire finer sa vie. Otton donc sous le nom d'Empereur couuroit sa clemence auec vne douce grauité & maiesté, qui toutesfois donnoit l'indice exterieur de sa courtoisie, à fin d'adoucir l'aigreur du deplaisir que sentoient ceux, qui se voioient assuietis à l'obeissance de quelque nouuelle Monarchie: estant l'homme de son naturel si amoureux de soymesme, qu'vne immoderee liberté luy semble plus douce, iuste & moins perissable, que les puissances iustement ordonnees, l'establissement d'elles semblent symboliser auec l'vnique domination de ce premier Roy, qui de son haut throsne donne estre & mouuement à toutes choses Ce bon Empereur donc, cognoissant fort bien la malice des hõmes, quoy qu'il fut homme belliqueux, haut à la main, & conuoiteux de gloire, moderoit si bien l'heureux succez

V 5

de ses entreprinses, que sa douceur ne se monstroit pas moindre lors, que vainquant il cherissoit ceux qu'il mettoit sous son obeissance; qu'il faisoit apparoistre sa force & felicité à chastier les rebelles, & ceux qui opiniastrement vouloient experimēter quel est le bras d'vn prince iustement courroucé: & aux autres de quelle douceur vse le Roy qui cognoist la fidelité de ses suiects, & la repentance de ceux, qui d'autresfois luy ont fait nuisance. Et pour dire vray, lon le pourroit mettre au rang des plus heureux princes qui furent onques, si les affaires priuez de sa maison luy eussent aussi heureusement succedé, comme la gloire qu'il acquist ou en l'art militaire, ou en l'administration de la republique. Mais n'aiant rien le cours de la vie humaine qui soit stable, c'est Empereur eust chez soy dequoy luy faire baisser la gloire de ses pensemens: & (ressemblant vn Octaue Auguste) le desastre de sa maison obscurcissoit quelque peu la splendeur de ses beaux faits, & luy seruoit de contrepoison aux insolences d'vne fortune prospere: comme pourrez facilement entendre par le progrez & continuation de nostre histoire. Ce bon Prince auoit vne fille, en laquelle nature auoit tellement departy ses graces, qu'elle seule se pouuoit glorifier
d'auoir

d'auoir attaint le parfait de toutes celles, qui iamais on eut quelque chose digne d'amiration, soit que l'on contemple la beauté, douceur, & courtoisie, ou la gentilesse, & bonne nourriture. Le nom de ceste belle princesse estoit Adelasie: laquelle estant encores fort ieune, l'vn des enfans du Duc de Saxe vint au seruice de l'Empereur, duquel il estoit parent. Ce ieune Prince outre ce qu'il estoit, vn des plus beaux gentilshommes d'Alemaigne, auoit encor auec le maniement des armes, vn sçauoir passable aux bonnes sciences, lequel adoucissoit en luy la ferocité & de l'art militaire, & du naturel du païs. Son nom estoit Aleran: lequel se voiant puisné de sa maison, & apennagé assez petitement, s'estudioit d'entrer en grace d'vn chacun pour pousser sa fortune, & se rendre grãd aupres de l'Empereur. & de fait, faisoit si bien son deuoir en toutes choses, qu'il gaingna, par sa valeur, le pris & nom du plus adextre, vaillant, & hardy gentilhomme qui fut à la suite de l'Empereur. Et iaçoit que ceste louange chatouillast aucunement la delicatesse de ses ieunes ans, si estoit il pourtant si modeste, & de si gentil esprit, que, combien qu'il surpassast ses cõpaignons en toutes choses, il euitoit neantmoins d'estre enuié (vice assez familier entre tous

courti

courtisans.) Ains (qui plus est) chacun le prisoit & aimoit, se pensoit celuy estre le plus heureux, qui en quelque sorte pouuoit se façonner pour imiter celle vertu, laquelle faisoit reluire le nom d'Aleran. Ce qui encor le feit plus admirable, & rendit fauorisé de son Seigneur, fut que vn iour l'Empereur estant à l'assemblee au milieu d'vne lande & lieu desert, auint qu'vn Ours sortât de sa taniere, fut assailli des veneurs: la beste furieuse euitant les toiles, & fuiant l'emeute des chiens, venoit roidement par la pante d'vne montaigne, qui fortuitement s'embatit sur l'Empereur, separé de la troupe & desaisi de son espieu : mais Aleran de bonne fortune suruint, lequel plus soingneux du salut de son prince, que de sa vie propre, s'attaqua à l'Ours, & le tua en la presence de l'Empereur, & de plusieurs autres, lesquels contemploient (non sans esbaissement) la dexterité & hardiesse d'Aleran en si bas eage (veu que pour lors il ne passoit encor l'an dixseptieme) l'Empereur l'embrassant la loua assez hautement, sans celer qu'il ne tenoit vie apres Dieu, que de la prouësse d'Aleran. La nouuelle de cecy fut si bien diuulguee, que lon ne tenoit propos que de la vaillance & magnanimité de ce ieune guerrier: qui fut cause que la belle Adelasie
esmeüe

esmeüe, & d'vn esguillon naturel, & de l'opinion de la vertu naissante en ce ieune prince, commença sentir, vn ie ne sçay quoy, en son ame, qui luy brusloit les sens, & esmouuoit le cœur, & n'eut si tost mis les yeux sur Aleran, qu'amour qui auoit dressé l'embusche, ne se meit de la partie, où il ioua si bien son personnage, que la princesse s'enamora si estrangement du ieune prince, qu'elle ne trouuoit rien de bon, ny bien fait, que ce qui estoit fait ou dit par son amant, lequel elle estimoit le premier de tous les hómes de son temps. Ainsi elle bruslant sentoit les passions d'amour tant plus vehementes, & les esguillons si poingnans, qu'elle ne pouuoit euaporer les nuages qui tempestoient son esprit, & tourmentoient continuellement son ame. Et combien que le peu de moien qu'elle voioit pour leur vnion future la dissuadast de poursuiure ce que plus elle souhaitoit, si est-ce que ce tyran amour se monstra le plus fort en ceste diuersité de pensees, & varieté de dessains, qui batailloient en l'esprit de la princesse: car elle ne sceut, ou peut si bien dissimuler ce que son rang, & eage luy commandoient tenir secret, que Aleran, qui estoit (comme desia auons dit) assez escort & subtil, ne s'apperceut aussi tost de la maladie interieure d'A-
delasie.

delasse. Aussi y auoit-il entre eux ie ne sçay quelle naturelle sympathie, qui les faisoit symboliser en mesmes desirs, & les paissant de mesmes viande, martyroit leurs ames passionnees auec vne angoisse egalement departie à l'vn & l'autre. Car Aleran aiant prins songneuse garde aux œillades, que continuellement la princesse luy gettoit à la derobee, voiant les frequens & soudains changemens de couleur, ausquels quelquefois apparoissoit vne icie, qui finissoit aussi tost, d'où procedoient vne infinite de souspirs, auec la contenance conforme à ce que le cœur tenoit couuert & caché: s'asseura d'estre aimé sans fictiō: qui fut cause que ne pouuant moins faire (pour la satisfaction d'vn tel merite & bien-fait d'Adelasie) que de luy porter vne affection pareille, & de s'efforcer par tout deuoir & seruitude à la tenir en ceste bonne volonté enuers luy: se donna en proye à celuy mesme amour, lequel regissant les affections de la princesse, de gaye & ioyeuse qu'elle estoit, la rendit morne & pensiue, & la changea si bien que les compaignies luy sembloient empescher son aise, lequel elle iugeoit estre en ce plaisir qu'elle auoit quand franchement & en solitude, elle diuagoit sur ses desseins, & fantasioit son contentement en
son

son esprit. Aleran d'autre costé ne dormoit point: ains receu qu'il eut la premiere plaie par la main de l'Archerot aueugle, il ne cessoit de penser en celle, de qui l'image se representoit ordinairement deuant ses yeux, comme empraintre plus viuement en son ame, que l'on ne caractere les formes sur le metal, ou marbre. Et toutesfois ny l'vn ny l'autre osoit decouurir la moindre des passions, d'vn grand nombre qui tenoient assiegez leurs cœurs & qui ne laissoient viure en repos aucun ce beau couple de loyaux & peu hardiz amants. Les yeux seuls faisoient l'office de la main & de la langue, comme loyaux secretaires, & fideles messagers des conceptions de l'ame. Ce qui plus allumoit le feu, estoit qu'ils parloient souuent ensemble, mais de propos communs, sans faire sortir hors ce que le cœur sçauoit assez bien, & dequoy les yeux donnoient vray tesmoignage: Passion certes presque insupportable à la ieune princesse, tant pour n'auoir iamais experimenté telle douleur, que pour son bas eage, & plus encor pour vne naturelle honte, laquelle auec le voile d'honneur sert, ou doit seruir de bride à toute dame conuoiteuse de la gloire de son nom, & ornement de sa famille. Adelasie donc flottant en la mer tempestueuse

de

de ses appetis, conduite par vn Nocher, qui
se plaist & s'esgaye au naufrage de ceux
qu'il conduit: vaincue d'vne assez immoderee rage d'Amour, tourmentee d'vn ennuy
intolerable, courroucee contre ses propres
desirs, se trouuant vn iour seule en sa chambre, commença ses doleances, & se complaignant disoit: Ah! quelle est ceste passion à moy incogneuë, laquelle engendre en
moy, vn oubly de ce qui plus me souloit
plaire, & contenter? d'ou vient ce nouueau
changement, & non vsité desir, que la solitude soit le repos, & argument de mes fascheries? quelles sont ces diuersitez, qui sont
ainsi balancer ma pensee? Ah! Adelasie, quel
malheur bien-heureux trouues tu en ceste
libre prison, où le plaisir n'a lieu, iusqu'à ce
que les ennuis aient inquieté la vie, par vn
million de penibles & dangereux trauaux?
Qu'est-ce cy à dire, que contre le naturel
des filles de mon eage, ie ne veux, ny quiers
ou iour, ou nuict, que à me paistre de pensers? Las! ie cuide lors estre au bout de mes
ennuis, quand (seule) ie basty mes desseins,
& peincts autant d'idees en ma fantasie,
comme ie fay de souhaits sur le suiect de
ce que i'aime & prise sur tout, & de qui
toutes mes affections dependent, & prenent source. Qu'est-ce à dire, que mes filles
seruan

feruantes me fachent lors que discretement
elles s'essayent de me diuertir de mes resueries, & plaisantes facheuses pensees? Pourquoy ne leur scay-ie gré du soing, qu'elles
ont de ma santé, & de la peine qu'elle prennent à alleger mon martyre? Las! elles ne
sçauent point en quoy consiste la force de
mon mal, encores moins est-il en leur puissance d'y remedier. Aussi ne veux-ie point
autre cataplasme, que celuy par lequel ma
playe est empiree, ny autre pasture que la
faim qui me desseche, ny ne cherche autre
soulas que ce feu qui me brusle incessamment, & la force duquel s'estend iusques au
plus profond des moüelles. Ah, Aleran, A-
leran, fleur & miroir de toute proüesse &
beauté, c'est toy seul qui vis en moy, & de
qui mon ame prend son espoir, & le cœur
sa nourriture. Las! que tes valeurs sont bien
l'aneantissement de ma grandeur, & ta perfection l'imparfait de ma vie. Ah, amour, a-
mour, combien diuersement tu me traites!
car voyant mō Aleran, ie suis esprise de chaleur au milieu d'vne glace froide : pensant
en luy, ie me repose, & trauaille continuellement: tantost ie le fuy, & soudain ie le desire: l'oyant parler, le succre & miel qui distil-
le de sa bouche, est le contentement de mon
esprit, iusqu'à ce que ses propos se mōstrent

differens à mon desir: car lors, ah! mon repos se conuertit en vn trauail extreme, ce miel en fiel, & absinte plus amer beaucoup que la mesme amertume: & l'espoir de mon penser deuient vn desespoir si horrible, que de luy seul, s'engendrera (si Dieu n'a pitié de moy) l'occasion briefue de ma mort. Apres ces propos, elle demeura vne longue espace sans dire mot, tenant les bras croisez, & les yeux esleuex en haut, lesquels faisoyent vn ruisseau de larmes: & sembloit tellement rauie, qu'on l'eust plustost iugee sans ame, que creature sensible, & iouïssant de vie, iusqu'à ce que reprenant ses esprits, comme sortant de pasmoison, elle recommença ses plainctes en telle sorte: Quoy? faut-il qu'vne telle Princesse que moy s'abbaisse iusqu'à aymer vn sien suiet, quoy que son parent, & mesmemét ne sçachant point encor quel est son vouloir? seroy-ie si eshontee, & hors de raison, que de m'abandonner à autre qu'à celuy à qui Dieu & mon sort m'auront promise pour espouse? Plustost la mort accourcisse le filet de mes ans, que ie souille ma chasteté, n'y qu'autre iouïsse de la fleur de ma virginité, que celuy auquel ie seray liee par mariage. Ah! ie dy & promets beaucoup, mais i'ay vn bourreau en mon ame, qui geine si rigoureusement ma

raison

raison, que ie ne sçay en quoy me pouuoir bonnement resoudre. Ie n'oserois penser, (aussi ne le doy-ie pas faire) qu'Aleran soit si fot que de mespriser l'amour d'vne qui tient le premier rang entre les filles des plus grans Monarques de la terre: & 'encor moins qu'il s'oublie iusqu'à me delaisser, ayant vne fois ioüy du meilleur & plus precieux qui soit en moy, & duquel ie pretens le faire seul,& paisible possesseur. Certes la vertu,gentilesse, & bonne nourriture d'Aleran ne me promettent point telle trahison en luy,& ceste grãde beauté sienne ne scauroit tant cacher de rigueur, qu'il repoussast vne,qui n'est pas des plus laides, & qui l'ayme auec telle syncerité, que là où elle perdra les moyens de iouïr de luy, elle verra dés incontinent la fin miserable de ses tristes iours. Et de rechef se teut, agitee de diuers pensemens:& balançant entre espoir & crainte, tantost elle deliberoit d'effacer de son cœur la memoyre de l'amour, qui desia y auoit prins trop de pied, pour estre separé du suiect que le ciel mesme luy sembloit auoir preparé pour la perfection & gloire de son triomphe. Aussi la contraingnit il de faire la derniere resolution de son vouloir sur cecy, lors que continuant ses propos, souspirant sans interualle, elle dit: Ad-

X 1

tienne ce qui pourra, au fort ie ne peux que aller vagabonde, & fugitiue auec mon Aleran (s'il me veut faire tant de bien que de me receuoir pour sienne.) Car ie sçay bien que l'Empereur n'endureroit iamais le mariage que ie m'ay promis : & i'aymerois mieux mourir, que voir qu'vn autre ioüist du bien qu'Aleran seul merite, & lequel ie luy ay voüé & dedié dés long temps. Et puis apres qu'on die se que lō voudra de l'audacieuse & folle entreprinse d'Adelasie, pourueu que mon cœur soit content, & mon desir satisfait, & Aleran ioüissant de celle qui l'ayme plus que soy-mesme. Aussi, certes, l'amour n'est point redeuable à la fantasie des parents, voire ny à la volonté de ceux mesme qui s'assuiettissent à ses loix. Auec ce ie ne seray point la seule entre les Princesses, qui aura laissé parents & païs, pour suyure son amant en regions & contrees estranges. La belle Grecque Heleine n'abandōna-elle point Menelaus son mari, & la riche cité de Sparte, pour suiure le beau Dardauien Alexandre, faisant voile à Troye? Fedre & Ariadne mespriserent les mignotises de Crete, laisserent leur pere ià cassé de vieillesse, pour s'en aller auec le Cecropien Thesee. Aucun ne força (fors l'Amour) la sage furieuse Medee de quitter l'isle de Colchos

chos son païs natal, pour s'enfuir auec l'Argonaute Iason. Mais ô bon Dieu, qui pourroit resister à la force d'Amour, auquel tant de Roys, tant de Monarques, & tant de sages de tous temps ont fait hommage? Certes, ceste seule contrainte sera celle qui (me enhardissant) me fera oublier mon deuoir à l'endroit de mes parens, & mesme mon honneur, lequel ie laisseray en doute, pour estre souillé entre les mains, & parmy la bouche de ceste ignorante populace, qui ne considerera rien, que ce qui se presente exterieurement à la veüe. Ah combien ie me trōpe moy-mesme, & conte bien sans mon hoste. Et que sçay-ie si Aleran (bien qu'il m'yame) voudra perdre la bonne grace de l'Empereur, & mettre ses biens à l'abandon, & (peut estre) sa vie en hazard de prendre vne fin poure & malheureuse! toutesfois ie tenteray la fortune: aussi ne peux-ie auoir pis que la mort, laquelle ie m'auanceray, si le malheur veut que mon desir ne reüssisse à son effect. Ainsi conclud son malheur la belle, & peu sage Princesse. Et cependant son mieux aymé Aleran demeuroit passionné outre mesure, & sentoit vne crainte telle qu'elle ne se peut exprimer par parole, seulement les vrays amans en sçauent la force toute semblable à celle que experi-

X 3

mentoit le ieune Prince, n'oſant deſcouurir
ſon mal à celle qui pouuoit luy en donner
allegeance, encor moins le deceler à quelque ſien amy, dans le ſein duquel il iettaſt
la pluſpart de ſes ſoucis: ce qui eſtoit cauſe
qu'il ſe ſentoit bruſler le cœur à petit feu
au milieu d'vn cler ruiſſeau: & ſe voyoit
abyſmer dás les eaux plus chaudes que celles qui ſentent le ſoulphre, & euaporent fumees ardentes, en vn Ethne, ou Veſuue. La
princeſſe impatiente d'endurer tant, ne pouuât plus tenir ſecrettes les flammes cachees
en ſon ame, ſans les declarer, & les departir
à qui le deuoir luy commandoit, enſemble
les rendre au lieu d'où elles luy ſembloyent
auoir prins eſſence: mettât à part toute hôteuſe crainte, laquelle accompagne couſtumierement les dames de ſon eſtat & de ſon
aage: tira vn iour en ſecret vne ſienne gouuernante, nommee Radegonde, gentilfemme autant vertueuſe, ſage & modeſte, qu'autre qui fuſt en la maiſon de l'Empereur, &
laquelle pour ſes louables mœurs & vie chaſte auoit eu la charge d'eſleuer & nourrir
Adelaſies dés le berceau. A ceſte-cy donc la
Princeſſe amoureuſe deliberat de communiquer ſon ſecret, & faire entendre ſa paſſion,
afin d'y trouuer quelque remede: & pource
elles deux, retirees ſeules dans vn cabinet,
la

la poure amante tremblant comme la feuille au soufflement d'vn Zephire, lors que le soleil commence espandre ses rayōs, & souspirant si estrangement, qu'il sembloit que l'ame luy deust partil du corps, dit ainsi: La fiance que tousiours i'ay eu en ceste naturelle bōté qui luit en vous, ma mere, & bien aymee dame, ioincte la discretion & loyauté, desquelles toutes vos actions & affaires sont recommandees, m'asseureront à present en ce mien trouble, & m'enhardiront de vous faire participante de mes secrets, qui m'importent plus sans cōparaison, que aucuns que vous aye declarez: m'asseurant fort biē que quelque chose que ie vous die, soīt bonne ou mauuaise, vous la prendrez ainsi de moy, que vostre prudence le requerra, & la tiendrez autāt cachee que merite le secret d'vne dame telle que ie suis. Et pour ne vous tenir long tēps en suspens, sçachez que puis peu de tēps en çà, la valeur, prouësse, beauté & courtoysie du seigneur Aleran de Saxe ont trouué si bonne part en mon ame, que (veuille-ie ou non) ie suis si amoureuse de luy, que ma vie ne m'est chere que pour la luy garder, ny mon cœur prend plaisir qu'en sa gloire & vertu, ayant choysi vn tel & si vertueux Prince pour amy, & quelque iour (Dieu aydant) espoux legitime. I'ay

essayé en mille sortes, & par autant de moyés de l'oster & effacer de mon entendement, mais las! (malheureuse) la fortune m'est si maratre, & si peu fauorable à mes desseins, que tãt plus ie trauaille à esteindre en moy la memoire de son nom & loüables vertus, de tant ie la rends plus grande, & prennent les flammes de cest amour tel accroissemét, que i'estime ma vie peu ou rien, sans loüir de l'attente de mon desir, & sans gouster telle liqueur, laquelle nourrissant mon espoir en plaisir, causera l'amortissement du feu qui me consume: autrement ie ne voy moyen quelconque, que ie ne sois contrainte ou saillir de mõ bon sens (duquel ie sens desia quelque alienation) ou bien de finir mes iours auec vne extreme angoisse & insupportable creue-cœur. Las! ie sçay bien, que ie perdrois temps, si i'entreprenois de faire prier l'Empereur mõ pere de me donner Alerã pour mary, veu que desia lon prattique le mariage d'entre le Roy d'Hongrie & moy: & aussi qu'Aleran (encor qu'il soit Prince d'vn tel sang, & si illustre maison qu'est celle de Saze) est trop poure pour estre gendre de l'Empereur. En ces miennes detresses, c'est de vous seule, de qui i'attens ayde & conseil, m'asseurant de vostre prudence & bon iugement: & pource vous prie
auoir

auoir pitié de moy, & prendre esgard à ceste demesuree passion, qui me tourmente outre mesure. Radegonde ayant ouy d'Adelasie chose que iamais elle n'eust attédu, demeura si confuse, & hors de soy, que long temps elle fut sans dire mot, tédant la veüe baissee, & fantastiquant mille diuerses choses en son ame, ne sçauoit bonnement, que respondre à la Princesse. Finalement reprenant ses esprits, luy respondit (la larme à l'œil) disant: Helas! madame, qu'est-ce que i'oy de vous? seroit-il bien possible que la plus sage, vertueuse, & gentile Princesse de l'Europe se laissast ainsi (à son esciét) transporter à ses affections, & sensuels appetits? se peut-il bien faire que vous voyez en moy vne discretion & modestie, de laquelle vous ne vouliez imiter la purité? sont-ce les sainctes admonitions que iusques icy ie vous ay faites, que de vouloir ainsi legeremét souiller la maison de vostre pere, d'vne tache de infamie, & vous d'vn vitupere eternel? Voudriez-vous bien, madame, que sur la fin de mes ans, ie commençasse à trahir l'Empereur mon seigneur, lequel a fié entre mes mains le plus precieux gage de sa maison? Comment seroy-ie si volage en ma vieillesse, que d'estre impudique ministre de vos folles amours? chose, que ie ne fey onc, du-

rant l'ardeur de ma ieunesse. Las! ma dame, oubliez (ie vous prie) ces folles façons de faire, & mettez sous vos pieds ceste deliberation mal commencee, & laquelle, auec l'obscurcissemét de la genereuse splendeur de vostre nom, pourroit causer la ruine de nous tous. Suyuez le conseil de vostre Radegonde, laquelle vous ayme plus que son ame:& amortissez ces flammes nuisibles & cuisantes, lesquelles ont allumé, & espandu leur brasier en vostre chaste & delicat cœur. Donnez-vous garde, ie vous supply, qu'vne vaine esperance ne vous deçoiue, & vn fol desir n'abuse vos desseins. Helas! Pensez, que c'est le deuoir du sage & prudent esprit, de refrener les premiers mouuemens de toute passion, & de resister à ceste rage qui naist en nos volontez, & laquelle le plus souuent par succession de temps apporte quant & soy vn tard & fascheux repentir. Ce n'est d'amour ce que vous en pensez: car celuy qui se pense sustenter du venin miellé de ce drogueur, à la fin se voit empoisonné si desesperement, que la seule mort est le remede pour telle maladie. Vn amoureux certainement se peut dire esclaue d'vn tyran le plus violent, cruel & meurtrier que lon scauroit imaginer: le ioug duquel estát vne fois chargé, ne peut estre posé bas qu'auec vn
regret

regret penible, & indicible desplaisir. Ignorez-vous, madame, qu'Amour & folie sont deux passions si bien symbolisans ensemble, qu'elles engendrent mesmes effects en l'esprit de ceux qui en sont saisis, sans que l'on puisse celer l'affection du patient? Las! que seroit-ce de vous, & de celuy que vous aymez tant, si l'Empereur sentoit & s'apperceuoit de vos legeres, & trop mal fondees deliberations? Monstrez, monstrez, madame, quelle vous estes: faites sortir en euidence les fruicts meurs de voſtre prudence, si long temps cultiuee: chassez de vous ce desreiglé amour, auquel si vous laissez faire entree libre en voſtre cœur, asseurez-vous qu'il s'emparera si bien de la place, que lors que vous penserez ietter l'ennemy hors, ce sera luy qui chassera de vous le peu de force & raison qui vous pourra rester. Et puis tout le soulas de vos miseres seroit à lamenter vos pertes, & se repentir de ce qui ne se pourroit reparer en sorte quelconque. Adelasie bruslant d'amour & colere, impatiente d'ouïr le contraire de ce qu'elle pensoit, se mit à regarder assez furieusement la dame qui l'admonnestoit si sainctement, à laquelle elle dit auec vne asseurance plus que feminine. Et qui estes-vous belle dame qui osez si hardiment prescrire loix à l'A-
mour

mour non suiet ou redeuable à la fantasie des hommes? Qui vous a donné commission de prendre si auant la cause contre ce que i'ay deliberé de faire, quoy que vous y repugnez? Non, non, i'aime Aleran, & l'aimeray, quoy qu'il en puisse auenir. Et puis que ie ne peux auoir autre secours de vous, ny conseil propre pour mon allegeance: asseurez-vous que ie mettray peine d'en trouuer en moymesme: ensemble de pouruoir si bien à mes affaires, que fuyant l'alliance que l'Empereur me prepare, ie viuray ayse auec celuy, lequel (en vain) vous vous penez d'oster de ma memoire. Et quand bien ie faudray à mõ entreprise, i'ay la seule medecine de mes mains, & dernier refuge de mes miseres en la mort, laquelle ie trouueray douce, finant ma vie en la contemplation, & memoire de la syncere & parfaite amour que i'auray porté à mon Aleran. Radegonde non moins esbaye, que surprinse de frayeur, oyant la resolution de la Princesse, ne sceut de prime face faire autre cas, qu'auoir recours aux pleurs, armes les plus familieres que les dames ayent. Puis voyant aux contenances d'Adelasie, que la passion auoit prins le pied trop profond, pour en oster desormais les racines, se print à essuyer les larmes, non sans demonstrer toutesfois

le

le mal-aise qui la pressoit, auec vne infinité de souspirs, & dressant la veuë vers sa dame, luy dit, auec vn visage assez ioyeux: Madame, puis que vostre desastre est tel, que sans Aleran vous ne pouuez sentir aise ou repos en vostre ame: appaisez vn peu vos plaintes, essuyez ces larmes, monstrez vostre visage ioyeux, & laissant à part tout soucy, reprenez courage, & reposez-vous sur moy, touchant vos angoisses & ennuis: car ie vous promets & iure la foy que ie vous doy, madame, que quoy qui me puisse aduenir, ie trouueray moyen de practiquer vostre repos, pour donner commencement à mon mal-aise: & lors pourrez voir combien ie suis vostre, & si ce que i'ay dit, part d'ailleurs que du desir que i'ay de vous faire seruice, & moyenner vostre auacement à mon possible. Adelasie à ses derniers mots sentit vne telle esmotion en son ame, qu'à peine de trop grand aise & plaisir elle ne sortist de ceste prison corporelle (comme fit iadis l'esprit de celle dame Rommaine, laquelle laissa le corps pour aller vser du parfait de sa ioye auec les ames heureuses aux chãps Elisees, lors qu'elle veid son fils sain & sauf, reuenu de la bataille Thrasimene, pres le lac de Peruse, où le Consul Flamine fut esleu par Annibal) mais à la fin l'espoir

d'auoir

d'ouïr ce que Radegonde luy promettoit, luy fit reprendre cœur, & embrasser la conseillere, en disant: Ia ne plaise à Dieu, ma mere, que ce que vous ferez pour moy, vous tourne à quelque malheur, ou mescontentement, veu que l'affection qui vous meine, consiste en la seule pitié d'vne poure affligee, & vostre desir tend à la deliurance de la plus passionnee Princesse qui onques nasquit de mere: & croy que la fortune vous sera si fauorable, que, si quelque mal en doit suruenir, vous demeurant sans peine, ie seray celle, qui seule emporteray la penitence. Pource, ie vous prie encor (dit-elle, l'embrassant) de mettre fin à ce, dequoy vous me donnez telle & si asseuree esperance. Ne vous souciez, madame, dit Radegonde: I'espere qu'auant long temps vous experimenterez l'effect de ma promesse, & vous feray parler à celuy que desirez tant: seulement faites bonne chere, & oubliez ces façons estranges, d'ainsi vous tourmenter deuant vos filles, à fin que ce qui a esté tenu secret iusqu'icy, ne soit descouuert à vostre grand honte & desauantage, à la ruine de moy. Ce temps pendant Aleran viuoit en espoir desespere, & hardiesse couärde: car quoy qu'il veid les gestes amoureux d'Adelasie, si n'osoit-il y asseoir iugement certain qui fust à
son

son auantage, & toutesfois le cœur luy disoit bien qu'il estoit le seul fauorise de sa dame, & luy promettoit ce que presque il craignoit de penser, qui estoit de l'auoir vn iour pour amie, si le nom d'espouse luy estoit refusé. Ainsi tourmenté de ioye & marrisson, vacillant entre doute & asseuráce de ce qu'il esperoit, le iour mesme qu'Adelasie pratique Radegōde pour le moyénemēt de ses aises, & ministere secret de ses amours, il entra seul en vn iardin qui respondoit sous la chambre de la Princesse: & apres s'estre pourmené vn long temps par vne allee, disposee fort industrieusement en quinconces où l'on eust veu autant de sorte d'arbres fruitiers que l'on voit de couleur dans quelque beau pré durāt la verdure du printemps, & d'autant bon & sauoureux goust que le cœur de l'hōme scauroit souhaitter: il s'en vint sous vn Laurier bien toffu & espez, & à l'entour duquel vous eussiez veu vne infinité de Myrtes odoriferans, d'Orengiers estāt pour lors chargez de leur fruict, non encor meur, Lentisques ployables, & Tamaris fragiles: là il s'estendit tout du long de soy sur l'herbe drue & verte, paissant sa veuë sur la varieté des fleurs, lesquelles tapissoyent & embellissoyent le lieu, auec la diuersité de leurs viues & naturelles

les couleurs. Luy donc rauy en ceste contemplation, se souuenant de celle qui estoit le plaisir & tourment de son ame, se print à dire en souspirant: O que le ciel est peu propice à mō dessein, puis qu'au milieu de mes liesses, & sur le feste de mon plaisir ie sens vn nouueau deplaisir plaisant, lequel annichile tout autre soulas, que celuy que ie reçoy par l'idée peinte en mon cœur, de celle diuine beauté, laquelle est plus diuersifiée en perfection de graces, que n'est ce paradis & lieu delicieux en varieté d'esmal & peinture, quoy que nature & l'artifice de l'homme y ayent industrieusement trauaillé, pour y declarer & faire voir euidemment leur diligence & perfection. Ah, Adelasie, la plus belle des belles, & excellentes princesses de la terre, que ne puis-ie me repaistre aussi bien de la contemplation de ta celeste & angelique face, comme de l'obiect de ces belles & diuersement colorées fleurs? Que ne flaire-ie ceste souëfue halaine, laquelle tu respires par ta delicate bouche, qui ne met autre odeur hors que baume, musc & ambre; voire & chose qui sent mieux, & qui pour la rareté & valeur n'a point de nom: aussi bien comme ie fleure les roses, œillets & violettes, qui sont pendantes sur ma teste, & se mettent gratuitement

ment entre mes mains? Ah, infortuné Aleran!ce n'est pas fleur qui doyue estre ainsi manyee, ny odeur de laquelle lõ puisse fleuronner la douceur sans grãd merite precedent. Ah, Amour, Amour! que tu as hautement colloqué mes pensees. Las! ie crains vn trebucher si dangereux, que ma mort en sera à la fin causee: & toutesfois ie ne peux retirer mon cœur de cest abysme d'amour, quoy que ie vueille me forcer pour luy dõner la chasse. Las! i'ay leu si souuent, & ouy parler de sa force, que ie crains l'aborder, & si ne peux m'oster de son gouffre. Las! ie sçay bien que c'est luy, duquel vn peu de ris s'engendre, auec la suitte d'vn million de larmes & pleurs, qui pour vn plaisir qui passe aussi tost que le vent tourbillõ, nous laisse dequoy nous repentir, & estre tristes lõg temps: & quelquefois son amertume nous conduit iusqu'au tombeau. Les patiens qui sont atteints de ceste fieure amoureuse, quoy qu'ils meurent continuellement, si ne peuuent-ils pourtant veoir l'entiere defaite de leur vie, combien qu'ils la souhaitét, & desirent à toutes heures. Mais las! quel malheur est-cecy, que ie voy la poyson qui cause mon mal, ie sçay le moyen d'y remedier, & neantmoins ie ne puis, ny ne veux en pourchasser la guerison? Ouit-on on-

Y

ques chose si estrange, qu'vn malade cherche guerison, & ayant le moyen de la recouurer, il l'a rejetté? Disant cecy, il pleuroit & souspiroit aussi tendrement qu'vn petit enfant menacé de sa mere nourrice. Puis se roulant sur l'herbe, il donnoit plustost les indices d'vn maniacle & forcené, que de celuy qui est iouyssant de son bon sens & raison: puis comme retourné à soy, il reuenoit sur les brisees disant: Comment? suis-ie plus sage, constant ou parfait que tant d'Empereurs, Rois, Princes & Seigneurs, lesquels nonobstant leurs forces, sagesse ou richesse ont esté tributaires à l'Amour? Ce dompteur de monstres & tyrans Hercule, vaincu par les aguets de l'Amour, ne manya-il pas le fuseau, au lieu de sa pesante massue? Le fort & inuincible Achille ne fut-il pas immolé à l'ombre d'Hector, sous le pretexte d'Amour, & de celebrer vnes nopces feintes auec la fille de Priam Polixene? Ce grand Dictateur Iule Cesar, vainqueur de tant de peuples, armees, Capitaines, & Rois, fut surmonté par la beauté & bonne grace de l'Egyptienne Cleopatre. Auguste son successeur, coiffé par vn mesme varlet de chambre, ne print & osta il pas Liuie à celuy, qui au parauant l'auoit espousee? Et cest ennemy commun des hommes, & de toute
couttoi

courtoisie C. Nero, appaisa encor quelque peu ses furies pour l'amour de sa dame. Qu'est-ce que ce docte, sage & vertueux Monarque M. Aurele endura de sa chere Faustine? Et ce grand capitaine M. Antoine, la frayeur mesme du peuple Romain, & espouuantement des nations estranges & barbares, fit hommage à l'enfant Cupido, sous la beauté de la Royne Cleopatre, qui depuis fut occasion de sa totale ruine. Mais que me sert de raconter & rameneuoir le nombre des amans, estant infiny comme il est? Pourquoy les sages Poëtes de iadis nous ont feint par leurs doctes, & diuins escrits les amours d'vn Iuppiter, Apollon Mars, sinon à fin qu'vn chascun cogneut que l'effort d'Amour est si puissant, que mesme les hommes heroïques ont senty sa force, & inuincible, & ineuitable. Ah! si quelquefois on excuse vn homme genereux, quoy qu'il s'abbaisse à aimer vne femme de vil & plebee sang, dequoy seray-ie accusé ou reprins, aimant la fille d'vn prince le premier de l'Europe? Est-ce pour la grandeur de sa maison, & antiquité de race? Certes le sang est commun de nous deux, & préd origine du lieu, duquel aniourd'huy mon pere est le chef & souche. Et bien, Adelasie est fille d'vn Empereur: Ah! Amour n'a point

Y 2

d'esgard aux personnes, maisons, ou richesses: ains celuy est de tant plus prisé, que ses entreprinses sont hautes, & ses conceptions estendent loing leur volee. Reste donc à penser le moyen de luy faire entendre ma peine: car ie m'asseure qu'elle m'ayme, mais que son honneur & peu d'aage luy empeschent de le faire veoir auec plus d'apparéce. Aussi certes c'est à moy à qui l'office de requerir est plus propre, veu le merite d'elle, & le peu qui est en moy au respect de ses perfections. Ah, Aleran, il faut denouïer ceste langue, qui si long temps a esté liee, par vne trop sotte & craintiue honte. Mets à part la peur de peril, quel que ce soit: car tu ne sçaurois plus glorieusement exposer ta vie, qu'à la poursuite d'vn bien, qui semble t'estre reserué pour la gloire de tes pensees, que tu as si haut colloquees, qu'elles ne pourroyent rien trouuer de plus grád pour la perfection de leur entier, si le ciel ne formoit en ses idees vne seconde Adelasie (dequoy ie pense que Nature ait rópu le moule) laquelle encor ne sçauroit esbranler Alerá de ce premier lieu, où il a posé le fondemét du bien qu'il espere en aymant. Durát ces complaintes, Radegóde, qui l'auoit veu rauy en ceste extase, deuinant l'occasion de ceste solicitude, le fit appeler par vn page, lequel

quel oyant cecy, fut surprins d'vne nouuelle crainte, entremeslee d'vn secret plaisir, sçachant fort bié que c'estoit elle, qui gouuernoit sa dame, & qui sçauoit le plus secret du cœur de la princesse, esperant encor que elle luy portast dequoy il se peust resiouïr: asseurāt son visage tout confus pour les troubles passez, s'en vint trouuer la dame messagere, laquelle estoit non moins hōteuse pour la harēgue qu'elle deuoit faire, q̃ luy craintif & muet, voyant celle qu'il estimoit porter, quant & soy, l'arrest de son repos ou mal-aise. Apres les caresses & biéuiennemens tant d'vn costé que d'autre, la dame fit quelque leger discours seruant à la matiere, pour puis apres faire entédre au prince Saxon, le bon vouloir & affectiōnee amytié d'Adelasie enuers luy, le priant que l'affection ne le transportast point, ains tenant secret ce qui concernoit l'honneur de sa dame, qu'il s'asseurast d'auoir telle part en la princesse, qu'vn vray & loyal amant sçait, ou doit desirer pour son cōtétemét. Ie vous laisse à penser quel fut l'aise inesperé d'Aleran, oyant nouuelles si ioyeuses, & desquelles il ne s'attédoit point. Il ne pouuoit se souler de mercier la messagere, & moins d'extoller iusques aux cieux, la beauté & courtoysie de sa dame, laquelle, sans aucun

sien merite precedent, comme il iugeoit, auoir eu si bonne souuenance de luy: priant au surplus Radegõde de baiser les mains de madame en son nom, ensemble de l'asseurer de son affectiõné vouloir & immuable desir de iamais ne sortir du moindre de ses commandemens: seulement la supplioit-il, qu'il luy peust dire trois paroles en secret, par lesquelles Adelasie pourroit sentir son cœur, & voir l'affection auec laquelle il desiroit luy obeïr toute sa vie. La messagere l'asseura de tout ce qu'il vouloit, auec ce l'instruisit de tout ce qu'il auoit à faire pour l'accõplissement de tout ce qu'il attẽdoit: qui fut, que l'endemain au soir elle le feroit venir en sa garderobbe, qui estoit ioingnante la chambre de sa dame, à fin que les damoiselles couchees, il vinst au lieu où il pourroit aisément voir sa maistresse, & luy dire tout ce que bon luy sembleroit. Ainsi aresté, la dame s'en retourna vers la princesse, laquelle attendoit en fort bõne deuotion les nouuelles de son allegeance. Et ayant attendu le raport de Radegonde, ne se cõtenta point de luy faire conter deux ny trois, mais vn milliõ de fois, & iusques au soir qu'elle s'en dormit sur ce penser, auec plus de repos que elle n'auoit receu au parauant. L'endemain à l'heure qu'Aleran deuoit venir, Adelasie,
faingnant

faingnât de se trouuer mal, fait retirer toutes ses damoiselles, retenant seulement la messagere de ses amours, laquelle peu apres alla querir Aleran, qui ce pendant bastissoit chasteaux en l'air, fantasiant mille desseins en son esprit sur l'occurrence de ce qui pourroit s'ensuiuir de ce qu'il entreprenoit: toutesfois il estoit si aueuglé en sa folie, que sans mesurer la faute qu'il commettoit, il ne considera rien que le plaisir present, lequel luy sembloit si grand, que la chambre ou il estoit, ne luy paroissoit point suffisante pour comprendre la gloire de son bonheur. Mais la princesse d'autre part sentoit vn merueilleux troble en son esprit, & se repentoit d'auoir si hardiment fait venir Aleran en lieu si mal seant à son honneur, & à heure si mal propre. Toutesfois voiant que la pierre estoit gettee, se delibera ne laisser escouler ceste occasion, laquelle estant chauue ne peut estre aisément reprinse, si vne fois on la laisse eschapper, & pendāt qu'elle trauailloit sur ces discours, & que elle discourroit sur ce qu'elle auoit à faire, entra Radegonde menant Aleran par la main, lequel elle presenta à la princesse, en luy disant d'vne fort bonne grace: Madame, ie vous deliure ce prisonnier, lequel i'ay maintenant trouué ceans, entre vostre chambre,

Y 4

& celle des filles, aduisez que vous en voulez faire. Aleran ce pendant s'estoit mis de genoux deuant sa saincte, ententif du tout à contempler ses extremes beautez & bonnes graces : qui fut cause qu'il restoit muet, côme vne statue. Elle aussi semblablement voyant celuy, qui la faisoit ainsi esgarer en son honnesteté, forcee & de honte, & d'amour, ne pensoit qu'à le regarder, estant la force de l'ame toute transferee aux yeux, qui lors donnoyent le côtentemét au cœur, que si long temps il auoit desiré. A la fin Aleran, prenant les mains d'Adelasie, se print à les baiser plusieurs fois, puis prenât cœur, il rompit ce long silence, & commença son propos ainsi : Ie n'eusse iamais pensé, madame, que l'obiect de la chose tant desiree, fust de telle efficace, que de priuer & l'esprit, & le corps, de leurs propres offices, & naturelles actions, si maintenant ie n'eusse experimenté le tout en contemplant la diuinité de vostre (à nulle seconde) beauté. Et certes madame Radegonde a eu bon droict d'appeller ce lieu icy ma prison : veu que de long temps i'ay perdu celle mienne liberté en partie, de laquelle ie sens ores l'entiere alienation. D'vne chose me say ie fort, qu'estant vostre captif, comme ie suis, i'auray le bien de me vanter d'auoir la plus
belle,

belle, plaisante, & gracieuse prison, qu'homme scauroit souhaiter. Pource, madame aduisez quel traitement vous voulez faire à ce vostre esclaue, lequel vous prie si affectueusement d'auoir pitié de sa langueur, laquelle il acomptera à vn plaisir indicible, si de vostre grace il vous plaist l'accepter pour vostre, veu mesmement qu'il vouë desormais sa vie, biens, & honneur, pour les employer ou il vous plaira luy commander. Et disant cecy, l'estomach luy alloit panthelant, pour la continue de ses souspirs, & les yeux, qui luy distilloyent vn ruisseau de larmes, pour exprimer mieux à la verité celle force latente, qui luy faisoit tenir tels propos. Ce qui fut cause qu'Adelasie l'embrassant fort amoureusement luy dist: Ie ne scay Seigneur Aleran, quelle est celle prison, ou le captif a meilleure condition, que celuy duquel il se dit esclaue: veu que ie sens en moy vne telle perte de moymesme, que ie ne peu penser, ou me reprendre, & rechercher, si ie ne me quiers en celuy mesme, qui me demande la mesme franchise, de laquelle ie voulois luy faire requeste. Las! mon grād amy, en quelle extremité suis-ie reduite pour vous trop aymer! i'oublie & mon deuoir, & le rang que ie tiens, & mesme le point d'honneur, qui est plus à priser que

Y 5

tout le reste. Mais j'ay telle fiance de vous, que ne voudriez deceuoir ceste simple, & peu subtile dame: laquelle, si vous estes passionné, ne vit point sans sentir vne pareille peine à la vostre: si vous souspirez, ie suis toute confite en larmes: desirez vous repos? helas! ie ne souhaite que l'aise de nos deux moitiez, lequel elles ne peuuent auoir sans l'vnion de leur tout diuisé. Radegonde, s'embatant sur leurs propos, dist, se sous riant: Et par quel moien se parferoit ce tout desassemblé, ou les parties d'elles demeurent en ceste disiunction? Vous dites vray, madame (respondit Aleran) car le parfait de l'vnion consiste au raport, & ioincture de ce qui est separé. Pourtant, madame (dist il à Adelasie) ie vous supplie, tant pour vostre soulagemēt, que pour mon repos, ne laisser si longuement ce tout my parti, veu que la liaison exterieure l'vnira si bien interieuremēt, que la mesme mort n'en pourra puis apres causer la defaite. Si ie m'asseuroy, dit elle, de vostre loyauté, peut estre, vous donneroy-ie quelque liberté plus grande : mais aiant tant de fois ouy parler de l'inconstance & legereté des hōmes, ie me contenteray de ma premiere faute, sans y aiouster vn regregement, qui pourroit du tout accabler ce que le plus ie prise en moy. Las! madame,

me, dit Aleran, péseriez vous que la prouue
de ma loyauté puisse receuoir plus de perfe
ction par l'attente du bien que i'espere? non
non, madame, asseurez vous de mon cœur
& fermeté: car pluftoft on verra la defaite
de mon corps, que ie faille à vous feruir &
honnorer, sinon selon le merite de vostre
grandeur, à tout le moins tant que mon pou
uoir se pourra estendre. Et croiriez vous
bien que vostre Aleran vsast de trahison à
l'endroit de celle, au seruice de laquelle il
ne craindroit d'exposer mille vies, si Dieu
luy en auoit autant donné? Adelasie fondoit
toute en larmes, & demeuroit toute exta-
ticque. Quoy voiant Aleran, asseuré par l'ab
fence de Radegonde, qui durant ce pourpar
lement s'estoit retiree en vne garderobe,
commença à prendre possession de là bouche, redoublant les beisers tantost secs, ores
moitellets, & ne laissoit ny yeux ny ioue,
ou il ne donnast quelque atteinte de sa bouche: & voiant la patiance de sa dame, se saisist encor de ce blanc, dur, & rond tetin, qui
esmeu par les souspirs de la princesse se hau
çant, & rehauçant, donna quelque desir à
Aleran de passer outre. Ce que voiant Adelasie, feignant vn doux courroux, & tel
qu'il eust plustost serui d'amorce aux flammes du prince amoureux, que de quelque
humide

humide liqueur pour les esteindre, & luy faire laisser son entreprinse, luy dist assez farouchemēt. Comment, seigneur Aleran? est ce ainsi que vous abusez de la priuauté que i'vse vers vous, vous laissant venir si frāchement en ma chambre? Ne pensez pas pourtant, si i'ay esté en cecy si familiere, que i'endure que vous passiez outre. Car (si Dieu me preste la faueur de me cōseruer en mon bon sens) iamais homme n'aura l'auantage de cueillir la fleur de ma virginité, que celuy, auec lequel ie seray coniointe par mariage. Autrement ie serois indigne, & du lieu que ie tiens, & de la faueur d'homme quelconque qui soit digne de pris & preference. Ainsi l'entens-ie, madame, respondit Aleran, car s'il vous plaist me faire c'est hōneur que de me receuoir pour vostre fidele & loyal espoux, ie vous iure celuy qui voit, & oyt toutes choses, que iamais autre ne sera maistresse du cœur d'Aleran, que la belle princesse Adelasie. Elle, qui ne demandoit pas mieux, apres plusieurs propos debatus tant d'vn costé que d'autre, à la fin condescendit, à ce qu'Aleran luy iureroit la foy de l'espouser, & l'emmener hors de la cour iusqu'à ce que l'Empereur fut appaisé pour la faute qu'ils faisoyent. Ainsi eut le prince Saxon l'assouuissement de ses desirs, & emporta la

ra la proye si long temps pourchassee. Radegonde fut celle, qui receut les sermens de leurs fiançailles, & capitula les articles de ce mariage clandestin: & apres auoir arresté entr'eux de s'en fuir, & iour donné de ceste fuite, les deux amans entreret au cāp, pour faire preuue, en combat singulier, & de leur hardiesse, & du futur trauail, auquel ils pretendoyent continuer: couchez donc ils consommerent ce qui lie plus estroitement les cœurs des vrais amans, persaisans l'vnion du tout my party, lequel leur sembloit auparauant imparfait, pour ne s'estendre que sur les affections interieures de l'esprit. Et Dieu scait si ces deux noueaux cōbatans louerent le choc, & reprindrent souuent la course: tant y a, qu'à la fin recreus & lassez, ils furent contrains de s'entredonner trefues, iusqu'à la pointe du iour que Aleran fut sommé de partir par Radegonde. Qui fut cause qu'il commença vn assaut, pour donner fin à son premier aise: ainsi baisant fort amoureusement sa nouuelle espouse, luy dit: Madame, l'heur que ie sens maintenant, pour auoir telle part en vous que d'estre vny si estroitement auec vous, que la dissolution d'icy en ça ne s'en pourra faire, me semble si grand, que ie ne scay si peril aucun me scauroit auenir, qui
fut

fut suffisant de me faire oublier la moindre partie de mon aise. Tant y a, que voiant l'estat ou nos affaires s'en vont, & craingnant les dangers qui peuuent auenir, prenant congé de vous, pour le present, ie m'en vay mettre ordre à nos affaires, à fin que ma paresse ne soit le retardement de vostre plaisir & aise souhaité. Ah! monsieur, dist elle, que le cœur me iuge & bien & mal de nostre entreprinse: mais puis que commodement nous ne pouuons cheuir de fortune, & qu'il faut passer par là, ie me sousmets à la prudéce de vostre conseil, & au bon heur qui tousiours vous a tenu cōpaignie en toutes vos entreprinses. Derechef ils se baiserent, & embrasserent, beuuans les larmes l'vn de l'autre, tant ils en espandoient en abondance. Ainsi partit Aleran de la chambre de sa dame, & s'en alla à sa maison, là ou il vendit ses biens à assez vil pris: faisant entendre qu'il vouloit employer les deniers ailleurs, & en choses d'ou il esperoit tirer plus grand profit. Auec c'est argent il achete force pierrerie, & ioyaux legers, à fin de ne se charger trop d'or, ou autre monnoie, dresse ses paquets & malettes, pour s'en aller auec sa femme en habits de pelerins, tout à beau pied, pour n'estre si tost decouuerts. Ce qui fut exercuté vne nuict, que la princesse, feignant uant d'auoir quelque affaire secret, feit retirer ses damoiselles: & lors elles s'en alla dans le iardin, ou premier Aleran feit ses plaintes, ainsi qu'auez par cy deuant ouy. Là estoit son mari qui l'attendoit: Dieu sçait s'ils renouuellerent leurs passe-temps commencé le iour de leurs espousailles: puis craingnans d'estre surprins commencerent à iouër la comedie, les actes de laquelle furent assez longs, & le rollet de leur misere trop prolixe, & fascheux à supporter, auant que venir à la catastrophe, & fin de l'action comique. Car laissans leurs habits somptueux, & riches, ils vestirent l'accoustrement de pelerin, prenant chape & bourdon, comme ceux qui font le voiage de sainct Iaques en Galice. La princesse print le personnage d'vn ieune garçon se rognant les cheueux, lesquels elle auoit si soingneusement peignez, anellez, parez d'or, & de pierreries d'inestimable valeur: ausquels la beauté, & aornement de la femme semble tenir l'vn des premiers lieux. Qui me niera icy que ceste humeur naturelle & passion qui naist quant & nous, laquelle on appelle Amour, ne soit quelque essence, l'effort & vigueur de laquelle ne peut receuoir comparaison? Est-ce peu de cas, que, par le seul instinct d'vne force amoureuse la

fille

fille d'vn si grand Prince, que l'Empereur des Romains, s'en soit allee vagabonde, en habit dissimulé, & pouremēt vestue, experimenter l'aspre longueur des chemins, l'inclemence du ciel, la rencontre de tant de brigands & voleurs, qui ne laissent point les voyes seures aux poures voyageurs, & encores sentir l'amertume non iamais goustee du trauail, la rage de la faim, l'insupportable alteration d'vne soif, le halle d'vn Esté chaleureux, le frisson de l'Hyuer glacé, suiect à brouees & vents impetueux: ne demōstre-il pas, ou bien que l'Amour a quelque perfection plus grande que les autres passions, ausquelles l'esprit de l'homme est assuietti: ou bien que ceux, qui sentent ceste alteration, sont hors du nombre des hommes capables de raison, & ayās l'vsage de la splendeur d'icelle? Ceste belle dame ayant gaingné les champs, auec son mary, en deliberation de prendre la route d'Italie estoit plus ioyeuse, fresche, & deliberee, que lors qu'elle viuoit à son aise entre les delices, & mignotises qu'elle sauouroit en la cour de son pere. Voyla comme Fortune, & l'Amour ne se contentent point d'estre aueugles, ains bandent les yeux à ceux là qui suyuent leur trace, & s'assuiettissent à leurs edicts, & volage inclination. Et certes ceste

rage

rage-sage d'Amour estoit le seul moyen d'adoucir le fiel des angoisses, que sentoyét ces amans lassez presque de la fatigue du chemin, iugeás leur fascherie vn passetēps & esbat: estans guidez par ce capitaine volage, q réd sages les plus stupides, enhardit les pusillanimes & coards, fortifie les foibles: bref, qui par sa subtilité deslie la bourse des plus chiches & auaricieux. Or pendant que nos beaux pelerins sans deuotiõ affectee à vœu quelcōque, voyageoyét assez à leur aise (estás las du chemin qu'ils auoyent fait toute la nuict) lēdemain de leur depart nocturne toute la maison de l'Empereur fut esmeüe pour l'absence d'Adelasie: les damoiselles crioyét & se tēpestoyét auec telle immodestie, que l'Empereur en fut esmeu à pitié, quoy que son maltalāt & courroux fust assez grand: toutesfois la fit-il chercher par to⁹ les lieux circonuoisins, mais ce fut peine perdue. A la fin s'apperceuant de l'absence d'Alerā, soupçōna que c'estoit luy qui auoit fait le rapt de sa fille: ce qui le mit en telle passiō & frenesie, qu'à peine qu'il ne sortist hors des sens & limites de raison. Ah traistre, disoit le bon prince, est-ce la recōpense des biés que ie t'ay faits, & de l'honneur que tu as receu en ma cōpagnie? Ne pēse pas ainsi passer sans sentir la rigoureuse iustice d'vn

Z.

pere à qui l'on a fait desobeïssance, & d'vn Prince contre lequel son vassal commet felonnie. Si Dieu me done vie, i'y pouruoiray si bien, que ceux, qui viendront aux aages à venir, prendront exéple en la iuste vengeance que i'espere prendre de toy, voleur, & de mō hōneur, & de ma cōsolation. Et toy fille ingrate, sentiras le tort que tu as fait, desobeïssant à ton pere, qui pensoit te pouruoir plus hōnorablement que ta desloyauté & incontinence, à ce que ie voy, ne meritoyent: puis que sans mon congé, & à ta poste tu as trouué vn mari digne de ta folie, auec lequel i'espere, & mattens te faire resentir ta faute & le desplaisir que ie reçoy, par ce tien acte tant vituperable, mesmemēt en celle qui est fille de tel pere que ie suis, & qui descend de la race la plus illustre de toute l'Europe.

Plusieurs autres choses dit l'Empereur, transporté de courroux: à la fin commanda qu'on allast sçauoir si le rauisseur s'estoit point retiré en son païs de Saxe: mais il n'en peut tirer nouuelle quelconque. Il s'essaya encore d'entédre quelque cas d'eux, faisant crier à son de trompe par toutes les villes limitrophes, que quicōque luy enseigneroit, ou diroit nouuelle seüre des deux fugitifs, il luy feroit tāt de bien, qu'il auroit dequoy se contenter pour iamais. Mais il gagna autant

tant à ceste tierce luéte, comme aux deux premieres. Aussi la maiesté de Dieu sembloit permettre cecy, & pour le bien qui en auint depuis, & pour la punition de la temeraire entreprinse des deux amans, lesquels ne vesquirent pas trop longuement en leurs aises sans sentir la main de Dieu, qui quelques fois laisse tomber le fidele, pour luy faire recognoistre son imbecillité, & à fin qu'il confesse que c'est de Dieu, de qui faut attendre tout salut, soustien, repos & soulagement. Ainsi donc qu'Aleran & sa dame furent sortis d'vne ville des terres de l'Empereur nommée Hispourg, estans venus en quelques landes, & lieux deserts, ils furent deualisez par certains voleurs qui mirent le poure Aleran en chemise, & en eussent autant fait à la poure princesse, sans quelques marchans qui suruindrent, qui fut cause que les brigans s'estans retirez, Aleran fut secouru de quelque accoustrement, & bien petite somme de deniers: laquelle leur defaillant, ces deux enfans royaux furent contraints de caymander, & demander dequoy sustenter leur infortunee vie : ce que le desastré Aleran trouuoit si difficile à digerer, qu'il en mouroit sur les pieds de regret & destresse, non tant pour le malheur où il se voyoit redigé par sa propre faute;

Z 2

que pour la pitié de sa chere dame, laquelle il voyoit en si piteux estat, que quand par le pris de sa vie il eust sceu le pouuoir remettre en sa premiere dignité, il n'y eust espargné rien iusqu'à la derniere goutte de son sang. Elle cognoissant le mal qu'endureroit son mary, le consoloit fort sagemét, & auec vne côtenance gaye, disant: Et quoy, mõ grãd amy, pesez-vous que la fortune soit ou doiue tousiours estre fauorable aux princes & grans seigneurs? Ignorez-vous que c'est en la mer, & grand's riuieres, où les flots escumeux font perir les vaisseaux & nauires, plustost qu'aux fleuues peu spacieux, & où le fluz est coy & endormy? Ne voyez-vous pas que les arbres qui ont leur sommet superbement erigé sur quelque haute colline ou haut esleuee môtagne, sont plustost croslez & esbranlez par l'impetuosité des vents, que ceux qui sont plantez aux grasses & profondes vallées? Auez-vous oblié tant d'histoires que vous lisiez auec si grãd côtentement en la maison de l'Empereur? En y a il pas vne qui ne racôte le changemét des Monarchies, la ruine des maisons, la destruction de l'vn engendree par l'establissement & regne d'vn autre? Quel Prince, Monarque, ou Capitaine fut iamais si heureux qui n'ait senti quelque estoree & infortune? Las mon amy,
pensez

pensez que Dieu nous chastie auec ses verges de tribulatiõ & aduersité, à fin que nous le recognoissiõs: mais ce pendãt il nous garde vne fortune meilleure que n'attendons point. Aussi certes ne delaisse-il iamais ceux qui de bõ cœur se retirẽt à luy, & ont entiere fiance en sa sainte bõté & infinie misericorde. Aleran l'oyant si sagement parler, ne peut contenir les larmes, ains en souspirant luy respondit: Ah Dame, la non pareille en beauté & sagesse!ce n'est pas mon malheur q fait ainsi diuaguer mõ esprit hors du siege de sa constance: sçachãt fort quels, & en quel nõbre sont les aguets de fortune: & cõbiẽ elle est ialouse de l'aise des humains, & n'ignore pas qu'elle dresse ses embusches, & brasse ses menees cõtre les grans, plustost que ceux qui ont le cœur vil & plebee, & la victoire desquels ne luy pourroit tourner à honneur quelcõque. Mais (bon Dieu) dit-il (embrassant sa chère espouse) c'est pour vo², madame, que i'endure tourmẽt, vous ayant fait abandonner la pompe de vos estats, & quitter vn Roy pour mary, à fin de vous faire experimenter vn horrible & trop nouueau supplice, qui est la faim, au milieu de ces deserts: & ensemble pour vous donner la compagnie d'vn malheureux, qui pour tout soulas ne vous peut caresser qu'auec ses larmes, & souspirs: ô Dieu treshaut & trespuissant, que tes iugemens sont profonds & obscurs, & ta iustice treseqtable. Ie cognoy que mō offense est la cause de ton courroux cause de nostre faute, & que cecy nous est auenu pour nos pechez, qui auōs si malheureusement trahy le meilleur prince du monde, & laissé la cōpagnie de celuy, duquel ie receuois meilleur traictemēt, & plus d'honneur que ne meritois. Ah Empereur Otton, q̄ tu es bien vēgé maintenant du lasche tour qu'Alerā de Saxe t'a ioüé, te rauissant celle qui estoit le bastō & support futur de ta venerable vieillesse. Et ainsi qu'il vouloit continuer son propos, Adelasie (le voyāt en telle contemplation) le tira par le bras, disant: Monsieur, il est temps de pēser desormais à nos affaires: nous auōs cheminé ne sçay cōbien de iournees sans reposer: il me semble (ne pouuant nostre fortune estre meilleure) que deuons nous arrester en quelque lieu attendant la grace & misericorde du Seigneur, lequel, i'espere ne nous delaissera point. Ils estoyent pour lors en Ligurie, aux landes qui sont entre Ast & Sauonne, en ce tēps-là païs bien peuplé de grādes & obscures forests, & orné de bois de haute fustaye. Par l'auis donc d'Adelasie le prince Saxon contraint de necessité (maistresse de tous arts)

arts) se retira en ces forests, là où il exerça le mestier de faire le charbon : & eust-on dit que nature luy auoit appris de coupper le bois, dresser ses fornaises, & cognoistre la saison & heure que le charbon feroit assez cuit, si bien il faisoit son deuoir en son œuure: & alloit luy-mesme védre son charbon, qu'il portoit sur ses espaules iusqu'aux villes prochaines, iusqu'à ce q̃ quelque peu de gain luy dōna moyē d'acheter vn asne, auec lequel il alloit faire trafic de tout plain de petis oustils qu'il faisoit ordinairement. Durāt cecy, Adelasie luy enfanta vn bel enfant lequel il nōmerēt Guillaume:& apres encor par succession de temps elle porta six enfans masles: car ils demeurerēt bien dixhuit ou 20. ans en ceste poureté, ayans accoustré leur petit logis dans vne grotte assez spacieuse & belle, où ils estoyent accōmodez mignotemēt. Quād l'aisné de ses fils fut vn peu grandelet, le pere l'ēnoyoit tātost à Sauōne, ores à Ast, vendre leur petite marchādise pour le soutiē de leur maison: mais l'enfant, le sāg duquel ne pouuoit celer la splendeur de son origine, ayant vn iour védu quelques charges de bois & charbon, acheta de cest argēt vn beau ieune esperuier, qu'il porta à son pere. Le bō seigneur le tāça vn peu, disant, que la chasse de tel oyseau n'estoit pour le de-

-duit de gens de leur estat, & qu'ils auoyent assez affaire à viure, sans employer ainsi l'argent en ces folies. Long temps apres, estant ia Guillaume paruenu à l'aage de seize ans il alla à Sauone vendre quelques oustils par le comandement de son pere, & de l'argent il en achetta vne fort belle espee, laquelle quãd son pere luy veid auec la larme à l'œil il commença à dire à part soy: Ah, infortuné adolescent, que ton desastre te fait grand tort! Certes, ny la pouureté de tes parés, ny le lieu de ta nourriture ne peuuent obscurcir en toy la splendeur latente de la vertu de tes ancestres, ny l'indice de ta future preud'hommie, si Dieu te fait la grace de te pouuoir auancer en la maison de quelque haut prince: toutesfois pour cecy ne desista-il point de le tácer & menacer bien rudemẽt, & de telle sorte, que l'adolescent ayant le cœur plus grand que ses forces, delibera de s'en aller au desceu de ses parents. Or la fortune luy vint si bien à propos, que lors, & en mesme temps les Hongres estoyent descendus en Italie pour la destruire & piller: au deuãt desquels alloit l'Empereur à grandes iournees, & auec vne fort belle & grosse armee, en intétion de les frotter si bien, qu'en despit qu'ils en eussent, ils laisseroyent les terres en paix. Guillaume de ce aduerty, tira
droit

droit la part du camp de l'Empereur, où il môstra par effect l'espoir qu'on pouuoit côceuoir de sa future vertu & proüesse, veu les hauts faits d'armes qu'il executa, durant ceste guerre, en l'aage qu'il estoit. La guerre finie, & les ennemis chassez, l'Empereur s'en alla en Prouence, pour mettre ordre à quelques affaires en son royaume d'Arles, lequel pour lors estoit subiect à l'Empire. Puis se retira en Italie, auec deliberation de seiourner quelque temps à Sauonne: ce qui ne depleut vn brin à Guilliaume, pour se sentir pres de ses paréts, lesquels estoyét en soucy côtinuel de sa santé, ne sçachás quel chemin il auoit prins: & toutesfois vn espoir (ie ne sçay quel) leur faisoit attendre quelque chose de bô de leur dit fils, lequel estoit deuenu grād & beau en perfectiō & vn des plus vaillans soldats qui fussent à la solde & seruice de sa maiesté: ce qu'il môstra fort brauemét en vn côbat singulier, qu'il eut auec vn soldat Alemant, hardi, dispos de sa personne, & redouté de tous, lequel neantmoins il vainquit, en la presence de l'Empereur son ayeul, lequel par ne sçay quelle naturelle inclination, auoit tousiours l'œil fiché sur le ieune chāpion, & luy cōmēça vouloir plus de bien qu'à autre qui fust en la cour: ce qui fut occasion qu'vn gentilhomme seruant, le plus

ancien de la maison du prince, ayant ententiuemét prins garde au visage, maintien, & côtenáce de Guillaume, luy sembla voir vne Idee de l'Empereur, lors qu'il estoit en mesme aage: & encor fut cecy plus exactement cótéplé par plusieurs autres, qui auoiét esté nourris en leur ieunesse auec Ottō: qui auerty de tout cecy, fit appeller son petit fils, auquel il demáda le nom de ses parens, & lieu de sa naissance. Guillaume, qui n'estoit pas moins courtois, humble, & bié apprins, que sage, vaillant & hardy, agenouille denát Cesar, auec vne contenáce asseurée, & resentát la grandeur de ses ancestres, respódit: Sacre & Cesaree maiesté, ie n'ay dequoy mercier fortune, que pour me voir honnoré d'estre receu au seruice de vostre serenité: car la fortune & códition de mes parents est si basse, que ie rougi d'hóte de la vous declarer: toutesfois estant vostre, & ayant receu pour faueur nó vulgaire, ce cómandemét de vous, de dire mon estre, ie ne puis moins faire, pour mon deuoir & obligation, de laquelle me sens redeuable à vous comme mon seigneur, que de satisfaire à ce qu'il vous plaist me cómander. Scache dont vostre maiesté, Sire, que ie suis fils de deux poures Alemás lesquels fugitifs de leur païs, se sont retirez en ces landes de Sauonne, où ils trópent le
dessein

dessein de leur malheur & fortuné, à faire & vendre du charbon pour le souſtien de leur pourette vie: auquel exercice i'ay auſſi paſſé toute mon enfance, quoy qu'à regret: car le cœur me iugeoit, Sire, qu'vn ſi vil eſtat eſtoit indigne de mes cóceptions: leſquelles ont touſiours aſpiré ſi haut, que laiſſant mes parés, ie ſuis venu à voſtre ſeruice, pour apprendre la vertu & le maniemét des armes, & pour (en vous obeïſſant) trouuer le moyen d'illuſtrer l'obſcurité, en laquelle mes parens m'ont iuſque icy entretenu. l'Empereur voyant la courtoiſe maieſté que l'adoleſcent auoit en faiſant ceſte ſage reſponce, ſe ſouuenant de la ſimilitude de viſage, qui les parangonnoit preſque tous deux, ſoupçóna qu'il eſtoit fils d'Aleran & de ſon Adelaſie: leſquels pour crainte d'eſtre recogneus, ſe ſeroyent faits citoyens de ces deſerts, combien que Guillaume luy euſt dit d'autres & non ſemblables noms de ſon pere & ſa mere. A ceſte cauſe ſon cœur commença à s'attendrir, & ſentir en ſoy vn deſir de voir ſa fille, & la careſſer auec pareille affection, comme ſi iamais il n'en euſt receu offenſe. Il fit donc appeller à ſoy vn gentilhomme proche parent d'Aleran, auquel il dit auec vne face ouuerte, & viſage ioyeux: Vous ſçauez, comme ie penſe, le tort que
voſtre

vostre cousin Aleran m'a fait, par le rapt par
luy comis en la personne de ma fille : & n'i-
gnorez encor la tache auec laquelle il a ma-
culé toute vostre maison, comettāt felonnie
si lasche en ma court, & cōtre la personne de
moy, qui suis son seigneur: toutesfois puis
que c'est la force d'Amour qui l'a plustost
fait oublier iusqu'à là, que le desir de me deplaire: ie suis maintenāt desireux de le voir,
& l'accepter pour mon gendre & bō parent,
me faisant fort de luy bailler estat en ma
maison, tel que son rang & sang le meritent.
Ie ne vous dy cecy sans propos : car ce ieune soldat, qui auiourd'huy a si vaillamment
& auec telle dexterité vaincu son aduersaire, par l'auis de tous ceux qui m'ont frequē-
té en ma ieunesse, represente si bien ma figure & lineamens de face, que i'auois lors que
i'estois de son aage, que ie me persuade, &
croy fermement qu'il soit mon nepueu, fils
de vostre Aleran & de mō Adelasie. Et pource ie veux que vous alliez auec cest adolescent, là par où il vous menera, & que vous
voyez qui sont ses pere & mere, à fin de leur
faire du bien, s'ils sont autres que ceux que
ie pense: que si c'est le couple que tāt ie desire voir, faites que i'aye l'aise d'assouuir mō
cœur de ce contentement, vous iurāt la couronne, que ie porte, que ie ne leur feray pire
ou

ou meilleur traictemét qu'à ma propre personne. Le gentilhôme voyāt les termes ausquels l'Empereur se môstroit si bening, luy dit: Ah, Sire, que ie baise (s'il vous plaît) les mains de vostre Maiesté, pour la pitié que vous auez d'vne race & maison ainsi hônie que la nostre, par la faute d'Alerā à l'encontre de vous. Ie prie Dieu le vous recognoistre (nous defaillant le moyen de ce faire) & vous donner l'aise que desirez, & à moy la grace de pouuoir vous faire quelque agreable seruice, & en cecy, & en toute autre chose. Ie suis prest, Sire, non pas seulement d'aller querir mon cousin (si c'est celuy que vous pensez) pour l'auantager ainsi que vostre serenité luy en promet sa parole, ains encor pour le vous rendre entre vos mains, à fin de venger sur luy le tort qu'il a fait à tout l'Empire. Non, non, dit l'Empereur, le temps du desir de vengeance est escoulé, & mon inimitié contre Alerā a perdu son fiel. Que si d'autrefois i'ay souhaité & poursuiuy la ruine des deux delinquans, c'est maintenant que ie cherche leur auancement & repos, veu la longue penitéce qu'ils ont fait pour leur peché, & le fruict que ie voy deuant mes yeux, qui est tel, qu'il peut par son odeur tenir en force la foiblesse & debilité de mes vieux ans, & me contraindre par sa

vertu

vertu d'auoir pitié de ses parents, qui, se ruinás, ont presque cuidé causer mō entiere defaite. Finissant ces propos, le bon prince donna l'euident tesmoignage du desir de voir sa fille vnique. par la viue couleur, qui luy monta au visage, & quelques larmes, qui estoyét coulātes le lōg de sa barbe ia grisonnant. Apres cecy, il fit venir Guillaume, auquel il cōmāda de mener ce gentilhōme en la part de la forest, où estoit la residence de son pere: à quoy l'adolescent obeït promptemēt, & de bō cœur. Ainsi le seigneur Gūfort (ainsi s'appelloit le cousin d'Aleran) accōpagné de son petit cousin, & d'vne bōne troupe de gentilshōmes, s'en alla vers le lieu, où residoyent les princes charbōniers: & sur le point que ceste belle cōpagnie descendit de cheual, estās pres le logis pierreux d'Alerā, ils le veirent occupé, & dresser ses charges, pour les enuoyer à Ast: car l'arriuee de l'Empereur à Satonne luy auoit presque empesché d'y aller, la conscience luy mettāt tousiours deuāt les yeux, le tort qu'il luy auoit fait. Aleran voyant ce bel equippage, fut esbahi, autāt que si cornes luy fussent sorties: & encor fut-il plus estonné, voyāt son fils equippé richemēt, & en la cōpagnie de Gunfort son cousin: car il soupçōna incontinent qu'il estoit decouuert, & que l'Empereur le
envoya

enuoyoit empoigner pour le punir de la faute anciennemēt cōmise. Et ainsi qu'il fantastiquoit diuerses choses sur son malheur en sa pensee, son fils vint luy embrasser les genoux, & baiser les mains, auec vne honneste & hūble reuerēce, disant à Gūfort: Mōsieur, voicy celuy de qui i'ay parlé à l'Empereur, & duquel i'ay prins essence. Ce pendāt le bō pere le tenoit embrassé fort estroictement, & pleurant de ioye extreme, luy disoit: Helas, mon fils, si ta venue m'est autant heureuse qu'agreable, auec le biē que tu t'aquiers, tu resuscite ton pere demy mort, & d'vn desespoir ia deploré le remplis d'vne esperance, qui sera vn iour l'appuy de sa vieillesse, & le recouurement de ses plus grandes pertes. Le fils, pour ne sçauoir rien des affaires de ses parens, ne pouuoit comprendre aucune chose en ce iargon, ains demeuroit immobile, ainsi estonné, comme s'il fust tombé des nues. Or durant que le pere & le fils se caressoyent ainsi, Gunfort prenoit garde à toutes les contenances & gestes d'Aleran: & n'oublia partie du corps du charbonnier où il ne iettast sa veüe: ainsi se souuenāt encor de la voix de son cousin, & voyant vne cicatrice qu'il auoit au visage, s'asseura que c'estoit luy sans autre, & pource les bras tendus, il vint entrelacer le col d'Aleran,
lequel

lequel il arrousoit de ses chaudes larmes, disant : Ah, Aleran, tourment present, & repos passé de nostre race, quelle eclipse de ta vertu a si longuemét tenu caché le soleil de tes proüesses? Pourquoy as-tu si long téps celé le lieu de ta retraite à ceux, qui ne souhaitent que ton auácement? As-tu bien le cœur de sentir les larmes de ton cousin Gunfort coulantes de ses yeux sur ton col, & les bras t'embrassans auec l'amitié telle, qu'il n'en peut receuoir de pareille, sans toutesfois estre aucunement esmeu pour te voir caresser? Veux-tu me nier, ce que ie cognoy par vn instint & sympathie naturelle, que tu ne sois cest Aleran fils du Duc de Saxe, & tant renommé par toute l'Alemagne? Pretens-tu (pour tó malheur ia enraciné en ton cœur) de viure en des desers, priuer tó fils de l'honneur, que le ciel & sa bonne fortune luy apprestent? Ah, pere cruel & sans pitié, de vouloir laisser ta geniture enseuelie au tóbeau d'oubly, auec le populace le plus infime ! O parét mal affectionné enuers les tiés, & desquels tu fais si peu de côte, qu'encore tu ne as daigné parler à tó Gúfort, venu pour ton soulas, & auancement de ta famille ! Aleran tout honteux, tant pour la memoire de son ancienne faute, que pour se voir en si poure estat deuant les gens de l'Empereur, respondit à Gunfort: Mõsieur mon cousin, ie vous supplie croire que faute de desir de vous cõplaire, & moins de vous caresser, ne m'ont fait oublier ce que ie vous doy, & pour estre mon parẽt bien proche, & celuy auquel i'ay fait tort & iniure fort grande en offensant l'Empereur: mais vous sçauez quelles sont les forces de la conscience, & auec quel ver elle ronge ordinairement le cœur de ceux qui se sentent coulpables de quelque crime. Ie suis (comme vous dites) le malheur present de nostre maison: pour l'opinion que l'Empereur a conceu de ma folie:& seray le repos (si voulez me faire ce bien que de me oster de ceste vie miserable) & de vous, & de l'esprit du pere iustement courroucé contre sa fille, & d'vn prince offensé de son vassal: car ie vous iure ma foy, que iamais ie ne souhaitay tant la vie, que maintenant ie desire la mort, pourueu que ie sois asseuré, que moy mourant, ma poure compagne & chere espouse viue à son aise, iouïssant de la presence & bonne grâce de son pere. Qu'est ce que vous dites? respondit Gũfort, l'Empereur est tant & si bien appaisé, qu'il m'a iuré de vous receuoir cõme son gẽdre, & madame cõme sa fille biẽ-aimee, laquelle ie vous prie de faire venir, ou monstrer où elle est, à fin que ie luy face la reuerence, cõme à ma

AA

princesse. Guillaume estoit là tout estourdi
& presque hors de soy, oyāt ces discours, &
pēsoit ou bien songer, ou estre enchāté, iusqu'à ce qu'Aleran appella sa femme de son
propre nō, laquelle si elle fut esbaïe d'ouyr
ce mot Adelasie, encores sentit plus de sursaut en son cœur, lors qu'elle veit si grande
cōpagnie à l'entour de son mari : & lors son
fils vint luy baiser les mains, non comme à
sa mere seulement, mais cōme à la fille d'vn
Empereur, & femme d'vn prince de Saxe,
elle de l'embrasser & baiser, encor qu'elle
fust surprinse de frayeur & honte : & fut si
esmeuë, qu'à peine ne s'euanouyt entre les
bras de son fils: & pense qu'elle eust passé le
pas, sans Gunfort, lequel s'auāçant, apres les
reuerences deües, luy fit entendre la charge
qu'il auoit, & le bon vouloir de l'Empereur
de luy faire le meilleur traittement dont il
se pourroit aduiser. Qui fut occasion qu'ils
se resolurent de tenter la fortune, & se fier
aux promesses que Gunfort leur fit de la
part de l'Empereur. Ainsi ils laisserent la
grotte, charbon & fournaises, pour aller reprendre leurs premieres delices. Ce soir ils
hebergerent à vne bourgade non loing de
la forest, où lō attēdit quelques iours pour
faire des habillemés à ceste troupe de princes forestiers, & remettre vn peu en poinct
Adela

Adelasie, laquelle aagee d'enuiron 34. ou 35. ans, decouuroit encor quelque perfection de ceste diuine beauté, & grauité modeste, laquelle l'auoit iadis rendue admirable, & recõmandable à l'endroit d'vn chacun. Pendant que ceste belle troupe se refrechissoit, Gunfort enuoya vn gentilhõme de sa troupe vers l'Empereur, pour l'aduertir de tout le succez de son entreprinse: dequoy il fut merueilleusemen aise, & attendoit les enfans auec bonne deliberation de les cherir, & leur faire grãd chere. Apres que tout leur cas fut prest, & que lon eut dressé le train d'Adelasie, selõ le merite de la maison d'où elle estoit descẽdue, ils prindrent le chemin de Sauône, lequel ne leur sẽbla qu'vn esbat pour le plaisir meslé de cõpassion, que tous eurẽt au recit q̃ faisoit Aleran sur ses infortunes, & sur ce qui luy estoit aduenu, tãt par les chemins, que demeurãt aux deserts. dequoy se souuenãt Guillaume, loüoit Dieu, & le mercioyt de l'auoir inspiré à laisser ses parẽts, veu que ceste seule faute estoit cause de leur restitutiõ, & de sõ auãcemẽt & gloyre, estant fils d'vn tel pere, & nepueu d'vn si grãd Monarque, que celuy, qui faisoit lors tout trẽbler au simple recit de son nom: & qui cependãt cõmãda à tous les gentilshõmes de sa maison d'aller recueillir les amis

AA 2

perdus si lōgue espace de temps. Pour faire
court, leur entree en Sauonne fut autāt magnifique, comme si l'Empereur mesme eust
esté celuy qui eust voulu receuoir l'hōneur
de telle pōpe. Aussi l'auoit-il commādé, tant
pour l'aise du recouurement de ce qu'il tenoit pour perdu, que pour faire recognoistre à chacū, que la vertu ne peut mieux faire apparoistre son lustre, que lors que les a-
ctions des grās sont semblables en rarité &
excellence, à leur grandeur: car le prince est
pl⁹ admiré, cōme outre l'opinion vulgaire il
manifeste en soy, ce qui n'eust onc entré en
ceruelle de ceste lie populaire, q̄ iuge des affectiōs d'autruy, ainsi qu'il se voit trāsporté
par ses lourdes fantasies. Aussi que (selō l'au-
torité du Poëte Grec Euripide en la Medee)

Le mal venu, il le faut endurer,
Bōn gré, mal gré rien n'y sert murmurer:
Mais parauant qu'il vienne, l'homme sage
Peut par conseil deuancer son dommage.

L'Empereur donc ayant oublié, ou dissimulāt sagemēt, ce qui ne se pouuoit plus reparer, vint au deuāt de ses gēdre & fille, iusqu'à la porte du Palais, monstrant vn visage
si gay, & vne contenāce si ioyeuse, que long
temps auparauāt on ne l'auoit point veu si
deliberé. Ou Aletā & Adelasie descēdus, vindrēt luy baiser les mains, & voulās (tous de
genoux

genoux qu'ils estoient) commécer bastir la harágue pour s'excuser de leur faute, & en demader pardon à sa Maiesté, le bon Prince trásporté d'aise, & content de leur repentance, leur ferma la bouche auecques les baisers, & estroits embrassements: O heureux malheur, disoit-il, & tristesse ioyeuse, qui maintenát m'apporte vn plaisir plus grand, q̃ ne fut onq facheux le deplaisir d'ou prouient maintenát ceste allegresse! O bien excogitee fuitte, par laquelle ie gaigne, ce que (en conseruant ma perte depuis faite) ie n'eusse iamais, peut estre, yen pour l'ornement de ma maison, & repos de ma vie. En disant cecy, il baisa & embrassa ses petis nepueux: & ne voulut qu'Adelasie luy tint autre propos, q̃ de ioieuseté & passe-téps. Car (disoit-il) il me suffit d'auoir passé la plus part de ma vie en tristesse, sans aller maintenant renouueller les vieilles playes. Ainsi le mariage commencé au desceu, & contre le vouloir de l'Empereur, fut consommé, & celebré auec grande pompe & magnificence par le commandement de luy-mesme en la ville de Sauóne: où il feit Guillaume cheualier de sa main, & furent faits plusieurs beaux tournois & plaisátes ioustes, où Guillaume emporta presque tousiours le prix, au grád plaisir de son pere, & côtentemẽt de

son ayeul, qui l'inueſtit deſlors du Marquiſat de Mõtferrat. Au ſecõd des enfans d'Aleran il donna celuy de Sauonne, auec toutes ſes appartenances, & iuriſditions adiacétes, duquel ſont deſcendus les Marquis de Carretro. Le tiers eut Saluzzes, la race deſquels eſt encor aucunement en lumiere. Du quatrieſme ſont ſortis les ceps, & ſouches de la maiſon de Cera, Le cinquieme fut Marquis d'Inciſe, de qui le nom & race eſt encor auiourd'huy en vigueur. Et le ſixieme ſeigneuria à Pouzon. Le ſeptieme fut eſtably Seigneur de Boſco, ſous le nõ & tiltre de Marquiſat. Et Aleran fut fait & conſtitué ſuperintendãt aux biens & ſeigneuries de ſes enfans: & Lieutenãt pour l'Empereur aux terres qu'il auoit en Ligurie. Ainſi l'Empereur moderant ſa paſſion vainquit ſoymeſme, & donna exemple à la poſterité de pourſuyure vne faute auant qu'elle ait prins pied, mais ou la choſe ne ſe peut corriger, d'vſer de modeſtie & clemence, leſquelles font viure les Roys en paix, & leur empire en aſſeurãce. Ayant mis ordre à tous ſes affaires d'Italie, prenãt cõgé de ſa fille & enfans, ſe retira en Alemaigne: & Alerã veſquit honnoré des ſiens, fauoriſé de ſon beau pere, la vieilleſſe bonne: ayant touſiours cela deuant les yeux que l'aduerſe fortune ne doit point nous
causer

causer vn desir de desespoir, ny la prosperité quelque insolence, & mespris des choses qui nous semblent moindres: veu qu'il n'y a rien stable ny asseuré sous la concauité des cieux: car celuy qui n'agueres estoit grand, & faisoit tout fremir deuant soy, est deuenu tout tel, comme celuy, duquel il ne fut iamais memoyre: & le poure humilié se veoit mis au degré d'ou le premier sera decheu, baillent loix quelquefois à celuy mesme, sous lequel il se seroit veu assuietty. Et voyla que c'est de la prouidence diuine & de quel poix est esbranlee sa balance: & combien sont vituperables ceux qui referent les effets de ce conseil diuin à l'inconstance & mobile reuolution d'vne aueuglee & incertaine fortune.

Fin de la septieme Histoire.

Sommaire de la huitieme histoire.

ENtre les vertus les plus recommandables, & dignes d'admiration, la chasteté a eu tousiours vne certaine preference, comme estant vn don singulier du ciel ottroié à peu de personnes, quoy que plusieurs le souhaitent tant par

sa rarité, que pour telle perfection qu'elle a acquis sur les douaires & ornement de l'ame, car l'equité & droiture en iugemens la constance & magnanimité en l'aduerse fortune, la temperance durant la prospperité, sont vertus, que nature depart indifferemment aux hommes de toutes qualitez. Mais pas vne de ces choses se peut paragonner a ceste froide force, qui violente, & esteint l'ardeur des appetits sensuels, & qui bride l'effrené desir de nostre concupiscence. Et voyla pourquoy toutes histoyres tant sacrees que prophanes louent iusqu'aux cieux la continence de plusieurs, qui par la faueur du ciel ont amorty en eux-mesmes l'esguillon de nostre chair chatouilleuse. Là ou au contraire, tous vituperent celuy qui (laschant la bride à ses affections) se laisse transporter à ses fols appetits, & (pensant faire sa cause bonne) transfere la coulpe sur vne chose, qui n'est point, à laquelle toutesfois les fols humains ont attribué vne celeste essence, mesurans l'affection d'vne diuinité par leur aueugle, & sotte fantasie. D'où est aueuu que la plus part de ceux qui sans iugement se sont plōgez en l'abysme de telles resueries, ont apporté quāt & eux le fruit de leur inconsideration. Veu que perdans la sente de raison ils se sont si gayement esgarez, que preferans leur plaisir à l'honneur, ils n'ont craint de laisser leur nom si souillé à la memoire de leurs successeurs, que le recit de leur infamie
seroit

seroit indigne d'estre ramenteu, si ce n'estoit pour
la gloire, & los des personnes, aymans autant la
vertu, que les precedens ont caressé le vice Et voila les arres de ceste passion qu'ils appellẽt Amour,
cruel & capital ennemy des hommes: voyla les
effects de sa deité que de causer scandales, bastir
des desseins tendans à la ruine de son prochain,
& de soymesme, & de moyenner l'obscurcissemẽt
de la bonne renommee de ceux, qui ne pensent riẽ
moins, que de se laisser lier inconsiderement, pour
s'assuiectir à vn capitaine lequel n'a commandement que sur les fols. Or pour mieux vous faire entendre, & veoir (comme dans vn tableau)
la phrenesie des maniacles amoureux, ie vous
discourray vne histoire ny trop recente ny trop
ancienne, laquelle est autant digne d'estre leue,
que profitable pour y veoir l'exemple d'vne rare
chasteté, & modestie d'vne gentilfemme, & d'vn
lascif, & prevariqué desir d'vn paillard, qui auec
son incontinence vouloit eriger vn trophee pour
l'accomplissement de sa vengeance au grand deshonneur, & desauantage des chastes, & vertueuses dames. Lesquelles ont icy dequoy insti-
tuer leurs filles, & encor dequoy donner contentement & plaisir à
leurs honnestes & cha
stes desirs.

AA 5

HISTOIRE

D'vne dame, laquelle faucement accusee d'adultere, fut mise & exposee en pasture aux lions: & comme elle fut deliuree: & comme son innocence cogneue, l'accusateur porta & sentit la peine preparee pour la dame.

HISTOIRE HVITIEME.

EN nostre Aquitaine, fut iadis vn Seigneur, les terres & seigneuries duquel estoyent entre Lymosin & Poytou, & qui de toute antiquité a tenu lieu, soit en sang, ou richesses, entre les premiers de tout le païs, estant ceste maison hautement apparentee, & qui tosiours a eu assez d'entree & faueur, tant en la cour des anciés Ducs de Guiéne, & Comtes de Poytou, que depuis ença aux cours royales de la maieste de nos Roys tres-Chrestiés. Ce Seigneur (duquel pour bon respect, ie tay le nom) tenoit vn fort grand train, & maison ouuerte, & se plaisoit singulierement (cóme est la coustume de la plus part de la noblesse Fráçoyse) à tout deduit de chasse, mesmement à la fauconnerie. Encor auoit il rendu sa maison plus admirable (veu la rudesse det téps d'alors) ayant recouuert des bestes

d'estran

d'eſtrange païs, principalement des lyons, ou il prenoit vn ſingulier plaiſir, tant pour la rareté de c'eſt animal en noſtre France, que pour cognoiſtre ie ne ſçay quoy de genereux en ceſte beſte, qui ſymboliſe auec la magnanimité de courage des nobles, le eſprit deſquels ne s'auilit pour choſes vaines, & ne peut receuoit crainte, ou l'honneur eſt offert pour ſalaire. Ce Seigneur eſpouſa vne dame, fille d'vn ſien voyſin, femme digne d'vn tel mary, & telle que ſa beauté n'en trouuoit qui la peut ſeconder, qui ſe accroiſſoit de tant plus, qu'elle eſtoit douee d'vne vertu ſi parfaite, & grace ſi accomplie, que les meilleurs eſprits ſeroyent occupez, mais bien plus toſt empeſchez à decider quel eſtoit le plus grand en elle, ou ce parfait chef d'œuure de ſon excellente beauté, ou nature auoit deployé tout ce que elle ſcauoit pour accomplir vn corps, & le rendre admirable deuant les hommes: ou bien l'honneſte maintien, bonne grace, courtoyſie, & graue douceur accompaignez d'vne non vulgaire, & à pluſieurs commune vertu, qui faiſoyent luyre ceſte dame entre toutes les autres, comme la planette rouſſoyante de mars entre les erratiques : ce qui forçoit les plus farouches de louer ce qu'ils ne voyoyent auec telle ſplendeur

le plus beau qui apparoiſſoit exterieuremét
en elle, & ou il ne deuoit bailler atteinte q̃
de l'œil, pour la reuerence de celuy, qui en
eſtoit le droicturier & iuſte poſſeſſeur. Ce
maiſtre fol donc, ne meſurant point ſes forces, & moins ſuyuant l'inſtinct de raiſon, deuint ſi amoureux de ſa dame, que cõtinuel-
lement il penſoit par quels moyens il luy feroit entédre en quelles peines & langueurs
il viuoit pour l'amour d'elle. Mais, las ! ces
deſſeins s'euanoiſſoyent auſſi toſt que fait
vne peu eſpaiſſe brouee au leuer du Soleil:
car penſant en la vertu de ſa maiſtreſſe, ſes
ſouhaits eſtoyét plus toſt hors de ſon cœur
qu'il ne les enuoyoit au ſiege du iugement
pour leur dõner quelque aſſeurãce. Nõ que
pour cela il diſcontinuaſt à baſtir des cha-
ſteaux en l'air, & ſe promettre la iouïſſance
de celle qu'il adoroit en ſon cœur : car il ſe
faiſoit fort de trauailler ſi bien, qu'à la fin il
acquerroit par ſon humble ſeruice quelque
part aux bonnes graces de madame. Et pour
ce qu'il n'oſoit s'enhardir de luy manifeſter
la veheméce de ſa peine, il ſe cõtéta vn fort
long téps de ſe feindre vn plaiſir, q̃ luy cauſoit vne viue ſource d'ennuis, & deplaiſir, laquelle bouillonnoit & ſourdoit ordinaire-
mét en ſon ame, ſi bié q̃ la force de ſes eaux
eſtoit ſuffiſante pour ſuffoquer ce q̃ reſtoit
de vie

de vie à ce cœur paſſiôné, ſans la vaine eſperance qui faiſoit eſcouler quelque peu des
torrés qui aſſailloyét l'ame de ce ſot amant.
La belle & chaſte dame eſtoit ſi reſolue en
l'amour de ſon eſpoux, qu'elle ne prenoit
aucune garde aux côtenâces & ſottes façós
de môſieur l'amât tranſi. Lequel voyant ſon
mal aller en empirât, & que deſormais il ne
pourroit y remedier, que ou biē iouiſſant de
ce qu'il deſiroit pour le meilleur de ſa bône
fortune, ou par vne ſoudaine, & miſerable
mort, delibera de tenter la fortune, & veoir
ſi l'eau de ſon eſpoir ſe pourroit en quelque
endroit trouuer gueable: s'aſſeurât, là ou il
ſeroit precipité en l'abyſme d'vn refus &
meſpris de ſon ſeruice, de ne ſe retirer point,
ains ſe plôger plus auant, à fin de veoir vne
plus haſtiue ruïne de ſoy, & de ſes deſirs.
Car il luy ſembloit eſtre impoſſible que ſon
cœur enduraſt plus l'intolerable ardeur de
ce feu inuiſible, qu'il experimétoit, s'il n'en
faiſoit ſortir la fumee. A ceſte cauſe, tout
hors de ſoy, enſorcelé de folle amour, abeſti
& tout trâsformé en quelque choſe qui ne
ſentoit plus ſon hôme vſant de raiſon (tels
que ſont coutumieremét ceux qui ſont en-
rollez ſous la charge du fils de la Cythe-
ree) reſolut en ſon eſprit de deceler à la dame (ſi l'occaſion ſe preſentoit) & le mal, &

l'en

l'ēnuy qu'il sentoit pour luy porter si grāde & extreme affectiō. Voyez la vn des effects de la folie humaine: ce fut le premier acte de la tragedie, en laquelle amour feit c'est eceruele celuy qui iouoit le premier, & principal rollet en la farce. Ce poure gentilhomme, bō seruiteur iadis, & curieux du proufit & hōneur de son maistre, est ores si hors de soy, & aueuglé de son entendement, qu'il ne fait conscience de s'attaquer à celle (pour la defrauder de son meilleur) le nom simple de laquelle le deut faire trembler de peur,& rougir de honte, plus tost q̃ par sa beauté, & naturelle courtoysie luy dōner hardiesse de s'esgarer en ses hōnestes façons, & attenter chose, q̃ fut incertaine à l'entreprēdre, & encor plus dāgereuse à l'executer. Or pendant qu'il viuoit en l'attēte de ceste esperee occasiō, auint q̃ la dame (ne pensant en malice quelconque) cōmença à regarder le maistre d'hostel de meilleur œil, que pas vn des gētilshōmes & domestiques de la maison, tāt pour la simulee hōnesteté du galand, q̃ pour le voir si prōt à luy obeyr: & pource vn iour qu'elle se pourmenoit par vne gallerie, l'appella, & communiqua assez familierement auec luy de quelques affaires, q̃ importoyēt le proufit de la maison. Luy q̃ ne marchoit que sur vn pied,& qui brusloit d'amour, & à
qui

qui le cœur sauteloit d'aise, & tressailloit tout de ioye, pensoit auoir desia attain le comble de sa felicité, & se feingnoit l'entier accōplissement de son souhait: tout soudain regettoit du tout ses premieres cōceptions se mettāt deuant le danger auquel il se plōgeoit, si la dame trouuoit la requeste de mauuaise digestion. A la fin reprenant force descouroit en son esprit ceste malheureuse opiniō, par laquelle ces fols & volages amās charnels blasonnēt l'hōneur & pudicité des dames, lors qu'ils disent, qu'il n'est femme tant soit chaste, pudique ou resolue en son honnesteté, laquelle à la fin ne succombe, si elle est viuement poursuyuie, O voix & opinion d'vne beste plus tost que d'homme cognoissant vertu ! Le nombre des chastes est il si appetissé, que leur splēdeur ne serue encōr auiourd'huy comme d'vn phare au milieu de quelque mer tempestueuse, & pleine d'orages, ou les nauigans se puissent retirer? C'est la seule vertu des dames, qui les contraint vomir leur venin, apres qu'ils se voyēt esconduits de leurs folles & inciuiles demādes. Ainsi n'oyoit-on iamais tels ppos, sinō en la bouche des plus lascifs, q se trouuēt, & q ne font autre mestier qu'essayer de cōrōpre la syncerité desdames, pour puis apres sa dresser leur risees. Tournāt dōc à nostre

stre propos, ce vaillāt soldat d'Amour, voulant dōner la premiere attainte à son doux ennemy, cōmença à pallir, & trēbler cōme le roseau agité du vēt, & ne sçauoit par quel costé, ny en quelle sorte ruer les premiers coups de son assaut: à la fin auec vn begueyement de langue, & tremblement de voix, il parla à sa dame en ceste sorte. Las! madame, que i'estimorois heureux le cours de nostre vie passagere, & peu durable, si les passions communes ne receuoyent l'accroist de leur trouble par nouueaux & diuers accidēs, lesquels semblent auoir prins racine en nous pour la diminution plus grāde de ceste liberté, laquelle chacū s'estudie tāt de conseruer. Mais certes, cest'estude est vain, & la peine y est inutilement employee: car tel s'efforce de viure libre de passion, qui au milieu de son effort se sent violenter, & voit le rauissemēt de sa franchise, quelque empeschemēt qu'il y veuille dōner. Ah! i'ay experimēté ce malheur, & suis encor au plus grād excez de ma sieure. Ie sens, helas! vne diuersité d'angoisses, & vne mer de facheries, qui tēperēt mon esprit, sans que toutesfois i'en ose decouurir l'occasiō, voyāt que ce, q̄ cause mon mal, est de tel merite, que mes seruices passez, ny tout ce que à l'aduenir ie sçaurois faire, ny sçauroyent bailler attainte, si vne

B. B.

grace speciale n'agrādissoit le peu qui est en moy, pour l'egaler à la grādeur & perfection de ceste cause, qui ainsi diuersifie & mes pensers, & mes passions. Pardōnez-moy, madame, si ie parle assez obscuremēt: car la confusion qui est en mō ame, rēd mes parolles correspondātes à sa qualité. Non que pour cela ie veuille vous taire ma souffrāce, & moins vous dissimuler ce que i'endure: m'asseurant tant de vostre vertu & gentilesse, que (ayant pitié de moy) me secourrez de ce qui sera en vous, pour cōseruer en vie le meilleur & plus obeïssant de tous ceux, qui vous font humble seruice. La dame, qui iamais n'eust pensé à la meschanceté, que cest insensé commençoit de brasser, luy respōdit assez courtoisemēt: Ie suis marrie vrayemēt de vostre malheur, & m'esbahy quel est l'effect de ceste passion, laquelle vous dites experimēter auec vne telle diminution de ce qui est parfait & accōply en vous: car ie ne voy occasion quelcōque, qui doiue vous esmouuoir à vne si estrāge deliberatiō laquelle vous me declarez, & dequoy i'eusse presque prins garde, encor que ne m'en eussiez riē dit. Ie voudrois auoir le moyen de vous secourir, tant pour l'amour de mon seigneur & mari, lequel, ie suis seure, vous porte bon vouloir, que pour l'hōnesteté, que iusqu'icy i'ay cogneüe

gneüe en vous, laquelle me semble meriter, que lon tiéne côte de ceux qui vous ressemblent. Luy, qui la pensoit desia tenir en ses laqs, voyāt si beau chemin ouuert & frayé, pour luy decouurir apertement ce que longuemēt il auoit tenu secret au plus profond de son cœur, luy respondit: Ah madame! ignorez-vous quelles sont les forces d'amour, & combien ses assauts peuuent debiliter la vigueur du corps, & esprit des hōmes? Ne sçauez-vous pas qu'il est aueugle, & nud, sans auiser où il se met, en se manifestant là où l'occasion se presente? Las, madame! si vous n'auez pitié de moy, & ne prenez esgard à ce que ie souffre pour l'amour de vous, ie ne sçay cōment ie pourray euiter la mort, laquelle sera aussi tost voisine de moy, pour accourcir & abreger mes ans, que i'enrendray vn refus, de ce que l'amour extreme, que ie vous porte, madame, m'a fait vous requerir: qui est, de receuoir vn nouueau seruice de ce vostre ancien & fidele seruiteur, lequel enflammé par les luisans rays de vostre diuin visage ne sçauroit maintenāt changer d'affection, & moins receuoir guerison que du lieu mesme, d'où il a receu la pointure. Excusez, madame, ie vous prie, ma temerité, & pardonnez à ma folie: accusant plustost ou vostre celeste beauté, ou ce ty-

BB 2

un amour, lequel m'a blessé si heureusement, que i'estime mon mal fortuné, & ma playe heureuse, puis que par son moyé mes pásees s'esteuét iusqu'à là, que de vous seruir & aimer en mô cœur, q estes le Phenix des dames belles & courtoises de toute nostre prouince. Las! ceste excellence, qui me fait ainsi vostre, sera vn iour ma ruine, si de vostre grace (dit-il en pleurāt) vous ne fauorisez celuy, qui ne vit que pour vous obeir, & qui perdāt vostre bône grace, s'essayera de se priuer de celle vie mesme, laquelle mal traittee de vous, ira se plaindre de son audace, & aussi de vostre cruauté, auec les ombres de ceux qui iadis sont decedez pour mesmes occurrences. La chaste dame estoit si hors de soy, pour la nouueauté du cas, & pour le creue-cœur qu'elle sentoit, voyāt la hardiesse eshôtee du paillard, qu'elle ne scauoit que luy respondre. Mais à la fin rōpant son siléce, & arrāchāt vn souspir du profond de l'abysme de son estomach, ayāt le visage couloré d'vn frais vermilliō qui luy auoit embelli la couleur, à cause du desdain conceu cōtre ce hardy harāgueur, luy respondit fort seurement: O Dieu, qui eust iamas pensé, que d'vn cœur nourry noblement, & extraict de race illustre, vne villennie si grande print source, & sortist auec fruit si detestable?

ſtable?Quoy,mõſieur le maiſtre,auez-vous oublié le deuoir d'vn ſeruiteur à l'endroit de ſon ſeigneur, & du vertueux & bié nourri gétilhõme,vers telle & ſi grand' dame,que ie ſuis?Ah,felõ & traiſtre que vous eſtes, eſt ce le venin que vous teniez caché ſous la douceur, & emmiellement de voſtre vertu fardee? Allez malheureux, allez baſtir vos mences deuãt celles qui vous reſſemblent, & deſquelles l'hõneur eſt autãt euenté, que voſtre loyauté eſt legere. Car ſi ie vous oy plus parler de ces folies, aſſeurez-vous que i'amortiray en vous la flamme enragee, par laquelle vous bruſlez ainſi à credit voſtre cœur, & vous feray ſentir par effect quelle eſt celle mort,en laquelle vous mettez le repos de vos trauaux. Ainſi que l'eſcorné orateur penſoit acouſtrer ſon excuſe, & moderer le iuſte courroux de ſa dame, à bõ droit indignee:elle impatiente de plus l'eſcouter, adiouſta encor:Et dea, quel ſignes de lubricité auez-vous veu en moy, qui deuſſent vous ſemõdre à me perſuader choſe ſi deshõneſte, & ſi peu cõuenable à ma grandeur: & encor,qui preiudicie à moy,aux miens, & à la maiſon de voſtre maiſtre mon ſeigneur & eſpoux?Ie ne ſcay qui me tient, que ie ne vous face expoſer aux Lyons(cruels & capitaux ennemis d'adultere en leurs compagnies) veu que voſtre pretente eſtoit, en violant ma chaſteté, de deshonnorer la maiſon, à laquelle vous ne deuez moins que tout ce que vous auez d'auancemét, & du gouſt de laquelle vous auez laiſſé le meilleur, qui eſt la vertu. Or allez, ſans que i'en oye plus parler ſur la vie, autrement ie vous feray ſentir le ſalaire de voſtre temerité, & le peu de plaiſir que m'ont dôné vos folies. Ainſi ſe teut la bonne dame, gardant cecy en ſon cœur, pour s'en aider en temps & lieu, ſans toutesfois en tenir propos à ſon mari, tant pour n'eſmouuoir ſcandale quelcôque, que pour n'irriter ſon mary contre celuy, qui pourtoit la punition en ſoy-meſme: veu que ce refus luy rôgeoit pl⁹ eſtrâgement le cœur, qu'onc l'aigle de Caucaſe (de laquelle les Poëtes ont tant chanté) ne bequeta le foye du ſubtil larron Promethee. Et toutesfois le malheureux maiſtre d'hoſtel, non content d'vne lacheté cômiſe contre l'hôneur de ſon maiſtre, voyât qu'il perdroit téps, s'il continuoit ſa pourſuite, auec ce qu'il n'y ſçauroit gaigner rien moins que la mort, ſi elle (veu les menaſſes dont elle l'auoit intimidé (le faiſoit entédre à ſon mary, hôme aſſez colere & chatouilleux, & qui pour telle achoiſon l'euſt de leger chargé d'appointemét, côforme à ſon merite: pourpenſe de pires maux,

dé

de plus nuisibles que les premiers. Il estoit en doute de demeurer, ou de s'en aller, veu que les deux luy estoyét presque insupportables: car il ne pouuoit laisser la maison, où dés le berceau il auoit esté mignardement esleué, & le seigneur de laquelle l'auoit tousiours eu aussi cher que sa propre personne: d'autre part il cognoissoit que, madame viuant, il n'y pourroit auoir aise ny contentement quelcōque. A ceste cause cōuertissant l'amitié extreme, que iadis il auoit porté à la dame, en inimitié cruelle & plus que brutale, & en vn desir insatiable de vengeance: delibera de luy dresser vne embusche si forte, & trainee si subtile, qu'elle ne pourroit s'en depetrer, sans le dāger, & de sa vie, & de son honneur, duquel elle se declaroit si soigneuse. Las, quel aueuglement est celuy qui bēde l'esprit de celuy, qui ne se paist que de la rage d'vn despit fantastique, & de la furie d'vn desespoir! Ne voyons-nous pas que depuis que la raison cede à ceste conuoitise de venger le tort, que lon se fait à croire auoir receu, l'hōme despoille ce qu'il a d'humain pour vestir la nature faroche des bestes les plus brutes & cruelles, à fin de courir impetueusement, & sans raison vers le lieu, où l'appetit desordonné de ses affections le guide? Surquoy ie n'iray point vous alle-

guer autre exéple que de ce traistre, lequel passionné, nõ d'amour, ains de rage & fureur ne cessoit d'espier toutes les actiõs de sa dame, à fin de trouuer qu'y redire, & de mener à fin la trahison qu'il machinoit côtre celle qui ne pésoit (peut estre) plus à ses folies, & qui ne s'amusoit qu'à passer honnestement le temps auec son cher & loyal espoux. Certes si ceste dame eust esté de ces volages, qui ne font aucun estat ou côte de passionner leurs cõsorts par la premiere mouche q̃ leur vole deuãt les yeux, côceuãs vne friuole & soudaine opiniõ de leur chasteté nõ gueres assaillie, ou trop viuement defendue, pour en chanter les hymnes si glorieux & hauts de leur victoire, certes elle ne fut tõbee au peril, où depuis elle se veid precipitee. Nõ que ie veuille accuser celles qui declarẽt à leurs espoux les assauts qu'elles reçoiuẽt par l'importunité de ceux qui essayent d'esbranler leur pudicité. Bien diray-ie que la modestie (côme en toute autre action humaine) y est grãdemẽt requise, veu que quelquefois telle pẽse auãtager son hõneur, & faire preuue de sa chasteté, qu'elle la met en doute, & dõnãt dequoy la blasõner au peuple plus prest à mesdire qu'à loüer ceux, qui par leur vertu le meritẽt, reduit la vie & bon renom de son mary en telle extremité, qu'il luy seroit
mieux

mieux d'auoir resisté vertueusement à l'effort d'Amour:& à la bladissante importunité de tels amās, qu'euēter ce qui se peut tenir en serre, sans le preiudice d'aucune des parties. Et certes plus grāde est la gloire de la dame, qui d'elle-mesme garde son honneur, & assopit la flāmes viuemēt allumees au cœur d'autruy auec la froideur de sa cōtinēce, en vainquāt deux par ce moyen: que non pas celle, qui manifestant le vice d'autruy, donne ie ne scay quelle apparence de sa fragilité, & du peu de raison qui luy reste, pour vaincre celuy qui se cōfesse son serf, & duquel la volōté depēd de son cōmādemēt. Et quād tout seroit biē iugé, celle q̄ decoure l'imperfection d'vn poursuiuāt, mēstre que l'opinion est plus forte en son ame, de pouuoir succomber au plaisir du requerant, que la raison pour chasser la volupté, & reietter l'insolēce d'icelle: veu que la force de raison vainq facilemēt ces legeres affectiōs de la partie sensuelle, lesquelles vne fois grauees en la fantasie, comme y croyans quelque vigueur, font de mesme vaciller les sens de celles qui se persuadent l'estre de telle puissance necessaire, où le tout consiste en leur vouloir. Reprenans dōc nos premieres arres: le maistre d'hostel trauailla tant, qu'à la fin il trouua le moyē pour se véger du refus receu, voire auec la plus subtile menee, & diabolique inuention qu'hôme eust sceu excogiter:& entédez cômét. Entre les scruiteurs de ce grand seigneur, il y en auoit vn, nō moins, ieune de bō sens & entendement, que d'aage: beau, bien proportioné au possible, mais si simple & idiot, qu'à grand peine eust-il sceu cōter iusques à six. Cestuy à cause de sa sottise & simplicité, estoit le passetéps du seigneur & de la dame: laquelle souuent prenoit plaisir à deuiser auec ce maistre sot, le mettant aux alteres pour le faire colerer, & s'apprester de quoy rire. Et pour ce to⁹ ceux du chasteau l'apelloyét (par moquerie) le fauorit de madame, à quoy le seigneur prenoit singulier plaisir, & luy-mesme encor le festoyoit de semblable faueur q̄ les seruiteurs. Le malicieux maistre d'hostel, voyant la priuauté q̄ la dame monstroit à ce fol (comme tenant desia la proye en ses laqs) cōméça aussi à caresser ce ieune hōme & l'aposta si biē & façōna si acortement à sa poste, qu'il luy faisoit & faire & dire tout ce q̄ bō luy sembloit. Le voyant dōc si bien englué en son piege, vn iour il le tira à part, & apres l'auoir bien festoyé, luy dit: Ie sçay vn moyé, par lequel tu feras bien rire madame: toutefois il ne fault en tenir propos, iusqu'à ce qu'elle s'en apperceura. Le poure idiot,

qui

qui ne pésoit à autre cas qu'à complaire à sa maistresse, fut bien aise de sçauoir q̃ c'estoit, & pource il promit de faire tout ce qu'il plairoit au maistre luy cõmãder. Il faut (dit le traistre) que le soir, auãt q̃ madame se retire en sa chãbre, tu te cache sous son lict, & attẽde iusqu'à vne ou deux heures deuãt le iour, & puis apres ie t'instruiray qu'est-ce qu'il te faudra faire. Le complot prins, le sot dés le soir mesme executa le conseil de son endiablé cõseiller: lequel voyãt que sõ entreprinse reussissoit son effect desiré, s'adressa à vn vieil gẽtilhõme, hõme de biẽ, & la vertu duquel estoit si notoire à vn chacũ, que lon tenoit ses paroles, cõme la respõce de quelque sainct oracle. A cestuy-cy le cauteleux paillard tout cõfit en poison, & desir preuariqué de nuire, racõta le fait, non cõme il estoit, mais au grãd preiudice, & desauantage de l'hõneur de la dame, luy faisãt entendre de cõbiẽ elle s'estoit oubliee, q̃ sans la crainte de Dieu, ny reuerẽce de son mari, ny sans le respect du renõ de sa chasteté, elle s'abãdõnoit lubriquemẽt à celuy qu'on appelloit son fauorit: Le bon gẽtilhõme, oyant vn cas si estrange, demeura ainsi estõné, que celuy qui est attaint d'vn esclat de foudre: puis se addressant à l'accusateur, luy respondit: Est-il possible que telle meschanceté ait trouué

ué place au cœur de madame. Ie vous iure
Dieu, que si autre q̃ vous me le disoit, ie ne
sçaurois le croire: & certes i'en suis encor
en doute. Non, non (dit le meschãt calõnia-
teur) ie vous feray veoir ce que ne pouuez
croire: & ayant instruit son sot au badinage
accoustumé, l'endemain il y mena le gentilhõme, lequel voyant sortir mõsieur le fauorit de la chãbre de madame (laquelle le plus
souuẽt dormoit en vne chambre separee de
celle de son mary) ne peut contenir ses larmes, tant il plaignoit l'infortune de son seigneur, lequel pensant auoir vne femme cha
ste, auoit espousé vne louue eshõtee. Puis se
mit à bastir vne lõgue oraison cõtre l'incõ-
tinẽce des femmes, trãsporté pl⁹ du bõ vouloir qu'il auoit vers son maistre, q̃ de la veri
té de ce que indiscretemẽt il disoit cõtre ce
sexe. Aussi ne sçauoit-il riẽ de la trahison &
mene du maistre d'hostel, lequel luy demãda: Et biẽ, qu'est-il de faire? Quoy? respõdit
le bon vieillard: tel peché ne doit demeurer
impuny: il faut que mõsieur en soit aduerti,
à fin que la maison soit purgee d'vne telle
peste & infection: & que lon cognoisse euidemment l'hypocrisie de celle, qui si long
temps a masqué son incontinence du voile
d'vne feinte pudicité. Mais Dieu, qui est iuste, fait sortir en euidence deuant les yeux,

&

& veüe d'vn chacun, les pechez secrets des meschâs, à fin que plus grans scandales n'en aduiénét. Le maistre d'hostel ioyeux au possible d'auoir trouué vn si hôme de bié pour tesmoing de sa calónie, approua le cóseil, que luy-mesme vouloit donner. Ainsi tous deux de compagnie s'en allerent vers le seigneur, môstrans à leur contenáce le peu de ioye qui accôpagnoit leur ame, & mesmement le traistre, les sens duquel estoyent si troublés d'aise, que pésant cômécer son discours, la parole presque luy tarissoit en la bouche: ce qui estonna fort le seigneur, ne pouuât imaginer, à quoy tédoit cest estônemét, iusqu'à ce qu'il oüit la harãgue du desloyal maistre d'hostel, parlant à luy en ceste sorte: Mõsieur, ie suis marri qu'il faille que ie sois celuy, qui vous declare chose, à vous iusques icy incogneüe, & d'aucun non attédue, & laquelle vous dônera autant de malaise, côme le plaisir d'vne opinion contraire vous a iusques icy doné de contentemét. Et Dieu sçait côbien m'est grief d'estre (en vostre presence) l'accusateur de la personne de ce mõde, laquelle i'ay tousiours estimee (apres vous) plus qu'autre qui viue. Mais tenãt le lieu que ie tiens, ie serois (à bõ droit) accusé de traisõ & felonnie, si, taisant vn crime si detestable, i'en laissois la gloire de
fidelité

fidelité à vn autre moins affectionné à vous faire feruice que moy, qui penfe n'auoir fecód en defir de me reuécher du bien & hóneur que i'ay receu de voftre feigneurie, laquelle ie veux bien aduertir, monfieur, que madame, s'egarãt outre le deuoir de voftre grãdeur, & l'honneur de la maifon,d'où elle a prins origine,s'eft lachement oubliee, iufqu'à receuoir à heure indeuë, celuy qu'on appelle fon fauorit, & en lieu, où autre que vous, ne doit auoir l'entree paifible:& de ce cy me fera foy le prefent gétilhóme, lequel vous cognoiffez pour tel, qu'à grand peine pourroit-on trouuer fon pareil. Quant à moy,la loyauté, de laquelle i'ay vfé de tous téps en vos affaires, & le peu d'affectió que toufiours i'ay porté aux chofes qui contrarient à vertu, me ferót dóner l'euidéce veritable,de ce que ie mets en auãt. Le feigneur oyãt nouuelles fi piteufes, & qui luy trãfperçoyét le cœur plus viuement que n'euft fait vn efpieu bien aguifé,demeura de prime face fi eftóné,qu'il ne fcauoit que dire, ny que faire feulemét l'ardant feu de fa colere faifoit diftiller quelque humeur melãcolique fur fes yeux,q receuoyent les vapeurs fuperflues du cerueau.A la fin rópãt ce qui le trauailloit par là dedãs, & grinçãt les dents de grand fureur, auec vne voix mal affeuree & caffe,

caſſe, souspirãt par interualles, il dit: O Dieu quelles nouuelles eſt-ce que i'oy? Eſt-il bien poſsible, que la plus belle & chaſte dame, qui viue, ait dõné tel faux bõd à ſon honneur, & vne entorce ſi laſche à ma reputation? Las! s'il eſt ainſi, qu'elle ſe ſoit tellemẽt eſgaree, il ne faut plus ſe fier en autre, quelle qu'elle ſoit. He Dieu! ſous quel aſtre m'a fait naiſtre le ciel, qu'apres vn ſi long plaiſir receu auec ma chere compagne, i'experimente en elle-meſme vn deplaiſir pire cẽt fois que la mort? Failloit-il que ma maiſon ſentiſt, & veiſt vne tache ſi vilaine, par le moyẽ de celle-meſme, qui deuſt plus luy dõner de luſtre & ornement? Puis ſe pourmenoit ſans dire mot, à grans pas par ſa chambre, roulant les yeux en la teſte, & faiſant d'eſtrãges grimaces, leſquelles exprimoyent aiſement le mal qui le tourmentoit, & paſſion de ſon ame. A la fin, cõme demy appaiſé, il tourna ſon regard vers le delateur, diſant: Mon amy, ſi ce que tu m'as dit eſt veritable, ie prens Dieu à teſmoing, d'en faire telle & ſi aigre punition, qu'il en ſera parlé à iamais. Mais où au contraire, ma femme ſeroit calomniee, & accuſee à tort: aſſeure-toy que la vengeance n'y manquera point. Ie ſcay fort bien quelle eſt la vertu de ce gentilhõme (comme l'ayant aſſez experimenté) ny ne ſay
dou

doute aucune de ta fidelité: mais, las! l'amitié que ie porte à ma femme, & la vertu precedéte, qui me l'a fait tāt estimer & cherir, me penetre si auant au cœur, qu'à peine que ie ne trepasse, oyant faire tel rapport, lequel dénigre tout le pur, qui iamais auroit peu estre en ma compagnie. Et voila le poinct, Monsieur (respond le traistre) qui vous deçoit: car l'apparence de ceste vertu feinte, vous a si bié amorcé, que presque vous estes charmé, pour ne sentir le tort que l'on fait si euidemmét à vous, & à tous les vostres. Or à fin q̃ ne pésez que l'accusation soit fausse, i'espere (s'il vous plaist d'y assister) vous faire voir ce, dequoy nous vous aduertissons. Ie feray, dit le seigneur, tout ce q̃ voudrez quoy qu'à mō grand regret. Demain matin, donc (respond le traistre) vne heure deuant iour, ie vous feray voir le galand, sortant de vostre chābre, auec autant d'aise, cōme i'ay d'esbaïssemét & angoisse, par la simple souuenāce d'vne si grāde meschāceté. Cecy accordé, le mal-heureux ordissant la toile, où depuis il fut enueloppé, s'en alla attiltrer le personnage de son fol tout fait & instruict en la face, laissant le poure seigneur auec tel martel en teste, qu'é peu qu'il ne forcena: tant est grande la fōrce furieuse de ce venin de ialousie, ayant vne fois espandu sa
poison

poison par le cœur & entrailles des hômes, que les plus sages y perdent le meilleur & plus sain de leur ceruelle. Le matin venu, enuirõ sur l'heure que l'amoureux (ignorãt pourquoy il entroit) deuoit sortir, le maistre d'hostel, tout transporté d'vn aise, qui ne peut s'exprimer, & aussi raui en liesse semblable au plaisir de celuy q attaint le côble de ses souhaits, appella son seigneur pour voir ce triste, & de luy non esperé mystere. Le bõ seigneur voyãt le cas tout ainsi côme on luy auoit rapporté, & pésant auoir ce fol & mal sade seruiteur pour compagnon de couche, à peine qu'il ne trespassast de dueil, ou qu'il ne fist tailler en pieces le malheureux, qui estoit innocent de ce que son seigneur soupçonoit de mauuais en luy, & qui n'eust osé péser à l'execution d'vne telle trahison. A la fin donnant lieu à raison, fit empoigner le poure fauorit, lequel il fit mettre en vn cul de fosse : & marry desmesurément contre sa femme, veu qu'il iugeoit la simplicité du prisonnier si grãde, qu'il n'eust osé requerir la dame: pésoit que c'estoit elle veritablement, qui l'auoit induit à ce faire, pour assouir son effrené & lubrique desir:& pource il la fit serrer dans vne obscure & puante prison, sans vouloir ny la voir, ny la oüir parler pour sa iustificatiõ, voire ny au-

C C

cun qui s'auáçaſt à deduire ſon fait, ou miſt auāt l'aucrement de ſon innocence. Car (diſoit l'offenſé mary) ie croy mieux ce q̃ i'en ay veu & cogneu par ma preſence, que vos paroles, ny les raiſons friuoles, & plaintes mal fondees de celle qui s'eſt par trop oubliee enuers moy. Encor vaincu de la colere (iuſte certes) d'vn mary, q̃ cuide eſtre deceu & trahi par ſa moitié meſme, il enuoya dire à la poure captiue, qu'elle pēſaſt deſormais à ſon ſalut, veu qu'il auoit deliberé ce iour-meſme luy faire iouer vne farce plus cruelle, que n'eſtoit plaiſante celle, qu'elle auoit pratiqué auec ſon fauorit, la faiſant deuorer à ſes Lyōs, qui ſeruiroyēt de miniſtres, pour l'execution de la iuſtice ordonnee contre la plus laſciue, & la plus abandonnee femme que la terre porta onques. La belle & innocēte dame, cognoiſſant l'humeur & colere de ſon eſpoux: & auſſi voyant que ſans pouuoir (ſelon le droit ordre de tout iugement) eſtre ouïe en ſes iuſtifications, elle paſſeroit ſous la loy rigoureuſe de celuy qui la cuidoit adultere, ne ſceut que faire, ſinō lamenter ſon deſaſtre, eſpandant larmes en telle abondance, que la pluſpart de ſes accouſtremens en eſtoyent tous moits & trempez: puis ſe fortifiāt en l'eſperāce de la main miſericordieuſe de ce grād Dieu, Pere de tou-

te benediction, & qui n'oublie iamais ceux
qui auec entiere foy l'inuoquent & appellét
à secours par le sainct & precieux nõ de son
Fils Iesus nostre Sauueur: elle auec vne cõ-
pónction de cœur,& syncere deuotion, ioingnant les mains, mettant les genoux à terre,
& dressant les yeux au ciel, se mit à dire: Helas! mõ Dieu, ie sçay & le cõfesse, que la mul
titude de mes pechez surpasse le nombre de
l'arene qui est au grauier & bord de la mer:
& n'ignore point q ce malheur ne me soit
aduenu pour la punition de mes fautes passees: toutesfois, Seigneur, selon ta grande
bonté, ne prens point garde à mes demerites & meschancetez, desquelles ma vie est
toute pleine: ains estens ta faueur & misericorde sur ta poure creature, l'innocence de
laquelle, tu (qui es le scrutateur des cœurs
des hõmes) sçais & cognois fort bien. Ie ne
souhaite point le prolonguemẽt de ma vie
miserable, seulemẽt te plaise, ô Dieu de tou
te bonté & iustice, sauuer mon honneur, &
faire que mõ espoux voye auec quelle integrité i'ay tousiours hõnoré le sainct lien de
mariage, par toy ordonné: à fin qu'il viue
d'icy en auant en repos de ce soupçon conceu sur moy, & que mes parents puissent se
mõstrer par tout, sans craindre la honte, qui
les face rougir, quand ils orront tenir pro-

CC 2

pos de ma vie passee. Elle estant en ces contemplations, & saintes oraisons, se preparant pour receuoir la mort, son mary la fit conduire au parc des Lyons, nouuelle, qui l'effraya fort de prime face, mais se souuenant de son innocéce, fondāt son espoir en Dieu, y alla auec telle asseurance & allegresse cóme si elle fust menee à quelque ioyeux festin, & le peuple, qui iamais n'auoit veu, ny ouy parler de tel gēre de mort, s'estoit là assemblé en grāde multitude, attēdāt la fin de ce spectacle, & parlant diuersement de ce iugement si soudain: prians tous d'vne vnanime voix pour le salut de leur dame, de la chasteté de laquelle ils se tenoyent presque pour asseurez. Or ainsi que lou attendoit l'heure du supplice, la dame fut mise au milieu du parc, non sans les pleurs & gemissemens des assistans, qui fremissoyent d'horreur en la simple memoire d'vn si furieux spectacle. Là l'innocente dame se mit à genoux, & auec gestes & coutenāces ioyeuses elle moustroit combien gayemét elle alloit souffrir ce qu'elle n'auoit pas merité: puis recommandant son ame à Dieu, de qui elle attēdoit salut, se mit à dire assez hautemét: O Seigneur Dieu, qui deliuras iadis Daniel d'vn pareil danger à celuy, où la fausse accusation des meschās à tort m'a precipitee: &

Susan

Susanne de la calomnie des peruers & adulteres vieillards, plaise-toy regarder en pitié ta poure creature. Pardonne Sire, pardonne ie te supply, la simplicité de mō cher espoux, lequel faut plus, estant circonuenu de la trompeuse cauillation des calomniateurs, que de malice ou propre maltalēt. Reçoy, ô mon Dieu & Pere, reçoy mon ame entre tes mains, laquelle tu as rachetee par le sang espādu de tō Fils Iesus, sur l'arbre de la croix. Ainsi qu'elle finissoit ceste parole, elle veid sortir les Lyons, auec vn herissonnement, & croslement de iube, estendans leurs griffes, & auisans çà & là de trauers, desquels elle se pensoit ia estre la pasture. Mais le bon Dieu qui est iuste iuge, & qui souffre que les siens soyent tentez iusqu'à l'extremité, à fin de rendre leur gloire plus grande, & la ruine des meschans plus apparente, monstra là vn euident miracle: car les Lyons (farouches de leur nature, & qui pour lors estoyent affamez) en lieu de depecer la bonne dame, & en prendre leur pasture, se mirent à la lecher & fleuronner, puis à la caresser si familierement, cōme si elle les eust nourry dés la mamelle: cas, qui ne luy fut moins agreable, qu'admirable à l'endroit de tout le peuple assistant, lequel voyant chose si miraculeuse, se mit à crier que la dame fust incon-

tinent deliuree, & que lon prinst vengeance de celuy, q si lachemēt auoit mis en danger celle qui pour sa vertu deust estre loüee, & prisee de tout le mōde. Le seigneur ayāt entendu cecy, fit prendre & emprisonner son maistre d'hostel, à qui la conscience causoit vn tel remors, que sans scauoir encor la fin de la tragedie, il se cōdamnoit par ses côtenances. Cependāt lon oüit la deposition du poure fauorit prisonnier, lequel dit qu'à la suggestion du calōniateur maistre, il estoit souuent (au desceu de la dame) entré dans sa chābre, sans qu'il sceust à quoy tendoit le dessein de celuy qui luy faisoit faire. L'autre gentilhomme fut excusé (quoy qu'il meritast reprehension) pour auoir esté trompé par mesme ruse que le seigneur mesme. Le maistre d'hostel confessa de son bon gré publiquement la trahison qu'il auoit brassec contre la dame, & l'occasion pourquoy, & comme pensant se véger du refus d'amour, par lequel la dame luy auoit clos la bouche, il luy auoit tramé cecy, pour la faire mourir. Ce qu'oyant le seigneur, impatient d'attēdre sa ruine, commāda que sans autre forme de proces, il fust donné pour proye aux Lyons: ce qu'estāt executé, il fut sans gueres marchander, saisy & deschiré par lesdits animaux, lesquels par le iuste iugemēt de Dieu
s'ab

s'abstindrent de la bonne dame pour la punition du peché detestable de ce galand. Cependant la chaste, & innocente dame se presentant deuāt son mary, apres luy auoir fait vne bien basse & humble reuerēce luy dist: Ie rends graces à Dieu, monsieur, de ce que par sa saincte grace, & inscrutable iustice, il vous a fait cognoistre deux diuerses affections aux deux personnes de ce mōde, que vous aymiez si cherement: en l'vne, la trahison si pernicieuse qui vous semōnoit à souiller vos mains (iustes) iusqu'auiourd'huy, au sang de vostre loyale & chere espouse: en l'autre, vn si bon vouloir de vous obeyr, & de persister en la continuation de l'effet de ce qui la rend louable enuers chacun, & digne que vous l'aymiez autant, cōme elle est vostre biē affectionnee. Toutesfois i'ay dequoy me plaindre iustement de vous, qui sans receuoir excuse quelconque en payement, ny ouïr chose qui seruit à ma iustification, auez condamné celle, pour l'honneur & defence de laquelle vous deussiez employer, & biens & vie. Mais Dieu sera iuge entre vostre peu de raison, & ma iustice, & entre mon obeïssance, & la cruauté par laquelle vous auez abusé de la grandeur du lieu d'où ie suis descendue. Le mary oyant ceste sage, & equitable complainte,

d'vn cofté tranfporté d'aife treffailloit tout de ioye voyant fa chere campagne en liberté, & declaree innocente: d'autre part il rougiffoit de honte, pour auoir fi legeremét, & fans mieux efplucher les matieres, condamnee celle que Dieu par fa grace, auoit preferuee de la gueule des lyons:& n'ofoit haucer fa veuë, tant luy rongeoit viuement le cœur la memoire de fa legerete, & cholere trop foudaine, Finalement embraffant fa femme, & la baifant fort amoureufemét, luy dit: Madame & chere amie, ie ne fçauroy vous nier que ie n'aye taché bié lourdemét l'hóneur qui iadis me faifoit apparoiftre entre les premiers de cefte côtree: mais qui bié contemplera le defdain d'vn mary aimát fa femme, & puis entendât l'oubly qu'elle fait, & de fon honneur, & de la gloire de fon côfort, il excufera facilement en quelque forte ma faute, laquelle ie ne veux point ainfi pallier, ains vous prie me pardonner, vous affeurant que ie l'amenderay fi bien, & entant de fortes, que vous & les voftres, aurez de quoy vous en tenir pour coutens & fatiffaits. Il me fuffit monfieur dit elle, que mon innocence vous foit cogneue, & que i'ay recouuert place en vos bónes graces: car i'eftime mon mal bien employé, quand par luy, vous & les voftres, vous pourrez glorifier
d'vne

d'vne seuere iustice côtre les malfaiteurs: & moy, d'auoir resisté aux efforts de l'amour & de la mort pour garder ma chasteté pure & inuiolable, & pour seruir d'exëple à toute dame d'honneur, qui se verra assaillie de tels & si forts aduersaires, de tenir bon: car la coronne n'est point deuë, sinon a celuy qui bataillera legitimement, iusqu'à la fin. Apres cecy, le seigneur commanda, par la persuasion de sa femme, que le fauorit vuidast sa maison, à fin que sa presence ne luy seruit de tourment, & luy refraichit la memoyre de chose, qui iamais ne le laissat sans en auoir vn eguillon poingnant en son ame. Et non sans cause, car le grand seigneur, qui ouure facilement l'oreille à tout vent de raporteur, & adiouste foy aux paroles piperesses des flagorneurs, à grand peine peut-il eschapper sans qu'il ne face chose indigne de soy, & de sa grandeur. Aussi certes le venin de tels serpens est de si grande force, que se saisissant peu à peu du cœur qui le reçoit, le rend en la fin mesme en effets qu'est la nature du poison & drogue sophistiquee. En quoy lon deuroit estre non moins, voyre plus diligent, qu'a tenir l'œil sur les viandes entre les personnes de qui lon se craint, veu que les maladies & infectiõs de l'esprit sont beaucoup plus dãgereuses, que les passions

exterieures, qui tourmentent les corps. Sur quoy si le dit Seigneur ne fut diligent, il en entit le dommage pour penitence de son inconsideration. Toutesfois, comme les maux, non plus que les biens des hommes ne sont tousiours durables, & perpetuels: quelques iours apres il commença à se resiouïr auec sa femme, & la menoit souuent à la chasse, & veoir ses voisins, & en sa maison dresser de beaux festins, où ses parens & amis estoyent appellez pour luy congratuler ceste commune nouuelle alliance, par laquelle il s'essayoit de satisfaire à la faute commise: & pour plus gratifier à sa femme, & luy faire cognoistre de combien il estimoit & prisoit plus qu'auparauant, il feit tailler auec vne grãde industrie, & merueilleux artifice en marbre, tout le succez de la presente histoire, & voulut qu'on la mit sur le portail, & premiere entree de son chasteau, tant pour immortalizer la grand chasteté de sa belle & vertueuse espouse, que pour proposer vn miroir, & exemple à tout domestique, & autre quel que ce fut, de n'attenter rien contre l'honneur des dames. Car le plus souuent il auient que celuy qui approfondit la fosse, & bastit le gibet, est le premier qui y tombe, ou est estendu sur iceluy. Comme pouuez veoir par le present
discours:

discours: lequel vous met en auant quelle fin ont couſtumierement les folles amours de ceux, qui ſans raiſon, & ſans meſurer ce qu'ils peuuent, ſe laiſſent guider à leurs appetits ſenſuels: car vne iſſue malheureuſe ne ſçauroit faillir à vn commencement, l'appuy duquel abhorrant la raiſon, giſt, & eſt fondé ſur le fondement ſablonneux de volupté, lequel eſt demoly par le moindre vent, & tempeſte que fortune y ſçait enuoyer deſſus & contre tel edifice.

Fin de la huitieme Hiſtoire.

Sommaire de la neufuieme Hiſtoire.

DE tant que nature a de plus adoucy le climat de noſtre natiuité, & rendu nos mœurs cortois & benins, tant doit noſtre inclination eſtre plus procliue à ceſte vertu, qui a iadis fait illuſtres & celebres du nom de grãde clemẽce, ceux qui toutesfois par effet eſtoyent tyrans ambitieux, & depopulateurs de leur republique meſme: veu que l'horreur de cruauté à touſiours eſté ſi grande, que meſme les barbares nations ont deteſté ceux qui ſouilloyent leurs mains au ſang de l'innocent, & deſpouilloyent iniuſtement

celuy

celuy qui n'auois commis aucune faute: & qui plus est la Barbarie mesme a loué ceux qui hardiment s'opposoyent à telles pestes cruelles, & denaturees furies, nees pour la ruine de l'humain lignage: tels que ont esté iadis vn Neron Caligule, & Commode entre les Romains Empereurs, que vn Phalaris, Alexandre Pheree & Diomede entre les estrangers: tels encore que fut Numylisinte Royne de Thrase qui faisoit tuer le fruit dans le ventre de la mere apres l'auoir fait miserablement fendre & deschirer. Ie dy cecy pour auoir en main l'histoire d'vn acte le plus detestable & furieux que homme sçauroit penser aduenu de nostre temps, non en Scythie, ou entre les Antropophages, Canibales & Amazones meutrieres de leurs enfans, mais au cœur & milieu de l'Europe, & en l'vne des plus belles & riches prouinces du monde, laquelle iadis a donné tel indice de sa grādeur, vertu, courtoysie & humanité, qu'elle estoit l'eschole, ou toutes nations venoyent pour apprendre la maniere de bien & honnestemēt viure. Mais en icelle s'est trouué femme, qui contre le naturel de son sexe, a commis acte si lasche & cruel, que (ie m'asseure) vous ne le lirez sans admiration ou moins si voulez prendre la patience de lire le succez de l'Histoyre suyuante.

De la lubricité de Pandore, & cruauté d'icelle contre le propre fruit de son ventre, pour se veoir delaissee de celuy, de qui elle estoit grosse.

HISTOIRE NEVFVIEME.

EN la fameuse, riche & populeuse cité de Milan fut n'agueres vne damoiselle, laquelle, pour le present nous nommerons Pandore, à fin que son nom diuulgué ne chatouille beaucoup de gens de bien, qui luy touchét: & pour mesme respect ie tairay le nom des parents & mary d'icelle, qui pour leur vertu meritent bien de ne porter le blasme de la plus malheureuse femme, qui onques nasquist de mere. Ceste-cy dés son enfance donna l'argument presque de sa future meschâceté: car elle estoit arrogante, desdaigneuse, cruelle, mais lasciue au possible, & si bié, que sur les quatorze ans elle s'amouracha d'vn page (que son pere auoit retiré pour l'honneur de Dieu) lequel estoit fils d'vn poure faquin: & non seulement l'ayma elle, ains luy donna si bonne part en elle, que le page le plus souuent luy alloit tenir compagnie la nuict, à fin que les lutins, & fantosmes tofmes nocturnes ne l'effroyaffent. Les folles amourettes, & paffetemps de sa puerilité furét les coniectures des faits heroïques qu'elle executa en son eage plus meur, lefquels certes (si la vertu des honeftes dames ne l'empefchoit) pourroyent donner occasion iufte aux mefdifans de calōnier ce fexe tant louable, & digne de recōmandation, à l'endroit d'iceux qui ont la verité pour miroir de leurs yeux, & pour fuiet propre de leur parole. Or cōbien que cefte damoifelle fut telle que ie vous ay dit, si se monftroit elle pourtant si fage en ses folies, & si prudēte en sa temerité, que personne de la maison de son pere ne s'apperceut onques de ses trafiques amoureufes, ains viuoit en reputation d'vne fille pucelle & chafte, cōbien que defia elle eut dedié les primices de sa virginité à vn autel indigne de l'offrande, & du lieu d'où le prefent procedoit, & qui par ceux qui y auoyent puiffance deffus, eftoit rouë à vn autre. Voyla comme les parens peu foingneux de leurs enfans, & qui les allechent par leurs mignotifes, en font des corps qui se dedient à vne proftitution effrontee & publique, denigrans l'honneur des maifons, laquelle auec si grād' peine ils ont maintenu, l'ayans prins de leurs anceftres. Or cefte honnefte fille nō contente, ou

pour

pour mieux dire nõ cõtétee de celuy qu'elle n'aymoit q̃ pour sa volupté,& effrenee lubricité, se acosta d'vn ieune gentilhomme beau,& dispos de sa personne,lequel trouua moyẽ de corrõpre la dame q̃ la gouuernoit, auec vne bõne somme d'argẽt. Armes pour certain,assez fortes pour abatre les murs de la place la plus forte,& mieux garnie,q̃ soit sous le ciel:& ainsi.Iupiter (cõme les poëtes disent)entra en la tour d'airain,ou estoit enclose Danaé fille d'Acrise Argiuien sous la forme d'vne rosee & pluye d'or. Ce gẽtilhõme q̃ pẽsoit cueillir la fleur premiere du rosier de Pãdore, veu la grãde ieunesse d'elle, fut esbahy,voyãt q̃ le chemin estoit ià frayé & sans grãd empeschement : toutesfois il se cõtẽta d'auoir le plaisir des reliefs,desquels le page auoit sauouré l'entree, & le meilleur q̃ fut en tout le repas. Quelque tẽps apres ou biẽ faché de tousiours vser de mesme viãde,ou laissé du trauail,& ne pouuant plus fournir à l'apointement , s'en alla,feingnãt ie ne scay quelle charge de gẽs de pied desq̃ls il estoit capitaine,& mettãt en auant qu'il failloit q̃ il se trouuat à sa mõstre le cõgé luy fut donné assez enuis. Or biẽ tost apres son allee Pãdore fut mariee à vn gẽtilhõme riche & vertueux,residant en la mesme cité,mais trop vieil,pour la galantise &
verdeur

verdeur de sa partie, luy ayant desia attaint l'an 50. de son eage, & elle n'estant encor que de 18. ou 20. ans. Ce bon homme l'espousa, & comme non trop scrupuleux, ou experimenté aux affaires de tel mesnage, la cogneut & receut pour pucelle. Chose nõ trop esmerueillable, veu le cas diuers qui en mesme affaire aduiennent de iour en iour, & si bien que souuent les plus rusez y sont prins: aussi que telles dames, que Pandore scauent de si bons & subtils tours, & ruses pour pallier leur faute, & se faire estimer pucelles (quoy qu'elles ayẽt couru l'esguillette) que les plus clair voyans y auroyent besoin de lunettes bien claires, & les plus sages & speculatifs y perdroyent leur sciẽce. La damoiselle donc estant si bien à son aise, & ayant (contre la coustume de son païs) non seulement le maniement des affaires de la maison, mais bien la liberté de viure ainsi que bon luy sembloit, & d'aller où mieux luy plaisoit, brida si bien son bon hõme de mary, que mõsieur le page, premier possesseur d'elle, alloit & venoit à son plaisir en la maison du bon Iean, tant pour payer ses arrerages, que pour suppléer au defaut du froid & peu vaillant mary, duquel la volonté estoit meilleure que le pouuoir. Durãt cecy, auint qu'vn gentilhõme Romain nommé Cãdide

Iocon

Ioconde s'enfuit de Romme pour certaines esmeutes où il s'estoit trouué: & arriué à Milan il se logea fortuitemét pres le Palais où demeuroit Pandore. Ce Rommain, qui, estoit homme escort & subtil, print facilement garde aux contenances de la damoiselle:& cognoissant le plaisir qu'elle prenoit d'estre caressee & œilladee, la voyant belle, plaisante & courtoise, se mit à luy faire l'amour, & feindre, par ses souspirs, & feintes exclamations (à la Castillane) vn feu de desir, qui le brusloit sans cause, ne laissant moyen quelconque pour l'attirer à auoir compassion de sa peine:souuēt le soir passoit par deuant le logis de sa maistresse, sonnant du luth, duquel il ioüoit fort bien, & auoit encor meilleure grace, quand par fois accordant la voix auec le luth, faisoit mille passages plus harmonieux que le degoisemēt du rossignol:ce qui de plus viue flamme esmouuoit les appetits de ceste ieune folle, vers laquelle ne falloit vser de grād harāgue pour la ployer à ceste mercy, veu que d'elle mesme (qui ne l'eust anticipee) elle eust fait estat & office de requerāte, n'ayant plus grād plaisir que d'aller souuent au change, & rechercher nouuelle pasture pour son immoderee lubricité: qui fut cause qu'vn soir que son mary estoit absent, le gentilhomme a

D D.

moureux paſſa par deuant le logis de Pandore, ſonnant, & chantant ceſte chanſon:

Le vaſe ſainct, où les dieux ont enclos
Iadis les maux, pour punir les humains,
Eſt pour moy, las! decouuert & declos,
Et du dedans s'en ſens les maleurs maints.

Mes ſens en ſont par violence aſtrains,
Et conſommez mes membres iuſqu'aux os:
Le cœur en feu euapore mes plains,
Et de cecy, & le blaſme & le los.

Las! il en donne à toy, belle Pandore,
Laquelle il ſert, & laquelle il adore,
Pour en tirer le repos de ſa peine.

Ouure donc, belle, ouure le ſecond vaſe,
Où eſt mon bien qui me noye & embraſe,
Et auquel vit ma gueriſon certaine.

La damoiſelle, oyant le chāt piteux de ce cauteleux amant, plus eſpriſe par effect de ce que l'autre feingnoit pour la deceuoir, que le gentilhomme n'en monſtroit le ſemblant, le fit prier d'entrer: ce qu'il accorda volontiers, côme celuy, qui ſemblant l'oiſeleur, n'auoit chāté pour autre occaſion, que pour prendre ceſt oiſeau à la pippee. Eſtant dedans, Dieu ſcait les careſſes qu'ils ſe firét, & de quelle affection l'impudéte traita ſon amāt, lequel pour aſſouuir ſon plaiſir, ioüit de celle, de qui il deteſtoit l'incontinéce, & facilité à ſe laiſſer ainſi en proye, à quiconque

que la pourſuiuoit. Car l'honneſteté encor
doit auoir quelque place à l'endroit de cel-
les-meſmes, qui font tort à leurs maris. Et ſi
leur malheur eſt ſi grand, que de faire vn a-
my (choſe toutesfois defendue, & de Dieu,
& des cōſtitutions humaines) elles ſe doiuēt
contenter, ſans tourner le cœur à nouuelles
amours, & s'acoſter de tel, qui puis apres en
fait des côtes, & ſe moque par toute compagnie de telle legereté. Auſſi eſt-ce certes la
recompenſe de telles folies, que de ſe veoir
la fable de tout vn peuple, & argument des
riſees de ceux qui les iouent en plain theatre, à leur grād' cōfuſion, & creue-cœur indicible de leurs parents & maris. Ainſi qu'en
aduint à Pandore, laquelle fut moquee du
Romain, qui ne faiſoit cōſcience de publier
entre ſes compagnons, les eſtroites faueurs
que Padere luy auoit mōſtré & fait de belle prime face. Cependant ledit Ioconde fut
rapellé de ſon exil, par Leō de Medecis, lors
ſouuerain vicaire au ſiege de Rome, lequel
luy donna remiſſion de ſon crime, & remit
gratuitemēt le bā. De ce depart ſi ſoudain,
Pandore ſentit vne incroyable douleur: non
pour amour qu'elle portaſt à la vertu & gen-
tilleſſe du Romain, mais pour ſentir que mō-
ſieur le page cōmençoit à s'afoiblir, ne pouuāt plus continuer l'eſcarmoche, en laquell

le il auoit si bien accoustumee, qu'elle ne pouuoit viure sans auoir auec qui amortir le feu de sa concupiscence: mais sa fortune luy fut si malheureusement heureuse, que vn ieune cheualier Milannois vint prendre logis encor au mesme lieu, d'où n'agueres le Romain auoit délogé. Cesar Parthenopee (ainsi s'appelloit le cheualier) prenāt garde à la beauté de ceste Alcine, en deuint extrememét amoureux, & nauré plus au vif, que pas vn des autres, qui auoyent frequété domestiquemét la bourgeoise. A ceste cause ce ieune amant cōmença passer souuét par deuant la porte de Pandore, monstrant par ses contenāces quel estoit le desir qui le cōduisoit & faisoit pourmener: mais quoy? il ne faut ia grād' baterie à la forteresse, où le capitaine ne demāde que composition. Aussi certes depuis que le voile de honte nous est osté de deuant les yeux, il n'est empeschemét qui nous destourne de nos sensuelles affections, & là où la raison perd son regne, toutes choses sont confuses, & les forces de l'esprit s'auilissent tellement en l'homme, que le sens exterieur domine du tout les desirs & actions de l'ame. Et comme dit Euripide:

Qui vne fois à vice est venu s'addonner,
Il ne craint nullement souuent d'y retourner.

Comme ceste lubrique & eshontee damoiselle

selle, laquelle aussi tost que se veid regardee de bon œil par le cheualier son nouueau voisin, vsa incontinent de regards reciproques, auec signes si lascifs, & œillades si peu chastes, que l'amāt s'asseura d'auoir part en sa bonne grace, & commença à esperer vn succez heureux pour ses entreprises. Or durant ces menees, aduint que le mary de Pandore fut contraint d'aller en quelque commission pour les affaires de la cité, où il deuoit demeurer plus d'vn an. Cecy donna esperance à Parthenopee(qui ignoroit la liberté qu'auoit sa dame, laquelle le tenoit en ses alteres pour mieux l'amorcer) de paruenir à ses atteintes, ensemble le moyē de luy declarer sa passion par vne lettre, qu'il luy enuoya par vn sien page: de laquelle la teneur s'ensuit: Ie ne doute point madamoiselle, que quelque vigueur celeste n'ait iadis inspiré celuy, qui vous imposa tel nom, veu la conformité que vous auez auec cette Pandore doüee du plus parfait, qui sit en la mesme perfection des cieux, veu le rayon d'vne cachee & latente clarté, sortant de vos diuines beautez, par lequel ie me sens si esbloüy & offusqué de ma premiere veüe, que hors de moy, ie ne sçay (quoy que ie le veuille)demander le restablissement & restitution de moy en moymesme: toutesfois

DD 3

voyant ceſte grand' ſplendeur auec l'eſpoir que i'ay de voſtre ſinguliere bonté & naturelle courtoiſie, i'attends que ma captiuité me ſeruira de frãchiſe : & m'oſe preſque aſſeurer que voſtre vaſe (tant diuers à celuy de l'ancienne Pandore) me fera ſentir l'odeur du plus qui conſiſte en l'accompliſſement de ce que ie deſire, qui eſt, que m'acceptant pour voſtre, madamoiſelle, vous plaiſe auoir pitié de celuy, qui ne l'aura de ſoy-meſme, ſi vous luy eſtes rigoureuſe : car luy viuant en vous, il luy eſt impoſſible de durer ſans l'approche de ce qui le ſouſtient, & maintient en eſſence. Voyez donc, & qui ie ſuis, & quel eſt mõ merite, & quelle affectiõ i'ay de mourir à la continuation d'vne obeiſſance, laquelle ie vous voüe pour l'auenir. Baiſant vos blanches & delicates mains auec ſi bõne deuotion, comme deſire que vous ayez pitié du mal qu'endure pour aymer ardemment. Le plus obeiſſant de vos affectionnez, Ceſar Parthenopee.

Elle qui (cõme auez entendu) eſtoit eſpriſe de l'amour du gentilhomme, ayant leu la lettre, fut ſi embraſee d'vn deſir de le veoir plus pres (luy eſtãt le premier, qui auec telles honneſtetez luy auoit fait la cour) que indiſcretement elle ſe mit à embraſſer le page, diſant : Page mon amy, dites à monſieur
voſtre

voſtre maiſtre, qu'il viéne hardiment ceans: car ie veux ſcauoir par ſa bouche meſme, ſi ce qu'il me mande par eſcrit eſt veritable, ou non. Ie l'attendray ce ſoir en ceſte chambre, où vous le pourrez conduire: dites-luy, que ie le prie de n'y faillir point. Le page ne fit faute de côter de poinct en poinct toute ſon ambaſſade au cheualier, lequel ioyeux plus qu'on ne ſcauroit penſer, diſoit : Bienheureux, enfant, d'auoir receu la faueur que madame t'ait embraſſé ſi courtoiſement, eſtant en mon ſeruice: & moy encor mieux fortuné de receuoir vn commandement, qui peut donner fin à toutes mes angoiſſes. Ia ne plaiſe à Dieu, que ie ſorte du moindre de ſes commandemens, quand bien ce ſeroit pour y mettre la vie au plus grand peril, où iamais amant s'expoſa, pour le ſeruice de ſa dame. Ainſi le ſoir, accompagné de ce ſeul page, il alla veoir Pandore qui l'attendoit en bonne deuotion de luy faire cognoiſtre l'affection qu'elle auoit de ſatisfaire à ſon deſir, & extreme paſſion. Luy arriué en la chambre de ſa dame, la trouua coiffee à l'auantage, ayant ſeulement ſa vaſquine, côme eſtant preſte à s'aller coucher. Ce ſimple parement, auec la naturelle beauté augmentee par la lueur des chandelles, rendit le cheualier tout perplex, & ſi hors de ſoy,

HISTOIRE

qu'il ne sçauroit de prime face que faire, sinon se mirer au lustre de ceste beauté, indigne d'vn si eshonté & impudent suiet: mais comme reuenu à soy, il se print à baiser les blanches & delicates mains de la rauie Pandore, disant: Ie suis & à bon droit tel me puis ie dire, le plus heureux cheualier, qui viue maintenant, ayant l'heur si honnorable, madamoiselle, que de vous voir en lieu où i'ay le moyen de vous exprimer le mal que i'endure, lequel iusqu'icy i'ay souffert, appasté de l'espoir de la faueur que maintenant ie reçoy de vous: car autrement, ma damoiselle, ie vous asseure, que le peu d'experience, que i'ay du goust de l'amertume d'amour, m'eust causé la mort: mais puis que vostre grace s'est de tãt adoucie en mon endroit, que de me faire venir au lieu où ie puis estre beatifié, & vous receuoir les premieres arres de mon perpetuel seruice: ie vous suppliray (dit-il, souspirant & pleurant bien chaudemẽt) amortir en moy, non l'affection amoureuse, ains la passion qui me tourmente: & voyla tout ce que i'ay tousiours en l'esprit, dés le premier iour que ie vins de pardeçà, & que par vostre commandement, ie suis venu vous faire entendre de ma propre bouche: à fin que ma douleur apparente vous face voir que ie ne parle par
feintise

feintise, ains que le cœur est non moins affligé, que vous voyez la parole passionnee, pour vous declarer le mal interieur de mon ame. Pandore qui iusqu'à lors n'auoit aimé que pour le plaisir charnel, n'ayant aussi iamais esté solicitee par vn vray & loyal amant, oyant Parthenopee parler si sagement, & le voyant tout consit en larmes, ne pouuāt contenir les siennes, sentit ie ne sçay quelle esmotion en son cœur, qui iamais ne luy auoit si viuement esbranlé le secret de sa pensee: qui fut cause, que baisant assez familieremēt Parthenopee, luy dit: Monsieur ie m'esbahy de vous, qui sans auoir longuemēt experimēté les effects de l'amour (ainsi que m'auez ia confessé) vous vous plaignez de moy, côme i'ay veu par vos lettres, & demādez le salaire de ce que par seruice vous n'auez encor trop viuement poursuiuy. Ie croy que vous sentez bien vostre mal, mais tout l'effort du martyre ne s'espand pas sur vn seul subiect: car si l'amour geine vostre ame, asseurez-vo°, mōsieur, qu'il en y a telle que vous ne pēsiez pas qui n'a point vescu sans passions & lāgoureux tourmēt. Que si ie n'ay point fait apparoir par dehors, ce que i'auois le plus enraciné en mon cœur, croyez que ç'a esté ceste tyrannique honte qui bourrele si estrangement la vie des da-

mes, laquelle m'a bandé les yeux, & lié la
lãgue si bien, que ie n'ose onc (present mon
mary, faire notoire le bon voloir que i'ay
tousiours eu depuis que vous estes en nostre voisinage) à vous choisir pour le fidele
& seul seigneur de mes pensees, & auec leql
ie souhaite de passer ma vie en tout tel aise
que deux amãs sçauroyẽt desirer. Le gentilhõme trãsporté d'aise & cõtẽtemẽt ne pouuoit se souler de baiser les mains, puis la
bouche, puis les yeux, de quelques fois ce
sein blãc & caillé, qui decouuroit deux petites montagnes, entre lesquelles estoit vne
belle & en esgal disiõte vallee: & disoit Par
thenopee mille folies, telles q̃ coustumiere-
mẽt sortẽt de la bouche d'vn amant rauy en
l'extase de son aise & plaisir. Apres plusieurs
propos seruans à leur affaire, les deux amãs
s'allerẽt coucher, où Parthenopee print possession du vaisseau de la detestable & cruelle Pandore: laquelle trouua le cheualier si
bon iousteur & roide combattant, que presque (oubliant son naturel) elle ne se souuenoit d'autre qui iamais fust auec elle entré
en lice, & le print en telle amitié, qu'elle n'a-
uoit ayse ny repos que lors qu'elle voyoit
son Parthenopee: & luy ne pouuoit viure
sans tristesse, sinon tant qu'il tenoit sa Pandore entre ses bras. Mais ce plaisir fut conuerty

uerty en deplaisir estrange, le repos en vn continuel souci & trauail penible, voire l'amitié si estroitte fut dissoute si bien, que iamais depuis elle ne sentit la premiere vniõ. Car quelques iours apres, le page, qui auoit demeuré deux ou trois mois absēt de sa dame, reuint & reprint la route de son ancien chemin, & estoit caressé par Pandore, auec aussi bon visage, que la premiere fois qu'elle le fit cultiueur de ses non rompus cháps: & pourtant ne vouloit-elle point estranger son Parthenopee : lequel s'auisant de sa desloyauté, & pēsant que ses amours ne fissent que commencer, fut plusieus fois en deliberation de faire mourir son corriual, & de publier la mechanceté de sa dame: mais soudain sa gentile & bien apprise nature, & le rang qu'il tenoit, luy faisoyent changer d'opinion: non qu'il restast grandemēt passionné d'vne extreme & amere passion de ialousie, qui le picquoit & tourmentoit si bien, qu'il commença à songer creux, & se fantasier pour chose qui ne le meritoit point: de quoy s'apperceuant vn gentilhomme sien parent & bō amy, le nom duquel estoit Lucio Martiano, homme qui ne se laissoit pas coiffer à credit, & qui auoit sceu par le Romain Ioconde, les practiques, & insatiable paillardise de l'eshontee Pandore: s'adressa

vn iour à Parthenopee, qu'il trouua se promenant par vn portique de sa maison, auquel apres plusieurs & diuers propos, il dit: Quelles façons de faire sont celles-cy, mõsieur mon cousin, que maintenant ie vous veoy tout changé, si qu'il semble que vous ayez nouueau visage, & affections nouuelles? Pensez-vous que i'ignore vos passions, & l'amour qui vous a lié auec Pandore? Ah mon cousin, mõ cousin, que ie plains vostre desastre! & crains, si Dieu n'a pitié de vous, en vous retirant des mains de ceste louue, que vous n'experimentez vn iour en elle le poison sortant de son vase infait, pire que la ruine, que la premiere Pandore apporta en ce monde, comme dextrement & d'vn fort bon esprit nous ont iadis laissé par escrit les deux Poëtes Grecs, honneur de leur siecle, & docteurs sçauans pour la posterité. Ceste folle est suffisante non de vous faire cõsommer vostre téps & aage à la souler en ses delices de vos embrassemens, mais bien encor de gaster vn milion d'hommes. Helas mon cousin, si vous sçauiez qui est la Pãdore qui a cõmandement sur vos pésees, quelles sont ses façons de faire, & quelle vie elle a mené dés son enfance, vous seriez content du plaisir que iusques icy vous en auez tiré, sans vous tourmenter pour la veoir courir au
change

change. Et cuiderez vous que ie sois si grue que ie ne cognoisse fort bien, que vostre tristesse ne part d'ailleurs, que d'entendre que vn vil & plebee seruiteur vous soit preferé en amitié? Celuy certes, de qui vous vous plaignez, est le premier possesseur des fruits de la virginité de vostre ribaude maistresse. Encor ne seroit-ce rien, si vn infiny nombre d'autres, desquels i'en pourrois nommer vne partie, n'auoit tenu fort en la mesme place de laquelle vous seul pensiez estre le gouuerneur, & lieutenant de son legitime possesseur. Parthenopee escoutant fort ententiuement l'oraison de son cousin, se seigna plus de cent fois, oyant les comptes qu'il luy deduit sur les beaux faits & hautes entreprinses de ceste Venerique guerriere. Martiano voyāt son cousin luy prester ainsi l'aureille, adiousta encor: Laissez ie vous prie ces folles & adulteres amours q preiudicient à l'ame, denigrans l'honneur, & bon renom d'vn gentilhōme tel que vous estes. Ne vaut-il pas mieux espouser quelque hōneste damoiselle, qui soit de vostre calibre, que de vous amuser à la queüe d'vne paillarde publique, qui pourra vn iour vous faire finer vos iours miserablement? Ne sçauez-vous pas que les histoires sont pleines d'exēples tendans à la fin que ie vous propose:

pose, & qu'encor nous en voyons ordinairement infinis scandales auenir pour le violement, & souillure du lict d'autruy? L'amitié que ie vous porte, & le parentage qui est entre nous, me contraingnent à vous en dire ce qui en est: & vous supplier pour l'amour de vous-mesmes, & repos de ceux, qui desirent vostre proffit, d'oublier ceste vile, & à nul niee femme, l'accointance de laquelle me presage vn tard repentir pour vous, si de bonne heure ne vous depestrez de son alliance. Vous me dites merueilles, (respondit le cheualier) & croy presque ce que venez de me conter, veu l'opinion que i'auoy desia conceüe de la paillardise de ceste damoiselle. Mais est-il bien possible, que elle soit telle que vous me la descriuez? Possible! dit Martiano: Ouy, & plus que veritable. Et lors il luy conta par ordre la pluspart de ceux qui auoyent foulé le lict nuptial du mary de Pandore: ce qui degousta tellement Parthenopee, que de là en auant il n'y alla plus, & pour mieux s'en estranger il chãgea de logis, & pour oster du tout l'affection qu'il pourroit porter à son ancienne amie, il espousa la fille d'vn gentilhomme nommé Eusebe Iouial, autant honneste, belle, vertueuse, & sage, que la terre Milanoise en nourrit onc. Cependant toutesfois il laissa Pandore enceinte de son fait, laquelle voyant qu'il ne venoit plus la voir, & sçachant son absence & eslongnement de ses ruës, auec ce qu'il auoit prins femme sans luy en auoir iamais rien communiqué, luy escriuit vne lettre qui resentoit le venin de son estomac contre son desloyal (ainsi l'appelloit-elle) amant. La lettre sellee, la bailla à vne sienne chambriere, qui estoit consentante à ses lubricitez, & la messagere de ses ribaudises. Ceste seruante donc fit tant qu'elle sceut le logis du cheualier, vers lequel elle s'addressa, & l'ayant trouué en la compagnie de son cousin Martiano, luy presenta les lettres de sa maistresse, lesquelles il leut, nō sans emotion de son sang, veu qu'elle l'aduertissoit de ce qu'il ne sçauoit pas. Or contenoyent-elles ce qui s'ensuit: Ie n'eusse iamais cuidé que la foy & loyauté eussent si peu de place auiourd'huy entre les hommes, si l'essay de ta lascheté, faux & pariure Parthenopee, ne m'en donnoyent maintenant telle preuue, que i'estime ma vie malheureuse, pour me voir ainsi deceuë par le plus desloyal & traistre qui iamais fit seruice à poure damoiselle : & se le peu d'estime que i'ay fait de mon honneur, pour l'assouuissement de tes desirs, ne me donnoit de si viues attaintes au cœur, que

que lors que ie pense oublier le bien que par toy i'ay perdu, me fait ramenteuoir ma faute, & detester l'abuseur detestable des malheureuses, qui me ressemblent: Las! l'affection extreme que ie te portoy, meritoit elle bien vne si ingrate façon de faire, que de me quitter au plus fort de mes necessitez! Ignores tu, malheureux, les elancemens que ie sens en mon ventre, pour le fruict, qui venu de ta meschante semece, s'esmeut en mes flancs, & donne tourment à moy, qui porte la penitence de la faute commune de nous deux? Au moins si les plaisirs que tu as receus auec ta Pandore, ne t'incitent d'auoir compassion de ses angoisses, pense, ingrat, pense à la conseruation de ton sang, qui s'alimente & prend vie iournellement du meilleur qui soit en moy: & qui moy defaillant par ta cruauté, & mespris non merité, cessera d'auoir vie, pour s'aller plaindre de la brutalité de son pere, deuant le throne de Dieu, qui vengera vn iour le tort que tu fais (comme le plus traistre, felon, desloyal & meurtrier hôme qui nasquit oncques) à la plus loyalle, courtoise, & enuers toy affectionnee femme, que iamais autre fut vers son amant. Ton ancienne, & non plus, par ta faute, amie, & maintenant cruelle ennemie, Pandore.

Parlt

Parthenopee demeura tout estonné apres la lecture, car la crainte qu'il auoit que Pandore n'affolast (comme elle fit) son fruit au ventre, luy donnoit vn remors de conscience: mais puis pensant que ce fust vne forbe, veu qu'elle ne luy auoit iamais tenu propos de sa grossesse, n'en tint autre cõpte: seulement dit à la messagere: Finee, (car tel estoit son nom) tu diras à ta maistresse qu'elle me deuoit auertir long téps y a de ce que maintenãt elle me mãde, & qu'au surplus i'y pouruoiray ainsi que ie trouueray que la raison me le cõmandera. La chãbriere print congé auec ceste simple charge, laquelle elle exposa mot à mot à sa maistresse : laquelle se voyant hors de tout espoir de r'auoir son cheualier, cõceut vne si obstinee inimitié cõtre luy, & pour despit de luy, cõtre soy-mesme, qu'elle fut plusieurs fois en deliberation de se tuer: puis quelquesfois elle desseignoit les moyens de practiquer la mort de celuy qu'elle haïssoit sur tout autre, & duquel elle ne souhaitoit que l'accointance. Las! disoit elle, est-ce la recõpense que i'attẽdoy de l'amitié singuliere que ie portoy à cest ingrat cheualier? Failloit-il que ie dõnasse congé à si bon nõbre de gentilshõmes, qui ordinairemẽt s'offroyẽt pour me faire seruice, à fin de m'assuiettir à celuy, qui se moque de ma

simplicité, & se rid me voyāt cōsire en dueil & angoisse? Hel que ne pensoy-ie quelle est la malice des hōmes, lesquels meurent cent fois le iour pour nous, & s'exposent à tout peril, auāt qu'ils iouïssent du bien qu'ils attendēt de nous. Mais nous tenans lacees en leurs filets, Dieu sçait comme ils nous trompent, & en combien de sortes ils abusent de nostre peu de sens, & fragilité. Ha! Parthenopee, le plus ingrat des ingrats! mets-tu ainsi en oubly celle, de qui tu admirois tant la beauté & bōne grace, & à qui (disoit-elle en souspirāt, & auisant son ventre) tu laisses vn si bon gage de toy, qui te deust faire souuenir de ce qu'elle a fait pour toy? Las! malheureuse & chetiue damoiselle que ie suis, en quelle compagnie m'oseray-ie trouuer ainsi enceinte, durant la longue absence de mon mary? que iugera-on de moy, sinō que ie suis vne paillarde, & femme sans auoir respect ny à son honneur, ny à la grandeur de la maison d'où elle prend origine? Ah! c'est toy, cruel amant, qui m'as auancé ce beau tiltre: c'est toy, qui seras l'obscurcissement de mon los, & la fin de la vie de deux qui te deussent estre plus chers que tu ne le monstre. Et mettāt fin à ce propos, elle cōmença la guerre contre ses beaux cheueux, n'espargnant point le clair & beau taint de son
visage

visage, destordât ses bras, côme femme enragee, & eust ioüé le dernier acte de la tragedie contre sa personne propre, si Finee n'y eust remedié par son conseil & persuasion, tendant à la fin du desir de la patience, lors qu'elle luy dit: Ie pense, madamoiselle, que vous n'auez plus aucũ soucy ny de vous, ny de vostre hõneur, ny de moyẽ qui se pourra offrir de vous venger de celuy qui vous a iniuriee si outrageusement. Laissez, laissez ces feminines plaintes, & larmes mal seantes à la grãdeur de vostre courage, & essaiõs la vẽgeance par quelque moyẽ que ce soit. Sçauroit mieux vostre ennemy se moquer de vous, que entendât vostre mort moyennee par sa cruauté, & mespris de vostre amour vers luy? Il est temps desormais d'en oublier la veheméce, veu qu'il a despouillé l'affection qui le faisoit viure en vous, & a laissé le bien duquel il se reputoit indigne, pour embrasser celle qui est cõforme à son peu de merite. Ah! dit la furieuse Pandore, que n'ay-ie ce sçauoir duquel lon recõmande encor la Cholchique Medee, ou biẽ l'Italienne Circé? certes si le ciel m'en auoit departy quelque rayon, ô ingrat Parthenopee, tu serois mien, ou biẽ ie me vẽgerois si bien de toy, & sur celle, qui ioüit de l'aise que ie merite mieux, que la posterité ne parleroit

EE 2

pas moins de moy, que des deux precedentes. Ah! Fincé tu veux que i'oublie celuy, lequel (comme ie croy) m'a charmee, & par son ensorcelement tant rédue sienne, que ie n'en puis aimer d'autre, quoy que ie ne souhaite que sa ruine. Helas! cette ferme emour que ie luy porte, me fait bien payer l'vsure auantageuse de sa liberté, en laquelle i'ay iusques icy vescu. C'est elle-mesme encor qui me fera porter la penitence de ma faute par vn desespoir, où tu vois desia ma vie reduite, & duquel tu en verras la fin soudaine, si, ou ie ne recouure ma perte, que tant ie fuy, ou bien si ie ne me venge à mon aise du tort le plus lache que hóme fit onques à poure dame. Pour à quoy paruenir, ie veux que tu ailles en Bresciane, vers la vallee Camonique, où lon dit que le païs est réply & abondant en Sorcieres: enquiers-toy de la plus fameuse en subtilité, pour (à quelque prix que ce soit) en tirer quelque fascinatió ou charme, qui induise mon ingrat à reprédre le chemin de venir voir sa Pandore. Ie voudroy encor qu'elles liassent si bien par leurs cóiurations Parthenopee à moy, qu'il ne tint plus conte de sa femme: que si ie reçoy ce bien de toy, sois asseuree, m'amie, que tu ioüiras de moy, cóme de ta sœur propre, & n'auray chose si chere, de laquelle tu
ne

ne puisse aussi bien disposer que moy. La chābriere, qui ne desiroit que le plaisir de sa dame, luy obeit bien promptement: & recouura de la main de ces furies & diablesses infernales au val Camonique certaines herbes cueillies la lune estant pallissante pour le defaut de sa lumiere, auec quelques drogues, & breuets, ppres à ensorceler ceux q̄ lon veut rendre ploiables à l'amour. Mais tout cela fut autāt de temps perdu pour Pādore, cōme il y a d'incertitude, & mensonge en ceste science noire, quelque inuocation du nō de Dieu, que lon y applique. Veu que Dieu, estāt pere & auteur de verité, ne veut point que son nom ineffable soit souillé de telles meschancetez, & idolatries, & encor moins exauce-il les oraisons de tels prestigiateurs, qui tendēt à la ruine des consciences simples. Aussi ces enchanteurs sont les vrais officiers du diable, & fleaux de la vie humaine, par l'œuure delquelles (pour nostre infidelité) se font de grands & incredibles miracles, comme se lit des Magiciens d'Egypte, deuāt le Roy Pharaon: & de la deuineresse esueillant l'esprit de Samuel en la presence de Saül, Roy des Hebrieux: & de ce Simon magiciē, lequel fut hōnoré cōme Dieu par le sot peuple & prince de Rome, à fin qu'estās les bons fortifiez en la foy d'vn

seul Dieu, les meschans perissent auec ceux, à qui ils se sont laissez abuser pour la vanité des choses transitoires de ce mõde. Or Pandore voyant que son desastre la suyuoit en toutes ses entreprinses, cõmença à desesperer, & tenir son effort pour deploré: & vint en telle rage, que Finee trauailla beaucoup à empescher, qu'elle ne se defist furieusement de ses propres mains. La chambriere pour l'appaiser, luy dit, qu'il y auoit en la cité vn beaupere Cordelier, qui faisoit merueilles par ses charmes, eaux distillees, herbes liees en petits faits, suffumigatiõs, & plusieurs autres tels fatras d'ensorceleries: & estoit si bien renommé, que lon l'estimoit mieux versé en l'obscure & noire philosophie, que aux sainctes & diuines lettres, où deuroit estre l'estude des gẽs de religion. Et voila vn exéple de grãd vertu, en celuy qui se glorifioit, vestu d'vn habit gris, en l'estat de purité euangelique, laquelle le malheureux obscurcissoit auec tenebres si espaisses que la vapeur estoit suffisante d'infecter l'air prochain d'vne peste contagieuse. Car, où verra-on la lumiere, si ceux qui se vãtent la porter, sõt les ministres de son amortissement? Cõment sera la gloire de Dieu illustree entre les hõmes, si ceux qui mõtét sur la chaire de verité, pour la nous manifester,
font

sont amis,&inuocateurs des diables?Et toutesfois nostre siecle en a veu, & void encor, de ces renards,qui sous couleur de pieté semét le grain, d'où ils recueillét les fruits de ceste detestable poison, de laquelle ce bon Cordelier sçauoit dextrement s'aider, & en faire les cõpositions. A cestuy cy s'adressant Pandore,luy declara tout son fait, & le pria instâment qu'il eust pitié du mal & martyre qu'elle enduroit pour trop aimer.Le bõ frere (nonobstant son vœu & estroite defence de sa reigle)n'eut pas les mains si scrupuleuses, qu'il ne receut quelques ducats pour acheter des drogues,qu'il feit à croire à Pãdore luy estre necessaires pour son affaire: toutesfois, pour faire bref,autant luy seruirent les drogues,parfums, & inuocatiõs du moyne,comme les herbes des sorcieres du val Cæmoniq. Elle voyant le succez de son malheur aller en empirant, puis se sentant grosse de six mois, doutant la venue de son mary,delibera se véger de son amant, sur le fruit qu'elle auoit au vêtre,luy semblãt bien aduisé q̃ iamais elle ne seroit exéptee de soucy,q là faisoit desireuse de voir Parthenopee, tant qu'elle eut extirpé ceste racine de son terroir. O cruauté plus q̃ barbare! Vne simple damoiselle,belle, ieune, nourrie delicatemét,sortie de gens de bien, & qui plus est,

E E 4

Chrestienne, veut adiouster execration sur vne faute assez grãde, liant l'effusion violéte de son propre sang, auec le tort qu'elle auoit fait à son mary, adulterant auec le premier qui l'en requeroit. O q̃ malheureuse est la cõdition de ceux, qui obliãs Dieu, sont laissez entre les mains de leur conseil pour suiure le dereiglé appetit, & furie insatiable du sens charnel ! Comme feit ceste infortunee femme, laquelle pensant couurir sa faute, & celer son vétre, se serroit les flãcs, beuuoit force eaux distillees, & mangeoit des drogues si grossieres, que la force du plus robuste homme du mõde en eust esté affoiblie: & tout cecy pour suffoquer le poure petit enfançon qui se meuuoit dans son ventre. Mais cognoissant que tout cecy ne luy tournoit à proufit quelcõque, elle pẽsa chose, qui feroit horreur à l'ennemy mesme de nostre nature: c'est, de faire sortir de son corps à viue force la petite creature, quoy qu'il auint, puis que ny drogues, ny eaux, ny la frequente flebotomie n'y auoient seruy pour la faire vuider. Ceste deliberation faite, la seconde, & plus que enragee Medee, bourrelle de soy, & de son sang, appella Finee, à laquelle elle dist: Finee, porte en la chãbre la plus haute de ceans, le bassin d'argent, que trouueras en ma chambre, & t'en vien

vien apres moy. Ce que la chābriere feit, & eſtās elles deux enſemble, l'huis bien fermé par derriere, Pandore toute chāgee de viſage, & tāt hors de ſoy (pour l'abomination de l'acte qu'elle s'apreſtoit d'executer) qu'elle ne pouuoit preſque reſpirer, ſe mit à contempler ſon vétre, puis ſa chābriere ſouſpirant, & larmoiant, ſe mit à dire à Fince. Tu ſcais, m'amie, (helas! c'eſt à regret que ie le dy) cōme ce traiſtre & malheureux Parthenopee m'a lachemēt, & à grād tort abādonnee ſans eſtre eſmeu de pitié quelcōque du fruit qu'il m'a laiſſé en gage. Auſſi n'ignores tu point en quelle peine ie me ſuis miſe, & quel denoir i'ay emploié pour le recouurer, & toutesfois il ſemble que le ciel, & la terre aient conſpiré contre moy, & coniuré ma ruine. Tu vois que ie ſuis groſſe de ſon fait, ce qui me donne plus de peine que ſi ie ſentoy toutes les fieures que iamais creature humaine ſentit: car ie mourroy de deplaiſir, ſi ie voioy rien deuant mes yeux, qui attouchaſt à ce periure deteſtable, lequel (i'eſpere) ne ſe vantera iamais de careſſer enfant qu'il ait engendré en Pādore. I'ay eſſaié (comme tu ſcais) de me vuider, & decharger de ce fais: toutesfois mon deſtin, & mauuaiſe fortune ont reſiſté à mes deſſeins, & ont annullé tous mes efforts. Maintenant

EE 5

que ie ne peu plus celer ma groſſeſſe, & qu
mon mary ſera bien toſt de retour, i'ay deli
beré au peril de ma vie, de me depeſcher d
fardeau que ie hay autant que les autre
femmes s'y plaiſent à le porter, & en faire
parade. Ie le fay, non tant pour le reſpect de
mon honneur, que pour le deſpit de celuy
qui m'en a donné l'attainte, & miſe la charge deſſus: lequel ſi i'auois auſſi bien à commandement, comme le fruit qu'il à ſemé e
mes flács: aſſeure toy que i'é feroy vne ana-
tomie ſi eſtrange, qu'il en ſeroit memoyre
à tous les ſiecles à venir: & pour ſigne dequoy (& deuſſe-ie mourir) ie feray perdre la
vie au monſtre, qu'il à engendré en la plus
deſolee femme, qui viue. Finee oyãt ce diable incorporé parler d'vne telle rage, luy dit,
Dieu vous defende, madamoiſelle, d'eſtre
la cruelle homicide de vous & de voſtre enfant. Il y a aſſez de moyens, pour tenir voſtre
groſſeſſe ſecrette, ſans qu'il faille ainſi meſ-
faire à ceſte innocente creature, laquelle
certes ne doit point porter la penitence des
pechez de ſon pere. Ne me parle point de
cela, diſt la meurtriere, mais fais ce que ie
veux: autrement ie me tueray icy en ta preſence, & lors verras que t'auront proufité
tes belles preſches à l'endroit de celle, qui
eſt toute reſolue en ſes deliberatiõs. Et bié,
reſpond

respond Finee, que voulez vous que ie face?
Oyez l'horrible responce de ceste Megere,
sortie du creux & profond des palus infernaux. Ie veux, dist elle, que tu montes sur ce
grãd coffre que voyla, & ie m'estendray icy
le vêtre cõtrebas & ainsi de toute ta force,
tu me sauteras sur les reins, & par mesme
moyen tu contraindras d'issir ce meschant
fruit, qui tãt me presse, & m'est facheux à le
porter. N'espargne rien, car en cecy gist le
parfait de mon cõtentement. La chãbriere,
demy, par force, & à demy contenté de telle
commission, cõme celle qui auoit desia imbeuës les meurs & cruauté de sa maistresse,
commença à faire ses soubresauts sept ou
huit fois auec telle impetuosité, qu'à peu
qu'elle n'acrauãta & le fruit, & la mere tout
ensemble, & toutesfois elle ne feit rien auec
tout ses effors. Qui est le cœur, qui ne fremit, visage qui ne pallisse, & cheueux qui
ne herissent au recit d'vne si horrible &
estrãge façon d'enfantemét: Ie sçay que les
vertueuses dames ne pourrõt lire cecy sans
grãd esbahissemét & detestation d'vne telle
cruauté en la mere, & sans larmoyer de pitié pour voir la peine si impitoyable donnee
au poure enfant. Mais bon Dieu: la detestation du peché est si grãde deuant Dieu, que
souuentesfois il permet que les plus grands
tombent

tombent en des fautes telles & si horribles, que le seul péser peut donner espouuétemét aux cœurs les plus asseurez. Or Pandore fachee au possible de ne pouuoir se deliurer, auec vne voix remplie d'impieté & blaspheme, dist: Et si Dieu, ou diable en deuoit parler, si sortiras tu, maudite creature. En disant cecy, la furieuse, & maniaole Pandore, toute eschevelee, aiant les yeux enfoncez, & le visage tout noir pour le sang mascle, qui luy estoit espādu par tout le corps: commença elle-mesme à sauter de haut en bas, & à grāds coups de poing elle tabustoit son ventre abominable. Or se tordit-elle, sauta, tempesta, & se demena, qu'elle commença sentir les elancemens de la petite creature qui vouloit sortir. Par ainsi secourue de Finee elle enfanta malheureusement l'enfant mal & illicitement conceu, lequel encor tout panthelāt, & demy moulu, fut receu dans le bassin, par la chābriere: laquelle ne se peut tenir de plorer, voyāt ainsi gaster vne si belle creature, & luy anticiper la sortie deuant le terme prefix de ses iours: ce qui ne se peut dire sans vn estrange creue cœur. Elle le voyoit prest à immoler au diable, sans pouuoir receuoir le sacré lauement du sainct Christianisme. Las! cecy est trouué estrange en vne Italiéne, & vituperé, comme de raison,

son estant l'acte si detestable. Mais lon s'esbahiroit encore plus si vne damoiselle Fràçoise en la plus belle & grãde cité de l'Europe, n'auoit exercé vne mesme cruauté, faisant brusler le fruit encor sanglāt, & lequel ne faisoit que sortir de la matrice de sa malheureuse mere, au grand espouuantement de la sage femme, & du paillard mesme, qui voyoit la mort de celuy, duquel il se pouuoit dire, & le pere, & le bourreau. Et moindre marché n'en eut point l'infortuné enfant nouuellement né, & sorty du ventre de Pandore: laquelle plus cruelle cõtre sa propre substance, q̃ le lion ou le loup, qui librement s'esgaye parmy vn troupeau d'innocẽs aignellets, par les grasses campagnes de Libye l'heureuse & fertile, se sentãt dechargee du fruit, & allegee de ses douleurs, voyãt l'enfant qui se demenoit dans le baßin, se print à grincer des dents sur luy, & secouant la teste, auec vn furieux, & horrible regard, la voix ne dementãt point en rien la fureur demesuree de son ame, dist à la fin, Auisé, m'amie, comme desia ceste petite beste resemble le desloyal pariure de son pere: contemple ses cõtenances, & prẽ garde à ses mines: certes (s'il viuoit) il ensuyuroit la trace de celuy, que i'ay tant aymé, & qui par fois se moquãt de moy, m'a faite telle, & si exorbitante bitâte en cruauté, côme tu peux voir. Mais ô Dieu! que n'ay-ie maintenant en ma puissance la cause de mon tourmēt, pour passer sur luy la iustemēt côceuë cholere en mon cœur? Ah! s'il estoit ainsi, ie luy donneroy tel chastiment, qu'il seruiroit d'exemple à tous autres, & les deterreroit de ne plus tromper les dames, auec leurs cautelenses, & sucrees paroles Puis tournāt sa veuë sur le petit enfançon, qui presque tendoit à la fin, veu ce qu'il auoit enduré durāt le cōflit de la châbriere contre sa mere, & de la mere encor contre soymesme: elle dist, Mais puis que ie ne peu me véger du pere, & en faire la boucherie telle, que ie desireros, la peine en tombera sur toy, qui me seruiras de suiet pour accōplissement de ma vengeance. Et si ma volonté n'a parfait assouuissement, à tout le moins me contēteray ie en quelque sorte, te voyāt puny au lieu de celuy, qui t'a mis en lumiere, & duquel tu me representes viuement l'idee & figure. Et vous, mes mains, enhardissez vous pour me venger du meschant, qui m'a trahye. Rassasie toy, mon cœur, en l'effusion du sang du fils, qui par ce moyē lauera sa tache, & donnera repos à tes ennuis. Riez icy, mes yeux, voyās la defaite de ce que Parthenopee auroit le plus cher, s'il l'auoit en sa puissance, & de qui ie vay faire

faire sacrifice à l'Amour amorti, par lequel iadis i'ay tant chery la presence de celuy, la la memoire duquel auec le sang de son fils, i'effaceray presentemēt de ma pēsee. Certes la main me treble d'horreur, l'esprit se trouble en moy d'esbahissement, l'ame sent vne extreme cōfusion, sur l'effect de ceste cruelle occurrence, & le cœur me fremit tout, oyāt le dernier acte de ceste piteuse & detestable tragedie: car la tref-cruelle, non plus femme, mais furie infernale, print entres ses mains sanguinolētes & meurtrieres son fils, & sans pitié, ou sans auoir esgard à la religiō de laquelle elle faisoit profession, elle battit les murailles du corps tendrelet de l'innocente creature: & non contente de ceste tyrannique & barbare cruauté, la mere diable print en chacune de ses mains, vne des iambes du miserable enfançon, ia mort, & le partit en deux, comme le boucher diuise l'aigneau, ou cheureau qu'il veut mettre en vente. Puis se mit à rire à gorge deployee, difant, O l'aise extreme que ie fens en ceste execution! mais le plaisir feroit plus grād, si i'auoy le passetemps semblable du defpecement du corps de celuy, d'où ceste informe charongne a prins son essence. I'ay honte de vous conter par le menu les faits de ceste nouuelle Medee, & la rage de l'implacable

ble Progné de nostre temps: & toutesfois pour faire cognoistre à chacun la furie, & frenetique esprit d'vne femme qui prent le mord aux dēts, & ne se propose qu'vne forte ialousie, auec le desir d'vne mal bastie végeance, apres auoir mis son hōneur à l'abādon, ie continueray la fin & dernier acte de la tyrannie de Pādore. Elle vous foulla aux pieds le corps mort & despecé, & pour l'exploit de sa vertu & gentil esprit, comme vne chiéne de Hircanie, elle print à belle dēts le petit cœur de l'enfant, & le maschant, disoit: Ainsi me puisse ie vn iour repaistre du cœur de Parthenopee pour donner la fin du repos, que ie commence à prēdre en la mort & defaite de son fils. He Dieu! comme souffres-tu les meschās qui ainsi abusent de tes graces, & peruertissent tout ordre naturel? Las! ceste malheureuse ne se contenta point d'auoir ensanglāté ses mains, si pour mener sa meschanceté iusqu'au sommet & feste de cruauté, elle n'eust fait venir vn chien mastin, auquel piece à piece, & mēbre à mēbre elle feit deuorer sa propre substance. Est ce le tombeau que la mere fait bastir pour le fils, que le ventre d'vne beste brute? sont-ce les larmes qui l'ont accompaigné iusqu'au cercueil, q̄ de rire durant le repas, qu'elle auoit appresté à c'est animāt farouche? Mais quoy?

quoy? le diable l'auoit si bien saisie & reduite en sa puissance, que voulust-elle ou non, il falloit qu'elle parfit les effects exterieurs de l'affection, qui interieuremét dominoyét en elle. Ie ne puis (pour la compassion d'vn innocét,& l'abomination d'vne telle & presque non iamais oüie cruauté) mes dames, passer outre: car il me semble desia auis que ie vous voy toutes confuses, pour oüir que vne damoiselle de bône part, & où douceur loge plus ordinairement que rigueur ou cruelle vengeance, ait taché si lourdement vostre sexe: toutesfois l'impudence & vie meschâte de telles louues publiques ne sçauroit denigrer l'honneur de celles, qui s'aiment mieux en leur simplicité, &(s'il faut dire)sottise,que d'estre tant escortes & deliberees: veu que celles, qui presument telle grandeur,& subtilité & d'elles, & de leur esprit,rendent à la fin leur cheute de tât plus lourde & moquee de chacun, que ceste preference auroit eu d'apparence à l'œil exterieur,& veüe du bas populaire. Comme l'on peut colliger en ceste-cy, laquelle refroidie en ses passions cômença à sentir les trauerses & doleurs que les dames experimétent coustumieremét apres la violéce, & fascherie penible de l'enfantement. Et pource se fit coucher dans vn riche lict, & preparer le baing, où dés le soir elle se laua, & lendemain, qui estoit vn iour de grand feste, elle monta en coche, pour visiter les bonnes compagnies, desquelles la malheureuse se deuoit reputer indigne, comme l'ennemie du sang & vie des hommes. Voila en somme quelle est la discretion d'vne euentee, & quels sont à la fin les fruicts des folles, qui s'egayent si bien, qu'vn petit & peu durable plaisir, leur fait oublier & l'honneur, & l'eternel repos de leur côscience. Que les adulteres & desloyales se mirent en ceste furie, & qu'elles pensent que Dieu est iuste, pour punir leur infidelité & faussement de promesse, auec des succez pires que cestuy-cy. Que les filles y voyent dequoy se bien gouuerner deuant le mariage, & lors qu'elles sont astraintes aux sainctes loix d'icelluy. Veu qu'il n'est rien si secret, qu'à la fin ne sorte en euidence, & ce qui se fait (comme dit le grand Legislateur Iesus Christ) dans le plus obscur des maisons, est le plus souuent manifesté aux places publiques: car telle cuide celer ses amours, dont elle-mesme est la premiere (par la permissiō de Dieu) qui en fait l'ouuerture: aussi certes où la vertu perd l'efficace de ses actiōs, & la force de regit la volonté de l'homme, la chair est si forte, qu'elle fait gloire de ses imperfections, & erige

en

en soy-mesme, & contre soy vn trophee de victoire, ou elle se vainquant mesme, rend &le vainqueur,&le vaincu tousiours miserables, & priuez de loüange deuant les hommes,& de grace en la presence de celuy, auquel toutes choses sont manifestees.

Fin de la neufuieme Histoire.

Sommaire de la dixieme histoire.

IL sembleroit aduis à plusieurs, qui se plaisent à ouïr la faute d'autruy, pour auoir dequoy mesdire, que pour en tirer quelque proffit & instruction, ie prins plaisir à blasonner les dames, & raconter les histoires de celles qui quelquesfois se sont sottement esgarees, pour leur apprester dequoy rire, & surquoy bastir l'argument de leurs folles opinions. Mais ia à Dieu ne plaise, que l'histoire(instituee à bonne fin, & pour le proffit des presens,gloire des passez, & instruction de ceux qui sont à venir)soit cause d'vn si grand mal,veu que d'elle-mesme nous pouuons tirer le subiet,pour accuser les vices de hommes,autant & quelques fois plus vituperables que ceux, où par cas quelques femmes sont tombees inconsiderément. Que si l'histoire precedente nous à peint & coulou-

ré de tous poincts vne rage, & furie de femme
si est-ce (si lon doit excuser aucunement le peché) qu'elle peut estre defendue, aumoins auec
plus de raison, que l'acte que ie pretens vous raconter, executé par vn homme sans occasion quelconque en la ialousie (causee par vn mespris)
pourroit couurir la faute de Pandore: veu qu'il
n'est homme si peu sçachant les passions d'Amour,
qui ne confesse, que ialousie est vn mal, qui ne reçoit rien d'egal en tourment: & par lequel les
plus sages ont perdu & sens & raison, mesmement voyant vne trahison apparente, telle que
Pandore se persuadoit receuoir de celuy qui l'auoit
delaissee. Mais qui seroit ce fol, qui voudroit sou-
stenir le party de celuy, qui de gayeté de cœur, &
sans offense precedente, meurtriroit sa femme belle en perfection, & chaste autant que lon voudroit
ou sauroit souhaiter? certes la malice me semble
en cecy vn assassinement fait de guet à pens: où
le poure circonuenu, & qui (pour la conscience de
sa vertu & fiance qu'il a au traistre) se voit
prins au piege, & trompé à la bonne foy. Ce qui
n'aduient point où la ialousie dresse les parties: Ialousie, dy-ie, conceue pour l'opinion veritable de se
voir offensé: car lors l'vne & l'autre des parties
a (ie ne sçay quelle) defiance de celle de qui elle se
pense receuoir iniure, & sont presque sur leur
gardes, comme deux ennemis conspirans l'vn la
desfaite & ruine de l'autre. Ie laisseray le iugement

ment libre de ces choses, à ceux qui ont leur estomach bon pour digerer toute viande, tant grossiere soit-elle, & le cerueau non trop imbecille pour ceder aux fumees de quelque bruuage qu'on leur offre: & seray content de vous reciter vne histoire aduenue de nostre temps presque en l'Italie mesme: qui seruira d'vn theatre sanglant, où lon presente les personnes ne iouant que furieuses & mortelles tragedies.

De la cruauté barbare d'vn cheualier Albanois, lequel sur la fin de ses iours occit sa femme, pour crainte qu'vn autre apres son decez ne iouist de l'extreme beauté d'icelle, & lequel se tua quant & sa femme.

HISTOIRE DIXIEME.

DV téps que Paiazeth Empereur des Turcs, ayeul de Sultan Solymam, qui auiourd'huy tient l'empire d'Orient, occupa la Moree, & qu'il print & saccagea audit païs la cité de Modone (retraite des Venitiens, qui trafiquoyent tant en la mer du Peloponese, que d'estroit Isthmié (il y exerça tant de sortes de cruautez, que ceux-là estoyent bienheureux, qui gaignans païs, pouuoyent sau-

FF 3

uer leur vie miserable de la main des tyrans barbares, & auoyent le loisir de se retirer au païs limitrophes de leurs maisons & païs, desquels il se voyent chassez par les estrangers & communs ennemis, tant de la nation Gregoise, que de la religion des Chrestiens. Entre vn grand nombre de ces Modonois fugitifs, y eut vn gentilhôme de bône part, le nom duquel estoit Pierre Barze, lequel apres la destruction & saccagement de sa ville, se retira à Mantoüe, où il fut receu au seruice du Marquis dudit lieu, qui pour voir ce Grec, homme vertueux, courtois, & dextre aux armes, le prisoit & caressoit presque sur tous, si bien qu'il le fit colonel de sa fanterie. Or ce Seigneur Barze auoit espousé vne Modonoise, que l'on appelloit la Royne, laquelle estoit si belle, & de tant bonne grace, que communement on l'appelloit la Grecque Heleine. Encor en ceste beauté singuliere estoit conjointe vne vertu & courtoisie bien grande, qui faisoit qu'vn chacun l'admiroit comme vn chef d'œuure de nature: dequoy le mary s'estimoit heureux par dessus sa fortune, & l'aimoit autant, que homme sçauroit aimer son espouse, qui causoit vn grand contétement en l'esprit de la belle Grecque. Et ne voioit on en ce couple si bien vny, & lié d'vne sainte liaison d'amitié, rié, que caresses, mignotises, accueils, & embrassemens. Le Marquis leur auoit dóné vn lieu noble assez pres de Mātoüe, qu'on nōmoit saint George, où ils se tenoyēt pl' souuent, & où Dieu leur donna vne fille, qui ne demétoit en rien l'excellēte beauté & idee parfaite du moule, auquel & sur lequel ce beau & rare tableau auoit esté effigié. Mais Fortune, qui ne peut durer longuemēt sans vser de ses tours, & practiquer sa mobilité indifferément (cōme aussi elle est aueugle) leur prepara vn breuuage fort fascheux à gouster, & qui mit presq; plustost fin à leurs aises, qu'ils n'en auoyēt senty l'apprehēsion. Aussi est-elle si maligne, que lors q̄ les choses humaines cōmencent prendre quelque accroit, & resentir quelque ombrage de leur felicité, elle les renuerse, & tourne tout sans dessus dessous. Comme elle fit bien sçauoir à ceste belle Grecque, luy faisant perdre son cher & bien aimé mary en la fleur de l'aage d'icelny, & elle ne faisant presque que sortir d'enfance: chose qui luy fut assez difficile à supporter, tant pour l'amitié singuliere que elle luy portoit, que pour se voir entre gens incogneus, loing de ses parens, amis, & mesme encor chassee de son païs. Aussi que la malice des hommes s'estend cōmunement plustost sur foibles femmes vefues, & enfans

F F 4

orphelins, que sur les personnes qui ont dequoy se reuécher, si desfortune on s'attaque à eux, pour leur imposer quelque cas: toutesfois ceste belle damoiselle se cósoloit en la viue image de son mari defunct, laquelle elle alloit contemplant en sa petite fille. Et pource qu'elle estoit encor fort ieune, à fin d'euiter le soupçon que les malins cóçoinét facilemét côtre vne femme seule & delaissee de sa bóne fortune, elle se retira chez vn sié frere, qui s'estoit aussi retiré au mesme village, où la damoiselle faisoit sa residence. Là passoit-elle son téps en œuures charitables, & au trauail de l'aiguille, sans sortir gueres que les festes, qu'elle alloit au seruice diuin. Or durant l'an de son dueil, auint qu'vn capitaine Albanois, surnómé le cheualier Spada estimé fort gentil & vaillant aux armes, par ceux qui le cognoissoyent, & qui pour lors estoit chef de quelques cheuaux legers deuint estrangemét amoureux de ceste belle vefue, & comença à la solliciter par tous les moyens qu'vn amant desireux de ioüir se peut auiser. Mais l'esprit genereux de celle, qui auoit virilement resisté aux assauts de fortune, voulut bien que l'on cogneust que l'amour ne feroit non plus de breche en son cœur, que fortune y auoit auparauát mis de pusillanimité & desespoir. Aussi l'effort

fort de l'vn & de l'autre semblent estre nul, estans aueugles,& l'vn femme & l'autre petit enfant,tant pour le peu du côseil, que force debile de ceux q̃ sont regis de deux choses si volages,& incôstantes. La vefue donc tant s'en faut qu'elle consentist aux requestes & prieres importunes de l'Albanois,que mesme elle renuoiat les messagers, sans vouloir oüir la charge de leur ambassade. Luy à la fin vaincu d'amour & impatiéce,ne pouuãt autremét remedier à sa passion, & amortir le feu qui luy brusloit incessamment les entrailles:pésa que le plus expedient seroit de la prendre pour femme, elle estant belle, courtoise,assez riche,& ce qui estoit le plus à priser,sortie de sang illustre, & la vertu de laquelle correspondoit au sang genereux de ses ancestres & maieurs.Or auoit ce capitaine vne familiere habitude auec le gētilhōme Grec, frere de cette vefue, ayant esté tous deux cōpagnons d'armes en plusieurs & diuerses compagnies de gens de bien, & sous diuers Princes en plusieurs endroits de l'Europe : qui fut cause, q̃ s'accostãt vn iour du Modenois, auec vn visage assez ioyeux, luy dit:Pleust à Dieu mon cōpagnō & loyal amy,que vous eussiez aussi bon desir de me secourir en vn mien vrgent affaire, comme volōtiers ie m'employeroy en tout ce, où il

F F 5

vous plairoit vous aider de ma diligence. L'autre qui sçauoit la valeur du capitaine, & le rang qu'il tenoit entre les plus estimez, luy respondit: Monsieur, vous me feriez vn grand tort, & iniure à vous-mesme, me cognoissant tel enuers vous, que iusques icy ie me suis monstré, si maintenant vos pensiez, que ie voulusse discontinuer mon deuoir, & mesmemét où ie puis vous faire sentir l'arse que i'auray lors que l'occasion se presentera à moy, pour vous faire quelque bon & agreable seruice, vous iurant foy de soldat, & homme de bien, que là où me cómanderez, l'effect suiura d'aussi pres la parole, que l'ombre fait le corps, & fallust-il que la vie y fust hazardee. Non, mon gentilhóme, dit l'Albanois, ie ne demáde en cerchant mon soulas que voftre bien & auáçement: & à fin que ie ne vous tienne lóguemét en doute, sçachez que la vertu, beauté & gentillesse de madamoiselle vostre sœur ont tant gagné sur ma liberté, que si ie ne l'ay pour femme, ie ne sçay cóme ie puisse plus longuement viure: & faut que ie vous cófesse que ses yeux ont plus eu de force sur mon cœur, que iamais les assauts effroyables de la guerre n'ont dóné d'effroy & esbahissemét à mes sens. Aussi faut il penser qu'il y a quelque chose de celeste, caché sous le voile de ceste angelique
beau

beauté, qui a vaincu en moy ce, où iamais femme n'auoit peu faire bresche quelconque. Et toutesfois i'aime mieux estre lié au chariot de triôphe de ceste belle, que de surmôter vne armee la mieux equippee & mise en ordre, que capitaine onc subiuga, ou fit passer au fil trenchāt de l'espee de ses soldats. Et pource vous prieray-ie de m'aider en cecy, comme ayant pleine puissance de la prier, ensemble de luy cōmáder: m'asseurant qu'elle est si sage & modeste, qu'elle ne voudroit vous desobeir pour chose du monde. Monsieur, respondit le Grec, ie vous mercie tresaffectueusemét du bié & hôneur que me faites, m'offrant de si bō cœur vostre fraternité, & daignant vous allier de nostre famille: ie m'essayeray de gagner ma sœur, & luy faire trouuer bō ce party: lequel est si auātageux, que ie m'estimeray heureux toute ma vie, si i'en peux estre le moyenneur. L'Albanois l'ēbrassa fort amoureusement, & le merciant de bon cœur, ne sçauoit quelle cōtenāce tenir, pour l'aise qu'il sentoit en son ame voyant ses affaires aller si bien. Ainsi prenās cōgé l'vn de l'autre, le Modonois estant chez soy, fit tout le discours à sa sœur, la priant d'y vouloir entédre: mais elle s'excusoit sur sa fille, qu'elle ne vouloit point ny laisser seule, ny la fier entre les mains d'autre que
de

de soy-mesme. Et d'auātage, disoit-elle, mōsieur mon frere, l'an du dueil de feu monseigneur & mari, que Dieu absolue, n'est encor passé. Ne pourroit-on pas iustement m'estimer vne incontinente, & femme qui auroit peu aimé son premier mari? Que si on pense que ma ieunesse soit incapable de resister aux ardeurs de ce feu, qui brusle le cœur de celles q̄ sont de mō aage: ie peu (par la grace de Dieu eslargiteur de tout bié, & qui cōserue en son entier ce qu'il a creé de bon, & sainct au cœur & volōté des hommes) vous asseurer, que le tēps de ma viduité, tant long soit-il, ne se passera moins sainctemēt & pudiquemēt en moy, que celuy de ma virginité, & que i'ay employé en mon premier mariage. Et pour vous dire la verité, monsieur, le cœur me dit, que iamais ces nopces, desquelles vous me parlez, ne me serōt heureuses: & à la fin vous en serez (mais tard) au repētir. Ma sœur, dit le gentilhōme, ie n'ignore rié de ce que voꝰ venez de dire, touchant vostre chasteté: aussi est-elle la seule cause, pour laquelle ce Capitaine souhaite tāt vostre accointance: mais ie ne voy rien pourquoy ce mariage doiue succeder si malheureusement que le presagez. Laissez ma sœur laissez ces folles reueries d'opinions à ceux qui prénēt l'augure de leur fortune au chāt

des

des oiseaux, ou au rencôtre de quelques personnes, qu'ils estiment apporter malheur à ceux, deuant qui ils sont presentez les premiers. Vous sçauez que le téps (qui fauche tout apres soy) est le glouton & cruel deuorateur de ses propres enfans : la fille duquel estant chauue, ne laisse lieu derriere soy, où lon la puisse empoigner. Ie vous prie croire, q̃ si ie pésoy que cecy vous fust le moins preiudiciable que vous sçauriez estimer, ie auroy plus chere la mort, q̃ vous auoir causé tant s'en faut quelque malheur, voire ny le moyen de vous plaindre de moy, qui ne desire que vostre repos & cõtétement. Il fit & dit tant, qu'à la fin sa sœur condescendit, quoy qu'à regret, à ce que son frere luy demãdoit. Ie contempleray icy en passant, que quoy que les hommes ayent ie ne sçay quel rayon de diuinatiõ en leur esprit, & que l'ame, estãt diuine, presage aucunemét les choses à venir, si est-ce q̃ ceste masse terrestre, qui l'éuirõne, offusque tellemét la vertu de l'intellect, que les fruicts de l'ame, clairs, & transparans de leur nature, sont rendus non suiets à cõiecture, ny choses croyables, quelque apparéce que nous veuillons en dõner exterieuremét. Aussi q̃ ceste raison humaine en aucũ de ses efforts, n'a le moyé d'euiter les choses vne fois ordõnees par la prescienscience de Dieu, laquelle n'est suiete, ny redeuable à alteration, & qui sort son effect, quoy q̃ la folle sagesse des hõmes quelquesfois s'essaye de luy empescher le cours. Les histoires estãs pleines de tels & semblables exẽples, me ferõt passer outre, sans tirer vn lõg propos, qui serue pour la preuue de mõ dire. Seulement le sort de ceste damoiselle me fera fort en ce qu'elle ne peut euiter ce que la vertu intellectiue luy chãgeoit, cõme chose nuisible pour l'aduenir. Le mariage dõc du capitaine Spada, & de la belle Grecque accorde, les nopces furent magnifiquemẽt celebrees à Mantoüe, lesquelles furent encor hõnorees par la presence du Marquis tant pour l'amour qu'il portoit à l'espouse, que pour la memoire du defunct de Barze, lequel viuãt, il auoit presque chery sur tout autre, pour l'auoir cognu bõ & loyal en toutes les affaires, qu'il luy auoit mis entre les mains. L'Albanois iouïssant de celle qu'il auoit tãt desiree, ne pouuant cacher la vehemẽce du plaisir de son ame, ains disoit publiquemẽt, que fortune ne luy eust sceu mieux dõner le comble de sa felicité, que le faisant possesseur de celle q̃ n'auoit secõde en toute l'Europe. Mais cõme nul excez se fait en suiet quelconque, sans la ruine & defaite de la chose qu'endure le trop de tel accident:

ainsi

ainsi ceste grāde veheméce, & trop excessiue amour du mari vers sa femme causa vne rage q̄ estoit semblable à l'amour de la singesse à l'endroit de ses faons, laquelle les caresse si lourdemēt, que de belle force d'embrassemés elle leur fait craquer les os encor tēdres, & les suffoque, leur pēsant faire quelque grāde faueur & auācement: Car cest Albanois s'abestit si bien en ses affectiōs, qu'il deuint tellemēt ialoux de sa femme, que les mouches presque q̄ voletoiēt autour d'elle luy faisoyent venir la sueur au front: & fut si estrāge sa folie, qu'il luy sembloit que tous ceux q̄ la regardoiēt seulemēt, deussét quāt & quāt la luy rauir. O peu de cōsideratiō en la ceruelle d'vn si sage & iadis discret, & biē auisé gentilhōme! Ie confesse fort bien que tant plus vne chose est rare & precieuse, & tant plus lon doit y auiser de plus pres, pour la cōseruer en son estre. Mais le sacré, & rare tresor d'vne femme chaste, honneste & prudēte, ne doit aucunemēt estre gardé par curiosité, & malicieuse defiāce, cōme celle qui procede de ce malheureux venim pestifere, & mortel de ialousie, lequel iamais n'infecta q̄ les cœurs des hōmes les plus vicieux & imparfaits de tous les autres. Le vertueux & prudēt hōme ne soupçōnera iamais rien sans vne preuue euidente, & encor s'y gou-
uer

uernera-il si sagemēt & prudémēt, q̄ la faute sera plustost palliee que punie, ou manifestes à l'œil & veuë de tout le monde: à fin q̄ par ceste subtile patience, & vertueuse dissimulatiō, il puisse vaincre ceste meschāte malice de celle q̄ l'offense. Mais celuy, q̄ plein de quelque humeur melācholique, qui luy trouble le cerueau, se fait à croire en vn autre, ce qu'il voit en luy d'impfection, & veut façōner le vouloir des autres à ses demesurees affectiōs: celuy, di-ie, ne sauroit mieux donner preuue de sa folie, qu'en se paissant d'vne viāde telle, q̄ luy cause l'oppilatiō de rate si estrāge, q̄ le rire luy est du tout defendu: & a tellemēt les esprits syncopez, que ses actiōs mōstrēt assez que telle passiō ne procede que de furie & faute de bon sens. Tel, pour vray estoit ce vaillāt mari Albanois, q̄ se persuadoit que l'amour des autres vers sa fēme auoit mesmes effects, q̄ celle qu'il luy portoit, & voyāt qu'elle n'auoit autre estude q̄ de luy plaire en toutes choses, le malheureux se forgea vne pi'dānable, & peruerse fantasie, c'est qu'elle vsoit de mesme liberalité & gracieuse faueur à chacū q̄ l'accostoit. He Dieu, pour les aises que l'hōme experimēte au mariage quelle plus grāde facherie luy pourroit auenir, pour l'amortissemēt de ses hōnestes plaisirs, que ceste venimeuse peste de ialousie? Certes les biens des hómes sont si bien trépez, & confits en malheurs, & leurs fortunes meslees de desastre, que l'vn prenant origine, lon ne doit attédre que sa fin, pour voir le cómencement de son contraire, qui le suit cóme par trace. Ce poure mary auoit vescu quelque mois en repos auec sa femme: mais depuis que ce diable ministre de ialousie, luy eut saisi la fantasie, il commença à se trauailler, & faire plus diligément la sentinelle & guet à l'entour de sa chaste espouse, que iamais, estant soldat, il n'auoit fait ou au camp, ou sur les murs de quelque forteresse. Et reduit la poure damoiselle en telle extremité, que la códition des forçats à la cadene, ou des criminels en quelque obscure prison semble estre plus suportable: toutesfois la vertu, en quelque lieu qu'elle soit enclose, & tant pressee soit-elle que lon voudra, si ne peut-elle cacher les viues estincelles de son celeste feu, sans les faire apparoistre au milieu, & plus espais de l'air caligineux, qui procede des broüees de tribulation & angoisse. Ainsi la belle Grecque, congnoissant l'humeur, qui brouillassoit la raison de son mary, elle qui l'aimoit, cóme son deuoir & hóneur luy cómádoyét, enduroit le tout auec vne incroyable patience: à fin de n'estre cause de l'entier

G G

dereglemét du sens de son Albanois, qui en auoit presque plus qu'il n'en pouuoit porter: & aussi qu'elle s'attédoit, en endurát toutes ces trauerses, de guerir les passions grossieres du sang melancoliq de son espoux: & pource se mõstroit-elle ioyeuse, quelque cõmandement qu'il luy fist, demeurant enfermee, cõme vn oiseau en cage, dãs la maison où elle s'esiouissoit en ses angoisses, louát & remerciant Dieu, & le priant encor pour le salut, & bõ sens perdu de son cõsort. Et toutesfois son obeissance, ses chastes caresses, & vertueuses ioyeusetez, ne seruoyent que d'apast pour la nourriture de la fantasie du malheureux, lequel aimoit en elle, ce qu'il y haïssoit le plus : & y souhaitoit, ce qu'encor le plus il detestoit: veu que les apprehensiõs de sa rage procedoyét de la perfection de ce miroir de modestie, prudéce & chasteté, lequel certes deust estre pendu par tous les coins des sales & chambres des dames d'auiourd'huy, pour se mirer en la magnanimité de la damoiselle la plus patiente de nostre siecle : pour loüer, & ensuyure ceste perfection de vertu, qui luisoit en elle : à fin que, si par cas il y en a qui reçoiuét mesme traittemét que ceste-cy, elles cõtemplét icy combien il faut dissimuler les vices de son espoux, pour le gaingner plustost par telle
dou

douceur, qu'auec vne opiniaſtre crierie, & cõtinuel courroux:deſquels la fin eſt diuorce, ſedition en la politique des maiſons, & quelques fois des ſcandales, qui ſe peuuent plus hõneſtement penſer que dire. Or auoit ceſt Albanois demeuré d'autresfois lõguemẽt au ſeruice du ſeigneur Ieã-Iaques Triuulze, gentilhõme de la faction Gibeline, & lequel eut gouuernemẽt au Duché de Milã ſous le Roy de France Loys XII. fauoriſé encor dudit ſeigneur, l'Albanois ſe retira à Chaſteauneuf, où pour lors Triuulze faiſoit reſidence: ce qui facha extrememẽt la chaſte Grecque ſa femme: toutesfois elle diſſimula accortemẽt ſon deplaiſir, pour ne faire coguoiſtre à ſon chatouilleux mary, qu'elle ſouhaitaſt autres cas, q̃ ce qu'il trouueroit bon. Quelque tẽps apres le ſeigneur Triuulze, s'en vint en France, où ayant fait vn long ſeiour, le bruit fut ſemé par tout le païs à l'entour de Milan, que le Roy auoit fait decoller ledit Triuulze, pource qu'on auoit raporté au Roy que Triuulze eſtoit deuenu bourgeois des Suiſſes, & s'eſtoit (cõtre le vouloir de ſon prince) allié de leur ſeigneurie. Cõbien q̃ ce bruit fuſt faux ſi eſt-ce, q̃ Triuulze s'en retournant de France en Lombardie, eſtant deſia fort vieil, caduc, & rõpu de trauail, deceda par les chemins.

GG 2

Ainsi sa mort estant diuulguee cōme chose certaine, combien qu'assez diuersement, fut cause que le chevalier Spada deuint si melācolique, & tellemēt hors de soy, qu'il ne prenoit plaisir à chose qu'on fist, ou dist, pour luy oster ceste fantasie & tristesse de la teste: ains solicité tant par la ialousie, qui luy rongeoit le cœur, que pour la memoire de la mort de son seigneur & maistre, il ne cessoit de se plaindre, & lamenter presque iour & nuict, refusant & le boire & le manger, & ayāt perdu le repos. Quoy voyāt sa belle & pudique espouse, esmerueillee d'vne si sondaine & non vsitee tristesse, ne sçauoit que faire pour le cōsoler, que s'enquerir de l'occasion d'vn accidēt si estrāge, disant : Helas! monsieur, lors que vous deuriez vous reiouyr le plus, c'est que sans cause vous tourmentez vostre esprit, & mettez en peine, & soucy, ceux qui vous aimēt, & desirēt vostre repos. Dequoy seruent ces souspirs ? à quoy tendēt ces larmes, que ie vous voy espandre ordinairemēt? y a-il chose en vostre maison qui vous cause quelque desplaisir ou mescōtētement? Ie vous prie le dire, à fin q̄ les fautes y soyent amēdees, ainsi qu'il vous plaira l'ordonner. Ha, m'amie, respōdit le faché & triste mary, ie voy que ma maison est en si bon ordre, & mes affaires si bien disposez,

que

que ie n'ay occasion quelconque de m'en plaindre. Mais las ! dit-il, souspirant du plus profond de son cœur, celuy qui perd la cause de ses effects, & le soustié de sa vie, n'a-il pas iuste occasiō de se cōtrister, voire de violéter son corps si bien, que l'ame aille iouïr d'vn meilleur repos en l'autre monde, que les angoisses de cestuy-cy ne luy semblent facheuses? Ie ne puis dire, sans vn grand creue-cœur, que la mort du seigneur Iean-Iaques Triuulze, a penetré si auant en mon ame, que ie ne voy autre soulas, ny moyen de mon repos, que la mort seule, laquelle rassasiera mō desir, & par mesme moyē fermera le pas à ceste double passiō, qui bourrele mes sens. Quoy! monsieur, dit la damoiselle, voudriez-vous bien vous oublier iusqu'à là, que pour si legere occasiō, vous fussiez le meurtrier de vostre corps, & le vendeur prodigue de vostre poure ame ? Ia ne plaise à Dieu, qu'vne seule folie s'empare onques de vostre bō esprit. Ne sçauez vous pas, que la mort est celle, qui, cōme vn ministre infaillible de Dieu, execute son vouloir sur les hommes de tous aages, estats, & conditions ? Ignorez vous que ce soit elle, où le repos de nos miseres gist, & où nos facheries doiuēt prēdre leur fin? Et que pour ceste seule cause nous deuons estimer heu-

reux ceux là, à qui Dieu fait la grace de les
oster de ceste corporrelle prison, pour les
appeller à soy au lieu du repos eternel &
gloire q̃ ne defaut point? Et voila pourquoy
(dit le cruel mary) ie delibere de laisser ce
monde, à fin que quittant les malleurs qui
sont tousiours à la queuë des miserables
humains, ie participe au bien ou mal de ce
bõ seigneur, lequel ie veux encor suiure ius
qu'aux enfers, pour luy faire sentir, & veoir
l'affectiõ que i'ay tousiours eu de luy faire
seruice. Ce n'est pas le moien (dit elle) de sa
tisfaire aux morts, à qui nous sommes rede
uables, que de nous sacrifier sur leur tombeaux, cõme faisoient iadis les Barbares, &
le pratiquent encor auiourd'huy quelques
nations Occidentales : ains deuons plustost
venerer leur vertu, & ensuiure leurs beaux
faits, auec la valeur qui sera en nous. Tou-
tes-fois, monsieur, ie proteste Dieu, q̃ s'il ad
uenoit (ce q̃ ie le prie ne permetre point)
que la passion vous outrast si auant, que de
vous occire de vos mains, ou vous laisser
perir lentement de tristesse, que ie ne veux
suruiure vne minute d'heure. Aussi me seroit ce vne douleur cõtinuelle, & insupportable d'auoir deuant mes yeux l'idee de celuy mort, q̃ i'aimay tãt en vie. I'ay assez senti
(disoit la simple damoiselle) q̃ vaut la perte de

te de sa moitié, & cõbien est difficile de faire oublier,& deraciner du cœur, ce que nature & la loy de Dieu nous ont donné pour liaison des cœurs & volonté du mari & de la femme. Le mari l'oiant si bien parler,ne sceut se contenir, qu'il ne l'embrassast: puis larmoiant & souspirant luy dist: M'amie,le plus grand tourment, que i'ay encor gousté en ces miennes dernieres angoisses, gist en la simple memoire de ce qu'il faudra que ie voie (en morant) la dissolution de ceste grande amour que ie vous porte, & que apres mon decez, vn autre vienne à iouir de ceste diuine,& à nulle seconde beauté,q reluit en vous Soiez seure que c'est ennuy seul est suffisant pour me faire (s'il estoit possible) mourir encor vne fois apres mon trespas.Nõ,monsieur,respõdit elle(qui le pẽsoit gaingner par ces allechemés) ne pensez pas que vostre espouse vous suruiue: car si ie vous voioy aux angoisses de la mort, Dieu m'est tesmoin, qu'aussi tost i'auanceroie le accourcissemẽt du terme de ma vie. Las!la poure damoiselle ordissoit les toiles, ou ce meschãt & cruel veneur l'enuelopa depuis, & aiguisoit l'espieu, qui depuis l'enferra si bien,qu'elle y perdit la vie. Mais elle n'eut iamais pensé que son mari fut esté si sot, & tant hors de son sens, que d'estre l'homici-

GG 4

de de soymesme, & moins encor qu'il executast sur elle les effects, & rage de sa furie. Or estás couchez ensemble,& luy tout consolé, pour la resolution qu'elle auoit fait de ne viure point apres luy: à fin de luy faire effectuer sa promesse,il se leua d'aupres d'elle,& feignant d'aller à la celle, il alla querir vne courte dague:laquelle il apporta, & mit sous le cheuet de son lict: recōmēçāt encor ses propos frenetiques,& souspirāt estrāgemēt,auec sanglots si hideux, que on eut facilement cogneu, q̄ sa passion & desir de son cœur n'estoiēt point de peu de cōsequence: & croy que,qui l'eut lors veu, & contemplé de pres au visage, il eut coniecturé que ce qu'il entreprenoit à faire,n'estoit point chose commune ou vulgaire. Aussi estoit il assailly de deux ou trois diuers ennemis, l'Amour,Ialousie, & la mort: le moindre desquels suffisoit à le faire tressuer en son harnois, & luy amoindrir le cœur au plus fort de la bataille. L'vn l'espouuētoit,pour l'horreur qu'il apporte quāt & soy: l'autre luy effaçoit, par sa douceur, la cruelle deliberatiō qu'il d'esseignoit cōtre sa femme. Mais le troisieme causé par l'vn, & cause de l'autre,luy engrauoit plus viuemēt au cœur, ce q̄ sa malice luy suggeroit assez d'elle mesme.Oyez,mes dames, l'acte le plus effroiable,

ble, iniuste & detestable que (peut estre) vous ouïstes iamais raconter, & qui onc auint, ce croy-ie, entre mary & femme, ven q̃ l'occasion ne s'y offroit pour ce faire. Ce cruel tyrã, & ennemy de nature, vaincu de rage impatiéte, & priué de toute raison, pitié, amour, & sans souuenance des plaisirs & seruices, receus de sa chaste & loyale cõpaigne, apres auoir assez souspiré & plaint (entre ses dents) son desastre: plus furieux que tigre, lion, ou liepart, que iamais l'Aphrique (nourriciere de mõstres) ait veu par ses deserts: print sa dague, & embrassant & baisant (du baiser de Iudas) sa femme, luy en donna de toute sa force sur la teste, & encor luy feit plusieurs autres playes profondes, & cruelles, par diuers endroits de son chaste corps. Et en l'instãt, & par mesme moien, il se passa le fer (encor sanglant, & trempé au sang innocent de sa belle espouse) par le milieu de l'estomach: & ainsi qu'il estoit en son extremité, tendant au dernier souspir, il mõstroit vn signe fort grand de plaisir & allegresse, pour se veoir accompaigné à la mort par celle, qu'il ne pouuoit laisser (sans extreme regret) en vie. La poure damoiselle ce pendãt esbahie, & outree par ces mortelles blessures, ne peut dire sinõ ces mots: Helas! mon Dieu ayes pitié de mon ame: car mor-

te suis-ie vraiment. Ce pendāt mourut l'infortuné & execrable ialoux, lequel enuoia son ame auec ses semblables Cayn, & Iudas, au rang des desesperez. Or durāt ce conflit, vne fille chābriere de leans, oiant q̄ sa maistresse se plaingnoit, accourut à la chambre des deux mourās, & voiāt ce piteux spectacle, se print à crier si hautement, que les voisins y vindrent à flottes. Et fut la dame blecee, visitee par les medecins, & chirurgiens, lesquels ne fairēt qu'estouper & restraindre le sang, disans q̄ Dieu seul y pouuoit remedier, veu q̄ la moindre de toutes ses playes estoit incurable, & mortelle. La damoiselle, qui, apres le sang estāché, auoit recouuert la parole, disposant de son ame, feit testament, par lequel elle ordōna, & voulut qu'on l'en seuelist au tōbeau & cercueil de feu son mary, le Seigneur Barze. Ainsi fina ses iours la vertueuse, chaste, & patiēte Royne: & certes telle la peut-on appeller, pour les rares & heroiques vertus, q̄ la faisoient digne & du nom, & de l'estat royal. Or pourautant q̄ le gente de sa mort estoit nouueau, & fort estrāge, on feit force epitaphes, qui furēt grauez, & pres, & sur son tōbeau, & encore pendus en des tableaux à l'entour de la chapelle, ou son corps resposoit: d'entre vn si grand nombre ie en ay extrait celuy qui s'ensuit.
Celle

C'elle, de qui le tainct resembloit en couleur
L'Aurore, se leuant de l'humide couchette.
De son viellard Tithon, & de qui l'ame nette
Sert en terre d'exemple, & au ciel de splendeur:
Dessous ce marbre gist Icy gist tout l'honneur
Des Grecs, qui peuuent or' se vanter d'vne honneste
Helaine, qui mourant, vne vie s'apreste
Quoy que de sa vertu soit sorti son malheur.
Le Ciel de deux faueurs, las! quand il l'estrena
De beauté & vertu, pourquoy ne luy donna
Vn mary son egal pour la rendre parfaite?
De son mary la main, & l'iniuste courroux.
L'esprit priué d'espoir, & le valoir ialoux.
A la Grecque, à grand tort, & à son dam defaite.

La mort indigne de ceste damoiselle fut tant regrettee, qu'il n'y auoit homme, ny femme qui ne destoupast la bonde à vn ruisseau de larmes, pour monstrer combien lon doit se contrister, lors que le monde sent l'eclipse de telles lumieres, qui luy peuuent seruir, & d'ornement, & de clairté: certes vne dame accomplie de si grand vertu, & douee de telle perfection ne sçauroit estre ny assez honoree en sa vie, ny suffisamment regrettee, ou
louan

louangee apres son trespas, tant pour le merite de telle vertu, que pour inciter les tendres pucelles (par la couuoitise de telle gloire) à suiure l'exemple de celles, de qui le nom & loz surmontera le téps (quoy qu'il moissonne tout ce qui ça bas prend estre) & la mort mesme, qui n'a puissance que sur la masse de nostre chair, laissant l'esprit s'esiouir en sa felicité, & iouir du loz, que la posterité luy chante, & prepare à luy celebrer perpetuellement. Le corps de l'Albanois, tant pour le meurtre commis en la personne de son innocente femme, que pour s'estre occis desesperément, & sans auoir fiance en nostre grand Dieu (qui ne veut point que pas-vn de ses souldats sorte de la garnison ordonnee à son esprit sans son cômandement, qui en est le Capitaine) fut getté hors la ville, pour estre la pasture des chiés & loups, & des oyseaux du Ciel. Voila la fin des malheureux, & hommes qui sans meur conseil se precipitent, aux abysmes, d'où ils ne se peuuent puis apres retirer, & s'enserrent aux lacs, desquels est impossible de se depestrer. Et à dire vray, telles folles opinions apportent souuent des effects temeraires qui à la fin salariét les hommes, selon le merite de leur folie, auec le chastiement deu à leur temerité. Le sage auant qu'entrepren prendre rien que ce soit, il entre en soymesme, pour iuger la valeur de soy & efficace de ses forces: il reçoit le cōseil de son amy, pour ne s'egarer en ses entreprinses: car vn, qui regette l'apast de raison, ne peut operer que bien peu, qui soit bon, en la multitude de tant de maux, qui luy succedent. Lon iugera donc par cecy, quelle beste indomtee c'est, que l'homme, qui vuide de bon cōseil, se gouuerne par le seul trāsport de son sens: & verra que la gloire des affligez s'augmēte ordinairement par le deshonneur, & ruine des meschans, Car où la furieuse ialousie de ce mary enragé, n'eust glorifiee la chasteté de sa dame en l'occiant, le nom d'icelle, & memoire de sa beauté, seroient assoupis, & engloutis sous les abysmes tenebreux d'vne perpetuelle oubliāce: là où, au cōtraire, elle viura d'vne memoire immortelle apres sa mort, & vn temps infini apres le terme expiré de ses ans: seruant de miroir tant aux hommes que femmes, presens, & aduenir: aux vns, pour leur deraciner le vice dangereux de soupçonner trop de leger sur la pudicité de celles, qu'ils doiuēt & cherir, & estimer: aux autres, pour leur engrauer au cœur ce saint burin de prudence, modestie, & chasteté, lequel aiant enrichy, & orné le monumēt de ceste Grecque, la met au milieu,

lieu, & presque au plus haut degré d'honneur, luy faisant tenir rang entre les plus illustres, & heroïques dames.

Fin de la dixieme Histoire.

Sommaire de la onzieme Histoire.

Combien que de toute memoire d'hôme les incestueuses amours ont esté desplaisantes en la presence de Dieu, & au respect des hommes, les scandales qui en sont ensuiuis, sont assez de foy, & de la grauité du peché, & du mal qu'il engendre aux maisons, & aux personnes, où il a prins quelque accroissement, & d'où, il a receu ses semences. Ammon fils de Dauid pour c'est effet fut meutri traittreusement par Absalon son propre frere: lequel tombant en mesme vice, & abusant des concubines de son pere, par la iustice, & equitable vengeance de Dieu, fut occis miserablement par Ioab, prince & chef de la gendarmerie Iudaique, l'obmettray icy la lubricité brutale, & incestueuse d'vne Semiramis, & le loyer condigne à son demerite, par les propres mains de celuy là, de qui elle (contre tout droit diuin & humain) souhaittoit l'acointance. Il me suffira

suffira de vous reciter vne histoire auenue depuis deux cens ans en nostre Europe, & en icelle vn acte autant detestable, pernicieux, & deraisonnable (eu egard aux circonstances des personnes) que iamais ny les histoires, ny les poëtes en aient mis en lumiere: & encor me contenteray-ie de vous offrir la seuere iustice d'vn pere contre son propre fils. Aussi doit elle indifferemment estre executee, sans exception quelconque des personnes, veu qu'à ce seul regard les anciens nous l'ont peinte les yeux bandez, auec la balance, & cousteau vengeur entre les mains. Autrement, ny les Princes, ny les Potentats seroient en seureté en leurs palais, & maisons Royales: la pudicité des dames (à quelque prix que ce fust) seroit tousiours en bransle d'estre corrompue. Entre lesquelles, ie suis marry qu'il s'en soit trouué vne de haute & illustre maison, si lascine, que oubliant la honte propre & naturelle à leur sexe, le sang des leurs, & le rang auquel auoit pleu à Dieu les appeller: & n'aiant peu si bien amortir le feu de leur concupiscence, & brider l'appetit dereiglé de la chair, que leurs folles conceptions n'aient manifesté le fruit de la bonté semee en leurs poictrines. Mais l'obscurité des faits de telles louues, seruira de lustre & eclarcissement à celles, qui auec leur splendeur effusquent, & font euaporer telles images, remplissans de bonne & souefue odeur tout ce bas hemisphere, lequel sans telle
sone

ſoueſueté ſeroit en danger d'experimenter vne peſte contagieuſe, veu la corruption de vie, deprauatiõ de meurs, que nous voions, & experimẽtons tous les iours par toute la Chreſtienté (ou le mal abonde ſi bien, que l'indifference des pecheẑ y eſt, entre pluſieurs obſeruee à la Stoique:) car l'vn contraire ne peut auoir force, que par la comparaiſon de ce qui luy eſt diuers. La vertu ne ſeroit point tant louee ſans l'obiet contraire du vice, ny la ſplendeur, ſi les tenebres n'en declaroient & le plaiſir & le prouſit de icelle. Auſſi, ſi iamais il n'y eut eu de grands pecheurs, en quoy eut on exercé les doctes plumes, pour louanger l'excellence d'iceux, qui (aiant la vertu au contraire) ont donné & donnent ordinairement l'indice apparent de leur clarté: & qui, en la grand multitude de tant de vicieux, ont ſeulement eſté ſpectateurs de la fable, ſans prendre rolle en icelle & ſe ſouiller de telle impurité de vie, que ceux (de qui ie pretends parler) obſcurcirent leur renom, quoy que leur nom ſoit mis en quelque euidence, & ait tenu rang entre les grands: comme pourrez cognoiſtre en liſant l'Hiſtoire qui s'enſuit.

Di

Du Marquis de Ferrare, lequel sans auoir esgard à l'amour paternel, fit decoller son propre fils, pour l'auoir trouué en adultere auec sa belle-mere : à laquelle encor il fit tailler la teste en la prison.

HISTOIRE ONZIEME.

Iuant Philippe Visconte, Duc de Milan, fils de Iean Galeaz, (celuy qui tant de fois dressa la guerre côtre les Florentins & leur ligue) regnant en France Charles VII. celuy, dy-ie, bon Roy, qui chassa les Anglois de Normandie: le tresexcellent & magnifique Prince, Nicolas d'Este, troisieme Marquis de Ferrare (celuy, qui pour sa singuliere prudence auoit esté plusieurs fois esleu arbitre, pour vuider les differens auenus entre les Princes d'Italie) eut guerre contre vn sien cousin, nommé Azzo d'Este, & qui auec l'aide des Veniiiés, Florentins, & Boulognois (encor qu'il fust bastard) dechassa ledit Azzo (legitime & iuste successeur du Marquisat) hors d'Italie, & le contraignit de finer ses iours en exil en l'Isle de Cadie, anciennemét nómee Crete. Et quoy que Ferrare luy obeit comme à vn vsurpateur iniuste : si se gouuerna-il si bien,

H.h.

& traita le peuple si doucement, que iamais aucun de ses predecesseurs n'y vesquit plus pacifiquemēt. Or cestuy confirmé en son estat, espousa en premieres nopces, la fille du seigneur François de Carrare, pour lors seigneur de Padoüe, de laquelle il eut vn fils, qui sur les fons fut appellé Hugues, la beauté & phisionomie duquel promettoit quelque future grandeur, & excellence en luy. De cestuy-cy preten-ie tenir le plus souuēt propos, comme estāt vn des chef motifs de l'euidēce de ceste histoire. Il estoit surnommé (par le plaisir & vouloir du pere) le Conte de Rouigo, & esleué auec tel soin, diligence, & estude de ceux qui l'auoyent en garde, comme appartient à l'enfant d'vn si grand seigneur, que celuy qui cōmandoit sur Ferrare. Quelques iours apres la naissance de ce petit prince, la Marquise sa mere deceda, au grand regret de son espoux, qui l'aimoit vniquemēt, & desplaisir de tous ses suiects, qui auoyent desia experimenté en elle vne courtoisie, douceur & liberalité telle, qu'à iamais la memoire en demeurera grauee au cœur de la posterité. Or ce petit Prince, croissant en aage, dōnoit vn tel indice de sa future vertu & preud'hommie, que lon eust trouué peu de seigneurs de son rang en Italie, qui le parangonnassent, tāt s'en faut qui

le

le peuſſent deuancer : ſi la fortune ne luy euſt donné vne eſtorce telle, que le progrez de ſes ans dementit ce qui auoit donné vn bon commencement à ſa grandeur. Mais quoy? ſi les affections des hommes ont leurs fluz & refluz, commé l'inquieté (& non iamais en vn eſtre) mouuement de la mer : il n'eſt pas ainſi des iugemens & ordonnances de Dieu, deſquels vn ſeul n'en tombe point ſans venir à la fin ordonnee par la preſcience de Dieu : car la fin du Comte ne reuſſit point ſelon qu'on en auoit eſperé par les coniectures de ſa vertu puerile:& entendez comment ce Marquis Nicolas, demeurant aſſez ieune & eſcort, apres le decez de ſa femme, deliberoit de ne ſe marier point, ains bien (comme celuy qui n'auoit aucun voiſin pour ennemy) commença à prédre ſes aiſes, & paſſer ſon temps en telles delices, que preſque toutes les nuicts il changeoit de paſture & amorce de ſes lubricitez : & fit ſi bien, que la trouppe de ſes baſtards, n'eſtoit gueres moindre que celle, qui aſſiſtoit au vieillad Priam de Troye, vn peu au parauant que les Grecs l'aſſiegeaſſent. Et à fin que l'hiſtoire ne manque en rien qui ſerue au ſuccez, de ce que ie veux mettre en auant, touchant le deſaſtre auenu au Comte de Rouigo, fils de Nicolas, il ne reſta aucun enfant legitime audit Marquis, ains luy succeda Lionne, l'aisné des bastards, apres lequel seigneuria le fameux & renommé Borze, fils d'vne damoiselle Senoise, de la famille des Tolomei. Ce Borze pour ses vertus, & pour auoir fait quelque seruice à l'Eglise Romaine, fut sacré & erigé en Duc de Ferrare par Paul second de ce nom, Euesque de Rome, regnant Loys xi. en France, & Frederic d'Austriche tenant la couronne de l'Empire, par lequel encor ledit Borze fut declaré, & creé duc de Rhege & Modene. Or tournant à nostre propos, le Marquis, long téps apres auoir ainsi vescu sans femme legitime, sollicité (peut estre) d'aucuns de ses suiets, delibera se remarier: & practiqua si bien qu'il espousa la fille du Seigneur Charles Malateste, qui pour lors estoit puissant & grand terrien, ayant cōmandement sur plusieurs citez & villes de la Marche, & de la Romagne, & qui auoit le bruit d'estre vn des plus braues & sages capitaines d'entre tous ceux, qui de son temps se mesloyent de l'art militaire en toute l'Italie. Peu de téps apres, le Marquis, quoy que sa femme fust belle en perfection, & ieune d'vn dixsept à dixhuit ans, ne discōtinua point ses premieres erres, d'aller paillarder, qui çà, qui là: & sembloit que seulemēt il eust prins femme,

pleust

pluſtoſt pour complaire aux ſiens, ou pour donner couuerture à ſon laſcif & effeminé vouloir, que pour ſe chaſtier, & s'addonner à croiſtre & multiplier ſa race: qui fut cauſe que Dieu, pour l'en punir, luy enuoya, vn ſcãdale en ſa maiſon, digne certes d'eſtre noté, combien qu'il ſoit eſtrange au poſsible: & ſi la memoire n'en eſtoit freſche, il feroit preſque incroiable. Auſsi eſt la patience de ce bõ Dieu telle qu'attendãt la conuerſion du pecheur, & le voyant endurcy en ſa meſchãceté, à la fin il le punit ſi aigrement, que les generations ſuiuantes ſe reſentent le plus ſouuent de la grauité de la punition. Et voila pourquoy le bon Chreſtien doit diligémẽt diſcourir tous les exemples de ceſte, à nulle ſeconde, patience, pour apprendre, qu'à la longue rien ne demeure impuny en la preſence du Seigneur: car quelle plus grande ruine peut auenir à la maiſon d'vn Prince, que le deshonneur de ſoy, ou des ſiens: quel plus grãd creuecœur, que de ſe voir le bourreau de ſon ſang meſme? Et toutesfois la iuſtice de Dieu a practiqué cecy ſur ceux, qui continuans leur meſchanceté, ont accumulé mal ſur mal, & ont irrité le Seigneur par leur incorrection. Comme fit ce Marquis: la femme duquel ſe voyant ainſi meſpriſee cõme celle qui preſumoit aſſez de ſa beauté

HH 3

ne peut tant cōmander à sa constance, ny si bien moderer ses affections, qu'elle ne s'en plaingnist à vne sienne damoiselle, qu'elle auoit amenee quant & soy de son païs, & de qui elle se fioit fort : laquelle estant vn iour seule en la chambre de sa maistresse, voyant qu'elle se contristoit en secret outre mesure, & que de iour en iour elle perdoit son en bon-poinct, s'enhardit de luy tenir tels ou semblables propos : Madame, vous ne trouuerez point estrange, si le desir que i'ay de vous faire seruice, me fait si audacieuse, de vous demāder, d'où prouient la cause de ce soudain changement, que ie voy en vous, qui iadis souliez estre le seul soulas des angoisses & facheries de monseigneur vostre pere, par vostre gayeté, si par cas il luy suruenoit quelque ennuy, & maintenant vous ne faites que resuer, souspirer, & vous plaindre. Ie vous supplie, Madame, si iamais i'ay fait chose qui merite recompense estant en vostre seruice, me faire ce bien & honneur, que de me dire l'occasiō de vostre mal, à fin que si ce peu de pouuoir q̃ est en moy, peut rien pour vostre allegement, ie l'y employe auec la vie, que i'ay vouee dés long temps, à l'obeissance de vos commandemens. Helas! mamie, dit la Marquise, ay-ie tort, estant telle que ie suis, si ie me tourmente, me voyāt
ainsi

ainsi contemnee de monsieur, côme tu peux aisement cognoistre: Ie t'asseure que si l'esperance de quelque allegement ne me consoloit, tu verrois en bref quel sacrifice ie feroy de ma vie à la cruauté de celuy, qui fait plus de conte d'vn tas de femmes publiques & abandonnees, que de moy, qui suis son espouse, & telle qui ne cede point en beauté à pas vne d'elles. Comment, Madame, respondit la damoiselle: N'auez vous outre occasion de vos angoisses, que les folles amours de monsieur le Marquis? & vraiement c'est vn fort maigre fondement de vos côplaintes, & vne occasiô plus friuole de vous mesfaire. Laissez, laissez à part tout cecy, & essaiez-vous de viure ioieusemêt, auec ceux q vous aiment & estiment attendant que le temps luy refroidisse ses ardeurs, & luy face changer d'affection: veu qu'il ne faut qu'vn bien peu de mescôtentement pour luy faire quitter les passiônees apprehêsions, & mal cherchees côpaignies. Et lors iouires vous seule, de ce qui iustement est vostre, sans vser de telle imprudence, que souiller vostre honneur par vne illicite accointâce auec autre que celuy, qui vous a esté dôné pour Seigneur & espoux: & sans acourcir vostre vie par vn sot desespoir, procedât d'vne mal ordonnee ialousie. He Dieu (dist la Marquise,
HH 4

toute esploree) qu'il est bien vray, ce que l'on dit en cōmun prouerbe, que les sains facilement donnent conseil à ceux, qui sont saisis de quelque greue maladie! Ah, m'amie, si tu sentois le malaise, qui ne laisse aucun repos en mon ame, & si tu goustois, à la verité, le hanap de l'amertume qui abreuue mon sens ie m'asseure, qu'aiant pitié de moy, tu me conseillerois d'autre façon, ensemble m'aiderois à executer ce qui seruiroit pour l'entier soulas & contentement de mon esprit, Le Marquis a prins son ply, il y a ia long temps & tel, qu'il est impossible que sa vie se change, que par mort ou extreme vieillesse. Et ce pendant, ie passeray mon téps en vain, accōpaignee sans cōpaignie: il fraudra q̃ la nuict ie me paisse de larmes pour tout repos, & le iour côtre mō desir, ie soy ioieuse pour contenter celuy, qui ne se soucie de mon plaisir, ny de ce qu'il me doit par les loix des sacrez liens, qui nous ont conionts ensemble. Pleust à Dieu que la mort m'eut saisie des le berceau, à fin que paruenue en ceste maturité, ie n'essaiasse maintenant, quelles sont les forces d'vn despit honeste de la femme delaissee par son mary. Helas! que bien-heureuses sont celles qui estans de basse condition, osent, sans grande conscience, maculer le sang, qui ne redonde
point

point qu'au deshonneur de peu de gens! Ah honneur, & grandeur! combien tyranniquement vous brides les dames, de tant plus elles ont preference deuant les hômes! & que n'est egale la condition de toutes, à fin que le peuple ne maculast point nostre lustre, non plus que le renom des plebees, & femmes, qui meurent auec la memoire de leurs faits, laquelle est enseuelie en mesme tombeau que leurs corps! Au moins si les loix punissoient aussi bien ces desloyaux maris, comme elles font les simples femmelettes, qui par vice naturel s'oublient quelquefois iusqu'à se laisser vaincre aux appetits de la chair: ioieusemét certes ie me vengeroy de l'iniure, que me fait ce pariure, & peu amy mary, à fin que tous deux egalemét receussions la peine & supplice selon le merite de nostre faute Mais las! lors que les loix furét faites, ce furét nos tyrans, inquietateurs de nostre repos, & les ennemis cômuns de nostre perfection, qui les autoriserent sans s'aider d'aucun de nos suffrages, ou consentemét. Puis se leuant (comme demy forcenee) dist auec vne voix, qui declaroit la veheméce de son tourment, & du transport de son esprit. Mais quand ie deuroy mourir vn million de fois: si est-ce que ie ne laisseray point passer cecy sans vengeance, & veux bien

HH 5

qu'il sçache, que ie ne pretends point viure oiseuse, & pleine d'ennuy, lors qu'il se donnera du bon temps : & aduienne puis apres ce qui pourra. C'est assez (ce me semble) enduré vne tyrannie si grande, & auoir senty les aiguillons si poignans, que le meilleur qui en peut reussir, n'est pas plus à souhaiter que la mort. Aiant ce dit, la Marquise se teut, attendant la response de sa damoiselle, laquelle, quelque espace de temps apres auoir lõguement pensé, luy respondit en ceste sorte : Madame, encor q̃ iamais ie n'aye experimenté quelle chose c'est, que la force d'Amour, & par mesme moien ie n'aie onques senty quel est le desdain, & creuecœur de celle, qui se sent offensee par celuy là, de qui elle deust estre la moitié, & aussi la mesme ame : si croy-ie neãtmoins que ce soit vne passion, & de l'vn & de l'autre, telle, & si demesuree, que le surplus des alterations, qui tourmentent & greuẽt l'esprit ne font rien, au respect de ceste indicible destresse. De cecy pren-ie mon argument sur vous Madame, la constance de qui a esté esbranlee par c'est orage & fureur de ialousie, laquelle iamais au parauant n'auoit donné aucun indice de changement, ou faute de cœur. Mais, ô bon Dieu ! ie voy & cognoy l'imbecilité des esprits humains, & combiẽ
ils

ils sont agitez de diuerses, & legeres apprehensiós, lesquelles ne bouillônét pas moins en l'estomach,& pésee, que les ondes marines enflees par vn vét tourbillon au iour le pl⁹ chaut de tout l'esté. Ah, madame, qu'est deuenue ceste continéce si grande qui vous a faite iadis renommer sur toutes les plus belles dames de la Romagne? Essaiez, ie vous prie, de vous côtenir en la vertu, & hôneste reputatió, en laquelle iusques icy, vous auez vescu, au grand contentement de tous vos parés & amis. Que si la raison est de tát assoupie en vous que vous deliberez de fráchir le saut de lubricité, & chercher autre pour l'accomplissemét de vos desirs : que le Marquis vostre espoux, à tout le moins faites vostre cas si secretement que la maison d'ou vous estes sortie, n'en reçoiue deshonneur, & vous blasme, infamie, & hôteuse punition. La Marquise ne respondant rien à la sage admonition de la prudéte damoiselle, commença à péser, non par quel moien elle retireroit son espoux de la vie effrontee, & lubrique qu'il menoit: ains plustost comme elle pourroit se venger, & auec qui elle rendroit le contrechange à son mari, en le punissant par mesme faute. Mais la raison ne s'estend pas iusqu'à la, que le peché, & vertu guindent de mesme aisle : car la vertu a cecy de cy de superlatif sur son côtraire, qu'elle est proposee en vn suiet, pour l'instructiõ d'vn autre. Ce qui ne se peut aucunemẽt dire du vice, veu qu'il ne sensuit pas, q̃ si quelqu'vn s'oublie en ses honnestetez, & s'esgare en ses bõnes mœurs, à son exemple nous nous y lançons &, à bride auallee nous courons apres le vice, comme apres quelque chose rare & precieuse. Et toutesfois cecy est si bien pratiqué auiourd'huy, que lon estime, qu,à la suite des choses vicieuses, mesmes, ce qui se fait par exẽple, doit ou peut tenir le lieu d'equité ou droicture, & ne merite point de reprehension. De cecy vous peut assez asseurer la folle deliberatiõ de ceste insensee princesse, laquelle se laissa tellement aueugler par ses fols & dereiglez appetits, que peruertissant l'ordre commun, & droict de nature, pour la reuerẽce du sang, & personne, & pour l'honnesteté ciuile, q̃ la loy a constitué entre les hõmes : deuint extremement amoureuse de celuy, de qui les ambrassemens lascifs luy deuoient plus causer de horreur, q̃ la mesme memoire de la mort. Ie vous ay dit, que le Marquis auoit vn fils du premier lict, beau gentilhomme en perfection, & qui durant les fureurs de sa belle mere, pouuoit auoir atteint dixhuit ou vingt ans. Ce fut de luy, que la seconde Fedre

dre deuint amoureuse : mais ce ne fut pas luy, qui ioua le vertueux roollet d'Hipolyte l'Amazon, en resistât à sa folie amoureuse, & inceste de la Marquise. Bien fut il l'heritier du Grec, car il mourut par le iuste courroux de son pere : mais ce ne fut pas à tort, luy aiant delinqué : en ce que l'autre feit le plus apparoistre, & louer sa vertu & modestie, cestuy-cy à fait cognoistre son vice, & vouloir preuariquer contre son pere : ce que vous pourrez aisement voir discourans ceste histoire. Or ce ieune prince se voiant caresse fort familierement par sa marastre, qui ne prenoit plaisir qu'a se repaistre en la contemplation des beautez & bonne grace du Comte, n'eut iamais pensé qu'vne telle deloyauté se peut enraciner au cœur de l'espouse de son pere:& pource deuisoit il souuent auec elle, mais auec telle reuerence, que doit l'enfant à la mere : ce quelle ne prenoit point pour argent contét aiant souhaité vne plus estroite familiarité auec celuy, lequel tant plus elle voioit, de tant sentoit enflâmer les premieres flâmes de sõ amour & s'enyura si biẽ de son vin mesme, q̃ voiãt que l'adolescent (pour n'auoir encor iamais pratiqué l'amour)ne sçauoit se prédre garde aux contenances, signes, lasciues œillades, souspirs & propos interrompus d'elle

qui

qui facilement euſſent decouuert à vn plus
accort la paſſion de la Marquiſe, elle s'oubliant & meſpriſant, & ſon honneur & ſa vie
(ou le Comte en eut fait le raport à ſon pere) delibera de luy decourir ſes affections:
car (diſoit-elle en ſoymeſme) comment receura mon mal allegemẽt, ſi ie le tiens ſecret
à celuy de qui i'en attens la gueriſon? Eſt-il
deuin pour imaginer l'occaſion des trop familieres careſſes que ie luy fay? Certes ſa
grande ieuneſſe luy defend d'y veoir de ſi
pres, & de cognoiſtre le plus difficile à humer, qui ſoit en l'homme, qui ſont les côceptions de l'eſprit. Et quand bien il ſeroit ſi
ſubtil, & accort, que de s'en eſtre apperceu:
la honte, entremeſlee de crainte, luy en auroient fermé le pas, pour attenter ce que ie
deſire tant, & ce que (peut eſtre) il ne me refuſeroit point, Par ainſi ie ſeray la premiere
qui chaſſera & la honte, & la crainte qui
m'empeſche tel aiſe: puis que premieremẽt
i'ay ſenty les flammes amoureuſes, & ay experimẽté la pointure des traits de Cupido:
l'eſpere que (quoy q̃ l'entrepriſe ſoit grande & dangereuſe) il ne m'eſconduira point.
Que ſi ma grãd beauté ne peut l'emouuoir,
ſi mes ardãtes, & mignardes careſſes ne luy
mettent le feu au cœur, & mon amour en la
ceruelle, encor ſcay-ie bien à quelle chaſſe,
&

& auec quels filets ie le doy prendre. Auienne donq ce qui pourra: car, ou ie mourray bien tost, ou ie luy feray entendre, par ma propre bouche (veu que l'embassade est perilleuse en cas de telle consequence, que cestuy-cy) ce que souffre pour luy: ensemble le prieray de remedier à ma passion: autrement i'ay desia excogité les moyés de pouruoir à mõ malheur, & vie desesperee. Ayant prins ce complot en soy, & auec soy, l'incestueuse & folle femme, ne cerchant que le moien de l'executer: fortune luy fut si fauorable, qu'en ce mesme temps le Duc de Milan Philippe Viscõte, enuoia querir le Marquis Nicolas, pour certains affaires de grãde importance, & pour l'expedition desquels il faudroit seiourner quelque temps à Milan. A ceste cause le Seigneur de Ferrare, aiant dressé son train, s'en alla vers le Duc, duquel il estoit allié, & grand amy: ce qui ne fut vn brin deplaisant à la Marquise son espouse, laquelle faisoit estat, que son mary absent elle pratiqueroit le peu subtil Comte, pour l'assouuissement de ses concupiscences, & pour luy faire paier à l'auenir les arrerages, d'ou le Marquis absent (à son auis) luy estoit redeuable. Et pour ce quelques iours apres le depart du Marquis, la belle folle, estant vn apres disnee en sa chambre fort pensiue, & fantasiant les desseins pour parfaire le complot de son desir, print vn luth à la main, & se mit a sonner si melodieusement, & auec telle mignardise que la damoiselle sa secretaire, estoit là comme aiant les oreilles pendans aux cordes de l'instrument. Et ce pendant la Marquise se meit à accorder la voix au son, chantant ce qui s'ensuit.

Pourquoy me plains de ma temerité,
 En desirant de mon loz le contraire?
 Puis que le sort ne scauroit le desfaire,
 Mon loz donra lieu à ma volonté.
I'ay ia choisi tracé, i'ay ia à planté
 Le fondement, pour mon desir parfaire:
 C'est à l'amour maintenant à le faire
 Tel, que ie l'ay pour mon bien souhaité.
Ah, ah, Amour, qui cause ceste enuie
 En mon esprit, accourcis moy la vie,
 Ou me fau tost reuiure en iouyssant.
Lors ie diray, qu'entre les plus grands dieux,
 Tu es celuy, qui les cœurs regit mieux.
 Le plus courtois, qui es le plus puissant.

 La chanson finie, elle se meit de rechef à penser plus profondement qu'auparauant, & monstroit bien à sa contenāce, que ce ne estoit pas peu de cas, ce qu'elle imaginoit, ny vulgaire la passion, qui ainsi diuersifioit, & son penser, & ses contenāces exterieures.

A la fin vaincue de la rage de sa volupté, elle
cōmanda à la damoiselle de qui elle se fioit
tant, qu'elle luy allast faire venir le Comte
Hugues tout seul, pour cause qui luy importoit
de beaucoup, & qui luy donroit cōtentement:
à quoy la damoiselle obeit, & non
sans soupçon: toutesfois de ce qui estoit, s'estant
elle desia apperceuë des regards impudiques,
& souspirs à la derobee de sa maistresse,
lors qu'elle s'amusoit à contempler
le Comte, deuers laquelle la damoiselle arriuee,
luy dit: Monsieur, madame vous prie
d'aller vn peu parler à elle, pour chose qui
vous importe: vous la trouuerez en sa chābre,
auec bonne deuotion (comme ie croy)
de vous cōmuniquer choses nō gueres souuent
iusques icy par vous sauourees, ny entendues.
Le prince ne print point garde aux
paroles de la meslagere, ains (son malheur
le guidant) s'en alla en la chābre de la Marquise.
Ce pendant la damoiselle, qui estoit
allee le querir, soit que le creue cœur de l'enormité
du cas, qu'elle soupçonnoit, la gardast
de retourner vers sa maistresse, où biē,
qu'elle ne voulut point empescher le plaisir
de celle, à qui elle voyoit mener vne vie si
triste, se retira en vne garde robbe, où elle
(presageant le desastre de ce beau couple)
fondant toute en larmes, & à la fin àgrauee,

I I

de tristesse, & apesantie de sommeil, & lassitude, s'endormit. Durant cecy, le Comte entré que fut en la chābre de la belle-mere, elle vint le recueillir fort courtoisement, & le prenāt par la main, le fit asseoir aupres d'elle. Mais quād ce vint que la belle dame voulut dresser sa harāgue, le cœur luy commença à se debatre dās le ventre, ses sens luy interdirent l'office des mēbres exterieurs: car la langue luy demeura noüee, les yeux baissez, & le visage changé en vn tel vermillon, qu'il eut fait hōte à l'auant-coureuse du soleil: & certes tel changement estoit causé de deux diuers, d'amour, c'est à sçauoir, & honte: l'vn voulāt faire sortir ses rais en euidence, & l'autre s'y opposant auec le voile d'vne naturelle, & raisonnable inclinatiō. Mais à la fin le plus imparfaict, & moins puissant en bonne cause demeura victorieux : car la dame, apres auoir souspiré vne espace de temps, sans mot dire, fachee de son indiscrete vergongne (or telle l'estimoit-elle) finalement rompant son silence, auec vn regard, qui suffisoit à penetrer iusques au plus profond du cœur (tāt il estoit mignard, & induisant à compassion) ayant sa voix tremblāte & mal asseuree pour la continue qu'elle sentoit en son ame, & les diuerses affectiōs, qui esmouuoyent son esprit, serrant assez delicate catement la belle main du ieune prince, luy dit: Monsieur, si ie n'auoy plusieurs occasions de vous adresser mes plaintes, & iustes querelles, vous croirez (s'il vous plait) que ie ne seroy si eshōtee, que de vous en facher les oreilles, & par mesme moyen manifester deuant vous choses, que (peut estre) vous trouuerez estrāges, & qui vous touchent de si pres, que pour l'amour de vous, qui m'estes plus cher que ne sçauriez penser, ie ne sçauroy, ny ne voudroy vous le taire: car ce faisant, ie vous trahiroy bien lachement, & feroy contre ma conscience, & le deuoir de celle qui tient le lieu où ie suis, à l'endroit de vous. Ie sçay que vous n'ignorez point la vie que le Marquis vostre pere a mené depuis la mort de feu de bonne memoire vostre dame & mere: quelle troupe de bastards lon void auiourd'huy en vostre maison, lesquels (si Dieu n'y pouruoit) n'vseront pas de moindre inhumanité vn iour cōtrevous, que vostre pere iadis a fait enuers son cousin, legitime seigneur de ce païs, lequel il en chassa, & enuoya exilé en Candie. Car ie voy desia le peu de conte que lon fait de vous, & de moy, qui ay cent fois souhaité n'estre iamais venue en ce païs, non tant pour les ennuis que i'y sens, que pour preuoir les malheurs qui vous sont preparez si vous n'y pouruoyez sagemēt. Ie ne dy, ny ne veux pas pourtant que vous pensez, que ie vous conseille de souiller vos mains au sang & vie de celuy qui vous a mis en essence, bien vous veux-ie auertir, que ie serois d'auis, q̄ vous ouurissiez les yeux de vostre entēdement, pour cōtempler à quelle fin les choses peuuēt tourner. Quant à moy, ie n'epargneray rien, qui soit en ma puissance, pour vous y secourir: veu que, pour vous en dire la verité (dit-elle en le baisant & embrassant) mon grand amy, ie vous aime, & estime plus que homme qui viue, & vous le feray (si voulez) cognoistre par experience. Pleust à Dieu que l'heur de l'alliance eust succedé à mō desir: certes autre n'eust iouy de la fille du seigneur de Malateste, que le Comte Hugues. Aussi quād monseigneur & pere me parla du mariage de Ferrare, ce fut de vo⁹ qu'on me parloit, & nō du Marquis. Dieu pardōne la folie de ceux qui me trom perēt si laschement: veu que l'vniō de nous deux estoit beaucoup mieux dressee, qu'auec vostre pere, l'aage egal, & la cōformité des meurs, pouuāt no⁹ cōioindre d'vne perpetuelle liaison, là où maintenāt ie suis liee outre mon gré, auec celuy qui me mesprise, & qui suit, cherit & aime les meres de ceux qui vous priueront vn iour de vos estats, &

(peut

ONZIEME

(peut estre) de la vie. Or pensez, monsieur
quel creve cœur m'est ce d'avoir perdu le moien
de estre Vostre perpetuellement, et considerer
qu'elle sera matiere a l'avenir (Vous aimant
comme je fai) si je soy la ruine, et avi-
lation de vos estats? Hé! Dieu m'est tesmoin
avec quelle angoisse je vous descouvre ce mien
secret: car le desir, que j'ay que vous vsiez vn
tant mieux, comme je suis Vostre, est si bien enraciné en mon cœur, que la seule mort en peut
faire la separation. Ce disant, elle se mit a le
baiser, et ambrasser d'autre façon qu'il n'apertenoit
pudique ne carresses à ses parens, et puis ie vous
puis ajousta a ces premiers propos pourtant,
qu'il sur vig..eut, et ie me auoy, si il s'..e l'occasion
de la defaite de celle, qui a sur les ... moiens
de Vous agrandir, et par ... sur Vie, ... si deran-
elle mesme se mal traite ... la bien forti-
née Dame, que tieu au..d'huy. Aiez pitié
de celle, qui Vous fait si pro..iques li..alité,
et offre de soy mesme. Que si a aulté a plus
deplaisir a en Vous, que les prieres que je Vous fai,
et l'amour singuliere que je vous porte: tuez,
tuez Monsieur, ceste miserable Dame, laquelle
si Vous refusez, ne fauldra a executer en soy
ce, a quoy Vous aurés failly: qui sera occasion, et de Vostre deshonneur, et de la perte
de la meilleure, et plus loyal amye
que Vous aiez en ce monde. Le Comte non
moins esbahy des parolles, que des carresses lascives de la belle ..... , resta si

113

HISTOIRE

bien hors de soy, que sans répondre, et sans avoir l'envie de se partir de la, demeuroit non moins immobile, que jadis la femme de Loth convertie en statue, et monceau de sel. La Marquise, qui estoit excellement belle, jeune, tendre, et délicate, et de qui le regard estoit si mignard et gracieux, que je croy, que si les philosophes les plus revesches, ou se barbatifs du temps passé eussent senty la tentation d'un object si beau et celeste, ils eussent quitté et baston et besace, et oublié la contemplation des causes naturelles, pour s'adonner à l'execution des mesmes effets de nature. Voire, diray-je encore, que si la fille de minos eut eut la pareille beauté, bonne grace, attraits, et allechement qu'avoit cette Dame, je ne fay aucun doute, que son hipolyte, tant fut il froidureux, ou lunaire, n'eut laissé et chiens, et lesse de Diane, pour faire courir son furon dans la garenne de celle, qui avec telle instance luy requeroit mercy. Cette belle tenderesse donq voiant son amy en ses alteres, et tellement surprins d'esbahissement: aussy qu'il n'avoit monstré aucun mauvais semblant, pour choses qu'elle eut dit, delibera de passer outre, et battre le fer tandis qu'il estoit chaud: afin que la jeune prince,

Durant

durant ces diverses pensemens, ne mesurant
à sa raison, la gravité de ce forfait, et l'a-
bomination du peché, qu'il commettoit contre
son pere, acointant auec grande enormité
la personne de celle, en laquelle le sang
de son pere estoit entremeslé : ensemble
qu'il ne tint à discourir l'aise, le peril et
danger où il se precipiteroit, en suiuant
le conseil malheureux de cette lubrique conseillere. à cette cause, elle
de rechef se brancha sur le col du prince,
le baisant et caressant en tant de sortes,
qu'à la fin le pauure comte succomba à ce
malheureux assaut. lequel apasté et al-
leché par ses chatoüilleuses et piperesses
mignotises, non seulement endura qu'elle
le rauisoit de follement, ains luy, enflamé
neuf de mesme rage, et empoisonné du
venin, qu'amour auoit semé sus les leures
ordinaires de cette nouuelle Fedre, comença
à oublier ses honnestes façons, ensemble
ses vertues apartes reuerences, qu'il deuoit
à son pere, et à l'honesteté dudit nuptial,
le violement duquel ne fut jamais sans ap-
portes auec soy la ruine et deshonneur
des violateurs. et si bien s'estrangea de
sa premiere modestie, qu'il se mit à baiser
la bouche, ores les yeux, tantost la gorge
blanche, et delicate de la marquise :
puis passant outre estendoit sa main sus
ses deux pomes rodeletes, lesquelles egale

HISTOIRE

ment disjointes, et separees, faisoient
deux petits monts se haucez sur l'estomach de la belle, à l'entour desquels alloit
un vent ondoiant, qui les faisoient mignardement haucer, ou se haucer, selon les passions, qui s'esmouvoient dans le centre de
son cueur. à la fin transporté d'aise, et se
voyant dispensé de courir par toutes les
places de son doux ennemi, meist la main
à la partie la plus afriolée, et en laquelle
les amans recherchent le don d'amoureuse
mercy : et ainsy qu'il manioit tantost la
cuisse ferme et unie, puis le ventre dur,
et doux et plus blanc que l'Appennin, lors
que l'hyver le blanchit de sa froide parure
elle se laissa aussi choir lez luy, fort
mignardement, et fermant les yeux en
feignant une bonté chatouilleuse, et non
chalance, qui declaroit assez les appetits
d'elle, luy dist : Las ! mon amy, que vous me
faites mourir ! Hé ! que n'amortissez vous
en moy ce feu, qui me bruste si vivement,
et duquel encor je m'asseure, que vous sortez les vives estincelles ? A ce mot le prince trauslé en son harnois, sans plus user
des reverences du temps passé, commença
à tenir les actes en la musique, que jamais il n'avoit experimentée : et trouva
les accords si doux, et si bien correspon-
dans à ses plaisirs, qu'il delibera de continuer, au moins si sa maistresse le
trouvoit bon : laquelle ne fut pas
si desgoustée, qu'aiant trouvé l'appren-
ti si bien fait aux mesures, et fredon-
                                            n-
                                            elle

ZIEME.

elle raccordast facilement son tournoi au ... de sa partie. Contemplez, et voyez icy l'acte second de cette tragedie, pour entendre si les biens, et plaisirs des hommes peuvent estre perpetuels, et si c'est point aux grands seigneurs plus ... leurs folies, qu'aux petits de les manifester : et certes l'on a beaucoup plus d'avantage l'œil au chef d'une republique, qu'aux membres, qui sont les plus infirmes, et de moindre puissance. Aussi ou le chef a sent quelque trouble, il ... impossible que les membres sujets n'aient quelque apprehention de son malheur, et angoisses : et c'est pourquoy l'on parle tousjours des princes, et que l'on fait si peu de cas des plebées, la memoire des quels s'evanouist aussitost que le ...

Mais doutant que cette menée ne se pouvoit bonnement conduire ... aus avois du tiers, ils ... liberent de communiquer leurs ... à la demoiselle, qui estoit ... ... et ... ... à ... ... Or, apres que le complet fut passé de la ... ... et ... de ... ... la marquise, avec une contenance plus gaye que de coustume, ... ma mère, vous avez veu jusques icy, ... j'ay passé mon temps, et le ... de joye que j'ay eue devant que le marquis a esté icy. Dieu m'a fait la grace

HISTOIRE

qu'il s'est absenté pour quelques jours,
afin que j'eusse le moien de pourveoir, pour
l'avenir, a ce, dequoy j'ay defaut, et par cette
absence, me rendre present le bien qu'on
pourra mettre fin a mes malheurs. J'ay
choisi tel amy, que nature n'en sçauroit
former de plus parfait, soit en beauté,
bonté, courtoisie ou valeur, et si noble,
qu'il seconde de bien pres la mesme
noblesse. Or vous ay-je congneuë jusques
icy, et sage, et loyale a tenir mes secrets
en telle qu'il appartient, si que vous avez
aussi esté celle qui a ouy la communication
de mes premieres affections, et le simple ob-
jet des apprehensions de mon amour. La
raison veut qu'aussy je vous manifeste la
fin, ou tout cela tendoit, et ce que s'en est
ensuivi : me fiant tant en celle vostre vertu, et honneste discretion que tiendrez secret ce fait, comes les personnes, a qu'il
touche le meritent, et le requiert la bonne
et affectionnée amitié, que je vous porte.
Et ainsi qu'elle vouloit continuer son prop̄s
la damoiselle impatiente de l'escouter
luy dist : Pleust a Dieu Madame, que
la mort eust trenché le filet de mes ans,
dés que je my le pied en cette peu
heureuse maison ! car par ce moyen
j'eusse evité deux malheurs, auxquels mō
astre me precipite, sans que j'y
puisse aucunement obvier : car (toute
fiee

ONZIEME.

...que je suis; d'isme peut il estre? d'un meurs
...peu convenable à mon estat, et eu[...] j'au-
... ca[...]jer, d'eu l'abomination de ce que je [...],
que je voye un scandale, qui causera la
ruine totale et de vous, et de celuy, pour
qui vous dressez cette folle, et [...] excep-
t[...] [...] [...] non que je soy celle, qui pretend
vous d'iffamant, car la mort m'e[...]it, [...] [...] [...]
[...] Dieu, [...] [...] cable, de vous veoir en
[...] accessoire[...]é prejudiciable, et à vostre eage,
[...] vostre grandeur. Mais las! les jugem[en]ts
de Dieu sont [...] droits, et [...] bien equilibrez en
la balance de sa justice, que rien ne decheoit
en vain. Je sçay, madame, et Dieu sçait
s'il elle, [...] chant un soupir du plus
profond de son coeur, avec quelle angoisse
je vous ramantoy cecy, que le comte est
ce luy (ô Dieu! le seul souvenir me fait
dresser les cheveux en la teste) qui est
l'auteur [...] de couches, et l'incestueux
convival de son propre pere. C'est luy,
qui pour vous, prend vengeance de soy-
mesme, et [...] pensant remedier à vos
douleurs, se croissent un medicam[en]t
si amer, qu'[...] [...] coeur luy causera
un tel [...]vissement, que cent fois [...] —
maudira l'heur, quil entreprint ce
que (à ce que j'entens) il a desja executé. Helas, bon Dieu, plaise te[...],
que je soy fausse divineresse en cecy,
quand à vous, madame, tenez vous,
                                   asseurée

HISTOIRE

asseurée de ma foy, laquelle je vous jure
q́ tourment quelconque, tant soit il grief ny mort, tant soit elle ignominieuse, ne me feront estre trois de ma
maistresse, qui puisse tant peu soit
dereigner son honneur conservé jusques
icy aueu telle, et à bonne reputa-
cion. Au surplus, madame, emploiez
moy en ce quil vous plaira : car
puis que la chose en va ainsi, vous ...
vrins : et vous verrez par experience,
et effet, quelle issue pourra effectuer,
pour vostre service, ce en quoy il vous
plaira m'emploier. Ah, m'amie dist lors
la marquise, que vos propos me tiennent
les cœurs, et par lesquels (presque) je con-
gnoy, que vous medités la verité : mais
quoy ? la force d'amour est telle et si vehemente que je ne scauray maintenir
me desporter de ce, que le destin semble
m'auoir basty pour mon contentement
et aussy que entre toutes les passions
humaines, cette cy ayant la preference
ne peut estre euitée, quelque effort
ou estudes que lon y emploie. Et pour
vous prie de ne me parler plus de ce
malheur : car nous vserons de telle
prudence que les plus clair voians, ne
scauroit quy penser seulement. Vous
instruirez le comte de tout ce quil aura
a faire, et des heures auquelles il pourra venir commodemẽt en ma chãbre
                                          C'est

C'est entre vos mains, mamie, que ie mets ma vie & mon honneur, & qui encor tenez l'heur, ou malheur du Côte en voltre puissance. Ainsi se passerent quelques moys, que les deux amans se deduisoyent ensemble, sans qu'aucun des courtisans soupçonnast rien d'vne si detestable felōnie, & execrable abomination, quoy qu'ils vissent la priuauté que la Marquise monstroit au Comte, & qu'elle le caressait presque trop familierement: mais ils pensoyent qu'elle le fist, pour plaire au Marquis, à fin qu'il ne iugeast que elle eust en haine les enfans de la premiere femme, & aussi que (cóme nous auons desia dit) le Comte estoit si honneste & courtois, qu'is rauissoit le cœur d'vn chacun à soy: qui confermoit encor l'opinion des Gētils-hommes, que ceste amitié de la dame, vers le ieune prince, s'estédoit sur la seule vertu, & gētille nourriture du Comte. Mais la fortune, qui ne peut oublier ses mobilitez, & le ciel courroucé d'vn acte si infame, & iniure si detestable, cōmise & contre Dieu, & contre le pere, & mary des deux delinquans: suscita vn plus subtil & accort decouureur des fautes cachees, qui est le temps: qui fit l'office d'vn bon varlet, lors, que par la mesme sottise des deux amās, leur folie fut mise en euidéce, eux se gouuernās desia si indiscretement,

tement, & auec si peu de respect au temps, lieu, & personnes, qu'à la fin aueuglez en leur plaisir, & assoupis en leur aise, pensoyent que le temps leur seroit tousiours aussi fauorable qu'il auoit esté par l'espace presque de deux ans. Or estant le Marquis à Ferrare, & ne se doutant point du tour que son fils luy ioüoit, & de la fausse compagnie de sa femme, qui l'enuoyoit en Cournouaille sans bateau, auint qu'vn varlet de chambre du miserable Comte, coméça à soupçonner quelque cas, de ce qui se passoit entre les deux infortunez adolescens : car ordinairement il voyoit, qu'aussi tost que le Marquis alloit de nuict en ville, pour voir quelqu'vne de ses fauorites, le Côte ne failloit d'aller tout seul hors de sa chambre: qui fut cause qu'il s'asseure de son doute, & pource delibera-il d'en sçauoir la verité: iuste iugemét de Dieu, certes, veu qu'où les hommes tairont la malice des meschans, & detestables, Dieu susciteroit plustost l'esprit des petis enfans, ou donneroit sagesse aux bestes, pour le publier. A ceste cause il se mit à espier tous les gestes, contenances, actions, & paroles du prince: & tellement succeda l'entreprise de ce galand, que lors que moins il y pensoit, luy estant en vne garderobe, ioignāt la chābre de la Marquise: par cas, voire
par

par permission divine (estant desia ce peche venu iusqu'au feste de son abomination) il veid vn petit trou en la muraille, lequel respôdoit vis à vis de la couche, où elle gisoit ordinairement. Par ce pertuis donc, le trop clair-voyant surueillât vid ce, que si souuét & de long temps il auoit soupçonné: & come s'il eut veu l'ennemy de nature deuant soy, il fit vn million de signes de croix, auec vn tel esbaïssement, que presque ne croyoit il point ce qui s'offroit si euidemment à sa veuë. A la fin contemplant la chose de plus pres, & congnoissant qu'il ne se trompoit point, il dit tout bas à part soy, Et par Dieu: il ne sera pas ainsi, ains le sçaura le Marquis, à fin qu'il punisse l'vn de sa folle temerité, & l'autre de sa trop grande lubricité, & lasciue incontinence. Or attendoit-il l'opportunité de faire veoir ce piteux, & enorme spectacle au Marquis: ce qui aduint vn deux ou trois iours apres, que l'infortuné Prince, ne se doutant point de la trahison, que son varlet de chambre luy brassoit, ainsi qu'il veid son pere s'en aller en l'escuirie, pour voir ses cheuaux, s'en alla dés aussi tost en la chambre de sa dame, pour continuer le chemin commencé auec la monture de son seigneur & pere. Mais son Argus qui ne dormoit point, le suiuit pas à pas: &
l'ayant

l'ayant veu entrer en lice, s'en vint vers le pere, pour luy faire voir, ce qu'il penſoit le moins, & luy faire iuger de l'addreſſe des deux cōbatās. Ce traiſtre (quoy que ſon fait ait quelque apparence de iuſtice) arriué deuāt le Marquis, luy dit tout effrayé, & encore eſtonné pour ce qu'il auoit veu: Monſeigneur, ſi le tēps me permettoit vous dire, & deduire vne des plus grandes maſchācetez, qui iamais auint en Italie, ie vous feroy, & eſmerueiller, & (peut eſtre) par le recit de choſe ſi eſtrange, ie vous feroy heriſſer les cheueux, & fremir le cœur : tant le cas eſt abominable : mais n'ayāt le loiſir de vous en faire le diſcours, il plaira à voſtre illuſtre ſeigneurie de venir ſeul, où ie vº meneray, & là verrez-vous à l'œil, ce que ie ne peu commodément vous conter par ordre. Le Marquis, qui eſtoit hōme de grād cœur, & conuoiteux de ſcauoir choſes rares, & nouuelles, alla auec ſon guide iuſqu'au lieu où ſe ioüoit l'acte, qui depuis cauſa la mort aux perſonnages, chefs de la tragedie. Lors l'eſpion dit au Marquis : Ie vous prie, Monſeigneur, de contempler vn peu par ce pertuis, quelle vie lon meine en voſtre abſence, puis que, vous preſent, la deſloyauté de vos plus prochains vous eſt ſi euidemment monſtree. Le bon ſeigneur n'euſt ſi toſt mis ſon

regard

regard au pertuis, qu'il n'apperceust son fils enfacé, & branché au col de la Marquise, & les caresses impudiques, mesmes de la dame à l'endroit du Conte: le pere duquel fut si constant, qu'il attendist à quelle fin viendroyent ces embrassemens, & mignotises. Mais quand il aduisa que le ieu redondoit à son desauantage, & à l'infamie perpetuelle de sa maison, à peine qu'il ne forcena de rage, & que sur le chāp il ne fist depecer l'huis de la chambre, ou estoit ce beau infortuné couple d'amans, pour les faire mourir sur le fait mesme: toutesfois la passion & douleur de son ame fut si penetrante, qu'il ne peut se mouuoir du lieu, d'vne bonne espace de temps: ains demouroit là tout perplex & confus, les larmes grosses luy coulans le long de sa barbe, qui desia luy commençoit à grisonner: à la fin euaporant l'ardeur de son cœur, se print a dire: Las! malheureux vieillard, sera-ce maintenant, que sortant de la fleur de ton aage, tu sois honny par ton sang & substance de tes entrailles! sera-ce ton filz vnique (entre les legitimes) qui illegitimement abuse de ton espouse? seray-ie point le tesmoin, iuge & partie, en ceste cause, & sur l'execution de ce iugement? faudra-il que ie face, & par loy, & par mon iuste courroux, mourir les deux personnes de

KK　　　　　　　　　ce

ce monde, que i'ay aimé le plus? Non, non, que l'amitié coniugale s'efface icy, & à l'endroit d'icelle, qui à effacé le lustre de ma grandeur, & souillé la reputation commune de nous deux. Que la charité du pere enuers le filz perde en moy sa force, puis que l'enfant vsurpant le lict du pere, donne coniecture de vouloir entreprendre encor sur la vie de celuy, duquel il tient la sienne, & de qui il à taché l'honneur. Que si iadis vn capitaine Romain à puny (trop peut estre) seuerement son fils, pour auoir outrepassé son commandement, touchant quelque expedition aux faits des armes, quoy que glorieusement il fust venu au souhait de son desir, que doy-ie faire, me voyant si laschement trahy, & si malheureusement honny par celuy, qui deust estre le vengeur du crime, duquel mes yeux l'ont veu l'executeur? Ia ne plaise à Dieu, que pitié esmeuue mon cœur, pour luy pardonner ceste faute, où dissimuler ce grand & extreme creue-cœur, qui viuant, me feroit mourir, si vengeant vne priuee iniure, ie ne punissoy le peché le plus abominable, qu'homme sçauroit penser. Donc pour le repos de mon esprit, & exemple de iustice pour la posterité, mon filz en mourra, auec la louue eshontee, qui est cause de tout cecy, & par laquelle ie reçoy

çoy la perte insigne de mon vnique & legitime enfant, & de l'honneur mesme, qui me est plus cher qu'enfans, richesses ou vie. Auec ceste deliberation le pere triste & demy enragé, sortit de son embusche, & ce fils s'en alla en la basse court du chasteau, sans qu'il pensast au peril & ruine que son malheur luy apprestoit, & se meit à iouer à la balle, auec les gentils-hommes de son aage. Or de mauuaise fortune, ce iour-là auoit plus grand amas de peuple, pour les veoir iouer, qu'on n'y auoit veu long temps auparauant. Mais ie pense que quelque presage du spectacle futur auoit là amené ceste tourbe, à fin qu'auec plus grand honte le Comte & son incestueuse amie fussent emprisonnez. Aussi sont-ce les menaces que Dieu fait aux meschás, que les pechez clandestinemēt, & à l'obscurité de la nuict commis, seront vn iour punis à plein midy, & à la veüe de tout le peuple. Cependant donc q̃ le malheureux Prince (gay & ioyeux plus que de coustume) s'esbatoit (comme auons desia dit) voici venir le Chastellain, auec vne bonne troupe d'archers bien en point. Cestuy en la presence, & à l'ouye de chacun, s'addressant au Comte, luy dit: Prince, il est desormais temps de venir dresser vn autre & diuerse partie à ceste-cy, en lieu où vous respondrez des coniurations & felonnies conspirees, & faites contre la personne de monseigneur le Marquis, vostre pere: par le commandement duquel (dit-il luy mettant la main au collet) ie vous fay & constitue son prisonnier. Ie suis marry de vostre desastre, & plus fasché que ce soit moy, qui vous doit mener en prison: toutesfois accusez-en vostre simplicité trop grande, & ensemble (s'il vous plaist) excusez ce que ie fay, y estant contraint par celuy, qui à puissance & sur vous & sur moy. O force & extreme vigueur de la conscience! qui ronge si viuement les cœurs, que ceux qui se sentent coulpables de quelque fait, au moindre sifflement de vent, & à toute feuille d'arbre qu'ils entendent mouuoir, il leur semble voir vn bourreau deuant leurs yeux, & sentent vn continuel supplice, qui iamais ne leur donne repos: d'où aduient le plus souuent, que le peu d'asseurance de ceux, qui sont ainsi bourrellez par le ver interieur du iugement de leur esprit propre, donne indice certain de la chose, qui sans celà (peut estre) eut esté en doute.

Ainsi le poure Comte, se voyant sommé d'aller espouser & fouller autre couche, que celle en laquelle n'agueres il auoit tant receu de contentement, ne faillit de penser
aussi

aussi tost l'achoison de son malheur, & le peu d'esperance qu'il pouuoit ou deuoit auoir d'estre absous. A ceste cause, demy trasporté de desespoir, dit au Preuost : Allons capitaine, où bon vous semblera : aussi bien il y a long temps que n'attendoy autre traitement que celuy, que ie me voy preparé. Non monsieur, non respondit le Preuost, ayez bon cœur, Dieu est puissant, pour vous aider, & iuste, pour faire venir à chacun le droit de vostre cause. Aussi monseigneur le Marquis ne fera rien contre vous, sans l'auis des plus sages & doctes hommes de sa maison : qui vous doit faire esperer quelque chose de meilleur, que vous ne pensez. Et ainsi il mena le ieune Prince en la grand' tour du chasteau, laquelle respond vers la porte du Lyon : & ce pendant alla-on querir la Marquise en mesme ordre, & par semblable commandement qu'on auoit fait le Comte, laquelle estoit lors entre ses femmes, iouänt ceste chanson, comme la pronostication de son desastre, & la prophetie du tombeau commun, qui vnit apres leur mort, les corps iusticiez d'elle, & du Comte.

L'homme par le conseil des dieux
  Posé en ceste terre basse
N'a iamais tant de iours ioyeux,
Qu'en fin vn malheur ne deface,

Et que le destin ne luy brasse
Pour vne faueur cent ennuis?
Que faut donc que ie die, ou face,
Qu'espandre larmes iours & nuicts?
Ce plaisir qui me nourrissoit,
Mon ame affamee delaisse:
Et l'aprest doux, qui me paissoit,
Sans substance aucune me laisse.
Helas, ô mon Dieu, helas qu'est-ce,
Que de ma fin le signe seur?
Qu'est-ce que l'argument d'angoisse,
Et la perte de ma douceur?
Qu'est-ce que le defait cruel
De la part, qui me fait parfaite?
O Dieu, ô Dieu, seul immortel,
Ta sainte volonté soit faite:
Aumoins ma part, part imparfaite,
Pour voir de sa gloire le bout,
Auant que du tout soit defaite,
Soit reunie auec son tout.

Ainsi que la poure dame acheuoit ce couplet, le Preuost de l'hostel luy vsa de mesme ambassade qu'au Prince, & la mena prisonniere en vne autre tour assez eslongnee de celle où le Comte estoit enfermé. Le Marquis ce pendant voyant tout le mõde estonné, pour voir chose pleine de si grande merueille, & vn spectacle si cruel, que l'emprisonnement de son filz, qui luy deuoit vn
iour

iour succeder, & de sa femme, laquelle il auoit si cherement aimee, à fin que lon n'acointast point son fait à quelque cause legere ou cruelle tyrannie : il fit commander silence, & assis au milieu de ses Barons, & gentils-hommes domestiques, auec vne graue maiesté, & qui exterieurement donnoit l'euidence de l'ennuy interieur, lors qu'espandant vne infinité de larmes, accompagnees de souspirs interrompus, il se mit à dire: Quelqu'vn d'entre vous, mes bons amis, pourroit trouuer mauuais, ce qui à esté n'agueres fait sur mon filz, & la Marquise, pour n'en sçauoir la vraye occasion : & par mesme moyen m'estimera-on & mary trop chatouilleux, & pere seuere, & cruel contre tout droict & raison. Et pleust à Dieu, que leur plainte fust legitime, & que i'eusse le tort en cecy: certes mes bons amis, ie n'auroy nulle occasion de vous rendre participans de ma tristesse, ny à espandre les larmes lesquelles vous voyez decouler le long de la face de celluy, qui ne peut presque vous exprimer la iuste cause de son dueil, & aussi la grande raison de sa cruauté (si telle se doit nommer equité) tant soudaine: laquelle n'a pas monstré, iusques icy, aucun effect de ma malice à l'endroit d'homme qui viue, si premier lon ne m'en à don-

KK 4 né

né l'occasion. Car non plus est digne d'vn Prince, de regir son peuple en toute douceur, equité, & clemence, que punir les seditieux, & inquietateurs de paix: à fin que telle patience, preiudiciát à l'vn, ne fust la commune ruine de tout vn peuple. C'est là ou il faut estédre les bras, & chastier non moins la temerité des fols, que recōpenser la fidelité de ceux, qui s'asseruissans au droit, font tout office d'obeissance vers leurs seigneurs Que si les loix enioignent ce deuoir au vassal, & suiet vers son seigneur lige & naturel. nature (coniointe à la loy) y astrainct, & lie plus estroitement les enfans, lesquels doiuent aux parens honneur, obeissance, pieté, & tout bon secours, non seulemét de ce qui est exterieur, mais de l'interieur mesme, qui est le bon vouloir & parfaite amitié, par lesquels le cœur du filz doit estre vny auec le plaisir, & vouloir du pere. Mais, Dieu immortel! qui seroit le pere si doux, & misericordieux, qui voyant le couteau de son fils sur la gorge, & luy pouuát oster, se laisseroit priuer de vie? Mais quelle vie doit estre egalee à l'honneur, pour l'aquest & iouissance duquel to⁹ les heroïques & genereux esprits ont iadis mesprisé, & mesprisent encor la vie? Las! mes amis, c'est dequoy ie me plains maintenant à vous contre mon fils, & ma
femme

femme, l'oubly desquels s'est estendu iusqu'à effacer l'honneur, auquel & mes predecesseurs & moy auons pafsé nostre aage. Ie ne vous ameine autre tesmoing, que mes yeux, qui ont veu vn des plus abominables & malheureux acte, que l'homme sçauroit penser: & ce que ie ne peux dire sans passion demesuree, & sans perdre contenance, pour le tort qui m'a esté fait: c'est mon fils le Côte Hugues, qui à souillé le lict nuptial du Marquis de Ferrare, & son pere, & seigneur souuerain de vous tous. C'est luy, dy-ie, qui à pollu la maison, qui tient rang entre les plus illustres de l'Europe. C'est luy qui à incestueusement violé le cloistre & pourpris, l'entree duquel estoit permise de droit à moy seul, qui me plains, & veux venger de telle iniure. Las! le cœur me creue, le sens me faut, mes forces s'aneantissent, seulemét me reste le desir de faire la iustice, non pas (peut estre) condigne à l'abomination de ce fait, mais aumoins, qui pourra effacer ceste tache de ma maison, & alleger vn peu l'ennuy qui me poinct, & qui encor seruira de penitence à ceux qui ont offensé si griefuement la maiesté diuine, & donné dequoy lon puisse à l'aduenir blasonner l'impudicité de leur folle ieunesse. Et disant cecy, la parole luy faillit, & blesmissant de douleur, &

d'im

d'impatiente colere, il demeura esuanouy
entre les bras de ses gentils-hommes : lesquels le porterét en sa chambre, esbahis au
possible de la meschanceté des deux criminels, & comméncerent à y adiouster foy, tant
pour la reuerence de celuy qui resmongnoit
l'auoir veu, que pour se souuenir des impudiques regards, & lasciues caresses de la
Marquise vers le Comte : ce qui les fit penser, que c'estoit elle qui auoit dressé les cordes, ou & elle & le Prince auoyent esté empietez : toutesfois le Marquis reuenu à soy
il ne fut homme si hardy, qui osast luy en
tenir propos, ains dependans tous du vouloir de leur seigneur, furent d'auis que le
procez fust bréfuement expedié, & que lon
fist iustice aux deux patiens, tant pour leur
soulas, que pour donner quelque contentemét au pere indigné à bon droit contre son
fils, & au mary haïssant mortellement la
paillardise de sa femme : vers laquelle il enuoya vn de ses conseillers auec deux beaux
peres Cordeliers, gens de bonne doctrine, &
vie approuuee du peuple : l'vn pour luy porter nouuelles tristes & espouuantables de sa
mort : les autres, pour l'induire à repentance
de son peché, & à prier Dieu, qu'il eust pitié
de son ame. Autant en fut fait au ieune Prince, lequel voyant le conseiller, & oyant l'arrest

rest cruel de sa mort, commença à dire en pleurant fort tendrement: Ah! chair infaite & charongne puáte est-ce pour tes plaisirs, qu'il faut que ie meure auiourd'huy? O mal heureux que ie suis! non de mourir, puis que c'est par le commandement de celuy, de qui i'ay estre: mais pour estre le motif de sa colere, & cause de son dueil, & pour auoir mis vn trouble en sa maison, qui ne se passera ou oubliera pas si tost, que ie souhaiteray bien. Las! monseigneur & pere, pardonnez l'offence de ce detestable, qui à autrement vsé vers vous, q̃ ne doit faire l'enfant vers son pere. Ie cõfesse que ie suis le plus miserable, qui onc nasquit de mere, & le plus detestable que le soleil regarde auiourd'huy. Helas, bon Dieu, ne permets point que mon ame ainsi souillee serue de pasture à ce viel serpent, & lyon affamé, qui ne fait que nous enuironner, & pour nous deceuoir, & pour nous faire cheoir en sa fosse. Aye pitié, Seigneur, aye pitié de moy: & ne permets que le sang de ton fils soit vainemẽt espandu pour moy. Las! ie meurs, nõ pas pour la cõfession de ta foy, & pour auoir glorifié tõ nom deuant les hommes, ains pour ma seule meschanceté, & pour la multitude de mes demerites. Ce que (apres la faute cõmise contre sa saincte maiesté) me grieue le plus, c'est la
tristesse

tristesse de celuy qui se resent, & doit resentir de mon meschef, & deshôneur. Mais mon Dieu, ie te prie le côsoler: & me dôner la force, pour endurer patiemment ce supplice infame & cruel, que ie voy apresté deuant mes yeux. Le conseiller voyant la repentance du prince, esmeu de compassion, se mit à pleurer, & sorti de la prison, alla en faire le rapport au Marquis, lequel luy respondit: Ce n'est pas maintenant le temps de feindre le bon Chrestien, lors que lon ne peut euiter la iuste vengeance de Dieu, par le ministere de la iustice humaine, & toutesfois ie prie à Dieu, qu'il luy pardonne ses pechez, & le reçoiue au nombre de ses esleuz. Disant cecy, s'osta de là, ne pouuant plus comporter le dueil, qui le pressoit, pour le souuenir de la prochaine mort de son fils. A ceste cause fut ordonné, qu'ils seroyent vistement depeschez, & l'vn au desceu de l'autre: & cecy fit-on, pource que la Marquise ne vouloit ouir admonition quelconque, ayant ouy que la sentence s'estendoit aussi bien sur le Comte que sur elle, laquelle n'eust fait estat quelconque de sa vie, pourueu qu'on eust absous le Comte: toutesfoys à la fin, voyant que c'estoit vn faire le faut, elle se disposa au mieux qu'elle peut, à receuoir la mort en gré, laquelle leur fut donnee à chacun en sa tour

par

par le ministre & executeur d'haute iustice,
enuiron minuict, non sans vne infinité de
soufpirs, & larmes iettees & espandues, tant
par le Marquis (qui ne pouuoit dissimuler
son affection) que tous ceux de sa maison,
qui aimoyent vniquement ce beau couple
d'infortunez amans : la vertus desquels (ceste seule tache ostee) ne pouuoit bônement
receuoir cōparaison. Mais vn peu de leuain
(comme dit l'Apostre) fait facilement leuer,
voire & aigrir toute vne masse de paste: aussi
vn vice scandaleux ofusque toute la clarté
des vertus precedétes, & empunaisit la bonne odeur de la vie passee. Les deux patiens
executez, lon les fit bien lauer & parer de
beaux & riches accoustremens, & furent sur
la pointe du iour portez en la basse court
du Palais, à fin que tout le monde les veist,
& entendist l'occasion de leur defaite. Là
encor renouuella-on les pleurs, & plaintes,
tant sur l'vn que sur l'autre, plaingnans l'vn
pour sa valeur, l'autre pour sa courtoisie, &
les deux ensemble, pour leur grāde beauté
& ieunesse, en laquelle ils estoyēt: car le plus
aagé d'eux n'auoit point encor vint & deux
ans. Apres cecy, le Marquis fit dresser vn riche & magnifique appareil pour leurs funerailles: & auec telle pōpe que leur grandeur
requeroit, furent les corps portez pour estre
enseue

enseuelis au conuent S. François: & fut erigé vn tombeau, pour estre le lict cómun des corps morts de ceux, de qui les cœurs ne furent q̃ trop liez ensemble, lors qu'ils estoyẽt en vie. Ainsi les miserables eurent bien peu d'aise, pour endurer vne si griefue & insupportable penitence: & pour tout le contentemẽt & assouuissement de leurs souhaits, ils eurent ce seul bien, que de finer par mesme genre de mort, & sentir leurs ossemés iouïr de mesme sepulture. Icy fait bon aduiser cóbien on doit, auec meur conseil macher les choses, & leur occurrences, auãt que les executer. Lon colligera encor quelle est la nature, & cõdition du peché, lequel vne fois enraciné au cœur de l'homme, fait entrer si auant ses germes, qu'à grand'peine peut-on les extirper, qu'auec la dissolution, & defaite du subiet, auquel ils baillent matiere pour se ruiner. Beau exemple, certes, à la ieunesse d'auiourd'huy, qui sans aduiser les embuscades que la chair & le Prince de ce monde, luy dressent, vse de priuauté trop grande auec celles qui luy sont prochaines de sang: sans aduiser que les plus sages iadis ont failly en c'est endroit, & ont perpetré cas, q̃ sont indignes d'estre pensez seulemẽt, & punissables de mort, en ceux qui les commettent.

Fin de l'onziesme Histoire.

Som

Sommaire de la douziesme Histoire.

LA force de vertu, si elle ne se faisoit cognoistre à veuë d'œil, l'on l'estimeroit moins louable que sa grandeur ne merite (veu les obiects divers qui sont presentez à l'esprit des hômes) & cecy, parfaisant le peu qui reste pour l'entiere perfection de sa gloire, & tout assemblé. Or pource que ses effects sont divers, & que diversement on les traite, les exemples aussi d'une telle diversité, diversifient les affections des hommes: les uns, à suivre ceste, les autres celle partie, procedant de ce tout, & corps parfait de la vertu: qui à esté cause que les uns ont gaigné la gloire d'estre modestes, & attrempez en leurs actions: autres pleins d'une magnanimité, non familiere à plusieurs, ont resisté aux assauts de fortune: un bon nombre d'autres ont chery ce seul honneur, nourrissier de toute bonne action par lequel ils ont bien regy les affaires des citez libres, ou conduit les armees des Monarques. Et de tels en à iadis veu Rome, Athenes, Sparte, & les anciennes monarchies des Medes, Perses & Assyriens. Ie laisseray à part une bonne troupe de ces sages, qui ont quitté les troubles des villes, les inquietations des Palais, les cricries d'un lieu de iugement, la mignotise & piperesse flaterie de

la

la Cour, les fascheux ennuis, que sent le pere de famille gouuernant sa maison & petit mesnage: à fin de vaquer plus librement à cest estude de sapience qui (seul) peut rendre l'homme heureux & digne de participer à la diuinité. Mais sur tous ie loueray celuy-là, qui non subiet à la loy, vit neantmoins comme le plus assuietty à icelle: ou qui sans esgard de sang, ou amitié, auroit exercé iustice sur ses plus chers, & fauoris: comme iadis vn Manle, ou vn Torquat à Rome: comme le peuple Athenien à l'endroit d'vn Timagore, qui outre le deuoir d'vn ambassadeur d'vne cité libre, auoit adoré le Roy Persien: & de nostre temps le Marquis de Ferrare faisant mourir son fils, pour l'adultere commis auec sa belle mere. Et toutesfois ceste iustice peut redonder à quelque cruauté, qui tournera plustost à vitupere, que louange: comme à Iean Maria Viscomte Duc de Milan, lors qu'il fit enseuelir le prestre auare, tout vif, auec la charongne de celuy qu'il auoit refusé de mettre en terre sans payemẽt: veu que la mediocrité de punition doit estre conioincte à la rigueur de la loy, pour l'adoucir. Et voila pourquoy ce grand Dictateur, Iule Cesar aimoit mieux gaigner le cœur de ses ennemis, par sa clemence, que les vaincre & assuiettir auec le fer aux mains: & encores de nostre aage, Alphonce d'Aragon (vray exemplaire d'vn iuste & tresbon Prince) n'estima-il pas (lors qu'il tenoit Gayette estroitement assiegee) la victoire plus glorieuse, &

de

de meilleur acquest, laquelle se faisoit par composition, & auec douceur, que celle qui seroit ensanglantee, & coulouree de larmes, & sang d'vn poure peuple. Et certes, les princes & grans seigneurs, & mesmement ceux, qui freschement (sans succession receue de leurs ancestres) paruiennent au gouuernement de quelque Republique, deuroyent auoir continuellement deuant les yeux vne honneste seuerité, pour l'integrité de la loy, & vne graue douceur, pour moderer la rigueur de leur premier deuoir: car par ce moyen le droit est maintenu, le cœur des hommes se gaigne comme par violence, & l'estat des seigneuries prend si bien pied, que vent de sedition quelconque ne peut puis apres l'esmouuoir, estant fondé sur vne pierre ferme, & appuyé d'vn rocher durable, pour long temps. De cecy auons-nous vn exemple de fresche memoire, d'vn acte genereux, plein & de prudence, & douce seuerité, en vn prince de nostre temps: lequel sans effusion de sang, punit assez rigoureusement vn peché, & doucement remit la peine à celuy qui en meritoit grieue & mortelle punition: comme amplement pourrez veoir au discours suyuant.

LL

Acte genereux, & equitable d'Alexādre de Medicis, premier Duc de Florēce, à l'endroit d'un gentil-hõme sien fauorit lequel ayant violé la fille d'un poure meusnier la luy fit prendre pour espouse, & la doter richement.

HISTOIRE DOVZIEME.

Alexandre de Medicis (comme vn chacun sçait) à esté celuy, qui premier fauorisé de l'Eglise Romaine, & armé de l'estandart Papal, enuahit gaillardement & sagement la seigneurie de Florence, vsurpant quant & quant, le nom, tiltre & prerogatiues de Duc. Cestuy-cy, combien que de prime face fut facheux au peuple Florentin, marry d'auoir perdu son ancienne liberté? & despleust aux Senateurs, & Potentats, pour se veoir priuez de la souueraineté de la Iustice, & de la puissance qu'ilz auoyent de commander sur tous leurs cytoyens : si eut-il pourtant de si bonnes parties en luy, & se gouuerna si bien en sa principauté, que ce qui au commencement fut appellé tyrannie, fut receu, comme iuste domination, & ce que lon iugeoit auoir esté vsurpé par force, sembla estre deu, cōme par
legitim

legitime succession. Et se reputoyent heureux (puis que leur desastre vouloit que leur politique obeir à l'auis & plaisir d'vn seul prince) d'auoir vn si sage, vertueux & courtois seigneur: lequel combien que en toutes choses se monstrast loüable, illustre & genereux, encor vainquoit-il soy-mesme en soy, & au reste de sa perfection, par celle equitable iustice, qui le faisoit & rendoit admirable, veu qu'il ne la denioit à personne, & ne se monstroit vn brin fauorable à pas vn de ceux qui pensoyent l'auoir, comme support de leurs folies. Et ce qui est le plus à admirer en luy, & qui à augmenté le los de son integrité en iugement, c'est qu'il puniſt en vn autre, chose, laquelle par raison il deuoit luy condonner & quitter: luy estant attaint & bien feru de mesme maladie. Mais le bon seigneur s'accommodoit à la raison, au temps & à la grauité du faict, & qualité des personnes offensees. Car ou la grauité du faict surpasse toute occasion de pardon & clemence, le prince, iuge ou magistrat doit despouiller les plus doux de ses affections, pour vestir la rigueur qui met le cousteau en la main de celuy qui preside, affin que la familiarité si priuce ne cause à la fin aux cœurs des subiets vn mespris de ses superieurs, & vne licéce effrenee de viure à son

LL 2   plai-

plaisir, & sans loy quelconque. Or ce que ie pretens vous raconter, gist en la preuue d'vne rare, & exquise prudence, laquelle peu souuent ou iamais s'acoste de la ieunesse: les ardeurs de laquelle ne peuuét qu'à grád regret, sentir la froidure & chastiment de raison : & aussi que les causes d'où prouiét ceste force de prudéce, consistét en vne longue experience des choses, par laquelle les hommes s'enuieilliffét en maturité de sens, & leurs actiõs en deuiennent dignes de loüange. Donc le Duc Alexandre dressa si bien ses estats, & tenoit si belle & riche cour, qu'il ne cedoit à prince d'Italie, tant grand ou riche fust-il: & cecy faisoit-il, tant pour se tenir sur ses gardes, & se faire honnorer, que pour monstrer la genereuse grandeur de son courage, sans vser toutesfois d'aucune insolence, côtre les haineux, & anciens ennemis de sa maison. Entre ceste belle trouppe de courtisans, qui suiuoyent ordinairement le Duc, en y auoit vn Florentin, assez proche du Duc, & plus fauorisé qu'aucun des autres Ce ieune gentil-homme auoit vne terre assez pres de Florence, ou il estoit fort bien, & superbement logé: qui estoit cause, que bien souuent il laissoit la ville, auec deux de ses compagnons, pour s'aller esbatre en ce lieu de plaisance. Aduint vn iour que, luy estant en sa maison cham champestre, pres laquelle y auoit vn moulin, & le maistre duquel encore auoit vne fille belle par excellence, il getta son regard sur la beauté de ceste fille, & en deuint estrágement amoureux: aussi en ceste fille reluisoit ie ne sçay quoy de heroïque, qui excedoit le sang & race d'où elle descendoit. Mais quoy? le ciel n'est pas si auare eslargisseur de ses biens, qu'il ne les distribue quelquefois, auec moindre, & d'autre auec egale, ou plus grande mesure, à ceux qui sont sortis de bas lieu: & qui tiennent rang entre les plebees, qu'aux plus grands seigneurs, & races illustres, & à veu Rôme quelquefois vn serf, & esclaue, tantost le fils d'vn fugitif, pour son bon esprit, porter le sceptre en main, & decider des causes du peuple superne, qui desia par ses desseins comméçoit embrasser l'Empire de l'vniuers Et qui de la memoire de nos peres viendra veoir, qui estoit ce grand Tartare Tamberlam (l'estonnement & ruine de tout l'Orient) il auisera que son origine sortoit de la lie du populaire, & du lieu le plus infime, qui soit entre tous les estats. En quoy lon confessera, que la bonté de nature est telle & si grande qu'elle veut aider ses nourrissons, quels qu'ils soyent, du meilleur qui soit en elle. Non que ie vueille inferer, que le sang des predecesseurs, auec

LL 3 l'in

HISTOIRE

l'inſtitution des preſens n'augmente grandement les forces & l'eſprit, & ne parface plus ſyncerement ce, à quoy nature auroit donné commencement. Or pour reuenir à noſtre propos, ce ieune courtiſan prins & enchainé par les liens d'amour: eſtraint de la beauté, & bonne grace de ceſte contadine, ſe mit à penſer les moyens d'auoir iouïſſance de ce qu'il eſperoit. De luy faire l'amour il luy ſembloit indigne du rang qu'il tenoit, & auſſi qu'il la congnoiſſoit (par le recit de pluſieurs) pour celle, qui auoit l'eſprit fort bon, & la parole à commandement, & ce qui plus eſt, vn chacun l'eſtimoit, comme vn parangon & miroir de toute chaſteté & modeſtie : ce qui tourmentoit ce monſieur l'amoureux outre meſure: & toutesfois il ne changea point d'affection, s'aſſeurant qu'a la longue il attaindroit au but de ſes deſirs, & raſſaſieroit la faim inſatiable, qui le preſſoit de iour en iour, de cueillir ce fruict ſauoureux, que les amans cherchent auec tant de fatigue, aux filles qui ſont de aage pareil à ceſte-cy : laquelle pouuoit lors eſtre entre les ſeize & dixſept ans. C'eſt amant fit entendre à ſes compaignós ſa paſſion, & phreneſie: leſquels marris de cecy, s'eſſayerét par tous moyens la luy faire oublier : luy remonſtrans que c'eſtoit mal
ſeant

feant à vn gentil-homme de si bonne part de se rendre la fable d'vn peuple: ce qu'il feroit si lon estoit auerti de ses indiscretes amours: & qu'il y auoit tant de belles & honnestes damoiselles à qui honnestement & auec plus de contentement il pourroit dresser l'amour. Mais luy qui voioit encor moins que l'Aueugle amour, qui le conduisoit, & qui estoit plus nud de raison & sans aduis, que les Poëtes ne feignent Cupido dechargé d'accoustremens, ne voulut rien ouir du bon conseil, que ses compaignons luy donnoyent: ains leur dit, que c'estoit temps perdu, que de luy tenir ces propos: car il aimoit mieux mourir, & endurer toute moquerie, que perdre la proye la plus delicate (à son auis) qui pourroit tomber entre mains d'homme: adioustant encor, que l'aspreté & rudesse des champs n'auoit de tant nuict à sa nouuelle amie, qu'elle ne meritast bien d'estre egalee, par sa beauté aux mieux parees, & industrieusement attifees de entre les damoiselles, qui viuent aux villes. Car ceste cy n'auoit que l'ornement & mignotise que Nature luy auoit eslargy: là ou les autres forcent artificiellement le naturel, & se veulent vsurper par fard, ce que le Ciel leur denie. Quant à la vertu, cela s'en va sans dire: veu que (disoit

il en fouspirát)elle n'a prins que trop de for
ce en son chaste estomach:& qu'elle n'est que
trop vertueuse, pour vne que ie voudrois eslire pour follatrer, non pour en faire vne Lu
cresse, ou quelque ancienne matrone de celles, qui iadis bastirent le temple de Fortune
feminine à Romme. Les cõpaignons de l'a-
mant, voians sa resolution, luy promirent de
faire tout ce qu'ils verroyent pouuoir seruir
à l'accomplissement de son aise:dequoy il les
mercia fort affectueusement, s'offrant à pareil deuoir, ou la Fortune leur apresteroit,
sur quoy prendre argument de leur affectiõ
& amoureuse seruitude. Ce pendant, conce-
uãt quelque cas, qui ne se pouuoit si tost exe
cuter, & sçachant que le Duc ne le vouloit
guere souuent perdre de veuë, vint l'abreuuer de mensonges, luy faisant entendre, que
necessairement il luy failloit demeurer en sa
maison aux champs pour quelques iours. Le
Duc qui l'aimoit, & qui pensoit, ou bien,
qu'il auoit quelque secrette maladie, ou bien
quelque amie, de laquelle il se vouloit couurir deuant ses compaignons, luy dõna cõgé
pour vn moys. Ce qui fut si agreable au gẽtil-homme amoureux, qu'il tressailloit tout
de ioye, & ne pouuoit veoir l'heure, qu'il
eut trouué ses amis & compaignõs, pour mõ
ter à cheual, & aller reueoir celle, qui le tenoit

noit sous sa puissance, & regissoit le meilleur qu'il eust en luy, qui est le cœur, & le plus secret de la pensee. Arriué qu'il fut en sa maison champestre, il cómença à faire la ronde à l'entour du molin, ou se tenoit s'amie, laquelle n'estoit pas si sotte, que sans trop penser, ne soupçonnast à quoy tendoyent les alees & venues du pelerin, & pour quelle proye auoir, il menoit ses chiens en lesse, & faisoit tendre tant de filets & cordes, par veneurs de tous aages, & sexes, lesquels en decouurant païs, s'essayoyent de defricher les buissons, pour prendre la beste en forme. A ceste cause, elle aussi de son costé, se print à fuir le piege de tels oiseleurs, & l'emeute des chiens, qui couroyent apres elle, & n'esloingnoit gueres la maison du bon homme son pere: dequoy ce poure amant cuida desesperer, ne sçachant par quel moyen il cheuiroit de celle, qu'il ne pouuoit trouuer à propos, pour luy faire entendre ses plaintes, & luy manifester, auec la passion demesuree de son cœur, la ferme amour & vouloir syncere, par lesquelz il estoit le plus que bien affectionné, & à luy obeir, & à l'aimer sur toute autre: & ce qui plus accroissoit sa langueur estoit, que d'vne grande trouppe de messages, qu'il auoit mis apres, auec forces dons, & promesses de mieux pour l'aduenir,

LL 5 il

il n'en y eut pas vn, qui peut esbransler, tant peu soit, la chasteté de ceste pudique & modeste pucelle. Auint vn iour, que le gentilhomme se pourmenant par l'oree d'vn petit bois taillis, qu'il auoit assez pres de sa maison, ou il auoit vne fort belle fontaine entre deux hauts & touffus erables la fille du Meusnier y vint pour puiser de l'eau:& ainsi qu'elle eut posez ses seaux sur le bord de la fontaine, l'amant s'y ambatit, outre son esperance de faire vn tel & si bon rencontre: ce qu'il monstra bien par ses propos, quand il dit: Loué soit Dieu, qu'au temps que i'esperoy le moins ce bon-heur, m'a adressé icy, ou ie veoy le seul obiet de ma ioye. Puis tournât sa veuë vers la fille, & luy dist, Est-il vray, où si ie resue point que ce soit vous, qui estes si pres du gentil-homme du monde, qui plus desire de vous gratifier en ce, qu'il vous plaira l'employer? Auriez vous bien eu pitié des maux & fascheries, que continuellement i'endure pour l'extreme amour que ie vous porte? Et disant cecy, il voulut l'embrasser: mais la fille, qui ne faisoit non plus d'estat de ses caresses, qu'au parauant elle auoit fait, ou de ses presens, ou messages, voyant que tout cela ne tendoit, sinon à sa ruine, & grand deshonneur, auec vn visage assez asseuré, & qui par sa viue couleur declairoit la chaste & vertueuse

tueuse emotion de son sang, dist a ce gentil
entrepreneur, Comment, monsieur, pensez
vous que la vilité de mes habits tienne rien
moins caché de vertu, que les riches & superbes
 accoustremens des plus grandes dames?
 Estimez vous que ma nourriture ait
causé en moy vn sang si grossier, qu'a vostre
seul plaisir ie corrompe la perfection de mō
esprit, & macule l'honneur, que iusques icy
i'ay eu en si grande & religieuse recommandation?
 Asseurez-vous que plustost la mort
separera l'ame de mon corps, que de mon
gré ie permette la ruine de mon mieux &
defloration de ma virginité. Ce n'est pas le
deuoir d'vn tel homme, que vous, d'espier
ainsi les poures villageoises, affin de les
charmer auec vos rusees & trompeuses paroles.
Ce n'est pas l'estat d'vn gentil-hôme, que
d'vser de tels auant-coureurs, pour decouurir
 & mettre en doute l'honneur des filles,
& femmes pudiques, comme vous auez fait
par cy deuant, en mon endroit. Il vous deuroit
 suffire d'auoir fait receuoir hôte à vous
messagers, sans encor venir vous mesmes,
pour participer de leur confusion & hôte. Et
c'est-ce qui vous deut esmouuoir, m'amie
(respondit-il) à prendre compassion de mon
angoisse, voyant que sans fictiō, ie vous aime
& que mon amour est si bien fondee, que
i'ay

i'aymeroye mieux mourir, que vous causer le moindre desplaisir, q̃ sçauries penser. Seulement vous prie, ne vous monstrer point si cruelle vers celuy, qui dedaignant toute autre, vous fait vn offre si volontaire, & de soy & de tout ce ou il à puissance de commãder. La fille ne se fiant point trop en ses paroles se craignoit qu'il feit cela pour l'amuser, & puis la faire voller par ses seruiteurs. Et pource sans luy faire autre responce, print ses seaux: & demy courant, & puis alentissant ses pas s'en alla au moulin, sans toutesfois tenir aucuns propos de cecy à son pere: lequel commençoit desia se doubter de la trahison que le gentil-hôme brassoit contre la pudicité de sa fille, à laquelle iamais il ne decouurit son soupçon soit qu'il la congneut assez vertueuse, & cõstante pour resister aux assauts chatouilleux de l'amour: ou bien qu'il consideraft l'imbecillité de nostre chair & la malice d'icelle, laquelle aspire tousiours aux choses qui luy sont defendues, & desquelles on luy limite & prescript loix, qu'elle ne doit passer, & desquelles elle souhaite l'abolissement. Et craignoit encor le bõ homme, qu'elle n'eust pensé, qu'il luy tint ces propos comme desia resolu en l'opinion, qu'elle souhaitast l'amour & accointance de celuy, qu'elle haissoit à mort, & que vaincue de depit

pit (pour le peu de compte que l'on feroit de la pudicité) elle ne s'abandonnast à l'amant, lequel ne hannissoit apres autre auoine. Lequel voyant que la fille l'auoit laissé, sans faire autre compte de luy, demeura outré & d'amour & cholere tout ensemble, & se despitant contre soymesme, disoit: He sot & peu hardy amant, où pensois tu tenant si pres de toy, & en lieu si commode, celle qui n'eust peu, ny osé te contredire? Et que sçay-tu si elle venoit pour t'alleger de tes peines, & mettre fin à tes trauaux? Ie croy certes que ouy: mais que la honte, & son deuoir luy ont faict vser de ces propos, à fin que ie ne pensasse point, que legerement elle se laissast vaincre par mes persuasions. Et quand bien cela ne seroit pas ainsi, qui m'eust sceu empescher de prendre d'elle par force ce que de gré elle n'eut point voulu m'accorder? Mais qui est elle pour se venger de telle iniure? C'est (pour toute resolution) la fille d'vn Meusnier, laquelle se peut vanter de s'estre moquee d'vn gentil-homme, qui seul auec elle, & bruslant d'amour, n'a point osé esteindre la soif (quoy que alteré) estant aupres de la fontaine. Et par Dieu (dist-il se leuant d'vn toupet d'herbe, qui estoit aupres du bord de la fontaine) si ie deuoy mourir en la peine, si l'auray-ie, soit par amour, soit par force.

Auec

Auec ceste meschante & tyránique deliberation, il s'en retourna vers son palais, ou ses compaignons, le voyant si fasché, luy disoyent. Mais dequoy sert de se tourmenter ainsi, pour chose de si peu de consequence? Est-ce la façon de faire d'vn esprit genereux, que de s'auilir ainsi à la poursuite d'vne simple femmelette? Ne sçauez-vous pas la malice du sexe, & les ruses auec lesquelles ces serpens enueniment les hommes? faites aussi peu de cas d'vne femme, qu'elle faict de vous: ce sera lors qu'elle vous caressera, n'aiāt (ce croy-ie) autre estude, qu'à se formaliser contre tout ce, de quoy on luy faict humble requeste. Mais posez le cas que la femme ait quelque cas en soy de bon, qui attire les hommes à l'aymer, honnorer & seruir: certes c'est office, & seruiable denoir doit estre employé au seruice de celles, qui tiennent quelque honnorable rang, & l'esprit & bon iugement desquelles balancera le merite du poursuiuant. Et certes ie suis bien d'auis que lon consomme icy en vain vn an ou deux, pour faire la cour à ceste Coutadine farineuse: aussi bien qu'à dresser l'amour soubs l'obeissance de quelque belle & honneste damoiselle, laquelle courtoisement, & auec quelque faueur recompenseroit les trauaux de son seruiteur: là ou ceste rustique

que & sotte fille, s'enorgueillissant de l'honneur qu'on luy fait, mesprise ceux, de qui elle ignore les valeurs, & lesquels elle, ny les siens ne sont dignes de seruir, en quelque sorte que ce soit. Sçauez vous, qu'il y a, & quel est mon conseil, pour le plus expedient? Ie suis d'auis qu'vn de ses soirs elle soit troussée en malle, & menee icy ou ailleurs, ou bō vous semblera: là ou vous iouyrez à vostre aise de ceste sienne beauté, laquelle vous admirez & prisez tant en elle: Et que puis apres elle dissimule a son plaisir, & face parade de sa chasteté, & modestie: pourueu qu'elle n'ait dequoy se glorifier sur vous ayāt emporté la victoire de vos poursuites, Ah, mes bons amis, respondit l'amant desesperé, que vous touchez droitement au lieu le plus dangereux de ma playe: & combien propre y est le cataplasme que vous y appliquez: l'auoy deliberté, certes, de vous prier de ce, dequoy maintenant vous auez faict l'ouuerture: mais craignant de vous offenser ou d'abuser par trop de vostre amitié, ie aimois mieux souffrir vne mort continuelle, que causer vn seul point de desplaisir ou mescōtentemēt à ceux, qui si volontairement se sont offerts à me faire plaisir: dequoy (Dieu aidant) i'espere me reuencher par tout deuoir, & bon office d'amitié, Or reste-il seulement

ment d'executer ce, que vous auez mis en
auant,& cecy,le pluſtoſt qu'il ſera poſſible.
Auſſi voyez vous q̃ le terme de demeurer icy
s'en va tantoſt expiré:& ſi vne fois nous ſom
mes en cour,il me ſera impoſſible de recouurer ſi bonne occaſiõ:& peut-eſtre, ou elle ſe
mariera, ou quelque autre emportera la
proye,apres que i'auray battu les buiſſons.
Le cõplot donc du rauiſſement de ceſte fille
fut reſolu pour la premiere occaſiõ qui s'offriroit pour ce faire.Mais l'amant,qui craingnoit que ceſte ardeur ne s'amortiſt en ſes
cõpaignõs,les ſollicita de ſi pres, que l'execution fut ordõnee pour le ſoir ſuiuãt:& ce
cy faiſoyent-ils,non tãt pour le plaiſir qu'ilz
vouloyent faire à leur amy, auquel en telles
choſes,lon doit denier tout ſecours,veu que
l'amitié ne doit point paſſer l'autel (que lon
dit) que pour eſtre de leur naturel, d'auſſi bon
ne paſte, que le paſſionné,& qui n'euſſent fait
conſcience d'entreprendre cecy pour eux
meſme,quand l'autre ne leur euſt declaré ſes
affections.Ce ſont auſſi les fruits d'vne ieuneſſe dereiglee,& en laquelle domine ſeulement la verdeur de l'aage, ſans que la raiſon refroidiſſe la volonté, laquelle vacille
facilement vers la part charnelle pluſtoſt
que vers celle qui tend & à paſture & contentement de l'eſprit. Le ſoir d'apres donc
ils,

ils vindrent eux trois, accompagnez de cinq ou six seruiteurs (aussi gens de bien que les maistres) bien en ordre, & embastónez d'armes tant offensiues que defensiues, à fin que si on leur vouloit dōner quelque empeschemét, ils eussent dequoy rēbarrer leurs auersaires. Ainsi s'en vindrēt ils enuirō deux heures de nuict au moulin, estãt desia le ciel em bruny du māteau de l'obstacle de la terre, & toutesfois faisoit-il vn tēps cler sombre, & lors que personne ne se doutoit d'vn si grād scādale, & rapt si malheureux, se lācerent dās la maison du bon hōme: d'entre les bras duquel ils rauirēt la fille demy morte, & laquelle se print à crier piteusemeut. A l'aide, se defendāt le mieux qu'elle pouuoit de ces assassineurs & brigās. Le pere desolé, & transporté de non moindre furie que le tigre Hircanien, si quelqu'vn luy vient ou rauir, ou tuer les faons: se ruoit ores sur l'vn, tantost sur l'autre, pour les empescher d'ēmener celle, pour qui ils estoyent venus. A la fin l'amoureux rauisseur de sa fille, luy dit: Pere, pere, ie seroy d'auis, que pour le salut & conseruation de vostre vie, vous vous retirissiez desormais, veu que vostre effort est trop imbecille pour resister à tant, le moindre desquels suffiroit à vous faire passer ceste trop grāde & bruslante cholere: dequoy ie seroy bien marry, veu l'amitié extreme que ie porte à voſtre fille, laquelle (i'eſpere) auant ſortir de ma compagnie aura dequoy ſe contenter de moy, & vous, occaſiõ d'appaiſer ce courroux immodeſte, que vous mõſtrez en vain cõtre ceſte trouppe Ha! faux vouleur & brigand (dit le bon homme) eſt-ce toy donc, qui par ta lubricité infame, & inſatiable paillardiſe, deshonnores le renom tant loué de ma fille, & par meſme moyẽ accourcis les ans de moy pere malheureux, perdant par ta meſchãceté le ſouſtient de ma vieilleſſe? Penſes tu traiſtre, qu'ayant veſcu iuſques icy (nonobſtant ma poureté) en reputation d'vn homme de bien, ſur mes derniers iours, ie ſoy l'impudique & vil miniſtre, & vendeur de la pudicité & virginité de ma fille? Ne pẽſe pas, que i'oublie le tort que reçoy de toy, & que par quelque moyen que ce ſoit, ie ne pourchaſſe pas la iuſte vengeance, ou ſur toy, ou ſur les tiens. Le gentil-homme, ſe ſouciant peu ou rien des paroles du vieillard, ayant en main ce qu'il ſouhaitoit commanda à ſes gens de marcher deuant auec la fille: laiſſant là le poure hõme, qui les chargeoit d'iniures & maledictions, les menaçant, & agaſſant en toutes ſortes deſireux (comme ie penſe) que lon le fiſt mourir: & toutesfois lon l'eſcoutoit auſſi peu en cecy, comme quand il demandoit

doit qu'on luy laissast sa fille : à laquelle s'adressant le courtisan amoureux, se mit à la caresser & baiser, & s'essayoit de toutes pars par douces paroles, & plusieurs promesses mielees à la consoler. Mais la poure garse, cognoissant assez qu'on la menoit à la boucherie de sa chasteté & pudicité, & au dernier supplice de la fleur de sa virginité, se print à crier si piteusement, & auec vne voix si douloureuse, que mesme elle eust esmeu à compassion, les cœurs les plus durs de tout autre, fors de celuy, qui ne souhaitoit que les despouilles de ceste sienne douce ennemie, laquelle detestoit & maudissoit son desastre, quand il falloit que sa vertu fust ainsi souillee par vn qui outre & hors mariage, en la violant & iouyssant d'elle se moqueroit puis apres d'en auoir eu la premiere pointe. Las! disoit-elle, est il possible que la souueraine iustice de Dieu souffre vne meschanceté si grãde & execrable, & que la voix d'vne poure miserable affligee ne soit ouye en la presence du Seigneur ? Que ne sens-ie maintenant plustost la mort, que l'infamie que ie voy voleter deuant mes yeux? O le bon vieillard de pere! combien t'eust il esté meilleur de me tuer entre les mains de ces voleurs, qu'endurer que ie soye la proye de l'ennemy de ma vertu, & de ta reputation?

O heureuses cent & cét fois, celles, qui auez passé le pas ineuitable de la mort, des le berceau! & moy pauure malheureuse, pour ne participer en voftre aife, ains demeuree viue, pour fentir l'angoiffe & deftreffe de cefte mort, la plus aigre à fupporter, que celle qui fepare les ames d'auec les corps. Le gentil-homme, & marry, & fafché de telles complaintes & angoiffes, cômença à la menacer de luy faire oublier ces façons de faire, difant, qu'il falloit changer de fon, & q̃ fes vlemés ne feruoyent de rien entre ceux, qui ne l'auoyent pas prinfe pour s'amufer à fes larmes, lamentations & crieries. La pauure fille entendant cecy, & voyant qu'elle efpandoit vainemẽt fa voix en l'air, cômença à s'appaifer qui fut caufe que l'amant, s'addreffant à elle, luy dit: Et quoy, mamie, trouuez-vous maintenant mauuais ou eftrange, fi l'ardeur de mõ amour vers vous m'a fait vfer de quelque violence en voftre endroit? Las! ce n'eft pas malice ou mal talent qui me le fait faire: c'eft l'amitié, qui ne peut pas demeurer enclofe, fans manifefter fa force. Ah, fi vous auiez fenty ce que ie fouffre & endure pour l'amour de vous, ie croy que ne feriez fi farouche, que de n'auoir pitié du mal, duquel vous auriez experimenté la veheméce. Mais la fille ne refpondoit que larmes & foufpirs,

deftor

destordant, ses bras, & quelquefois faisant la guerre à ses beaux cheueux: mais toutes ces feminines façons de faire n'eſtōnerent en riē le galand, & moins luy osterent le desir premier de iouyssance, laquelle il eut, bon gré, mal gré qu'elle en eust, aussi tost qu'il fut arriué en sa maison: la nuict encor, ils coucherent ensemble, là ou il la traittoit auec toutes les caresses & mignotises, qu'vn amant, qui à long téps pourfuiuy, se peut aduiser de faire vers celle, de laquelle à la fin il iouyt. Or toutes ces flateuses folies tēdoyent à ce qu'il se la vouloit rendre siēne, pour en faire s'amie, & la tenir en sa maison champestre, à fin d'y aller quelquesfois passer son temps. Elle, qui (comme auons desia dit) estoit pour l'aage & condition, sage, & d'vn gentil esprit cōmença accortemēt à dissimuler, & feindre de prendre plaisir en ce qui luy estoit plus amer qu'aucun Aloé, ou bois de Myrrhe: & plus à contre-cœur, que la souuenance de la mort, laquelle elle souhaitoit à toutes heures, pour le remede de sa douleur: & se la fust volōtairement auancee (cōme vne Lucresse) si la crainte de Dieu, & peur de perdre l'ame auec le corps, ne l'en eussent destournee: & aussi qu'elle s'attendoit, & esperoit en Dieu, que le rauisseur amenderoit la faute, qu'il auoit cōmise, & porteroit la penitence, pour

sa temerité: dequoy elle ne decheut point, ny ne fust frustree: de son atréte, ainsi q̃ pourrez assez bien entẽdre, par ce qui s'ensuiura tantost. Or pendant que le rauisseur prenoit ses plaisirs auec la rauie, le miserable pere remplissoit l'air de gemissemens: accusant sa fortune, d'auoir ainsi laissé aller le paillard sans luy faire sentir la verdeur de sa vieillesse, & la vigueur qui gisoit encor sous ceste escorce ridee, & fletrie par la longueur de ses annees. A la fin cognoissant q̃ ses gemissemẽs, maledictions & souhaits estoyent espandus en vain, sentant aussi ses forces inegales pour s'accoupler à son ennemy, & luy rauir violentement sa fille, la recouurant par mesme moyen qu'on la luy auoit ostee, delibera de s'en aller le lendemain faire sa complainte au Duc: & sur ceste deliberatiõ il s'endormit sous les arbres qui estoyent ioignãt la fontaine, où quelquefois le courtisan auoit arraisonné sa fille: & voyant que le ciel cõmençoit à monstrer quelque lueur painte de blanc, iaune & rougeastre couleur (signes precedans le leuer de la fresche Aurore) se leua cõme en sursaut, & se mit en chemin vers Florence, où il arriua, ainsi que lon ouuroit les portes de la cité. Puis s'adressant au Palais du Duc, il s'y arresta iusques à ce qu'il veid le prince sortir, pour aller à la Messe. Le
bon

bon hôme voyât celuy, duquel il s'attendoit receuoir secours, faueur & iustice: cômença à fremir, pour la souuenance du tort receu, & se hontoyer, pour se voir en lieu non accoustumé, & pour cause, qui luy faisoit partir le cœur, toutesfois & quantes qu'il luy en souuenoit: neantmoins le iuste courroux, & desir de vengeance, le fit enhardir si bien que s'agenouillant deuant l'excellence du Duc, il dit assez hautement. Helas, monseigneur, si iamais vous eustes pitié d'homme desolé, & plein de desespoir, ie vous supplie que maintenât vous regardiez la misere, qui m'assaut de tous costez, & ayez compassion de la poureté de cest infortuné vieillard, auquel lon à fait vn tel tort, que i'espere tant de vostre vertu & iustice accoustumee, que ne laisserez vn peché si detestable, sans le punir selô son merite, & pour le regard des maux qui pourroyent s'en ensuiuir, là où telle meschanceté seroit dissimulee, & laissee sans chastimêt condigne. Ce disant, les grosses larmes luy couloyent le long de sa barbe chenue, & voyoit-on comme les souspirs interrompus & continus sanglots luy faisoyent pantheler son estomach, tout ridé de vieillesse, & hallé par le chaud & assidu trauail des champs: & ce qui encor esmouuoit plus l'assistance, c'estoit le piteux regard du bon homme, lequel

quel iettant ses yeux çà & là, auisoit vn chacū, auec vn œil si terny, & plein de douleur, q̄ quand bien il n'eust dit mot, sa contenāce eust assez incité les seigneurs d'auoir compassion de sa misere. Et eurent ses larmes tāt de force, que le Duc, qui estoit homme sage & qui mesuroit les choses auec vne si grāde raison, pouruoyant auec prudence, & les preuoyāt non sans vn iugement bien meur: voulut sçauoir la cause, q̄ faisoit venir cest hōme pour se plaindre ainsi : & toutesfois assailly de (ie ne sçay quel) soupçō, il ne voulut point que le recit fut fait publiquemēt, ains retirāt le vieillard à part, luy dit: Mon amy, cōbien que les pechez griefs & de grande importāce doiuent estre grieuement, & publiquemēt punis: toutesfoys il auient souuent, que celuy, qui sur sa chaude colere fait l'execution de la peine d'vn crime (quoy que iustement) apres auoir maché son yre, il se repent tout a loisir d'vne telle rigueur, & trop soudaine seuerité: veu que le peché (estant naturel en l'homme) peut quelquefois, où le scandale n'est euidēt, prēdre fin, & chastimēt, par voye douce, & plaine de cleméce, sans en rien enfraindre, ou violer les saintes & ciuiles constitutions des legislateurs. Ie dy cecy, pource que le cœur me iuge, q̄ quelques vns de ma maison ont perpetré quelque lourde faute

contre

contre toy, ou quelqu'vn des tiés. Or ne voudroy-ie pas qu'il fuſſent ainſi ſcandalizez deuant tous, & encor moins preten-ie laiſſer leur fautes impunies, là où il ſe trouuera, qui par crime ſcãdaleux aura inquieté le repos, auquel ie veux q̃ mon peuple viue. Auſſi Dieu à conſtitué les princes & potentats, cõme paſteurs & guides de ſon troupeau, à fin que la fureur tyrannique des vicieux ne deſtruiſe, deuore, & diſſipe ce troupeau infirme, & de nulle valeur, ou il ſera deſtitué du bras puiſſãt des principautez & monarchies. Singuliere douceur certes, & incroyable exemple de clemence en celuy, q̃ ſes citoyẽs auoyent en opinion d'vn tyran, & iniuſte vſurpateur d'vne libre ſeigneurie: lequel ſi priuement, & auec telle familiarité, que l'amy ſçauroit ſouhaiter de ſon compagnõ, eſcoute la cauſe d'vn poure villageois, & eſt encor ſa modeſtie ſi grãde, qu'il ne veut que on ſache quel crime c'eſt, ou biẽ q̃ lon accuſe publiquement les delinquans: s'offrãt toutesfois le vindicateur du tort fait au poure, & le puniſſeur de l'iniure exercee cõtre l'orfelin: œuure certainement digne d'vn prince vrayemẽt Chreſtiẽ, & lequel eſtablit les puiſſances ruinees, conſerue celles qui ſont en eſtre, rẽdãt le prince aimé de Dieu, & reueré de ſes ſuiets. Le poure vieillard, voyãt le Duc de ſi bonne cõpoſition, & lequel ſi à propos luy demandoit le tort qu'on luy auoit fait le nom de l'autheur, & qu'auſſi il luy promettoit ſon aide, & le chaſtiment equitable, où la faute le meriteroit: ce bon homme (dy-ie) print hardieſſe de reciter de point en point tout le diſcours du rapt, & violement perpetré en la perſonne de ſa fille: luy declarãt encor par nõ & ſurnõ ceux qui auoyẽt accõpagné le gẽtil-hõme auteur de ceſte cõiuratiõ: lequel (comme auons deſia dit) eſtoit vn des plus fauoriſez du Duc, lequel nonobſtãt l'amitié qu'il portoit à l'accuſé, oyant l'indignité d'vn faict ſi execrable, dit: Viue Dieu, voila vn acte deteſtable, & qui merite biẽ qu'on en face punition rigoureuſe: toutesfois mon amy, donne-toy bien garde de te meſprendre en cecy, accuſant vn pour autre: car le gẽtil-homme que tu m'as nommé pour le rauiſſeur de ta fille, eſt fort homme de bien, & pour tel à touſiours eſté eſtimé d'vn chacun. Ie t'aſſeure bien, que ſi ie te trouue menteur, ta teſte m'en reſpondra, pour ſeruir d'exẽple à tout delateur, & faux accuſateur à l'aduenir: mais où la verité ſera telle, que tu m'as raconté, ie te promets la foy q̃ ie doy à Dieu de pouruoir ſi bien à ton fait, que tu auras cauſe legitime de te contẽter de ma iuſtice: auquel le bon homme reſpondit ainſi. Mõſeigneur

gneur, le cas est si veritable, qu'encor auiour
d'huy il tient ma fille, côme vne garse publique en sa maison: & s'il plaist a vostre serenité d'y enuoyer, vous cognoistrez q ie n'v-
se de fausse accusatió, ou parole preuariquee
deuant vous, mõseigneur & prince: en la pre
sence duquel (comme deuant le ministre, &
lieutenãt de Dieu) hôme ne doit parler q veritablement & religieusement. Puis qu'il est
ainsi (dit le Duc) va bon homme vers ta mai
son, où (Dieu aidant) ie seray auiourd'huy au
disner: mais donne-toy garde sur la vie, de
n'en tenir propos à homme, quel que ce soit:
au reste, i'y pouruoiray comme de raison. Le
bon hôme, presque autãt ioyeux, pour auoir
si bié exploité, que le iour precedent il auoit
esté marry pour sa perte, s'en alla gayement
en sa case & loge rustique, laquelle il fit preparer le mieux qu'il peut, en attendant la ve
nue de son liberateur, secours, soustié, & iuge: lequel apres la messe ouye, commãda que
lon sellast ses cheuaux: car, dit-il, i'ay entédu
q icy pres à vn sanglier, des mieux mirez q
il est possible de voir: nous irons l'eueiller de
son sommeil & aise, attédans le disner. Ainsi,
partãt de Floréce, vint droitemét au moulin
où ia le disner auoit esté apresté par ses gẽs.
Là disna-il assez sobrement, & sans tenir pro
pos à pas vn des assistans, ains demeuroit là
tout.

tout penſif, & ruminãt ce qu'il auoit à faire, car d'vn coſté, la grauité du fait l'eſmouuoit à chaſtier rigoureuſement celuy qui l'auoit cõmis, auec toute cruauté & inſolẽce, d'autre part, l'amitié qu'il luy portoit, luy attendriſſant le cœur, luy faiſoit changer propos, & l'incitoit à moderer ſa ſentẽce. Vacillant dõc ainſi l'eſprit du prince, on le vint aduertir, que les chiens auoyẽt elancé vn cerf le plus beau qu'il euſt veu de ſa vie, ce qui luy pleut grãdement: car par ce moyẽ, il ſe depeſtra de la multitude de ſes gentils hõmes, qu'il enuoya à la pourſuite de la beſte, retenãt auec ſoy ſes plus familiers, & ceux qui eſtoyẽt de ſon priué & eſtroit conſeil, leſquels il vouloit pour teſmoings de ce qu'il auoit deliberé de faire: & faiſant venir à ſoy ſon hoſte, luy dit: Mon amy, il faut que tu nous menes au palais de celuy que tu ſcais, & de qui tu m'as ce matin tenu propos, à fin que ie m'a quitte de ce que ie t'ay promis. Les courtiſans reſterẽt tous eſbahis de ceſte parole, ne ſçachans à quoy tẽdoyẽt les deſſeins du duc. Mais le bõ hõme, à qui le cœur ſauteloit de ioye, cõme ſentant deſia quelque apprehenſion du bien & honneur qui luy eſtoit appareillé pour le luſtre de ſa maiſon: voyant le Duc à cheual, ſe mit deuant, luy ſeruãt de laquais. Auec luy le prince tint pluſieurs propos

pos recreatifs, tout le long du chemin qu'ils firent ensemble. Mais ils n'eurent longuement cheminé, que le gentilhôme rauisseur, auec ses cōpagnons, ayāt entédu que le Duc chassoit là autour, vint luy faire la reuerence: & fut sa fortune telle, que luy, ny aucun des siens, n'aperceut point le vieillard, pour l'initigation duquel, le Duc poursuyuoit la proye, de laquelle ils ne se doutoyent point. A cette cause ledit rauisseur dit à son prince: Mōseigneur, si fortune m'eust esté tāt fauorable, que i'eusse sceu vostre venue en ces cartiers, ie me fusse mis en deuoir de vous recueillir, non côme appartient à la grādeur de vostre excellence, mais selon la puissance du moindre, & plus obeissant de vos seruiteurs: auquel le Duc, dissimulant son courroux, dit: Mon gentil-hōme, ie disne icy pres dans mes tentes, ne sçachant point q̄ vostre maison fust si pres de nous. Mais puis que ie me suis esbatu sur vos marches, ie ne m'en yray pas sans voir vostre logis: car (à ce que ie puis iuger par l'exterieur de ce beau edifice) il me semble que l'ouurier n'a rien oublié qui peut seruir à l'embellissement de ce corps de logis, lequel (pour ce qu'il côtient) est bien l'vn des plus beaux & mieux troussez, que i'ay encor auisé du iour. Ainsi s'approchās du chasteau, le Duc descédit de cheual.

ual pour voir toutes les singularitez dudit lieu, & mesmement l'image pour laquelle seule il estoit party de sa cité: à quoy le maistre du logis abreuué & enyuré du soudain plaisir de voir le Duc en sa maison, ne pensoit point. Ainsi descendus qu'ils furent en la basse court, ils veirét vne fontaine de marbre, laquelle iettoit l'eau par quatre gros canaux, qui estoit receuë de quatre Nymphes toutes nues, dans des vases richement ouurez à la damasquine: & sembloit qu'elles la presentassét à vn cheualier armé, gisant sous vn haut & bié fueillu arbre, qui dónoit ombre à la fontaine: & tout au pres ils virent vn petit huis, qui respondoit sur vn iardin, autant singulier, & bien cultiué, que furent onq les delicieuz & plaisans iardins d'Alcinoé: car en cestuy-cy outre l'artifice de l'ouurier & trauail ordinaire du iardinier, nature y auoit produit quatre fontaines aux quatre coings, faisant le lieu, & plan du iardin party egalement en forme tetragone. Or ces fontaines arrousoyent tout ce beau pourpris, sans que le iardinier eust peine qu'à ouurir quelques petits códuits, par lesquels l'eau se rédoit où il la voyoit estre necessaire. Ie laisray icy l'ordre des arbres, & fruitiers distingué en quinconces, les Labyrinthes subtilement & mignotement elabourez, les parterres

res verdoyans, & donnant tel contentemēt à l'œil, que si le Duc n'eust plus pésé au tort fait à la fille du meusnier, qu'à la gentilesse du maistre de la maison, & à la singularité de l'edifice, il se fust (peut estre) oblié dedans ce petit paradis terrestre. Et pour parfaire l'excellēce du lieu, la main ouuriere & industrieuse de l'homme, secourue par le benefice de nature, y auoit dressé vne Crotte assez profonde, & où il se pouuoit voir vn bon nōbre d'antiquitez, & en laquelle la voix immortelle d'vne Echo respondoit à voix triple, à ceux qui tenoyēt quelque propos en ce lieu souterrain, qui esmeut le Duc à appeller ce gentil-homme, auquel il dit: S'il est ainsi, que le surplus du logis s'egale à ce que i'ay desia veu iusques icy, ie ne fay point de doute, que ce ne soit vn des plus beaux lieux & plaisans qu'on trouue auiourd'huy en toute l'Italie: pource mon amy, ie vous prie de grace, que nous voyōs le tout, & pour le cōtentement de nos esprits, & à fin que ie me puisse vanter, d'auoir veu le petit logis, le plˢ rare & mieux accōply qui soit en toute la iurisdiction de Florence. Le gentil-hōme baignant en aise, & tout cōfit en plaisir, voyant q̃ le Duc s'agreoit tant en son edifice, le mena de chābre en chābre, desquelles chacune estoit enrichie, ou de superbe tapisserie à la
Turq

Turquesque, ou de riches, & diuinemét ouurez tableaux, auec l'vtensile si bien appro-
priee, que le Duc ne pouuoit mettre l'œil en
pas vne d'elles, sans y trouuer dequoy s'es-
merueiller: veu que tant plus il alloit en auāt
tant plus voyoit vn accroissemét, & presque
renaissance des choses rares, qui rendoyét la
petitesse du lieu de tāt plus auguste, & admirable: pourquoy il en estimoit fort en son
cœur celuy, qui auoit deuisé la magnificēce
de tel apareil. Apres dōc qu'il eut visité por-
tiques, galleries, sales, chābres, antichābres,
garderobbes, cabinets, & archiues de ce logis, ils arriuerent en vne gallerie, qui respon
doit directement sur le iardin, au bout de laquelle y auoit vne chābre close, sur laquelle
y auoit vne chasse, dressee en manequin: se
la mieux faite, qu'il seroit possible de contempler: & du costé du iardin lon voyoit (en
mesme ouurage) vne trouppe de Nymphes
fuyantes le lōg d'vne oree de bois, contigu à
vne grande riuiere, pour auoir veu vne cōpagnie de Satyres, leur voulans courir sus.
C'estoit vn plaisir de veoir leur bouche en-
treouuerte, les yeux dressez vers le lieu où
estoyét les poursuiuās pied fendus, & la con
tenance d'elles, qui exprimoir si bien leur
crainte, qu'il ne leur restoit plus q̄ la parole.
Encor estoit-ce le meilleur, d'auiser les bou-
quins

quins, Satyres rire à gorges desployees, & monstrer au doigt la haste de ces craintiues fuyardes,& se mocquer de leur soudaine fuite. Et tout aupres eussiez-vous veu vn Hercule gisant en la couche de sa femme, vers lequel s'adressoit vn Faune, cuidāt iouir des beautez & embrassemés d'vne dame endormie: mais le plus beau estoit, quand ce robuste Amphytrionien luy bailla la cassade, & l'estraignit si bien, qu'il luy pensa creuer le cœur au ventre. Le Duc voyant (à son aduis) le plus beau lieu de la maison, ainsi fermé, soupçonna quant & quāt ce qui estoit: car le gentil-homme (sçachant la venue du Duc) auoit fait retirer l'a s'amie, veu que c'estoit la chambre la plus secrette de sa maison,& la plus loingtaine de tout seruice ordinaire: & pource dit le Duc: Dites, mō amy, pourquoy ne nous est faicte l'ouuerture de ceste chambre, aussi bien que des autres? Ie pense que ce soit le thresor de ceans, & le repositoire de vos pacartes. Mais voꝰ pouuez vous asseurer de nous, qui ne sommes point venus ici pour vous importuner, ains seullemet pésans vous faire plaisir. Monseigneur, dit le gentil-homme, le lieu est trop mal en ordre pour vous le mōtrer, pour le present: aussi que ie ne sçay où sont les clefs, car le Metayer s'en est allé ce matin en la ville, & ie ne sçay à qui il les

NN à bail

à baillees. Le Duc qui entendoit la fin de ces
excuses, ne les acceptant point pour le pris,
que le courtisan les vouloit & pensoit vendre, s'asseura alors de ce qu'il auoit au parauant soupçonné: à ceste cause auec vn visage assez furieux: il luy dit: Sus sus, qu'auec ou sans clef, ceste porte me soit ouuerte, affin que ie voye tous les secrets de ceans. Le rauisseur voyant que c'estoit à bon escient, que le Duc parloit, ne sçauoit de prime face, de quel bois faire fleches, & demeura tout estonné, & surprins de nouuelle frayeur: à la fin toutesfois faisant du bon compagnon, s'a dressa au Duc, auquel en riant, il dit à l'oreille (pource qu'il sçauoit fort bien que le Duc estoit assez bon compaignon, & qui aimoit autant la femme de son voisin que la sienne propre) Monseigneur c'est vne garce, que i'ay là dedãs, laquelle est m'amie, & laquelle aussi ie ne voudrois monstrer à autre qu'a vous. C'est ce que ie demande, dict le Duc: voyons la, à fin que ie puisse iuger de sa beauté, & si elle merite point que lon en face conte. Le maistre du logis ouurit la porte de la chambre pensant auoir gaigné beaucoup, & cuidant de mieux en mieux s'insinuer en la grace du Duc: mais il se veit bien tost assez loin de son conte: car la fille pudique & violee, sortant toute escheuelee, & fondãt en larmes
l'estom

l'eſtomach tout decouuert,& tous ſes veſtemens agencez en femme deſeſperee, ſe vint ietter aux pieds du Prince, diſant. Ah, Móſeigneur, auiſez icy en pitié la plus infortunee femme de toutes les malheureuſes, & qui laſchement, & traiſtreuſement à eſté honnie & violee par celuy meſme, qui oſe impudemment vous mener au lieu qui peut teſmoigner de ſa lacheté & malheureuſe vie. Le Duc voyant ce ſpectacle, & ayant compaſſió de la fille, tourna ſon viſaige vers le gentilhóme & ſes compagnons (qui fortuitement eſtoyent ſuruenus là, ainſi que le Duc entra dans la gallerie) non pas auec la douceur, & maintien gracieux, qu'il auoit monſtré des le commencemét, mais móſtrant vne contenance ſi graue & ſeuere, que le plus hardy de la compaignie ne ſçauoit que faire, ou penſer quelle reſponce il luy pourroit rédre. Sur eux donc cómença l'equitable Prince vomir ſon courroux, diſant: Eſt-cy illuſtrer le ſang duquel vous eſtes deſcendus, que de rauir les filles de vos voiſins, & qui ſont mes ſubiets, & ſous ma protectió? Abuſez-vous ainſi de la familiarité, que iuſques icy ie vous ay monſtree? Eſtimez vous q̃ les loix ſoyét peruerties, pour voir quelque changemét en la Republique Florentine? Nó ie vous aſſeure, car tát q̃ l'ame me reſidera au corps, ie ſeray

celuy

celuy, qui pourſuyuray les meſchans iuſqu'à
l'extremité, & qui n'endureray l'oppreſſion
du poure aſſez affligé de ſa propre miſere
O Dieu! euſſe-ie penſé, qu'vn gentil hom
me de ma maiſon fuſt ſi prodigue de ſon hon
neur, que de ſouiller ſes mains ſi laſchement
violant celles, qui doiuent eſtre priees, & les
deshonnorer en lieu que leur vertu deuſt ſer
uir d'exemple par tout? Ie ne ſçay, qui m'em
peſche, que ſur le champ ie ne vous fay oſter
la teſte de deſſus les eſpaules, cõme traiſtres
& brigands. Allez, infames & villains adoleſ-
cens, inquietateurs du repos de vos voiſins,
& vouleurs de la renõmee de celle, qui vaut
mieux que vous tous enſemble. Puis s'ad-
dreſſant à la fille, luy dit: Leuez-vous mamie
& confortez-vous ſur moy: car ie vous promets foy de gentil-homme, que ie vous feray
raiſon telle, & que ma cõſcience en ſera ſou-
lagee, vous contente, & voſtre honneur repa
ré pour le tort & iniure qu'il à receu de ces
galans. Et à meſme inſtant, il cõmanda qu'on
fiſt venir le meuſnier, & tous ceux qu'il
auoit menez pour aſſiſter à ce qu'il pretendoit faire: deuant leſquels ayant fait mettre
& la fille violee, & les conuaincus du rauiſſement, dit: ceſte-cy eſt la proye (mes bons
amis) laquelle i'auoy deliberé de prẽdre tout
ainſi i'ay fait, ſans toiles, cordes, ou emeutes
de

de chiens.Voyez ie vous prie,l'honneur que mes domestiques font à ma maison, que de courir sus aux simples villageoises, & rauir les filles d'entre les bras de leurs propres parens: que de rompre, crocheter & briser les portes des maisons de ceux q̃ viuans sous les loix de nostre cité,douuent iouïr de mesmes priuileges de liberté & franchise. Si vn respect (que ie ne dy point)ne m'empeschoit, i'en feroy telle & si cruelle iustice,qu'il en se roit parlé aux suiuantes generations,toutesfois il me suffira qu'ilz reçoiuent ceste honte deuant vous, de se veoir cõuaincus d'vn crime,qui pour son expiatiõ,merite vne mort ignominieuse: & de receuoir de moy (pour experimenter ma clemence) vn pardon(non merité)de leur faute,auec condition toutesfois que toy (dit-il au gentil-homme rauisseur)prendras ceste fille pour espouse(car tu ne luy sçaurois autrement reparer l'honneur que luy as tollu) & la tiendras aussi chere, que follement par cy deuant elle à esté aimee de toy.Ie te la donne pour la priser & aimer autant que si elle estoit la propre seur de ce Duc de Florence,qui te cõmande,pour la rã çon & rachet de ta teste,de l'espouser presentemẽt.Veux encor,& ordonne(veu la poureté du pere) que pour le tort qu'il à reçeu de vous trois,sa fille sera doree de deux mille es

cus par celuy qui l'espouse, & de mille par chacū des deux autres, à fin que mourāt son mary sans hoir, elle ait dequoy honnestemēt entretenir le rāg & train honneste de sa maison. Et de cecy ie veux, que sans aucun delay en soit passé vn bel contract & instrument publiq, & bien autentique: Te iurant encor de rechef, que si i'entens que tu la traictes autrement, que la femme doit estre traictee de son mary, i'vseray enuers toy de tel chastiment que tous y pourrons pour l'auenir prēdre exemple. Le gentil-homme qui n'attendoit riē gueres mieux que la mort, ioyeux au possible de ceste sentence, s'agenouilla & prosterna deuant le Duc, pour luy baiser les piedz, en signe de consentement. & autant en feirent ses cōpaignons. Mais lon ne scauroit exprimer la ioye du meusnier, & de sa fille qui extolloyēt la vertu & iustice de leur prince iusqu'aux cieux, & lequel ils mercierent auec telle humilité, q̄ peut celuy, qui se void en si grande calamité, & redigé à tel deshonneur comme n'agueres ils s'estoyent veu par le moyen de celuy, que l'vn recognoissoit pour son filz, & l'autre pour son espoux legitime. Ainsi furent faites les nopces en la presence du Duc auec autant de ioye & cōtentement de toutes pars, qu'il y auoit eu de trouble, & marrisson pour le rapt de l'espousee. Le
Duc

Duc s'en restât retourné à Floréce, le bruit de c'est acte fut incontinent diuulgué, presque par toute l'Italie: & louoit on ce iugement, non moins que la sentence que le Roy Salomon getta iadis sur la controuerse de deux paillardes, pour l'enfant vif, que chacune d'elle repetoit comme sien. Et cecy fut cause que on le prisoit plus que tout autre Prince, ou seigneur qui eut de tout siecle commãdé, ou regy la Republique en tout le païs de Toscane. Ainsi ceste modestie le rendit digne de la principauté, laquelle (presque contre tout droit) il auoit vsurpé & d'vne louange, qui ne viura pas moins, que la memoire des hommes se pourra estendre d'vne lignee en l'autre: & laquelle conuoiteuse du loz d'vn si vertueux, iuste & modeste Prince, ne cessera de le clarifier & mettre en euidence: à fin que ses semblables s'exercent en choses pareilles, ou de plus grande consequence, pour ne laisser point croistre les herbes enuenimees: & sans proufit en leur Republique. Dans le iardin de laquelle vne petite brouee, ou pluie mal saisonnee, peut corrompre tout le bon, qu'on y auroit au parauant semé. Veu que les choses mauuaises & dangereuses, prennent plustost pied, & vont s'aprofondissans en racine, que celles-la qui portent vn bon & sauoureux fruict: pour la conseruation

NN 4   desq

desquelles, le diligent mesnager employe presque toutes les saisons de l'annee.

Fin de la douziesme Histoire.

Sommaire de la treziesme Histoire.

CEux qui ont passé la plus part de leur ieune aage aux folies humaines, & ont suiuy plustost les reueries des sots & insensez amans, sur le subiet de l'amour, & que la contemplation des choses celestes, ou bien de celles qui peuuẽt ça bas donner l'entree à l'homme, pour paruenir à hõneur, & gloire de son nom. Ceux là (dy-ie) me seruiront de tesmoins pour la confirmation de l'opinion, de long tẽps enracinee en la fantasie des hommes : c'est que la beauté & maintiẽ gracieux de la femme, est le plus vray, & naturel aimãt, que lon sauroit pẽser : veu que ceste pierre (pour certaine vertu attractiue, & naturelle sympathie, qu'elle à enclose en soy) n'attire pas mieux le fer que fait la femme par (ie ne scay quelle) vigueur latente, qui gisant sous l'attrait de ses yeux attire à soy les cœurs & affections des hommes. Qui à fait que plusieurs ont estimé que ceste essence seule fut enuoyee ça bas, pour l'entretenement des diuers, qui tourmentent l'homme, & pour seruir de tourment & aise ensemble à ceux qui en prendroyent

droyent quelque accointance. Mais encor s'esbahira
lon plus, non d'ouïr seulement qu'vn Paris ait laissé Troye, pour aller veoir vne Heleine en Grece:
qu'vn Hercule ait quitté sa massue, pour manier le
fuseau d'vne qui luy commandoit, ou qu'vn Salomõ
se soit assoty en sa sapience pour folier auec celles, de
qui il s'estoit fait esclaue volontaire. Mais qu'vne
femme, de laquelle l'homme ne reçoit ny faueur ny
caresse quelconque, ait fait oublier le propre deuoir à
son seruiteur, s'il n'est trouué estrange, ie ne sçay
qu'est-ce, que lon appelle chose admirable: si la defense de sa parole, à c'est effect, n'est iugee pour telle, par
laquelle lon est different aux brutes (car la raison
est du tout refusee aux amans) & toutesfois nos peres ont veu l'exemple de ceste vertu, n'a pas long
temps, en la personne d'vn gentil-homme, assez sage, & bien apris en toutes autres choses. Cas autant
notable, que declarant la singuliere force de Nature en ce subiet: auquel elle semble auoir donné la preference sur toutes les essences çà bas. De cecy soit
l'exemple & l'effemination d'vn Hercule, l'aneantissiment des forces d'vn Sanson, & la perte du bon
sens de Salomon, & la simplicité d'vn gentil-homme duquel pourrrez icy veoir l'Histoire.

NN 5

HISTOIRE

Du Seigneur de Virle, qui par le commandement d'vne dame, à qui il faisoit l'amour, demeura muet par l'espace de trois ans & par quel moyen il se vengea de l'indiscretion d'elle, & ensemble en eut la iouissance.

HISTOIRE TREZIEME.

Vrin, comme chacun sçait, est cité telle, qui sert d'ornement & bouleuart à tout le païs de Piedmont, tant pour l'assieté naturelle du lieu que l'artifice, & industrieuse œuure de la main de l'homme: qui a estoffé de plus grand magnificence, ce que Nature auoit enrichy assez pour la rudesse, & peu d'auis des siecles passez. Or pres de ceste superbe, & forte cité est assise vne petite ville, nommee Montcal, lieu non moins fort, & de defense, que bien assis en beau & riche paisage. En ceste ville auoit vne dame veufue, nommee Zilie: belle entre les plus excellemment belles de la contree: laquelle en cecy (outre les autres heureuses influences du Ciel) semble estre fauorisee, que d'auoir des plus belles & courtoises dames, que autre region de toute l'Europe. Toutesfois ceste belle Zilie, de-

men

mentant le naturel de son climat, estoit si hagarde & farouche, qu'on l'eust plustost estimee auoir esté nourrie aux monts les plus deserts de Sauoye, qu'en la plaisante & riche campagne inondee, & abreuee de ce pere des fleuues l'Eridam, que à present lon dict le Pau, l'estendue duquel tire les hommes en admiration, & la fertilité faict chacun conuoiteux de s'en auoisiner. Ceste belle rebelle veufue, combien que ne fust gueres plus aagee, que de vingt quatre à vingt cinq ans, si protesta-elle, de ne s'assugettir oncques plus à homme, par mariage, ou autrement: se faisant forte de se pouuoir contenir en celibat. Deliberation, pour vray sainte & louable, si les esguillons de la chair obeissoyent au premieres semonces, & adhortations de l'esprit: mais ou la ieunesse, les aises, & multitude de poursuyuant dressent partie contre ceste chasteté (legerement entreprinse) le conseil de l'Apostre doit estre suiuy, qui veut que les ieunes veufues se marient en Christ, pour fuir les tentations de la chair, & euiter le scandale d'offension, & deshonneur deuant les hommes. Or Zilie (son mary decedé) s'attendoit seulemét à enrichir sa maison, & amplifier le domaine d'vn petit enfant, qu'elle auoit de son mary defunct. Apres le trepas duquel elle estoit

deue

deuenue si auare, qu'ayant retrâché presque
son train, elle faisoit conscience d'occuper
ses chambrieres aux affaires du mesnage, luy
semblant bien aduis, qu'il n'y auoit rien de
bien fait, que ce qui passoit par ses mains, cho
se plus louable, certes, que de veoir vn tas
d'effeminees: molles & delicates mesnageres
qui penseroyent diminuer leur grandeur,
mettans le nez seulement, ou leur main, &
diligence est requise. Veu que la mere de famille ne preside pas en la maison, pour ouir
simplement les raisons de ceux qui trauaillent, ains encor pour y assister: car l'œil du
chef semble donner quelque perfection à
l'œuure que les seruiteurs entreprennét par
son commandement. Qui à esté cause, que ia
dis les Historiens nous ont descript vne Lucresse, non babillarde auec les ieunes fois,
ou courant par les festins, & bals dressez, ou
masquant la nuict sans esgard quelconque
d'honneur & dignité de race, & maison: mais
l'ont mis en sa chambre, causant, filant, & de-
uidant auec la trouppe de ses seruantes. A
quoy nostre Zilie passoit la plus part de son
temps, ne laissant couler vne minute d'heure, sans l'employer à quelque honneste exercice: ce qui faisoit, qu'on ne la voyoit point
toutes les bonnes festes par les rues, iardins,
ou lieux de plaisance: ou quelquesfois hon-
ne

onnestement la ieunesse peut aller, pour
onner quelque vertueux relasche au trauail
u corps, & quelque fois aux fatigues de
l'esprit. Mais ceste cy estoit si seuere à suyure la rigueur & contrainte façon de faire
des anciens, qu'il estoit presque impossible
de la veoir, lors qu'elle alloit à la messe, ou
autre seruice diuin. Ceste dame sembloit
auoir estudié en la theologie des Egyptiens:
qui nous peingnoyent vne Venus, tenant
vne clef deuant sa bouche, & le pied sur la
tortue: nous signifians par cela le deuoir de
la femme pudique: la langue de laquelle doit
estre nouee ne parlant qu'en temps & lieu,
& les pieds non vagabonds, elle ne deuant
point sortir hors de sa maison, que pour seruir à la religiō, & quelquefois rendre la deuë
pieté à ceux qui nous ont mis en lumiere.
Encor estoit Zilie si religieuse (ie diray, superstitieuse) & rigoreuse à obseruer les coustumes, qu'elle ne faisoit cas de nier le baiser aux gentils-hommes suruenans: ciuilité
qui de long temps à eu lieu & tient encor
place, par la plus part des Gaules, que les damoiselles bien viennent les estrangers, & ho
stes en leurs maisons, auec vn honneste &
chaste baiser. Toutesfois l'institution & profession de ceste veufue auoit rasclé ce point
de sa reigle: soit qu'elle s'estimast si belle que
tous

tous fussent indignes d'attoucher à la superficie, & bord d'vn si rare & precieux vase: ou que sa grande (& de peu imitee) chasteté la rendit si estrange, que de refuser ce que le de uoir luy permettoit d'ottroyer. En ce mesme temps aduint qu'vn gentil-homme du païs, nōmé messire Philibert de Virle, estimé pour vn des plus vaillans hommes de la contree, vint vn iour de feste à Montcal (pour auoir sa maison assez prochaine de ladite ville) & se trouuant au seruice diuin, au lieu d'occuper ses sens & esprits aux choses celestes, & sainctes paroles d'vn prescheur qui ce iourlà annonçoit la parole de Dieu au peuple: il se meit à contempler l'excellente beauté de Zilie, laquelle s'estoit vn peu osté le voile de dueil, & pour veoir mieux à son aise le beau pere qui preschoit, & pour prendre encores quelque peu d'air, car il faisoit vn chauld fort extreme. Le gentil-homme de prime face, qu'il veit cette douce tentation deuant ses yeuz, cuida s'euanouir: & ne pouuant en retirer sa veue, se paissoit du venim, qui peu à peu luy saisit si bien les plus saines parties de son ame, que depuis s'estant viuement enraciné au cœur, le poure gentil-homme fut en danger d'y demeurer pour gage sans espoir quelconque d'allegement: comme plus amplement vous fera foy le discours de ce
qui

qui s'enfuit. Ainsi durant ce matin cõtempla il celle qui ne faisoit non plus d'estat de ceux qui la regardoyent auec admiration grande, qu'eux mesmes de leur vie, la fians entre les mains de femme si cruelle. Ce seigneur arriué à son logis, il s'enquist qui estoit ceste belle veufue, de quel estat & quelles estoyent ses façons de faire. Mais on luy en dit plus certes, qu'il n'en eust voulu sçauoir, & qu'il n'en desiroit en celle-là : laquelle il elisoit desia pour la seule maistresse de ses plus secrets pensers. Or entendant bien la nature farouche, & le maintien inciuil de ceste veufue, il ne sauoit quel party prendre, ou à quel sainct se vouër. De la poursuiure il iugeoit que ce seroit autant de temps perdu : se deporter de la seruir n'estoit en sa puissance, ayant desia engagé sa liberté entre les mains de celuy, qui quelquesfois tenant captiuez les cœurs des hommes, ne les affranchit pas si tost, que lon penseroit, ny que lon voudroit bien. A ceste cause se paissant de esperance, & se chatouillant mesme, pour se faire rire, delibera, quoy que peust aduenir, de luy faire l'amour : à fin d'essayer, si par long seruice il pourroit plus esbranler ceste dure & non ployable volonté de la belle, à auoir pitié de la peine qu'elle luy verroit endurer & recompenser les laborieux
deuoirs

deuoirs, aufquels il fe feroit vertueufement employé, pour gaigner fa bonne grace. Et fur cefte deliberation il fe retira à Virie (ainfi s'appelloit fa maifon) ou il mit ordre à tous fes affaires, & s'en retourna à Montcal, pour y faire longue refidence: laquelle tendoit à dreffer fes appareils, & braquer fon artillerie auecq telle induftrie, qu'a la parfin il feit brefche raifonnable, pour forcer, & prendre la place, pour la prinfe de laquelle il fe mettoit en grand dangier d'eftre le premier prins, & là ou fes efforts, ou rufes, ne pourroyent y bailler attainte, il pretendoit fe contenter du plaifir & paffe temps, qu'il pourroit tirer de la contemplation de fi beau obiet, & veuë ordinaire d'image fi excellente: la memoire de laquelle luy feruoit pluftoft de peine, que foulagement de poifon corrofiue, que de remede leniffant la douleur de mort cruelle, & foudaine, que de prolongement de vie. Philibert donques eftant deuenu citoyen de Montcal, cōmença à frequenter l'Eglife plus que de couftume & que fa deuotion ne portoit: & cecy pource, qu'il ne pouuoit ailleurs iouïr de la prefence de fa fainte, qu'aux lieux & temples de deuotion dequoy il fe fafchoit fort eftant bien de c'eft aduis, & fains & digne, voire plus que iufte de eftre obferué, q̃ le lieu faint ne doit point
eftre

estre prophané par choses si folles, & actes tant contreuenans à l'institution de ceux qui jadis ont mis les premiers fondemens aux temples. Esmeu donques de ceste religieuse superstition, le seigneur Philibert faisoit cōscience de parler à elle dedans l'Eglise: bien est-il vray que quand elle sortoit (incité par vne courtoisie tresfamiliere & naturelle à tout gentilhomme de bonne part) il la conduisoit bien souuent iusqu'à sa maison, sans en pouuoir toutesfois (quelque chose qu'il dist) tirer propos, qui luy apportast le moindre contentement que lon sçauroit penser: dequoy il se fachoit assez: car la cruelle feignoit n'entendre rien de tout ce qu'il luy disoit, & tournant la charue contre les bœufs, luy faisoit des côtes de sommesnage, à quoy il s'attendoit autant, qu'elle à loüir arreisonner de ses complaintes. Ainsi eux deux menez de diuerses affections, & esmeus de contraires pensemens, lon les eust oüy parler, sans respondre au propos l'vn de l'autre: dequoy le gentilhomme prenoit vn argument asseuré de sa ruine, laquelle sans l'aide de quelque plus grād moyen, il voyoit bien que il ne pouuoit euiter. Et pource il prattiqua quelques dames de la ville, lesquelles assez familierement alloyent & venoyent en son logis, & qui auoyent fort frequenté habitude auec sa rebelle Zilie. A l'vne d'elles donc il delibera de communiquer son secret, & luy faire entendre au vray la seule occasion, qui l'auroit fait retirer à Montcal, & le mal qu'il souffroit, pour ne pouuoir decouurir son tourment à celle qui en estoit l'occasion. S'adressa donc le seigneur à vne sa voisine (femme de fort bon esprit, qui d'autres fois auoit experimenté de quelles viandes sont apastez ceux qui s'asseent en la table d'amour, & cōbien d'amertume est entremeslee, auec la douceur des breuuages, desquels Cupido abreuue ses hostes.) A laquelle (l'ayant plustost coniuree de tenir secret ce qu'il vouloit luy declarer) il ouurit l'interieur de son ame, exprimāt son amour, sans toutesfois nōmer s'amie, premier qu'oüir la responce de sa voisine: laquelle entendant presque, où tēdoyēt les affections du patient, luy dit: Monsieur, il n'est ia besoin de haranguer icy trop longuement: l'amitié que ie vous porte, pour l'honnesteté que iusqu'icy i'ay cognue en vous, me fera promettre de taire chose, de laquelle ie ne sçay encor le suiet: & l'asseurāce que i'ay, que n'abuserez point de ma parole, me contraint à vous asseurer, que ie ne espargneray chose qui soit en ma puissance pour l'employer à vous faire tout plaisir, & honneste seruice. Ah, madame, respondit le

seign

seigneur Philibert, il ne sera iour de ma vie, que ie ne m'essaye de recognoistre cette offre liberale de vostre deuoir, auec laquelle vous vous presentez pour m'escouter en patience, & à tenir mes paroles secretes, selon leur merite, (& ce que plus ie requiers de vous) me faites fort, que i'auray en vous vne qui ne s'espargnera pour me donner aide. Las! ie semble le bon & accort capitaine, lequel pour prendre vne forteresse, ne s'aide pas seulement de gaillardise & magnanimité de ses soldats: ains pour les espargner, & en euiter la boucherie, & pour leur donner voye, il bracque & adapte le canon contre le mur du fort qu'il veut assaillir: à fin que les deux ensemble puissent par fournir & suffire pour la perfection & accomplissement du complot de ses desseins. I'ay desia encouragé mes soldats, i'en ay perdu vne partie, & la meilleure certes, aux escarmouches, que m'a liuré mō doux cruel ennemy. Or suis-ie contraint de dresser le feu, qui gist en la vigueur de vos conceptions, pour auec iceluy abbatre ce fort iusques icy inexpugnable par aucun de mes assauts. Ie n'enten point (dit-elle, se sousriāt) ces labyrinthes de vos comparaisons, si vous ne parlez plus clairément: aussi bien n'ay-ie point hanté la guerre, ny ne sceu

onq quelle chose c'est que le maniement des armes, estant chose impropre, & malseante à mon sexe. La guerre, dit-il, de laquelle ie parle, est si naturelle & commune, que ie ne doute point, que n'ayez quelque fois essayé de quelles ruses on y vse, auec quelles camisades lon surpret l'ennemy, cöme s'y dressent les embusches, & quel moyen doiuent tenir tant l'assaillant que le defendant. A ce que ie voy, dit la dame, il ne nous reste plus que l'asseurance du camp, veu que nous sommes prests d'entrer au combat: & pése que le fort sera mal aisé à prendre, veu les murs, fossez, ramparts, bouleuars, plateformes, rauelins, courtines, parapets, & casemates, que vous y auez dresse, auec vn nombre de fausses brayes & flancs bien disposez, & le tout defendu d'vn tonnerre de canons & bombardes, qui espouuantent l'ennemy vagant par la campagne. Mais ie vous prie, laissant ces tumultes de guerre, parler vn peu plus hardiment, sans ainsi extrauaguer: car i'ay pitié, vous voyant ainsi resuer, & sortir presque des limites de vostre modestie & prudence accoustumee. Ne vous en esmerueillez point, madame, dit il, veu que selon nouuelles occurréces, & les propos, & les conseils se changent ordinairement: Ie suis deuenu serf d'vn qui me rend tout semblable aux maniacles, lesquels ne
disent

disent, ou peuuent dire que ce que l'esprit, qui les detient leur suggere: car ie ne veux, ny ne pense, ou parle, sinon ce que cest enchanteur amour me commande, & permet d'exprimer: lequel traite si rigoureusement mon cœur, qu'au lieu où l'audace est la plus requise, c'est là où il me priue de force & me laisse sans contenance, quelconque: & estant seul, Dieu sçait cóme libremēt ie diuague par tout là ou mon ennemy a cōmandement, & auec quelle hardiesse ie luy enuahy ses places. Helas! n'est-ce pas donc pitié de voir ces diuersitez en vn mesme subiect, & sur mesme chose? Certes i'endureroy volontiers toutes ces trauerses, si ie pensoy qu'à la fin mon seruice fust aconté à quelque chose, & si i'esperoy que l'on donnast quelque relasche à mon martyre. Mais viuant en telle incertitude, il faut que nourrisse ma faim du soulas des malheureux, qui sont les souhaits & vain espoir: en attendāt que quelque deité me fera gaigner vn loyal amy, lequel s'essaye de m'oster de l'enfer où ie suis plōgé, ou bien d'abreger ceste malheureuse vie qui m'est cent fois plus ennuyeuse que la mort. Disant cecy, il se mit à souspirer si estrangement, que lon eust dit de son estomach, que c'estoyent deux soufflets de forgeron, tant le vent enclos en son cœur le fai

soit haleter: les yeux n'oublians point ce pe-
dant à debonder vn ruisseau de larmes, lesquelles puisees au cédre du cœur, môtoyent
au cerueau, pour à la fin sortir par le tuyau,
propre à l'esgout de telle fontaine: ce que
voyât la dame, esmeüe de côpassion, ne peut
se contenir sans luy tenir compagnie à pleurer, & ensemble à luy dire: Combien que le
rang que ie tien, & la reputation en laquelle
i'ay vescu iusqu'icy, me defendent d'vser de
grace, en chose qui peut denigrer mon honneur: si est-ce, monsieur, que voyant ce que
vous souffrez, & qui ne me semble en rien
dissimulé, i'eslargiray vn peu ma conscience,
& m'essayeray de vous secourir d'aussi bon
cœur, côme libremêt vous vous estes sié en
moy du secret de vostre pensee. Reste seulement sçauoir qu'est-ce que voulez que ie face pour vous, & vers quelle dame vos deuotions s'adressent: car ie vous promets de luy
bailler tel goust de ce q i'ay veu, & cogneu
en vous de bon vouloir & seruitude vers la
maistresse de vostre cœur, qu'elle sera bien
degoustee, & hors de tout appetit, si elle ne
accepte ceste affectionnee volonté, pour vn
offre, qui n'en peut receuoir de pareil. Et certes, telle dame se peut estimer bien-heureu-
se, d'auoir vn si honneste, courtois & loyal
gentilhomme pour seruiteur, & vn amant,
qui

qui honnorant & seruant ses beautez & bonnes graces, est admirateur de la vertu de sa dame. Certes, la terre en void auiourd'huy bien peu qui vous ressemblent: estans les hommes deuenus si desloyaux, qu'il faudra à la fin, que la loyauté perdant son suiet en eux, se retire toute en son entier au cœur des femmes: & elles ne pouuans departir la force, & effects d'icelle, vestent les meurs & façons des cruelles, pour punir la sotte indiscretion de ses amans volages, lesquels masquez d'vne feinte fermeté, & peincts d'vne amitié toute consite en souspirs & doleances, s'essayēt à deceuoir celles qui prodigent leur honneur entre les mains de ces cruels, esuentez, & sots poursuiuans. Ah, madame, respondit le gentilhomme, comme pourray-ie iamais satisfaire à ce seul bien, que venez maintenant de me promettre ? tenez-vous asseuree, que vous voyez icy vn soldat & gentilhomme, qui ne sera moins prodigue de sa vie en vous faisant seruice, que vous estes liberale de vostre reputation, pour l'allegement de ses angoisses. Or puis qu'il vous plaist de tant me fauoriser, que de m'offrir vostre aide & suport, en ce qui tant me tourmente : ie ne veux rien plus de vous, sinō que vous portiez vne lettre, que ie feray à madame Zilie, de laquelle ie suis si

viuement esprins, que si ie n'ay quelque soulagement de mon tourment, ie ne sçay comme ie pourray euiter que la Parque filandiere lassee de prolonger la trame de ma vie, n'en accourcisse le filet, qui ne tient desormais, qu'au secours, que (par vostre moyen) ie pourray auoir de celle, qui tient mon ame en telle seruitude. La dame fut marrie outre mesure, entendant que le seigneur Philibert s'adressoit pour faire l'amour à telle, qui ne luy en sçauroit gré quelcõque, & moins encor qui luy donneroit repos aucun à ses miseres. Et pource s'efforça elle de luy oster ceste folle fantasie de la teste: mais il estoit desia resolu en son malheur: ce qu'elle voyant à la fin, luy dit: A fin, Monsieur, que vous ne pensez point que ie veuille m'excuser de satisfaire à ma promesse : faites vos lettres, & ie vous iure sur ma foy, q̃ ie les luy bailleray, sans toutesfois luy tenir autre propos sçachant fort bien quels sont les humeurs & gloire de la pelerine. Bien vous rendray-ie veritablement la responce de tout ce qu'elle me dira, par laquelle vous pourrez voir le gain que vous faites en poursuiuant femme (quoy que belle) de si peu de merite. Le gentilhomme ne faillit à la mercier plus que affectueusement, ensemble la prier d'attendre qu'il eust fait ses lettres, à quoy elle obeit
fort

fort volontairement. Luy donc entré en sa châbre, cômença à fantastiquer cent, & puis cent subiects pour escrire à sa dame: & apres auoir rauassé, print encre & papier, escriuant ce qui s'ensuit : La passion extreme que i'endure madame, pour vous aimer trop ardemmêt, est telle, qu'encor que ie m'asseure du peu d'amour que me portez, au pris de l'incroiable seruitude, par laquelle ie vous suis affectionné, si n'ay-ie voulu prendre cômandement sur mes forces, & apprendre à m'exépter de ma voüee deuotion, & volonté à vostre (à nulle seconde) beauté: encor que dés le commécement ie sentisse les simples aiguillôs des traits mortels, qui maintenant passionnent mon ame. Helas! ie ne scay sous quelle influence ie suis né, ny quel destin regit mes ans, veu que i'apperçoy & le ciel, & l'amour, & celle que i'honnore, se formaliser vnanimement pour l'entiere defaite de moy, qui ne pense estre né, ou soustenu par les premiers, que pour estre le fidele, & perpetuel seruiteur de vous, madame, à qui seulement ie dedie mon cœur, tout affligé qu'il est, & l'aise des pensees couees & nourries en mon ame, par la côtemplation & memoire de vostre excellence, & perfection en bonne grace: de laquelle si ie ne suis fauorisé, ie n'atten que la mort, laquelle pour le present ie fuy, non pour peur qu'elle me face, ou horreur que ie imagine en elle, ains seulement pour conserver en vie ce corps pour instrument qui exercera les concepts de l'esprit, à l'execution de vos commandemens. Là où i'experimenteray ceste cruauté indigne, & de vostre gentile nourriture, & de ce corps accomply de tout ce que nature peut departir de ses graces: asseurez-vous, madame, que vous verrez en bref la fin de celuy, qui encor s'attent emporter quant à soy, en l'autre monde, l'amour vehemente: qui me fait vous prier d'auoir pitié de celuy, qui attendant l'arrest, & sentence diffinitiue de la mort, ou de sa vie, baise vos blanches & delicates mains en toute humilité. Priant Dieu, vous donner l'aise egal à celuy que desire pour soy. Le tout vostre, ou du tout nul, Philibert de Virle.

La lettre escrite, fermee & cachettee, il la donna à sa voisine laquelle luy promit encor derechef, de luy en porter la responce dans le soir. Ainsi s'en alla la dame, laissant ce poure langoureux esperant contre son espoir, & se feignant tantost son aise & plaisir, auquel il se baignoit auec vn fort grand contentement: puis soudain reduisoit en memoire la cruauté & inciuilité de Zilie: ce qui luy mettoit autant de genres de mort deuant

deuant les yeux, comme de fois il y pensoit: luy semblant veoir la colere, auec laquelle sa peu courtoise amie caressoit furieusement la dame messagere, laquelle s'en vint trouuer Zilie sortant d'vn iardin contigu à sa maison, & l'ayant saluee, & receu assez courtoisement vn salut reciproque, elle voulut bastir sa harangue, laquelle seruit d'excuse honneste, pour la charge mal seante à l'ambassade, & à celle vers qui elle estoit enuoyee: & de quelque allegement au poure gentilhomme, qui tendoit beaucoup plus à la mort, qu'à la vie. Mais Zilie luy rompit son propos, disant: Ie m'esbahy, ma voisine, de vous voir icy à telle heure, veu vostre honneste coustume, de ne laisser point escouler vne minute de temps, sans l'employer à quelque bonne chose. Madame, respond la messagere, ie vous mercie de la bonne opinion que vous auez de moy, & vous prie de perseuerer: car ie vous asseure, que chose vaine, & de peu d'efficace, ne m'a point ostee à ceste heure de la continue de mes vacations, ausquelles (ce me semble) ie ne defaux, lors que ie m'efforce d'vser de pitié & misericorde à l'endroit des affligez: & l'occasion de tout cecy vous diroy-ie, si ie ne craignoy de commettre quelque offense contre vous, & donner estorce
à celle

à celle amitié de long têps prattiquee entre
nous deux. Ie ne sçay, dit Zilie, où tendent
vos parolles: toutesfois ie sens ie ne sçay
quelle esmotion en mon ame, qui me fait
penser, que ce que me voulez proposer, est
d'autre effect, que cas qui puisse reussir à
mon honneur. A ceste cause, ie vous prie ne
me faire ouuerture de chose qui contrarie,
tant peu soit, au deuoir des dames de nostre
calibre. Madame, dit la voisine, ie croy que
le peu de symbolisatiõ qui est en vous, auec
la chose pour le salut de laquelle ie voulois
parler, vous a fait sentir la passion contraire
au mal de celuy, qui tant endure, pour l'a-
mour de vous, & auquel (sans y penser) i'ay
donné la foy de vous porter ceste lettre. Ce
disant elle tira les lettres du cheualier, de
son sein, & les presentant à la cruelle Zilie,
luy dit: Ie vous supplie penser que ne scachant quel estoit le mal du seigneur de Virle, qui vo^9 escrit, ie luy ay promis ce deuoir
de message vers vous: & ainsi contrainte à
ma promesse, ie ne peu moins faire, que de
vous offrir ce qu'il vous presente, auec vn
seruice tel, qu'il durera perpetuellement, où
il vous plaira l'accepter, pour tel qu'il desire. De ma part, ie vous prie de lire le contenu, & m'en donner responce: car ma foy
n'est obligee que iusqu'à-là, que de luy reciter

ce fidelement ce en quoy vous vous resou-
drez. Zilie, qui n'auoit accoustumé de receuoir gueres souuent de telles ambassades,
fut de prime face, en branle de rompre les lettres, & renuoyer la messagere auec sa courte
honte: mais à la fin prenant cœur, & changeant d'affectió, elle les leut, non sans monstrer vne fort grãde alteratió par l'exterieur
qui seruoit d'indice des pensemés, qui diuersement cõbatoyent en son ame: car en moins
de rien elle changea deux ou trois fois de
couleur: blemissant tátost cõme le croissant
de Diane, lors qu'estãt à l'opposite du soleil,
elle sent vn certain obscurcissement de sa
clarté empruntee: puis reprenoit vn vermil-
lõ, & teint coulouré, nõ moins vif, que celuy
d'vne rose s'espanissant; ce qui accroissoit
encor de moitié l'excellence de ce que nature y auoit mis, auec vn estude assez diligent.
Toutesfois apres auoir leu & releu ce que
son amant luy mãdoit, ne pouuant dissimuler le sot courroux, qui agitoit son cœur, dit
à la dame messagere: Ie n'eusse iamais pensé, que vous, estant telle que chacun sçait,
eussiez voulu (abusant de vostre deuoir) e-
stre l'ambassade de chose si malseante à vostre estat, & à la maison d'où vous estes : &
vers moy, qui ne fus iamais celle, ny ne pre-
tẽ l'estre, à qui lon doiue s'adresser, pour
l'exploit

l'exploit de telles folies. Et croyez que l'amitié que ie vous porte, me fera diſſimuler ce que i'en penſe, & taire ce que venant d'vn autre que de vous, i'euſſe publié au grand deshonneur de celle qui fait ſi peu de cas de ma chaſteté. Il vous ſuffira pour l'auenir de péſer & croire que ie ſuis femme de bien: & d'auertir le ſieur de Virle, qu'il ne s'amuſe plus à ceſte pourſuite: car i'aimerois mieux la mort, que luy accorder le moindre poinct de ce qu'il deſire de moy: & à fin qu'il le cognoiſſe, aſſeurez-vous que ie ne luy bailleray plus de moyens de parler ſi priuément auec moy, comme quelquefois i'ay fait à mon grand (à ce que ie voy) deſauantage. A tant vous pouuez-vous retirer : & ſi aimez autãt voſtre honneur, cõme vous me voyez curieuſe de ma chaſteté, ie vous prie ne me tenir plus propos de celuy lequel ie hay autant, cõme ſa folie eſt exceſſiue : aimant celle qui n'a affaire de ſes mignotiſes & feintes paſſions, où à credit ces ſots amoureux ſe laiſſent tranſporter. La meſſagere honteuſe de s'ouyr ainſi pinſer ſans rire, luy reſpondit aſſez poſément, & ſans en rien s'eſmouuoir: Ie prie Dieu, madame, qu'il luy plaiſe remedier à la maladie differente, & preſque deploree de l'vn & l'autre de vous deux, veu qu'elle eſt ſi vehemente, que vous reduiſant

en

en phrenesie, vous fait, par mesme moyen incapables de raison. Finissant ces propos, elle print congé de Zilie, & arriuee à la maison de l'amant, elle le trouua couché sur son lict, plus mort que vif: qui voyant sa voisine de retour, auec vn visage si triste, sans escouter la responce qu'elle s'apprestoit luy faire, se mit à dire: Ah! infortuné gentilhomme, que tu paye bien l'vsure des plaisirs iadis receus, viuant en liberté, & sans sentir les trauerses, qui maintenāt te dōnent la mort, sans te laisser mourir! O bien & plus que bien heureux fusse-ie esté, si la iournaliere fortune ne m'eust brassé la trahison, par laquelle i'ay esté surprins, & captiué, sans que rāçō puisse satisfaire à mō emprisonnemēt, que la mort, la plus miserable q̃ iamais endura poure amant. Ah! madame, ie cognoy bien que Zilie n'a tenu conte ny de mes lettres, ny de mes amours. Ie confesse q̃ ie vous fay tort, en abusant ainsi de vostre honneste amitié, pour le soulagemēt de la mienne. Ha peu auisé amour! que fol est celuy, qui se cōmet à la rage & furie des orages de ta mer ecumāte & tēpestueuse. Lasli'y suis entré auec vne grande gayeté, voyant au demarer, deuant mes yeux, vn feint soleil, qu'aussi tost que i'ay esté faisant voile en pleine mer m'a denié sa lumiere, pour m'exposer à mille

les vẽts, tẽpestes & pluyes impetueuses, & par le moyẽ dequoy ie ne voy aucũ moyen d'esperer la bonace de mes malheurs, & moins encor vn naufrage q̃ soudainemẽt me priue de ce danger plus insupportable, q̃ si i'estois englouty dãs les abysmes profonds de l'Oceã. Ah, trõpeur & cauteleux entrepreneur, pourquoy m'as-tu fait entreprẽdre le voyage lointain de tes solitudes, pour me laisser puis apres au plus fort de mes necessitez? Est ce le traitement que tu fais à ceux qui volõtairement te suiuent par trace, & s'assubiettissent plaisamment à tes traistreuses folies? Au moins si ie voyoy quelque esperãce de salut, i'endureroy sans me plaindre aucunemẽt ceste & vne plus perilleuse tempeste: Mais, ô bõ Dieu! qu'est-ce q̃ ie dy? De q̃ attẽs-ie soulas ou secours? de celuy q̃ est né pour la ruine des hõmes. De q̃ espere-ie santé? de la poison la plus nuisible q̃ iamais fut mistionnee par les plus subtils drogueurs q̃ furent onc. Qui veux-ie prẽdre pour mõ defenseur? celuy qui est aux embusches pour me surprendre traistreusemẽt, à fin de me marrier pis, qu'il n'a fait iusqu'icy. Ah! cruelle amie, que mal vo° mesurez le bõ vouloir q̃ i'ay, de ne sortir iamais du moindre de vos comandemés. Helã! vostre beauté a trouué vn farouche suiet en vous, pour tourmẽter ceux qui
vous-

vous aiment & prisent. O maigre,& ingrate recompense,que de chasser les bōs seruiteurs, pour les veoir affectionnez à la poursuitte d'vn bon & iuste deportement! Ah, Basilic, masqué de douceur,comme ta veuë a espandu du venin par tout mon cœur! Au moins si i'auoy quelque drogue qui rechassast tes forces,ie viuroy aise,& toy sans te voir ainsi importunee. Mais ie sens & experimente, que ceste sentence est plus que veritable:

Le mal d'Amour ne se guerit par basme:
Allegé n'est par aucun cataplasme.

Las,le cautere n'y seruiroit de rien:trepaner la playe,ce feroit temps perdu : de l'inciser, ce seroit l'accroist de ma peine:& la fomenter,nourriroit la matiere, qui cause ma defaite:bref, appareil quelconque ne peut me proffiter, sinon la main de celle mesme,qui m'a nauré.Que pleust à Dieu qu'elle veist le profond de mon estomach , & l'interieur de mon cœur, à fin qu'elle peust iuger de ma ferme loyauté , & cognoistre le tort qu'elle me fait, par sa rigueur, & obstinee cruauté. Mais, ô malheureux q̃ ie suis! ie sens qu'elle est resoluë tellement en son obstination, que son repos semble dependre seulement de mon tourment,son aise de mon mescontentement,& sa ioye , bref,ne procede que de ma tristesse. Et disant cecy , il se mit à pleu-

P P

rer fort estrangement, & souspirant par interualles, il se lamentoit si bien, que la dame messagere, ne pouuant plus comporter l'angoisse & penible trauail, qu'elle voyoit ce poure gentilhomme, s'en alla en sa maison apres toutesfois auoir recité à vn gentilhõme, amy de Philibert, tout le succez de telles amours. Or estoit ce gentilhomme compagnõ d'armes du sieur de Virle, & familier tout outre: qui fut l'occasion qu'il s'essaya par tous moyés d'oster de la fantasie de son amy, ces folles & frenetiques apprehensiõs: mais il y proffita aussi peu, que le passionné gaignoit à se contrister: lequel deliberé de mourir, se laissa si bien miner à sa tristesse, qu'il cheut en vne bien griefue maladie, laquelle luy interdit & le sommeil, & l'appetit de boire & de manger: seulement se plaisoit à fantastiquer ses resueries, & songer creux, sans vouloir presque ouyr personne, qui parlast à luy. Et s'il les escoutoit, neantmoins ses propos ne tendoyent, qu'à plaintes de la cruauté d'vne, laquelle il ne nommoit point, & du desir qu'il auoit de finir sa vie sur ceste querelle. Les medecins d'alentour y furent appellez, sans qu'ils sceussent iuger de la maladie, chose quelcõque (quelques simptomes qu'ils en veissent, ou quelque inspection d'vrine, ou touchement de
poux

poux qu'ils y feiſſent) bien diſoyent-ils que c'eſtoit vne humeur melácolique, luy diſtillát du cerueau, laquelle luy cauſoit l'alteration de ſon ſens: & toutesfois leur art & ſçauoir, perdit ſa force à faire euacuer ce ſang groſſier, ſource de telle melácolie. Et pource, deſeſperans de ſon ſalut, la main pleine de deniers, ſe retirerent. Quoy voyant ſon amy & compagnon, marry au poſſible du deſaſtre de ſon bien-aimé, ne ceſſoit de prattiquer tout ce qu'il pouuoit par lettres, dons, promeſſes & complaintes, de faire venir Zilie, pour voir le patient: car il s'aſſeuroit, que la ſeule preſence de la dame, ſuffiroit pour la conualeſcéce de ſon amy. Mais la cruelle s'excuſoit ſur ſa viduité, & ſur la malſeante d'vne dame telle qu'elle eſtoit, allaſt (à telle intention) viſiter vn gentilhomme, qui ne luy eſtoit parent, cogneu, ny allié.

Le ſolliciteur de la ſanté du ſieur de Virle, voyant le peu qu'il gaignoit à prier ceſte implacable furie, ne ſçauoit plus à quel Sainct ſe vouër, ny quel conſeil prendre: à la fin ſe reſolut de ſolliciter celle là, qui auoit fait le premier meſſage, à fin q̃ elle trouuaſt le moyen de les faire parler enſemble. Ainſi l'ayant trouuee à propos, luy dit: Madame, ie m'eſbahy, que vous faciez ſi peu de côte du poure ſieur de Virle, lequel eſt au lict rédant à la mort. Helas! si iamais pitié eut lieu en cœur de dame, ie vous supplie, pour luy, de procurer sa santé, le moyen de laquelle vous n'ignorez point en quoy il peut gesir. Dieu m'est tesmoing, dit-elle, combien ie voudroy faire pour son salut: mais aux choses impossibles, ce n'est pas aux hommes à y deliberer, ou asseoir iugement certain. Ie l'iray voir, & m'efforceray si bien de le consoler, que (peut estre) mes promesses luy feront perdre quelque peu de sa continue: & puis apres nous penserons mieux à loisir, à l'execution de ce que ie luy auray promis. Auec ceste resolution, ils s'en allerét ensemble voir le patient, lequel se commençoit à porter vn peu mieux que de coustume: & lequel voyant la dame, luy dit: Ha madame, pleust à Dieu, n'eusse-ie point experimenté vostre fidelité, pour sentir la cruauté trop grāde de celle, qui aime mieux son hōneur, exerçāt rigueur & tyrānie sur moy, qu'auec douceur entretenir la vie d'vn poure lāgoureux! certes, ie ne seroy point en la peine, où vous me voyez, ny ne causeroy point tāt de tourmét à ceux, qui ne desirent que mon allegeāce. Mōsieur, respondit-elle, ie ne sçay où vous pensez, de vous tourmenter ainsi, veu que ie suis seure, que quand dés demain vous seriez guery, ie me fay forte de vous faire

faire parler auecques celle, de qui (à tort, peut estre) vous vous plaignez tāt:& laquelle n'a osé venir pour vous visiter, tant pour donner occasion aux mesdisans de soupçonner, & mal parler, que pour se congnoistre l'occasion de vostre maladie. Ah, dit le patient, cóme vous me la baillez belle! ie voy bien que vous desirez ma santé, & que pour cest effect, vous voulés m'abreuuer de ces liqueurs superficiellemét atournees de quelque douceur, pour rendre puis apres ma vie plus lāgoureuse cent fois, que maintenāt ie ne l'experimente. En estes-vous là? dit-elle: & ie vous iure ma foy, de ne faillir à ce que ie vous promets, qui est, de vous faire parler seul à seul, auec madame Zilie. Las, madame dit l'amant, ie ne demāde rien plus, à fin q̄ i'oye de mes propres oreilles, l'arrest dernier de mō espoir, ou defiance. Or reposez vo⁹ en sur moy, dit-elle, & essayez vous seulement de guerir: car ie me fay forte, que auant long temps ie vous feray semódre de venir chez elle:& lors vous verrex, si ie suis diligente en mes entreprinses,& quel effect ont sorty mes essais. Il me semble desia, dit-il, q̄ maladie ne sçauroit m'empescher d'aller vers celle, qui est cause de mō affoiblissement, quād il luy plairoit me commāder de l'aller trouuer, en quelque lieu que ce fust:

PP 3

veu que la memoire seule, qu'elle aura de moy, n'aura pas moins de force en mon endroit, que la clarté des rais du Soleil, à faire euaporer l'espesseur d'vne matinale brouëe: aussi est elle (selon la caresse qu'elle me fait) la clarté, d'où mon iour prend son accroissement: ou la nuict qui eclipse, & obnubile la splédeur lumineuse de mes premiers rayós. De ce pas la dame, prenant congé de luy (qui sans l'empeschement de son compagnon, dés l'heure mesme se fust leué) s'en alla chez soy, attendant l'oportunité de parler à Zilie, laquelle deux ou trois iours apres, elle rencontra à l'Eglise: & estans elles deux seules dans vne chapelle, luy dit, faisant sortir quelques larmes feintes à force, de ses yeux, & euaporant vne nuee de souspirs: Madame, ie ne doute point, que les dernieres lettres que ie vous portay, ne vous aient donné quelque mauuaise opinion de moy, veu le visage assez mauuais, que depuis en çà vous m'auez monstré: mais quand vous sçauriez le mal qu'elles ont faict, ie ne pense pas que soyez si dure & sans pitié, que n'ayez la patience d'escouter ce que ie vous veux dire, & que ne soyez esmeüe à auoir compassion d'vn poure gentilhomme, lequel par vostre moyen est aux angoisses de la mort. Zilie, qui iusqu'alors n'auoit fait cas de rien qu'on luy
eust

eust dit de la peine, & langueur du patient, commença à se douloir de telle passion: non pas pourtant qu'elle deliberast de luy ottroier plus grand faueur, que celle,que iusque adonq il en auoit receu:mais s'attēdoit bien de se mettre en quelque honneste deuoir,pour luy donner quelque allegeance,& puis s'en defaire à quelque pris que ce fust. Et pource,dist-elle à sa voisine: Madame, ie cuidoy qu'on eust desia oublié toute ces menees,depuis que l'autre iour vn gentilhōme me feit prier d'aller visiter le sieur de Virle, que lon me disoit(comme vous faites) estre en grand danger de sa personne:mais voiant que cecy va en empirant, ie prendray volontiers consel de vous, m'asseurant de vostre vertu,que ne me cōseillerez chose qui puisse preiudicier à mon hōneur. Et quand bien vous le feriez, vous y gaignerez si peu que rien,& encore m'empescheriez-vous de donner quelque allegeance à celuy,qui (à grand tort) se plaint de ma cruauté.Car ie ne delibere luy donner autre priuauté, que celle, qu'vne damoiselle hōneste, & diligente gardiēne de sa pudicité, peut cōceder à vn gentilhomme vertueux.Aussi dist l'autre, les desirs du patient ne s'estendent point outre? car il ne veut que iouïr de vostre presence, & vous dire vn mot, pour puis apres s'appre

ster, pour executer tout ce, qu'il vous plaira luy cōmander. Las! dist Zilie, madame, ie ne sçay comme ie pourray luy gratifier en cela: veu que d'aller chez luy, me semble impossible, pour le soupçon, que pourroit auoir le populaire, d'vne si familiere habitude: & i'aimeroy plus cher mourir, que prodiger ainsi mon honneur, conserué iusques icy, auec telle seuerité, & diligence. Et puis vous dites qu'il est au pas & angoisse de la mort qui m'empesche, qu'ailleurs ie ne puisse luy faire ceste faueur, pour l'amour de vous, & à fin aussi, que par cy apres il n'ait occasion de se plaindre de ma rudesse. Ie vous mercie dist la messagere, du bon vouloir que me portez, & du secours, que venez de promettre à ce poure passionné, lequel n'oyra si tost ces nouuelles, qu'il ne soit en pied, pour venir vous faire la reuerence. Puis qu'il est ainsi, dist Zilie, il pourra demain sur le midy, venir en ma maison, là ou, en la châbre basse, il aura le loisir de me dire tout ce que bon luy semblera: mais ie m'atten (Dieu aidant) que cecy est le plus, que i'espere luy ottroier. Comme il vous plaira, dist la voisine: car ie ne demande rié plus de vous, que ceste seule faueur, laquelle, comme message de bonnes nouuelles, ie luy vay annoncer, me recommandant ce pédāt à vos bonnes graces. Ainsi
s'en

s'en alla vers le patient, qu'elle trouua se pourmenant par la chambre, assez biẽ disposé de sa personne, & aiant vn teint assez frais pour le temps qu'il auoit, qu'il estoit leué de ses couches. Or des que le Seigneur Philibert veid sa messagiere, il luy dist: Et biẽ, madame, quelles nouuelles? Zilie est-elle si farouche que de coustume? Vous le pourrez veoir, dist elle, si demain à midy vous auez le cœur, & hardiesse de l'aller trouuer en la salle basse de sa maison, qui respond sur la grãd' basse court de son logis : car c'est là, ou elle vous doit attendre. Est-il possible(dist-il en l'embrassant) que vous m'aiez procuré vn si grand bien, que de m'oster de la misere, en laquelle i'ay vescu si long tẽps?Ah!ma grand' amie, il ne sera iour de ma vie, que ne me relente de ce plaisir, & bien fait: & que, le recognoissant, ie ne m'efforce de le vous rendre en ce qu'il vous plaira le redemander de moy. Aussi faisant auremẽt lon me pourroit bien estimer le plus ingrat, & mescognoissant gentilhomme, qui iamais feit profession d'aimer. I'iray(Dieu aidant) veoir Zilie, auec deliberatiou d'endurer toutes les trauerses, que fortune me sauroit enuoier: protestant de ne me fascher plus, encor que ie voie mes souhaits prendre autre fin, que ie ne merite point, & que le bon heur ne me

deuſt pas preparer: mais eſtriuer contre fortune, c'eſt ſe dreſſer en ſoymeſme la guerre de laquelle la victoire ne peut eſtre que dangereuſe. Ainſi ſe paſſa tout ce iour, qui ſembla durer mille ans à celuy, qui penſoit receuoir quelque bon traitement de ſa dame: au piege de laquelle il ſe print, ſans qu'il pen ſaſt que la malice de la femme eſt exceſſiue ou elle deploie les eſguillons de ſon venin. Et certes l'homme eſt bien hors de ſoy, qui ſe laiſſe ainſi charmer ſottemét: veu que les perils de ceux, qui en ont eſté abuſez, deuroient leur ſeruir d'exéple, leſquels ſont à la grande confuſion du ſexe maſculin, qui impudemment, & ſans prudence quelconque ſe laiſſe lier, & captiuer par la choſe meſme, laquelle de ſoy n'eſt miſe en eſſence q̃ pour dependre du vouloir & arbitre de l'homme. Mais eſtãt c'eſt enſorcellement, qui procede de la beauté des femmes, vn plaiſant deplaiſir pour les hommes, ie penſe qu'il ſoit orné de ceſte vertu attractiue, & allechante, pour la punition & tourment de la faute des hommes : veu qu'apaſtez de (ie ne ſcay quelle) ombrageuſe faueur, & douceur enuenimee, ils oubliét la perfectió de leur eſtre, s'aneantiſſans en leurs foles fantaſies : & recherchent leur felicité, & bien ſouuerain, au ſuiet ou giſt l'accompliſſement de leurs malheurs

heurs. Aussi les vertueuses, & pudiques dames n'ont pas les yeux de l'esprit si bandez, qu'elles ne voient bien ou tendent ces franches seruitudes, & ces desloyales loyautez, & ces vices coulourez & fardez d'vne vertu exterieure, & ne doutét point que ces amás n'imitent le scorpion, le venin duquel gist à la queuë: estant la fin de ces folles amours, la ruine d'vn bon renon,& l'auilissement des vertus precedentes. Par ainsi le ciel, amy de leur sexe, leur a donné vne prouidence, que ces gentils amoureux desauorisez appellét rigueur, à fin que par ce moien, elles facent preuue du merite d'vn poursuiuant,& à leur grand contentement, & loz, & au repos de ceux qui leur font seruice. De ceste iuste, equitable, & modeste prouidence n'vsa point ceste dame cruelle, à l'endroit de ce bon, & loyal amant, le sieur de Virle: lequel fut tant seruiteur de sa maistresse ingrate, que sa bonté luy redonda à grand mal-heur, & folie. Comme assez clairement se pourra voir, par les propos suyuans. Donc messire Philebert, cuidant auoir gaigné beaucoup, ayant la promesse de parler librement à sa dame, s'en y alla à l'eure assignee, plus content, certes de ceste faueur, que iamais toutes les defaueurs ne luy auoyent causé de mesaise.

Or arriué qu'il fut au logis de sa Zilie, il
la trou

la trouua, accōpaignee d'vne sienne damoiselle, qui l'attendoit au lieu ordonné. Elle le voiant, apres quelques froides caresses, luy adressa ces propos: feignāt vne ioye, qui n'esmouuoit en rien l'interieur. Et bien, monsieur dist-elle, ie veoy que la maladie, que vous enduriez n'agueres, n'estoit pas si estrāge, que lon me faisoit entendre, veu l'embon-point auquel ie vous veoy: qui me fera desormais croire, que les passions des hommes sont d'autant de duree, que le suiet de leur affections leur est representé en l'imaginatiue. aussi ne sont ce que des miroits, lesquels combien que facēt apparoistre, ou l'egal, ou l'excez des choses qui y sont representees: si est-ce, que, l'obiet s'esuanouissant, les formes s'en volent aussi tost que le vent, qui passe, & repasse legerement par la planure de quelque profonde vallee. Ah! madame, respondit-il, qu'il est bien aisé à celuy, qui est sans passion, de feindre, & l'allegeance, & la simulation en vn suiet, qui non seulement n'en peut oublier l'apprehension, qui cause le plus de ses affections, ains faut encor que assiduellement l'obiect luy en demeure comme peint, & graué en son esprit. Lequel certes (comme vous dites) est vn miroir, non toutesfois tel, que la feinte des formes representees ait en luy pareille vigueur
que

que les premieres & vraies idees puissent ainsi s'esuanouir, sans laisser la trace du plus perfait de telles formes en l'ame de celuy, qui vit de leur seule memoire. En ce miroir donc (lequel, veu sa force latente, ie peu nómer ardent) ay ie contemplé mon mieux, pour d'iceluy former le souftié de mon bon heur: mais l'imaginatiue ne pouuant seulement supporter selle perfection, a fait faillir le reste du corps (debilité par les passions de l'esprit) de telle sorte, que, si l'espoir de recouurer ce mieux à demy perdu, n'eust prins la guerison de l'vn & de l'autre, lon eust veu l'entiere defaite de l'vn, pour cuider bailler quelque accomplissement à l'autre. Et si vous voiez, madame, quelque enbon-point en moy, ne l'acontez, ie vous prie, qu'à ce bien & faueur que ie reçoy de vous, pouuant vous veoir en lieu priué, & aiāt l'aise plus que iamais de vous deduire, ce que iamais n'auez voulu croire, ny sortant d'autesfois de ma bouche, ny moins encor estant deduit par mes escrits. Toutesfois ie pēse que mon martyre s'est mōstré tel, qu'vn chacun pourra cognoistre, qu'est-ce que ie voudroy faire, pour vous obéir: veu que ie ne sçauroy receuoir plus grand aise, que d'vn tel commandement venāt de vous, à fin de vous faire sentir que ie suis sain, encor que
ie

ie fois abandonné des medecins) lors qu'il vous plaift m'employer en voftre feruice: & me croy refufcité de cent mille morts enfemble, quant il vous plairoit auoir pitié du mal & paffion, que i'endure. Helas! quel malheur m'a efté, de voir cefte diuine beauté en vous, pour y experimenter vne rigueur fi cruelle? Auez-vous deliberé madame, d'ainfi tourméter ce poure gentilhomme, preft à fe facrifier en voftre feruice, quand de voftre grace vous luy departiriez quelque faueur? Eftimez-vous que mes paffions foyent diffimulees ou feintes? Las, las! les larmes que i'ay efpandues, la perte du boire & manger, les nuicts paffees, fi long efpace de temps, fans que ie receuffe fommeil, ny repos: vous peuuent affez affeurer, que ma loyauté eft d'autre merite, que ne l'eftimez: Puis voyant qu'elle tenoit les yeux fichez vers terre, cuidant defia la tenir à fon commandement, reforça de plus belle, & foufpirant par interualles, fans efpargner les larmes, qui luy couloyent le long de la face, pourfuyuit fon propos, difant: Ah, belle, entre les plus belles! voudriez vous bien tacher cefte diuine beauté, auec vne fi furieufe cruauté, que de caufer la mort à celuy qui vous aime plus que foymefme? Ah mes yeux, qui iufqu'icy auez feruy de deux fources viues, pour exprimer
la

la passion cachee en mon cœur: si le malheur est tel que la dame vnique de vos contemplations, & cause de vos larmes, face accroistre l'humeur qui iusqu'icy a tellement vuidé mon cerueau que ie ne veoy rien plus en moy, pour humecter vostre seicheresse: ie suis content de l'endurer, iusqu'à ce que toy, mon cœur prodigue de ma vie, sentiras ce dernier traict, te priuant de nourriture, & moy de mes affections. La dame soit qu'elle se fachast de ceste harangue, ou plustost que elle doutast, qu'à la fin il n'ebranlast sa chasteté, par la passion demesuree, qu'elle luy voyoit endurer, luy dit assez rigoureusemét: C'est assez causé, escrit, & sollicité à l'endroit de celle qui est toute resoluë en sa premiere deliberation de côseruer son honneur, auec la reputation condigne du rang, que elle tiét entre les plus grandes. I'ay iusqu'icy enduré, que vous ayez abusé de ma patience, & vous ay plus donné de priuauté, que ne meritent ceux, qui si lachement s'essayent de dôner faux bond à la pudicité des dames, que patiemmét les escoutent, pour l'opinion que elles ont conceuë: de quelque ombre de la vertu de ses sots poursuyuans. Ie veoy maintenant, que tous vos propos ne tendent qu'à me deceuoir, & priuer de ce que ne scauriez me rendre: qui sera l'occasion, que d'icy en auant

auant ie seray plus sage à pourueoir à mes affaires, & plus caute à me garder des charmes de telle maniere de gens que vous: à fin que, moy aiant les aureilles ouuertes, ie ne soy & surprinse, & vaincue par vos ensorcellemens. Ie vous prie donc pour conclusion & dernier arrest de ma volonté, que ie n'oye plus ces propos, ny de vous, ny d'embassade venant de vostre part: Car ie ne veux, ny ne preten, vous departir autre faueur, que telle, que iusque icy i'ay eslargi, pour vostre soulas: ains proteste encor, que tant que vous demeurerez en ce païs, ie ne sortiray en rue, ny ne donneray accez ceans à gentilhôme quelconque, qui ne me soit parent de bien pres. Ainsi par vostre importunité, ie me puniray, mesme, pour vous auoir plus escouté, que mon deuoir ne me le permettoit. Et si vous continuez en vos folies, ie m'essaieray de vous en faire donner le chastimét, que meritez: ce que iusque à ceste heure i'ay differé, cuidant que le temps amortist en vous ces ardeurs de vostre folle, & lasciue ieunesse.

L'infortuné seigneur de Virle, oiant sentence si rigoureuse, demeura vn fort long temps sans parler aussi estonné, que s'il fust tombé des nues. A la fin (tout outré qu'il estoit de desespoir) il dist à Zilie, auec vn visage assez ioieux: Puis qu'il est ainsi, madame, me, que vous m'oſtez du tout l'eſperance d'eſtre voſtre perpetuel ſeruiteur, & que ſans autre ſoulas, ou contentement, il faut que ie me parte de voſtre preſence, ſans attendre de ɾɯais (peut eſtre) parler auec vous : à tout moins ne ſoyez point ſi auare de voſtre beauté, & cruelle vers ce langoureux amant, que luy denier vn baiſer, pour arres de ce dernier adieu. Ie ne vous demande icy rien en ſecret, qu'honneſtement vous ne peuſſiez m'ottroyer publiquement. C'eſt tout ce que ie vous demáde, en recópenſe de tous les trauauz, peines & langueurs, que i'ay ſoufferts pour l'amour de vous. La dame malicieuſe, & pleine de maltalent, & rage deſpiteuſe, luy dit: Ie verray maintenant, monſieur, ſi ceſt amour, que vous vátez me porter eſt ſi vehemente, comme vous en faites le ſemblant. Ah madame, dit le peu cauteleux amant, cómandez ſeulemét, & vous verrez auec quelle deuotion i'accompliray voſtre vouloir, & fuſt-ce au pris de ma vie propre. Vous aurez dit-elle, le baiſer, que vous requeres de moy, ſi me voulez permettre, & iurer foy de gentilhóme, de faire ce que ie vous cómáderay ſans en rien l'outrepaſſer. Madame, dit-il, le trop volontaire amant, ie pren Dieu à teſmoin, que de choſe que vous me cómanderez, ie n'en laiſſeray paſſer vn petit poinct,

Q Q

sans qu'il ne soit executé ainsi q̃ vous voudrez, & cõmãderez que ie le face. Elle l'ayãt ouy iurer de si bõne affectiõ, luy dit en riant: Or me fiant de vostre serment, & m'asseurant sur vostre vertu & noblesse, ie veux aussi vo' tenir ma promesse: & ce disant, elle l'embrassa, & baisa fort amoureusement. Le poure gentilhomme, ne sçachant combien chier il achetoit ceste faueur defauorable, & amere douceur, la tint quelque tẽps entre ses bras, doblãt baiser sur baiser auec tel plaisir, que son ame cuida s'en voler auec ce basme empoisonné, qu'il sucçoit en la douce & succree aleine de sa cruelle maistresse: laquelle se depestrant des bras de son amant, luy dit: Puis que i'ay fait la premiere ouuerture, & de la promesse, & de l'effect d'icelle, il faut que vous parfaciez ce qui reste pour son accomplissement. Commandez hardiment, dit-il, & Dieu sçait cõbien soudainement vous serez obeïe. Ie veux donc, dit-elle, & le vous commande sur la foy que m'auez promise, q̃ dés l'heure presente, iusqu'à trois ans expirez, vous ne parliez à personne viuãte, pour chose qui vous puisse auenir: autrement, i'auray occasiõ de ne me fier plus en hõme qui viue. & par mesme moyen de publier vostre vilenie, cõme d'vn pariure, & violateur de promesse. Ie vous laisse à pẽser, si le malheureux

amant

amant fut estonné, d'oüir vne si estrange requeste, & vn tant iniuste cõmandemẽt, & s'il voyoit de la difficulté à l'execution: toutesfois il estoit de si haut cœur, & tant religieux obseruateur de son serment, que dés l'heure mesme, il commença à iouër le personnage qu'elle luy auoit cõmandé, demõstrant par signes, qu'il feroit son deuoir de luy obeir. Ainsi faisant vne biẽ hũble reuerence, il se retira en sa maison, où feignant d'auoir perdu la parole par quelque catarre qui luy fust distillé du cerueau, delibera en soy-mesme de quitter son païs, iusqu'à ce que le terme de sa penitẽce fust expiré. Par ainsi, mettant ordre à ses affaires, & dressant son train, il s'apresta de partir: toutesfois escriuit-il vne letre à Zilie, auãt que se mettre en chemin: la route duquel il print vers ce païs de France, qui de toute antiquité a esté le soulas, & refuge des miserables, tãt pour y estre l'air serain, & attrempé, le païs fort riche & abondant en toutes choses, que aussi pour auoir en soy le peuple le plus courtois, bening & affable, que nation qui soit sous le cercle de la Lune. Or la lettre de Philibert tomba entre les mains de Zilie, par le moyen d'vn page dudit seigneur, à ce instruit, qui l'aduertir du depart de son maistre, & du desespoir, auquel il estoit: dequoy elle fut au-

cunement marrie: mais à la fin, reprenant
son ancienne seuerité, print les lettres, &
rompant le seel, y trouua ce qui s'ensuit:

Le mesme mal, qui cause ma ruine,
Est le suiet, sur lequel ie m'indigne,
Et duquel i'ay c'est heur, & ce dur bien
Que sans tenir ie trouue le moyen
D'auoir vn iour, sous ma captiuité,
Le frein dissous pour estre en liberté,
D'auoir vn iour vne ioye immortelle
Par le moyen d'vne tristesse telle,
A qui pareille on n'en sçauroit donner.
Et ce bien (las!) que vouloy ordonner
Pour le parfait de mes conceptions,
M'a fait y voir de telles passions,
Que de ce bien autre cas ne veux dire,
Sinon qu'en luy l'obiect de mon martyre:
A prins effort en procedant de toy,
Qui abusant laschement de ma foy,
As denigré celle tienne grandeur,
Cause iadis de ton los & honneur:
As auil y l'effort de ton courage,
Non suffisant d'endurer qu'vn orage
De passions esmeut ses flots poussez
De mille vents, qui haucez, rehaucez
Te promettoyent le naufrage asseuré,
Ou de mon corps demy desesperé,
Ou de toy mesme, ô cruelle tigresse,
Et vray subiect de rigueur & rudesse!

Mais le destin ennemy de ton fait,
Le ciel amy de mon dessein parfait,
En parfaisant le plus de ma souffrance,
Et mettant fin à ceste penitence,
Que sans pecher, ie fay, pour t'obeir,
Me feront tost, apres cecy, iouyr
D'vn aise tel, que viuant en mon aise,
Ie te verray pleurant en grand mesaise:
Ie te verray maudire la saison,
Que me paissant d'vne douce poison,
En m'abbreuant d'vn breuuage mortel,
Que m'immolant de rigueur sur l'autel,
Tu m'interdis l'vsage de parler.
  O Dieu, ô Dieu! ie n'ose plus par l'air
Faire voler le los de ta puissance!
Ie n'ose plus dire quelle souffrance
Est ceste-cy, qui viuant me fait mort:
Sain & entier, me rend sans nul effort.
Las! que n'est-ia punie la traistresse
De son forfait? que n'est-ia sa rudesse
Par ton saint bras rudement rudoyee?
Pas ma raison ne s'est tant fouruoyee,
Que ie n'espere, & sa punition,
Et le soulas de mon affliction.
Or ce pendant qu'vne pasle tristresse
Ronge mes sens & mon ame, sans cesse,
  Et qu'vne fieure, & dedans & dehors
Pour cest ennuy afflige mon las corps.
  L'esprit ia libre, & de toy, ô cruelle!

Ia separé d'vne guerre immortelle,
Veut te donner le deffy iusqu'à tant,
Que deslié de mon neud, visitant
L'on me verra les lieux de ma folie,
Pour m'esiouir aux larmes de Zilie,
Car le Ciel onque permit que le tort,
Fait sans raison, se vante, que la mort
L'enseuelisse en l'oubly d'vn tombeau,
Sans que le nom en demeure au cerueau
De ceux qui font & par vers, & par liure,
Mourir les maux, & les vertus reuiure.
Ainsi sera puny l'orgueil & gloire
Par vn long temps, & par longue memoire,
De celle-là qui pleine de malice
Recompensa ma vertu comme vn vice,
De celle-là, qui ausfant l'escorce
D'vn corps caduc, a mesprisé la force
De mon amour, conduit par loyauté,
Pour trop priser sa diuine beauté:
Qui estant trop amoureuse de soy,
A abusé de moy, & de ma foy.
Laquelle vit, & viura en mon ame,
Iusqu'à ce temps, que couché sous la lame
D'vn ord tombeau, ie porteray aux cieux
Au sainct conseil, & consorce des dieux,
Mon esprit plein de foy & loyauté.
 Toy cependant, pleine de cruauté
Lamenteras le defait de ton bien,
Et gemiras, pour n'auoir le moyen

De te purger d'vn fait tant inhumain,
Lequel contraint ma trop debile main
De suppleer de la langue au defaut.
Donc faire fin d'ainsi parler me faut,
Pour accomplir de ton commandement
L'arrest iniuste, & de mon grand tourment
Continuer sans qu'ainsi le merite,
L'accroist, l'entier, & de fin la poursuite.

Celuy qui vit seulement pour se venger de ta crueauté, Philibert de Virle.

Zilie (comme femme dedaigneuse qu'elle estoit) ne fit que se mocquer des lettres & coplaintes de l'infortuné amant, disant que elle se contentoit fort bien de son seruice, & que quand il auroit paracheué le temps de sa probation, elle verroit s'il seroit point digne d'estre admis au consorce de ceux qui ont fait preuue suffisante de la reigle d'amour. Durant cecy, Philibert alloit à grandes iournees (comme auons dit cy dessus) vers ce beau & plaisant païs de France, auquel regnoit pour lors Charles VII. celuy bon Prince, qui miraculeusement chassa les Anglois de ses terres & ancien patrimoine, l'an 1451. Or auoit le Roy pour lors son camp en Gascongne, & se pourtoyent si bien ses affaires, que les ennemis n'auoyent guere plus dequoy se fortifier audit païs: qui fut cause que le Roy, ne voulant perdre vne si bonne occasion, proposa de suiure sa fortune, & oster la Normandie, & celuy mesme ennemy des mains, & seruitude duquel il auoit deliuré son duché de Guyenne.

Le Roy donc estant en son camp de Normandie, le gentilhomme Piedmontois s'y adressa, pour luy faire seruice de sa personne, où il fut cogneu de quelques capitaines, qui l'auoyent veu d'autresfois, & en lieu où les gens de bien se font congnoistre, & à la cour du Duc de Sauoye, où les François frequentoyent fort, pource que le comte de Piedmont qui depuis fut Duc de Sauoye, auoit espousé Yolant, fille seconde de Charles VII. Ces gentilshommes François donc furent fort marris du desastre du sieur de Virle, & lesquels le sçachans estre vn des plus braues, & cheualereux hommes d'armes, que le Piedmond eust nourry de son temps, le presenterent au roy, non sans luy recommander la vertu, gentilesse & vaillance du guerrier, lequel apres auoir fait la reuerence au Roy, telle qu'il deuoit, & sçauoit bien faire, il luy declara par signes, qu'il n'estoit venu à autre intention, que pour s'employer durant ceste guerre à son seruice: ce que le Roy eut & receut comme pour tresagreable, s'asseurant & promettant beaucoup du muet, veu sa belle representation,

qui

qui monstroit que sous vn corps si bien proportionné, il y deuoit auoir vne force, & dexterité non vulgaire: & ce qui mieux imprimoit cecy en la fantasie du Roy, c'estoit le rapport de tant de gens de bien, qui extolloyent iusqu'au ciel la proüesse du Piedmontois: de laquelle il donna vn asseuré tesmoignage à l'assaut, que le Roy fit liurer à la cité de Roüen, ville capitale, & le rampart de toute la Normandie: & ce, l'an 1451. là où Philibert se porta si brauement, que ce fut luy qui le premier monta sur la muraille, & qui par sa dexterité & inuincible force, fit chemin aux soldats en la bresche par laquelle peu apres ils entrerent, & saccagerent les ennemis, les chassans de la cité, en laquelle quelque temps au parauant, c'est assauoir, l'an 1430. le Duc de Sommercet auoit fait brusler la pucelle Ieanne. Le Roy auerty du deuoir du gentilhomme muet, voulut le recompenser selon son merite: & pource qu'il le sçauoit estre de fort bône part, luy donna l'estat de gentilhomme de sa chambre, auec bonne pension: luy promettant au surplus de continuer en sa liberalité, où il verroit son deuoir ne dementir point à l'auenir ce que si heureusemét il auoit executé dés l'entree qu'il auoit fait à son seruice. Le muet merciant le Roy bien humblement, & du bien

QQ 5

present, & de la promesse du futur, hauça la main vers le ciel, comme prenant Dieu à tesmoing de la foy, qu'inuiolablement il promettoit de garder à son prince: ce qu'il executa aussi brusquemét, côme hardiment il le promit: ainsi que bien tost apparut en vne escarmouche dressee entre les Fraçois, & leurs ennemis anciens, les Anglois: du costé desquels estoit ce vaillant, & hardy capitaine Tallebot, qui a perpetué sa memoire par les victoires obtenues sur ce peuple, tant redouté, & qui iadis a fait trembler, & l'Europe, & l'Asie: & a dóné frayeur & espouuátement à la monstrueuse, & belliqueuse Aphrique. En ceste meslee, le cheualier Piedmôtois s'attaqua au seigneur Tallebot, ou luy succeda si bien, que l'acueillant de droit fil, il renuersa homme & cheual par terre, qui causa la defaite des Anglois: lesquels (apres auoir remôté leur capitaine) s'enfuirét à vau de route, laissans le chāp paué de corps, & teint du sang de leurs cópagnós. Ceste victoire donna tant de cœur & hardiesse aux Fraçois, que de là en auant, leurs ennemis cômencerent, auec les places & forteresses de perdre aussi le cœur de se defendre. Le Roy content au possible de la proüesse & loyauté du muet, luy dóna pour recópése des seruices passez, la charge de cinquante hômes d'armes, &

l'inuestis'inueſtiſt de quelques places attendant vne meilleure fortune, pour luy faire ſentir combien doit eſtre priſee & cherie la vertu d'vn preud'homme, par les princes, qui ſe ſont aidez en leur neceſſité de la diligence de tel vertueux & illuſtre homme. Auſſi quand le prince a quelque choſe de bon en ſoy, il ne peut faire rien moins, que caraſſer ce qui ſymbolize auec ſes mœurs: veu que la vertu, en quelque lieu qu'elle préne ſes racines, ne peut, ſinon produire de bons fruicts, l'vſage deſquels s'eſtend ſur tous ceux, qui approchent du lieu, où les premieres ſeméces ont eſté iettees. Quelques iours apres cecy, le Roy, deſireux d'eſioüir les cheualiers & capitaines qui le ſuiuoyent, & voulant faire mourir ſa triſteſſe, qui ſi long temps auoit tenu la France en vn ſilence craintif, fit publier vn tournoy en la cité de Roüen, auquel le ſieur de Virle fut eſtimé vn de ceux qui auoyent le mieux fait à la iouſte: ce qui accreut encor d'auantage le bon vouloir du Roy vers luy, ſi bien qu'il delibera de procurer ſa ſanté, & luy faire recouurer la parolle: Car il ſe faſchoit fort, qu'vn ſi vaillant homme, ne peuſt exprimer ſes conceptions, leſquelles, miſes en auant en vn conſeil, euſſent autant, ou plus ſeruy à ſa Republique, comme les forces, & dexterité

terité du corps auoient iusqu'à lors, à la defense & recouuremét de ses places. Et pour cest effect fit-il publier à son de trompe, par les terres, tãt de son Royaume, que regions voisines, & ses amies, que quiconque gueriroit ledit gentilhôme muet, auroit dix mille francs pour sa recompése. Lon n'eust lors veu que ces Cameleons de medecins en cãpagne, non pour escarmoucher les Anglois, ains pour empoigner, à quelque guerre que ce fust, le prix du recouurement de la parole du patient: & commencerent à faire telle guerre à ces dix mille francs, que le Roy se facha, que la guerison de son malade ne sortit quelquefois son effect. Et pource ordonna-il d'auãtage, q̃ quicõque entreprendroit de guerir le muet, & ne tiẽdroit sa promesse dans vn certain terme prefix, il payeroit ladite somme, ou en defaut de ce, sa teste y demeureroit pour gage. Lon eust veu lors ces messieurs, tant Tramontains que François, s'en retourner, saignans du nez, detestans auec vne grand' impieté leurs patrõs Galien, Hypocras & Auicenne, & vituperoyent plus q̃ vituperablemẽt l'art duquel ils peschoyẽt & honneur & richesse. Ce bruit fut bien tost espandu, & la babillarde renommee l'auoit desia, par lembouchemẽt de sa trõpe, publié par la plus part des prouinces, villes & citez

pro

prochaines, & loingtaines de la Frāce, si biē qu'on eust estimé, que les deux adolescens, qui iadis durāt la guerre Macedonique, annoncerét à Vatinie la prinse du Roy Macedonien, par le Cōsul Paule Emile, fussent vagans & errans par tout, pour porter la nouuelle de l'edict Royal, sur la guerison du sieur de Virle : qui fut cause, que non seulement le bruit de l'ordōnance, mais encores du credit & reputation en laquelle estoit ledit sieur aupres du Roy de France, paruint iusqu'à Montcal, & alla tant de bouche en bouche, q̄ Zilie (premiere cause de tout cecy) en entēdit les nouuelles: ce q̄ la resiouyt grandement, voyant la ferme amitié du seigneur muet, & la syncere foy du mesme en promesse indigne d'estre gardee. Veu que où fraude & crainte enuahissent le cœur des hommes, la religion des promesses, voire le lieu de la foy donnee, sent desia vn aneantissemēt de la force : & n'est-on plus obligé qu'à ce que de bon gré on en voudra obseruer. Or pensoit-elle, voire s'en asseuroit, que le gentilhōme, quoy qu'il luy eust escrit, fut autāt surprins de son amour, & embrasé de son feu, que lors qu'il luy faisoit l'amour à Mōtcal : & pource delibera-elle d'aller à Paris, non pour desir qu'elle eust de voir son patient & penitēcier, ains conuoitant de gagner

gner les dix mille francs, desquels elle se tenoit desia comme asseuree: se faisant forte, que le gétilhôme muet se voyát absous par elle de sa promesse, ne feroit le retif à parler & à luy gratifier en cecy, à fin qu'elle emportast, & le loz & l'argét, ou tous les autres auoyent failly iusqu'à lors. Ainsi voyez vous que celle qu'vne honneste amitié, & longue seruitude n'a peu induire à côpassió & desir de dôner quelque allegeance à son amát, se laisse gagner à vne côuoitise & appetit d'accroistre les richesses. O execrable faim de pecune! iusques à quand aueugleras-tu ainsi les esprits & raisons des humains? Ah! gouffre perilleux, combien tu en as tiré en tes abystnes, la gloire desquels eust surpassé les nues, & egalé le soleil par sa clarté: mais elle est ores obscurcie par l'espesseur de tes broüees, & tenebres caligineuses. Las! les fruicts que tu produis, quelque belle apparéce qu'ils ayent, n'apportent rien de felicité à ceux qui en sont possesseurs, veu l'hydropisie cachee en leur ame, q les fait de tát plus sitibôdes, qu'ils s'abreuuent en ceste fontaine, cause de leur alteration: & est tresmiserable, pour cest insatiable desir de souler l'appetit des côuoiteux, lequel ne peut receuoir côtétemét. Ceste seule côuoitise a iadis fait mourir ce grád & riche Crasse Romain, lequel

quel par punition diuine, tomba entre les mains des Parthes, pour auoir violé, & sacca gé le téple de Dieu, qui estoit en Ierusalem. Sextimulee, bruslāt d'auarice, & affamé d'argent, couppa iadis la teste à son patron & defenseur, C. Gracche Tribun du peuple incité par ce tyrā, qui bourrele les cœurs des auaricieux. Ie laisseray vne bōne troupe d'exemples, en gēs de tous sexes, & diuerses nations, pour reuenir à ceste Zilie, laquelle oubliat sa vertu, premier lustre & ornemēt de son honnesteté, ne craignit la fatigue & trauail du chemin, pour s'exposer au dāger de perdre son hōneur, & se commettre à la misericorde d'vn, à qui elle auoit fait si grand tort, que la cōscience (si elle n'auoit du tout perdu son sens) luy deuoit faire penser, qu'il ne seroit point sans desir de se véger de l'iniure, qu'on luy faisoit si iniustement: & mesmement estant en lieu, où elle seroit incongneuë, & luy honnoré, pour l'amour duquel toute ceste partie auoit esté dressee. Zilie dōc, ayant mis ordre à ses affaires, partit de Montcal, & les monts passez, fit tant par ses iournees, qu'elle vint à Paris, lors qu'on estoit au plus grand desespoir de la santé du heualier muet. Arriuee peu de iours apres, de s'enquit de ceux qui auoyent la charge de receuoir les medecins q̃ entreprenoyent

la

là cure dudit patient:car (disoit-elle) s'il y a homme au monde, par qui ledit sieur puisse recouurer santé, i'espere en Dieu, que ie seray celle qui en aura le los. De cecy furent aduertis les commissaires à ce deputez, lesquels firent venir deuāt eux la belle medecine, à laquelle ils demāderent, si c'estoit elle q̄ vouloit entreprédre la guerison du muet: ausquels respondit:Messieurs, Dieu m'a fait la grace de sçauoir quelque cas secret, tout propre pour sa maladie, auec lequel (s'il ne tient au patient) i'espere le faire aussi bien parler, qu'il faisoit il y a deux ans & plus. Ie croy(dit vn des commissaires) que vous n'ignorez poinct les circonstāces de l'edict du Roy, touchāt ce, dequoy vo⁹ prenez la charge. Ie sçay, dit-elle, tout ce qui en est:& pource, vous dy-ie, q̄ ie m'oblige à perdre la vie, où ie faudray à mettre fin à ce que ie viens de vo⁹ promettre:seulemēt me sera ottroyé de demeurer auec luy seule, pour cause qui n'importe pas moins, que de sa santé. Il n'y a rien de gasté, dit le commissaire, veu vostre beauté, laq̄lle est bien pour faire denoüer la lāgue au plus begue qui soit sous les cieux. Et pource faites vostre deuoir, vous asseurāt, que ce ne sera sans vn grand plaisir, q̄ ferez au Roy,& auec la loüange que vous acquerrez, vous gaignerez la bonne grace
d'vn

d'vn si excellent hôme que le gétilhomme muet, qu'aussi lon vous satisfera si bien, que vous aurez occasion de vous côtenter de la liberalité du Roy. Mais à fin que vous ne soyez abusee, l'edict porte que dans le xv. iour que vous aurez cômencé la cure du patiét, il faut que le rédiez sain: ou que satisfaciez aux peines ordónees par l'ordónáce: à quoy elle se soufmit (aueuglee d'auarice & de presomption) cuidant encor auoir la pareille puissance sur le sieur de Virle, que lors que elle luy dôna ceste si aspre & insupportable penitéce. Apres cecy les cômissaires vindrét auertir le cheualier, côme vne gentilfemme Piedmontoise estoit venue expressement en France, pour le guerir: dequoy il fut estôné à merueille. Or n'eust-il iamais pésé, que Zilie eust eu tât d'amitié, q abaissant l'orgueil de son courage, elle fust venue de si loing, pour l'alegeance du mal de celuy à qui elle causoit ce martyre. Il pésoit soudain que ce fust celle, qui iadis s'estoit mise en deuoir de le secourir, laquelle auroit incité Zilie de l'absoudre de sa foy, & quitter de sa promesse. Resuant donc sur la diuersité de ces choses, & ne sçachant sur quoy asseoir iugement, les deputez commanderent, qu'on fist venir la dame medecine, pour parler au patient: ce qui fut fait, & elle arriuee, les commissaires se retirerent aussi tost. Le sieur de Virle, voyant son ennemie (iadis tāt aimee) deuant soy, iugea incontinent, ce qui estoit, que la seule auarice luy auoit plustost fait passer les monts, que la deuë & hôneste amitié, de laquelle elle estoit obligee à sa perseuerance, & humble seruice, par lequel il s'estoit si estragé de soymesme, qu'il ne viuoit plus, sinon comme vn ombre & simulachre d'vn hōme mort. Par ainsi reduisant en memoire la rigueur de sa dame, son inciuilité, & sot commandement, pour luy auoir, par si long tēps, interdit la parole: l'amour que iadis il luy auoit porté, auec vn desir vehemēt de luy obeir, print soudain vn tel refroidissement, que l'amitié se transmua en haine, & ceste volonté de la seruir, en vn appetit de vengeance. Et se delibera dés lors d'vser de la presente fortune, & iouyr de celle, que tāt il auoit idolatree sans rien gagner, & la payer de mesme monnoye, auec laquelle elle luy fit experimenter les fruicts d'vne trop grande cruauté: pour donner exemple aux sottes, & presumptueuses, de n'abuser ainsi des hommes de tel calibre, qu'estoit le cheualier, & qu'ayans esgard au merite des personnes, ne fussent tant prodigues d'ellesmesmes, que d'euéter par vil prix leur honneur, lequel auroit esté conserué & defendu

contre

contre les assauts de la bonne grace, beauté, valeur & gentillesse d'vn vertueux & honeste poursuiuant. Et toutesfois, nous en voyons auiourd'huy de telles, qui resisteront à l'amour de ceux qui aimét pour l'opinion d'vne vertu, qu'ils pensent estre cachee dans le corps de qlque excellente beauté, pour puis apres se vendre au plus offrát, & dernier encherisseur. Telles ne meritent point, qu'on les mette au rág, ie ne dy pas des pudiques, desquelles elles n'ót tache aucune, mais des femmes (quelques paillardes qu'elles soiét) q ont quelque estincelle d'amitié au cœur. Car celle qui aime l'argét, ne fera volótiers estat de trahir celuy, qui se sera donné à elle, veu que son amour ne tend point qu'aux choses insensibles, & celles qui font & rendent les plus sages, fausseurs de foy, & vendeurs de l'equité de leur iugement. Le seigneur de Virle, voyant donc la Zilie en sa cópagnie, & presque à son commandement, feingnoit ne la cognoistre point, veu le peu d'accueil qu'il luy fit, q de prime face estonna fort la poure dame: laquelle neantmoins faisant de necessité vertu, & se voyant entree en lieu, d'où l'yssue luy estoit interdite, sans la perte, ou de son hóneur, ou de sa vie, deliberade tenter la fortune, & s'exposer a sa mercy, qlque mobilité, qu'on luy attribue

Ainsi fermât l'huis sur soy, s'adressa au cheualier, auquel elle tint ces propos: Et qu'est cecy, monsieur, que vous faciez maintenant si peu de côte de celle vostre Zilie, laquelle vous disiez iadis auoir tant de puissance sur vous, & sur tout ce qui vous attouche? Auez vo' perdu la cognoissance d'elle? Contéplez moy vn peu, & voyez icy deuant vous celle, qui vous rend quitte de vostre promesse, & qui par mesme moyen vous prie luy pardôner la faute cômise en vostre endroit, abusant si cruellemét, de l'honneste & ferme amour que vous luy portiez. Ie suis celle, qui par ma sottise & temerité vous fermay la bouche, & noüay la lâgue: faites ie vous supplie, que i'en face l'ouuerture, & que ie rôpe le lien qui empesche la liberté de vostre parole. Mais voyant que le muet ne respôdoit point, & q̃ seulement il môstroit par signes, qu'il ne pouuoit desployer sa langue: elle se mit (en pleurant) à le baiser, embrasser, & caresser, si bien, que celuy qui iadis s'estoit amusé à dresser de belles harangues deuant sa dame, pour l'induire à pitié, oublia lors ces ceremonies, & dispésé de parler, pour estre tel, qu'elle l'auoit fait par son cômandemét, s'estudia du tout à l'executiô de ce que iadis il auoit tant poursuiui, & par paroles, & par assidu seruice, sans que toutesfois il y
eust

euſt proffité rien. Ainſi eueillé par celle, qui iadis luy auoit aſſoupy les eſprits, s'eſſaia de reueiller auſſi en elle, ce que lōg tēps au parauāt ſembloit y eſtre endormi. Elle, plus de peur de perdre ſa vie, ou l'argent du ſalaire, que de vraye amitié luy laiſſa prendre de elle, ce que l'amant (qui longuemēt a pourſuiuy) deſire le plus d'obtenir de ſa dame. Ils veſquirent en c'eſt aiſe l'eſpace des quinze iours ordonnez pour le terme de la gueriſon, ſans que iamais la poure gentilfemme peuſt conuertir ſon amy offenſé à parler, à fin qu'elle s'en peuſt aller quitte, quoy que elle luy meit deuant les yeux le peu de reſpect qu'elle auoit eu à ſon hōneur, pour luy faire plaiſir, & l'abſoudre de la promeſſe. Mais tout celà c'eſtoiēt chanſons: car il deliberoit de reduire ſa vie, autāt pleine de fraieur, que la ſienne auoit eſté cōblee de triſteſſe. Ce qui auint le terme expiré, car les cōmiſſaires voians que leur patient ne parloit point, enuoierent ſommer la dame, de payer ce à quoy l'edict l'obligeoit, ou bien qu'elle ſe preſentaſt à la mort. Las! que ce breuuage ſembla bien amer à la poure gentilfemme, laquelle ne pouuant diſſimuler le mal qui la preſſoit de tous coſtez, ſe print à dire: Ah! malheureuſe que ie ſuis, qui penſant decenoir autruy, ay appreſté le fer, le

quel donnera fin à ma vie. N'estoit-ce assez d'auoir vsé de telle cruauté vers cestuy mien ennemy, qui s'en reuenche plus cruellemēt, & en double sorte: sans me venir ainsi prendre au piege, & entre les mains de celuy qui iouïssant des despouilles de mon honneur, m'ostera, auec la vie, ma gloire, me faisant la fable de tout vn peuple à l'aduenir? Que ne fus-ie plustost deuoree passant les monts par quelque beste furieuse & cruelle, ou que ne me rompy-ie le col par quelque precipice des hautes & hideuses montagnes, plustost que d'estre icy vn spectacle à toute vne ville, pour auoir si sottement entreprins chose qui estoit du tout au vouloir de celuy que i'auois offensé? Ah!, seigneur Philibert! que mal vous recompensez les plaisirs receus, & faueurs goustees en celle que vous auez tant aimee, que de luy en faire donner la mort si honteuse & espouuentable. Mais Dieu! ie cognois, que c'est pour le digne guerdon de ma folie & lubricité. Ah, desloyauté! est-il possible, que tu sois logee au cœur de celuy, qui a eu le bruit d'estre le plus loyal & courtois gentilhomme de son pays? Las! ie voy bien qu'il me faut mourir, pour ma seule simplicité: & que ie sacrifie mon honneur à la rigueur de celuy, qui auec ses deux auantages, prend vengeance
trop

trop seuere du peu de tort, que ma chasteté luy a fait par cy deuant. Ainsi qu'elle acheuoit sa complainte, l'on la vint querir, pour la mettre en prison: ou elle alla volontairement, pour estre desia resoluë au desir, qu'elle auoit de ne viure plus en ceste misere. Le gentilhomme content de ceste peine, & ne pouuant dissimuler la douleur qu'il auoit, pour la passion qu'il voyoit endurer à sa bien aimee: & la iouissance de laquelle luy auoit renouuellé quelque brandon des flammes passees: s'en alla vers le Roy, auquel auecques le contentement de tous, & grand aise de sa magesté (pour le veoir parler) il conta toute l'histoire des amours de luy, & de la cruelle Zilie, la cause de la perte de sa parole, & le moyen, comme il s'en estoit vengé. Foy de gentilhomme, dist le Roy, voylà vne histoire la plus estrange, que i'ouy onq raconter: & certes, vostre loyauté est non moins à priser, que la cruauté & auarice de ceste dame, digne de vitupere: laquelle, certes meriteroit bien que l'on en feit vne grieue & memorable iustice, s'il n'y auoit quelque apparence de bonne cause en son endroit qui peut donner honneste couuerture à sa sottise. Las! Sire, dist le gentilhomme, plaise à vostre magesté la faire deliurer (combien qu'elle soit digne de chastiment) & ab-

soudre les autres qui tiennent prisons, pour auoir failly remedier à mon mal: veu que la guerison dependoit seulement, ou du commandement de celle, qui m'auoit lié à tel tourment: ou du temps, qui à la fin eust dissous ma langue, par l'accomplissement de ce à quoy ma foy me faisoit redeuable. Ce que le Roy luy accorda de tres-bon cœur, prisant grandement la sagesse, courtoisie, & sur tout la loyauté du seigneur de Virle: lequel ayant fait sortir de prison, sa penitenciere, voulut l'accompagner quelques iournees, tant pour luy faire bonne chere aux terres que la Magesté luy auoit liberalement donnees, que pour rassasier encor son appetit des fruicts, desquels il auoit sauouré le goust estat muet volontaire. Zilie trouua ceste faueur si douce, que presque elle estimoit sa prison heureuse, & son trauail vn repos, veu que ceste passiõ luy faisoit lors sentir plus vrayemét la force & plaisir d'vne liberté: lequel elle n'eust trouué si delicieux, si elle n'eust receu quelque trauerse. Voila comme fortune se ioue de ceux, qui se fians en leur force, mesprisent (au respect de ce qu'ils font) le peu qu'ils iugent estre aux autres. Si la vaine gloire, & mensongere presomption d'vne chasteté inexpugnable, n'eust deceu ceste dame, si l'auarice ne l'eust aueuglee, lon n'eust point sceu,
que

que son incontinence residat, non pas en la mignotise des caresses d'vn amant passionné, mais en la conuoitise de remplir sa bourse, & auoir loz entre les hommes. Et toutesfois vous voyez que le gain, qu'elle feit, ne luy sert que d'vn vitupere perpetuel pour son nom, & vn blasme que les medisans & ennemis des dames viennent estendre sur tout ce sexe. Mais la faute d'vne qui se laisse deceuoir à sa presomption, ne faut point que obscurcisse la splendeur de tant de vertueuses, belles & honnestes: lesquelles pourront par leur chasteté, liberalité & courtoisie, effacer la tache de la folie, auarice & cruauté de ceste cy, & de celles q̃ la ressemblẽt. Laquelle ayant prins congé de son amant, se retira en Piedmont, non sans auoir vn ordinaire creue-cœur, qui luy seruoit de eguillon en sa cõscience, & qui de heure à autre luy faisoit penser, que la force de l'hõme est moins que rien, ou Dieu ne opere par sa grace: laquelle nous defaillant, nos œuures ne peuuent sentir, que la punaisie & corruption de nostre naturel en laquelle il s'agree & entretient, comme le pourceau se veautrant dans quelque bourbier fangeux, & plein de souilleure.

Fin de la treziéme Histoire.

RR 5

Sommaire de la quatorzieme Histoire.

D'Autant que les eguillons d'vn desir ardent de vengeance sont aspres, & soudains, de tant portent ils ie ne sçay quelle apparence, & iuste tiltre de raison, à ceux, qui sont alterez, & esmeuz de telle passion: veu que tels hommes, persuadez de leur fantasie & seule opinion, se font à croire d'auoir esté offensez trop lourdement: & pource ne cherchent ils que les moyens de s'en venger plustost que penser les perils, qui peuuent s'en ensuyuir, & le creuecœur d'vn homme genereux, lors qu'il veoid que ses desirs luy succedent autrement, & au contraire de ce qu'il auroit pensé. Aussi ne mesure-il point, que le courroux est vn commencement de rage, & vray indice d'alienation de sens & raison. Car ce qui se fait durant telle perturbation, à grand peine suit ille deuoir seant à l'homme iuste, & moins est approuué par ceux, qui, vuidés de telle passion, assistent à l'execution de tels transports d'esprit, & aueuglement des yeux de l'ame. Non que pour cela ie vueille oster à l'hôme illustre, & seuere, ialoux de son honneur, ce desir equitable de repousser les iniures: non seulement pour la punition de celuy, qui les commet, ains encor pour exercer sa douceur & clemence sur ceux mesme, desquels il auroit receu

le tort

le tort. Car non moins iuste (ie parle selon la raison humaine)est-il de venger le tort receu de son ennemy, là ou le temps le requerra, que l'office d'vn couard & pusillanime, de dissimuler, & endurer que la malice de l'aduersaire abuse de telle patience. Et s'il est ainsi (comme certes il est) que ceste vertu mesme ne doit, outre mesure, estre experimentee en l'amy, ie croy que lon la doit rigoureusement corriger en celuy, qui ne fait conscience d'offenser, & moins enuers celuy, qui se plaist en telles iniures. Et pource est louee la iuste vengeance de la Royne Tomyris sur le chef du Roy Cyre, qui par cautelle auoit fait meurtrir le fils de la dite dame, & deffait l'armee de ceux, qui en campagne ouuerte n'eussent esté aisement deffaicts. Et l'ire honneste de Beronice a nom de iustice, auec l'exploit d'celle sur celuy, qui traitreusement auoit fait mourir son fils, encor petit enfant, par le commandement de la cruelle Laodice. Et mesme le vœu des tribus d'Israel contre les Beniamites leurs freres, declarent assez la force de c'est eguillon : pourueu que trop legerement, nos sens ne soyent point transportez de courroux, & que sous couleur de venger quelque chose, auec raison, nous ne faciens nostre querelle iniuste, en vsant plustost de furie & cruauté, que d'equité à l'endroit de l'ennemy vaincu, & venu en nostre puissance. Ie ne deduiray point icy tant d'exemples anciens, qui sont assez repetez
par

par les Historiographes, & Orateurs encor de nostre eage: seulement vous descriray la generosité, haut cœur & modestie d'vn gentilhomme Geneuois, enuers celuy qui l'uoit offensé auec autant d'iniustice, comme il auoit bon droict de le traiter rudement, lors qu'il l'eust en sa puissance. Ce que plus amplement vous verrez au discours suyuant.

De Meguolo Lercaro, qui vengea iustement, sur l'Empereur de Trapezonde, le tort qu'il auoit receu en sa cour: & de quelle modestie il vsa vers celuy, qui l'auoit offensé, l'ayant entre ses mains.

HISTOIRE QVATORZIEME.

Nuiron l'an de nostre salut 1380, regnant Charles sizieme en France, & Sigismond tenant l'Empire, auint qu'vn gentilhomme Geneuois, sorty de fameuse, illustre & riche famille des Lercary, s'en alla en Leuant pourtrafiquer (selō la coustume des Geneuois & Florentins, desquels,

quels, & de leurs Magasins presque toute l'Europe est pleine)s'adressant à l'Empereur Trapezonde (païs & ville contourné de la mer maieur,& assis auec palus Meotides aux fins de la Capadoce)il gaigna si bien le cœur de sa magesté,pour la gentillesse, qui le rendoit plaisant à chacun, qu'il ne demandoit chose de l'Empereur, laquelle il n'obtint sans difficulté. Toutesfois il ne fut long temps en ce credit: sans experimenter le venin des enuieux (peste certes, qui de tous téps a infecté les maisons,& cours des grans Princes & Monarques de la terre.) Ceux cy creuoyent de sotte ialousie,voyans son auancement, & l'eussent volontiers calomnié à l'endroit de l'Empereur,pour moyenner de le mettre en sa male grace: mais cognoissans que ce seroit autant de temps perdu, tát pour sçauoir le bon vouloir de la magesté enuers ledit Geneuois, que pour le cognoistre si accort, & subtil, qu'à grand peine luy pouuoit-on iouër vn faux tour, ou qu'il ne le preuist,ou que auenu il n'y donnast ordre par si bon moyen,que tout sembloit luy succeder selon ses souhaits.A ceste cause s'adresserent à vn ieune courtisan, qui estoit chery, & aymé de l'Empereur, plus que la pudicité ne peut, ny ne doit permettre: la vilennie duquel estoit si grande, qu'on ne craignoit

gnoit de l'appeller le lieutenant de l'Imperatrice. A cestuy-cy donc les enuieux feirent l'ouuerture du trop de credit, que c'est homme d'outre mer & Latin auoit gaingné aupres de l'Empereur: dequoy il auoit desia conceu quelque despit: luy semblant bien auis, que la vertu du gentilhomme Latin, preiudicioit aux vices, qui depuis en ça ont causé la ruine de tout l'Empire du Leuant. Car à vray dire, les delices des Perses, la lubrique paillardise, & vaine iactance des Grecs, les bobans, & gourmandises du surplus des Chrestiens de l'Asie, ont fait que Dieu branslât le dard de son ire, a suscité iadis la race des esclaues Mammelus, la superbe cruauté des Scytes, & finalement l'impieté cruelle des Turcs: de telle sorte que les deux Empires de Constantinople, & Trapezonde, ont experimenté tellement, depuis cent cinquante ans en ça, que auiourd'huy ceux qui se temps passé estoyent plains de frayeur au simple recit du nom Chrestien, sont à present la terreur, & espouuentement de toute la Chrestienté: & qui se contentans pour lors d'vn petit anglet, & coing de l'Asie en sont ores les entiers possesseurs, & seigneurient l'Aphrique, ou tant d'excellens Chrestiens ont iadis planté les premiers fondemens de nostre tressainte religion: Et, qui pis.

pis est, tiennent (à nostre grande confusion) la plus grand part de la riche & populeuse Europe, laquelle sembloit nous estre demeuree pour nostre part, & apennage. Or pour reuenir à nostre propos, ce Courtisan fauorit, dont a esté fait mention, acostoit assez souuent le Geneuois : non pour suyure, ou imiter ses vertus, ains seulement pour le faire quereler, ou trouuer chose en luy, par laquelle à la fin il paruint à son but, qui estoit de l'estranger de la cour. Mais il estoit trop simple, & peu fin pour deceuoir le Geneuois, qui estoit homme rusé, & qui, auec sa sagesse naturelle, cognoissoit encor la meschanceté, trahison & ruine de ceste nation marescageuse, & abreuuee du Sein Pontique. Ainsi faisant son profit de leurs façons de faire, dissimuloit accortement ce, qu'il voyoit assez manifestement en ses enuieux, tant pour n'offenser point l'Empereur, qui estoit prince assez debonnaire, si les delices effeminees n'eussent taché en luy la purité de son naturel, & denigré le nom Royal par l'obscurcissement, que le vice engendre en ceux-là, qui d'eussent (par leur exemple) seruir de lumiere, & Phare seur à ceux, qui sont flottans en la mer de ce monde sous leur conduite, aussi que Meguolo (ainsi se nommoit le Geneuois) se voyoit en pays estrâge,

ou

ou bonnement il ne pouuoit se preualoir de
eux, que par contre-changé de dissimulatiõ.
Auint que, durant ces fictions, & haines cou
uertes, auec les caresses miellees, & teintes du
venin de trahison, ce Ganimede Imperial se
meit à iouër vn iour aux eschets, auec ledit
Geneuois. Or durant le ieu, ce galand Courtisan ne cessoit de poindre le gentilhomme
Latin, vsant de paroles mal seantes en la bouche d'vn, qui ayme paix, & veut viure en reputatiõ de modeste, Meguolo enduroit tout
assez patiémment, feignãt ne l'entendre point,
& dissimulant son courroux continuoit son
ieu, si bien, qu'il donna eschec à sa partie.
Le courtisan superbe, & insolent, commença lors à l'iniurier de plus belle le menaçãt
de le renuoyer en son pays vn peu plus honnestement qu'il n'estoit venu en la cour de
celuy, que luy, ny aucun des siés ne meritoyent ny seruir, ny contempler. A quoy Meguolo non moins sage que genereux, & de cœur
noble luy respondit en peu de mots: Mon gẽtilhomme, s'il y auoit en vous autant de discretiõ, que de ieunesse, ie me fay fort que les
estrangers seroyent en plus grande reputatiõ
en vostre endroit, que ne faites apparoir
vers moy, qui suis tel qui n'endureray point
aisément, que lon preiudicie ainsi à mon
honneur, & pource vous prieray-ie de vous
en

en deporter par cy apres, autremēt asseurez vous, que ie seray contraint d'effectuer ce à quoy vous ne baillez atteinte que de la langue. Quand il plaira à l'Empereur nous dire, ou faire cōmander, que nostre presence luy deplaist, sa maiesté verra que nous ne sommes pas icy pour luy desobeyr: mais venant ce cōmandement de vous, ie le prē cōme ie l'entend, & comme vous le meritez. Le ieune Courtisant, se sentant pinser sans rire, cuida sortir de son sens, & se mit à dire mille iniures au gentilhōme: & ne se cōtentant de s'attaquer à luy, cōmēça à belles maledictions, & faux reproches à blasonner toute la nation Geneuoise, auec aussi peu de modestie, & auec plus de vanité, que le seigneur Meguolo, surnōmé Lercaro, fut cōtraint à monstrer que le iuste courroux ne pouuoit se cōtenir en son ame, & pource dit-il: Par Dieu, vil effeminé q̄ vous estes, vous mētez faussement & laschement, de tout ce que venez de dire. Et acheuāt ces mots, y voulut aiouster le fait, pour luy faire payer le reste de son impudence: car se lançant sur luy auec vne courte dague, il veid encor son ennemy armé de mesme baston: toutesfois les assistans les separerēt, mais nō pas si bien q̄ le Courtisan, enuirōné d'vne bōne troupe de ses compagnōs, ne luy couurist la ioüe auec la paul-

S S

me de la main, disant: Souuienne toy de la hardiesse, & audace, de laq̃lle tu as vsé ceās: car ie te iure, que tu n'en porteras point le peché trop loing, sans en receuoir condigne penitence. Meguolo, se sentant si villainemẽt outragé, comme celuy qui ne laissoit pas abuser de son honneur, delibera, à quelque prix que ce fûst, de se venger d'vne telle iniure. Mais entendant que pour l'heure il n'y faisoit pas trop beau, il se contenta de dire: Ie proteste Dieu, que si l'Empereur n'en fait punition, i'en feray telle vengeance, qu'il en sera parlé d'icy à cent ans. Et de ce pas s'en alla plein de courroux, & maltalét, & ayant les yeux tous embrasez d'ire, vers la maiesté, pour luy faire ses plaintes, & luy demander auec ce, raison du tort qu'on luy auoit fait à son grand deshonneur, & à l'infamie de toute la nation Geneuoise. Et combien qu'il se sentist grandement redeuable à l'Empereur, pour les faueurs & graces, qu'il auoit receües en sa cour, & qu'il veid fort bié que ce seroit vn creue-cœur & fascherie insupportable au Prince, de voloir s'attaquer par querelle à son plus cher, & fauorit: toutesfois l'honneur blessé, & l'iniure indignement receüe, auec le mespris de sa patrie, luy effaçoyent toutes ces considerations, aussi tost qu'il les auoit basties en son esprit

pour

pour les esprouuer en la fornaise de la raison, & les toucher de la viue touche d'vn sain & entier iugement. Et pource estant deuant l'Empereur, cómença luy discourir de fil en eguille, tout ce qui estoit passé entre luy & son Courtisan, sans oublier que long temps au parauant il s'estoit prins garde du mauuais vouloir, q̃ ledit, son aduersaire luy portoit, sans que iamais (au moins à son escient) il luy eust fait deplaisir quelconque. L'Empereur, qui aimoit le Geneuois pour sa vertu & gentilesse, & cherissoit l'autre, pour le plaisir, fut marry de cest altercas, craignant qu'il n'en vinst de la folie: & pour ce, dit il au Geneuois: Seigneur Meguolo, ie suis dolent, qu'on vous ait interessé, tant peu soit, en ma maison, en laquelle ie veux & enten que le droit soit gardé egalement à chacun, toutesfois seroy-ie d'aduis que le passé fust rien, & qu'à l'auenir, lon s'estudie de faire mieux, & recópenser les fautes passees. C'est ce que ie demáde, dit-il, treshaut & trespuissant Monarque, que lon m'améde le tort que i'ay receu: car si ie souffroy (le dissimulát) vne iniure, qui importe de l'honneur, tant s'en faut que ie meritasse le tiltre de la grandeur & generosité de mes predecesseurs, qu'encor ie m'estimeroy indigne de cóparoistre entre les plus vils de nostre

SS 2

republique. Ie confesse, dit l'Empereur, que l'hôme noble donne lors le tesmoignage & preuue de sa noblesse, qu'il est curieux de la côseruatiô de son hôneur, & de la venger, où lon y auroit fait quelque efforce. Mais où la colere surmonteroit les limites de raison, tel homme (tât genereux fussent ses parés) donneroit assez de coniecture, qu'il est plus transporté de passion, que de l'hôneste ialousie de la reputation. Et pource, laissant toute affection, & trâspor de courroux (si aucun en a en vous) dites-moy en côlciéce, quelle reparation vous voulez qu'on vous face, pour ce tort receu, à fin que i'y pouruoye, auec equité & iuste iugemêt. D'autât que (dit Meguolo) le gentilhôme semble estre né les armes au poing, & pour la defense de son païs, & prince, & côseruation de son los & gloire, ie supplie hûblemêt vostre maiesté, Sire qu'il vous plaise, que nostre cause & different se vuide par la iustice du combat de moy à la personne de celùy, de qui ie mes sens tant interessé, vous iurant Dieu, que la reuerêce de vostre maiesté seule, m'a empesché d'en prêdre la végeâce selon le merite du tort, & desir de mon ame offensee. L'Empereur, à qui la partie sembloit mal faite, pour la roideur & dexterité de l'vn, & pour la mollesse & effemination de l'autre, dénia tout à plat au
Gen

Geneuois sa requeste: bien le pria-il de prēdre autre chose pour payemēt, & chastiment de telle faute. Mais luy, qui estoit hōme hardy, genereux, & impatient d'iniure, ne se peut tenir de dire, que le temps luy ouuriroit les moyens, pour se véger de ce que pour l'heure lon dissimuloit, deniant ainsi la iustice à ceux, qui auec si bonne raison la demandēt: toutesfois, sa cōtestatiō ne luy seruit de rien, ains, qui fut le pis, l'Empereur craignant que le gentilhomme offensé ne sist quelque outrage à son mignon, voulut qu'il eust garde pour l'accompagner toute part, où il voudroit aller: defendant cependāt à ses gēs, que sur peine de la vie, hōme ne fust si osé de faire desplaisir aucun au seigneur Lercaro: lequel, fasché de ceste recharge, delibera de se retirer à Genes. A ceste cause, peu à peu il retira toutes ses pieces, hardes, meubles, marchandises & debtes, qu'il auoit en ces marches-là, & fit le tout conduire en son païs, & non sans espier toutesfois les moyens d'executer sa proiectee vengeance. Mais voyant la solennelle garde que lon faisoit de ce Ganymede Royal, proposa de chercher autre maniere, pour satisfaire à ses desirs. Par ainsi cōclud en soy de demander cōgé à l'Empereur, deuāt lequel arriué, il mit vn genoil à terre, auec vne cōtenāce si gaye, que lon eust iugé qu'il eust oblié son maltalent & felonnie,& que son courroux fust du tout refroidy:où il vsa de telles ou semblables paroles: Treshaut & trespuissant Monarque, ie ne sçay côme ie puisse honnestement m'excuser de l'audace, de laquelle i'ay vsé par cy deuãt à l'endroit de vostre sacree maiesté: veu que vous me cômandant, ie denoy dissimuler toute affection, quoy que iustement ie me plaingnisse en vostre presence:& moins encores pourroy-ie satisfaire à l'obligation qui me rend vostre perpetuel seruiteur, vous ayant si bien supporté mes imperfections, pour gage dequoy ie baiseray (s'il vous plait) les mains de vostre maiesté, prenant congé d'elle, pour me retirer en mon pays, d'ou i'ay receu quelques aduertissemens. Il vous plaira dôc, Sire, ne trouuer mauuais ce mien depart,& me tenir pour celuy, qui demeurera à iamais le plus obeissant de tous ceux qui volontairement vous font seruice. L'Empereur plus aise, oyant ce langage de cest inesperé depart, que qui l'eust fait seigneur d'vne des plus belles & riches citez de l'Asie: cognoissant fort bien l'humeur du Geneuois, ne se fit point tirer trop l'oreille à luy ottroyer son congé, & quoy que l'autre s'offrist tant pour son seruiteur, si n'estoit-il pas si grue, qu'il ne cogneust bien,

que

que le Latin parloit au plus loing de sa pensée. A ceste cause vsant de pareille dissimulation que l'autre, luy dit, Seigneur Meguolo, ie suis marry que ie vous perde ainsi, lors que i'esperois le plus iouïr de vostre presence: mais puis qu'il vous plaist de partir, ie suis content de vous gratifier en cecy, & vous prie d'oublier le mauuais traitement receu en ceste cour, à la charge qu'vne autrefois vous y serez & mieux traitté, & plus honnoré, que n'auez esté iusqu'à present. Ah, Sire (dit Lercaro) il ne sera iour de ma vie, que ie ne me resente du bon traitement que i'ay eu en vostre maison, & que par tout deuoir ie n'essaye d'y satisfaire: vous suppliant, Sire, auoir mon honneur & vostre reputation pour recommandez. A quoy l'Empereur (entendant où tendoyent ces propos) luy respondit: Mon gentilhomme, les fautes, le plus souuent, ne sont point si grandes que lon cuideroit bien, si elles estoyent plustost mesurees à la mesure iuste de raison, que à la legereté d'vne vaine opinion: & pource prieray-ie Dieu, vous donner la grace de muer vostre courage, auec le changement d'air que vous ferez. Ayant dit cecy, se retira assez mal content, laissant Meguolo plus marry & fasché que iamais, voyant que l'Empereur se doutoit de ses entreprinses:

SS 4

& pource hasta-il son partement: & ayant le vent à propos, il print la route de Genes, là où, apres auoir assez souuét experimété l'inconstâce, & mobilité de l'elemét le plus furieux, & ineuitable de tous, il arriua vers le moys de Septébre. Ie vous laisse péser, si ses parens & amis oblierent de le visiter, & caresser:& si, auec grád côtétemét, ils l'oyoyent parler de son voyage,& des occurrences,qui luy estoyét suruenues: taisant toutesfois iusqu'à meilleure saison, pourquoy il s'estoit retiré de Trapezonde. Ces caresses, allegresses, festes, bâquets, mômeries, & toutes sortes de ieux dureręt quelques iours entre ses amis, gratifiás la venue de Meguolo: lequel cependát proiectoit, & brassoit en son esprit les moyens de pouuoir executer sa végeance: pour à quoy paruenir, il côuia vn iour la plus part de ses parens & alliez, & mesmement les plus ieunes, dispos, & gaillards, & ceux q̃ il voyoit auoir le feu en la teste, desquels il esperoit se preualoir en ses affaires. Ceux-cy dôc il pria, qu'il les peust festoyer en vne sienne terre, non trop loin de la cité. A quoy ils s'accorderęt fort volontiers, pour la syncere amitié qu'ils luy portoyent, auec vne reuerêce, & obseruation deüe aux plus vertueux, illustres & prudés de toute vne famille. Là les traita-il auec la magnificence

telle.

telle, que requeroit & meritoit tant la grandeur du conuiant, que la vertu de ceux qui y furent appellez. Mais Meguolo, qui auoit autre chose en la teste, que mignotises, ou delicatesses, les tables ostees, en lieu de dresser le bail, il fit retirer ses seruiteurs, puis se mettāt au milieu de tous ses parens, il commēça leur faire ceste remōstrance & adhortatiō, auec les gestes qui exprimoyent assez l'affection qui le faisoit ainsi parler: Ie m'asseure, mes bons seigneurs & cousins, que ce n'est sans esbahissement en vos ames, que vous me voyez icy prest à dire & proposer quelque chose deuant vos seigneuries: toutesfois i'espere, qu'auant partir d'icy, vous en sçaurez l'occasion, & vne raison encor iuste, qui vous semondra à m'aider, pour venger le tort le plus lasche, qu'on sçauroit imaginer, & lequel redonde tant sur nostre maison, que sur la nation & patrie Geneuoise. Lors il fit tout le discours de son altercas, auec le Courtisan de Trapezonde, tel que vous l'auez ouy par cy deuāt. Puis cōtinuant son premier propos, il dit: Pourquoy denierez-vous le secours à vostre cousin, qui ne quiert que le maintenemēt de vostre reputation & gloire, & la reparation du tort fait à toute nostre Republique? Ce n'est pas prendre les armes cōtre nostre païs, nos voisins,

ou ceux qui se sont commis sous nostre protection & sauuegarde: nous allons contre vn peuple effeminé, qui est plus apte à manier la quenoille (à l'imitation de l'ancien peuple d'Egypte) qu'à traitter les armes, & picquer les cheuaux: & quand bien ils seroyent diables, faut-il pour celà, que nostre cœur s'auilisse iusqu'à-là, que dissimuler vne faute si notoire & lourde, faites à telles gens que les Geneuois? Le cœur de l'homme illustre & genereux, ne s'esprouue qu'aux choses hautes, & difficiles: veu que tãt plus il y a de difficulté à l'executer, la chose mise à fin, glorifie de tant plus celuy, qu'auec ingement meur, & equité de cause, entreprend la defense & l'accroissement de sa gloire. Et combien que particulieremẽt ie soye celuy, qui ay receu l'iniure, si pren-ie Dieu à tesmoin, mes bons seigneurs, parens & amis, que le seul respect de l'honneur de nostre cité, & du los ancien de nostre famille, me fait vous demander pluftost ce secours, que mon affection particuliere, ou l'appetit de venger ce tort priué, fait contre ma personne. Ie vous proteste, que là où vous me defaudrez, ie hazarderay ma vie, pour effacer le blason que on me pourroit donner d'estre coüard, qui iamais iusques icy n'ay aprins à me parer de telle couleur, laquelle puisse denigrer le lustre

stre de la noblesse de nos maieurs : car si cecy est dissimulé, il n'y aura si chetif peuple, qui ne veulét s'essayer de le tourner en consequéce, abusant de nostre patience, vne fois violee, & mal végee. Voyant puis apres que ses cousins parloyent ensemble, & qu'à les contempler de bien pres, il y auoit quelque affection en eux, qui les chatouilloit & eguillónoit à suiure le conseil du haragueur, il y adiousta encor ces paroles: Il me semble, que ie voy desia tout ce pays marescageux trembler au deuant de nous, comme l'aloüette au vol roide du cruel esperuier. I'oy le peuple qui murmure contre son prince: & voy presque entre mes mains celuy, qui est cause que ie vous donne ceste peine. Allons, allós, mes bós amis : car outre l'honneur, que vous acquerrez, bataillans pour la gloire de vostre nom, pays & Republique, i'espere que vous reuiédrez riches par deça & chargez des despouilles de vos ennemis. Marchons, marchons côtre ceste quenaille, & monstrons leur combien les Occidétaux ont mieux aprins à véger les iniures qu'on leur a fait, que les Orientaux à les defendre, & qu'ils ne sont sots & presumptueux à deplaire aux estrangers. Ce n'est pas auiourd'huy que leur enuie se decouure sur nous, veu que de la memoire de nos peres, ils ont
mieux

mieux aimé l'alliance des infideles & ennemis de noſtre ſainte religion, que des Chreſtiens de deçà la mer. Ie vous iure Dieu, que i'aime mieux mourir au côflic, chaſtiant ceſte natiõ ſi vituperable, que viure à mon aiſe, & les laiſſer en repos ſe moquer de nous: car viuant ainſi, le creue-cœur me ſeruiroit d'vne mort continuelle: là où mourant, la gloire ſera telle, qu'elle ne permettra point ſortir en eſſence l'aboliſſemét de mõ nom, & moins encor vne future gratification de nos ſucceſſeurs, à la cognoiſſance deſquels paruiendra la cauſe de ma mort, qui ſeray decedé pour vne ſi hôneſte & iuſte querelle. Il n'eut ſi toſt finy ſa harangue, que tous les aſſiſtans, d'vn commun conſentement, luy promirent faueur, aide & ſecours, de leurs biens, perſonnes & ſubiects: ce qui fut non moins bien executé, qu'entreprins: car ils armerent & equiperent deux galeres, les plus belles, qui pour lors fendiſſent les ſillons de la campagne marine. Et n'oublierent pas de faire ſecretemét vn bõ amas de ſoldats, gés de blé, & eſcorts, & de pilotes diligés, nourris, & faits au nauigage, & meſmement, qui d'autresfois auoyent exercé l'office d'eſcumeur. Apres auoir mis ordre à tout, ſe recõmandans à Dieu, duquel tout bien, grace, & faueur procede, ils ſe commirét à la miſericorde

cordé des vêts,& mercy dés vagues, prenans la route de Trapezonde. Or estans pres les terres dudit Empire, ils commécerent à costoyer les haures &ports les plus fameux de la contree, saccageans,& pillans les bourgades & villages, mettât tout au fil de l'espee: mais Meguolo, iaçoit qu'il fust arresté en ses deliberations, & ferme en son desir de vengeance, adoucissant ceste cruauté en vn autre genre, qui n'estoit gueres inferieur au premier, commanda que dé là en auant on pourroit brusler & saccager les villes,& places voisines de la mer:mais quant aux hommes, qu'il ne vouloit point les faire mourir: seulemét pretédoit-il leur laisser la vie plus facheuse que la mort, pour l'ignominie que il auoit excogitee : car dit-il, ie veux qu'autât d'hômes qui tôberont entre nos mains, lon leur coupe le nez & les oreilles:desquelles parties, i'en preten preparer vn reliquaire,lequel pourra seruir & de compassion, & espouuantement à toute la cour de l'Empereur leur maistre, & esbahissement de tous ses Courtisans. Et quand bien ils n'en tiendroyent côte, ce sera à tout le moins vn argument au peuple,de murmurer,& se mutiner côtre son prince, q le laisse ainsi gaster, destruire, & mutiler, sans que lon y mette ordre quelconque. D'vn cas vous prieray-ie
mes

mes bons cousins & amis, que vos mains ne s'auilissent point iusqu'à là, que de se souiller au sang des femmes, & que lon n'entreprenne rien sur leur hôneur & pudicité. Veu que ce me seroit la mort, de voir honnir ce sexe, tant pour son imbecillité, & peu de defence, que pour estre venu icy, cóme végeur de l'iniure, que leur fait celuy, qui les priue de ce que nature a dóné & mis en l'homme, pour l'accroist & multiplication de nostre genre, & pour satisfaire au desir & volupté de l'vn & de l'autre. Adóc commença lon de iouër le mistere de couper nez, & d'essoriller les miserables Trapezontins: & fut la calamité si grande, & s'estendit en tát de lieux ceste non vsitee façon de traiter son ennemy, q͂ l'Empereur en fut aduerty: lequel pensant q͂ ce fussent les Mores, qui escumassent la mer, & enuahissent ses terres, fit armer q͂lques fustes & galleres, pour leur courir sus, enioignant aux capitaines, que s'ils pouuoyent attraper le códucteur de ses Corsaires, & pyrates, ils luy amenassent vif, à fin qu'il en fist la iustice si cruelle, & que la posterité y prinst exéple, & ses suiets eussent dequoy se cótenter. Mais peu auient de ce que le fol pése: aussi ce que l'hóme propose, Dieu le dispose, à fin de chastier le peché d'vn, sur toute vne multitude, quoy qu'elle soit innocente te de la faute du delinquant. Cest Empereur donc cuidāt voir desia le retour de ses gens, auec la victoire en main sur l'ennemy, en sceut pluftost la route, que les nouuelles seures de leur partement, pour courir sus aux aduersaires: dequoy il fut si faché, que de tout le iour il ne parla à homme viuāt:& ce qui plus luy causoit de tourment, c'est qu'il ignoroit le nom de celuy, qui le dōmageoit si cruellement, & qui luy bailloit de si viues attaintes: car s'il eust sceu, il luy eust demandé iustice cōtre ses gēs, qui faisoyent les incursions, où se fust essaye d'appaiser pacifiquemēt les discords, causes de telle pillerie. Aussi estoit ce bō prince de si bas cœur, que le renom seul de la guerre suffisoit pour luy mettre telle peur au ventre, qu'à son preiudice, il eust pluftost esleu vne paix deshonneste & peu auantageuse, que la guerre iuste & par laquelle auec le temps, il eust vengé ce tort, & repoussé les ennemis auec leur grande confusion, & courte honte: lesquels cependant enhardis pour auoir rōpu l'armee de l'Empereur, faisoyent rage sur les poures du plat pays, pres les haures & ports de mer! & y besongnerent si bien, que desia la plus part du pays voisin de la mer estoit desert, & delaissé de chacun: veu qu'il y auoit peu de bourgades, qui n'eussent experimenté

la

la cruauté de l'ennemy, lequel n'auoit encor esté ployé, ou amolly par les prieres de aucun, ains exerçoit sa ceremonie de mutilation de mēbres indifferément sur tous, & faisoit saler les nez & oreilles coupees, dans vn vase, s'attēdāt les faire presenter à l'Empereur, cōme il fit depuis, ainsi que vous entēdrez. Car vn iour que Meguolo auec vne bonne troupe de ses soldats, les plus hardis, descēdit à terre, tant pour se rafraischir, que pour fourrager, & prēdre de l'eau dōuce, auint, qu'outre vne grand' multitude de captifs, ils emmenerēt encor force bestail, & richesse des despouilles & sac d'vne petite ville, qu'ils pillerent & saccagerēt: laquelle n'estoit gueres distāte de la grāde cité de Trapezōde, siege & demeure anciēne des Princes & Empereurs du païs. Entre ces poures captifs, y auoit vn bon vieillard tout chenu, & trembloiāt de vieillesse extreme, mis à la Cadene auec deux de ses enfans d'assez bas aage. Ce bō hōme, voyant le sacrifice qu'on faisoit des nez & oreilles de ses cōpagnōs: & cognoissant qu'āutāt en estoit preparé pour luy & ses enfans, la fortune desquels luy pesoit beaucoup plus que son desastre mesme, se vint ietter aux pieds de Meguolo, lequel il iugea chef de l'armee, tāt pour sa haute representation, que pour le voir & obey, &

craint.

craint de tous les autres. Prosterné, auec vne voix piteuse & cassee, laquelle exprimoit l'affection paternelle vers sa geniture, les grosses larmes, coulans le long de sa barbe blâche, se mit à embrasser les genoux du capitaine, & luy baisant les pieds, se mit à dire, Ie ne sçay (monseigneur) qui vous estes, ny de quelle nation, ou loy, pour vser d'vne crauté si estrâge, sur les miserables habitans de ceste malheureuse region. D'vn cas suis-ie biê asseuré, que moy, ny les miens, ne fismes onques chose, qui doiue vous causer ce desir de nous nuire: car dés le iour que naiquis iusques auiourd'huy, ie n'auoy mis le pied hors le terroir de la ville, où i'ay prins ma naissance, & au sac de laquelle i'ay esté encoffré, prins, & mis entre vos mains: & quand cecy ne seroit suffisant pour faire ma cause bône: vous voyez, monseigneur, mon cage, & quel moyen i'ay de vous endommager, ou de nuire à personne. Contemplez, ie vous prie, la tendre & delicate ieunesse de ces enfans, pour lesquels ie vous prie, & vo⁹ supplie en auoir pitié. Prenez la végeáce sur moy, que vous auez deliberé de faire sentir à ces infortunez adolescens. Faites, faites plustost desmembrer piece apres piece le corps de ce vieillard, lequel prendra la mort en gré, pourueu qu'elle satisface au rachapt de ſes enfans. Vſez de voſtre cruauté ſur moy, à fin que ce ſupplice vituperable, exercé ſur moy, puiſſe rendre abſous ceux, que ſans mourir ie ne pourroy voir traitter auec telle inhumanité. Souuienne vous, mon ſeigneur, que fortune eſt muable, & que la roüe d'icelle, le plus ſouuent precipite ceux qui s'y penſent eſtre les plus auācez. Et certes, l'heureux ſuccez des entrepreneurs n'auient iamais ſi miellé ou doucereux, qu'il n'aye le fiel à la queuë, pour bailler vn degouſt des aiſes & plaiſirs paſſez. Là où ſi la vertu eſt celle, qui leur ſert de guide, & non q̄ fait la court à fortune, l'heur ne peut eſtre que durable & bien aſſis, & telle fortune ſtable, & ſans aucune mobilité. Meguolo, voyant la graue contenāce, & aſſeuré viſage du vieillard, & entendāt ſa parole, pleine d'vne prudēce non vulgaire, luy reſpondit: Ce que les pleurs de tant de miſerables, tes compagnons, n'ont peu gagner ſur ma deliberation, a eſté rompu par l'efficace de tes larmes, & par la iuſtice de tes prieres, eſtāt deliberé te ſauuer la vie, & tes enfans ſains & entiers, auec la condition que ie te diray. Car ce que ie fay, n'eſt pour mal q̄ ie vueille à pas vn de vous: c'eſt le ſeul Empereur, qui eſt cauſe de mon courroux, & de voſtre deſaſtre. C'eſt ſon Ganymede, qui a forgé, four-

b y

by & trempé le cousteau, vous honnissant auec telle ignominie. Ce sont les Courtisans, qui par leurs inciuilitez, & decourtoisies, vous font receuoir ces dommages, lesquels ie continueray, iusqu'à ce que l'Empereur m'aura fait restituer l'honneur qu'on m'a denigré en sa cour. Et pource, ie veux (si tu pretés estre libre, & recouurer tes enfans) que tu me iures sur ta foy de porter vn vase que ie te donneray, à l'Empereur, en la presence de tous les seigneurs de sa maison: & l'aduertiras, que ie suis Meguolo Lercaro, gentilhomme Geneuois, qu'il cognoit fort bien, qui ay deliberé ne sortir de ceste contree, ny de mettre fin aux incursions commencees, iusqu'à ce qu'il m'ait baillé en ma puissance celuy, duquel il sçait que i'ay receu l'iniure, pour laquelle ie fay tout cecy. Le bon vieillard, ioyeux pour telle ambassade, tant pour le desir de la liberté, que pour causer le soulagemét de sa patrie, luy iura la foy, de parfaire tout ce qu'il luy auoit pleu luy enioindre: enséble le mercia de la courtoisie, de laquelle il vsoit à l'endroit de luy, & de ses enfans. Et prenant la ruse des vengeances, dressa son chemin vers Trapezonde, pour parfournir, auec vn hôneste deportement à son ambassade, & s'absoudre de la foy promise audit Geneuois: Arriué à la grã

de cité, il ne faillit de s'addreſſer au Palais, pour acheuer ſa charge:& ainſi qu'il fut en la baſſe cour, tout le monde luy vint à l'entour, pour ſçauoir la ſignifiance du vaſe que il portoit. Mais entédás q̃ ſa charge s'adreſſoit à l'Empereur, les archers les menerent deuãt ſa maieſté, où le vieillard venu, apres l'auoir ſalué,& honnoré, cõme il ſcauoit en ſon lourdois, eſtant à genoux, il parla en ceſte ſorte: Treshaut, & trespuiſsãt Monarque, ſi les malheurs nouueaux ne cauſoyét nouuelles occurrẽces pour le tourmẽt des hommes, ie ne ſeroy point icy en tel aage (ſorty d'vne grand captiuité) pour vous faire entendre (y eſtant aſtrainct par la foy promiſe & iuree) choſe, qui, peut eſtre, ne vous ſera moins facheuſe, que ie la ſens ennuyeuſe en mon ame, & pour en eſtre le meſſager vers vous, Sire, à qui ie doy honneur & obeiſſance telle, que doit le ſuiect à ſon prince & ſeigneur ſouuerain. Scache dõques voſtre maieſté, Sire, que Meguolo, gétilhõme Geneuois, apres auoir pillé la plus part des haures & lieux voiſins de la marine, qui laue & coſtoye vos ſeigneuries, a couru le plat païs, où il n'a oublié aucun genre de cruauté, laquelle il n'ait fait experimẽter à vos poures & infortunez ſuiets:& parmy ceſte fureur, & au milieu de ſes captifs ay-ie eſté en
uelopé

uelopé auecques mes enfans icy presens: toutesfois, i'ay trouué grace deuant luy, & pour faire sçauoir son nom, duquel il sçauoit que vous estiez desireux, & pour vous aduertir, Sire, qu'il delibere de cõtinuer, voire d'vser de plus grande tyrannie sur vos hõmes, que iusques icy, si (en satisfactiõ de l'iniure, que on luy a fait en vostre cour) vous ne luy mettez en main celuy, duquel (cõme vostre maiesté sçait) il se sent tant iniurié. En tesmoignage dequoy (dit-il, decouurant le vase des sacrifices de la vengeance Geneuoise) il m'a cõmandé de vous presenter, deuãt tous vos barõs, ce vase, tesmoin de sa cruauté & tort, qui a esté fait à tant de poures innocens, par ie ne sçay quel desastre: vous suppliãt (sacree Maiesté) ne trouuer mauuais ce que ie fay, pour la cõseruation, & syncerité de ma foy, laquelle ie luy ay donnee & promise, sans sçauoir, qu'est ce qu'il vouloit me commander: & aussi que lon sçait, que, sauf la reuerẽce de la religion, & l'obeyssance inuiolable deuë au Prince, & charité vers les parens, il n'est chose, qu'on ne fist, pour racheter sa vie, & se maintenir en liberté. A ces paroles le bon hõme donnoit suite d'vn ruisseau de larmes, & d'vn vent cõtinu de souspirs, suppliãt l'Empereur d'auoir pitié de son poure peuple, si malheureusemẽt traitté, & sans oc casion, ou faute qu'il eut commise. L'Empereur voiant ce vase (non sans horreur) ne se peut tenir de souspirer, & declairoit assez par le changement de son visage, que le ieu ne luy plaisoit, & quoy que ce fust, il luy sembloit du tout insupportable. Car de deliurer son mignon, comprins aux articles proposez par la capitulation de l'auersaire, ne luy estoit pas moins de passion, que, qui luy eust arraché le cœur du ventre: or de permettre que son peuple fut ainsi tourmété & affligé, luy donnoit vn grand elancement en sa conscience, non tant pour la pitié qu'il en eust, q̃ pour crainte que son peuple ne se mutinat contre luy, & vẽgeast l'iniure, laquelle il dissimuloit. A ceste cause, dit-il au vieillard: Mon amy, ie me suis mis en deuoir (comme lon a veu) de chasser l'ennemy de mes terres, mais la fortune m'a esté si contraire, que chacun le scait. Non que pour cela i'aye perdu le bõ vouloir de vous deliurer, où auec le fer aux mains, ou par le moyen de quelque composition honneste. Car i'aime mieux la paix de ceux, qui me sont mis & donnez en garde (comme la brebis entre les mains du pasteur) pour les garder & defendre, & que ma vie, & que tous ceux, qui me touchent & d'amitié, & diffinité. Ce pédãt vous pourrez retirer, & ie prendray éray conseil sur ce, que i'ay à faire pour respondre à ce, que Meguolo me demande: duquel ie ne me fusse tant defié (quoy qu'il semble auoir quelque droit, de demander reparation du tort qu'on luy a fait) que de penser, que la ruine de mes biens procedast de celuy: auquel i'ay fait assez d'honneur, & de party de faueur en ma maison. Pour la recompence dequoy il m'a enuoyé ce mets, nõ moins furieux & espouuentable, que les viandes qu'Atree presenta à son frere au repas & conuiue Royal. Apres cecy, l'Empereur feit assembler le conseil: ou apres plusieurs opinions debatuës: tant d'vn costé que d'autre les plus sages & meurs en iugement, estoyent d'auis que l'Empereur condescendist au vouloir de son ennemy: veu que pour lors ses forces estoyent empeschees à repousser les Turcs & infideles qui infestoyent toute la contree, desquels aussi Meguolo pourroit s'acointer & faire pis qu'il n'auoit commécé. Tout bien decidé, & veu de pres, de toutes parts il fut conclud (au grand regret & desplaisir de l'Empereur) que le Courtisan, qui auoit offensé le Geneuois, luy seroit mis en main, pour le repos de tout le païs: & que lon feroit paix auec ledit Meguolo, ou bien vne trefue si longue, qu'elle leur donneroit, surquoy s'asseurer de ceste troupe Latine.

TT 4

Or pour mettre bien toſt cecy en execution, ils eſleurent vn gentilhomme, aſſez bon amy de Meguolo, pour luy porter la parole de l'accord, & approbation des articles, qu'il auoit mis en auant. Et l'occaſion ſeule de leur precipitation, & depeſche ſi ſoudaine ne venoit d'ailleurs, que des plaintes ordinaires du peuple, qui tendoyent plus à ſedition & mutinerie qu'à priere, qu'on leur feit iuſtice, & deliuraſt de ceſte oppreſſion & tyrannie. Ce pendant que le gentilhôme, qui portoit la parole du pourparlement, arriua au port, ou Meguolo s'eſtoit ancré, l'Empereur vint apres luy à petites iournees, accompaigné de ſon mignon de chambre, le deſaſtre duquel il plaignoit deſia, comme s'il l'euſt veu deſpecer, & deſmembrer en ſa preſence. L'Ambaſſadeur feit ſi bien ſon deuoir, que Meguolo accorda tout ce que lon demandoit, voire & s'offroit de ſecourir l'Empereur côtre les Turcs, pourueu qu'il euſt telle ſatisfaction de ſon honneur, qu'il l'auoit demandee. l'Empereur, voyāt que c'eſtoit vn faire le faut, faiſant de neceſſité vertu, s'en vint à la marine, & eſtāt ſur le bord de l'eau: il tenoit ſon Ganymede par la main: lequel voyant Meguolo ſur la rabade, & tillac de la gallere, ſe proſterna trois fois, en luy requerant merci de la faute, que ſottemēt il auoit

com

commife : & l'Empereur parfaifant l'imperfection de la harangue de fon chery, dift au Geneuois: Ah! feigneur Meguolo, que vous obferuez mal, ce que lon a fait courir en cõmun prouerbe, que lon ne doit point accroiftre à fon efcient l'affliction des poures affligez : laquelle certes eft caufe, que moy, qui fuis tel Monarque qu'vn chacun fcait, vien vers vous, fimple gentilhomme, pour vous prier de chofe, pour laquelle i'en deuroy punir vn bien grand Seigneur, s'il l'attentoit. Et toutesfois pour vous induire à la cognoiffance de vous mefme, i'oublie ce qui eft de grand en moy, pour m'humilier à vous, qui vfez de grandeur à l'endroit de mõ humilité, qui vous accorde ce, que, fans vous faire tort, ie pourroy vous denier, attendant la faifon que iuftement ie me peuffe venger de vous, qui m'outragez, fans q̃ iamais i'aye efté autre vers vous, que fauorable & debonnaire. Et toutesfois la memoire d'vn defpit prefent, vous efmeut, & gouuerne mieux, que les biens, & plaifirs receus iadis en ma compaignie, ou fi priuément vous auez vefcu. Ie ne dy pas cecy pour vous reprocher le traitement, qu'auez eu auec moy, feulement vous admonnefte, & prie (fi faire ie le doy) que vous foyez content, & fatisfait de l'amende, laquelle icy, en la prefence, de tant

TT 5

de gens de bien, lon a fait à voſtre honneur,
pour lequel vo' batailIez auec telle rigueur
& cruauté. Meguolo eſbahy de veoir l'Empereur (contre le deuoir du rãg qu'il tenoit)
eſtre venu la le prier pour choſe ſi abiecte,
& vile, que ſon Courtiſan, vſant de ſon acouſtumee brauade, luy reſpõdit aſſez audacieſement: Sire, ce n'eſt pas d'auiourd'huy que
l'aduerſité adouciſt les cœurs les plus farouches, & les met à telle raiſon, que ie veoy voſtre mageſté en mon endroit: non pour iuſtice, que vous penſiez faire au tort, qui m'a
eſté fait, mais pour veoir voſtre affection ſi
grande que rien plus : à laquelle ie ſuis plus
tenu, qu'à voſtre debonnaireté, & clemence:
& vous mercie de ce que ſans y penſer, vous
auez dit, que c'eſt elle ſeule, qui empeſche
vos deſſeins, touchant la vengeance, que proiectiez prẽdre ſur moy, qui ne vous fay tort
qu'en repouſſant l'iniure, que premier i'ay
receu de vous, qu'oncq ie leuaſſe les armes
contre vous, à qui ie ne ſuis ny vaſſal, ny ſuiet, quelque Monarque ou grand Seigneur
que vous ſoyez:& ſur qui ie cõtinueray mes
entrepriſes, ſi ſelon voſtre promeſſe, & ce
qu'en ay iuré en mon eſprit, vous ne me
rendez ce paillard en ma puiſſance à fin que
i'en face tout ainſi que bon me ſemblera.
L'Empereur eſtonné, & plein de frayeur,
oyant

oyant ceste hautaine & fiere responce ayant la larme à l'œil, dist à quelques vns de sa garde. Allez & rassasiez l'appetit de vengeance de ce cruel Tyran: prenez ce poure gentilhomme à fin qu'en vostre presence vous en voyez le plus estrange massacre, & horrible sacrifice, qu'onq Medee n'en feit ny de son frere, ny de ses enfans. Ce qu'ayant dit, & voyant qu'on le trainoit dans la gallere il cuida mourir de rage, despit & ennuy: & ce que plus augmentoit sa douleur c'estoyent les pleurs & gemissemens de l'effeminé Courtisan qui faisoit resonner l'Echo de ses doleances, par tous les hautres d'alentour, & par le profond des forests prochaines. Lequel quand Meguolo tint en ses mains, pensant estre à la fin de ses iours, hauçant les yeux au Ciel, & les mains iointes, & estendues vers le Geneuois le prioit en pleurant, comme vn petit enfant, qu'il eust pitié de luy, & de sa vie, ou bien qu'il luy donnat vne prompte mort. Mais le victorieux Geneuois voyant prosterné deuant soy le plus grand de tous ses ennemis lequel (contre le deuoir d'vn homme magnanime) fondoit en larmes, & se tempestoit comme vne femme la plus ville d'entre la populace, il hauça le pied, & luy en bailla vn si grand coup sur la face,

que

que le réuersant luy feit sortir le sang ruisselant par le nez, & par la bouche: puis criant assez haut, à fin que l'Empereur, & tous ses gens l'ouïssent, il luy dit: Ne scais-tu pas que dés le commencement que ie me mys à costoyer ceste mer, & endommager la contree, iamais ie ne souillay mes mains au sang de femme quelconque? & penses-tu que ie cómence en toy, ensanglantant ma renommee par la mort du plus vil & effeminé, que femme, qui ait iamais exposé son corps à l'abandon, & publiquement? Par ces mots le Geneuois vituperoit le peu de cœur & couardise du Courtisan, & l'office deshonneste qu'il exerçoit en la chambre, & lieux secrets de l'Empereur. Auquel Meguolo dit, en luy rendant son mignon: Ie me contente, Sire, & me contenteray, de vous auoir fait veoir, que les forces des petits ne doyuent tant estre mesprisees, que par le moyen de leur imbecillité lon vienne leur denier iustice: Et loué Dieu, du bien & honneur que i'ay receu, executant si bien mes desseins, que auec la reparation du tort commis contre moy, & la gloire de mon pays, i'oblige encor vn si grand Monarque que vous: car ie scay bien, Sire, que ie ne scauroy vous faire plus grand plaisir que vo' rédant sauf cestuy qui est la moitié de vostre ame. Ha, Seigneur Meguolo, dit l'Empereur,
ie pen

ie pense que fortune vous a preparé tout le loz,& hôneur, qu'vn vertueux cheualier sçauroit ny meriter, ny attaindre. Ie confesseray maintenant que ie suis vostre redeuable: voire,& doublement vaincu par vous aux conflits passez, desquels ie ne veux renouueller les playes, à fin de vous mercier des effects de ceste seconde victoire, laquelle côsiste en vostre grande honnesteté,& courtoisie. Vous asseurant, foy de Prince, que vous auez icy vn Empereur autant vostre amy, côme d'autresfois il a souhaité vostre ruine: & le verrez par experience, quand vous plaira d'essayer, si ie sçay aussi bien effectuer les promesses, comme les bastir. Meguolo le mercia bien affectueusement, & traffiqua si bien, que l'Empereur donna aux Geneuois, par son moyen, vn Magasin beau & bien basti, tant pour leur retraitte, que pour y trafiquer, en la Cité de Caffa: lequel ils perdirent peu de temps apres, lors que Mahomet, fils d'Amurath, annichila la monarchie de Trapezonde, enuiron l'an mil quatre cens soixante, à la grand' ruine,& confusion de toute la Chrestienté: veu que, ce pendant que les Papes trauailloyent à remplir l'Eglise de schismes, par leur ambition & vaine glore: & que les Princes estoyent acharnez à se destruire, ce fleau de Dieu,& secon Attila, Mahomet

homet, feit en peu de temps le degast de toute la Trace & Peloponnese, saccagea & destruit le païs du Pont,& les terres contornees de la mer Maiour: sur lequel seigneurioit ce grand Empereur qui fut si bien chastié par la hardiesse du Geneuois. Voila en peu de mots combien peut le iuste courroux enraciné dans le cœur d'vn homme genereux: & combien ceux-là sont recommandables, & dignes de los, qui postposans leur affection à l'equité, aiment mieux gaigner les ennemis par douceur, que (cuidans rompre l'anguille au genoil) les irriter d'auantage auec leurs faits iniurieux & paroles temeraires. Le sage est cogneu en cela, que les succez heureux ne sçauroyēt l'enorgueillir, moins encor peut l'aduersité le priuer de sa naturelle constance, & magnanimité: à fin que par l'vn sa modestie le rende amiable, par l'autre il s'accommode à vaincre fortune, & à resister à ceux, qui iniurieusement voudroyent s'attaquer à donner quelque attainte à la vertu: les racines de laquelle ne peuuent estre suffoquees, où lón a si bien esgard au temps & personnes, que l'enuie mesme ne peut mordre sur la vie de ceux, qui s'arment de telle discretion, & sur lesquels la mort ne peut ouurer que la defaite d'vne chose, qui de soy
est

est assez corruptible, & pleine d'abomination.

Fin de la quatorzieme Histoire.

Sommaire de la quinzieme Histoire.

LA vertu de son naturel n'a iamais esté si desdaigneuse, que seulement elle ait abreuué de sa perfection, les esprits de ceux, qui ont esté, & sont encor les plus illustres, & qui, comme par heritage, semblent estre inuestis d'icelle : ains permet indifferemment sans malice ou dol, que largemēt, & à glouton trait, vn chacun puise en la source, et vif canal de son meilleur : mesurant plustost le desir, que la dignité de celuy, qui (alteré) s'adresse à ri surgeon, pour le rassasiement de sa soif. Et voyla pourquoy le plus souuent lon void reluire ie ne sçay quelle magesté aux hommes mesme, qui sont sortis de la lie, & dernier excrement du peuple, tellement que ce ont esté eux mesmes, qui iadis ont vengé le tort fait aux Republiques: comme le seruiteur à Rome, qui fust cause de la loy des affranchissemens, & manumissions, par la verge du Preteur: ou ceux, qui ont puny le tort fait à leurs Seigneurs: comme celuy qui ne se soucia de la mort

pourueu

pourueu qu'il feit mourir Asdrubal, capitaine de l'armee Chartaginoise, lequel luy auoit tué son maistre: & non content de ceste vengeance, encor s'en glorifioit-il, & s'esiouissoit au milieu de ses tourmens, & ou les autres blemissent, & tremblēt d'estonnement, & frayeur: pour auoir immolé l'ennemy de son maistre aux ombres du defunct. O rarité d'esclaue! si nous n'auiōs(laissans à part tou les exemples anciens) histoire de fresche memoire, qui nous monstrast vne pareille foy, et loyauté du serf enuers son Seigneur mort, & vne seuere iustice, & cruelle vengeance, pour l'homicide commis sur son premier maistre. Or ceste naifue vertu en vn corps si peu taché (ie ne scay par quel vice de seruitude) d'honnesteté, me fait vous raconter la presente histoire, & la singularité de l'acte vertueux cōmis par vne personne, plus procliue à nuire, qu'à porter proufit. Toutesfois, & l'eage, & la vertu changerent en cestuy-cy, ce que la condition seruile aprend aux hommes si peu fauorisez, que de tomber en tel accessoire: comme s'espere vous faire veoir, s'il vous plaist de lire ce que s'ensuit.

D'vn

D'vn esclaue Mahometan, lequel vengea la mort de son seigneur, sur le fils qui en estoit l'homicide: & rendit la principauté (estant esleu du peuple) à celuy, à qui elle appertenoit, par droit de lignage, & succession.

HISTOIRE QVINZIEME.

Nuiron l'an de nostre salut, mil quatre cens nonante quatre, lors que Christophle Colomb decouurit (auec les vaisseaux du Roy Catholiq Ferdinand, fils de Iean d'Aragon) les Isles Occidentales, non auparauant decouuertes, au moins que lon le trouue redigé par escrit d'histoire, soit ancienne, soit moderne: Loys de Bartheine, Bolognois, ainsi que luy-mesme raconte au second liure de ses nauigatiōs, alla costoyer ce mesme pays, pour auoir la cognoissance des choses naturelles, des façons de viure des estranges nations, & pour aussi en tirer quelque proffit: passant par l'Ethiopie, il s'arresta en vne Isle, la ville capitale de laquelle se nomme Orme, non distāte de terre ferme, qu'enuiron douze mille. Là il entendit l'histoire pitoyable d'vn fils execrable, & de sa cruauté, contre son

V V.

pere, fort aagé, & sur ses freres encor en enfance. En celle cité donc, quelque peu de temps au parauant que ledit de Bartheine y passast, estoit Soldan vn seigneur de la secte Mahometiste, homme assez vertueux & debonnaire, pour vn More & infidele, aagé de enuiron cent ans. Cestuy-cy, outre qu'il estoit riche en or & pierrerie (veu qu'en ce cartier-là, lon pesche des perles les plus belles & exquises qu'on sçauroit voir) estimoit sa vieillesse heureuse, pour se voir pere de onze enfans masles & legitimes, le plus ieune desquels auoit plus de faute de cerueau, que de bon heur, ainsi que pourrez voir par cy apres. Mais l'aisné au côtraire estoit caut, subtil, & malicieux, & le plus dissimulé paillard qui fut en toute la contree. Cestuy-cy s'estoit estudié plusieurs fois à se faire grand sur ses freres, auant le decez du pere. Mais le Soldan auoit deux esclaues, qui estoyent de la terre de ce tant riche & fameux Monarque des Indes, qu'on nomme le Prestre Ian. Ces esclaues Indiens s'estoyent si bien portez à l'endroit de leur seigneur, qu'il les auoit faits riches, à l'egal des plus grands de ses vassaux, & auoyent si adextrement attiré le peuple par leur nayfue bonté & vertu naturelle, que chacun les admiroit & prisoit autant ou plus, que le Prince mesme : aussi
s'estoit

s'efforçoyent-ils de plaire à tous, de ne nuire à personne, sans iamais faire rapport au Prince, qui puis apres causast la ruine d'aucun des subiets. Ceux-cy, par leur prudence, retarderent souuent les desseins du ieune seigneur ambitieux. Non que pour celà le galand perdist le desir de faire ce que iamais lon n'eust pensé ou esperé de fils contre son pere, attendu le bon traitement que le vieillard luy faisoit. Mais le naturel du meschant est si peruers, que de tant plus lon s'essaye de l'adoucir, c'est lors qu'il dresse ses heures, & asprit sa dent meurtriere, & enuieuse, pour l'exploit de ses meschancetez: aussi que son cœur est si venimeux, & plein de chagrin, qu'il ne peut endurer aupres de soy chose qui nuise, au contraire par vertu, à la peste dangereuse de ses vices: comme fort bien apparut en cest enfant ambitieux & cruel, lequel ne pouuant endurer, ou attendre que nature paracheuast ce à quoy elle auoit donné commencement, & accroissement, & y preparoit desia la fin : il proposa, non seulement d'vsurper tyranniquement les seigneuries de son pere, ains à executer sur luy vn acte le plus detestable, que l'homme sçauroit ny faire ny excogiter : c'est de faire mourir ceux, desquels il tenoit la vie, & d'ansanglanter encor ses mains du sang

VV 2

innocent de ses freres. Et pour commencer
sa tragedie, il fit empoigner (sous tiltre de
bonne foy) son pere, mere, & freres, sauf le
plus ieune, par le moyen & secours d'aucuns
de sa maison, aussi gens de bien que luy. Aussi
certes, la hardiesse d'vn malheureux s'anean
tit aussi tost qu'elle est excogitee, si elle n'a
des complices pour attaindre au parfaict de
son imperfection. Iamais Absalon n'eust
dressé ses cornes contre ce miroir de patience, Dauid son pere, sans le conseil d'Achito-
phel, & sans l'ayde des mutins qui abusoyent
de la patiente clemence du Roy. Mais, bon
Dieu! quelles enormes & estranges tragedies, l'on a ioüé iadis en l'Empire d'Orient?
lequel a esté ensanglanté du sang des peres,
espandu par les enfans, & de la lumiere des
fils, obscurcie par la main propre des meres? Et de nostre memoire, la seule conuoitise de regner, n'a-elle pas fait, qu'encor auiourd'huy la cruauté des Viscôtes Millanois
sert de memoire, pour declarer en combien
de sortes se deguise l'ambitieux, pour paruenir à ses fins. Ie suis encor contraint de dire,
que nostre siecle est si malheureux, & que la
pitié en est si bien deracinee, que lon trouue
des enfans, qui ne craignent d'auancer la
mort par venin à leurs parens: pensans couurir la meschanceté & grauité de leur faute
par

par ce moyé, pour n'estre redeuables à la loy ordonnee contre les paricides. Contre lesquels, ny Moyse, ce grand & premier legislateur, ny Solon, ne voulurent establir loy, ou faire ordonnance: s'asseurans qu'il estoit impossible, que l'enfant fut si denaturé, que de souiller sa main au sang de celuy, de la substance duquel il auroit prins estre.

Or (pour reuenir à nostre propos) ce meschant fils saisi de tous ceux du sang, lesquels il pensoit luy pouuoir empescher de faire ce qu'il auoit entreprins, il leur fit arracher les yeux de la teste, sans acception de personne, pere, mere, ou ses germains. O acte barbaresque, & digne certes du lieu & païs, qui n'engendre gueres rien que monstres! Celuy qui void la lumiere par le moyen d'autruy, oste le moyen de iouïr de ce mesme bien receu, à celuy par qui il en a la iouïssance.

Ce galand donc non content de ceste malheureuse explanade, fit encor pis, pour accumuler vice sur iniquité, & s'apprester de mieux en mieux, la ruine, qui ia luy estoit à la porte: car en la chambre, où le poure vieillard de Soldan son pere, accompagné de sa femme, pleuroit son desastre, & se tourmentoit pour son aueuglement, le malheureux & enragé chien y fit encor conduire ses neuf freres aueugles, pour (par leur malheur)

HISTOIRE

donner plus de peine à l'infortuné vieillard. Et entrant auec eux, leur dit: Faites hardiment bonne chere ensemble, car ie vay apprester dequoy vous resioüir. Le pere oyant parler ce diable incorporé, luy dit: Ha loup cruel & insatiable du sang des tiés! que n'as tu tout à coup osté ce malheureux vieillard de ce monde, sans le faire ainsi languir, & te laisser deuant les yeux vn idee de ton mesfait? Acheue, meurtrier, acheue ton carnage & rassasie la felonnie de ton cœur: va iouïr tyranniquement des biens de la maison, de laquelle ie t'eusse fait (sans te mettre en ceste peine) possesseur. Mais i'espere que ce ne sera sans ta grande confusion, & chastiment de ta vie detestable: car Dieu est iuste iuge, qui ne laissera iamais impunie vne trahison si enorme, & crime tant pernicieux. Ainsi que le pere eut finy son propos, l'on n'eust point ouy Dieu tonner en ceste chambre, tant excessiuement crioyent les pouurés enfans, pour se voir en telle misere, & pour ouir la iuste complainte de leur bon seigneur & pere le Soldan, lequel les consoloit au moins mal qu'il pouuoit, & que son infortune mesme luy permettoit. Mais le meurtrier, voulant voir la fin de son meschant commencement, non pour gratifier à celuy qui l'en auoit prié, mais craignant
que

que demeurant son pere en vie, le peuple ne s'esleuast contre luy, & le tuast, ou pour le moins le iettast de l'Isle comme celuy qui ne deuoit ou pouuoit regner, sans l'expiation d'vn forfait si abominable. Et pource, (dy-ie) sur l'heure mesme il fit porter force bois & fagots en la chambre des infortunez aueugles : & commandant qu'on y mist le feu, s'addressa aux patiens, & dit : A fin que vous y voyez plus clairement à trouuer le chemin du païs où ie vous enuoye, ie vous prepare ceste lumiere, laquelle vous seruira de guide, & à moy (dit-il sousriant) d'expiation des pechez commis iusques icy, faisant immolation des victimes si nettes, & bien lauees, comme ie vous voy. Cecy dit, lon meit le feu apres ces miserables, lesquels en vn instant furent reduits en cendre : & luy deliuré du soucy d'auoir homme (comme luy sembloit) qui luy peust empescher le gouuernement. Mais le Tyran ne pensoit pas que le guerdon des malheureux est tousiours pesé en la iuste & droicte balance de la iustice de Dieu : & que celuy, qui pense auoir euité la rigueur de son fleau en experimente la force, lors que moins il pense à la vengeance du Seigneur, sur les iniquitez des hommes. Aussi sentit ce bourreau detestable, l'effect de la main, & fu-

reur ineuitable du Tout puissant: car le sort
de sa malheurté & fortune future luy fit oublier de meurtrir auec les premiers, les deux
esclaues Indiens, & son frere le plus ieune:
lequel sçachant la fin miserable de tout son
sang, ne faillit de s'en fuir en la Mosquee,
(lieu si sacré entre eux, qu'ils font religion
de violer ceux qui s'y retirent, pour conseruer leur vie, & la defendre de la rigueur seuere de la loy.) Au lieu donc de leurs deuotions estoit ce poure sot & ieune Prince, cõme le vengeur futur de ceste tyrannie, criant
à haute voix, & sans intermissiõ: O bõ Dieu!
bon Dieu, ne vois-tu pas, comme mon frere
s'est changé en vn diable, le pire de tous? &
a prins les mœurs de l'ennemy de toute humanité? Las! permetras-tu point, que le sang
de mes parens & freres, soit ainsi espandu
innocemment, & que le peché demeure sans
vengeance? La flamme & la fumee, aurontelles point esteinte & offusquee la voix de
ceux, qui t'ont requis iustice au milieu de
leurs tourmens? Voy, grand Dieu, & visite la
meschante vie de ce tyran, lequel te mesprisant, a priué de lumiere ceux-là, par qui tu
luy auois donné la sienne en ce monde. Et
certes, la iuste colere de ce ieune Prince, contre les furies de son frere, luy ouurit non
moins le sens, que iadis la peur denoüa la
lan

langue au fils du Lydien Crese, voyant son pere en danger de mort, durant le sac de la ville, par les gensdarmes & soldats du Monarque des Medes. Mais la mesure des iniquitez du parricide, n'estoit point encor paruenue iusqu'à son accomplissement & comble: lequel cependant fit entendre au peuple la mort des homicides, luy denonçāt au surplus, q̄ là où ils feroyēt les retifz à luy obeir, il scauoit bien comme il y falloit proceder pour les contraindre. Le peuple le voyant bien accompagné, & que desia il s'estoit saisi des forteresses: calla voile, & se sousmit de bon cœur à son obeissance. O beste à plusieurs testes! tu monstres bien, qu'en la folle fantasie d'vne telle multitude, raison, equité ou prudence, n'y scauroyent trouuer fondemēt. Et certes, les assidus flots, qui font fluer & refluer la mer, n'ont point tant d'esmotions & troubles, que l'opinion & conseil d'vne multitude a de deliberations: car il n'y faut que l'interposition d'vn iour, le relasche d'vne nuict, pour mettre sans dessus dessous, tout ce qui aura esté premierement cōclud, & tout vn amas d'opinions sera mis à bas par le vent d'vne simple sedition, & folie d'vn peuple: les conseils duquel sont plustost regis par temerité, & soudaine esmotion, que par raison & preuoyance sage, de ce qui

VV 5

nous peut aduenir: toutesfois, ny l'obeissance contrainte de ceste populace, ny la force des soldats, qui se faschoyent desia de sa superbe & cruelle tyrannie, non pas l'assiette inexpugnable de ses forteresses, peurent empescher ce que la prouidence diuine auoit ordonné pour la punition des actes de ce malheureux : lequel aima mieux regner vn moys, estant seul, que long temps (apres le decez de son pere) reueré du peuple, aimé & seruy de ses freres, non redeuable à la iustice des hommes, voire ny sentant son ame cauterisee deuant Dieu, par la conscience de ses mesfaicts : veu que luy-mesme ordit les toilles où il fut enueloppé, & aguisa le cousteau qui luy fit miserablement finir sa vie. Vous auez ouy, comme les esclaues Indiens s'estoyent retirez en leur maison, lors que la fureur de ce Neron Aphricain espandoit son venim, & que son frere viuoit auec les prestres de leur loy, plaignant continuellement & ses parens, & son malheur, pour se voir si imbecille, & defauorisé, qu'il ne pouoit venger la mort de ceux qui (decedez) rendoyent triste sa vie, & l'absence desquels le faisoit inutile en toutes choses, & peu seur en ses complots. Le Tyran detestable donc, soit qu'il fust fasché de sa vie, ou qui est le plus vray, ne pouuant plus euiter ce
que

que le ciel auoit ordonné, pour le iuste chastiment de son iniustice & demerites: delibera encor de s'oster de deuant les yeux les deux vieillards esclaues: ce que commodemét il ne pouuoit faire, tant pour la reuerence que les soldats portoyent à ce couple chenu, que pour les sçauoir bié aimez & cheris du peuple. A ceste cause il pourpésa vne nouuelle trahison, pour s'en defaire sans scandale, & sans encourir la male-grace du peuple & de sa gendarmerie, en prattiquant, c'est à sçauoir, l'vn pour estre l'homicide de son compagnon, & puis punir le meurtrier selon la loy, & ses desertes. Pour à quoy paruenir, il fit appeller à soy le plus ancien des deux, nommé Mahomet, lequel estant en la presence du Soldan, luy dit: Il a pleu à vostre seigneurie, monseigneur, me faire commãder de venir vers vous: à quoy obeyssant me voicy tout prest, pour m'employer en tout acte iuste, auquel vous voudrez experimenter ma diligence, & loyauté: lesquelles i'ay si bien monstrees, & auec telle integrité, durant la vie du feu Soldan, vostre seigneur pere (lequel Mahomet le grand Prophete paist auiourd'huy des viandes delicieuses au ciel) qu'il n'y a homme qui puisse me reprocher chose, par laquelle mon nom soit denigré, tant peu soit. Voila aussi la
seule

seule cause, dit le Tyran, pourquoy ie t'ay fait venir, me faisant fort, que tu ne seras moins à mõ cõmãdement, que iadis obeyssant au plaisir & vouloir de mon predecesseur. Aussi veux-ie que tu sçaches, que si tu me sers fidelement, en ce que ie veux t'employer, tu n'auras pas peu fait: car auec le plaisir que ie receuray de ton seruice & deportemẽt, tu acquerras vn Prince autãt ton amy, cõme tu le sçauras, ou voudras souhaiter. Monseigneur, dit l'esclaue, nõ pour l'esperãce des richesses (estant ce bien terrestre chose caduque, & de peu de duree) voudroy ie attenter quelque nouueauté, ny pour me voir haussé en honeurs & dignitez (veu que c'est le hameçõ auec lequel on amorce trop dãgereusement les hõmes) vous me verrez prest à executer vos honnestes desseins: ains seulemẽt pour la reuerẽce que ie vous doy, comme à mon seigneur & Prince, qui cõme i'espere, ne me cõmanderez chose, laquelle, sans souiller mõ honneur, & blesser ma conscience, ie ne puisse mettre en effect. Or peu soit l'esclaue, que le Tyran luy voulust donner charge de faire sortir le ieune prince de la Mosquee, à fin d'y rassasier sa felonnie: ce que le bõ hõme n'eust moyenné, pour mourir, voire ny pour estre Monarque de toute l'Aphrique, cõme il mõstra assez par effect.

Soit

Soit que ce soit, dit le cruel Soldan, il faut
que tu faces mourir Caim (ainsi s'appelloit
l'autre esclaue) veu qu'il m'a fait vn desplaisir tel, que si ie ne le voy mort, mon esprit ne
sçauroit viure en repos, ou contentement.
Ah! Monseigneur, dit Mahomet, comman-
dez-moy q̃lque autre chose, s'il vous plaist:
car le cœur ne me sçauroit permettre, que ie
veisse mort (tant s'en faut que ie l'occisse)
celuy, lequel i'aime comme ma vie propre,
& auec lequel i'ay esté esleué dés le berceau.
S'il a fait q̃lque crime cõtre vostre seigneurie, qu'il soit accusé publiquement, selon la
coustume du païs, à fin qu'il reçoiue la punition, selõ qu'il aura deseruy. Le Soldan (dissimulant son despit & colere) luy respondit
assez courtoisement: Ie suis ioyeux d'auoir
de si loyaux seruiteurs q̃ toy en ma puissance: & te mercie du bon aduertissement, que
m'as dõné quant à ce qui concerne mon deuoir à la iustice. Au surplus, pense que tout
ce que t'en ay dit, n'estoit que pour essayer
ta constance, & faire preuue de ta fidelité.
Tu te peux donc retirer quand bon te semblera, & quelquefois ie t'emploieray en cho
se meilleure, & de plus grãde consequence.
L'esclaue, qui cognoissoit le venin du serpẽt
combien il estoit mortifere, ne faillit (apres
s'estre retiré) de se donner garde des embusches

ches & menees du Tyran, se persuadāt qu'il essayeroit contre luy ce à quoy il auoit failly contre son compagnō: en quoy l'opinion ne le deceut point: car dés qu'il fut party de la presence du seigneur, le Tyran felon, & enuenimé, enuoya querir Caim l'autre esclaue, auquel il vsa de mesmes propos qu'au premier: & le persuada si bié, que le meschāt More luy iura d'occire son compagnon, en quelque sorte que ce fust. Voila iusqu'à où s'estend la malice execrable des hōmes, que de voir à l'appetit d'vn pernicieux tyrā, l'vn amy coniurer contre la vie de celuy, qui auparauant auoit refusé de luy faire perdre la sienne. Mais tousiours le meschāt (quelque fraude qu'il excogite) tombe dans la fosse qu'il auoit preparee contre celuy, qui ne se doute en rien de sa trahison, & cœur preuarique. Ce venerable esclaue donc ayant le cōmandement du Soldan, s'en alloit de propos deliberé meurtrir Mahomet, pour gratifier à son seigneur, plustost esmeu de la cōnoitise de ce que son suborneur luy promettoit, que de l'obeissance du suiet à l'endroit de son souuerain. Et sans qu'il pésast quelle est la nature d'vn tyrā, lequel se plaisant aux discordes, ne cerche que se nourrir du sang de ses citoyēs, & qui à la fin exerce sa cruauté sur ceux-mesmes, q ont esté ministres de
ses

ses forfaits. Caim donq sans sentir quelque éguillon en sa conscience, qui le refroidit en ses ardeurs, s'en vint vers Mahomet son côpagnon, lequel ne l'eut pas si tost auisé, que le cœur luy tressaillit tout, & se commêça à douter de ce q estoit: & encor le tint-il plus ferme, quâd il veit le meurtrier de plus pres lequel à la couleur de son visage, donnoit asez d'apparence de l'acte nô vulgaire, qu'il vouloit commettre. Aussi toute passion, & esmotion d'esprit a (ie ne sçay cômens) vne naturelle façô, qui ne se peut cacher, soit-il au visage, ou à la voix, & gestes exterieurs. Aussi est la face la porte du cœur, manifestant la volonté & desseins tant secrets, que lon s'essaye de les tenir. A ceste cause Mahomet s'addressant à luy, dit: Ah! faux meurtrier & desloyal traistre, tu ne feras ia ce que le Tyran t'a meschantement commandé, & toy plus laschement accordé: ains plustost feray-ie tel massacre de ton corps (comme premier i'en ay esté requis) que lon en parlera long temps apres par toutes ces Isles. Caim, qui sçauoit quelle estoit l'humeur du pelerin, à qui il s'addressoit, & lequel il cognoissoit pour vn fort vaillant & dextre soldat, ne voulut côtester cause contre luy: ains se iettant à ses pieds, luy tendit son espee, le priant de luy pardôner ceste faute, laquelle
il a

il auoit attentee pluftoft pour crainte, que le Tyran ne le fift mourir, que de gayeté de cœur, ou mauuais vouloir qu'il portaft à Mahomet. Lequel luy refpondit: D'où que ta faute prouienne, il ne m'en chaut: mais fi ne fcaurois-tu bien pallier ton dire, que la verité ne' fe manifefte apertement, par les effects de ta defloyauté: laquelle ayāt eu tel fondement en mon efprit, comme tu luy as pofé & aflis en ton cœur pariure, tu te peux affeurer, qu'il y a ia long téps, que tu fuffes mort, le Tyran fatisfait, & moy fans compagnon, & peut eftre fans vie: veu que ce mefchant ne pourfuit la mort de l'vn, que pour la totale ruine de deux enfemble. Mais ia à Dieu ne plaife, que trahifon fouille l'ame de Mahomet, & qu'il paracheue le cours de sõ aage, fans venger la mort de fon feigneur, & enfemble le tort, que (fans qu'il euft en rien merité) on luy auoit voulu faire. A cefte caufe, Caim, va-t'en vers le Soldā, & dy-luy, que tu as executé ce qu'il t'a commādé, au refte, laiffe-moy faire: car ie m'atten d'y remedier fi bien, qu'à l'aduenir, la vie des vertueux fera en plus grāde affeurance, que maintenāt elle n'eft en peril, fous la tyrānique feigneurie de ce diable, lequel (Dieu aidant) ie puniray de fes lafchetez, & vengeray (auec vne iniure priuee) le tort qu'il fait à tous les habitans

bitans de ceste Isle. Caim ioyeux d'estre eschappé à si bon marché, luy promit de faire tout ce qu'il luy plairoit encharger:& l'executa,mais ce fut à son grand preiudice. Car apres qu'il eut dit au Soldan, qu'il auoit arrousé son glaiue du sang de Mahomet, son compagnon:le Tyran plein d'aise & de contentement,commença à le caresser plus que familierement. Puis vint l'embrasser de si bonne grace,que son acollee ne fut pas plus douce au malheureux esclaue, que celle de Ioab, aux deux princes de la gendarmerie Hebraïque,Abner,& Amasa:veu que luy tenant le bras seneftre branché & elancé sur le col, il desgaina de l'autre vne courte dague, de laquelle il blessa l'esclaue aux flancs, si profondement,qu'il tomba tout roide mort aux pieds de son felon & traistre seigneur. C'est la fin heureuse des malheureux,que de n'eschapper point la fureur de la main de Dieu: soit par le ministere des hommes, ou par la furie & cruauté des bestes farouches, & quelquesfois par les choses sans ame, ou sentiment,preparees neantmoins pour l'exploit de telle punition:comme à Absalon iadis, l'arbre vengeur, où il fut pendu par les cheueux,& occis psr les mains de Ioab. Or ainsi que le Soldan pensoit se resiouyr pour la mort des esclaues, que tant il craingnoit,

X X

n'ayant encores bonnement essuyé son glaiue, & remis en son fourreau, voicy venir Mahomet, assez bien accompagné, & armé à l'auätage: à l'arriuee duquel la pluspart des soldats se mirent en fuite, les autres mettäs les armes ius, se rendirent à sa mercy. Mais luy, qui cherchoit le chef, ne fit guères grand conte d'eux: ains entra en la chambre où gisoit estendu le corps de Caim, & où encor estoit le Soldan, auec peu de compagnie: lequel voyant Mahomet, quoy qu'il fust surprins de frayeur, pour le voir en tel arroy, faisant de necessité vertu, luy venant à l'encontre, luy dit: Ah! chien, fils de chien, es-tu encor en vie? Ouy, ie vy, dit Mahomet, en despit de tes menaces & fausses inuentions, prest à t'enuoyer à tous les diables, pour seruir ton quartier: esperant en Dieu, qu'il me donnera la force de venger sur toy, le plus desloyal des desloyaux, la mort de tes innocens parens, desquels tu as esté le detestable & inhumain bourreau. Or dire ces paroles, & sacquer la main aux armes, ce fut tout vn: & quoy que le Soldan se defendist assez brauement, toutesfois l'esclaue, homme escort, braue, hardi, nourri tousiours à la guerre, & qui (pour son bon droit) auoit l'aide & faueur de Dieu de son costé, l'accoustra si bien en peu d'heure, que le Tyran ne pouuant nant plus supporter la pesanteur des coups de Mahomet, donna à la fin du nez à terre: où quant & quant l'esclaue victorieux luy mit sa simeterre en la gorge, pour le faire rendre: ce que fait, il le fit lier estroitement, & le deliura au peuple, lequel soudain le mit en cent mille pieces, si bien, que celuy-là n'estoit point estimé fils de bône mere, qui n'auoit fait quelque iniure au corps du miserable Tyran. O iuste iugemét de Dieu! Celuy qui n'agueres estoit presque adoré de ses suiets, est maintenant occis de leurs mains seditieuses: à fin que chacun cognoisse que le bien acquis iniustement, donnera tousiours le salaire de son iniustice à l'autheur du forfait & violateur du droit, & de la religion. Apres la mort du Soldan, lon fit encor diligente inquisition des complices & fauteurs des cruautez du mort: lesquels attains & côuaincus, furent rigoureusement punis, selon leurs loix & ordonnâces. Le peuple se sentât redeuable à Mahomet, pour auoir esté le liberateur de tout le pays, & le punisseur d'vne faute laquelle par côtrainte il dissimuloit luy dôna le gouuernemét de l'Isle, & voulut l'inuestir absolument de la seigneurie. Mais le sage vieillard cognoissant fort bié & l'incôstâce de fortune, & le peu durable vouloir d'vne multitude: & n'ignorant aussi, que ce-

luy, qui sous tiltre de bonne foy, occupera le bien d'autruy, ne sçauroit faire autre cas, qu'engendrer la ruine de ses successeurs, & quelquesfois doner les moyens de son infamie, & totale defaite: à ceste cause ayant mis ordre aux affaires de l'Isle, il fit vn iour conuoquer le conseil des estats du pays, deuant lesquels il fit ceste harangue: Il n'y a aucun de vous, mes bôs seigneurs, lequel ignore q ie ne suis point natif de ceste vostre Isle, & moins encor sorty du rang & race de ceux, qui doiuent presider sur les peuples. I'ay esté esleué, & nourry esclaue en la cour du feu Soldan, pere de ce maudit parricide, duquel & sur lequel vous auez prins vengeance condigne à ses meschancetez. Tout ce que i'ay fait, & fay encores, ie vous prie le referer à l'honneur & obeyssance du bô seigneur decedé, & la memoire des biens que i'ay receus de luy, & aussi pour restablir & pacifier la seigneurie à son dernier fils, lequel (côme vous sçauez) est fugitif en la Mosquee, dés le iour que son frere le Tyran fit l'horrible massacre de ceux de son sang. Ie seroy donc d'auis (si vous le trouuez bon ainsi) que la succession, que le droit lignagier luy ottroye, luy soit par vous rendue: car ie n'ay point deliberé d'vsurper vn pas de terre sur le fils de celuy, au nom duquel toute ma vie ie
porteray

porteray tout tel honneur, que le serf doit à son maistre, & le vassal & subiect à son seigneur. Pource ie resigne & remets entre vos mains la superintendence, que de vostre grace m'auiez donnee sur vous, & sur les terres de mon seigneur & vostre prince. Auquel (sous vostre adueu) ie seruiray de conseil, en toutes choses, par lequel s'il se veut gouuerner, ie vous puis asseurer, que vous cognoistrez, que vous auez seulemét chágé d'homme, non de prince doux & debōnaire. Vous merciant toutesfois de l'amitié & bonne affectiō que me portez, à laquelle (si Dieu me preste vie) i'espere de satisfaire par tout office d'humanité & deuoir de bon amy, & obeissant seruiteur de vostre communauté.

Le peuple esbahy de la vertu & continence du bon vieillard, qui laissant les honneurs ausquels leur electiō l'auoit appellé, aimoit mieux viure priué, que tenir vn païs sans y auoir iuste tiltre de sa possession : s'accorda facilemét au conseil & sage opinion de Mahomet. Par ainsi le ieune seigneur fut osté du temple, & colloqué au siege de son pere, auec condition toutesfois qu'il auroit tousiours ce vieillard, pour assesseur & cōseiller, & par la main duquel passeroyent tous les affaires d'importáce, qui pourroyent suruenir en l'Isle. Voila vn exemple notable, & rare, de deux grandes extremitez en la vertu d'vn homme: l'asseurance & magnanimité vēger vne iniure publique, sur vn, qui de luy mesme estoit publique, si par son vice, il ne se fut rendu abiet, que le moindre de la tourbe & multitude populaire: & la modestie attrempee d'vne grande raison, & preuoyante, à mespriser ce, pourquoy presque tous les hõmes d'auiourd'huy sont & dressent, à quelque occasion que ce soit, les sanguinolantes batailles, prophanēt la saincteté de la religion, peruertissent l'ordre des iugemens, reduisent & rendent toutes choses en venté, & aneantissent la charité, q̃ chacun doit à son prochain: pour auec vn amas amoncellé de pechez & maledictions dresser les seigneuries, lesquelles puis apres ne sentent q̃ l'effusion du sang des bons citoyẽs, & n'ont appuy que d'incursions: & qui à la fin, d'elles-mesmes s'aneantissent, comme la neige à la chaleur du Soleil en plein midy: comme lon a peu voir en la tyrãnique domination des Milanois de nostre tẽps: & iadis aux regnes des Perses, & Grecs: la monarchie d'esquels n'a semblé qu'vn songe, ou fumee, qui prendra esgard à ce qu'elle a duré apres son establissement.

Fin de la quinzieme Histoire.

Som

Sommaire de la seizieme Histoire.

ENtre tant de maux, qui regnēt auiourd'huy, & ont tousiours regné entre les hommes, la paillardise semble tenir le premier rang, cōme celuy par lequel souuentesfois la fournication spirituelle est figurée, & lequel expressément est defendu par les loix inuiolables, nō pas escrites aux tables, ou iadis lon graua l'ordre de la police, soit des Romains, Atheniens, Spartains ou Egypticns: mais en celles-là, ou le doigt puissant de Dieu engraua les Edicts, ausquels il vouloit que ses enfans, & fideles fussent astraincts: pour monstrer par ceste defense, qu'en ce vice, oatre que l'homme peche cōtre son propre corps, & y offense sa santé, encore trouble-il l'estat, & repos d'vne Republique : mesmement lors qu'il s'oublie iusqu'à polluer, & corrompre la femme de son voisin, violant celle, de qui l'honneur d'eust estre gardé: auec ceremonie aussi superstitieuse, que celle des Vestales Romaines à conseruer le feu perpetuel en leur temple. Et pource que l'adultere est ce vice mesme, qui incommode ainsi le genre humain, & peruertit l'ordre naturel, par l'aneantissement de l'honnesteté ciuile : les loix tant diuines, qu'humaines, y ont trauaillé fort seuerement, punissant de mort ceux, qui auroyent ainsi prophané ce saint & inuiolable lien de mariage.

& souillé la couche où rien que pureté ne deust a-
uoir place. Or quels scandales sont auenus de cecy, le lict nuptial d'vn Menelaus, violé par le fils
du Roy Troyë, a assez baillé de matiere aux Phri
giens pour pleurer, & aux historiens, dequoy detester ce peché plus vituperable que la mesme abomination. L'Egypte, les Sychemites sous Abrahã,
& Isaac en sentirent la main puissante de Dieu,
quoy que leur peché peut estre excusé par ignorance, cuidant que les femmes qu'ils prenoyent ne fus
sent point mariees. Et s'il faut adiouster foy aux
fables poëtiques, l'on voit que la plus part des ar-
gumens de leurs Tragedies ne sont fondez que sur
le subiect, ou de telles punitions, ou du desespoir de
ceux, qui ne pouuans venger le tort que leur faisoit vne femme lasciue par les suasions d'vn temeraire & exhonté paillard, auroyët conuerty leur
furie sur eux mesmes, & ne pouuãs endurer qu'on
leur iouast vn acte si vilain en leur presence. Mais
bon Dieu! nous sommes venus en vn siecle si malheureux, & tant souillé de vices, que les nations,
qui sont encor sans cognoissance aucune de Dieu,
gouuernees par le seul instinct de nature, sont plus
curieuses de l'honnesteté de leur couche, & lict nu
ptial, que ce Royaume, qui a le surnom de Treschre
stien, là ou les adulteres ne sont punix que par risees: & est plus moqué le poure, qui reçoit l'iniure,
que ceux là, qui la luy font, & lesquels font tort
à tant de bõnes races, lesquelles sont denigrees par
la

la lubricité de quelque louue exhontee, & d'vn
insatiable gouffre de paillardise: & de là aduiennent meurtres infinis, de marys, par le moyen de
leurs femmes, à fin de iouyr mieux à l'aise du paillard amoureux: l'empoisonnement des enfans legitimes, pour auantager ceux qui en portent le
tiltre sous le masque du mariage. Ce sont ces beaux faits, qui destruisent les grandes maisons, &
qui à la fin se descouurent au grand deshonneur,
& infamie de ceux, qui tant s'oublient apres leur
concupiscence, & creue cœur nō perissable de leurs
parens, tant presens qu'àvenir: cōme i'espere vous
faire voir à l'œil, par l'exemple d'vne, qui mesprisant le rang qu'elle tenoit, & son honneur tant
loué en ses ieunes ans, ne se contenta de
paillarder, sans y adiouster vne infinité de meurtres: cōme pourrez
entendre par l'Histoire
qui s'ensuit.

X X

Les detestables, impudiques, & infortunees amours, de la Dame de Chabrie auec son procureur: & les meurtres, & occisions enormes, qui s'en ensuyuirent.

HISTOIRE SEIZIEME.

EN Prouence (païs tel que chacun sçait lequel ne doit rien à contree, qui soit en l'Europe, soit pour l'assiette, & plan des belles, & riches villes, fertillité, & plaisance du païsage que courtoisie, & ciuilité des habitans) est vne petite ville, non trop eloignee de Nice, que lon nomme la Grasse: laquelle est assise en vne plaine de lógue, & belle estendue, & en lieu si plaisant, q l'œil en sçauroit regarder. Car en la campagne qui embellit l'ornement des edifices, lon void l'herbe si drue, espaisse, & verte, que, si le bestail ne l'offensoit lon cuideroit y voir vn perpetuel printemps. Encor parmy ceste herbuë & fleurie planure voyez vous les limonniers, orengiers, & grenadiers chargez de leurs fruicts qui tapissent plus richement la contree, auec vne indisposee distance, ou nature seule a trauaillé: & outre ceux cy, toute

autre

autre espece de fruitier ennoblit, & orne ce terroir, qui ressemble mieux ce Tépé Thessalien tant celebré par Herodote, Pline, Strabon, Eliã, liure troisieme de l'histoire diuerse, & non oublié des Poëtes: que lieu tant frequenté, & assailly des passans, & mesme des habitans, qui font la guerre, & aux arbres, & aux fruits. Veu que ceste cãpaigne est posee entre deux collines, lesquelles de tous costez font peu à peu espandre leur pante sur les flancs de ceste clere sombre vallee fruitiere, laquelle est arrousee d'vne infinité de ruisseaux, qui vont lentemẽt, & auec vn doux murmure, flottelans à l'entour de ceste verdure naturelle, egayans les yeux de l'homme, & seruans de pasture aux troupeaux & haras de tout le voisinage d'alentour.

En ce Paradis terrestre donc & non loing de ladite ville, est assis vn chasteau nommé Chabrie, le Seigneur duquel, n'a pas long-temps, espousa la fille d'vn sien voisin, nommé le sieur du Maz, de laquelle nostre histoire fera d'icy en auant souuẽt mention, aussi est-elle la cause, que lon l'a mise, & redigee par escrit. Ceste dame se gouuerna si modestement tout le long de sa ieunesse, que sa pudicité estoit non moins louee que celle d'vne Lucresse, par les historiens, & de Penelopé, par les fictions Poëtiques.

Mais

Mais soit ou que l'hypocrisie cachee en son ame ne peut plus couuer sa meschanceté, sans en esclorre les fruits: ou que la verdeur de son mary reuenant en escorce seiche, & sans humeur, eust perdu sa vigueur: ou (peut estre) conduite du naturel de celles, qui ayment le changement: estant desia sur l'eage, de ieune chaste, elle deuint vieille putain: & la delicatesse de ses ans d'adolescence donna plus d'espoir, voire monstra plus d'effect de sa preud'homie, que la vieillesse ne feit d'amortissement des chaleurs propres à la folie de ceste effrenee ieunesse, à laquelle lon a lié l'affection & l'effect de peu de sens. Aussi dit-on communément que d'vn ieune hermite lon veoid souuent la transformation en vn vieil diable. Ceste dame qui vierge & ieune mariee, ne s'estoit occupee, qu'à prier Dieu, & prendre esgard à sa famille: chargee & d'ans & d'enfans, se amusa à traitter l'amour, & souhaittoit en son mary ce, qui ne peut estre d'eux fois, & ce qu'elle mesme n'auoit pas desiré, lors que les flammes sont plus cuisantes en la fantasie des hommes, que l'appetit sensuel chatouille plus viuement la raison, & fait quelquesfois diuaguer nos actions. Ne se contentant donc plus des embrassemens froids, & rares de son mary, elle commença à excogiter

ter les moyens de satisfaire à ses effrenez desirs,& par mesme voye, ordir le malheur, qui causa depuis sa ruine, & perpetuel deshonneur de tous les siens. Ce sont aussi les effects de ceste belle beste de volupté, d'engendrer la peste, sous le masque, & voile d'vn air serain,& sain: & d'enfoncer les nauigans, lors qu'ils pensent le plus estre asseurez. Qui ne confessera icy qu'amour est vne rage,& fureur, veu qu'elle violente ce,qui deust refrener ses immodesties,& folles passions, qu'elle suggere. Or auoit-il à la Grasse vn maistre docteur en loix, Aduocat,& citoyé en ladite ville. Cestuy-cy pour estre le conseil du sieur de Chabrie, l'alloit souuent visiter,& y auoit si bon credit, que le plus souuent il entroit (Monsieur absent) iusqu'au cheuet du lict de madame: laquelle quoy qu'elle passad desia les quarante ans,estoit fort belle, & auoit le teint si frais,qu'on l'eust iugee plus ieune de plus de dix ans. Auint donc vn iour (durãt l'absence du Seigneur)que le Messer vint voir madame encor au lict,ou il se mit à cõtempler plus viuement,& d'autre attention la dame, qu'il ne visitoit les procez du Seigneur, ou qu'il ne prenoit garde aux fiefs d'iceluy. Elle, qui voyoit le Docteur assez ieune,dispos,& apte à fournir aussi bien aux affaires de la couche, que des proces de leur

mai

maison, ne fut vn brin marrie de veoir ce boucq la regarder si impudiquement: ains plus effrontee qu'vne femme publique, ne faisoit conscience de descouurir telle part de son corps, laquelle honnestement vne dame pudique ne peut, ou doit monstrer à decouuert : & faisoit tout cecy auec des contenances & œillades si indiscretes, & lasciues, que le moins voiant en amours eust aisément cogneu à qu'elle auoyne hannissoit ce cheual. Pensez dõques si le legiste, assez versé en impostures cogneut ce qu'il desiroit le plus : & s'il oublia de louer la beauté, & proportion bien delinee des membres de ceste impudique Alcine: laquelle, se souriant, luy respõdit: Helas, Monsieur Tolonio (ainsi s'appelloit le venerable) n'est-ce pas dommage que monsieur soit si decrepit, que ie ne iouïsse plus de ce bien, que de pouuoir contenter mon plaisir, & appetit, estant mesmement en telle disposition que ie suis? Certes le bõ homme ne se soucie plus que de bribener ses oraisons, & menus souffrages le soir, pendant que demy glacee, i'atten vne seconde glace en luy, qui refroidit du tout en moy l'ardeur de mes premiers desirs:& si quelquesfois ie m'auance à le chatouiller, pour esueiller les esprits assoupis de sa chair, las!ce ne sont que riotes, & chágrain:& faut (vueille-ie ou non) que ie

beuue ce hanap, auec autant de deplaisir, cõme l'auroy d'aise, aiant hôme digne de moy,
qui fournist à c'est appointement qui est deu
en mariage. Le docteur, escoutant cecy, entendit bien tost, ou tout ce beau discours
pouuoit tendre:& pource dit-il: Madame, ie
pense que vous iasez ainsi pour me cognoistre loyal, & fidele seruiteur de vostre maison: toutesfois ie croy (sauf meilleur aduis)
que monsieur n'est pas si caduc, que sa vieillesse l'empeschast de donner encore quelque
contentement à vne damoiselle, quelque ieune, ou escorte qu'elle fust. L'impudique dame l'oyant ainsi parler, luy respondit: Seigneur Tolonio, lon iuge communément assez à la volee des choses, lesquelles ont prins
pied en nos esprits, par vne seule opinion:
mais ceux qui en ont senty les effects, & qui
en experimentent les trauerses, peuuēt parler sans reproche, & à la verité, de ce que les
autres ne tiennent, que pour le penser ainsi.
Vous estimez Monsieur si vaillant champion, qu'à vous ouir parler il n'y a hornois,
qu'il n'enfonçast: mais moy qui sens sa lascheté, coüardise, & peu d'effect au combat,
peu en parler plus asseurément pour m'em-
plaindre à fin que vous, ayant pitié de ma tristesse, cherchiez le moyen de me secourir, &
deliurer de ceste langueur que i'endure.

Mada

Madame, dist-il ne pensez pas, que pour l'accroist de vostre ennuy, i'aye parlé si auāt: car i'aymerois mieux choisir la mort la plus ignominieuse qu'on sauroit penser, que vous auoir donné la moindre occasion de vous contrister. Et pleust à Dieu, Madame, que mon deuoir peut seruir d'allegement à vostre peine, vous verriez lors, que Tolonio n'est point de ceux-là, qui promettent sans rien effectuer: & cognoistrez (s'il vous plaist m'employer) que de tous vos domestiques, vous n'en auez pas vn plus prest à vous obeyr, soit que mon hôneur, ou ma vie y deussent estre sacrifiez. Aussi estimeray-ie & l'vn & l'autre heureux d'auoir prins fin, faisant seruice à telle & si haute dame que vous. Et disant cecy, pour se veoir seul en la chambre, print la main de la dame, laquelle il baisa auec vne fort grande affection. Laquelle voyant reussir presque à son souhit, ce que elle auoit en fantasie d'executer, serrant la main du Messer luy respondit fort gracieusement: Seigneur Tolonio, si fortune vous estoit si fauorable, que mon malheur (guidé par ma folie d'amour) m'eut réduë autāt vostre, côme vous souhaitez auoir part en mes bonnes graces: que voudriez vous auoir entreprins pour telle iouyssance, & pour complaire à celle, qui si librement, & sans
auoir

auoir autre respect ny à sa vie, ny à son honneur, vous laisseroit son cœur en gage, & le corps pour en faire à vostre plaisir. Ah, madame, dit le docteur, la peur que i'ay que tel bien ne m'auienne point (quoy que ie le desire) me fait partir le cœur : & d'autre part l'aise de mes conceptions, me fait voler si haut, qu'il n'est chose si difficile, que ie n'entrepriſſe pour y paruenir. Pardonnez moy, madame, si i'ay osé si hardiment vous decourir ce que presque ie tenoy secret à mon cœur mesme:& accusez-vous vous mesme, qui ayant puissance sur moy, m'auez fait plus dire, que ie n'auoy deliberé en manifester, que vaincu d'vne passion extreme. En estes-vous là, dit la deshonneste femme : & certes c'estoit bien le poinct, où i'aspirois le plus:& puis qu'ainsi est, que ie puis m'asseurer de vostre fidelité, ie vous prie aussi de croire que ie suis autant à vostre commandement, & que ma parole le vous declare, & que vous verrez aux effects. Dieu sçait si baisers, contrebaisers, embrassemens, & caresses mignardes, auec attouchemens delicieux furent là mis en auant : & si elle oublia de luy dire, que long temps auoit, qu'elle estoit en peine de luy manifester son martyre. Leurs yeux accomplis au contentement d'vne partie & autre, les deux detestables adulte-

YY

res firent complot de se donner de là en auant du meilleur temps qu'il leur seroit possible. Ainsi le desloyal paillard obeit à la volupté effrenee de ceste impudique femme, adioustāt peché sur peché: car outre le vice du souillemēt du lict d'autruy, il cōmettoit felonnie & trahison cōtre celuy, qui se fioit en luy, & aux gages duquel il viuoit ordinairement. Iadis le sage interpreteur des songes, Ioseph l'Hebrieu, en la maison du prince de la gendarmerie Egyptienne, ne fit pas ainsi: ains aima mieux experimenter la rigueur de celuy qui se pensoit offensé, que de pecher contre le commandement de ce bon Dieu, deuant les yeux duquel rien n'est ny caché, ny couuert, & qui à la fin, apres auoir auec patience attēdu la cōuersion du pecheur le punit auec tant de rudesse, comme auec douceur il aura supporté. Las! que l'on peut voir ici, quelle est la malice de ceux qui sous le voile des bōnes lettres, & coulourez (ains pluftost fardez) de quelque vain scauoir, de discerner le iuste d'auec l'iniuste, font profession d'auillir toute iustice, de peruertir l'ordre d'honnesteté, & deceuoir (sous tiltre de bonne foy) les consciences des plus simples. N'en void-on pas auiourd'huy de ces imposteurs vains, scauans, qui causent le diuorce des femmes d'auec leurs maris? Et
tou

toutesfois, ils sçauent, & le disent, que la loy de Dieu, l'institution des hommes, & toute ciuile ordonnance bataille directement contre leurs faicts. Sont encor abolis ceux qui enyurez de science, qui enfle sans edification ne font autre trafique, que de corrompre les bonnes mœurs d'vn chacun: induisans les vns à sedition, les autres à voleries, faux tesmoignages, delaissemens des parens, & mespris de toute honneste societé? Et ce sont ceux, qui ne chantent que de purité de vie, obeissance aux supericurs, reuerêce aux parens, & de la liaison commune d'amitié. Et pour venir au comble de tous malheurs, nostre siecle, mais vostre malice plustost nous a fait germer des hommes diables sçauans, qui vomissans vne fausse philosophie, ont infecté l'air de leur corruption: & ne se contentans d'abuser de la chair, & de reduire la vie de l'homme sous le chatouillement infame d'vne volupté bestiale & charnelle, ont comme maniaques dressé la guerre côtre le ciel, en pensans oster par leurs folles conceptions ceste puissance & premiere cause qui se moque de leurs entreprises, & qui vn iour leur fera sentir, que l'homme ny son sçauoir, lequel ne sent que la terre, est moins que rien, & que c'est luy seul qui inspire la bonté & vertu, & duquel faut que toute sarience procede. Ie dy cecy, pour les succez des choses qui de iour en iour auiennent, & pour veoir la Chrestienté plus tourmentee par ceux qui abusent de la congnoissance, qu'ils ont des disciplines, qu'elle n'est agitee par les incursions & blasphemes des infideles & ennemis de nostre religion. Aussi certes le seruiteur domestique mal affectionné vers son seigneur, est plus à craindre qu'vn millier d'ennemis, courans & vagans par la campagne. Comme le seigneur de Chabrie l'experimenta par le moyen de ce maistre legiste lequel abusoit de la dame, & elle de son mary: eux deux, dy-ie, à fin de continuer mieux à leur aise leur insolence putiere, & abominable vie, complotterent ensemble de le faire mourir: & ainsi qu'il fut deliberé, l'execution s'en ensuiuit: car le Corriual de son seigneur corrompit vn brigand, assez stylé & coustumier à tels exercices, & luy fit promettre de tuer le sieur de Chabrie: & pour cest effect il luy donna vne bonne somme de deniers. Iean Tros (tel estoit le nom du ministre de la meschanceté) esperant encor plus grand salaire pour l'aduenir, ne faisoit que guetter l'heure, le temps, & l'occasion, que sans bruit il pourroit mettre fin à sa deliberation: ce qui luy vint si bien à propos, qu'vn iour il trouua le poure seigneur

se

se pourmenant tout seul dás vne garéne prochaine de sa maison. Ce fut là que le meurtrier, accōpagné d'vn aussi homme de bien que luy, vint tout masqué, & sans dire qui l'a prins, ne qui l'a mis, tous les deux se ruerent sur l'infortuné gentilhōme, & l'eurent plustost occis, massacré, & eux fuis du lieu, où l'acte auoit esté perpetré, qu'aucun s'apperceust de la mort miserable dudit seigneur: qui fut cause que les meurtriers ne furét sur prins, ny recongneus : & moins encor soupçonna-on, que la dame ou son Procureur Tolonio eussent machiné la traison, & fait homicider le poure innocent. Aussi celuy eut esté bien accort, qui en eust rendue coulpable la meschante femme, laquelle demy desesperee (telle se feignoit-elle) se lança sur le corps defiguré & sanglāt de son mary mort criant cōme forcenee, sans pardonner à vestemens, ou cheueux, & arrousant la face du decedé, auec ses feintes larmes, commença feindre vne voix casse & apre, pour exprimer la douleur interieure d'vn esprit passionné, en disant : A ! infortuné gentilhomme, failloit-il, que le sort & destin te cōduisent à ce malheur, qu'au temps de tes derniers aises, sur le repos de tes ans, au milieu de tes amis & en ta propre maison, tu ayes esté occis si traistreusement ? Hé, Dieu ! que n'ay ie eu la

fortune pareille à ton desastre, pour accompagner au tõbeau celuy, l'amour duquel ne pourra iamais sortir de mon ame? Ah! cruel meurtrier (que lque tu sois) que de larmes tu feras d'icy en auant distiller, & cõbien de sang sera espandu pour appaiser l'ombre de mon bon seigneur & espoux: Ie prie Dieu, que iamais ne puisses-tu (felon & traistre, quel que tu sois) eschapper la main de celuy qui l'espee en la main, vége les affligees telles, que par ton moyen ie suis. Ah! mon amy, (dit-elle, embrassant le corps tout deschiré qu'il estoit) que mal te cognoissoit le meschant qui t'a ainsi vilainement outragé. Las! poures enfans, quel pere vous auez perdu:& moy poure vefue desolee, le soustien de mon honneur, & support de toute la famille. Le docteur cependant auoit fait courir apres les vouleurs & meurtriers du bon seigneur. Et reuenant de la suite de ceux qui logeoiét auec luy mesme, fut fort ioyeux, voyant que la dame iouoit si bien son rollet en la tragedie, de laquelle il estoit le premier acteur. Or s'approchãt d'elle, ayant la larme à l'œil luy dit. Et bien, Madame, voulez-vous ietter le manche apres la coingnee? Monsieur est mort, le pensez-vous ressusciter par vos lamentations & crieries? Le meilleur est de prendre en patience l'aduersité qu'il plaist
à Dieu

à Dieu nous enuoyer: & essayer d'en faire la vengeance sur ceux-là, qui en seront trouuez coulpables. Cependant donc, que son corps soit enseuely, ainsi qu'il appartient à seigneur tel qu'il a esté en son viuant: ce que fut executé, car on l'inhuma fort honnorablement, & auec les pleurs & larmes de tous ses subiets, en la chapelle du chasteau, & au sepulchre de ses predecesseurs. Encor les poures suiets plaignoyent fort leur dame, voyans le dueil non pareil qu'elle monstroit pour la perte soudaine de son seigneur. Et estimoyent aucuns, que volontiers elle eust fait vn sepulchre de son corps mesme, pour inhumer son mary, s'il luy estoit loisible de le faire brusler pour en humer les cendres: comme fit iadis Artemise des reliques brulees de son cher Mausole. O feminine cautele! & qui est celuy si sage qui puisse se garder d'estre deceu par tes fraudulantes deceptiós? Las! il n'est malice, dol, trahison, meschanceté, cruauté, ou diablerie qui puisse s'egaler à celle d'vne femme qui a vne fois oblié la vertu & douceur, qui le plus souuent accompagnent ce sexe. Quel plus grand argument voulez-vous de ceste cautelle, que de veoir desesperément pleurer celle, à qui la ioye faisoit tressaillir les esprits, lors que ses yeux estoyent contraints de ruisseler, &

faire deriuer du cerueau vne grande abondance de pleurs? Apres la sepulture donc du sieur de Chabrie, la dame, pour ne sembler point vouloir dementir le premier deuoir d'amitié enuers son mary, fit faire diligente information côtre ceux qui auoyent perpetré l'homicide. Mais les commissaires, greffiers, & tesmoins estoyent ceux mesmes qui s'estoyent laué les mains au sang du poure innocét. Ainsi demeura cest acte secret pour quelque temps, durant lequel, Tolonio reuisitoit toutes les pieces du tresor de la maison, sans oublier celle-là, qu'il auoit la plus affectee, & pour ioüir de laquelle il auoit fait vn si prodigue eslargissement de sa conscience: lequel fut tel, qu'il prepara la voye à meschancetez, encor (si faire se peut) plus grádes & detestables que les fautes premieres, & entendez comment: Ceste dame (vefue par sa trahison) auoit quatre enfans, deux desquels ne bougeoyent ordinairement de la maison (d'où malheur en print.) Or l'aisné de deux, ne fut pas si grossier, ou lourd d'esprit, qu'il ne cogneust aisémét que cette grande priuauté du Docteur auec sa mere, passoit barres, & alloit plus auant, que l'honneur ne pouuoit souffrir: Dequoy s'il en fut marry, ie le laisse penser à tout cœur noble & genereux, & qui pour mourir, ne voudroit
imaginer

imaginer(tant s'en faut voir)la moindre tache en aucun de ceux, qui luy touchent par affinité. Et pource le ieune gentilhomme proposa en soy, d'en tenir propos à madame, & la prier que son bon plaisir fust d'auoir pitié du nom ancien de leur maison, & qu'elle ne souillast point la reputation en laquelle elle auoit iusqu'alors vescu, par vne si sotte & estrãge façon de viure. Ferme dõc & arresté en ses deliberations, voyant que le Docteur gaignant pays de iour en iour, & que la dame abusant indiscretement de sa grandeur, ne pouuoit viure à repos, sans la presence de son Tolonio: il s'en vint vn iour trouuer sa mere, laquelle s'adressant auec vne honneste honte, entremeslee d'vn iuste courroux, & desdain equitable, seul auec elle luy dit assez gracieusement: Madame, la reuerence que ie doy au lieu que vous tenez en mon endroit, & l'obeissance que Dieu veut & commande que les enfans portent à ceux qui les ont engendrez, me fait aussi tost tarir en la bouche, ce que i'ay premedité long temps a en mon ame, comme ie cuide faire euaporer deuant vous, madame, à qui le fait touche, sur toute autre. Et pleust à Dieu, que ce que mon ame a receu, comme chose asseuree, fust aussi faulx, comme ie le desire loing de mon opinion, & encor plus

distrait de la verité: certes, ie ne serois si affligé en mon cœur, ny contraint à estre l'orateur tel que ie suis, & l'office duquel ie voudroy auoir despouillé, si quelque plus grande & iuste occasion ne me le faisoit faire. Mais madame, puis que les passions de chacun sont libres, & que l'esprit de l'homme n'est astraint (quelque captiuité q̃ le corps souffre) sinon à la liberté de ses cõceptions: ie vous suppliroy ne trouuer estrãge, se que l'extreme amour que ie vous porte, & l'honneur de nostre maison me commande vous dire, qui est, que vostre grandeur, & le sang du feu seigneur de Chabrie, sont interessez (à mõ auis) par ceste trop grande priuauté, q̃ l'aduocat Tolonio a ordinairement auec vous, qui estes mere d'enfans tels, qui ne meritent point qu'vn vilain souille le sang genereux, d'où ils sont sortis: & lesquels à grãd peine endurerõt cest abus, sans le venger selon le merite & grauité du crime. Pardõnez moy, madame, si ie parle si auant, veu que l'affection me transporte: & le sang qui ne peut métir, me fait resentir de l'iniure, que vous nous faites, si ceste trop grande familiarité a tel fondement, comme ie cuide. Ie vous iure Dieu, que le seul respect de vostre hõneur m'a empesché d'y voir de plus pres, & d'y pouruoir auec raison. Mais si vous n'a-
uez

nez pitié,& de voſtre reputation, & du rang que vos enfans tiennent, i'y auiſeray ſi bien, que ce maiſtre docteur ira viſiter des proces ailleurs que ceans. La ruſee & malicieuſe femme, voyant la contenance, geſtes, & parole interrompue de ſon fils, cogneut que ſa paſſion eſtoit plus que vehemente : & cognoiſſant ſon humeur,ſe douta, qu'il n'executaſt ſur Tolonio la vengeance de la mort ſecrette de ſon mary. A ceſte cauſe, blemiſſant de colere & de rage,& fondant toute en larmes, s'aſſit à terre, ſi confuſe, qu'elle demeura vn long temps auſſi immobile, qu'vn gros & maſſif rocher aſſailly de vents & vagues au deſtroit de Gibraltar. A la fin ayant bien maché ſon courroux, & diſſimulāt ſon maltalent, reſpondit à ſon fils auec vne voix tremblāte, & mal aſſeuree, & laquelle eſtoit ſuiuie d'vne infinité de ſanglots & ſouſpirs luy empeſchant preſque la parole : Helas! dit-elle,qui ſera celuy maintenant, qui prendra la defenſe de l'honneur de ceſte deſolee veſue, puis que ſes propres enfans ſont les premiers qui mettent ſa pudicité en doute? Où trouuera-on foy, loyauté, bonne opinion,& aſſeurance,ſi le ſang ſorty de nos entrailles,conſpire ainſi contre nous-meſmes? O miſerable condition, que celle de noſtre ſexe ! car lors que nous cuidons auoir quelque

que repos, c'est à l'heure que fortune sort de ses aguets & embusches, pour nous destourner de cest aise pretendu. Ah! mon fils, mon fils, estes-vous de ceux-là qui iugét ainsi temerairemét, & à la volee? Faites-vous si peu de cas de la reputation, constance, & fermeté des dames d'honneur? Mesurez vous leur chasteté par les folles apprehensions, qui se emparent de la ceruelle des sots volages, & mesdisans? Las! ce n'est pas d'auiourd'huy, q̃ la vertu est tousiours assiegee de calomnie, enuie, & fausse imposition de crimes. Ie ne suis pas seule, qui endure ces ameres, & presques insupportables trauerses, & qui maintenant me sens calomniee faussement de vilenie, où iamais ie n'ay pensé. Ce ne sont les dames de mon calibre, qui se laissent ainsi transporter aux fols appetits de la chair. Ce n'est point desormais le temps, que ie pense à ces folies, ausquelles ie ne baillay onq cõmencement en mon ieune aage. Vous offensez vous, pour voir Tolonio parler en priué auec moy? trouuez-vous mauuais qu'il entre familierement en ma chambre? Ne scauez vous pas, q̃ c'est luy seul, qui scait tous les affaires de la maison, & qui les a maniez viuant encor feu vostre pere, mon seigneur & mary? Ah! malheureuse que ie suis, de me voir ainsi soupçonnee, lors que ie ne pense,
ny

ny aspire à autre cas, qu'à l'accroist de vostre bien : & Tolonio plus desastré de se peiner pour l'amour de vous, qui pour toute recompése, ne luy promettez gueres meilleur traitement que la mort. Non, non, mon fils: Tolonio est fort homme de bien, & pour tel a tousiours esté tenu: parlez-luy de cecy, & verrez si à vostre simple commandement il ne quitte la maison, sans plus y retourner vous donner fascherie : & lors cognoistrez que nos affections sont autres que ne pensez : & que la faueur que ie luy monstre, est plus pour vostre bien & auancement, que pour le plaisir, que faussement vous soupçonnez sur moy, qui estant vostre mere, deuroy pluftost estre louée de diligence, que accusee (à tort) d'incōtinence. Le ieune gentilhomme, oyant les excuses de sa mere, & la voyant ainsi esploree, & attainte de douleur, quoy qu'il ne peust oster de sa fantasie ce qu'il estimoit pour plus que veritable, luy respondit: Madame, ie ne sçay duquel ie suis le plus esmeu, de ioye, ou marrisson: veu q̃ marry suis-ie vrayement, pour vous voir si outree de douleur, que la passion en redonde sur mon ame, tellemẽt que les traits d'icelle penetrent iusqu'au plus profond de mon cœur : & ioyeux pour vous cognoistre telle qu'auez tousiours esté, & que ie vous

sou-

souhaite pour l'auenir. Ie ne veux autre tesmoing de cecy, que vostre vertu & pudicité mesme, ausquelles i'adiousteray mon cœur & vostre parole, comme symbole de ce que confesse, que i'ay grand tort, & vous plus iuste occasion de vous plaindre de moy : toutesfois, si vous mesurez quelle est mon affection, & la raison qui me fait parler:& si cotéplez encor auec quelle modestie ie vous ay fait ceste ouuerture, vous l'accepterez de mesme vouloir, comme de bon cœur i'ay mis en auant la remonstrāce:& me pardonnerez de mō audace, auec protestation, que d'icy en auant ie seray plus sage à parler, & mieux auisé à soupçonner chose, qui puisse tourner à telle consequence. Elle s'appaisa, ou aumoins feignoit le faire, attendant que l'opportunité s'offrist, qu'elle peust executer sur son fils la tragedie ia commencee sur le pere: car elle ne se fioit point aux paroles du simple & vertueux adolescent, le pensant de foy autant preuariquee que la sienne. Aussi est-ce la coustume des meschans, que de balancer la vie d'autruy, par l'iniustice de leurs façons de faire. Les tyrans ne sçauent de qui se fier, pource que leur cruauté est nuisible à tous, ne fait bien à aucun, que pour en tirer proffit:& aussi qu'ils iugent les affections des saicts, pareilles à leur passion:

ainsi

ainsi, eux viuans en crainte, rendent malheureuse la vie de ceux qui les accontent. Ceste nouuelle Progné, mais pluſtoſt tigreſſe enragee, raſſaſiee non plus du ſang eſpandu en la mort de ſon mary, que de l'infecte paillardiſe, qui la tenoit ainſi aueuglee, & qui luy auoit alteré la douceur de ſon naturel en vne rage deſeſperee, pour l'amour de ſon docteur, delibera de depeſcher (quoy qu'il en deuſt auenir) le monde de ſon fils, à fin de viure mieux à ſon aiſe, & ſans auoir aucun, qui contrerolaſt ſa vie, & eſſayaſt de retrancher les meſchans gettons de ſes lubricitez. Or dedans ledit chaſteau de Chabrie, y auoit vne haute gallerie, qui diuiſoit deux corps de logis, le plancher de laquelle eſtoit aſſez mal ioinct, & d'aix à demy pourris : & toutesfois ce ieune gentilhomme s'y pourmenoit couſtumierement, pour eſtre le lieu bien aëré, & auiſant ſur le payſage d'alentour, & meſmement ſur vn beau iardin, remply de toute ſorte & d'herbes & de fruicts que l'homme ſçauroit ſouhaiter, ou pour le plaiſir, ou pour l'vſage, ſoit de viure, ou de medicamenter : qui fut cauſe, que le piege excogité pour le ſurprendre, fut pluſtoſt dreſſé, que iamais il ſe doutaſt de l'entrepriſe. La deteſtable mere donq, fit decloüer vn ſoir à ſon ribaud de

docteur

docteur deux ou trois aix, & les desioindre si bien & adextremēt du cheuron, sur lequel ils estoyēt posez, & cōtiguez, que celuy, qui passeroit par dessus, ne faudroit d'aller voir quelle seroit la profondeur des fossez tous pleins de dures roches. Comme aduint au fils de ceste louue, non plus heureux en mere, que son pere auoit esté en femme : car le iour apres que son malheur fut preparé, il ne faillit de venir en la gallerie, où ayāt fait deux ou trois tours, son desastre voulut que il mist le pied sur les aix desioincts, & soudain il tomba sur le rocher la teste la premiere. Ainsi il fut eceruellé, & ses membres tous brisez & moulus de la cheute, mourāt plustost qu'il eust presque senty l'apprehension de la mort. Qui est celuy-là, qui eust iamais pensé, que la mere fust si felonne & impitoyable, que de voir (par son moyen) son propre fils ainsi brisé, mutilé & deformé? Veu que ce nō de mere est si doux & amoureux, que les cœurs, les plus farouches, en sont attendris : & void-on que chacun a son sang si cher, que les bestes mesmes, eguillonnees de nature (quoy qu'incapables de raison) ont telle affection vers leurs faons, que elles ne craignent de s'exposer au peril de la mort, pour les conseruer & defendre. Aussi le plus grand heur que l'homme peut receuoir

uoir, estant en la continue des orages de la mer de ce monde, c'est, de voir comme vne renaissance de soy-mesme en ses enfans, & comme la propagation, & accroissement de sa semece. C'est pourquoy le saint nœud de mariage fut principalemét institué, nō pour le seul respect de refrener les ardeurs chatouilleuses de nostre lubrique chair, ains pour tenir le genre humain en son ordre, & le maintenir en vn estre pur, & plaisant à ce grand Legislateur, qui en fit la premiere ordonnāce. Mais (pour reuenir à propos) ceste diablesse, & enragee furie, ayant desia despouillé l'affection que la cōpagne & espouse doit à son consort, mit aussitost en oubly la charité & amour qu'elle deuoit au fruict, qui auoit germé, & prins racine & accroisse mét en ses flancs. Apres la cheute de ce ieune gentilhōme, lon n'eust ouy que crierie & plainctes par toute la maison: l'vn pleuroit son frere, l'autre regrettoit son cousin, l'autre se lamentoit pour la mort inesperee, & soudaine de son maistre: mais tout cela n'estoit rien, au pris de ce que faisoit la meurtriere detestable: car elle se tourmentoit si desesperémēt, & de telle sorte, q̄ lon eust dit que tout le monde deuoit s'abysmer, & perdre, tant feignoit sa douleur estre excessiue. Ainsi ceste Megere, sous vne tristesse fardee,

ZZ

elle couuroit l'extreme ioye de son cœur, & auec le fiel d'vne angoisse exterieure, elle adoucissoit le miel venimeux qui couuoit en son estomach. Les obseques furēt celebrees assez pompeusement, & fut le corps du fils enseuely ioingnant celuy du pere, à fin qu'il participast & en giste, & en malheur, auec celuy qui l'auoit engendré. Apres cecy, la dame se voyant deschargee d'vn grand creue-cœur, n'ayant plus ce fils cēseur en sa cōpagnie, pour remarquer ses fautes: cōmença de plus belle à entretenir & caresser son docteur, sans plus se douter de personne, au moins pas tant qu'elle faisoit, viuant son fils aisné. Mais le secōd, ne scachant rien de l'occasion de la mort de son frere, & qui au parauant ne s'estoit prins garde du fol gouuernemēt de sa mere, cōmença à soupçonner le fait, & le mōstra si biē, qu'il ne pouuoit dire vn seul mot à Tolonio, sans luy vser de paroles, qui sentoyēt son mal côtēt, & lesquelles faisoyent apparoistre le maltalent de l'adolescent, contre le paillard infame: & si par cas il parloit à sa mere, il le faisoit auec desdain, & ne pouuoit presque l'auiser de bon œil: dequoy elle faschee iusqu'au possible, delibera d'ensanglanter du tout son renom, & rēplir toute la maison de meurtres & tueries, tendant à ceste fin, de celebrer le chant
nuptial

nuptial de la couche de son concubinage. Ainsi l'inhumaine putain coiura contre son second fils, & iura aussi sa mort auec le ministere de ses abominables pechez. Tolonio, lequel entreprint la charge, & promit de faire reussir son effect, ce qu'il mettroit en sa fantasie. Ce beau Iurisconsulte, endoctriné en l'escole de Satan, plustost que par les rescrits des Empereurs, & edicts Pretoriens, ou ordonnances du Senat: s'addressa à vn malheureux, compagnon de celuy qui auoit meurtry le seigneur de Chabrie, lequel il corrompit assez aisément: car vn mauuais cœur, & vn meschant naturel, ne peuuét que monstrer les fruicts de leur corruption & malice. Ce paillard, ayant receu quelque somme d'argent du docteur, l'asseura de luy en rendre tout tel conte qu'il en esperoit. Aussi ne faillit-il point à sa promesse: car quelques iours apres, eux estans à la chasse, ainsi que la plufpart des seruiteurs s'amusoyent beaucoup à donner la curee aux leuriers, d'vn lieure qu'on auoit pris, le poure adolescent s'estoit arresté sur vne haute roche, laquelle auisoit en vne campagne profonde, & de laquelle la descente estoit perilleuse du costé de la vallee, pour l'aspreté du lieu inaccessible, & des precipices, qui eussent donné horreur, auec le plaisir qu'on y auoit à contépler de là auāt tout le plat pays d'alétour. Le meurtrier, qui tout le iour n'auoit cessé de le cheualer, & suyure par trace, pour trouuer l'occasion de parfaire son dessein, fust ioyeux, voyant ce que mieux il n'eust sceu esperer, & pource vint-il par derriere, & le poussa si rudement en bas, que le poure gentil-homme fut plustost au fond priué de vie, que sentir celuy, qui luy auançoit si outrageusement la fin de ses iours.

Que scauroit-on moins estimer de ceste maison, que de celle des successeurs du Grec Arree, où les enfans furent despecez miserablemēt, la femme de l'vn des suruinās paillarde, & incestueuse, & à la fin meurtriere de son mary, par l'aide de l'adultere, inquinateur d'vn lict nuptial : & meurtrier, auec son ribaud, par les mains de son fils propre ? I'ay horreur, que tels exemples soyent aduenus entre les Chrestiens, & de nostre téps, voire & au pays, ou la courtoisie, & amour des parés vers leur geniture, est telle, qu'ils oubliét leur salut, pour tacher la cōseruation, & incolumité de ceux, qui leur doiuēt legitimemét succeder: toutesfois ce fleau, & furie nee pour tourmēter les siés, cuidāt tenir sa detestable lubricité en secret, & apparoistre femme de bien deuant le peuple, ne faisoit estat d'arrouser la terre du sang innocent, lequel
crioit

crioit vengeáce,& contre elle, & contre son paillard, lequel estoit la cause & motif de tous ces meurtres. Mais ce bō,& iuste dieu, qui a cōté toutes les goutes du sang, qui fut espādu depuis Abel le iuste, iusques au dernier de ceux,qui serōt iniustement affligez, punis,& massacrez des meschās: voulut que quelquesfois tels actes detestables prinssent fin, par la decouuerte de la vie passee de ces adulteres, & infames putiers. Veu qu'apres les funerailles du ieune fils, elle, voyant que tous ses seruiteurs auoyent l'œil sur eux, & que la plus part se doutoiét de leur trop familiere priuauté, en cōmuniqua à son gallant, & proiecterent ensemble la fin, & de leurs aises & de leurs malheurs : c'est, de se prēdre en mariage l'vn l'autre. Mais Tolonio (estāt marié à vne belle dame, autant sage,& vertueuse,qu'il estoit meschāt) ne sçauoit que faire pour s'en depestrer secrettemēt,& le plus seuremēt, qu'il luy seroit possible. A la fin il delibera de la faire mourir, à quelque marché q̃ ce fust. Ce qu'il declara à s'amie,laquelle aussi (asseuree à commettre meurtres,& à y fauoriser comme vn brigand & voleur, qui de sa vie n'a bougé des bois, ou destroits des mōtagnes, pour y deualiser les passans) le trouua fort bon, & encor le pria elle de l'executer le plustost que

ZZ 3

ce pourroit faire. Le malheureux, & auare docteur faisoit cecy, non pour trop grande amitié qu'il portast à celle qu'il se faisoit fort d'espouser: car il sçauoit fort bien, que lon embrasse & caresse les traistres, pour s'ayder de leurs inuentions & subtilitez: lesquelles executees, ou ils sont punis, pour leurs demerites, ou lon les mesprise si bien, que leur miserable vie peut assez monstrer la difference de la vertu au vice, & d'vne bonne conscience, à l'esprit de celuy, qui se plaist à telles folles inuentions. Ainsi Tolonio, sçachant que la dame de Chabrie estoit riche, & fort pecunieuse, proposa (sa femme morte) de l'espouser, pour auoir ses despouilles, & puis apres (peut estre) la faire passer par le chemin defriché par tant d'occisions perpetrees par le moyen & de l'vn & de l'autre: neantmoins, il ne sçauoit quelle voye y tenir, pour attaindre à son lasche desir. O effrenee côuoitise, comme tu as depraué auiourd'huy l'esprit des hommes! Certes, le pere n'est point asseuré aupres de son fils, le voisin auec son prochain creignant des embusches: & le Prince le plus souuent est en danger de sa personne enuironné & ceint de tous costez de ses gardes, & ministres: car ce fol desir d'auoir, aueugle si adextremét les sens humains, que cestuy-cy trahit son seigneur, pour s'enrichir, & celuy-là à mesme fin vend sa patrie,& l'autre auance la mort à celuy pour la vie duquel il deut estre en prieres continuelles: & est venue la chose iusqu'à tel desordre, que mesme les choses sacrees ont senty le poison, & venin de ceste maudite beste,laquelle de tant plus estend ses forces, de tant deuiennent les siecles plus malheureux,& les hômes traistres, & desloyaux. Que si l'auarice fait dissoudre ce que Dieu ne veut point que l'homme separe,ce que nature mesme nous aprend d'aymer,ie ne voy point, ou'lon puisse s'arrester pour trouuer loyauté, ny en quel climat aller,pour voir les hommes,qui imitent la simplicité de nos ancestres : veu que nostre malice surpasse tout ce qui fut iamais de meschant,& corrompu entre les peuples les plus barbares, cruels, & moins sachans que c'est q̃ de pitié,ou vraye & pure religion.Or pour reuenir à nostre legiste sanguinolent, il ne faisoit que bastir des chasteaux en l'air sur la deliberation prinse de la mort de sa femme : car il tenoit le loup(que lon dit)par les aureilles, ne sçachant ny comme le laisser, ny auec qu'elle asseurance le retenir,sans le danger,& peril de sa personne.Vne fois deliberoit la faire mourir par poison, mais la voye luy sembloit trop dangereuse, pour n'estre point drogueur assez escort, &

qui se voyoit fort loing d'apotiquaire, lequel il peut pratiquer à sa poste, & en retirer le boucon Lombard, par lequel il deliurast sa femme de tout souci. Encor proiectoit-il de faire tuer sa femme à celuy, qui auoit, par son commandement, commis le meurtre precedant en la personne du fils du sieur de Chabrie: mais il n'y faisoit pas beau, car la chaste dame ne bougeoit gueres de sa maison, & craignoit le paillard que lon le soupçonnast d'auoir moyenné l'homicide. Finalement conduit de ses fols appetits, & laissé entre les mains du diable, il s'arresta de ne s'ayder de autre, pour c'est exploit, que de sa propre main & pource vne nuict estant couché auec sa femme, il l'estrangla, luy ayant entortillé vne seruiette au col:& ainsi qu'elle estoit sur les angoisses, & derniers souspirs de sa vie, le meschant (cuidant faire sa cause bonne) s'ecria à l'ayde, disant aux suruenans, qu'vn reume auoit saisy la gorge de sa femme, & l'auoit suffoquee, si bien qu'il n'auoit peu y remedier. Ce qui fut creu par l'assistance, & eust passé sans qu'on eust fait autre conte, si le bō Dieu n'eust fait venir à ce cry le pere de la miserable defuncte, lequel le soir auoit soupé auec sa fille, l'ayant laissee aussi saine, & en bon point qu'elle eust iamais esté: Encor ne fust-ce pas tout: car son malheur, ou piustost

la

la iustice diuine, voulut que le pere tout esploré se print garde au visage, & gorge de sa fille,& cogneut qu'elle auoit finé ses iours par mort violente,& que la defluxion,qui l'auoit suffoquee,c'estoyét les mains ou de son mary, ou d'autre à ce par luy instigué: veu qu'elle auoit la face enflee, & la gorge toute noircie, & d'vne couleur plombee, pour le sang masché, que s,y estoit caillé à l'entour de la ou il auoit fait la violéce.Et toutesfois le bon homme fut si constant,que dissimulāt son courroux,& celant son dueil, il delibera de s'en venger si hautemét,qu'à l'auenir lon auroit dequoy proposer exemple aux meurtriers de leurs chastes,& pudiques espouses. Pour à quoy mieux paruenir, il dist à Tolonio: Mon fils, ie vous prie de donner ordre, que l appareil des obseques s'appreste, selon le merite de nos maisons.Ie m'en voy ce pendant vn peu en la ville,& ie seray aussi tost de retour,pour vous y ayder en ce que y sera requis.L'aduocat s'occupant à la pompe,& apprest des funerailles de sa femme, son beaupere, demy transporté de tristesse, s'en vint trouuer le iuge criminel du lieu, lequel il pria de venir voir le fait le pl⁹ detestable que homme scauroit penser, & duquel il auroit compassion,s'il n'estoit plus cruel,que ce Timon Athenien,qui,pour sa farouche nature, fut surnommé l'ennemy commun des hommes, Le magistrat tant pour estre prompt (cōme son office luy commande) à rendre le deuoir à vn chacun, que pour voir quelle nouueauté c'estoit, le suyuit, accompagné d'vne bonne trouppe de sergés, & voisins, pour luy faire escorce. Arriuez au logis de Tolonio, le iuge fut esbahy outre mesure, voyāt ce corps mort si mal en ordre: & plus encor s'esmerueilla-il, quand il entēdit le pere de la defuncte, luy vser tels ou semblables propos. Monsieur, si le present spectacle ne vous est nouueau, & si les larmes d'vn poure pere, perdāt son enfant si malheureusement, ne vous esmeuuent à cōpassion, ie suis d'auis que toute impunité de vice ait lieu en vostre endroit. Ie scay toutesfois, que de prime face vous trouuerez estrāge ce que ie pretē vous dire: mais la chose bien, & exactement entendue, vous serez fait certain de ma iustice, & de l'iniquité de celuy, qui a si durement nauré mon cœur, que ie crain que la playe ne me cause la mort: laquelle ie voudroy auoir plustost experimentee, que voir ceste piteuse tragedie sur ma fille, laquelle ie dy auoir esté traistreusement occise, en dormant, par le detestable meurtrier que vous voyez, & lequel entre tous autres i'auoy choisi pour loyal espoux de ma fille, & futur successeur

des

des biens que Dieu m'a donnez. Vous voyez,Monsieur,les signes euidens, & marques patentes, comme elle a esté estranglee: ion sçait qu'elle se coucha aussi saine, & ioyeuse que personne de nous. Mais bon Dieu! son propre marry luy a seruy de caterre, voire de peste, & venin, qui soudainement depesche la vie des hommes. Las! ayez pitié de ma desolee maison, vengez, auec le glaiue de iustice l'iniure faite à ma fille,& le creuecœur,qui afflige l'ame du pere:effacez la tache perpetuelle qu'on pourra donner à ce pays, de voir vne si estrange, & barbare cruauté d'vn mary,hôme de qualité, & sçauoir, mary d'vne des plus chastes, & preudes femmes,que il se trouue, & qui toutesfois sans iuste occasion l'a meurtrie si iniustement, comme il est meschant, & abominable.Las! Monsieur, le seul espoir, que i'ay que Dieu vous fera cognoistre les faits de ce malheureux, & l'attente que vous en ferez iustice, m'ont empesché de venger le tort,que ie me asseure auoir receu de c'est homicide. Et voulant parler dauantage, la parole luy faillit,& se print tellement à pleurer, que le Iuge, esmeu à pitié, dit à Tolonio : Tolonio, vous oyez ce que vostre beau pere dit contre vous, & toutesfois ie ne veoy point que respondes,à pas vn poinct des charges,& accusa

cusations qu'il vous met sus. Mais l'infame adultere meurtrier, iugé par sa propre conscience, & condamné par la memoire de ses faits passez, ne peut exprimer vne seule parole, pour refuter l'accusation mise en auant par son beau-pere. Le iuge esbahy au possible de cecy, sçachant combien ce docteur estoit eloquent & prompt en responses, se douta de ce qui estoit. A ceste cause, apres le iugemét des medecins, qui dirét vnanimemét que la defuncte estoit morte par la violence de quelqu'vn, qui l'auoit estráglee, il feit empoigner le mignon de la dame de Chabrie & l'enuoya espouser vn cul de fosse, au lieu de iouïr des libres embrassémens desirez en la couche premeditee de sa femme promise, & laquelle il vouloit faire lieutenáte de la defuncte. L'endemain le corps mort fut mis en lieu public ou les hommes & les femmes de tous estats espandirent vne infinité de larmes, non sans maudire vn milion de fois le cruel, & felon, qui auoit fait mourir ceste tát vertueuse, chaste, & honneste dame. Et sçachans que c'estoit son mary, Dieu sçait si les dames furent marries de le voir prisonnier, & si lon cria que la iustice en fut briefuemét faite. Le corps fut porté en l'Eglise collegiale dudit lieu, enseuely fort honnorablement, & auec tels regrets, qu'il sembloit que la
mere

mere commune de la cité eust finy ses iours. Le pere cependant ne cessoit point de poursuyure son criminel, & s'y diligenta si bien, que le prisonnier fut ouy, & confessa le crime sans question, ou torture quelconque: ce qui donna telle horreur au iuge Preuostal, qu'il en escriuit aux messieurs de Parlement d'Aix, par deuant lesquels la cause fut euoquee. La dame de Chabrie, ayant entendu le discours de c'est emprisonnement, & la confession volontaire de Tolonio, se sentat coulpable du tout, & craignant ce, qui depuis auint, qu'il ne decelast toutes leurs pratiques, & confessast tant de meurtres perpetrez en sa maison, delibera de s'enfuir, & euiter la tépeste plustost que veoïr & sentir les esclairs, esclats, & fondres d'icelle voler, & cheoir sur sa teste. A ceste cause prenant vne grand' somme de deniers, & les plus precieux de ses ioyaux, se retira au Poget, chasteau, qui est es terres, & seigneurie du Duc de Sauoye. Cependant Tolonio fut conduit, lié, & garrotté vers l'anciéne, fameuse, & noble cité d'Aix, laquelle vn fort long-temps a porté le nom de son fondateur Sextius gentilhomme Romain, & laquelle pour ceste cause, & pour auoir des bains d'eaux chaudes, fut des Latins surnommee Aquæ Sextiæ. C'est en elle, que le Roy tres Chrestien a dressé sa
cour

cour souueraine, pour faire droit, & decider tous les appeaux de son païs & seigneurie de Prouence. Là donc Tolonio mené, son procez fait, & luy de nouueau interrogué, confessa encor tous les enormes, & detestables pechez, qu'il auoit commis auec la dame de Chabrie, sans obmettre pas-vn des meurtres, l'occasion d'iceux, & le nom des personnes desquelles il s'estoit aydé pour tel ministere. La cour, veu l'abomination, & grauité du delict, le condamna à estre ramené à la Grasse, ou il seroit escartelé tout vif en la place publique dudit lieu. Ce qu'estant ordonné, il fut derechef ramené au lieu de sa naissance, & remis en prison, dans laquelle oyant prononcer l'arrest de sa mort, fondant tout en larmes, recognoissant son peché, & se repentant fort affectueusement de ses fautes: mettant les genoux à terre, & les yeux dressez au ciel, se meit à parler en ceste sorte: Las! de moy, & par moymesme, qui, d'vn si haut degré d'honneur, & reputation, suis tõbé en vn moment en l'abysme d'infamie, & vitupere perpetuel: ô quel exemple peuuent prendre en moy, ceux qui se fient à la subtilité de leur iugement, & prudence humaine: quel miroir est offert à ceux, qui posent necessité à la mobilité de fortune! Quelle viue peinture suy-ie, pour aduertir les pecheurs

secret

secrets de recognoistre leurs fautes, veu que à la fin les mal-viuans, quoy qu'ils aient iouy longuement de l'aise d'vn plaisir chatouilleux, decouuriront d'eux mesmes leurs iniquitez, laissans, comme ie fay, leur renom denigré, la fortune en decadéce, & leur vie, qui finalement prendra fin ignominieuse, la memoire de laquelle sera ramenteuë à la posterité. C'est ce seul ver, qui ronge mon ame : ce seul pensement m'est beaucoup plus grief que la mort, laquelle i'ay meritee, comme estant le plus meschant, & abominable homme, q̃ iamais nature ait produit. Mais Dieu ô bon Dieu ! en quel abysme de pensement tombe-ie maintenant. Ie voy la mort presente, qui donne l'assaut à ma vie: ie sen vn bourreau en ma conscience, qui me martyre sans intermission: ie cognoy la grauité de ma faute telle, & si grande, que pour eux, & tréblant, ie m'apperçoy saisi d'vne horreur si formidable, que l'enfer, & la mort me semblent rien au respect de mon vice. Mais mon Dieu, ta pitié, & misericorde excede la grandeur de tout peché, & ta grace, la grauité de tout demerite: & pource te prieray-ie, Seigneur, auoir compassiõ de moy, poure malheureux, & miserable pecheur, pour l'amour de tõ fils vnique Iesus Christ nostre sauueur, lequel a espãdu son sang sur le gibet de la croix, pour

donner

donner la vie aux morts en peché, pour ra-
dreſſer les errans en voye, & pardonner aux
pecheurs, du nombre deſquels ie ſuis le plus
grand, & me confeſſe le plus execrable:& ſup
pliant neātmoins ta Mageſté ne me imputer
point mes fautes, ou entrer en iugement a-
uecques mon ame, ains me faire participant
en la ſatisfaction que ton fils mourant a fait
pour tout l'humain genre decheu de ſon innocence, & de ta grace, par le moyen du premier homme: les taches duquel ont eſté net-
toyees par le ſang de l'aigneau innocent, entre les mains duquel ie recommande auiour
d'huy mon eſprit. Ceſte belle & excellente
harangue finie, il fut mené au lieu du ſupplice, ou ſon arreſt fut executé, au grand contétement de ſon beau-pere & de toutes les dames du pays, ſauf la meſchante & miſerable
dame de Chabrie, laquelle fut adiournee à
trois briefs iours, & (ne cōparoiſſant point)
condamnee, par cōtumace, à eſtre defaite en
figure publiquement, ce qui fut fait & execu
té, cōme eſt la couſtume louable en France, à
fin que l'appenſion de tels tableaux dōne ad-
uertiſſement aux preſens, & infame ceux qui
oubliēt, & leur honneur & leur vie. Ceſte da
me malheureuſe, ſcachant qu'on faiſoit diligente inquiſition du lieu où elle s'eſtoit retiree, & que lon moyennoit, en toutes ſortes
que

que lon pouuoit, de la recouurer, pour en faire iustice, ne se sentant assez asseuree au Loget delibera de prendre la route de Genes. Ainsi ayant prins, & troussé bagage, s'en y alla, accompagnee d'vn galand nomé Iaques Pallier, lequel se doutant presque de l'occasion de la fuite de la dame (par iuste végeance, & punition de Dieu) elle n'ayant encor fait seiour vn mois en ceste belle & riche cité de Genes, ledit Pallier la deualisa de tout poinct, sans luy laisser autre richesse, que ce qu'elle auoit dessus elle. Vn iour que la malheureuse estoit en quelque temple, pour y faire ses deuotions (car elle commençoit desia à se repentir de ses meschancetez & enormitez, & estoit deuenue de bonne ribaude vne vieille bigotte) elle venue en son logis, n'y trouuant point son varlet de chambre, & voyant l'eschec de ses biens, & le peu de moyen qu'elle auoit de pouuoir recourer dequoy subuenir à ses necessitez, fut en voye de desespoir: mais iugeant que son malheur à l'egal des grãds maux qu'elle auoit cõmis, n'estoit q̃ bien peu de chose: remercia Dieu, & s'essaya de piller patience, & par mesme moyen pouruoir à l'auenir, pour gagner sa vie. Et pour cest effect, s'adressant à vne honeste dame vefue, luy conta, non ses lachetez, mais trop bien ses grandes necessi-

AAA

tez, le faux & lasche tour, que son seruiteur luy auoit ioüé. Ceste bonne vefue la receut fort benignemét, & voyant les honnestes façons de faire, & la grauité naturelle de ceste estrangere, la iugea telle qu'elle estoit: c'est à sçauoir, gentilfemme, & pource luy bailla elle ses filles en gouuernement. En ceste maison fina-elle assez pouremét (mais trop plus honnorablement, qu'elle ne meritoit) ses malheureux iours. En ceste sorte donc, celle qui toute sa vie auoit cõmandé à vne bonne troupe de seruiteurs & chambrieres, fut contrainte d'obeir à telle, qui (peut estre) estoit de plus basse condition, que celle qui la seruoit: & qui durant ses ieunes ans auoit esté delicatement, & auec grand soing nourrie, maintenant tirant sur la fin de ses iours, elle experiméte vn exil perpetuel, suiette au plaisir d'autruy, preste (cõme elle fit) à mourir hors son païs, & receuoir sepulture ailleurs qu'au monument de ses maieurs. Ce sont certes, les iugemens de Dieu, lequel delaissé de ceux, qui a bride auallee courent apres leurs desirs, les laisse aussi tõber, & permet qu'ils choppent si lourdemét, qu'à la fin ils sont contraints de confesser leur faute, & detester leur peché, lors qu'ils sentent la iuste végeance de Dieu foudroyer sur leur teste, ainsi qu'aduint à ces deux miserables a-

mans

mans: la fortune desquels toutefois i'estime assez heureuse. Veu que la repentance a ensuiuy de bien pres leur delicts. Et certes, bié heureux est celuy, les yeux de l'esprit duquel ne sont point offusquez par les tenebres d'infidelité, & obstinee malice: car Dieu espand le feu de son yre, & les foudres de sa fureur, & sur les corps, & sur les ames de tels infideles & obstinez. C'est donc ceste-cy la fin de l'amour impudique des adulteres: voila les fruicts d'vn arbre si detestable & pernicieux, & l'heur qui suit les fausseurs des promesses faites en la face de l'Eglise. Ce sont les aises qui à la fin accompagnent ceux qui iniustement espandent le sang de leur prochain: veu que Dieu veut, que dent pour dét & œil pour œil, soit osté à celuy, qui (hors l'ordonnáce du magistrat) aura offensé son frere, dans lequel reluit la viue image de Dieu: lequel a defendu expressement & l'homicide, & paillardise, & celle nommément, qui se fait auec la femme de son prochain, laquelle vne fois vnie auec son corps, & demy-tout, rauit l'ame de son consort, & deshonnore l'vnion de leur sacree liaison, lors qu'impudiquement elle appete les caresses d'vn effronté amoureux, & les baisers illicites & defendus d'vn paillard infame.

Fin de la seizieme Histoire.

Sommaire de la dixseptieme histoire.

L'Experience, maistresse asseuree des succez humains, nous a iusqu'icy fait veoir qu'entre toutes les choses incompatibles, & non pouuans receuoir aide ou esgal compagnon, le regne & domination en tient vne place, & la principale, auquel encor a l'on adiousté l'amour: car les Roys, & amoureux symbolisent en cela, qu'ils ne veulent point de compagnon. C'est de là, d'où procede la froideur du venim glacé de ialousie, laquelle refroidit, & espouuante si bien le cœur des amans, qu'à ce propos le Poete Latin a chanté:

Plein de soucy, & d'ennuyeux seiour,
Est le craintif esprit esmeu d'amour.

Et sont si bien liez ensemble, amour & ialousie, que, qui dissoudroit l'vn, il causeroit la ruine de l'autre. Aussi ces fols amans ne font conscience de dire, que celuy n'aime point vrayement, qui n'a senty les esguillons & poinctures de ce soupçon dangereux, & de ceste cruelle rage, que l'on nomme ialousie: sur lequel iugement, & pour l'approuuer, Camille Scarampe, en vn sien sonnet, a dit.

Ialousie & amour ensemble ont prins naissance:
Vniz ils sont si bien, que l'amour pas ne peu

Sans Ialousie aller, sans elle estre ne veut:
Craignant & soupçonnant, amour prend
Accroissance.

Mais qui auec sain iugement contemplera & l'vn & l'autre, il les verra fondez sur vn pied & plan, si peu solide, que la seule folie est celle, où est posée la pierre principale de tel fondement. Aussi voit-on, que les sages sont transformez en singes masquez de sottise, lors qu'ils apprennent à dancer le branle de ceste dance d'amour, lequel monstre encor plus manifestement le venim caché sous le miel exterieur, s'il aduient qu'vn vieillard s'embeguine de telle coiffure: car tel amoureux, assailly de deux si puissans ennemys, qu'amour & vieillesse ne peut que faire des actes pleins de desfiance & soupçon: & n'aduient gueres souuent que des amourettes d'vn vieillard, n'en sorte de grans & enormes scandales, veu que le poure chenu, & refroidy, & sans force, est tousiours en crainte de perdre ce qu'il ne peut entretenir, & garnir de viures suffisans, & munition propre à la conseruation de telle piece. Ie laisseray tant d'exemples anciens, qui me pourroyent faire foy de cecy, pour vous conter vne histoire d'vn vieillard, qui de nostre temps a monstré combien l'amour fait oublier les hommes, & abestir les prudens, faisant cruels les parens sur leur geniture, pour vne sotte ialousie, qui auroit

HISTOIRE

enyuré leur sens comme verrez par l'exemple qui s'ensuit.

D'un gentilhomme Milanois, qui, amoureux sur la fin de son aage, pour extreme ialousie d'une sienne garse, fut cause de la mort de son fils, & de la sienne propre: & la fin malheurese de la paillarde, qui fut cause de tout.

HISTOIRE DIXSEPTIEME.

DV temps que les armes Françoises faisoyent trembler & reluire tout ensemble toute l'Italie, pour la conqueste de Milan, & route des Venitiens, lors que Loys XII. leur donna tel espouuantement (quand il mena son camp iusques à la veüe de leur maritime cité, rompit les murs & demolit auecques la foudre de ses canons les tours de Mestre) que Venise ne sentit onques de plus lourde ou forte estorce, ne sçachans les Venitiens plus par quel moyen pacifier leur fiancee Thetis, & appaiser le courroux d'vn Roy indigné contre leur infidelité & arrogance. De ce temps-là, dy-ie, il y auoit vn gentilhôme Milanois, qui pour les troubles aduenus, s'estoit retiré aux champs en vn chasteau qu'il auoit aupres de Monze comme aussi firent la pluspart de ceux, qui se faschoyent du changement de leur seigneur, ou qui (peut estre) ne pouuoyent endurer l'insolence & cruauté des soldats François. Ce gentilhomme, de qui ie parle, estoit veuf: seulement luy restoyent deux enfans, l'vn aagé de sept à huict ans, & l'autre approchât desia du vingtieme. Ce vieillard se voyant sans femme, combien qu'il passast desia les soixante ans, sans auoir esgard à la vieillesse, ny à sa mort prochaine, s'amouracha d'vne Contadine, fille d'vn sien mestayer, assez belle, & de bonne grace: de laquelle il iouït, par le moyen du pere mesme de la fille qui la luy vendit. C'est vn indice assez vray semblable du salut deploré d'vn hôme, que de le voir en sa vieillesse deuenir pire, que l'adolescence n'en dôna iamais la monstre. Encor est-il plus detestable, que la chrestienté se sente inquinee des peres & meres, si impudens & malheureux, que de vendre, prostituer, & corrompre leurs propres filles: & toutesfois les magistrats de nostre temps n'y voyent goutte, les Roys ferment les yeux: les plus saincts, ou à tout le moins qui feignent l'estre, font la sourde aureille, pour ouïr la pudicité vendue à deniers contans

& n'est pas vn d'eux, qui punisse ceste marchandise des corps lauez au sang de celuy, qui au prix de sa vie nous a rachetez de la main de celuy qui nous tenoit en seruitude. Fault-il que les Gentils & infideles du temps passé, nous vainquent en iustice, & actions politiques plus droiturieres que les nostres! qu'ils ayent emporté la gloire de la punition des fautes que nous endurons, approuuōs, voire & aux executeurs desquelles nous donnons loüange & gloire? Malheureux, certes, est le siecle, où le vice porte le nom de iustice, & l'iniquité est loüangee, comme chose bonne. Infortuné le lieu, où telle faueur est ottroyee aux meschans, que leur infamie est soustenue & approuuee des plus grands. Mais l'inique ne void pas que Dieu est au ciel regardant & contemplant les faits des hommes, pour en faire vn iour iustice, par la rigueur de sa main, & en la force ineuitable de ses verges: lesquelles (sans acception de personnes) indifferément puniront la faute & du delinquant, & de celuy qui le permet faillir, sans vser de la puissance, & glaiue, que Dieu luy a mis entre les mains.

Or prenant nos erres premieres, ce bouq libidineux, & lubrique vieillard tenoit ceste mastine villageoise à pot & à feu en son chasteau, couchant ordinairement auec elle, &
rech

rechauffant ceste froide & malheureuse cha
roigne de ce vieil Satyre de montaigne, qui
penoit en ce que nature luy denyoit, & s'essayoit de vaincre son propre effort. Son fils
aisné, voyant la deshonnesteté de son pere,
& marry outre mesure, vsa de telle modestie, & vertueuse dissimulation, que pour ne
contrister son pere, il moustroit le meilleur
visage qu'il pouuoit à la paillarde, quoy
qu'il la haïst à mort:non tant pour estre telle, que pour cognoistre qu'elle seroit la ruine, & accourcissement de la vie du malheureux vieillard: & aussi qu'il la voyoit si folle
& eshontee, que facilement on l'eust iugee
pour telle, qui n'eust point refusé l'appointement d'vn autre capitaine, qui luy eust
fourny quelque chose d'auantage : car le
vieillard ne luy seruoit que de chatouillement & irritation de sa sensualité, sans pouuoir toutesfois donner contentement à l'im
moderee lubricité, qui brusloit en son ame.
Et pource vouloit-elle prattiquer vn combatant plus roide, & de bonne haleine, lequel parfeist ce, à quoy le bon homme ne
pouuoit suffire. Ah! gouffre insatiable, &
profondeur non gueable, que la lubricité
d'vne paillarde! Quels & combien detestables malheurs sont aduenus par ces loues,
qui eshontees, ont posé toute leur gloire, &

plaisir aux delices & bobances de ce monde?
Vn Sanson, Salomon, & Hercule nous en
peuuent dôner asseuré tesmoignage. Or ceste Contadine, sentant (comme auons dit) la
diminution des forces de son amy, delibera
de poursuiure d'autre proye : & pource, iettant impudiquement son regard sur le fils
dudit seigneur, en deuint amoureuse, si bien
qu'elle proposa de le faire (s'il estoit possible) lieutenant & aide du pere. Et cecy faisoit
elle, nõ pour courtoisie qui fust cachee sous
ceste hagarde & rustique nature, & nourriture des villageoises, mais pour voir cest adolescent beau, bien proportionné de membres, & lequel elle iugeoit apte à parfaire la
chasse, en laquelle son pere ne faisoit que
bailler les simples attaintes : soudain il laschoit sa prise, côme font les ieunes leurons
non rusez, ou assez forts à detenir la proye.
Ainsi, elle ne faisoit que le cheualeter, & caresser en toutes sortes qu'elle pouuoit, le baisant tantost, & puis le pinsetant, se trouuant
par fois à son leuer, où elle monstroit assez
apertement le desir qui l'eguillonnoit : mais
le bon enfant n'eust iamais pensé en ceste
meschanceté, tant pour estre chaste de son
naturel, que pour crainte de Dieu, & peur
d'offenser son pere : aussi qu'il n'estoit point
encor leurré d'amour, ny appris en l'escolle
d.

des folies mondaines. Mais la villaine, cognoissant qu'elle trauailloit en vain, luy pensant faire entendre ses desirs par signes, delibera (dés que l'occasion s'y offriroit) de luy manifester par parole: ce qu'elle fit vn iour, que le pere estoit allé voir vn sien voisin: & auant que acoster l'adolescent, elle instruisit à ce badinage vne chambriere sa parente, à fin que ses persuasions luy defaillans, l'autre suppleast à son defaut. Preparees donc que furent ces eloquentes pies, s'en vindrent trouuer le gentilhomme, reposant sur le midy en vne chambre basse. Ceste belle Nymphe Syluestre s'assit au cheuet de son lict, & se print à luy dire: Ie ne sçay, Monsieur, que penser de vous, ny de vos façons de faire qui, aimé, & chery de chacun, ne faciez conte de recompenser par reciproque affection ceux qui ne desirent que vostre accointance. Ie pense bien que ne soyez pas si froid, que vostre cœur ne soit susceptible de quelque passion amoureuse: ny vous estime si refroigné, que, si quelque belle dame (de quelque qualité qu'elle soit) vous donnoit puissance de luy commander, vous la vinsiez à esconduire & refuser. A quel propos dites-vous cecy? respondit-il. Auez-vous veu en moy aucun signe de rusticité, & descourtoisie à l'endroit de femme qui viue? Ie vous
iure

iure Dieu, que s'il est ainsi, c'est bié insciemment que i'ay commis la faute: mais à mal fait, n'y gist que l'amende. Elle, qui pensoit desia l'auoir gagné, & le tenir entre ses bras, se mit à pleurer fort tendrement, en disant: Las! monsieur, i'en scay vne qui s'estimeroit la plus heureuse femme qui vine, si vous luy amédiez le tort que luy auez fait, ne tenant conte des caresses, par lesquelles elle s'essayoit de vous faire cognoistre sa passion. Ie ne scache femme sous le ciel, dit-il, à qui ie aye eu tant d'accointance, pour y auoir experimenté caresse quelconque, qui me signifiast quelque affection latente. Et voila le desespoir (dit-elle) de celle-là, qui se void ainsi mesprisee, vous voyant ne voir goutte en chose si apparente, & ne sentir point, où les choses sont offertes si ouuertement aux sens, que celuy est bien insensible, qui n'en apprehende les desseins & conceptions du passionné, & qui ne gouste les viàdes proposees à decouuert. Ie n'enten point (dit-il) ce iargõ, si vous ne l'exprimez autremét. C'est (dit lors la chambriere) que ma cousine est si amoureuse de vous, que si vous n'en auez pitié, elle est en danger de finir miserablement ses iours: Amoureuse de moy! (dit le chaste adolescét.) Est-il possible qu'vne fille de son aage soit si impudemment eshontee,

que

que de soliciter le fils, apres auoir esté deflo
ree par le pere? Allez, vilaine louue que vous
estes, allez exercer vos puteries à tous les
diables, & vous y faites fourbir, iusqu'à ce
que vos ardeurs s'esteignent. Vous mōstrez
bien le lieu de vostre origine, qui ne fut iamais autre que vilain & brutal. Mais qui seroit si sot, que de penser qu'vn meschant arbre peust de soy produire quelque bō fruict
& delicieux? Penses-tu, vile creature, & paillarde infame, que ie soy si meschant, que de
violer impudiquemēt la couche de mō seigneur & pere, quelque illicite & paillarde
qu'elle soit? Non, non: i'ay (Dieu mercy) le
ciel deuāt les yeux, vers lequel quād ie dresse ma veuë, i'y cōtemple vn Dieu, qui visite
les iniquitez des meschās, & retribue à chacun selon sa iustice, ou demerite. I'ay esgard
à la reuerēce que ie doy à mō pere: car sans
celà, il y a longtēps que ie t'eusse renuoyee
vers le ministre infame de ta meschanceté,
ton pere, lequel est le boucher cruel, & sacri
lege de ta pudicité. Va donc, oste-toy d'icy,
& donne-toy bien garde de m'en tenir plus
parole: autrement, ie t'asseure que i'en feray
le raport à Mōsieur, à fin qu'il ne tiēne plus
en sa cōpagnie, vne peste si contagieuse, que
toy, qui pourrois seruir de ruine & degast à
toute sa maison. Ayant dit cecy, le bon adolescent

lescent tout hors de soy, & plein d'esbahissemét sortit de la chambre, y laissant les deux
prescheuses autāt ecornees, & esbahies, que
luy courroucé de leur impudente requeste:
& toutesfois la lasciue villageoise ne perdit
cœur, ains de iour en iour ne cessoit de l'im
portuner, & luy en faire parler par sa cousine: mais il demeuroit ferme en son opinion:
& quoy qu'il n'eust aucun desir d'en faire le
rapport à son pere, si les menaça-il si bien,
qu'elles craignirent qu'il ne fist ainsi qu'il
disoit. Par ainsi luy dresserent vne trahison
telle, que vous orrez. La detestable paillarde
se voyant tant de fois refusee, cōmença peu
à peu à conuertir l'amour qu'elle portoit à
ce ieune gentilhomme, en vne fureur, & hai
ne mortelle: & tellement s'accreut, & print
racine en son ame ceste enragee inimitié,
qu'elle print complot auec la chambriere sa
cousine, de moyenner la ruine de celuy, qui
si sottemēt l'auoit mesprisee. Ainsi elles de-
libererent ensemble, de se plaindre au pere,
que le fils s'estoit mis en effort de violer &
prendre à force s'amie. Ainsi qu'il fut conclu entre ces deux abominables furies, il fut
executé: car quelque temps apres, ainsi que
le vieillard s'en estoit allé voir quelques sié-
nes terres là aupres, les malheureuses, le voyans venir, changerent aussi tost de visage,
ne

ne cessans de gemir, pleurer & se lamenter, sans vouloir bouger de la chambre. L'infortuné seigneur arriué, il s'en vint en la chambre de la paillarde, laquelle il trouua toute esplorée, accompagnée de sa côseillere, qui de sa part monstroit bien, que c'estoit pour chose d'importance, que leur tristesse prenoit son origine. Luy, qui aimoit ceste malheureuse, plus que soymesme, voulât sauoir que c'estoit, la pria, l'amadoüa, & caressa si bien, que la fausse mastine, côme contrainte à ce faire, se mit à pleurer plus que iamais: & ordissant vne longue fable, qui peust seruir pour donner couleur à son accusation, à la fin elle dit: Pleust à Dieu, monsieur, que la mort m'eust empoignée dés l'heure, qu'à ce matin vous estes party de ceans: car à tout le moins n'eusse-ie esté occasiô du mal que ie voy preparé, vous côtant la verité du fait, que tant vous desirez sauoir! mais que vaut le dissimuler, où la chose à la fin se declareroit de soymesme? Ie suis (ô infortunee femme) la moquerie d'vn chacun, & mespris de tous, pour estre le plaisir de vostre vieillesse: mais celà ne seroit rien, si lon n'essayoit de conuertir ce simple peché, en vn vice incestueux, & execrable. C'est vostre fils aisné, môsieur, q oubliât l'hôneur qu'il doit à vostre vieillesse, & la reueréce de laquelle il est
obligé

obligé au rang que vous tenez sur luy, m'a
plusieurs fois requise d'amours depuis trois
ou quatre mois en ça: mais que dy-ie, requise? Las! (adiousta-elle, pleurāt ameremēt) il
a bien fait pis: car à ce matin, ainsi que vous
estiez aux chāps, le meschāt (pardōnez moy
monsieur, si tel ie le nōme) est venu icy, auec
vne furie telle, que ie craignoy qu'il vouluſt
me faire mourir: mais il poursuyuoit sur
moy chose plus preiudiciable que la mort.
Ainsi entré qu'il est, il m'a empoignee pour
me forcer, & l'eust fait (tant i'estoy desia
lassee de me defendre) si ceste fille ne fust
suruenue, la presence de laquelle luy a fait
lascher la prise. Le vieillard oyant nouuelle
si piteuse, demeura tout perplex & estōné, si
biē, qu'il fut vne bōne espace de temps sans
dire mot: puis rompant ce silence, il dit: Eſt-
il possible, que celuy que i'ay plus cher que
ma vie propre, ait tant mesprisé sa gētillesse,
que de vouloir hōnir l'amie de son pere? Ah
malheureux enfant, & moy pere plus deplo-
rable, de me voir tourmenté par mon sang
mesme, lors que ie cuidoy en auoir plus de
cōtentement. Il se teut, & s'asseāt, iettoit son
regard qui çà qui là, auec telles contenāces,
qu'on eust iugé la passion de son ame estre
plus excessiue, que sa force ne pouuoit souffrir. Encor dit-il à sa ribaude: Ie te prie, m'a-
mie,

mie, dy-moy la verité de ce fait, à fin que ie ne face chose, qui puis apres me puisse causer vn tard repentir. Ah, poure & chetifue femme que ie suis! dit l'effrontee putain: ie voy bien, que si ce paillard de vostre fils ne eust esté esconduit de moy, & que celà fust venu à vostre cognoissance, vous eussiez fait telle iustice de moy, que lon y eust prins exemple à l'auenir: & maintenant que ie me suis môstree si fidele en vostre endroit, vous doutez de ma foy & tenez mes paroles pour bourdes & moqueries. Enquerez-vous en, monsieur, à ceste fille, qui a veu tout le mistere, & puis faites de moy ce que bon vous semblera: aussi bien ne scauroy-ie plus viure icy, où lon donne si mauuais traittement à ceux qui seruent fidelement. Le vieillard s'en enquit à la chábriere, laquelle ioüa encor mieux son roilet que la maistresse, & aigrit si bien le pere contre le fils, qu'il delibera en faire vne punition si griefue, que iamais on n'ouyt parler de pareille. Rauy dôc en ceste extase de fureur, il disoit mille follies, & estoit monté en si grande colere, par l'empoisonnement de ce venin dangereux de ialousie, que comme vn maniacle & phrenetiq, il se pourmenoit à grands pas par sa chambre, roulant les yeux en la teste, grinçant des dents, & disant la patenostre de sin-

BBB

ge, en groumelant contre celuy duquel il se
pésoit auoir receu cest outrage tāt indigne,
lequel, durant que ceste tempeste bourdonnoit dās l'estomach trāsporté de son ialoux
pere, cōme durāt la canicule lon oit le bruit
d'vne future tēpeste sur les monts Pyrenees,
& aux abysmes d'vn Ethne Sicilien: il arriua
en la maison à la male heure: car la tourmente tourna toute sur luy, les esclats de laquelle reuerbererēt sur le pere malheureux:
qui sortant du lieu, d'où il auoit attiré les
vapeurs, cause de cest orage, de mauuaise
fortune, il s'embatit sur son fils, lequel parloit auec vne bonne dame, qui se tenoit en
ce logis. Le ialoux, & enragé vieillard, escumant de fureur comme vn verrat, & mugissant de colere nō moins qu'au taureau pressé ou de faim, ou du desir de sa compagne:
voyant l'adolescent, entra en telle frenesie,
que sans dire qui l'a prins ou qui l'a mis, il
sacqua la main à l'espee, & s'aprocha de son
fils, en disant: Ah, meschant traistre! est-ce à
moy, à qui il faut s'adresser, pour ioüer de
telles ribaudises? Par Dieu, ce sera la derniere, que tu feras de ta vie. Le poure enfant,
oyāt la furieuse menace du pere, ne sçauoit
d'où procedoit l'occasion de ce courroux,
& pource luy dit-il: Et quoy, monsieur, estes
vous hors de vostre sens, ou quoy? qu'est-ce
que

que i'ay fait contre vous, pour vous voir aſ-
prir ſi rigoureuſement contre moy, qui iamais ne vous fis offenſe, aumoins à mon eſ-
cient? L'inſenſé vieillard, deuenu plus enflã-
mé par la reſpõſe de l'adoleſcét, luy reſpondit: Ah, chien infame! oſes-tu bien parler ſi
brauement à moy, pour purger ta meſchanceté? Tu ſcauras tantoſt qu'eſt ce que ie fay,
& à quoy tend le iuſte courroux, que i'ay cõ
ceu contre ton impudence & temerité. Dire
cecy, & ſe ruer ſur le poure ieune homme, ce
fut tout vn: lequel oyant le ſiſſlemét hideux
du trenchãt de ſon pere reſonner pres de ſa
teſte, cuidant gauchir au coup, il ſe prepara
vne mort plus ſoudaine: car il eſtoit ſur vne
petite planche, qui reſpondoit à deux logis,
& en laquelle n'auoit aucune barriere à
l'entour, pour s'appuyer, ou ſeruir de garde pour la cheute. Or ne ſe ſouuenant (pour
la frayeur du coup) du lieu perilleux où il
pouuoit cheoir, il tomba en arriere de haut
en bas: & fut ſon malheur ſi grand, qu'il alla la teſte la premiere, laquelle il ſe rompit,
eſpandant la ceruelle en la terre, ayant heur
té contre vne grande pierre, faite en pointe, au fond du foſſé. Ainſi auec la peur, & en
meſme inſtant il vomit l'ame parmy le
ſang bouillant, qui luy ſortoit par le nez,
& par la bouche. Le cruel, non plus pere,

BBB 2

mais ennemy de toute humanité, non content de veoir son fils humilié, & en fuite de deuāt sa face, pensant que l'enfant fust sauté de son propre mouuement au fossé, dit: Tu as beau fuir: mais ie te iure Dieu, q ie mourray en la peine, ou tu n'eschapperas point auiourd'huy de mes mains. Las! quelle pitié c'est d'vn home, depuis qu'il extrauague des limites de raison. Saül iadis enuenimé contre Dauid, priué de l'esprit d'intelligence, ne prenoit raison aucune en payement, qui le peust destourner de la poursuitte d'vn plus iuste que luy. Et aux lettres profanes qui instiguoit vn Euristee à tourmenter ce dompteur de Monstres Hercule, qu'vne malice sanglante, & inueteree enuie? Certes, où le peché n'est euidemment manifeste, le droit veut que misericorde soit preferee à iustice. Et plus grād los suit le magistrat souuerain, qui (imitant la clemence diuine) condonne quelque chose au defaillant, que non pas si cruellemēt à tous propos il exerçoit le cousteau de vengeance, & rigoureuse punition. Aussi ne fut iamais, que celuy qui s'exerce en cruauté, ne sentist vn elancement en son a..., qui à la fin le fist venir à vne desfiance ......, ou à tout le moins à vn repen............ peux, que le verd d'vne si pe..................., sans esmouuoir le plus souuent son hôme auec luy au tôbeau. Ainsi en auint à ce Tyran vieillard, lequel, ayant descendu les degrez pour courir derechef sus à celuy, qui n'estoit plus sensible, veid vn spectacle deuant soy, qui luy fit oublier l'affection qu'il portoit à la malheureuse, qui auoit dressé ce sanglant theatre de tuerie. Voyant donc son desastré fils en si poure ordre, brisé, la teste en pieces, le cerueau espars, & encor se mouuãt, fut esmeu de telle douleur, que mettant à nonchaloir toute ialousie, il sentit vn attedrissemẽt de ses entrailles tel, qu'il commença à detester sa fortune, pour l'auoir ainsi aueuglé en sa concupiscéce. Las, disoit-il, pere malheureux ! oseras-tu iamais te trouuer entre gens de bien, ayant fait mourir vn tel & si honneste enfant, à l'appetit d'vne paillarde impudique? Ah mon fils, pardône-moy ceste offense: car ie t'asseure de t'en faire vne amẽde si solennelle, que tu auras dequoy te contenter, & ceux qui suruiuront, l'occasion de vituperer ma furie. Puis donc que ce cœur infame (disoit-il en frappãt sa poitrine) a humé le pernicieux venin de fausse persuasiõ, & duquel tu as sency l'amertume, il en portera la penitence : & toy, mon corps, tu seruiras d'hostie, & victime derniere procedant de moy, pour appaiser l'ombre de mon fils : auec &

vers lequel, ie vay enuoyer mon esprit, qui luy ira requerir pardō aux champs obscurs de la mort. A laquelle ie vay aussi faire sacrifice de ma meschāte, infame, & malheureuse vie, laquelle (mon fils mort) me seroit plus facheuse, q̄ ce voiage tenebreux, q̄ tous les autres fuiēt auec si grād fraieur. Aiāt dit cecy, pleurant à chaudes larmes, il embrassa le corps de son fils, & contemplāt son espec, dist: Or alle donq, par ton moyen, ceste ame, la part où son sort l'a destinee: & meure celuy, qui a cōmencé de se meurtrir en la personne de celuy qu'il deuoit aimer le plus. Ce propos finy, esmeu d'vn desespoir diabolic, rugissant cōme vn lion, & herissonné de (ie ne sçay quelle) furie, cōme vn sanglier aculé d'vne emeute de chiens, tourna cōtre soy mesme son fer vēgeur, & foudroiāt, & se passa l'espee par le milieu du cœur, tombāt sur le corps encore chaud, & palpitant de son fils, se veautrāt au sang cōmun d'eulx deux, il rēdit son ame à celuy, à q̄ il l'auoit vouee des long temps par sa meschante, & impure vie. Qui sera le cœur, qui lisant cecy, ou en oyant faire le recit, ne plaigne le sort, & defaitre de ce desesperé vieillard? Lequel certes eust esté excusable en la premiere furie, si le diable ne luy eut osté le sens, luy proposant l'enormité de son vice, & luy bourrelant

relant l'esprit, par la conscience de tous ses pechez. Ce sont ces exemples, qui nous sont offerts pour instruction, à fin que le peril de autruy nous induise à prier Dieu, de nous deliurer de l'esprit l'obstination, & nous eueiller du sommeil, qui assoupist nos sens en l'allichement, & flateuse mignotise de nos concupiscences. Car autrement ce seroit pitié que de voir les lourdes fautes, qui nous auiendroyent d'heure à autre. Ce malheureux, aueuglé en son pechê, delaissé de Dieu, ne recognoissant ny sa iustice, ny misericorde, experimenta aussi les fruicts de son infidelité, defiance, & obstination: laissant la memoire de ses faits pour auertissement plustost, & du tout, que pour imitation, que pour aussi deterrer, non seulement la vieillesse, mais tout eage, à fuir ces pestes, & sansues de paillardes, lesquelles font apostasier, & perdre le sens aux hommes, & la fin desquelles est la mort, & l'heure consiste en l'enfer. Les nouuelles de cecy s'entendirent incontinent par toute la maison, si bien que la ribaude, qui auoit dressé ceste partie, ayant ouy, & veu le tout, eguillonnee de sa propre faute, & du tesmoignage que son esprit luy rendoit de son peché: craignant que la iustice ne vint (comme elle feit) imita l'acte illustre de son detestable amy, de sorte que toute effrayee elle courut vers vn puis, où elle se lança la teste la premiere, ou miserablemét elle fut suffoquee. Mort certes, encor qu'elle soit furieuse, trop heureuse, pour punir la detestable malice d'vne femme si meschâte que celle-là, laquelle meritoit toutes les peines ensemble, que iamais, les hommes ont inuenté pour le supplice des mal viuans. L'on enuoya gens à Milan vers le Potestat, qui vint pour informer: & ayant mis à la question la chambriere complice de la paillarde desesperee, luy feit cõfesser tout le fait, qui fut cause qu'elle fut pendue, & son corps donné pour pasture aux oyseaux : & moins n'en fust fait aux charognes des deux, amás, qui s'estoyent, contre tout droit & diuin & humain, violentemét donnez la mort, Quãt à l'adolescent, il fut enseuely auec telle pompe, q̃ sa vertu le meritoit bien, & fut regretté des grands & petits, pour la modestie, qui ap paroissoit en luy: par laquelle il eust peu imiter ces Scipions & Fabies, qui iadis viuans auec telle attrépance, ont fait viure leur nom glorieux iusqu'à nostre siecle. Aussi est tousiours heureuse la mort du bien viuant: car outre ce qu'il passe à la vie, qui ne defaut point, & va iouïr du sainct & diuin consorce des esprits heureux: il glorifie la memoire de soy, par la predication que les suruyuans

font

font de ses vertus, & laisse vne instruction à la posterité, qui se graue, & empraint si bien en l'ame de leurs nepueux, que la mort, ny le temps, n'ont le pouuoir de l'effacer. Autour du tombeau de ce ieune exemplaire de chasteté, quelque bon poëte de son temps feit mettre l'Epitaphe, qui s'ensuit, pour donner à cognoistre, que les semblables à cestuy-cy doyuent estre louëz par tels eloges, & non vn tas de vautneant, qui ont infamé leur vie par mille lubricitez.

Ialousie & amour, la vertu & le vice
Ont fait à c'est agneau sentir la cruauté
(Innocemment) d'vn pere, & fol & despité,
Deceu par l'exterieur d'vne fausse malice.

Mais si dangereux n'est le cruel precipice,
Lequel son ame au ciel, & son corps a getté
Entre terre, comme cil, lequel a transporté
Le couple malheureux au lieu à eux propice.

Car il vit auec Dieu, iouyssant de sa gloire,
Heureux pour auoir là deuant soy la memoire
De vertu, qui la fait heritier des clairs cieux.

Ainsi mort, il est vif sans ennuy, sans douleur.
Ne pleure plus passant, si tu n'es enuieux
Du repos du defunct, & marry de son heur.

Ainsi finent communément ceux, qui aymans la vertu, fuyent son contraire: veu que le vicieux n'a plus grand creuecœur, que

HISTOIRE XVII.

de voir vn, qui ne symbolise auec son imperfection. Voila pourquoy toutes escritures sont pleines des embusches dressees par les meschans côtre les bons, à fin que les vertueux ayent en quoy s'appuyer, qui est ce bon Dieu qui ne laisse perir aucun des siés, quoy que pour quelque temps il semble les auoir mis en oubly. Là ou au côtraire les meschás prosperent, & fleurissent à souhait, iusques à ce que Dieu, fasché de leurs impietez, destruit si à poinct leurs desseins, que ce, qui n'a gueres apparoissoit grand, superbe, & magnifique, est conuerty en mespris, & derision, ou est si bien aneanty, que les traces mesmes en sont effacees.

Fin de la dixseptieme Histoire.

Sommaire de la dixhuitieme Histoire.

LEs *tragiques euenemens des malheurs humains, quoy qu'au recit de leur amertume, & degoust ils apportent, ie ne sçay quel desdain fascheux, & deplaisir incroyable, si est pourtant sous l'escorce de c'est aloes vn miel plus doux que la mesme douceur, pour le fruict que la posterité*
en

en peut tirer. Toutesfois, d'autant que toutes choses ont leur saison, & que tout n'est pas commode en tout temps, ny en tout lieu: il m'a bien semblé avis, que tout ainsi que s'ay commencé mon discours par vne histoire comique, i'en face la fin auec vne tragicomedie, laquelle verse en ce mesme subiect, duquel la plus part des folies humaines recoyuent la couuerture de leurs fautes. L'on a & les a veu trop plus souuent qu'il ne fir besoing, de quelle rage est conduite ceste folle & euentee ieunesse bridee, & regie d'amour, si elle n'est moderee par raison, & refroidie par saincts enseignemens du berceau iusques à la maturité de l'eage. Veu que entre tous les tyrans, qui affligent & agitent nos esprits, cestuy-cy se glorifie de telle force, qu'il se vante de changer la propre nature des essences, quelque perfection qui apparoisse en elles: pour les conuertir seruiables à ses appetits, & transformees en vne substance qualifiee diuersement, que le premier estre n'estoit en celuy, qui s'adonne à telles resueries. Et pource que tant d'exemples nous en ont esté mis en auãt, ie me contenteray pour le present, de m'en surseoir du recit pour coucher vne histoire auenue n'a pas long temps en Catheloigne, d'vn gētilhomme, qui par sa fermeté declara deux extremitez en soy, et d'amour, & de sottise: & d'vne damoiselle autant volage, & incōstante, que l'amour, & ceux qui le suyuent sont euentez, veu le peu de fiāce, qui est au
fon

fondement de leur seruice. Ce que vous pourrez facilement entendre, en iugeāt des coups de ces deux, que ie vay vous mettre en la lice: auec le discours qui s'ensuit.

D'vn gentilhōme Espaignol, qui desesperé, pour se voir defauorisé de sa dame, s'en alla aux monts Pyrenees viure solitairement dans vne grotte: & cōme par le moyen d'vn sien amy, iouïst de l'amour de sa rebelle, & l'espousa.

HISTOIRE DIXHVITIEME.

Peu de temps apres que ce victorieux & illustre Ferdinand le ieune, fils d'Alfonse, Roy d'Aragon, fut mort, regnant en France Loys XII. sur les marches de Chatelogne, entre Barcelone & les monts, il y auoit vne bonne dame veufue, qui auoit esté femme d'vn excellent, & noble cheualier du païs, de qui elle estoit demeuree en saisine d'vne belle fille sans plus, laquelle elle nourrissoit, auec si grand soing, que lon ne pouuoit presque faire assez pour son contentement: luy semblāt bien auis, que chose si parfaite, que cette fille, ne scauroit estre

estre assez delicatement eleuee. Or outre le comble parfait,& assouuy de sa beauté, ceste ieune damoiselle auoit les cheueux si beaux crepeleus & blonds, que l'or, tant soit-il purifié, net & esprouué à la fournaise, n'estoit rié au pris de la cheuelure de ceste infante : & pource l'appelloit-on communément Geniure la blonde. Demy iournee aupres de la maison de ceste vefue estoyent les terres de vne autre dame vefue fort riche, & des mieux alliees de la contree. Ceste-cy auoit vn seul fils, lequel elle faisoit instruire, tant aux armes, bonnes letres, qu'autres honnestes exercices propres,& bien-seans à vn gentilhomme & grand Seigneur:& pour ce fait l'auoit elle enuoyé en Barcelonne, ville capitale de tout le pays Cathelan, le Seigneur Dom Diego (ainsi estoit nommé le fils de ceste vefue) profita si bien en toutes choses, que sur l'an dixhuitieme de son eage, il ne se trouuoit gentilhôme de son calibre: tant s'en faut qui le deuançast, mais qui peut approcher de ses perfectiôs & louables coustumes. Chose qui contentoit tellement la bonne dame sa mere, qu'elle ne sçauoit quelle contenáce tenir, pour couurir c'est aise: vice assez cômun aux femmes folles, de se flatter en vne ombrageuse esperance de la future preud'hômie de leurs enfans, laquelle fort souuét porte plus

de

de dommage à ceste lasciue,& volage ieunesse, que de profit, ou auancement. Veu que la persuasion de telle preference, aueugle souuentesfois tellement les esprits de l'adolescence, que les fautez, qui s'en ensuiuent, sont beaucoup plus lourdes, que le premier tableau (fait au crayon) de ceste vertu imaginee n'a eu d'efficace,& accomplissement. Or pour continuer nostre propos, auint en ce temps que (le Roy Catholique defunct) Philippe d'Austriche, qui luy succedoit en tous ses biens, passant par France, s'en vint aux Espagnes, pour s'inuestir & prendre possession de ses seigneuries. Ce que venu à la cognoissance des Barcelonnois, ils se mirent en tout deuoir de le receuoir auec telle pompe, magnificence,& honneur que bien appartenoit à la grandeur,& magesté d'vn si grand Prince q̃ le fils de l'Empereur des Romains: & entre autres choses, ils dresserent vne iouste, ou personne n'entra en lice, que les ieunes gentilshommes, qui iamais encore n'auoyent suyuy les armes: entre lesquels Dom Diego, comme le plus apparent fut esleu le chef d'vne part. L'Archiduc donc venu à Barcelône, apres les honneurs receus,& ceremonies accoustumees en telles receptions, voulut (pour gratifier à ses subiets, & pour voir la brauade de ceste ieune noblesse Espagnolle aux

le aux armes) se trouuer sur les eschafauts, pour iuger des coups, & de la preud'homie des combattans en ce conflit, & beau, & magnifique, les yeux de tous estoyent fichez sur Dom Diego, qui allant de rang en rang faisoit sentir à ses aduersaires la force de ses bras, sa dexterité, & bien seance à cheual: & leur faisoit penser, quelle esperance l'on pouuoit conceuoir de sa future vaillantise: laquelle deploya si bien ce qui estoit de bon en luy, que par son moyen le camp demeura à ceux de sa partie. Ce qui esmeut le Roy Philippes à dire, que de sa vie il n'auoit veu faire mieux, & que ce ieu luy sembloit plustost vne iuste bataille d'hommes robustes, que l'exercice d'vne ieunesse delicate, & non encor accoustumee à supporter les fais des armes, & le trauail de l'art militaire.
A ceste cause ayant fait venir Dom Diego en sa presence, luy dit: Dieu vueille mon fils, que vostre fin corresponde au beau commencement & hardy coup d'essay, que vous auez monstré à ce iourd'huy. En memoire dequoy ie veux que cette nuict vous faciez la veille, car i'espere (Dieu aydant) vous faire demain cheualier. Le ieune Seigneur, rougissant de honte, tout à genoux qu'il estoit, baisa les mains de son Prince, en le merciant treshumblement de l'honneur
& sa

& faueur, qu'il plaisoit à sa mageſté luy faire, vouant & promettant de faire ſi bien à l'aduenir, qu'aucun ne ſeroit fruſtré de ſon attente, ny le Roy, du ſeruice du plus obeiſſant de ſes vaſſaux & ſuiets. Auſſi fut lendemain fait cheualier, & receut l'accollee par la main du Roy Philippe: lequel apres le depart de ſon Prince, qui prenoit la route de Caſtille, ſe retira en ſes terres, plus pour veoir ſa mere, laquelle y auoit long temps qu'il n'auoit veuë, que de deſir qu'il eut des plaiſirs qui ſont aux champs. Deſquels toutesfois il ne s'exempta pas ſi bien qu'à la fin il n'y ſentit vn empriſonnement, que iamais il n'auoit experimenté en la ville. Auſſi les Poëtes ont iadis feint vn Amour decochant ſes ſagettes par les bois, foreſts, campaignes fertiles, & orees de la mer, & grandes riuieres, & ſur le bord des fontaines, voire par les ſommetz des hideuſes & hautes montagnes à la pourſuite des Nymphes de toutes ſortes, & des Demydieux champeſtres: iugeans par ce moyen la liberté de traicter l'amour ſans ſoupçon hors de la tourbe & crierie facheuſe des villes, ou ialouſie, enuie, faux raports, & mauuaiſe opinion de toutes choſes, ont poſé leur câp, & dreſſé leurs tentes. Là ou au contraire, librement, ſans diſſimulation, le amy decouurant ſa paſſion aux champs à ſa

mai

maistresse, ils ioüissent du plaisir de la chasse, de la musique naturelle des oiseaux, & quelques fois au gazoüillis enroüé de quelque flottât ruisseau, ils se cômuniquêt leurs pêsees, lesquelles beatifiêt la sympathie des amâs, & rendêt celebre le lieu, premier tesmoing de leur amoureuse accointâce. Ainsi trois & quatre fois heureux s'estimêt ceuxlà, qui laissans l'inquieté labeur, qui s'offre ordinairement à ceux qui habitêt aux villes, vont rendre le deu de leurs estudes à la Muse qui leur est la plus affectee. Or Dom Diego, estât chez soy, aimé & chery de sa mere, reueré & seruy de ses subiets, apres quelque heure d'estude, n'auoit autre plaisir ordinaire, que d'aller tantost elancer vn cerf, ores dresser les cordes pour le sanglier, courir le lieure, quelquefois voler ou le heron, ou la craintiue perdris, par les campagnes, forests, estâgs, & pendâtes môtagnes. Auint vn iour, q̃ luy estant à la poursuite de quelques cheureuls, qu'il auoit fait debusquer de la montagne, il veid vn cerf bien ramé, que ses chiés auoyent elancé, luy ioyeux au possible de si bonne rencontre, se mit à course de cheual, apres ceste beste legere, & poureuse: mais (sa fortune le voulant ainsi) les chiens perdirent le trac de la proye, & il perdit ses gens: car estant monté à l'auantage sur vn beau

C C C

genet, il n'auoit peu estre suiuy : & luy, à la fin priué de la veue de la beste qu'il poursuiuoit, se trouua si bien esgaré, qu'il ne scauoit quelle sente ou chemin prendre. Et ce qui plus le tourmentoit, c'est que son cheual estoit si hors d'aleine, que presque il ne pouuoit gallopper. A ceste cause il emboucha sa trompe de chasseur, & en sonna si hautemét qu'il peut: mais ses gens estoyent si esloignez de luy, qu'ils n'auoyent garde de l'entendre. Estãt dõc le ieune seigneur en ceste destresse il ne sceut que faire autre cas, que de s'en retourner en arriere : mais il estoit plus deceu que iamais, car cuidant reprendre le chemin de son chasteau, il s'en esloignoit du tout. Or ayant troté vn fort long temps il veid vn chasteau basty sur vne colline, par lequel il cogneut qu'il estoit assez loin de sa maison: neantmoins oyant qlque bruit de chasseurs, pensant que ce fussent ses gens, il s'en y alla: Or estoyent ce les seruiteurs de la mere de Genieure la Blonde, qui estoyent accourus, en la cõpagnie de leur maistresse, à la mort d'vn lieure, que quelques ieunes leurons auoyent fait mourir. Estant Dom Diogo pres ceste esmeute de chiens, se sentit, & cogneut trõpé. Or s'anuitoit-il, & les ombres croissans sur la terre, pour l'esloignement du Soleil, commençoyent à vestir le ciel d'vn brun

&

& obscur manteau. Quand la dame mere de Genieure veid le chevalier, qui avoit alenty ses pas, pour la lassitude de son cheval, qui n'en pouuoit plus, tant il auoit couru toute la iournee: & cognoissant à sa haute representation, qu'il estoit quelque grand seigneur, qui s'estoit ainsi foruoyé, enuoya quelqu'vn de ses gens, pour sçauoir qui s'estoit, lequel s'en retourna auecques la responce telle que il demandoit. La dame ioyeuse, d'auoir si pres d'elle vn si accomply, & tant fameux gentilhomme, & (qui plus est) vn sien si prochain voisin, luy vint au deuant, pour le bien vienner: ce qu'elle fit auec telle courtoisie, que le cheualier luy dit: Madame, ie ne pensoy point que fortune m'eust fait tant de faueur, que de m'adresser vn tel foruoyement pour esprouuer vostre courtoisie & honnesteté, & iouir de l'aise de visiter vostre maison, de laquelle i'espere à l'auenir estre si bon amy, cóme mes predecesseurs s'en sont monstres les bien affectionnez. Monsieur, dit la dame, si l'heur est attribué à ceux qui gaingnent le plus, ie m'estimeray mieux fauorie encor que vous, hebergeant celuy, que toute la Catheloigne admire, aime, & prise. Le gentilhomme tout honteux de ceste louange, ne luy dit autre cas, fors que l'affection transportoit ceux, qui parloyent auec tel

auantage de ses vertus: toutesfois tel qu'il estoit, il voüoit desormais son seruice à elle & toute sa maison. Genieure, voulant estre de la partie, dit que cela ne se feroit, sans qu'elle participast au bien en particulier, que le cheualier offroit si liberalement à toute la famille de sa mere. Le gentilhomme, qui iusqu'à lors ne s'estoit prins garde à la diuine beauté de la damoiselle, la voyant à son aise fut si surprins d'estonnement, qu'il ne sceut que luy respondre: ains demeuroit les yeux fischez sur elle, paissant sa veüe en la contemplation de ce teint frais, & coulouré d'vn rousé vermillion sur la balstrine, & belle couleur de son clair visage. Or pour l'embellissement de ceste naturelle perfectiõ, l'accoustrement de teste y estoit si propre, qu'il sembloit, que ce iour elle eust preueu la venue de celuy, qui depuis endura tant pour l'amour d'elle: car elle auoit sur sa teste vne guirláde de fleurs, entrelassee de ses dorez & anelez cheueux, lesquels mignotement couuroyent vne partie de ses espaules, estans espars, & voletás tátost sur le front poly, ores sur les ioües vermeillettes, ainsi que le doux vent de la seree leur donnoit mouuement. Vous eussiez veu ses tresses ondoyantes, & crespelües, disposees de si bône grace, qu'on eust iugé qu'Amour & les trois graces n'a-
uoyen

uoyent où ailleurs heberger, que par le contour de ceste belle, riche cótournure, & enlacee liaison. En ces oreilles pendoyent deux belles & riches perles oriétales, q dōnoyent encor lustre à l'artifice des cheueux. Et qui eust cōtemplé le front serain & large de ceste Nymphe, sur lequel mignardement reluisoit vn beau & riche diamāt, enchassé en vne tresse d'or, faite en forme de petites estoilles, il ne se fust persuadé autre cas, fors que de voir vn rang d'astres ardās, lors que le ciel au plus chaud de l'esté est serain, & descouurant l'ordre de ses clous resplendissans. Aussi les yeux estincelans de la belle, or nez de ceste belle voute de deux arcs distinguez egalement, & teints d'vne couleur d'Ebene, espādoyent si bien leur splendeur, que non plus sont esblouïs ceux, qui à plein midy cōtéplent directement le soleil, qu'estoyét les yeux de ceux, qui s'arrestoyent en la contéplation de ces deux astres flamboyans, & qui ont la force de transpercer iusques au plus profond des moüelles. Le nez bié pour filé, & fait à l'esgal du surplus de la face, distinguoit les deux ioües teintes d'vn fin incarnat, ressemblant les petites pommes paruenues à leur entiere maturité: & puis, sa bouche couraline, de laquelle respirant, sortoit vne haleine plus soüefue & douce, que cause mescontentement, & viennent en telle imperfection, cuidans faire apparoistre leur meilleur, que la lueur exterieure est offusquee par les tenebres d'vne sottise qui denigre ce que la beauté rend aimable, & digne d'honneur en leurs beautez. Ie vous laisse à penser maintenant, si Dom Diego n'auoit point occasiõ de perdre la parole, & deuenir extatic, assailly si viuement, & sans y penser, d'vne si forte armee, que les graces & honnestetez de la belle Genieure, laquelle ne fut pas moins esbahie du port, contenãce, doux parler, & haute representation du cheualier, que luy de la voir si belle, ains luy iettant vn petit regard à la derobee, sentit vne emotion (à elle non accoustumee) en son tẽdre cœur qui luy fit changer de couleur, & par mesme luy ferma la bouche: coustume ordinaire de ceux qui sont surprins de la maladie d'amour, que de perdre l'vsage de la parole, où elle est la plus necessaire, pour en donner l'entiere charge au cœur, lequel ne pouuant supporter le faix de tant de passions, en depart vne partie aux yeux, comme aux fideles massagers des conceptions secrettes de l'esprit: lequel passionné outre mesure, & bruslant d'affection, fait quelquefois sortir l'humeur de son meilleur par la partie mesme, qui a decouuert le premier assaut, & ac-

cez de telle fieure: de laquelle frissonnoyent desia ces deux adolescés: sans toutesfois bonnemét sçauoir que ce pouuoit estre. Pres du chasteau, & descendus de cheual, ce ne furét que caresses renouuellees, lesquelles ne seruoyent, que de plus viue amorce au ieune cheualier, qui estoit si outré d'amour, que presque il ne pensoit plus à soy-mesme: & ainsi rauy peu à peu, il se sentit si bien enuenimé de l'amoureuse poison, que tout autre pensement luy causoit fascherie, & tout aise luy sembloit desplaisir, au prix du gracieux martyre qu'il souffroit, en pensant en sa belle & gétille Genieure. Ainsi le cheualier qui le matin s'estoit mis à la suite d'vn cerf, sur le soir deuint serf, voire & tellement esclaue, que la seruitude volontaire le desaisit entierremét de sa premiere franchise. Ce sont les fruicts aussi de la folie aueuglant les hômes, que de se lancer (à yeux fermez) dãs le gouffre de ce desespoir, qui à la parfin est la ruine & degast de celuy qui s'y attraint. Amour ne procéda onq que d'opinion: aussi le mal traitemét de ceux qui y sont affligez, ne sort d'ailleurs, que de la folle persuasion qu'ils ont d'estre blasmez, mesprisez, & deceus de la chose aimee: là où s'ils mesuroyent cette passion, selon sa valeur, ils ne tiendroyent nõ plus de conte de ce qui les tourmente, qu'ils
font

font de leur santé, honneur, & vie en seruant celles, qui se moquent de tel deuoir, & recompensent vne autre du seruice, que le sot passionné leur aura fait, pour s'apprester vn desespoir, & fin plus que malheureuse, lors que le second venu ioüira de la proye pour laquelle il aura battu les buissons. Pédant aussi que le souppé s'apprestoit, la dame enuoya gens pour trouuer les veneurs de Dom Diego, à fin de les auertir du lieu où il estoit, & de le faire entendre à sa mere : laquelle sçachant cecy, fut bien aise qu'il l'inuitast là, elle estãt tresbõne amie, & fort familiere voisine de la dame hostesse de son fils : lequel soupant aupres du brasier, qui brusloit son ame, ne peut manger que bien peu, ains se contentant de la pasture des yeux, qui sans ialousie quelcõque, distribuoyẽt leur nourriture au cœur, il vesquit fort sobrement, donnant à la desrobee des secrettes attaintes, auec vn friant & lascif regard, au cœur de la belle, qui de son costé ne s'espargnoit point à luy rendre, voire à vsure, les traits de l'œil, desquels il estoit si auare, que presque il n'osoit leuer la veüe, de peur de sentir quelque esblouïssement. Apres le repas, le cheualier ayant donné le bon-soir à la mere & à la fille, s'estant retiré, & couché, en lieu de dormir, se meit à souspirer, & bastir mille diuers deſſeins, fantaſiant mille folies telles que font ceux, deſquels le cerueau eſt debilité. Las, diſoit-il, que veut dire cecy, que touſiours i'auoy veſcu en ſi grande liberté, & que maintenant ie ſente l'apprehenſiõ d'vne ſeruitude, que ie ne puis exprimer, & de laquelle toutesfois les effects ſont experimentez en mon ame! Ay-ie bien chaſſé, pour eſtre prins? ſuis-ie ſorty de mon logis libre, pour m'enfermer en vne priſon, que ie ne ſcay encor, ſi lon voudra m'y receuoir, ou y eſtant receu, ſi i'auray le traittement condigne à mon merite? Ah! Genieure, plaiſe à Dieu, que ta beauté aye moins de pointure enuers moy, que l'arbre de qui tu prens le nom, n'a d'eſpines poingnantes au toucher, & d'amertume à ceux qui le gouſtent. Certes i'eſtime heureuſe ma venue par deçà (quelque paſſion que i'endure) puis que l'appreſt d'vn mal ſi heureux deuoit refroidir la gayeté, qui me faiſoit diuaguer trop librement. Ah! belle entre les plus belles, certainement la beſte craintiue, que tantoſt tu as deſpecee à tes leuriers, n'eſt point plus martyree, que mon cœur eſt departy en opinions diuerſes ſur ton affection. Et que ſcay ie ſi tu en aimes vn autre plus digne d'eſtre fauoriſé de toy, que le poure Dom Diego? Mais il eſt impoſſible, qu'autre puiſſe approche cher de la syncerité, que ie sen en mon cœur deliberé d'endurer plustost la mort, que d'en seruir d'autre, que la belle & blonde Genieure. Par ainsi ma loyauté, ne receuant comparaison, ne pourra trouuer aussi homme, qui soit suffisant (au pris d'elle) de se dire seruiteur de ton excellence. Or auienne ce qui pourra, au moins de cecy m'asseureray-ie bien, que viuant Dom Diego, son cœur ne receura autre impression ou desir, que celle, qui l'instiguera d'aimer, seruir, & honnorer la plus belle, qui soit auiourd'huy en toutes les Espagnes. Resolu en ceste deliberation, apres auoir bien sué, ahanné, & resué sur le complot de ses amours, il ne trouua rien plus expedient, que de luy descouurir sa passion, & luy faire entendre le bon vouloir, qu'il auoit de luy faire seruice, & la prier de l'accepter pour celuy, qui de là en auant ne feroit rien, que sous la faueur de son nom. D'autre costé, Genieure ne pouuoit clorre les yeux, & ne sçauoit presque, qui luy empeschoit ainsi son sommeil : parquoy, tournant tantost d'vne part, tantost d'autre, en sa riche & belle couchete, ne fantastiquoit pas moins de conceptions, que le passioné Dom Diego. A la fin se resolut, que si le cheualier luy monstroit quelque signe euident (ou luy manifesteroit par sa bouche)

che)d'amour & seruitude, elle ne refuseroit point le party. Ainsi se passa la nuict en pensers, souspirs, & souhaits entre les deux apprentis de la chose, où ceux qui cōmencent y sont les plus eschauffez, & qui mieux ensuiuēt,& sçauent parfaire la prattique. L'endemain le cheualier voulut partir aussi tost qu'il fut leué: mais la bōne vefue, ayant mis son cœur sur ce gētilhōme, plus que sur autre, que long tēps auoit-elle veu, le pria tant, que luy, qui aimoit mieux cest arrest, qu'il ne feignoit le depart, se monstra vaincu par l'honneste importunité de la dame. Tout ce matin se passa en deuis & propos communs de la mere & fille auec Dom Diego: mais il estoit encor plus estonné que le soir precedent, si bien, que le plus souuent il respōdoit si mal à propos, qu'aisément lon pouuoit cognoistre, que son esprit pensoit en chose qui l'agitoit si viuement, qu'elle seule iouyssoit de la force & viuacité d'iceluy: toutesfois la dame imputoit cecy à la hōte du gentilhōme, & à la simplicité qui estoit encor en luy pour n'auoir gueres frequenté les dames. L'heure du disner venue ils furēt seruis aussi delicatemēt & somptueusement, comme de bon cœur elle souhaitoit de si bien traitter ce ieune seigneur, que de là en auant il vinst plus volontairement la visiter. Apres le repas
il ne

il ne faillit de rendre graces à son hostesse, du bon accueil,& traittement qu'il auoit receu en sa maison, l'asseurant qu'il ne seroit iamais iour de sa vie, qu'il ne se mist en deuoir, sinon d'y satisfaire, à tout le moins de luy recognoistre ceste faueur par tout office,& bon seruice:& ayant prins congé de la mere,il s'addressa à la damoiselle,à celle, dy-ie,qui l'auoit si viuement nauré au cœur, & laquelle il voyoit desia si bié grauee en son ame, que la trace y demeureroit à iamais. Prenant d'elle congé, ainsi qu'il luy baisoit les mains,pensant fort bien luy exprimer ce qu'il auoit designé presque toute la nuict,la langue luy demeura si noüee,& aussi les sens tous extatiques,que la pucelle cogneut euidemment l'alteration du gentilhomme:dequoy elle ne fut pas vn brin malcontente, & pource luy dit-elle, auecques vne parole assez mal asseuree:Ie prie Dieu,monsieur,que il vous donne autant d'aise en vos passions, comme vous en laissez de desireux de iouïr longuement de vostre presence. Certes,madamoiselle,respondit le cheualier, ie m'estime plus que fauorisé, pour ce souhait venāt de telle, que de vous:& plus encor de ce desir que mettez en auant, touchant ma presence, laquelle sera tousiours preste à l'execution de ce qu'il vous plaira me commander.

der. La damoiselle honteuse de cest offre, le mercia bien affectueusement, le priant auec vn doux & mignard sousris, qu'il n'oubliast point le chemin de les venir voir, veu qu'elle s'asseuroit fort bien, que sa mere en seroit fort ioyeuse. Et quant à moy (dit-elle) ie m'estimeray bien heureuse, de participer en son plaisir, & en l'amitié grande, qui est entre les deux maisons de nous deux. Apres aussi toutes les reueréces & cógé prins d'vne part & autre, Dõ Diego se retira chez soy, où il conta à sa mere le bon accueil, que on luy auoit fait, & l'honnesteté grande des dames ses hostesses, pource dit-il à sa mere: Madame, ie voudrois bien (si c'estoit vostre plaisir) leur mõstrer le bon vouloir que i'ay de leur faire cognoistre, combien ce leur office d'hospitalité m'a astraint à elles, & quel desir i'ay de m'en reuencher par quelque honneste deuoir. Ie desire donc de les conuier ceans, & leur y faire aussi bonne chere, comme de bon cœur elles m'ont receu en leur maison. La dame, qui estoit amie tout outre de la mere de Genieure, trouua fort bon l'auis de son fils, l'asseurant que l'autre ne faudroit d'y venir, veu que de lóg temps elles auoyent frequenté habitude ensemble & auoyét coustume de se visiter souuét. Dõ Diego, enhardy par les paroles de sa mere,
enuoya

envoya prier la mere de la belle Genieure, de l'honnorer de sa compagnie, & de celle de sa fille: ce qu'elle accorda d'aussi bō cœur que de bō vouloir le ieune seigneur l'auoit faite conuier. Le iour du festin, Dom Diego chercha tous les moyens qu'il peut pour les bien traiter, fust-il en viandes, qui ne manquoyent point, instrumés de toutes sortes, mommeries, moresques, & mille autres passetemps, par lesquels il declaroit sa bōne nourriture, la gētillesse de son esprit, & le desir qu'il auoit de paroistre tel qu'il estoit deuāt celle qui auoit desia l'entiere possession de sa liberté. Et pour ne defaillir à parfaire son œuure, il eut tous les gentilhommes, & damoiselles, q luy estoyēt voisins. Ie ne descriray point icy par le menu, l'appareil du festin, ny la diuersité de viandes, ou delicatesse des vins: il me suffira qu'apres disner lō dressa le bal, où le cheualier mena baller sa maistresse, autant glorieuse de se voir ainsi auātagee, que luy cōtent de se sentir si pres du doux tourment, & passion supportable de son ame: laquelle il commēça luy decouurir, parlant à elle en ceste sorte: Ma damoiselle, ie ne pensay onq autrement, que la musique n'ait quelque vertu latente (qui bonnement ne se peut exprimer) à esueiller les pensees, tant soyent-elles mornes, & peu
ioyeuses

ioyeuses à mõstrer quelque esiouysãce exterieure. Ie le dy pour moy, qui viuoy en lãgueur si extreme, que tout aise me seruoit de desplaisir, & me faisoit chagrigner cõtre moy mesme: & toutesfois ma passion symbolisant auec ma voix plaintiue de l'instrumẽt s'esbaudit, & reçoit alentissement, tant pour sentir les choses insensibles se conformer à mes desseins, que pour me voir pres de celle qui peut alleger ma peine, assoupir mes langueurs, & priuer mõ ame de toute angoisse. Aussi est-ce la raison, que celle-mesme remedie à ma maladie, de laquelle ie receu la pointure, & qui est la premiere cause de ce mien mal. Ie ne sçay, dit la damoiselle, quelle maladie est ce que vous dites, car ie seroy bien marrie d'estre occasion de mal à celuy qui s'estudie à nous traiter si bien. Ah, madamoiselle! dit le cheualier, souspirant du profond de son cœur: Le traitement q̃ ie reçoy, par la cõtinue cõtemplation de vos diuines beautez, & la splẽdeur indicible de ces deux rayons, qui estincellent en vostre face, sont ceux qui m'affligẽt heureusemẽt, & qui me font boire le hanap de ceste amertume, en laquelle toutesfois ie trouue telle douceur, que toute l'ambrosie, feinte par les Poëtes, n'est que fiel, au prix de celle que ie gouste en mõ ame, sentãt ma deuotion si affectionnée nce à vous faire seruice, que la seule mort sera celle, qui desliera le nœud, auec lequel de mó bon gré ie m'astrains à estre vostre à iamais seruiteur,& (s'il vous plaist) fidele & loyal amy & espoux. La pucelle, non stylee à ouyr telles chăsons, chăgea en moins de riẽ de couleur, deux ou trois fois:& neātmoins feignit-elle vn petit courroux, en ce q̃ plus la cōtentoit:& non si aspre toutesfois, que le gentilhomme ne s'apperceust fort bien, que elle estoit touchee au vif, & qu'il auoit part en ses bonnes graces : & pource continua-il si bien son propos, toute ceste apres-disnee, que la fille luy dit: Monsieur, ie confesseray maintenant, que mal-aisément se peut couurir l'alteration des affections qui procedẽt de l'amour:car quoy que i'eusse deliberé de dissimuler ce que i'en pense, si ay-ie quelque chose(que ie ne puis nōmer) en mon esprit, qui me regit si bien, & me tire loing hors de mes propres cōplots, & conceptions, de telle sorte, que ie suis cōtrainte de faire ce que ceste seconde inspiration me suggere, & me force en mon ame, iusqu'à receuoir vne impression, que ie ne sçay encor en quoy est ce qu'elle reussira : toutesfois, me fiant en vostre vertu & honnesteté, recognoissant vostre merite, ie m'estime heureuse d'auoir vn tel, si beau & accomply cheualier, pour amy:

DDD

& pour tel vous accepte, iusqu'à tant qu'ayez obtenu de madame ma mere le second poinct, qui accomplisse ce qui est le plus souhaité par ceux qui s'aiment vertueusement: car iusqu'a donc ne serez-vous fauorisé autrement de moy, qu'auez esté iusques icy. Attendant ce bienheuré iour de iouyssance, & allegrement, dit le cheualier, ie baiseray vos blanches & delicates mains, en recognoissance de la faueur, qu'à present ie reçoy de vous, me pouuant vanter d'estre le seruiteur de la plus belle, courtoise, & honneste damoiselle, qui soit deçà les môts. Durât ces propos, lon couurit pour le soupper, où ils furêt seruis autant magnifiquement, q̃ s'ils eussent esté en la cour du Monarque des Espagnes. Apres le repas, il fallut aller se esbatre sur la verdure, le lõg d'vne saulsaye, où la serenité du temps, le gazouillis des ruisseaux, le iargon fredonné de la musique naturelle des oiselets, & le doux murmure des feueilles branslantes au sifflement d'vn doux Zephir les cõuia à renouueller les passetemps de l'apres-disnee, car les vns si mirêt à deuiser & deduire des propos les plus recreatifs qu'ils pouuoyent inuenter, les autres tissoyent des chapellets pour leurs amies, autres sautoyent, couroyent, ou gettoyent la barre. A la fin vn grand seigneur
voisin

voisin de Dom Diego, le nom duquel estoit Dom Roderico, ayant cogneu aux côtenances de son amy, à quel Sainct il le failloit voüer, & s'apperceuant pour l'amour de qui la partie auoit esté dressee, s'en vint prendre par la main vne damoiselle assise tout ioingnant la belle Genieure, & la pria de dancer aux chansons: à quoy elle, qui estoit ioyeuse & escorte, ne se monstra point retifue. Dom Diego ne faillit de s'attaquer à sa maistresse, à l'exemple duquel toute la ieune noblesse se mit en dance, à qui mieux mieux. Or la damoiselle qui commença la dance, chanta ceste chanson, autant à propos, comme si elle fust entree au cœur de l'amie, & maistresse de Dom Diego, & comme si tout expres elle l'eust composee au nom de celle, à qui le fait touchoit sur toute autre:

Qui a mieux dequoy chanter,
Que celle-là qui maistrise
Le vouloir & la franchise
D'vn qu'elle pretend aimer?
La tendre délicatesse
De mon aage peu expert,
Esmeue de la foiblesse
Du cœur, qui ma beauté sert,
M'a fait conformer mon ame
Au desir d'vn poursuiuant,
Tout ainsi que d'vne flamme

Et d'vn feu nos cœurs suiuant
L'affection or' s'enflamme.
   Qui a mieux dequoy chanter.
I'ay beau essayer d'esteindre
Le brasier si bien espris:
I'ay beau tenter de contraindre
Le dessein de mes esprits,
De fuir ceste alliance,
Laquelle i'aime le mieux:
Car, & sa perseucrance,
Et le plaisir des hauts Dieux,
Me font aimer sa constance.
   Qui a mieux dequoy chanter.
Aussi est sa bonne grace
La nompareille entre tous:
Aussi est ce de sa face,
Comme d'vn iour beau & doux:
Attirant à sa cordelle
Des plus rogues la rigueur.
Comment ne sera la belle,
Et attendrissant son cœur,
Vers tel amy non rebelle?
   Qui a mieux dequoy chanter.
Si ie l'aime, est-ce point vice?
Si le cheris, ay-ie tort?
Si me monstre à luy propice,
Preste à luy donner support,
Faux-ie point en ceste deue
Honnesteté à mon rang?

Si

Si aimant, il m'a cogneue
Honneste, & d'illustre sang,
Cy apres tell' seray veue.
  Qui a mieux dequoy chanter.
Ainsi l'vnion tressainte,
Qui entrelace nos cœurs,
Ne pouuant receuoir feinte,
Ne receura les rigueurs,
Qui conduisent la folie
De ceux qui aiment en vain:
Car le nœud saint, qui nous lie,
Est composé d'autre main,
Que d'humaine fantasie.
  Qui a mieux dequoy chanter.
Et voila pourquoy i'espere,
Que nos amours dureront,
Sans ennuy, sans vitupere,
Et qu'à iamais fleuriront
Les germes de l'alliance
Commencee entre nous deux.
O qu'heureuse est la constance,
Qui deux tels cœurs fait heureux,
Par leur honneste accointance!
  Qui a mieux dequoy chanter.

 Ceste chanson chatouilla l'esprit de plusieurs de la compagnie, & principalement de Dom Diego, & Genieure, lesquels se sentoyent pinsez sans rire: toutesfois la pucelle s'esiouyssoit de s'ouyr loüanger si hautemét

DDD 3

en si belle compagnie, & mesmement en la presence de son amy, qui auoit non moindre plaisir oyant les louanges de s'amie, que qui l'eut fait seigneur de tout Arragon: laquelle quelque dissimulation qu'elle mist en auant, si ne peut-elle couurir l'alteration de son ame, sans l'enuoyer hors par vn soudain changemēt de couleur, qui ne seruit que d'accroitre le beau & frais teint de son visage. Dom Diego voyant ce changement, fut ioyeux au possible: car par là cognoissoit, & iugeoit il, qu'il se pouuoit asseurer des bonnes graces de sa maistresse: & pource luy serrant mignotement les doigts, luy dit, se sousriāt fort modestement, Quel plaisir plus grād, madamoiselle, pourroit auenir à ce vostre seruiteur, q̄ de voir l'accomplissement de ceste prophetique chanson? Ie vous asseure, que de ma vie ie n'ouy musique, qui me recreast tāt que ceste-cy: & sçay fort bō gré à la damoiselle, qui si accortement a decouuert vostre bon vouloir vers moy, & la fidele seruitude, de laquelle vous me verrez d'icy en auant si liberal, q̄ n'y biens, ny vie seront espargnez, pour vous obeyr. Genieure, qui l'aimoit de tout son cœur, le mercia fort humblement, & le pria de croire, que ceste chanson ne mentoit en rien, & que, sans faute aucune, elle auoit manifesté tout ce qu'elle auoit de secret en son ame.

ame. La dâce finie, lon s'aſſit ſur l'herbe tout autour d'vne claire fontainelle, laquelle ſourdoit aſſez lentement d'vn haut, & moſſu rocher, enuironné d'vne infinité d'erables, peupliers & freſnes. Là vn page porta le luth à Dom Diego, lequel en eſtoit fort bon maiſtre, & encore le faiſoit-il mieux ouir, ſi par cas il adiouſtoit la voix à l'inſtrument: comme il feit lors, chantant ce qui s'enſuit:

 Que i'ayme, & que ſoy ſerf, la raiſon le commande,
  Que ie ſouffre maint mal, & maint grand douleur:
  Car ſes moyens ſeuls ſont cauſatifs de mon heur,
  Ils ſont mon ſeul repos, & de ma faim la viande.
 Qu'en penſant (contriſté) tantoſt maint pleur eſpande,
  Ores tout reſiouy, ie finiſſe mon pleur:
  Ce ſera la choiſon ſeule de mon honneur,
  Et l'accep. qu'on fera de ceſte ſimple offrande,
 Que ie fay de mon cœur à ma ſainte deeſſe,
  Que ie fay de moy tout à ma belle maiſtreſſe,
  Veu que ie ne ſcauroy offrir vne moitié.
Auſſi telle vnion ne ſe fait ſi parfaite,

DDD 4

HISTOIRE

Si telle liaison l'on commence imperfaite,
L'vn & l'autre se quiert en la vraye amitié.

Ce chant meit grand diuersité en la pensee des assistans, qui louerent la gentille inuentiō du cheualier, & sur tous Genieure le prisa plus encor qu'au parauant, & ne peut si biē contenir ses œillades, & luy de luy en rendre le contrechange, que les deux vefues meres des amans n'y prinssent fort bien garde: dequoy elles s'esiouirent grandemēt, se faisans fortes de les apparier, & conioindre auec le temps. Car elles differoyent pour lors, veu la grand'ieunesse des deux amans. Toutesfois, il eust esté mieux que ceste cōionction se fut faite deslors, sans attēdre que fortune iouast le roller de sa naturelle mobilité: & certes lō delaye des choses que le prolongement apporte quelquesfois tels, & si grāds malheurs, que cēt fois lon maudit sa fortune, & peu de conseil à preuoir les accidēs infortunez, qui peuuent suruenir. Cōme aduint à ses vefues, l'vne desquelles pensa perdre son fils par la sotte rudesse de la fille de l'autre, laquelle sans l'ayde de Dieu, donnoit vn faux bond à son honneur, & preparoit vn boucon si dangereux à la vieillesse de sa mere, que l'apast de telle poison eut auācé le chemin à la bōne dame, pour descendre bien tost au tombeau

beau. Or durant que ces amours alloyent en accroissant, & que le desir des deux amās s'enflammoit ordinairement en feu, & flammes plus violentes, Dom Diego tout changé, & transformé en vn nouueau homme, n'auoit plaisir que lors qu'il iouissoit de la veuë de sa Genieure: & elle ne pensoit qu'il y eut felicité plus grande, ou plus souhaitable, que d'auoir vn amy si parfait, & tant accompli de toutes choses requises, pour les douaires, & perfections d'vn gentilhomme, Cecy estoit occasion, que le ieune cheualier ne laissoit passer sepmaine sans aller visiter deux ou trois fois sa maistresse, laquelle luy faisoit tous les bons accueils, & honnestes caresses, que la vertu peut permettre à vne fille, qui est diligente gardienne, & garde auare de son honneur: & cecy faisoit elle par le consentement de sa mere: aussi l'honnesteté ne permet point aux filles pudiques vn long caquet, & babil immodeste auec le premier qui les vient acoster: & moins encor leur est bien seant de se trouuer escartees, auec homme que celuy qui (par le lien de mariage) a acquis puissance sur le corps, & qui est, ou doit estre la moitié de leur ame. Tel estoit le desir de ces deux amans, lequel toutesfois pensa estre empesché par le moyen qu'entendrez cy apres. Car durant l'aise de l'amour

reciproque de ce beau couple de loyaux amans, auint que la fille d'vn grand Seigneur du païs, nommé Ferrand de la Serre qui estoit belle, bien auenante, escorte, & de fort bonne grace, pour hanter presque tous les iours familierement Genieure, deuint amoureuse extremement de Dom Diego, & essayoit par tous moyens de luy faire cognoistre qu'elle estoit la puissance, que volötiers elle luy donneroit sur son cœur, là ou il luy plairoit l'honnorer tant, que l'aymer à l'egal de l'amour syncere qu'elle luy portoit. Mais le cheualier, qui n'estoit plus à soymesme, ains possedé d'autre, auoit perdu auec sa liberté le sens & esprit de veoir l'affection de ceste damoiselle, & n'en tenoit aucun conte. La fille neantmoins ne cessoit de l'aymer, & de tenter tous les moyens qu'elle pourroit, de le rendre sien: & sçachant combien Dom Diego aymoit la fauconnerie, elle, ayant recouuert vn espreuier des meilleurs de tout le pays, l'enuoya à Dom Diego, lequel l'accepta de aussi bon cœur, comme affectueusement il mercia celle, qui luy faisoit si beau present: priant le messager de le recommander aux bônes graces de sa maistresse, l'asseurant, qu'elle auoit vn fidele seruiteur en luy, & q. pour l'amour d'elle il garderoit c'est oyseau autant cheremét, que la prunelle de ses
yeux

veux, C'est oiseau fut cause du malheur, qui depuis auint au poure amant: car estant allé souuent veoir sa Genieure, auec son oiseau au poing, & portant bien souuent les enseignes de la bonté de son espreuier, il luy eschappa de dire, que c'estoit l'vne des choses, qu'il auoit en ce monde la plus chere. Certainement, ce mot fut mesuré plus primement, qu'il ne pensoit, & luy tourna à telle consequence, que depuis il en cuida perdre la vie, auec son desespoir. Quelques iours apres, ainsi qu'en l'absence du cheualier lon deuisoit de sa vertu, & honnestes façons, l'vn louant sa prouësse & vaillantise, l'autre sa grande beauté & courtoisie, lautre passant outre extollant la sincere affection & constance qui apparoissoit en luy à traiter l'amour, vn galand enuieux, nommé Gracian, dit alors: Ie ne nieray point que Dom Diego ne soit vn des plus accomplis, honnestes & braues cheualiers de Catheloigne: mais en matiere d'aymer, il me semble si volage, & inconstant, que par tout ou il s'adresse, c'est là qu'il fonde incontinent ses affections, & y fait le langoureux. Genieure, esmerueillee de ces propos, luy dit: Ie vous prie mon amy parlez plus modestement du seigneur Dom Diego: car ie pense l'amitié, que le cheualier porte à vne damoiselle de ce pays, si ferme,

& asseu

& asseuree, qu'autre n'y sçauroit donner atainte, ou l'esbranler de son premier siege, Voila ce qui vous trompe, madamoiselle: car sous le pretexte d'vne dissimulee seruitude, ils abusent la simplicité des ieunes damoiselles. Et qu'il soit vray, ie suis asseuré que Dom Diego est extremement amoureux de la fille de Dom Ferrand de la Serre, de laquelle il a eu vn oyseau de proye, qu'il ayme & cherit sur toutes les choses qu'il prise. Genieure, se souuenant des paroles, que peu de iour au parauant Dõ Diego auoit dites touchant son espreuier, commença à soupçonner & croire ce que ce messer Gracian luy auoit mis en auant: & ne pouuant supporter la colere qu'vne froide ialousie luy suggeroit, se retira en sa châbre, pleine d'vn mal talent, & creuecœur si grand, qu'elle fut en branfle plusieurs fois de se forfaire : à la fin esperant se venger du tort, qu'elle se persuadoit receuoir de son Diego, se delibera d'endurer patiemment sa fortune. Cepédant elle couuoit en son ame vn despit si grand, & vne haine si extreme contre le poure gentilhomme, qui ne pensoit en rien, en tout cecy, que l'amitié precedente n'estoit rien, au pris du mal de mort, qu'elle vouloit lors à celuy, qui ne pensoit qu'à luy complaire : & qui l'endemain (comme il auoit de coustume) vint la voir,

ayant

ayant, son grand desastre, sur le poing l'oyseau, cause de toute ceste ialousie. Or ainsi que le cheualier deuisoit auec la mere, voiát que s'amie ne venoit point (ainsi qu'elle auoit de coustume) pour le festoyer & entretenir, s'enquist, qu'est-ce qu'elle faisoit: Vn, qui s'auança plus que les autres, luy dit: Monsieur, aussi tost qu'elle à sceu vostre arriuee ceans, elle n'a failly de se retirer en sa chambre. Luy, qui estoit modeste & bien apris, dissimula ce qu'il en pensoit, imaginant que c'estoit quelque petite fantasie, à laquelle les femmes sont volontairement subietes: & pource quand il luy sembla temps de partir, il print congé de la vefue. Or ainsi qu'il descendoit les degrez de la sale, il trouua vne fille seruante de Genieure, laquelle il pria de baiser les mains de sa maistresse en son nom. Ce qu'elle luy promit de faire, & l'executa. Genieure durant cecy ne reposoit point, ains sollicitee par ie ne scay quel desir de se retirer du tout de ceste amoureuse pratique d'auec Dom Diego, s'estoit si bien enquise, qu'elle auoit sceu, comme le gentilhomme portoit l'oyseau, qui luy causoit ceste phrenesie : & pource s'estimant & mesprisee & moquee de son cheualier, & pensant, que pour luy faire despit, il eut fait tout cecy, elle entra en si grande resuerie,

cha

chagrin, & mescontentement, qu'elle cuida sortir de son sens. Elle estant donc en ce trouble d'esprit, voicy arriuer la damoiselle seruante, laquelle feit l'ambassade du cheualier à sa dame, qui oyant le simple nom de son cuidé ennemy, se mit à souspirer si estrangement, que l'on eut dit, que l'ame luy deuoit partir du corps. Puis vainquant ceste passion d'ire, qui luy empeschoit la parole, se meit à pleurer fort tendrement, en disant : Ah! traistre & desloyal amant, est-ce la recompése de l'honneste, & ferme amitié, que ie te portoy, que de me deceuoir si laschement sous le masque d'vne fiction tant detestable? Ah! voleur temeraire, est-ce à moy, à qui tu deuois t'adresser pour exercer tes meschancetez & tromperies? Te sembloy-ie digne de qui tu deusses prodiger l'honneur, pour en porter les despouilles à telle, qui ne peut, ny ne doit s'egaler en chose, quelconque auec moy? En quoy ay-ie merité ceste defaueur, sinon en t'aymant plus que ta beauté & feinte amour ne meriterent oncques enuers moy? As-tu bien eu la hardiesse de t'attaquer à moy, ayant ta conscience cauterisee par vne telle & si lasche trahison ? Osois-tu bien me presenter vn baise-main par la bouche d'autruy, là ou la tienne, menteuse pour moy, se dedie à vne autre en ta personne propre? Ie lou-

loué Dieu, de ce qu'il ma fait veoir, auant que autre cas s'en ensuyuit, le poison que tu aprestois pour la ruine de ma vie, & honneur. Ha! n'espere point me prendre à la pipee, ny de me deceuoir par tes miellees & trompeuses paroles: car ie iure Dieu, que, tant que ie viuray, tu ne me seras autre, que le plus cruel, & mortel ennemy, que i'ay en ce monde. Pour donc effectuer son dessein, elle escriuit vne letre, pour donner son congé à Dom Diego, & instruisit vn page à ce, que, quand le cheualier viendroit, il luy fut au deuant, & luy dit, de la part de sa maistresse, qu'auant que passer outre il la leut, & ne faillit de faire le contenu. Le page, qui estoit malicieux, & assez mal affectionné à Dom Diego, sçachant le iour, qu'il deuoit venir, vint l'attendre vn quart de lieue loing du chasteau: & n'eust pas y demeuré long-temps, que voicy arriuer l'innocent amant, à l'encontre duquel s'adressa le page, portant armes plus offensiues, & nuisibles pour le cheualier, que tous les assauts des brigands & voleurs de la Catheloigne. Ainsi luy presentant les lettres de sa maistresse, luy dit: Monsieur, madamoiselle Genieure vous mande, qu'autant que vous craignez luy desplaire, vous ne failliez de lire la presente, auant que passer outre, & moins encor de faire le
con

contenu. Le cheualier esbahy au possible de ce iargon, respondit au page: Ia ne plaise à Dieu, mon amy, que ie desobeisse en chose quelconque à celle, à qui i'ay donné toute puissance sur mes affections. A ceste cause, prenant les letres, il les baisa trois ou quatre fois, & les ouurant il y trouua, ce qu'il n'espe roit, ny ne vouloit y trouuer. Or estoit telle la teneur d'icelles.

Il ne sera iour de ma vie, que ie ne me plaigne de toy, desloyal & pariure amant, qui estant plus prisé & aymé, que ne portoit ton merite, as tenu si peu de conte de moy, qui prendray vengeance de toy sur moymesme, pour auoir si legerement creu à tes paroles, pleines de dol & deception. Ie suis d'auis que tu aille doresenauant battre tous les buissons ou tu soupçoneras quelque proye, car à ceste-cy as-tu failly. Va lasche, va deceuoir celle qui te tient en ses lacs, & les presens de laquelle (quoy que de peu d'estoffe) t'ont plus esmeu, que l'honneste, vertueuse, & chaste amitié, que vertu auoit commencé entre nous. Puis qu'vn oyseau te fait plus volage, que le vent qui le porte en l'air, ia ne plaise à Dieu que Genieure empesche tes folies, & moins encor qu'elle se laisse tromper par tes excuses. Ains te defend (si tu ne me veaux veoir mourir) de te trouuer en lieu

lieu où ie seray, t'asseurant de ma volonté immuable, que tant que l'ame me residera au corps, ie ne seray que l'ennemie mortelle de Dom Diego, & celle qui, auecques sa mort, s'essayera de poursuiure la defaite du plus traistre & desloyal cheualier, qui onques ceingnit espee. Et voicy la derniere faueur que tu peux ou dois esperer de moy, qui ne vy, que pour te donner martyre, & qui iamais ne seray autre que

 La plus grande ennemie, que iamais tu eux, ny auras, Genieure la blonde.

Le miserable amant, n'eut pas si tost leu le contenu de la lettre, que, leuant les yeux au ciel, il ne dist: Las! mon Dieu, tu sçais bien si iamais ie fey faute en ce, pourquoy ie me voy banny du lieu, ou i'auoy mon contentement, & d'où mon cœur ne sortira, quelque malheur ou infortune qui me puisse aduenir. Puis se tournant vers le page, luy dit: Page mon amy, dites à madamoiselle, que ie baise humblement ses mains, & que pour le present ie n'iray point la voir, mais que bien tost elle entendra de mes nouuelles. Le page, qui estoit fait au badinage, luy respondit: Aussi m'a-elle dit, que ie vous fisse entendre que vous ne luy sçauriez faire plus grand plaisir, que de ne vous trouuer en part où elle soit: aussi bien la fille du sieur de la Ser-

EEE   re

re vous tient aſſez en ſes laqs, ſans que teniez ainſi voſtre cœur en ſuſpens, & l'attente
de deux damoiſelles en incertitude. Dom
Diego, oyant la verité de ſon malheur, &
l'occaſion d'iceluy, n'en fit pas grand conte
pour lors, s'attendant, qu'à la longue la colere de s'amie ſe refroidiroit, & que par ce
moyen elle cognoiſtroit le peu de fondement qu'elle auroit, d'ainſi ſoupçonner ſon
plus loyal amy, & affectionné ſeruiteur. Par
ainſi, ſe retirant vers ſa maiſon, tout faſché,
& mal content, s'en alla en ſa chambre, ou il
empoigna le poure oiſeau, cauſe du courroux de ſa dame: lequel il tua, en diſant: Et
par Dieu, faux chat-huan, vous ne ſerez iamais plus l'occaſion de courroucer celle,
qui ne doit eſtre offenſee par choſe ſi vile
que vous. Ie peſe que quelque furie s'eſtoit
cachee ſous le corps de ce maudit animal,
pour engendrer la peſte, qui s'enſaiſit ores
de moy: mais i'eſpere faire entendre à ma
maiſtreſſe quel ſacrifice i'ay fait de ce qui
l'ennuyoit, preſt d'en faire autant de moy-
meſme, là ou elle aura pour agreable. Ainſi
prenant encre & papier, il fit la reſponce à
Genieure, telle qui s'enſuit:

Mais qui euſt iamais penſé, madamoiſelle, qu'vne legere opinion peuſt ſi toſt eſbrâ-
ler voſtre bon iugement, à condamner voſtre

stre chevalier, sans premier l'avoir ouy en ses iustifications? Certes, ie ne pensay non plus à vous offenser, que vous à bien mascher les paroles mal mises en auāt, par ceux qui enuieux de mon bien, & ennemis de vostre aise, vous ont repuë d'vn faux rapport. Ie vous iure Dieu, madamoiselle, que iamais ie ne mis en ma fantasie autre cas, que vn desir de vous seruir seule, & de fuir l'accointance de toute autre, pour vous garder le cœur pur & entier, duquel il y à long temps que ie vous ay fait offre. En tesmoignage dequoy, ie vous supplie croire, tout ainsi que vous voyez cest oiseau (cause de vostre courroux, & occasion de mon desastre) deschiré, & mis en pieces, que mō cœur n'en sent point moindre alteration ou martyre: car tant que i'entendray vostre maltalent se continuer contre moy, asseurez vous que ma vie ne sera moins penible, que l'aise m'a esté grand, lors que ie iouïssoy libremēt de vostre presence. Suffise-vous, madamoiselle, de sçauoir, que ne pēsay onques à vous desplaire. Contentez-vous ie vous prie, de ce sacrifice, que ie vous enuoye, si ne voulez que ie face le semblable de mon corps mesme: aussi bien ne sçauroy-ie viure longuement, defauorisé de vous, & eslongné de vos bonnes graces. Car dependant ma vie

de ce seul bien, ne faut s'esbahir, si defaillant
sa nourriture, elle perit pour se voir denier
l'aliment propre à ses appetits: & par mesme
moyen se renouuellera-elle, s'il vous plaist
espandre vos rais sur mon obscurité: & receuoir ceste satisfaction de la faute non commise. Attendant la responfe benigne de vostre grande courtoisie, ie baiseray vos blanches & delicates mains, en toute humilité:
priant Dieu, madamoiselle, vous faire voir
combien ie souffre, sans l'auoir merité, &
quelle puissance vous auez sur le tout vostre

  Fidele, & à iamais obeissant seruiteur,   Dom Diego.

 Ceste lettre seellee & cachetee, la bailla à
vn sien feal & secret seruiteur, auec l'oiseau
mort, pour porter à Genieure: luy enioin-
gnant qu'il se prinst garde diligemment aux
contenances qu'elle tiedroit, & sur tout que
fidelement il luy raportast tout ce qu'elle
luy diroit pour responfe. Le seruiteur ne fail
lit de picquer en diligéce, & estãt deuãt Genieure, luy presenta ce que son maistre luy
enuoyoit. Elle pleine d'vn cœur felõ, ne dai-
gna prendre la patience de lire la lettre, &
moins accepa elle le present, tesmoing du
contraire de ce qu'elle croyoit: ains s'adressant au messager, luy dit: Mon amy, tu t'en
peux aller auec les mesmes charges, que tu

as porté, & diras à ton maistre, que ie n'ay affaire de ses lettres, excuses, ou chose qui vienne de sa main comme estant trop mieux que bien asseurée de ses ruses & deceptions. Dis luy encor, que ie louë Dieu, de ce que d'assez bonne heure i'ay prins garde au peu de foy qui est en luy, pour me contregarder à l'aduenir de ne me laisser point aisément deceuoir. Le seruiteur voulut bastir quelque harangue, pour purger son maistre : mais la fiere fille luy rompit son propos, en luy disant, qu'elle estoit resoluë en sa deliberation, c'est, que iamais Dom Diego n'auroit place en son ame, & que, d'autāt qu'elle l'auoit aimé, autant elle le haïssoit à ceste heure: qui fut cause que le messager s'en retourna autant marry de l'infortune de son maistre (le sçachant fort innocent) cōme il sçauoit fort bien le desespoir, auquel il seroit pour tomber, entendant ces nouuelles si piteuses, & si peu desirees : toutesfois failloit-il qu'il les entendist : & pource arriué qu'il fut deuant Dom Diego, luy recita tout de poinct en poinct son ambassade, & luy rendit ses lettres: dequoy l'infortuné gentil-homme fut si fort estonné, qu'à peu qu'il ne trespassa sur l'heure. Las ! (disoit-il) quel malheur est cecy, q̄ lors que ie pensoy iouyr du bien de mō attente, fortune se soit reuoltee, pour me reduire en l'extremité du plus desesperé hõme qui vesquit onques? Est-il possible, que mon bon seruice soit cause de la ruine, qui m'est aprestee? Las! que peuuent desormais esperer les bons & loyaux amans sinon la perte de leur temps, lors qu'apres vn long deuoir, viendra vn sot enuieux, qui les priuera de leur aise, & qu'eux sentans l'amertume d'vn congé, vn moins aimant emportera le fruict doux de telle esperance, & iouira sans merite de la gloire deuë à vn bon & loyal poursuiuant? Ah, belle Genieure! que vous voyez mal que ie suis, & de quelle affection ie vous sers, & combien ie voudroy souffrir pour r'entrer en vostre bonne grace! Ha, vain espoir, qui iusques icy m'as repeu d'allegresse toute confite au fiel d'vne angoisse future. C'est maintenãt que ie sens l'operation de ton amere saueur, & de ta liqueur corrosiue. Mieux m'eust esté des le cõmencement d'auoir esté refusé, qu'apres auoir esté receu, caressé, & aimé syncerement, me voir banny pour occasion si legere, ĝ ie m'ehontoye tout de la ramenteuoir seulement en mon esprit. Mais si n'aura point la fortune le dessus de moy: car tant que ie viuray, ie ne seray que le seruiteur de Genieure, & me conserueray en vie, pour luy faire congnoistre la force de mon amitié, quand perseuerant

rant ainsi, ie ne feray estat aucun de me brusler aux viues flammes de ma passion, & puis sentir le refroidissement de mon aise en la rigueur qui procedera d'elle. Ayant finy ces propos, il se mit à souspirer, & lamenter si estrangement, que le seruiteur fut en bransle d'aller querir la dame, mere du cheualier: lequel donnoit presque les signes, ou d'vn qui tend à la mort, ou bien, qui est saisi d'vn esprit de phrenesie: mais le voyant reuenir à soy, luy dit: Comment, monsieur, voudriez-vous bien vous perdre ainsi, au sot appetit d'vne fille peu sage, & mal apprinse, & qui (peut estre) fait tout cecy, pour essayer vostre constance? Non, monsieur, non: il faut l'auoir par autre lutte. Et puis que vous estes resolu de l'aimer, il n'est que de continuer en vostre poursuite: car à la longue, il sera impossible que ceste durté diamantine ne soit amollie, si elle n'est plus endiablee & furieuse, que les bestes les plus farouches, qui habitent aux deserts de Lybie. Dom Diego se conforta en ceste admonition, & delibera de persister en son affectiõ, & pour ce enuoya-il plusieurs messages, dons, lettres, & excuses, à sa courroucee Genieure, mais elle en fit encor moins de conte, que des premiers enioignãt aux messagers qu'ils ne la faschassent plus sur ceste folie,

EEE 4 car

car elle aimeroit mieux mourir, que voir celuy, ou reccuoir rien de luy, qu'elle haïssoit sur toutes les choses qui luy desplaisoyent en ce monde: ce que venu à la cognoissance du chevalier, ce fut bien pour luy faire perdre toute patience: & voyāt le peu de proffit qu'il auroit en poursuiuant ceste opiniastre, & ne pouuant mettre son amour ailleurs, delibera de mourir: & ne voulant point ensanglanter ses mains en son propre sang, il proposa de s'en aller vagabond en quelque desert, pour là paracheuer le cours de ses malheureux & tristes iours: esperāt par ce moyé d'esteindre l'ardeur de ceste amoureuse rage, ou par la lōgueur du téps, ou par la mort refuge dernier des miserables. Pour cest effect donc, il fit faire deux habitz de pelerin, pour soy, & vn homme qu'il deliberoit mener, & fit preparer tout ce qui luy seroit necessaire pour son voyage. Puis escriuant vne lettre à sa Genieure, appella à soy vn sié seruiteur, auquel il dit: Ie m'en vay en vn mien certain affaire, que ie ne veux point que nul homme le sçache: & pourtant, quand ie seray party, tu diras à madame ce que ie t'ay dit, & que dās vingt iours (Dieu aidāt) ie seray de retour. Au surplus veux-ie, q̄ quatre iours apres mon depart, & non plustost tu porte ceste lettre à madamoiselle Genieure:

&

DIXHVITIEME. 405

& là où elle refusera de la prendre, ne fais nulle doute de la bailler à sa mere. Pren donques bien garde, si tu m'aime, de faire tout ce que ie t'encharge. Apres cecy, il appella celuy qui auoir fait le premier message à Genieure, lequel estoit hôme escort, & de gentil esprit, & aussi duquel le cheualier se fioit fort. A cestuy-cy declara-il tout son dessein, & la fin où tendoit sa fiere deliberation. Le bon seruiteur, qui aimoit son maistre, oyant propos si deraisonnable, luy dit: Ne vous suffit il pas, monsieur, de vous estre donné en proye à la plus fiere & cruelle femme q vine, sans encor vouloir luy augméter sa gloire, se voyát ainsi victorieuse sur vous? Ignorez-vous quelle est la malice des femmes, & combien elles se glorifient de passionner les poures aueugles, qui se rendent leurs seruiteurs, & quelle louange elles s'attribuent, si par quelque desastre elles en côduisent quelqu'vn à desespoir? Ce n'est pas sans cause que les sages ont iadis tant hay ce sexe, côme estant la ruine commune des hommes. Qui est-ce q à induit le Poëte Grec de châter les vers contre toute espece de femmes?
Vn mal commun combien que toute femme soit,
Si apporte ell' deux biens: & le iour qu'au nou-
  ueau
Lict nuptial ell' gist, & lors que lon la veoit

EEE 5   Re

Reposer sans esprit dans vn obscur tombeau.
Sinon qu'il cognoissoit, que l'heur de l'homme cõsiste plus à euiter l'accointãce de ceste furie, que l'amadouër & cherir: veu que son naturel est tout semblable à celuy du serpẽt Esopien, qui, estant deliuré du peril & dãger de mort, par le pasteur, pour toute recõpense, il infecta toute sa maison par son enuenimé sifflement, & puãte haleine. O! que bien heureux est celuy, lequel peut maistriser ses affections, & qui (libre de passion) s'esgaye en sa liberté, fuyant le doux mal, lequel (cõme ie veoy) est causatif de ce vostre desespoir: mais, mõsieur, vostre sagesse doit vaincre ces legeres apprehẽsions, en faisant aussi peu de conte de vostre rebelle, comme elle est indigne d'estre fauorisee d'vn si grand, seigneur que vous, qui meritez, & meilleur party que le sien, & vn traittement plus honneste, qu'vn congé donné si sottement. Dom Diego, encor qu'il prinst plaisir à ouyr les discours de son loyal seruiteur, si luy monstra-il si mauuais visage, que l'autre se teut, auecques ce petit mon. Puis donc qu'il est ainsi, monsieur, que vous estes resolu en ce vostre malheur, il vous plaira m'accepter pour vous accompagner partout là ou vous yrez, veu que ie ne veux viure à mon aise, là où mon seigneur sera en peine & angoisse:
ie

je participeray en tout ce que la fortune vous preparera, iusqu'à ce que le ciel mitigue sa rigueur sur vous, & sur vostre destiné desastre. Dom Diego, qui ne demandoit pas mieux, l'embrassa fort amiablement, le merciant du bon vouloir qu'il luy portoit: puis dit: Il ne reste donc que de partir: car tout nostre cas est appresté. Ceste nuict icy, sur la minuict, nous nous mettrons en chemin; tirans la part où nostre sort & aussi la fortune nous guideront, attendans la fin de ma passion, ou la desfaite entiere de moymesme. Tout ainsi qu'ils auoiét proposé, ils l'executerent, car à la minuict, la Lune estât claire, lors que toutes choses estoyent en repos, & que lon oyoit criqueter les grillons, par les creuasses de la terre, ils prindrét leur chemin, sans tenir ny voye, ny sentier: & ainsi que la claire Aurore commençoit à vestir la robe de ses rougeastres & blanches couleurs, apparoissant l'estoille matinale de la Deesse des larcins d'amour, Dom Diego se print à souspirer, disant: Ah, fresches, & roussees matinees! que mon sort est bien loing du contentement des autres, qui apres auoir reposé sur le pensement de leur aise, s'esueillent au chant des oisillons, pour parfaire par effect ce qu'vne ombre, & fantosme de l'esprit leur presente la nuict en sommeillant!

Là

Là où ie suis cōtraint, pour eslongner la cō-
tinue plus vehemente de mes tourments, de
imiter les bestes farouches, en vagant alors
que le surplus des hōmes prēnent leur sommeil & repos Ah, Venus, de qui l'estoile me
cōduit ores, & les rayons de lōg temps sont
empraints en mō cœur! que ne suis-ie traité
selon le merite de ma constance, & syncere
fermeté? Las! ie faux d'attendre rien d'immo
bile de toy, veu que tu as ton cours entre les
planetes errantes. Il faut que l'influence de
l'astre, qui me domine parface ce que le ciel
veut qu'il soit fait de moy, & que ma belle
cruelle maistesse se mocquant de mes langueurs, triomphe de mon infirmité, & moy
accablé de tristesse, viue languissant entre les
sauuages par les deserts, veu que sans la grace de ma dame, toute compagnie me seroit
autant fascheuse, comme le seul pensement
d'vne vraye reconciliation auec mon mieux
me seruiroit de soulagement & vray remede
en toutes mes fascheries. Pendant qu'il s'oublioit en ces resueries, il veid que le iour cō
mençoit à estre fort clair, le Soleil espandāt
desia ses rayons dorez sur la terre: & pource
se mit-il à picquer plus roidement, prenant
les chemins les plus desuoyez, & loingtains
de la voye publique, qu'il luy estoit possible
à fin de n'estre cogneu d'aucun. Ainsi che-
uau

maucherent-ils iufqu'à midy : mais voyans que leurs cheuaux eftoyent las & recreus, ils defcédirét en vn village tout feparé du grád chemin, où ils fe refrefchirent & firét feiourner leurs môtures iufques fur le tard. En cefte forte par l'efpace de trois iours, ils trauerferent païs, iufqu'à ce qu'ils arriuerét au pied d'vne montagne, non frequentee prefque des beftes farouches & fauuages : le païfage d'alentour eftoit fort beau, plaifant, & propre pour la folitude du cheualier : car fi l'ombrage luy aggreoit, il pouuoit iouyr de l'abry d'vne infinité d'arbres fruictiers, que la feule nature luy auoit appreftez en ces hideux & fauuages deferts. Apres, les hautes & bien fueillues forefts les haliers & buiffons eftoyét, pour l'exercice de la chaffe, veu que on n'euft fçeu fouhaiter efpece de venaifon, que cefte folitude ne luy euft parfourny. Il pouuoit y contempler encor en l'afpreté, & rude affiette des pointures & infertiles roches, lefquelles toutesfois n'eftoyent fans donner quelque plaifir à l'œil, pour les voir tapiffees d'vne paliffante verdure en la mouffe, qui, difpofee en vne frifure gentille rendoit le lieu plaifant, & mol (pour cefte couuerture) le naturel du rocher. Et ce qui plus luy agrea, ce fut vne belle & fort fpacieufe Grotte, toute enuironnee de fapins,

teuls,

reuls, pins, cyprez, & arbres distillans la resi
ne: vers la profondeur de laquelle, en la pante, tendant vers la vallee, lon pouuoit auiser
vn nombre infiny de Ifs. Peupliers de tout
genre, & d'Erables, la fueille desquels tomboit en vn lac, qui se faisoit du degout, qui se
degorgeoit par les canaux d'vne fresche &
tresclaire fontaine, laquelle estoit vis à vis
de ceste Grotte. Le cheualier, voyant l'ame-
nité du lieu, delibera d'y poser là le siege de
sa demeure, pour y acheuer sa penitéce, & la
vie quant & quant: pource dit-il à son seruiteur: Mon amy, ie suis d'aduis que ce lieu-
cy soit le monastere, où nous ferons la profession volontaire de nostre religion, & où
se paracheuera le voyage de nos deuotions.
Tu vois, & la beauté, & solitude, ausquelles
nous conuient de nous y arrester, plustost
qu'en place, qui nous soit icy voisine. Le seruiteur s'accómoda au plaisir de son maistre,
& par ainsi, descendans de cheual, ils dessel-
lerent & debriderent leurs montures, leur
baillant la clef des cháps, desquels ils n'ouy-
rent depuis nouuelles. Quant au harnois, ils
le meirent dans leur cellule Grottesque, où
laissans leurs accoustremens ordinaires, ils
se vestirét en pelerins, & dresserent vne gráde & forte claye sur la bouche de la Grotte, à
fin que les bestes ne les offençassent la nuict
en

en sommeillant. Là le seruiteur faisoit du bon mesnager, ayant fait deux petits licts de mousse, les quenoilles & ciel desquels estoyent de bois, & ramages aussi bien polis, comme le charpentier estoit expert en telle matiere. Leur vie tout vn temps ne fut que de fruicts de ces arbres sauuages, quelquesfois des seules racines d'herbes, iusqu'à ce qu'ils s'auiserent de faire vne arbaleste de bois, auec laquelle ils tuoyent quelque lieure, connil, cheureul, & le plus souuent quelque plus forte beste y demeuroit pour les gages, desquelles ils exprimoyent le sang entre deux pieces de bois, & puis les faisoyent seicher au soleil, s'en seruans puis apres cõme de quelque bõ salé, pour l'entree de leur sobre, & peu delicate table: en laquelle l'eau pure de la fontaine, voisine de leur creuse & profonde maison, leur seruoit au lieu des bons vins & delicieux breuuages, qui abondoyent en la maison de Dom Diego: lequel viuant en telle poureté, ne cessoit nuict & iour de plaindre son desastre, & maudire sa fortune: allant souuent par le desert tout seul, pour entretenir mieux ses pensees, ou (peut estre) desireux, q̃ quelque ours affamé sortist de la montagne, pour luy faire finir, & sa vie, & ses angoisses: mais le bon seruiteur cognoissant son dessein, ne le perdoit gueres guere de veuë, ains l'exhortoit de s'en retourner en ses biens, oubliant ceste façon de faire, indigne d'vn tel homme qu'il estoit, & fort mal seante à celuy qui seroit capable de son bon sens. Mais le desesperé gentilhomme, opiniastre en sa premiere deliberation, ne vouloit ouyr parler de telle retraite. Que s'il eschapoit au seruiteur, de s'aigrir contre la rudesse, & sotte cruauté de Genieure, c'estoit vn passe temps, que de voir Dom Diego monter en cholere contre luy, disant: Estes-vous bien si hardy, de mesdire de la damoiselle, la plus accomplie en vertu & honnesteté, qui soit sous le ciel? Vous pouuez bien mercier l'amitié que ie vous porte: autrement, ie vous feroy sentir, combien me touche au cœur le blaspheme que venez de dire contre celle, qui à droit de me punir ainsi de mon indiscretion: & moy grand tort, de me plaindre de sa seuerité. C'est maintenant, monsieur, dit le seruiteur, que i'experimente au vray quelle est la contagion d'amour: veu que ceux qui en sentent vne fois la corruption de l'air, ne peuuent rien trouuer de bon ou souef, que ce qui leur represente l'odeur punaise de ceste pestifere viande. Non, ie vous supply, que vous laissiez vn peu à part ceste fiere & presomptueuse Genieure, & que (oubliant sa beauté) vous mesurez son merite & vostre angoisse: vous cognoistrez lors (n'vsant que de raison) que plus simple estes-vous, d'ainsi vous tourmenter, qu'elle n'est sotte & hors de bon sens, d'abuser ainsi d'vn seigneur qui merite la bonne grace, & doux accueil d'vne plus belle, sage & modeste, qu'elle ne s'est monstree en vostre endroit. Le cheualier, oyant cecy, cuida perdre patience : & pource luy dit-il: Ie te iure Dieu, que si tu me tiens iamais tels propos, ou ie mourray, ou tu sortiras de ma compagnie : car ie ne sçauroy, ny ne veux aucunement souffrir, qu'en ma presence lon mesprise celle, que i'aime & honnore, aimeray & honnoreray toute ma vie. Le seruiteur ne voulant l'offenser se taisoit se contristât toutesfois en son cœur se souuenant pour la resolution que le poure gentil-homme auoit fait de terminer là en ce desert, au desceu de tous les siés, tout le reste de sa vie. Et lequel tant pour le mauuais traittement, & non accoustumee nourriture, que pour pleurer assiduellemét estoit deuenu si pasle, & haue, qu'il ressembloit mieux vne escorce seiche, qu'homme ayant sentimét ou vie. Il auoit les yeux tous enfoncez, la barbe mal accoustree, les cheueux to⁹ herissonnez, la peau toute chargee de souilleure, si bien qu'il sembloit mieux vn

FFF sau

sauuage(tel que lon les peinct.) que ce beau Don Diego, tant loué & estimé par toutes les Espagnes. Or laissons l'hermite amoureux en son hermitage, se passionner & plaindre son infortune, pour voir à quelle fin vindrent les lettres, qu'il escriuit à sa cruelle maistresse. Le iour, par luy prefix à son seruiteur, expiré, ledict seruiteur parfeit sa charge, & estant arriué en la maison de Genieure, il la trouua en la sale auec sa mere, là où baisant les lettres de son maistre, ils les presenta auec vne fort grand reuerence à la damoiselle: laquelle, dés aussi tost q̃ cogneut qu'elles venoyent de la part de Dom Diego, toute changee en couleur de courroux, & sotte colere, les ietta incontinent par terre, disant: Ne suffit-il pas à ton maistre, que desia deux fois, ie luy aye fait entendre, que ie n'ay affaire de ses lettres, ny embassades, sans encor me liurer tels assauts, pour me causet vn accroit de desplaisir, par la seule memoire de sa sottise? La mere voyant ceste façon de faire tant inciuile, combien qu'elle se fust apperceüe de la menee, & eust senty, qu'il y auoit quelque discort entre les amans, si le pensoit elle, comme chose legere, veu que comme dit le Comique.

Des amans le courroux,
En reprenant son tour.

D'vn

DIXHVITIEM.
D'vn aigreur, il fait doux
Le breuuage d'amour.

Elle s'adressa à sa fille, disant: Quelle colere si grande est ceste-cy? Que ie voye ceste lettre, affin que ie la life: car ie n'ay point peur que Dom Diego me deçoyue par la douceur de ses mielleuses paroles. Et certainement ma fille, vous ne deussiez pas craindre d'y attoucher, veu que s'il y a du poison il faut le referer à vostre beauté, qui en à amorcé le cheualier. Que s'il s'essaye de le faire redóder sur vous, ie ne trouue point occasion, pourquoy il doiue estre ainsi rigoureusemét reietté, luy meritant, pour son honnesteté, vn meilleur traittement de vous. Cependant, vn seruiteur leua de terre les lettres, lesquelles il donna à la dame, qui les lisant, y trouua ce qui s'ensuit.

Madamoiselle puis que mon innocence ne peut trouuer lieu en vostre endroit, quelque honneste excuse, ou veritable raison, que ie vous mette en auant: & puis que vostre cœur s'est de luy mesme declaré implacable, vers celuy, qui ne vous fit iamais offense, sinon que ce fut pour trop aimer, qui pour recompense de ceste rare, & à nulle autre semblable amitié, me sens hay mortellement de vous, & tellement mis en arriere, que le seul record de mon nom, vous cause vn ennuy insupportable, & indicible desplaisir. Pour euiter (dy-ie) vostre malaise, & auec mon malheur vous donner quelque contentement, i'ay deliberé de m'esloigner si bien de ceste contree, que vous ny autre iamais n'orrez ny le lieu de ma retraite, ny le tombeau ou mes os reposeront, Et iaçoit que ce me soit vn creuecœur insuportable, & tourment, qui ne se peut exprimer qu'en l'endurant, de me veoir ainsi mesprisé de vous, que seule i'ay aimee, & aymeray tant que l'ame me pendra au filet fresle & caduc de ma vie, si est-ce que ceste angoisse tombant sur moy, ne m'est point tant facheuse, comme ce supplice m'est grief, imaginant la passion de vostre esprit, lors qu'il est agité de desdain, & malcontentement contre moy, qui ne vy, que pour penser en vos perfections. Et d'autant que ie sens, pour la debilité qui est en moy, que ie ne sçauroy plus longuement supporter l'aigreur de mes tourments & martyres que ie souffre à present: auant que la vie me defaille, & que l'apprehension de la mort se saisisse de mes sens, ie vous ay escripte la presente, pour testifier de vostre rigueur, & estre la marque qui auere mon innocence. Et iaçoit que ie me plaigne de mon desastre, si ne preten-ie point vous accuser, mais seulement veux-ie: que chacun cognoisse, que

la

la ferme affectiõ, & eternelle seruitude, meritoyent autre recompense, qu'vn congé si cruel. Et m'asseure que moy priué de vie, vous aurez pitié de nostre tourment, cognoissant alors (combien que trop tard) que ma loyauté estoit autant syncere, comme fut fausse la parole de ceux, qui vous feirent à croire, que ie estoy plus que bien affectionné à la fille de Dom Ferrand de la Serre. Las sera il defendu à vn gentil-hôme bien né, nourry aux bonnes compaignies, de receuoir les presens qui viennent de la part d'vne vertueuse damoiselle serez-vous bien si incapable de humanité, que le sacrifice, que i'ay faict de l'oiseau cause de vostre dedain, ma penitence, mes legitimes excuses, ne vous ayẽt fait voir le contraire de vostre persuasion? Ah, ah! ie veoy, que le tenebreux, & obscur voile d'vn iniuste dedain, & courroux immoderé, vous à si bien bandez les yeux, & aueuglé l'esprit, que vous ne scauriez iuger, que c'est que de la verité de mon faict, & iniustice de vostre cause. Ie ne veuz vous donner autre tesmoin de mon innocence, que mõ languissant cœur lequel vous tenez entre vos mains, & qui se sent traité trop rudement de celle, de qui il esperoit l'alegeance de ses trauaux. Puis dõq que vous me haissez, que peu-ie faire autre cas, que procurer la defaite de moymesme?

FFF 3 & pui

& puis que vostre plaisir gist en ma ruine, la raison veut que ie vous obeisse, & que mourant, ie vous sacrifie aussi bien ma vie, comme viuant, vous estes la seule maistresse de mon cœur. Vne seule chose outre mon ame de douleur, & faict ma mort plus miserable: c'est, que, moy mourant ainsi innocent que ie suis, vous en demeurerez coulpable, & serez la seule cause de ma ruine: laquelle ne sera qu'vn souspir, s'euanouïssant mon ame comme vn doux vent: là où vous serez à iamais estimee cruelle, & felonne meurtriere de vos loyaux & fideles seruiteurs. Ie prie Dieu ma damoiselle, qu'il vous donne autãt de contentement, ioye, plaisir & aise, comme vous causez, par vostre rigueur, de malaise, ennuy, & desplaisir à ce poure languissant, & qui tousiours sera.

Vostre plus obeissant, & affectionné seruiteur, Dom Diego.

La bonne dame ayant leuë la lettre, se trouua si estonnee, que la parole luy tarit en la bouche pour vn long temps, le cœur luy pantheloit, & l'esprit estoit plein de confusion, son ame remplie de douleur, participant aux angoisses du pauure vagabond, & forestier hermite. A la fin, dissimulant deuant ses domestiques la passion, qui luy esmouuoit les sens, elle tira sa fille à part, laquelle elle blasma ma fort aigrement, pour estre cause d'vne si grande perte que d'vn si parfaict, & accōply cheualier, tel, qu'estoit Dom Diego. Puis luy leut la lettre, laquelle, quelque pathetique qu'elle fust, si ne peut elle emouuoir ceste cruelle plus enuenimee, qu'vn vieil couleuure, contre le cheualier, lequel (à son aduis) n'enduroit pas la moitié de ce, que son inconstance, & legereté auoyent bien deserui. Qui fut cause, que la mere, la voyant si obstinee, luy dict: Ie prie Dieu ma fille, que pour ton obstination, il ne permette point que tu t'aueugles en ta beauté mesme, à fin qu'apres auoir refusé vn bien tel, que l'alliáce de Dō Diego, tu ne t'abuses aux paroles de tel, qui offusquera la lumiere de ta renōmee, & gloire, que iusques icy tu as gaignee entre les filles modestes. Aiant dict cecy, la sage veufue s'adressa à l'homme de Dom Diego, auquel elle demanda, depuis quel téps son maistre estoit party, & ayant sceu le iour, & non ignorant l'occasion, fut plus marrie, qu'auparauant: toutes fois elle dissimuloit, ce qu'elle en pensoit, & en renuoyant le seruiteur, luy dit, qu'il presentast ses affectueuses recōmandations à madame sa maistresse. Ce qu'il feit. La bonne dame fut ioyeuse de cecy: car ignorant le contenu de la lettre de son fils, elle s'attendoit, qu'il mandast à s'amie l'heure de son retour. Mais quand elle veid, que les vingt iours, voire que le mois entier fut passé, elle ne sçauoit, que penser. Le temps allât au lōg, sans qu'elle entendist nouuelle aucune de son fils, fut cause qu'elle commença à s'affliger & contrister non moins, que qui luy eust porté les certaines nouuelles de sa mort. Las! disoit-elle, & pourquoy m'auoit le Ciel donné la iouissance d'vn fruict tant exquis, pour m'en priuer, lors que plus i'esperoy participer en sa bonté & douceur & m'esiouir aux gettons procedans de sa belle tige! He Dieu! que ie crains que le trop aymer indiscretement, ne soit l'occasion de la perte de mon filz, & la totale ruine de la mere, auec la demolition, & degast de tous nos biens. Et pleut au Seigneur Dieu, mon filz, que iamais la chasse ne vous eust esté si chere: car cuidant surprendre, vous auez esté prins, & vous esgarant pour vous mieux retrouuer, le droit chemin vous defaillāt, vous vous estes fouruoyé si estrangement qu'il sera malaisé de vous remettre en voye. Au moins si ie sçauoy ou est le lieu auquel vous estes allé recercher vos pertes, ie iroy pour vous y tenir compaignie, plustost que viure icy veufue de mary, trahie par ceux, de qui ie me fioy, & priuee de la presence de vous mon filz, baston, & seul soustien de ma vieillesse

lesse, & esperance certaine de toute nostre maison & famille. Que si la mere se tourmentoit, le filz ne iouissoit point de plus grand aise: ains fait concitoyen auec les bestes, & oiseaux des forests spelonques, & cauernes, ne laissoit profondité de bois, aspreté de rocher ou beauté de vallee, sans y donner quelq̃ signe de sa marrisson. Quelquesfois auec vn poinsson bien aygu luy seruant de ciseau, il grauoit les succez de ses amours sur quelque forte pierre: autresfois l'escorce molle de quelque tendre, & nouueller arbrisseau luy seruoit de papier ou parchemin: car il empraignoit auec vn chiffre mignotement dressé en vne (non facile à cognoistre) liaison, le nom de sa dame entrelace si propremẽt auec le sien, que les plus escorts se fussent trompez à en tirer la vraye interpretatiõ. Vn iour dõc ainsi qu'il passoit son tẽps (selon son ordinaire) à fantastiquer ses desseins, & bastir les succez de ses amours en l'air il engraua ces vers sur la pierre du bord de la fontaine, qui estoit ioignant sa maison sauuage & Grotesque.

Si quelque Pan forestier cy habite:
Si quelque Nymphe à ouy mes douleurs,
Que l'vn contemple, & quel est mon merite,
Et quel droit i'ay d'espandre tant de pleurs:
    L'autre me preste vn ruisseau qui humecte

FFF 5

Mon cœur mes yeux, vrays esgouts de ma teste.

Vn peu plus loing, ou souuent au leuer du Soleil, il alloit s'accrocher sur vne haute, & verdoiante coulline, pour s'egair sur l'espesseur de l'herbe fresche & drue, & ou soit que naturellement cela fut faict, ou que la main industrieuse de l'homme, y eust monstré sa diligence, lon voyoit comme quatre pilliers, qui eleuoyent vne pierre taillee en quarré, & bien cisee, faicte & dressee en maniere d'autel. Là donc dedia il ces vers à la posterité:

Sur c'est autel sacré à la deité saincte
De quelcun des hauts Dieux, ie poseray ce vers
Tesmoing de mon malheur, & des ennuis diuers,
Qui me donnent sans fin, par amour, ceste attainte.

Et aux bords de ceste table il incisa cecy:

Pas tant ne durera c'est ouurage dressé,
Comme le nom commun des moitiez diuiseet:
Lesquelles s'vnissans apres vn mal passé,
Rendront de mon amour les peines compensees.

Et deuant son logis sylueftre & pierreux en l'escorce d'vn beau & haut Hestre, sentant ie ne sçay quelle gayeté non accoustumee, il escriuit cecy:

Accroissant ta beauté, s'estendant ta grandeur,
Comme toy ie verray l'accroist de mon honneur.

Son

DIXHVITIEME.   414

Son seruiteur, voyant qu'il commençoit s'egaier, luy dict vn iour, Et bien, Monsieur, dequoy sert ce luth, que ie portay en nous valises, si vous n'essayez par iceluy vous resiouir, & y chanter dessus les louanges de celle que tant vous aymez, & (s'il faut ainsi dire) idolatrez en vostre ame ? Ne voulez vous pas, que ie le vous porte, affin qu'a l'imitatió d'Orphee, vous incitiez icy, les bois, rochers & bestes farouches, à pleurer vostre desastre & tesmoingner la penitence que vous faites, sans auoir iamais commis chose, qui meritast vne si grieue punition? Ie veoy bien dit-il le Cheualier, que tu veux que ie me resiouisse: mais ma ioye est autant eloingnee de moy, comme ie suis estrangé de celle qui me tient en ceste misere.   Toutesfois ie te gratificray en cecy: & feray cueiller en ceste solitude l'instrument, auec lequel iadis i'ay faict entendre la plus part de mes passions. Apres donc auoir prins le luth, le Cheualier y sonna dessus ce qui s'ensuit

Celle moitié de mon ame,
Qui en recherchant son mieux,
Agitee d'vne flamme
Sortant du plus clair des cieux:
Celle moytié (dy) de moy,
la prodigue de soy faicte,

Ame

HISTOIRE

A vne vnion parfaicte
Mise en desroy & esmoy.
  Car choisissant pour s'accroistre,
Ce qui m'a diminué,
A en soy de moy fait naistre
Vn mal qui m'a denué.
  D'esperance & de faueur,
De plaisir & de liesse,
Pour me paistre de tristesse,
Desespoir, & de faueur.
  Mieux eust esté pour ma gloire,
Mieux eust esté pour mon heur,
Que l'acquest de telle victoire,
Que l'acquest de tel honneur.
Eust prins fin lors que naissoit
De ce plaisir l'esperance:
Et lors qu'en pleine euidence,
Ce bien heuré parissoit.
  Pas ne seroy plein d'enuie,
Qui me renge, mine & mord,
De veoir accourcir ma vie
Par vne soudaine mort.
  Pas à ce coup ne serois
Citoyen de ces valees,
De ces forests bien fueillees,
Ny de ces ombrageux bois.
  Ny par les mossues pantes
De ces rochers hauts hideux,
Par les montagnes pendantes,

DIXVITIEME.

Ou dans les Grotesques creux.
    Pas le farouche troupeau
Des bestes qui de sang vivent,
Et qui de la mort s'enyurent,
De quelque bestail nouueau.
    Espouuenteroit mon ame
Par ses solitaires lieux:
Mais la mortifere flamme,
Ouurant & clouant mes yeux.
    M'a getté en ce desert,
M'a mis en ce precipice,
M'a rendu le sacrifice
De tel à qui n'est offert.
    C'estoit à toy ô ma belle,
Que deue l'offrande estoit,
C'estoit à toy ô cruelle,
Que mon cœur la dedioit.
    Non aux bois verds ombrageux,
Non aux profondes campagnes,
Non aux fourchues montagnes,
Ou à ces rochers hideux.
    Mais maintenans tu m'efforce,
Les dedier à la mort,
Les dedier à confaire
Des ombres de la mort.
    Ce furieux creue-cœur,
Qui me priue d'esperance,
Et qui causans ma souffrance,
De toy repete mon cœur,

Pour

HISTOIRE
Pour le retourner en l'estre,
D'ou il a prins son effort,
Pour iustement le remettre
Sous le pouuoir de la mort.

Chantant cecy le forestier amāt souspiroit par interualles, & decouloyent les grosses larmes, tout le long de son visaige, lequel estoit si desfiguré, qu'a peine l'eussent recogneu ceux mesme, qui l'auoyent frequenté toute leur vie. Telle estoit la condition de ce miserable adolescent, lequel s'estant enyuré de son vin mesme, balançoit plus deuers vn desespoir present, que vers l'espoir de ce qu'il n'osoit attendre. Toutesfois, tout ainsi que les maux des hommes ne sont pas tousiours durables, & que toutes choses ont leur propre saison: fortune, comme se repentant du mauuais traitement, qu'a grād tort elle auoit faict endurer au penitécier de Genieure, luy prepara vn moyen pour le remettre au plus haut de sa rouë lors que moins il s'attendoit Et certes en cecy apparoist la clemence de Dieu, qui faict & rend les choses difficiles, & presque impossibles, autant aisees que celles qui se font ordinairement. Combien en a lon veu, qui plongez aux abismes de defiance & pensans, que leur vie fust deploree, se sont veus exaltez iusques au feste de toute gloire, & honneur? N'a pas-veu nostre siecle celuy

luy, qui estoit au pouuoir de son ennemy, iugé à la mort, prest à estre conduit au supplice, se veoir plus que miraculeusement & deliuré de tel peril & (ce en quoy les œuures de Dieu sont à admirer) le mesme estre appellé à la dignité Royale & perference sur tout vn peuple? Or Dom Diego, ne s'attendant qu'a philosopher par la campagne solitaire du pied du mont de la riche Pyrene, il sentit le secours inesperé, que vous orrez. Vous auez entendu, qu'il auoit pour voisin, & amy singulier, vn seigneur nommé Dom Roderico. Cestuy-cy, entre tous ses fideles compaignons auoit le plus plaint le desastre de Dom Diego. Aduint vingtdeux mois apres que le penitencier de la Grotte s'en fust allé en son pelerinage, que Dom Roderico print le chemin de Gascoigne, pour quelques siens vrgens affaires: lesquelles, apres qu'il eut expedié, soit qu'il se fut esgaré, ou que Dieu (comme il est plus-vray semblable) l'eu adressé là, vint vers le cartier des monts Pyrenees ou pour lors se tenoit son bon amy Dom Diego: lequel s'empiroit si bien de iour en iour, que si Dieu ne luy eust enuoyé c'est inesperé secours, il eust obtenu ce que plus il souhaitoit, c'est assauoir la mort, laquelle meist fin à ses angoisses & trauaux. Estant donc le train de Dom Roderico,

derico à vn get d'arc loing de la maison sauuage de Dom Diego, ilz veirent des traces toutes fresches des piedz d'hommes, & commencerent s'esbahir qui pourroit la faire sa demeurance, veu la solitude & infertilité du lieu, & aussi que lon y estoit fort eloigné, de maisons, & de villages. Ainsi qu'ils discouroyent sur cecy, ilz veirent vn homme, qui entroit dedans la grotte. C'estoit Dom Diego qui venoit de bastir ses complaintes sur la roche, par cy deuant mentionnee, de laquelle auant il dressoit & tournoit sa veuë vers la part du monde, ou il iugeoit, que fut le logis de la sainte, à qui il dressoit ses deuotions. Cestuy-cy oyant le bruit des cheuaux s'estoit retiré pour n'estre apperceu. Le cheualier qui par la cheuauchoit, voyant cecy & cognoissant de combien il s'estoit fouruoyé, commanda à vn de ses gens de piquer vers la roche, pour sçauoir quelles gens c'estoyét qui demeuroyent la dedans, & leur demander l'adresse du grand chemin de Barcelonne. Le seruiteur estant pres de la cauerne, la voyant si bien palissee, & fortifiee de pieux par le deuant, craignant que ce fussent des voleurs & assassineurs, qui tinssent là leur fort, n'osa en approcher, & moins s'enquerir du chemin, & pource s'en retourna il vers son maistre, auquel il feit le recit de tout cecy.

cecy. Le chevalier, d'autre paste & generosité, que ce plebee & couard seruiteur, comme hardy, magnanime, & vaillant homme qu'il estoit, piqua vers la spelõque, & ayant appelé, & demãdé qui estoit là dedãs, il veid sortir vn homme si defiguré, haue, palle & herissonné, que c'estoit pitié de le voir, c'estoit le seruiteur de l'hermite forestier: à cestuycy demanda Roderico, qu'il estoit, & quel estoit son droit chemin, pour aller à Barcelonne. Monsieur, respondit se sauuage, ie ne sçauroy vous rendre raison du chemin que vous demandez, & moins de la contree ou nous sommes à present. Bien vous diray-ie (dit-il en soufpirant) que nous sommes deux poures compagnons, que la fortune à icy conduits, par ne sçay quelle mal-auenture, pour faire penitence de toutes nos fautes & pechez. Roderico, oyant parler cestuy-cy, sentit vn souuenir de son amy Dom Diego, sans toutefois que iamais il l'eust soupçonné si pres de soy, comme il auoit. Il descédit donc de cheual, desireux de voir les singularitez de la roche, & la magnificence de ce logis Grottesque: où il entra, & veid celuy qu'il cherchoit, sans toutesfois le recognoistre: il parla long temps à luy, du plaisir de la vie solitaire, au pris de ceux, qui viuent enueloppez des fascheuses folies de ce siecle.

GGG   Veu

Veu que (disoit il) l'esprit distrait des troubles mondains, est esleué à la contemplation des choses celestes, & tend plustost à la cognoissance & reuerence de son Dieu q̃ ceux qui hantent & conuersent auec les hommes. Aussi (quãd tout est dit) les compagnies, les delices, ambitions, conuoitises, bobans, & superfluitez qui se trouuent en cest amas confus de la troupe mondaine, causent vne mescognoissance de soy-mesme, vn oubly de son Createur, & souuent vn perilleux aneantissement de pieté, & syncerité de la religion.

Pendãt que l'hermite incogneu, & le cheualier Roderico deuisoyent de ces choses, les seruiteurs de Roderico, visitans tous les coins de la cellule profonde & pierreuse des penitenciers, par fortune veirẽt deux selles, l'vne desquelles estoit fort richement elabouree, & armee de fer, comme ayant seruy à quelque beau genet, & sur le fer force ourage bien graué & emaillé, où l'or, quelque rouilleure qui obscurcist le fer, apparoissoit encor. A ceste cause, l'vn d'eux dit au seruiteur de Dom Diego: Mon pere, ie ne voy icy ny mule, ny cheual, à qui ces selles puissent seruir: ie vous prie, vendez les nous, qui en ferons mieux nostre proffit, que vous ne faites à present. Messieurs, dit l'hermite, s'elles vous plaisent, elles sont bien à vostre comman mandement. Durant cecy, ayant Roderico finy son propos auec l'autre hermite, sans y cognoistre rien de ce qu'il eust souhaitté sçauoir, il dit à ses gens: Or sus, à cheual, & laissons ces poures gens en paix, pour chercher qui nous mette en la droite voye: car auecques ceux auons nous failly. Monsieur, dit l'vn de ses gens, voicy deux selles, l'vne desquelles est bien la plus belle, mieux garnie, & elabouree, que vous vistes onq. Le cheualier, sentant vne esmotion non accoustumee, les fit apporter, & ainsi qu'il remarquoit, & auisoit tout l'harnois de la plus riche, il s'arresta à veoir les arçons sur-iettez bien mignonnement, & parmy l'engraueure desquels il leut ceste deuise en Espagnol: *Que brantare la fe, es causa muy fea*: c'est à dire, Rompre & violer sa foy, est chose detestable. Ceste seule inscription, le feit arrester encor d'auantage: car c'estoit la deuise que Dom Diego portoit ordinairement autour de ses armoiries: ce qui l'esmeut à penser, que sans doute, l'vn de ces pelerins estoit celuy-mesme, à qui la selle appartenoit. Et pource se meit-il à contempler fort ententiuement apres l'vn, tantost l'autre des syluestres citoyens: mais ils estoyent si changez, qu'il ne pouuoit les remarquer. Dom Diego, voyant son amy

GGG 2

si pres de soy, & cognoissant le desir qu'il auoit de le recognoistre, se passionoit en son esprit, & plus le fut encores, quand il veid q̃ Roderico s'aprochoit, pour l'auiser de plus pres: car il ne peut tant cõmander à soy mesme, que le sang ne luy esmeust les entrailles & montant en la partie plus euidente, fit apparoistre exterieurement l'alteration qu'il enduroit en son ame. Roderico, voyant que il changeoit de couleur, s'asseura de ce qu'il n'osoit presque soupçonner au parauãt, & ce que plus luy fit croire qu'il n'estoit point trompé, c'estoit vn petit toupet de poil, aussi blond que l'or, que Dom Diego auoit sur le col. De cecy s'estant prins garde Dom Roderico, il laissa tout soupçõ, cõme asseuré de son doute. Et par ainsi se lãçant (les bras ouuers) sur le col de son amy, & l'embrassant fort amiablement, arrousant sa face de larmes, luy disoit: Las! seigneur Dom Diego, quelle disgrace du ciel vous a si long temps esloigné de la bonne compagnie de ceux, qui meurẽt de destresse, pour se voir priuez de vous, qui seruiez de lustre, lumiere, & ornement à leur compagnie? Qui sont ceux, qui vous ont donné l'argument d'eclipser ainsi la splẽdeur de vostre nom au tẽps que elle deust reluire le plus, & pour vostre plaisir present, & pour honnorer vn iour vostre

vie

vielleffe? Eft-ce à moy, feigneur, à qui vous deuez vous celer? Cuidez-vous que ie foy si aueugle, que ie ne cognoiffe fort bien, que vous eftes ce Dom Diego, tãt renõmé, pour sa vertu & proueffe? Ie ne bougeray ia d'icy que ie n'emporte, quãt à moy, la gloire d'en pouuoir refiouyr deux: vous, en vous retirãt de cefte trifte & mal feante à vous folitude: & moy, iouyffant encor de voftre cõpagnie, & en portant les nouuelles aux voftres, qui depuis voftre depart n'õt ceffé de larmoyer & fe plaindre. Dom Diego, voyant qu'il ne pouuoit celer la verité de ce qui fe voyoit affez clairemét, & fentant les doux & amiables embraffemens de fon meilleur amy, commença à fentir vn attendriffement de cœur, tout femblable à celuy, qui experimente la mere, recouurant fon enfant long temps demeuré abfent, ou que fent la femme pudique deftituee de la prefence de fon cher efpoux, lors qu'elle le tient entre fes bras, & que librement elle l'accolle & chetir à fon aife. A cefte caufe ne pouuant prefque bouger d'aife, & de douleur enfemble, pleurant & fouspirant, fe mit à l'embraffer d'auffi bonne & cordiale affection, comme de bonne volonté l'autre l'auoit femons à fe donner à cognoiftre: & eftant reuenu à foy, il dit à fon fidele & loyal amy: He Dieu, que tes iugemens sont obscurs & malaisez à cõprendre! I'auoy proposé de viure icy miserablement, au desceu de tout le mõde: & me voicy decouuert, lors que moins i'y pensoy. Ie suis vrayement (dit-il à Roderico) ce malheureux & infortuné Dom Diego, celuy voſtre grãd amy, qui, fasché de sa vie, affligé de son malheur, & tourmenté de fortune, s'est retiré en ces deserts, pour y parfaire le surplus de qui luy reste de malheureux. Or puisque ie vous ay satisfait en cecy, ie vous prie que, content de m'auoir veu, vous vous retiriez, & me laissez icy parachener ce peu que i'ay à viure, sans declarer à personne, que ie soy vif, ny leur manifester le lieu de ma retraite. Qu'est-ce que vous dites, monsieur, dit Roderico, seriez vous bien tant hors de voſtre bon sens, que de vouloir continuer ceste vie brutale, & priuer du tout vos amis de l'aise qu'ils reçoiuent, iouyssans de voſtre presence. Pésez ie vous prie, que Dieu nous à fait naiſtre grans, & ayans puissance, non pour demeurer cachez, & enseuelis parmy la lye d'vne vile populace, ou pour demeurer oisifs dans les grans palais, ou cachetes: ains à fin d'esclairer, auec l'exemple de noſtre vertu, à ceux qui s'accommodent à nos façons de faire, & qui viuent, comme dependans de nos edicts & commandemens.

mens. Quel bien, par vostre foy, sera-ce à vos suiets, d'auoir eu le plaisir & bien, de sçauoir que Dieu leur à donné vn seigneur modeste & vertueux, si, auant qu'experimēter ceste debonnaireté & vertu, ils sont priuez de celuy, qui est aorné de telles perfections? Quel confort, contentement & aise receura madame vostre mere, voyant vne si soudaine perte de vous, apres q, vous ayant si bien & delicatement esleué, & fait instruire auec telle diligence, elle se sent priuee du fruict de ceste nourriture? C'est à vous, monsieur, à qui le deuoir commande l'obeissance à ses parens, & le secours aux affligez, & iustice à ceux qui la vous demandent. Las! ce sont vos poures suiets, qui se plaingnent à vous, de vous-mesme leur deniant vne deuë presence. C'est de vous que madame se plaint, comme de celuy là, qui à rompu & violé sa foy, n'estant venu au iour que luy auiez promis. Or ainsi qu'il vouloit continuer sa harangue, Dom Diego, impatient de l'escouter plus, luy dit: Ah! monsieur, & grand amy, il vous est facile de iuger de mes affaires, & d'accuser mon absence, ignorant (peut estre) l'occasion de tout cecy: mais ie vous estime homme de si bon sens, & tant amy des choses honnestes, & de la mesme foy, que venez de m'alleguer, qu'entendant mon desastre, aduerty de la cause de ma solitude, vous ne confessez pas que i'ay bô droit, & ne voyez à l'œil, que les plus sages & les plus constans ont fait de plus lourdes fautes que ceste mienne, agitez d'vn mesme esprit, qui agite & tourmente maintenant mon ame. Ayant dit cecy, il tira Roderico à part, là où il luy fit tout le discours, & de ses amours, & de la rigueur de sa dame, & non sans larmoyer en telle abondance, & auec telle frequence de souspirs, & sanglots, qui luy interrompoyent la parole, que Roderico fut contraint de luy tenir compagnie, se souuenant de celle, qui estoit maistresse de son cœur, & luy semblât desia voir l'effect d'vn mesme malheur tôber sur sa teste, & luy confiné en pareille, ou plus grande destresse, que celle qu'il voyoit endurer à son grand & parfait amy : lequel toutesfois il s'essaya d'oster de ceste desesperée opinion de ne sortir de ce desert : mais l'opiniastre penitencier luy iura, que de sa vie (sans auoir regaigné place aux bonnes graces de sa Cenieure) il ne retourneroit en la maison, ains qu'il changeroit de giste, pour trouuer repaire plus sauuage : & moin frequenté, que celuy-cy. Car (disoit-il) que me seruiroit le retour, ou continuant mon affection, i'experimeteroye la pareille cruauté té que iadis, qui me seroit plus penible & insupportable, que l'exil volontaire, & bannissement, où à ceste fin ie me suis confiné. Contentez vous, ie vous prie, que ie soy vne fois malheureux, sans vouloir me persuader l'essay d'vne seconde affliction, pire que les assauts de la premiere. Roderico oyant ses raisons si viues, & bien deduites, ne voulut luy repliquer, ains se contenta de luy faire promettre, qu'il l'attendroit là deux moys, & s'essayeroit de se resiouyr. Quant à luy, de sa part, il luy iuroit de moyenner sa paix auec Genieure, & de faire tãt, qu'il les feroit parler ensemble. Au surplus, il l'asseura, par serment, qu'il ne seroit descouuert par luy, ny homme de sa compagnie: de quoy le cheualier confiné le mercia plus que affectueusement. Ainsi luy laissant vn lict de camp, deux seruiteurs, & de l'argent, pour pouruoir à ses necessitez, Roderico print congé de luy, se faisant fort de le voir en bref, auec plus de contentement, qu'il ne le laissoit ores plein d'ennuy, & luy-mesme encor fasché, pour la desconuenue & malheur de om Diego. Et Dieu sçait si par les chemins l deteftoit la cruauté de l'impitoyable Genieure, blasphemant le plus souuent contre out le sexe (peut estre) auec quelque raion: car il y à ie ne sçay quoy de caché en l'e-

GGG 5 sprit

sprit des femmes, qui à ses heures, comme l'accroist & decroist de la Lune, & ne sçauroit-on quel pied prendre aux raisons d'icelles, & si bien y void on ceste (ie n'ose dire mobilité) fragilité emprainte, que les plus acortes, & mieux apprinses, ne peuuent, ie ne dy effacer, voire ny cacher ceste naturelle imperfection. Roderico arriué à sa maison, il frequentoit souuent le logis de Genieure, pour espier ses façons, & voir s'il y auoit autre, qui eust gaigné la victoire sur la place, tant assiegee, & assaillie par Dom Diego: & fit si bien l'escort & sage cheualier, qu'il s'accosta d'vn page de la damoiselle, de qui elle auoit telle fiance, qu'elle luy celoit bien peu de ses menus secrets: n'ayant point bien obserué le precepte de ce Sage, qui nous conseille, de ne dire point l'interieur de nostre ame, à ceux desquels la raison est encor foible, & la langue trop libre, & preste à parler. Le cheualier donq ayant accosté ce peu subtil page, il l'apriuoisa de telle sorte, que peu à peu il luy tira les vers du nez, & entendit, que, des lors que Genieure eut prins Dom Diego à contre cœur, elle s'estoit amourachee d'vn gentilhomme Biscain, assez poure, mais beau, ieune, courtois, & dispos, comme vn Basque, lequel seruoit de maistre d'hostel en leur maison.

son. Et adiousta le page, il n'est point ceans pour ceste heure, mais il viendra dans deux iours, ainsi qu'il à mandé à madamoiselle, amenant deux autres gentils-hommes en sa cōpagnie, pour emmener Genieure en Biscaye: car ainsi l'ont-ils conclu ensemble, & i'espere de leur seruir de cōpagnie, puis que i'ay participé au secret de leur menee. Roderico, oyant la trahison de ceste volage, & infidele fille, fut estonné de prime face: mais ne voulant que le page s'apperceust de son alteration, il luy dit: Vrayement la damoiselle à droit de prendre mary tel, qui luy soit à gré, puis que sa mere se soucie si peu de la pouruoir: & combien que le gentil-homme ne soit tant riche ou puissant, qu'elle meritetoit bien, si luy doit suffire l'affection que il luy porte, & l'honnesteté de sa personne. Au reste Genieure à (la Dieu mercy) dequoy entretenir l'estat de tous les deux. Il disoit cecy tout au plus loing de sa pēsee: car estāt à part soy, il disoit: He, vray Dieu, quel aueuglement est-ce qu'vne amour mal reiglee, & desordonnee! & quel desespoir de s'attaquer à ceux, qui (vuides de raison) se paissent si sottement des vaines pensees, & fols desirs, q̄ deux biens leur estans presentez, par ne sçay quelle malheureuse destinee, laissans le plus auantageux, ils font le chois du pire. Ha, Genieure,

nieure, la plus belle qui soit en ses contrees, & la plus desloyale de nostre temps, où as tu les yeux, ny le iugement, que de quitter vn grand seigneur, beau, riche, noble, vertueux, pour t'acoster d'vn poure, duquel les parés te sont incogneus, la prouësse obscure, & la noblesse en bien peu d'euidence? Voila qui me fait croire que l'amour (tout ainsi que la fortune) n'est pas seulement aueugle, ains offusque encor la veuë à ceux qu'il embrasse & captiue sous son pouuoir: mais ie pren Dieu à tesmoing (fausse femelle) qu'il ne se ra pas ainsi, & que ce monsieur le Basque ne iouyra point des despouilles, qui sont iustement deuës au trauail, & fidele seruitude du vaillant & vertueux cheualier, Dom Diego. Ce sera luy (ou ie mourray en la peine) qui aura la recompense de ses ennuis, & sentira le calme de ceste tempeste, qui maintenant le tient ancré entre les escueils les plus perilleux, que lon sçauroit imaginer. Par ce moyé Roderico sceut trouuer la voye, pour tenir promesse à son amy, qui viuoit en l'attente de l'effect de la parole de Roderico. Les deux iours passez, que le page auoit dit, l'amoureux de Genieure ne faillit de venir, amenant quant & luy deux Biscains, vaillans & adextres aux armes. Ce mesme soir, Roderico vint voir la dame vefue, mere de
la

la fille, & ayant trouué l'occasion opportune de parler au page, il luy dit: Ie voy, mon amy (à ce que tu m'as dit) que vous estes sur le partir, estât le maistre d'hostel de retour. Ie te prie me dire, si tu as affaire ou de moy ou de chose qui soit en ma puissance: t'asseurant qu'il ne te sera rien espargné. Ie te veux encor auertir, que (pour ton grand bien) tu tienne tout cecy secret, à fin que scandale, ou deshonneur ne s'en ensuyue, qui puisse denigrer le los de ta maistresse. Quāt à moy i'aimerois plus cher mourir, que d'auoir seulemēt ouuert la bouche, pour en decouurir le moindre propos. Mais quant sera-ce que vous partirez? Monsieur (dit le page) selon que madamoiselle m'a dit, ce sera demain, enuirō les dix ou onze heures du soir, ainsi que madame sa mere sera aggrauee de la profondeur de son premier sommeil. Le cheualier ayant entendu cecy, & ne desirant pas mieux, print cōgé du page, s'en alla chez soy, où il fit appeller dix ou douze gentils-hommes ses voisins, & vassaux, ausquels il communiqua son secret, & ce qu'il auoit deliberé faire, pour oster de captiuité & misere, le premier de tous ses amis. La nuict de la fuite des deux amans venue, Dom Roderico, qui sçauoit le chemin par où ils deuoyent passer, les deuança en vn petit bosquet

quet, où il se mit aux embusches, enuiron trois lieües loing du logis de la fugitiue damoiselle, & n'eurent long temps aresté, qu'ils entendirent le trac des cheuaux, & vn murmure de gens, qui venoyent deuāt eux. Or estoit la nuict vn peu claire: qui causa q̃ le cheualier entrecogneut la damoiselle, pres de laquelle estoit le miserable, qui l'auoit volee: lequel des aussi tost que Roderico apperceut, plein de maltalent, & outré d'vne passion extreme, baissant la lance, vint courir de droit fil contre l'amant infortuné, si bien que maille, ny plastron, ne le peurent garentir, qu'il n'allast tenir compagnie à la bande de ceux, qui bandez du voile d'amour sont peris miserablement sous la conduite d'vn enfant aueugle, nud, & volage. Et voyāt cestuy-cy depesché, il dit: Aux autres, mes amis, car (à ce que ie puis voir) cestuy n'a garde desormais de courir sur les terres d'autruy. Les poures Basques, surprins à l'improuiste, & voyans que l'embuscade alloit en multipliant, prindrent la garite à qui mieux mieux, laissans leur conducteur secoüant le iarret, & donnant le signe de sa mort. Pédant que ceux-cy s'apprestoyent à la fuitte, deux des gens de Roderico couuerts d'armes, & harnois incogneuz, se vindrent saisir de la dolente Genieure: laquelle, auisant son amy

mort

mort, se meit à pleurer, & crier si estrangement, que c'estoit merueilles, que l'haleine ne luy defailloit. Ah traistres voleurs (disoit elle) & homicides assassineurs, que vous estes, que n'acheuez vous d'executer vostre cruauté sur le reste, puis que vous auez fait mourir celuy, qui valoit mieux que vous tous? Ah, mon grand amy, que le malheur est bien grand pour moy, de vous veoir là gesir mort estendu, & moy demeuree en vie, pour estre la proye des brigans meurtriers, qui vous ont si laschement priué de vie! Roderico, tout couuert qu'il estoit, s'aprocha d'elle, disant: Ie vous supplie, damoiselle, d'oblier ces façons estranges d'ainsi vous plaindre, veu que par icelles vous ne sçauriez resusciter le mort, ny mettre fin à vos angoisses. La fille, recognoissant celuy, qui l'auoit priuee d'amy, se mit à crier plus efforcemét qu'elle n'auoit fait au parauant. A ceste cause vn des gentils-hommes, compaignon de Roderico, ayāt vne fausse barbe noire auec des lunettes fort grandes, qui luy couuroyent la pluspart du visage, s'aprocha de l'espouuantee pucelle, & auec vne voix farouche, luy mettant son poignard sur sa blanche & delicate gorge, luy dit: Ie iure Dieu, que si ie t'oy plus dire vn seul mot, ie te sacrifieray à l'ombre de ce malheureux, que tu lamentes
tant

tant, & qui meritoit finir ses iours plustost perché aux barres d'vn gibet, que par les mains d'vn preud'homme. Tais-toy, sotte, car lon te fait plus de bien & hôneur, que tu ne merites, combien que pour l'ingratitude qui est en toy, tu ne le scais recognoistre. La damoiselle craignant la mort, laquelle elle se voyoit (à son auis) presente, s'appaisa, non pas, que ses yeux ne distilassent vn long ruisseau de larmes, & que la passion de son cœur n'apparust aux soupirs assidus, & sanglots interrompus, qui à la fin l'attenuerent si bien que la tristesse exterieure se referma toute en l'esprit & pensee de la passionnee damoiselle. Roderico fit tant, que le corps du defunct fut enseuely en vne petite chapelle champestre, non gueres loing de leur chemin. Ainsi allerent-ils deux iours, sans que iamais Genieure cogneust pas vn de ceux qui l'auoyent rauie à son amant: aussi ne permettoyent-ils qu'aucun parlast à elle, ny à aucun de sa compagnie, laquelle estoit d'vne damoiselle, & du page, qui auoit decouuert tout ce secret à Dom Roderico. Notable exemple, certes, pour voir le succez de ces mariages clandestins, où l'honneur des contractâs le plus souuent est foulé, le commandement de Dieu violé, qui nous enioint obeissance en toute chose iuste à nos pa-
reu

rens, lesquels si pour vne legere offense, ont pouuoir de nous priuer de l'heritage, que autrement le droit naturel nous donneroit qu'est-ce qu'ilz doiuent faire ou les enfans rebelles, & abusans de leur douceur, consomment sans crainte à leur liberté ce qui est en la main, & arbitre des peres? Aussi sont à accuser les meres indiscretes, & peu sages qui permettent que ceste folle ieunesse face l'amour aux seruiteurs: ne se souuenans point combien la chair est infirme, les hommes procliues à mal faire, & l'esprit seducteur, tournoyant pres de nous, pour nous surprendre, & nous faire cheoir en ses laqs, affin de s'esiouir en la ruine des ames lauees, & rachetees au sang du filz de Dieu. Estant ceste trouppe assez prochaine de la Grotte de Dõ Diego, Roderico enuoya vn de ses gés pour l'aduertir de leur venue, lequel durant l'absence de son amy, repeu & sustenté de l'esperance de veoir brief l'vnique Dame de son cœur, estant accõpagné de gens assez ioyeux tout ainsi qu'il auoit quelque peu changé sa façon sauuage de viure, ainsi peu à peu auoit il recouuert vne bonne partie de l'embonpoint & fresche couleur, & presque vne pareille beauté à celle qu'il auoit, lors qu'il se rendit citoyen de ces deserts. Or ayant entendu ce que Roderico luy mandoit, Dieu sçait

&auec le plaisir, il sentit vne esmotion de sang, telle qui luy fit tressaillir les membres, & donna vn ne sçay quel estonnement à l'ame, pour la memoire de la chose qui luy faisoit balácer l'esprit, qui çà qui là, ne pouuāt se resoudre, lequel il deuoit plustost faire, de s'esiouir, ou plaindre, n'estant asseuré, que de veoir celle, de qui il demandoit la seule bonne grace, & pour la recouurance de laquelle il n'osoit y asseoir certain iugement.

A la fin, haussant la teste, comme celuy qui sort d'vn long & profond sommeil, il dict: Loüé soit Dieu, qui au moins auant que ie meure, me fait ce bien, que de permettre, que ie voye l'obiect vray de celle là, qui causant mon martyre, & continuant mon mal traittement moyennera de mesme sorte la defaicte entiere de moy, qui iray plus ioyeux (chargé d'vne amitié, qui ne reçoyt de pareille) visiter les ombres d'embas, estant mort en la presence de ceste douce cruelle, qui m'affligeant d'vne chatouilleuse tētation, m'a faict sentir son miel soubz l'amertume d'vn fiel plus dangereux que le suc de l'accointé, & sous la beauté d'vne rose fraiche, & diuinement espanie, auoit caché les espines, la pointure desquelles m'a si viuement atteint, que ma playe ne peut estre bien consolidee (quelque baulme que lon y applique) ou sans la
iouissan

iouïssance de ce mien, heureux malheur, ou sans ce remede, q presque ie sens, lequel gist en la mort, que si long téps, & si souuent i'ay desiree, comme y cognoissant le vray remede de mes angoisses. Ce pendant Dom Roderico: qui iusqu'alors ne s'estoit donné à cognoistre à Genieure, s'accosta d'elle par les chemins, & l'arraisonna en ceste sorte: Ie ne doubte point, ma damoiselle, que ne trouiez mauuais de me voir en ce lieu: en tel equippage, & pour occasion si peu conuenable à mon rang & grandeur, & plus encor resentant telle quelle iniure de moy qui me suis tousiours monstré amy affectionné de vostre maison, & n'ignore pas que de prime face vous ne iugiez ma cause iniuste, de vous auoir rauie d'entre les mains de vostre amy, pour nous confiner en ces deserts sauuages, & solitaires. Mais qui considerera la force de celle vraye amitié, qui par vertu se monstre la commune liaison des cœurs, & esprits des hommes, & quand vous mesurerez à quelles fins tendent les actions, sans trop vous arrester à vne legere apprehension de colere, pour y veoir vn cōmencement vn peu fascheux: ie m'asseureray lors, que (si vous n'estes entierement priuee de raison) ie ne seray du tout reprins, ny vous exempte de coulpe. Et pource que nous approchons du lieu, où (Dieu aidant) i'espere vous conduire, ie vous supplie peser, que le vray seruiteur, qui par tout seruice, & deuoir s'est estudié d'executer les commandemens de celuy, qui à puissance sur luy, tant s'en faut qu'il merite d'estre batu, ou dechassé de la maison de son maistre, que mesme fauorisé, & chery de son seigneur, il doit estre recompensé à l'esgal de son seruice. Ie ne dy rien pour moy, de qui la deuotiõ est vouee ailleurs qu'à vous, sauf ceste affection honneste, que ie doy à toutes les vertueuses, & chastes, & laquelle ie ne vous denieray en temps & lieu, vous vsant de la modestie deue à vne fille de vostre aage & estat: veu que la grandeur des seigneurs & puissans est plus esclaircie, lors qu'ils vsent de douceur & benignité, que s'ils abusent de leur preeminence par cruauté & malice.

Or affin que ie ne vous tienne plus en suspens, tout ce que i'ay faict, & qu'encor ie pretens faire, ne tend ailleurs, que pour alleger les peines angoisseuses du plus loyal amant qui viue auiourd'huy soubz le cercle de la Lune. C'est de ce bon Cheualier Dom Diego, lequel vous à tant aimee, & qui encor reuerant vostre nom, pour ne vous desobeir, vit malheureux entre les bestes brutes, par l'aspreté de ces rochers, & en la profonde solitude de ces sauuages vallees. C'est vers luy

dy

dy-ie, que ie vous conduy, vous iurant, madamoiselle, que la misere, en laquelle ie l'ay veu peut auoir six sepmaines, me touche de si pres au cœur, que si le sacrifice de ma vie suffisoit seul, & sans vous donner ceste facherie, pour le soulas de son martire, ie ne l'espargneroy non plus, que ie fay mon deuoir & honneur, & la perte de vos bonnes graces, & quoy que ie voye bien que ie faux en vostre endroit, si vous prieray ie que le maltalent de cest acte soit tout conuerty contre moy, & que bien traictez celuy, qui pour l'amour de vous vse de si mauuais traictement contre soy-mesme. Genieure, comme demy desesperee pour la mort de son amy, fut lors en branfle de sortir de tout limite de raison & l'estonna si bien le simple record du nom de Dom Diego (qu'elle haïssoit beaucoup plus, que la mort mesme) qu'elle fut vn long temps sans pouuoir former vne parole. A la fin vaincue d'impatience, bruslant de colere & tremblant de douleur, auisant Dom Roderico d'vn œil non moins furieux, que celuy d'vne tigresse estant aux liens, & qui deuant soy void massacrer ces faons, tordant les mains, & battāt sa delicate poictrine, luy vsa de tels ou semblables propos : Ah traistre meurtrier, & non plus cheualier ! est-ce de toy, de qui ie deuoy attendre vne si lache vi-

HHH 3

lennie, & trahifon? Comment es-tu fi hardy de me vouloir prier pour autre, qui en ma prefence, as tué celuy, fa mort duquel ie pourfuyuray fur toy, tant que i'auray vie au corp? Eft-ce à toy, faux brigand, & affaffineur, à qui ie doy rendre conte de ce que ie veux faire? Qui t'a conftitué arbitre, ou chef des articles, pour capituler mon mariage? Eft ce par force donq, que tu veux que i'ayme ce deloyal, pour qui tu as commis, & perpetré c'eft acte, qui à iamais denigrera ta renommee, & fera fi bien empraint en mon amé, que la playe en feignera iufqu'a ce qu'a mon plaifir ie me feray vengee de telle iniure? Non non: ie t'affeure, que quelque force, que ie reçoiue, iamais ie ne feray autre que l'ennemie mortelle, & de toy voleur & rauiffeur de la femme d'autruy, & de ton defefperé Dom Diego, qui eft caufe de ma perte. Et pource ne fe contentant affez du premier tort qu'il m'a faict, voulant me deceuoir, foubz le pretexte d'vne bien bonne & fyncere amitié: pour le prefent, puis que ma mauuaife fortune m'a faicte voftre prifonniere, vous ferez de moy ce qu'il vous plaira, mais auant que ie fouffre & endure que ce traiftre Dom Diego iouiffe de ma virginité, ie immoleray ma vie aux ombres de mon loyal amy & mary, lequel tu as trayftreufement occis. Et pource (fi honneftement ie peu, ou doy prier mon ennemy) ie te prie, que faisant ton deuoir, tu nous laisses en paix, & donnes licence à ce page, & à deux poures damoiselles, d'aller ou bon nous semblera. Ia à Dieu ne plaise, dict Roderico, que ie face vne faute si lourde, que de priuer mon grand amy de son aise, & faussant ma foy, ie soy occasion de sa mort, & de vostre perte, vous laissant ainsi esgaree par ces deserts. Et continuoit encor ses premieres erres, pour ployer la cruelle damoiselle, d'auoir pitié du poure penitencier: mais il y gaingnoit autant: que s'il eut essayé de nombrer les grains du sablon, qui est aux haures de tout l'Ocean. Ainsi allans de propos en autre, ils arriuerent pres de la spelonque (maison superbe de Dom Diego) ou Genieure descendue, veid le pauure Cheualier amoureux, qui se gettant à ses piedz, tout terny, palle, & desiguré qu'il estoit pleurant à chaudes larmes, luy dist: Las madamoiselle, seule & vnique d'ame de mon cœur, ne vous semble il pas, que ma penitence soit assez longue pour le peché, que ignoramment i'ay commis (si iamais ie vous fey faute.) Auisez ie vous prie, quel aise i'ay eu en vostre absence, quels plaisirs ont allaité mon espoir, & quelle consolation à entretenu ma vie. Laquelle certes (sans la continuelle memoire, que i'auoy de voſtre diuine beauté, i'euſſe long temps à accourcie, pour ne ſentir plus les angoiſſes, qui me renouuellét autant de fois la mort, comme ſouuent ie penſe au tour que lon me fait, acceptant à ſi peu de conte ma loyauté: qui ne peut ny ſauroit receuoir enchere, eſtant au parfaict de ce, que fermeté ſe pourroit auancer. Genieure creuant de dueil, & pleine de femenine rage, rougiſſant de fureur, les yeux eſtincelans de colere tãt peu s'en faut qu'elle daignaſt luy reſpõdre aucune choſe, q̃ (pour peur de le veoir) elle tourna le viſage de l'autre coſté. Le poure & affligé amant, voyant la grande cruauté de ſa felone maiſtreſſe, tout ainſi agenouillé qu'il eſtoit, redoublant ſes larmes, hauſant ſes ſouſpirs, auec vne voix, qui ſembloit eſtre tiree à force du plus profond du cœur, luy diſt: Puis que la ſincerité de ma foy, & la longue ſeruitude mienne, madamoiſelle, n'õt peu gaigner tant enuers vous, que de vous perſuader, que ie ne fu oncq autre, que le plus obeiſſant fidele, & fort loyal ſeruiteur enuers vous que iamais autre, qui ſeruit dame ou damoiſelle, & que ſans voſtre faueur & grace, il me ſeroit impoſſible de plus me garder & maintenir en vie à tout le moins ie vous ſupplie grandement, que tout autre bien, m'eſtãt denié, s'il y à quelque gétilleſſe

&

& courtoisie en vous, ie reçoiue ceste bonne grace, pour la derniere, que i'espere vous demander à iamais: c'est, que vous ayant esté si grandement offensee de moy, faciez la iustice de c'est infortuné, qui vous en supplie instamment. Reçoy fiere maistresse, c'est offre, pren la vengeance telle, comme bon te semblera, de celuy-là, qui mourra content te voyāt satisfaite, par l'effusiō de son poine sang. Et certes il m'est plus expedient d'ainsi mourir, satisfaisant à vostre vouloir que rester vif, pour vous donner ennuy ou malaise, Helas! seray ie bien si malheureux, & que la vie, & que la mort me soyent deniees par la personne du monde, que i'espere la plus faira contente par quelque sorte ou moyen que ce soit de mon obeissance? Las! madamoiselle ostez moy de ce tourment, & vous du soucy de veoir ce malheureux Cheualier, qui se diroit & estimeroit heureux, si (sa vie vous estant ennuieuse) il pouuoit vous faire contente, mourant de vostre main, puis que autre faueur il ne peut attendre, ou esperer de vous. La damoiselle endurcie en son opiniastreté, demeuroit la immobile, comme vn escueil, au millieu de la mer, agitee d'vne tourmente de vagues & flots escumans sans qu'on peut tirer vne seule parole de sa bouche. Ce que voyant le desastré Dom Diego esprit de la frayeur d'vne mort presente, & defaillant en sa naturelle force tōba du haut de soy tout euanouy, disant: Ah: quelle recompense ie reçoy, pour auoir aymé loyaument: Roderico auisant vn spectacle si hideux, ce pendant que les autres s'amusoyent à secourir Dom Diego, s'adressa à Genieure, & plein de tristesse, entremeslee de fureur, luy dit: par Dieu fausse femelle, que vous estes, s'il faut que ie changé d'affection: ie vous feray sentir le tort, que vous auez, & trop d'honneur, que lon vous fait: Est-ce peu de cas, qu'vn si grād Seigneur, que cestuy-cy, s'auilisse iusqu'a se humilier à vne louue, qui, sans esgard ou de son renom, ou de l'hōneur de sa maison s'est abandonnee à vn fugitif & estrange? Quelle cruauté est ceste cy, que de mespriser la plus grande humilité, qu'homme sçauroit imaginer: Quelle amende souhaitez-vous d'auantage, encore que l'offense que vous presupposez, fust veritable? Or si vous estes sage, changez d'opinion, si ne voulez que face faire autant de pieces de vostre lasche corps, & infidele cœur, comme iadis ce poure Cheualier feit de parties de l'oiseau malheureux, qui, par vostre sottise, luy occasionna ceste destresse, & à vous le nom de la plus cruelle & deloyale damoiselle, qui viue. Mais quel plus grand bien vous sçauroit-il aduenir, que

de

de veoir ce gentil-homme oublier voſtre faute, ne ſoupçonner rien de ſiniſtre touchant voſtre fuite, ſouhaitant voſtre accointance, & ſe voulant ſacrifier à voſtre corroux, pour vous rendre contente? Or que lon n'en parle plus, car ie n'ay point commencé ceſte partie, pour la laiſſer imparfaicte. Ie vous propoſe donc la mort, & l'amour: choiſiſſez celuy, qui plus vous ſera agreable: car ie vous iure derechef celuy, qui veoit, & oit toutes choſes, que, ſi vous faictes la ſotte, vous me ſentirez & experimenterez pour le plus cruel ennemy, que vous ayez en ce monde, & comme celuy, qui ne craindra d'eſanglāter ſes mains au ſang de celle, qui cauſe la mort du premier de mes amis. Genieure entendant ceſte reſolution, tant s'en faut, qu'elle s'effroiaſt aucunement, ou monſtraſt indice quelconque de crainte, que pluſtoſt lon euſt dit que elle vouloit intimider Roderico, auec vne brauade toute diuerſe à la ſimplicité d'vne damoiſelle ieune, & tendre, & qui iamais encor n'auoit ſenty, quelz eſtoyent les aſſauts & troubles, qu'vne fortune auerſe enuoye. A ceſte cauſe fronçant les ſourcils, & grinçant des dents, tenant les poings ſerrez, auec vne contenance fort aſſeuree, elle luy reſpondit, Damp Cheualier, celuy, qui vne fois à franchy le ſaut, pour s'adonner à villennie & trahiſon,

hison, peut (sans que la conscience le remor-
de) continuer ses meschancetez. Ie dy cecy
pour toy, qui ayant espandu le sang d'vn plus
homme de bien que toy, ne faut que craing-
nes de me faire compagnie de sa mort, affin
que viuant ie ne soy telle, que faulsement tu
m'estimes: car iamais homme ne se vanta, ny
pourra le faire, d'auoir iouy des despouilles
de ma virginité, du fruit desquelles (voleur
malheureux) tu as priué mon loyal espoux.

Or fay ce que tu voudras, car ie suis beaucoup plus contente d'endurer la mort, tant
soit-elle cruelle, que tu n'es meschant, & né
pour l'inquietation du repos des honnestes
damoiselles. Toutesfois, ie prie le Seigneur
Dieu, qu'il te donne autant de plaisir, contentement, & aise en tes amours, comme tu
m'en as appresté en la mort de mon mary. He
Dieu! puis que tu es iuste, que ne venges-tu
le tort, q̃ ces brigands, voleurs, & assassineurs
preparent à ceste innocente damoiselle? Ah
lache Roderico! pense que la mort ne m'est
pas tant hideuse, que de bon cœur ie ne la
accepte, esperant qu'elle sera cause vn iour
de ta ruine, & defaite de celuy, pour qui tu
te trauailles ainsi. Dom Roderico, assailly d'
vne telle apprehension, qui luy faisoit apparoistre en l'imaginatiue celle, qui auoit la
entiere puissance sur son cœur, & luy sem-
blan

blant auis de la veoir emue de pareil courroux contre soy, qu'estoit Genieure contre son Dom Diego, demeura si perplex & hors de soy, qu'il fut contraint de s'asseoir, tant il se trouuoit debilité, par ceste seule memoire de mauuais traitement. Et en ces entrefaites, la damoiselle, qui estoit venue auec Genieure, & le page, s'efforçoyēt de luy persuader d'auoir pitié du Cheualier, qui tant enduroit pour l'amour d'elle, & qu'elle consentist aux honnestes prieres & admonitions de Roderico. Mais elle qui estoit opiniastrement arrestee en ses folles persuasions, leur dict: Quoy? Seriez-vous bien enchantez, ou par les larmes faintes du deloyal, qui se passionne ainsi à credit, ou par le miel venimeux, & brauades tiranniques du brigand meurtrier de mon mary, vostre maistre? Ah! malheureuse damoiselle que ie suis, d'endurer l'assaut d'vne telle fortune, au temps que ie pensoy le plus viure à mō aise: & plus encor, de me veoir tōbee entre les mains de l'homme du monde, que ie hay autant, comme il feint son amour enuers moy! Et encor mon malheur ne se contente pas de cecy, si ie n'auoy l'assaut redoublé par ceux mesme, qui sont en ma compagnie, & qui deuroyent me induire à mourir plustost, qu'a consentir à chose tant desraisonnable. Ah! Amour, amour que

que mal sont recompensé ceux, qui t'obeissent fidelemét. Et que ne puis ie oublier toute affection, à fin de n'accoster iamais homme, pour experimenter vn commencement de plaisir, lequel gouté, & perdu apporte plus de malaise, que l'apprehension de l'aise n'engendre de contentement? Las ie ne sceu onq quel est le fruit pourquoy i'estoy si viuement attainte: & toy traistre & volage. Amour, m'as seruy d'amertume sur le repas, que ie me faisoy forte de gouster tes douceurs. Va, douce folie, va ie te donne desormais la chasse: pour embrasser la mort, en laquelle i'espere trouuer plus de contentement & repos: que ie n'ay faict en toy de diuersitez de passions. Fuis de moy mon malheur, fuis, & me laisse prendre fin par toy, pour viure en l'autre vie sans toy, chargee du regret: que i'auroy d'auoir esté abreuuee de tes poisons, & nourrie de l'appast de tes cautelles. Aigris toy, mort sur ceste malhoureuse, qui ne cherche que ton dard pour euiter les fleches de mon aduersaire. Ah! poure cœur denué d'esperance, & refroidy en tes desirs! cesse desormais de souhaiter la vie, voyant & sentant le destin, l'amour, & la vie s'entrebatre en mon esprit, pour aller trouuer ma paix en l'autre siecle, & y receuoir celuy, qui pour moy fut sacrifié à la desloyausé du malheureux, qui pour le cõble parfaict de ses desirs ne cherche que s'assouuir auec le sang de mon loyal amy, en l'abondance des larmes, que i'espan, & rassasier sa felonnie en la tristesse, qui sera le iuste accourcissement de mes tristes iours. Ayant dict cecy, elle se tourmentoit & tempestoit de si estrange façon, que les plus cruels de la compagnie estoyent emeus à quelque compassion, la voyans ainsi tourmentee: non que pour cela ilz discõtinuassent de la soliciter de son deuoir, & d'auoir esgard à ce que le poure Dõ Diego esuanouy enduroit. Lequel aussi tost qu'auec l'eau fraische de la fontaine lon l'auoit faict reuenir à soy, voyant la tristesse de sa dame, & sentant qu'elle alloit en accroissant son desdaing & colere contre luy, tomboit de fois en autre en pasmoison. Qui emeut Roderico à sortir de ce profond pensement, ou la colere de Genieure l'auoit precipité: car oubliant toute affection imaginaire de sa dame, & proposant vn honneste office, que tout gentil-homme doit aux damoiselles, & femmes tenans vn rang honnorable à l'angoisse du martiré Cheualier du desert, souspirant encore pour le penser precedent, il dict à Genieure. Helas, est-il possible qu'au cœur d'vne damoiselle tendre encor, & delicate, puisse heberger vne si estrange furie, & irraisonnable

nable corroux? He Dieu! l'effet de la cruauté de ceste-cy, se peignant en la force imaginatiue de mõ amie, m'a faict craindre vn ne sçay quel pareil malheur au desastre de ce gentilhomme. Toutesfois, fille cruelle, ne pense pas q̃ cecy m'empesche que te faisant mourir, ie ne te priue de tout ennuy & desdaing, & c'est infortuné amant de toute fascherie: me faisant fort, qu'auec le téps il cognoistra quel proufit est-ce que de purger le monde d'vne peste si contagieuse, que vn ingrat, & arrougant cœur, en ayant senty en luy mesme l'vtilité par ta defaicte: & espere encor qu'à l'aduenir on louëra ce mien faict qui gardant l'honneur d'vne famille, auray mieux aymé faire mourir deux delinquans, qu'en laisser l'vn en vie pour obscurcir la gloire & lustre de toute vne maison. Et pour ce (dict-il, tournant son visage vers ceux de sa suite) empoignez moy ceste opiniastre damoisle, auecques ceux, qui l'ont accompagnee, & que lon ne pardonne non plus à sa vie, qu'elle faict à celle de ce malheureux gentil-homme qui meurt là pour l'amour d'elle.

La damoiselle, oyant l'arrest cruel de sa mort, s'escria tant qu'elle peut, cuidant faire venir quelqu'vn à son secours: mais la poureté estoit bien deceue, car le desert ne connoissoit d'autres, que ceux, en la compagnie
desq

desquels elle se trouuoit. Le page & damoiselle seruante crioyent mercy à Roderico, mais il feignoit de ne les ouyr point, ains fit signe à ses gens d'executer son commandement. Quand Genieure veid que c'estoit à bon escient, que l'on luy en vouloit, confirmée en son opinion, de mourir plustost, que leur obeir, dit aux ministres: Mes amis, ie vous prie que ces innocens ne portent point la penitence de ce que iamais ils ne commirent: & vous, Dom Roderico, prenez vous en sur moy, d'où la faute (si faute se doit nômer la foy de la femme vers son mary) est commise: & laissez aller ces infortunez, qui ne sçauent que c'est, pourquoy vous les faites conduire au supplice. Et toy, mon amy, qui vis auecques les ombres des loyaux amans, si tu as quelque sentimét, comme de vray tu l'experimentes, estât en l'autre monde, voy la syncerité de mon cœur, & fidelité de mon amour, qui pour te garder mon cœur inuiolable, m'offre volontairement à la mort, que ce cruel tyran me prepare. Et toy, bourreau de mes aises, & meurtrier de l'immortel plaisir de mes amours (dit-elle à Roderico) rassasie ton desir glotô de sang, enyure ton ame d'homicides, & glorifie-toy de n'auoir point peu, ny par menaces, ny par persuasiues paroles, esbranler le cœur d'vne

III. fima

simple damoiselle, ny emporter la victoire, pour faire breche à son honneur: ce qu'ayāt dit lon eust pésé que la memoire de la mort luy seruoit de refrigere en ses ardeurs, & d'vn soulas asseuré de ses peines. Dom Diego, reuenu à soy, voyant le discours de ceste tragedie, qui se preparoit au dernier acte, & fin de la vie & fable de la belle & blōde Genieure, faisant de necessité vertu, reprint vn peu de courage, pour sauuer (s'il luy estoit possible) la vie de celle, qui auoit mis la sienne en bransle de finir malheureusement. Ainsi, ayant fait arrester ceux qui tenoyent la damoiselle, il s'adressa à Dom Roderico, auquel il parla en ceste sorte: Ie voy bien, mon bon seigneur & grand amy, que le bon vouloir, que me portez, vous fait vser de cest honneste deportement enuers moy, ny ne fay doute, que, si ie viuoy vn siecle, ie ne sçauroy satisfaire à la moindre des obligatiōs, desquelles ie vous suis redeuable: d'autant que leur merite surpasse tout mon pouuoir & suffisance: & toutesfois, mon bon amy, puis que vous voyez que la faute de ce malheur ne vient que de mon desastre, destin & que lon ne sçauroit euiter les choses vne fois ordonnees, ie vous prie me faire encor ce bien (pour le comble de tous les biens, que i'ay receuz de vous) que de fair-
rame

ramener ceste damoiselle auec son train, ou vous l'auez prinse, auec pareille asseurance, que si elle estoit vostre sœur : car quant à moy, ie me contente de vostre deuoir, & de mon desastre: vous asseurant au surplus, que sa tristesse, & le mal qu'elle endure, me faict plus d'ennuy au cœur que ce que par son moyen ie souffre. Qu'elle donc aye le decroist de son malaise, à fin que le mien prenne nouueau acroissement : qu'elle viue en paix, pendant que, me liurant la guerre par sa cruelle beauté, i'attendray la parque filandiere de la vie des humains, iusqu'a ce que elle tranchera le filet, où pend le fatal cours de mes annees. Et vous, madamoiselle, viuez en repos tant que le pauure vostre, Dom Diego, sera citoyen de ses solitudes, & vantez-vous hardiment d'estre la mieux aimee damoiselle qui viue. Merueilleuses, certes sont les forces d'amour, lors qu'elles decouurent la perfection de leur effect: car par leur moyen, les choses, autrement impossibles, sont reduites à telle facilité, que lon les iugeroit n'auoir iamais eu rien de difficile à obtenir, & ennuyeux à poursuiure: comme il apparut en ceste damoiselle, en laquelle, l'yre d'vne precedente ialousie, l'amour d'vn fiancé, le courroux insupportable pour la perte de sa partie, auoir engendré vn mespris de Dom Diego, vn desir extreme de se venger de Dom Roderico, & par mesme moyen de ne suruiure à la moitié: & maintenant ostant le voile à cest aueuglé appetit, esclaircissant les yeux de l'entendement, & rompant l'adamantin rocher, planté au milieu de son ame, elle contemple à yeux ouuertz la fermeté, patience, & perseuerance de son grand amy: car ceste priere du cheualier eut plus de force à l'endroit de Genieure, que tous ses seruices precedens. Et bien le monstra lors que se iettant au col du gentil-homme encor tapy en terre, & l'embrassant fort amoureusement, elle luy disoit: Ah, monsieur que vostre felicité est commencement d'vn grand aise en mon esprit, qui experimente la douceur au mesme subiect, où i'eusse imaginé mon amertume. La diminution d'vn mal est, & sera l'accroist d'vne obligation telle, qu'a iamais ie me diray vostre tres-humble esclaue: vous suppliant neantmoins me pardonner les sottises, par lesquelles indiscretement i'ay abusé de vostre patience. Contemplez vn peu, monsieur: l'amour à celà de nature, que ceux, que s'y pensent estre les plus clairs voyans, sont les premiers qui commettent les fautes les plus lourdes. Ie ne nie pas mon tort, ie ne refuse point l'honneste, & benign chastiment, que vous ordon-

ordonnerez que i'endure pour mon peché: Ah, madamoiselle (respondict le Chevalier, tout ravy de plaisir, & à demy transporté d'aise) ie vous supply, ne me faictes point mourir encor vn coup, en ramenteuant la gloire de ma pensee, veu que ce recit apporte quand à soy vn degoust, pour les trauerses, que vous auez souffertes pour mon allegement. C'est dequoy, dict-elle, ie m'estime heureuse: car par ce moyen i'ay cogneu le parfaict qui est en vous, & y ay experimenté deux extremitez en vertu: vne d'vne constance & loyauté, laquelle peut se glorifier de n'en auoir iamais eu de pareille, & y fust celuy, qui se sacrifia sur le corps sanglant de sa dame: car mourant ainsi, il donnoit fin à ses trauaux: là où vous auez choisi vne vie pire que la mort, & qui vous la donnoit cent fois le iour: l'autre gist en la clemence, de laquelle vous adoucissez si bien vos aduersaires, que moy, qui au parauant vous haissoy à mort, vaincue de vostre courtoisie, me confesse redeuable à vous, & de ma vie, & de mon honneur. Et mercie le seigneur Roderico, de la force qu'il m'a faicte: car par icelle i'ay cogneu mon tort, & le droit que vous auez de vous plaindre de ma sotte resistance. Tout va bien, dict Roderico, puis que sans peril de l'honneur nous pouuons nous en retourner en nos maisons ie suis donc d'aduis, que nous enuoions auertir mes Dames de vostre retour: car ie m'attens de si bien palier nostre faict, que (Dieu aidant) tout se portera bien: & tout ainsi (dit-il, se sousriant) que i'ay basty la forteresse, qui à canonné vostre camp, & l'a mis en route, aussi i'espere madamoiselle, que ie seray le moyenneur de vostre victoire, combatant en camp clos auec vostre doux-cruel ennemy. Ainsi se passa toute celle iournee en deuis ioyeux, se recompensans les deux amans auec toute honneste & vertueuse caresse, des ennuis & fascheries des iours precedens. Ce pendant ils auoyent despesché vn homme vers les dames veufues, qui estoyent en grand soucy de leurs enfans, pour les aduertir que Genieure s'en estoit allee veoir Dom Diego en vn des chasteaux de Roderico, là où ils estoyent de liberez (s'il estoit leur bon plaisir) de paracheuer leur mariage, veu qu'ilz s'estoyent promis la foy l'vn l'autre. La mere de Genieure n'eust sceu oüir nouuelles plus ioyeuses car elle auoit senty le vent de la folle fuite de sa fille auec son Basque maistre d'hotel: dequoy elle mouroit sur ses pieds: mais asseuree de ceste nouelle, ne faillit de se trouuer auec la mere de Dom Diego, au lieu assigné, où les deux amans estoyent arriuez

v

vn iour ou deux au parauant. Là furent faites les nopces tant defirees de ce beau couple, auec la magnifence requife à deux telles maifons, que les leurs. Ainfi le tourment enduré fit, qu'ils trouuerent cefte iouyffance d'autre gouft, que ne font ceux, qui fans fe pener en l'exercice de la pourfuite d'amour atteingnēt au côble de leurs fouhaits. Et certes, leur plaifir eft tout femblable à celuy d'vn, qui, nourry en la trop grande delicateffe des viandes, ne peut bonnement fi bien iuger du plaifir, que celuy, qui quelquefois en à faute. Et vrayement l'amour fans amertume, eft prefque mefme chofe, que la caufe fans fes effects: car qui oftera les ennuis, il priue les amans du los de leur fermeté, & aneantit la gloire de leur perfeuerance: veu que celuy eft indigne d'emporter le pris, & couronne triomphale, qui au conflict ne fe fera porté vaillamment, & qui n'aura (comme on dit) legitimement combatu. Que ce foit donc le miroir des loyaux amās, & chaftes pourfuiuās, en deteftation de l'impudicité de ceux qui donnent attainte par tout où lon leur monftre bon vifage: non fans le mefpris auffi de ceux, qui fottement s'obliēt en leur affection, auiliffans la generofité de leurs courages, pour eftre reputé des fols, leurs femblables, vrais champions d'amour.

III 4 Car

Car la perfection de bien aimer, ne consiste point en passions, douleurs, ennuis, martyres ou soucis: & moins encor paruient-il à son assouuissement, par souspirs, exclamations à la Castillane, par pleurs & pueriles lamentations: veu que la vertu doit estre la liaison de ceste amitié indissoluble, qui fait l'vnion des deux moitiez de cest Hom-fenin Platonique: & fait rechercher l'accomplissement du tout en la vraye poursuite du chaste amour: en laquelle certes mal s'acheminoit Dom Diego, la cuidant trouuer auec son desespoir parmy l'aspre solitude des deserts des mons Pyrenees. Et certes, le deuoir de son parfait amy ouura mieux (quelque faute qu'il commit) que toutes ses contenances, lettres pathetiques, où messages amoureux. Aussi ne sçait pas l'homme, quel thresor c'est qu'vn vray amy, iusqu'à ce que l'experience, où la necessité luy ont fait gouster la douceur de tel apast. Veu que l'amy, estant vn second soy-mesme, ne peut qu'estre conduit par la sympathie naturelle des affections de celuy qu'il aime, & pour participer en ses liesses & plaisirs, & pour se condouloir auec celuy-mesme son amy, là où fortune aura vsé de quelque tour de sa mobilité & inconstance coustumiere.

Fin de la dixhuitiesme & derniere Histoire.

LA TABLE DES
Sommaires.

De Edoüard, Roy d'Angleterre, lequel apres auoir longuement pourchaßé l'honneur d'une damoiselle, & ne pouuant vaincre sa chasteté, en fin, pour le desir de iouïssance, l'espousa, & fut receuë, & proclamee Royne d'Angleterre. fueillet 6.

D'un Empereur des Turcs, nommé Mahomet, si fort amouraché d'une Grecque, qu'il oublioit les affaires de son Empire, & pource ses suiets conspirerent le deposer, dequoy auerty par l'un de ses plus fauoriz, feit assembler tous ses Bachas, & principaux de sa cour, en la presence desquels, luy mesme coupa la teste de sa Grecque, pour euiter la conspiration. fueillet. 30

De deux amans, qui moururent en un mesme sepulchre, l'un de poison, l'autre de tristesse. fueil. 38.

D'une gentil-femme Riedmontoise, qui surprinse en adultere, fut punie cruellement

ment par son mary. fueillet, 78

Comment un cheualier Espagnol, amoureux d'une fille, n'en peut iouyr que par mariage, & lequel depuis en espousa une autre: dont la premiere indignee, se uengea cruellement du Cheualier. fueil. 87

Comment une Duchesse de Sauoye faucement accusee d'adultere, & iugee à mort, fut deliuree par le combat d'un Cheualier Espagnol. fueillet 107

Des amours d'Aleran de Saxe, & d'Adelasie fille d'Otton l'Empereur tiers de ce nom: leur fuite en Italie, comme ils furent recogneuz : & depuis quelles maisons d'Italie sont descendues de la race de ces deux amans. fueillet 157

D'une dame de Guienne, laquelle faucement accusee d'adultere, fut mise & exposee pour pasture aux lions, & la maniere de sa deliurance, & comme son innocence fut cogneuë, & l'accusateur sentit, & endura la peine preparee pour la dame. fueillet 189

LA

La lubricité d'une damoiselle Milannoise, la cruauté d'icelle, contre le propre fruit de son uentre: tout cecy causé, pource qu'elle se uoyoit delaissée de celluy, par le faict duquel elle se sentoit grosse. fueil. 207

De la cruauté pus que barbare, d'un cheualier Albanois, lequel sur la fin de ses iours, occist sa femme, pour crainte, qu'apres son decez, un autre ne iouist de l'extreme beauté d'icelle: & comme il se tua quand & sa femme. fueil. 227

Du Marquis de Ferrare (Nicolas de Este tiers de ce nom) qui, sans auoir esgard à l'amour paternel ny liayson coniugale feit decoler le Comte Hugues son fils, pour l'auoir trouué en adultere, auec la Marquise sa femme: à laquelle encor il feit tailler la teste. fueillet. 241

Acte fort genereux, & plus equitable d'Alexandre de Medecis, premier Duc de Florence, à l'endroit d'un ieune gentil-homme son fauorit, lequel ayant uiolé la fille d'un poure Meusnier la luy feit prendre
pour

pour espouse, & la doter richement. fueil. 265

Simplesse du seigneur le Virle qui par le commandement d'une dame de Montcal à laquelle il faisoit l'amour, demeura muet par l'espace de trois ans: & par quel moyen il se uengea de l'indiscretion d'elle, & ensemble en eust la iouissance. fueil. 289

De Meguolo Lercaro, gentil-homme Genevois, qui uengea iustement sur l'Empereur de Trapezonde, le tort qu'il auoit receu en sa cour: & de quelle modestie ledit Lercaro usa depuis uers celuy, qui l'auoit offensé, l'ayant (par le uouloir de l'Empereur) entre ses mains. fueil. 319

D'une esclaue Mahometan, lequel uengea la mort de son Seigneur sur le filz, qui en estoit l'homicide: & comme depuis estant eleu par le peuple, pour Soldan du pays, rendit la principauté à celuy, à qui elle appartenoit par droit & succession de lignage. fueil. 337

Les detestables impudiques, & infortunees

nées amours de la dame de Chabrie Prouen-
çale, auec son procureur Tolonio: des meurtres, & ocasions enormes, qui s'en ensuiuirēt
& quelle fut la fin.　　　　　　fueil. 347

D'un gentil-hōme Milannois, que estant
amoureux, & paillard sur la fin de son aage
pour l'extreme ialousie d'une sienne garse,
fut cause de la mort, & de son filz, & de soy-
mesme: & la fin malheureuse de la paillarde,
qui fut occasion de tout cecy.　　　fueil. 371

De Dom Diego (gentil-homme Espa-
gnol) qui deseperé, pour se ueoir defauorisé
de sa dame, s'en alla aux monts Pyrenees, ui-
ure solitairement dans une Grotte: & comme
par le moyen d'un sien amy, il iouist de l'a-
mour de sa rebelle, & l'espousa.　　fueil. 382

Fin de la Table.

Contraste insuffisant

NF Z 43-120-14

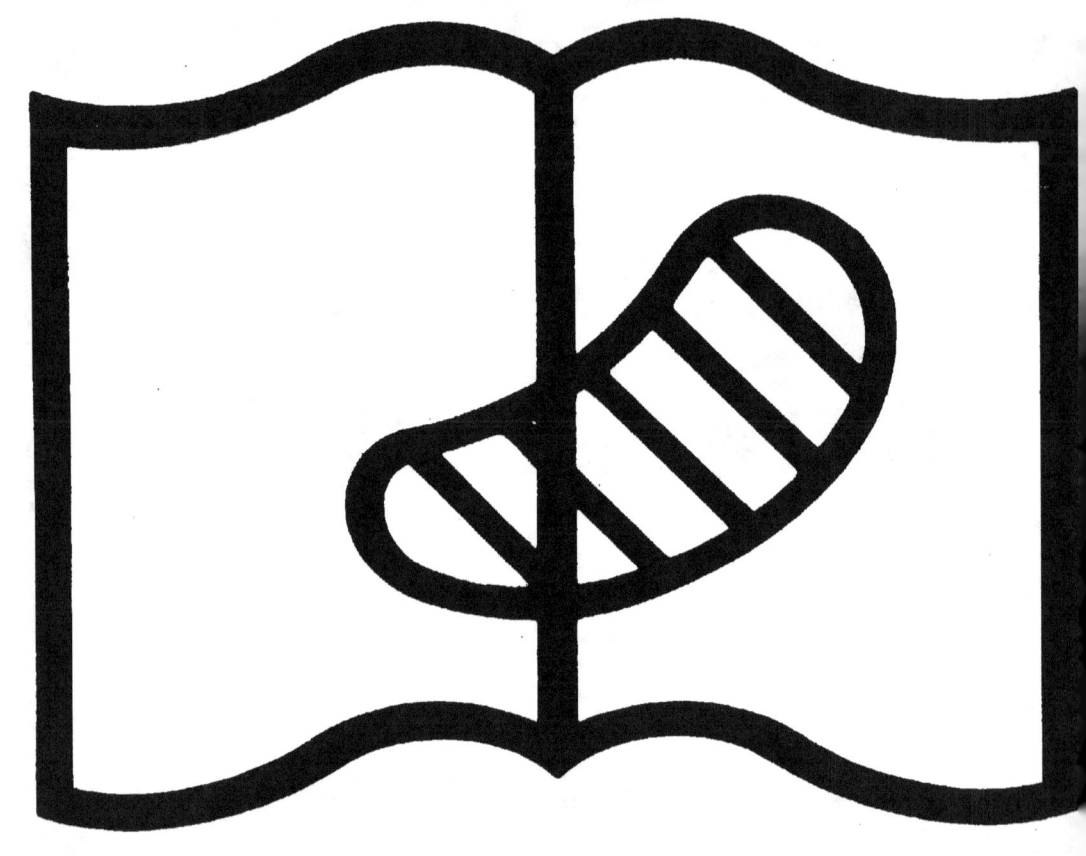

Original illisible

NF Z 43-120-10

Reliure serrée

www.ingramcontent.com/pod-product-compliance
Lightning Source LLC
Chambersburg PA
CBHW070857300426
44113CB00008B/867